2011 中国铁路客站技术交流会

2011 中国铁路客站技术交流会
论 文 集

The Proceedings of 2011 China Railway Passenger Station Technology Seminar

铁道部工程设计鉴定中心
中铁二院工程集团有限责任公司 编

中 国 铁 道 出 版 社

2 0 1 2年·北 京

内 容 简 介

本书收录了2011年中国铁路客站技术交流会优秀论文66篇。全书共分建设管理、设计技术、施工监理和运营管理四部分，对如何进一步推进铁路客站建设的理念、技术与管理创新进行了探讨。

图书在版编目（CIP）数据

2011中国铁路客站技术交流会论文集/铁道部工程设计鉴定中心，中铁二院工程集团有限责任公司编．—北京：中国铁道出版社，2012．7
ISBN 978-7-113-15006-8

Ⅰ．①2… Ⅱ．①铁… ②中… Ⅲ．①铁路车站-客运站-技术交流-文集 Ⅳ．①U291．6-53

中国版本图书馆CIP数据核字（2012）第142978号

书　　名：**2011中国铁路客站技术交流会论文集**
作　　者：铁道部工程设计鉴定中心　中铁二院工程集团有限责任公司

责任编辑：傅希刚　**编辑部电话**：路（021）73142，市（010）51873142　**电子信箱**：fxg711@163.com
封面设计：冯龙彬
责任校对：张小华
责任印制：陆　宁

出版发行：中国铁道出版社（100054，北京市西城区右安门西街8号）
网　　址：http://www.tdpress.com
印　　刷：北京雅昌彩色印刷有限公司
版　　次：2012年7月第1版　2012年7月第1次印刷
开　　本：880 mm×1 230 mm　1/16　印张：33.5　字数：973千
书　　号：ISBN 978-7-113-15006-8
定　　价：360.00元

编辑委员会

Perface 前 言

2011 年是“十二五”规划的开局之年，也是科学有序推进铁路建设的关键之年。2 月 12 日以来，新一届部党组按照中央关于发展主题主线的要求，从着眼于实现铁路科学发展的高度，对铁路建设中存在的规模过大、标准过高、过度压缩工期等问题进行了深入分析思考，提出了科学有序推进铁路建设的战略决策。为在客站建设中深入贯彻落实新一届部党组关于铁路安全发展、以人民满意为标尺、多元化经营战略等重大部署和盛部长对铁路客站建设的重要指示精神，铁道部工程设计鉴定中心、铁路客站站房建设总指挥部、中国交通运输协会现代客运枢纽分会联合举办了以“安全、品质、绿色、创新”为主题的“2011 中国铁路客站技术交流会”，旨在总结“十一五”铁路客站建设经验与教训，交流推广铁路客站技术创新成果，研究探讨“十二五”铁路客站发展的目标、思路和方式，进一步推进铁路客站的科学发展。

会议筹备期间，共收到应征论文 177 篇。经过两轮评审，从中精选了 66 篇高质量论文。这些论文分别从建设、设计、施工、监理、运营等不同角度，对如何进一步推进铁路客站的理念、技术与管理创新，进行了有益的探讨和交流。现将其编辑成册，供大家借鉴和参考。

会议得到了承办方成都铁路局、中铁二院工程集团有限责任公司的大力支持，在此一并表示感谢。

2012 年 6 月

Contents 目录

建设管理

设计技术

施工监理

运营管理

建 设 管 理

振奋精神　求实创新
深入推进铁路客站可持续发展
——在2011中国铁路客站技术交流会上的主题报告

郑　健

引　言

今天召开第六次铁路客站技术交流会，主要目的是贯彻落实新一届部党组关于推进铁路科学发展的战略部署，分析当前客站建设面临的新形势，探讨"十二五"客站发展思路，交流客站建设新技术，研讨当前客站建设需要关注的新课题，振奋精神，坚定信心，求实创新，深入推进铁路客站可持续发展。借此机会，我讲四个方面的意见。

一、2011年客站建设取得的新进展

今年以来，面对异常严峻的铁路建设形势和复杂多变的内外部环境，广大客站建设者按照铁道部统一的部署，全面落实"大反思、大检查、大整改"的要求，始终坚持以质量安全为主线，铁路客站建设取得了新进展。

1. 建成了一批新客站。截至今年11月底，正在建设的客站有184座。今年共建成南京南、济南西、天津西、成都东、银川等47座客站；新开工杭甬、石武、厦深等沿线客站60座。"十一五"期间，全路共建成新客站245座。

2. 取得了一批理论研究成果。在前几年技术创新成果的基础上，结合客站建设的现实需求，去年，部共立项了十个研究课题，对"站桥合一"结构体系、雨棚、综合节能、后评价、绿色客站标准、建设管理等重大理论和技术进行了深入系统研究，今年已陆续结题。这些成果进一步提高了客站的安全性与经济性，为建设资源节约型和环境友好型客站提供了理论支撑。

3. 优化了客站建设的规模与标准。按照加强点线能力配套和区别对待不同类型客站的原则，我们重点对470座客站进行了全面系统的梳理，从客站结构、内外装修、暖通、给排水、电力照明、客服系统、雨棚及站台面等7个方面，提出了控制规模、标准和投资的具体措施，进一步提高了客站建设的性价比。

4. 客站安全大检查取得了实效。为深刻吸取"7.23"事故教训，按照部党组的统一部署，在卢副部长的领导下，我们成立了6个客站督导检查组，深入现场，对涉及客站安全质量方面的内容进行系统梳理和全面检查，基本摸清了当前客站设计、建设中存在的主要问题，对大部分问题进行了整改，提出了改进的措施与对策，为进一步推进客站安全健康发展奠定了基础。

二、对"十二五"客站发展形势的几点看法

"2.12"以来，为切实解决铁路建设规模过大、标准过高、速度过快等问题，部党组对"十二五"期间铁路建设的规模、重点、标准和进度进行了优化与调整。"7.23"事故发生后，部党组按照国务院常务会议精神，集中力量开展了为期两个月的安全大检查，对拟建和在建项目的规模、标准、工期及新线开通条件进行了全面调整和规范。尽管包括客站在内的整个铁路建设形势发生了重大变化，但按照部党组的要求，对照铁路"十二五"规划，客站建设仍然是"蓝图宏伟，任务艰巨"。

（一）客站“十二五”规划

根据铁路“十二五”规划，到2015年末，铁路营业里程由2010年底的9.1万公里，提高到12万公里，从投产里程看，“十二五”仍然是铁路持续、快速发展的重要阶段。按照部党组“保在建、上必需、重配套”的要求，实现点线能力配套，“十二五”期间，共有590余座要开展设计，并开工建设。

完成铁路“十二五”规划中客站发展目标和任务，可以说是“机遇与挑战并存，希望与困难同在”。

（二）客站建设面临的新课题

“十二五”是铁路发展的重要时期，也是客站建设的关键时期，这一时期铁路发展的思路、方式以及路径给客站建设提出了新的要求，带来了新的课题。

1. 以人民满意为铁路事业评价标准，对客站标准提出了新的课题。为实现铁路更好地为经济社会发展服务、为人民群众服务，部党组提出把“人民满意作为铁路发展的根本标准，并以此来检验铁路各项工作”。在客站建设中贯彻落实这一根本标准，涉及如何设置站点、选择站位，为群众提供方便的乘车条件；如何加强与城市其他交通方式紧密衔接，为旅客创造快捷安全的换乘条件；如何提升客站规品质，为旅客营造方便舒适的候车环境；如何设置各种服务设施，为旅客提供便利完善的人性化服务等一系列新的课题。

2. 铁路多元化经营战略的提出与实施，对客站建设提出了新的课题。为不断提高铁路发展的质量和效益，部党组提出了多元化经营的战略，并把拓展车站商业服务作为多元化经营的重点领域之一。在客站建设中贯彻落实这一战略，涉及如何充分利用站房内部空间，合理设置餐饮、商店等各类商业服务设施；如何优化平面功能布局，为运营单位拓展服务链创造条件等一系列新的课题。

3. 当前铁路建设面临的资金压力，对控制投资提出了新的课题。受国家宏观经济调控等政策的影响，铁路建设资金空前紧张，财务压力十分巨大。为切实解决铁路建设财务上不可持续的问题，部党组对铁路建设的规模、标准做出了一系列调整和优化。在客站建设中贯彻落实这一部署，涉及如何适应当地经济发展水平，合理把握不同客站的建设标准；如何在满足使用功能的前提下，有效控制客站工程投资；如何依靠技术创新，有效降低客站运营成本等一系列新的课题。

4. 铁路的重要地位和社会各界对高铁的普遍关注，对确保客站安全提出了新的课题。“7.23”事故发生后，铁路成为社会舆论的焦点、人民关注的重点，铁路安全的压力比以往任何时候都要大。在客站建设中贯彻落实安全上的“三点共识”，涉及如何加强对风险源的识别和结构安全的检算，从设计源头上确保安全；如何强化对工程实施的过程控制，确保工程质量和施工安全；如何加强客站运营期间的安全检测与维护，确保旅客人身安全等一系列新的课题。

（三）客站建设面临的有利条件

尽管客站建设面临许多新的课题与挑战，但我们更应看到客站建设面临的有利条件。无论从外部环境，还是从技术积累、管理经验看，完成“十二五”客站目标任务有基础，有条件，对此，我们应充满信心。

1. 铁道部对客站建设高度重视。今年5月5日，盛部长在刚刚上任两个多月、各项工作十分繁忙的情况下，亲率部党组成员莅临经规院听取客站建设汇报、审查站房方案，对客站建设提出了明确指示。盛部长指出，“客站是铁路建设中非常重要的组成部分，是新线建设的重点工程，社会和人民群众对铁路的认识很多是来自对客站的印象，客站代表着铁路的形象。铁路客站还是中国文化和艺术的生动体现，反映了中国传统、人文、地理等各方面特色，既是中国历史传统与现代文明的生动体现，也是铁路发展水平以及艺术、文化含量的集中展现。搞好铁路客站建设的意义十分重大，部党组始终对客站建设高度重视。”并明确要求我们“切实做好铁路客站的方案征集、规划和设计工作。”7月15日，盛部长再次莅临经规院，主持召开部长办公会，审查了乌鲁木齐、杭州南、上饶等站房方案。要求重点客站的建筑方案由部长办公会讨论通过。为开好这次大会，盛部长专门发来贺信，从安全、服务、技术创新、投资控制四个方面深刻阐述了铁路客站发展的思路、重点和要求，为“十二五”客站建设指明了方向。7月18日、11月18日，陆副部长、卢副部长带领部相关司局负责人两次亲临经规院，审查了吉图珲、沈丹、沪昆等17条铁路72座站房方案。卢副部长在百忙之中亲临大会，并做了重要讲话，对客站建设提出了明确要求。部领导对客站工作的重视和支持，为完成客站目标与任务创造了最为有利的条件。

2. 经过多年的探索与实践，为实现“十二五”客站发展目标奠定了坚实的基础。经过多年的努力与实践，我们在客站建设方面积蓄了雄厚的实力。一是取得了一大批技术创新成果，制约客站建设的重大技术难题已基本解决，这些成果的推广应用，为客站建设搭建了较高的技术平台；二是专业化的人才队伍建设取得了显著成效。在铁道部、铁路局、设计院等各个层面，以专业技术为主体人才数量稳步增长，为客站建设提供了坚实的人力支撑；三是以标准化管理为抓手，构建了客站建设项目群管理新模式，优化了管理流程，完善了管理制度，强化了过程控制，为客站建设奠定了良好的管理基础。

3. 铁路建设的理性回归，为客站建设创造了良好的环境。今年2月份以来，新一届部党组站在实现铁路科学发展的高度，查找了铁路建设中不科学、不协调、不可持续的问题，对铁路建设项目的规模、标准、工期等问题进行了全面梳理，在科学有序、依法合规推进铁路建设上取得了广泛共识，进一步强化了以质量安全为核心的指导思想。客站建设的工期更加合理，标准更加明确，投资控制措施更加细化，这些都为客站建设创造了良好的环境。

在这一关键时期，最重要的是要坚定信心，迎难而上，深入研究新情况，认真解决新矛盾，积极探索新规律，按照盛部长对客站工作的重要指示和卢副部长对客站建设的明确要求，系统思考新形势下客站发展的思路与重点。

三、对“十二五”客站发展的几点思考

结合当前铁路建设的新形势，研究和思考“十二五”客站发展的思路、方式、重点是摆在我们面前重要而紧迫的任务。“7.23”事故对包括客站在内的整个铁路建设产生了重大而深远的影响，探讨客站的发展思路，推进客站的可持续发展，有必要对“7.23”事故进行深刻反思。美国心理学家波斯纳曾提出过这样一个公式：成长 = 经验 + 反思。没有反思的经验是狭隘的经验，至多只能算是肤浅的知识。只有在实践中不断总结、反思、研究，对客站知识和经验不断进行重组，才能适应新的变革，应对新的挑战，实现新的发展。

（一）五点反思

1. 冰冻三尺，非一日之寒。表面上看“7.23”事故是一件非常偶然的事故，但偶然当中包含着必然。事故的发生非一日之寒，是近几年高铁快速发展中深层次矛盾和问题的集中暴露，是铁路发展中不协调、不科学、不可持续问题的集中反映，是量变到质变的结果。

2. 塞翁失马，焉知非福。尽管“7.23”事故损失非常惨痛，教训极其深刻，影响十分恶劣，但事故的发生也让我们有机会对高铁的发展思路、发展方式进行全面反思，静下心来系统总结这些年高铁发展中的经验教训。如果能够深刻吸取事故的惨痛教训，全面整改高铁发展中存在的问题，血的代价将会变成一笔宝贵的财富，今后我国高铁的发展将会更加科学，更加和谐，更加可持续，坏事将会变成好事。

3. 理性回归。近几年我们在高铁建设上显得不很理性，一些关键技术缺乏实践检验，经验积累不足。“7.23”事故使我们清醒了不少，理性了许多。事故发生后，为确保运输安全稳定，部党组采取了降低高铁运营速度、放缓铁路建设速度等一系列措施。这些措施是对近几年高铁发展速度过快、规模过大、标准过高的纠偏，是我国高铁发展的理性回归。

4. 人是关键。海恩法则告诉我们，任何一起严重事故的发生，都会有29起轻微事故、300起事故

苗头和 1 000 起事故的隐患。这一法则来源于航空业,同样适用于高铁。其核心内涵有两点,其中之一是:再先进的技术,再完美的规章,在操作层面都离不开人的责任心和素质。这些年我们过于迷信高铁技术和设备,忽视了人的因素,忽视了建设规模与人力资源紧张之间的矛盾。无论是高铁的设计、建设还是运营管理,都得靠人来完成,人始终是高铁发展的关键因素。

5. 凤凰涅槃。尽管我国铁路尤其是高铁的发展受到严重挫折,面临严峻挑战,但对于中国这样一个人口大国,铁路的地位和作用不可替代,经济社会的发展、人民群众的生活都离不开铁路。党中央、国务院对铁路发展高度重视,各部委和地方政府对铁路发展大力支持,社会各界对发展铁路有广泛共识。从"十二五"规划看,铁路仍然处在持续、快速发展的重要阶段。我国高铁经历"凤凰涅槃",一定能实现"浴火重生",对铁路未来的前景,我们依然充满信心。

通过对"十一五"客站建设的总结和"7. 23"事故的反思,我个人认为实现"十二五"铁路客站发展目标,应牢固树立"三个意识",始终坚持"三项原则"。

(二)三个意识

1. 牢固树立安全意识。客站作为铁路的窗口和旅客的聚集地,是铁路安全的重点部位,确保客站安全是我们的首要和基本责任。从这次客站安全大检查的情况看,在客站设计、建设、运营维护等各个阶段都存在不同程度的安全隐患,影响客站安全的不确定因素比较多,安全基础还比较薄弱。确保客站安全万无一失,必须牢固树立安全无小事、安全第一、安全问题立即解决的"三点共识";必须建立健全确保客站安全的长效机制,量化安全标准,健全安全标准体系。

2. 牢固树立服务意识。客站作为铁路联系群众最紧密、服务旅客最直接的场所之一,是社会各界和人民群众关注的焦点,是铁路改善服务环境、提高服务质量的重点。尽管最近几年新建的客站在换乘条件、乘车环境、服务设施等方面有了较大的改善,但与社会文明的进步程度、与国民经济发展的速度、与广大旅客的新要求、新期盼相比,还有一定差距。牢固树立服务意识,必须把提高旅客的满意度作为客站建设的出发点和落脚点;必须完善客站硬件建设,为旅客创造快捷安全的换乘条件、营造方便舒适的候车环境、提供便利完善的服务设施;必须为客站软件建设创造条件,加强对客站服务设施的系统策划,确保各种设施性能稳定,让旅客会用、好用。

3. 牢固树立精品意识。客站作为铁路的亮点和城市的门户,既是铁路发展水平的集中展现,也是城市形象的生动体现;既承载着满足旅客对服务品质的需求,又承担着优化城市空间布局的角色。当前客站建设仍然存在精品意识不强的问题。牢固树立精品意识,必须把"打造'百年不朽'精品工程"作为我们矢志不渝的目标,必须从选材、工艺、节点细节等方面进一步提高客站的工程品质;必须从功能流线、细部细节、空间环境等方面进一步提高客站的使用品质;必须从节能环保、维修保养等方面进一步为提高客站的服务品质创造条件。

(三)三项原则

1. 坚持创新发展。回顾"十一五"期间客站发展历程,有一条基本经验必须始终坚持:"理念—技术—管理"三位一体的创新路线是推动客站科学发展的原动力。实现客站的创新发展,要紧紧围绕"安全质量、建筑品质、经济性"展开创新,进一步优化"站桥合一"结构体系、站台雨棚结构形式,在确保安全的前提下,着力提高性价比;深入挖掘客站所在地的地域文化和时代特征,创新表现手法,努力实现大批客站建筑造型的"和而不同";注重装修装饰设计的创造性,着力优化客站服务环境。

2. 坚持可持续发展。近年来铁路发展过程中不科学、不协调、不可持续的问题,在客站建设中都不同程度的存在。实现客站的可持续发展,要紧紧围绕"规模标准、节能环保、全成本"三项重点开展工作。要科学有序推进客站建设进度,合理把握规模与标准;要结合不同地区的气候特征,广泛采用先进的结构、设备、材料和工艺,提高建筑对气候的适应性;要从生态系统的角度出发,充分利用太阳能、地热、节能维护结构等可再生资源和先进的节能环保技术,建设资源节约型和环境友好型客站;要正确处理控制投资与打造精品的关系，千方百计节约工程投资，努力降低客站运营期的使用成本。

3. 坚持专业化发展。铁路客站专业多、接口多，是力学与美学、技术与艺术的结合，具有不同于一般土建工程的独特性，对专业化水平的要求更高。实现客站的专业化发展，要紧紧围绕“专业化设计、专业化管理”两项重点开展工作。要继续推广专业化设计，提供人性化和系统化的解决方案，加强各专业之间的协调与配合，实现客站系统集成最优的目标；要保持专业化的建设管理队伍和机构，推行项目群管理模式，共享资源，复制经验，实现工程管理的标准化和精细化，进一步提高旅客对客站满意度。

四、“十二五”客站发展需要重点把握的几个问题

围绕铁路“安全与服务”两大主题，结合当前形势，“十二五”客站发展，需要重点关注、深入研究以下几个方面的问题。

（一）确保安全

确保客站安全，一方面，对这次安全质量大检查查找出来的问题，要按照“9.29”盛部长讲话精神和“11.4”卢副部长讲话精神，在继续开展已开通高铁客站安全大检查的同时，坚决落实整改责任，实现闭环管理，消除安全隐患。另一方面，要着力从以下三个方面强化安全基础，建立确保客站安全的长效机制。

1. 设计方面。从设计检查情况看，专业设计方面的问题占整个问题数量的71%，其中建筑、结构专业的问题最突出，占专业设计问题的66%（图1）。

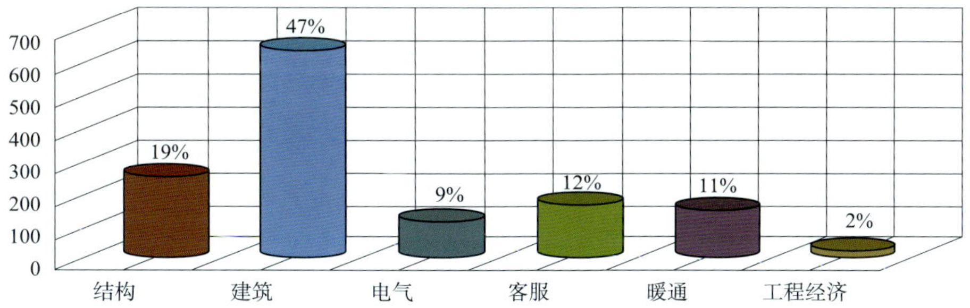

图1　专业设计问题统计

主要表现在：部分设计院安全体系不够完善，在风险源识别与防控、现场服务、设计变更等环节有待改进；幕墙、屋面、内装修、动静态标志、照明安装等二次结构设计管理不规范，校核计算缺失，存在安全隐患；部分客站、雨棚高大空间的检修通道及设施不完善，给维修保养带来不便。

从根本上解决上述问题，在设计阶段要抓好以下四项重点：一是要尽快实施客站设计安全评估，明确安全风险源管理流程，制定相应防控措施。二是要建立客站结构全寿命期的健康安全监测体系，尽快编制相应的标准及实施细则。三是加强对二次结构的设计，对幕墙、吊顶、金属屋面、内装修、综合显示屏、标志标示吊挂件等二次结构设计，要完善设计流程，明确设计界面，落实会签责任，确保结构安全。四是编制铁路客站维护使用手册，明确客站投入运营后，主结构、金属屋面、吊顶、栏杆等结构构件的检测、保养、维护注意事项，明确机电设备系统运营策略、操作流程及养护维修标准。

2. 工程建设方面。从在建客站检查情况看，施工和管理方面的问题占89%（图2）。

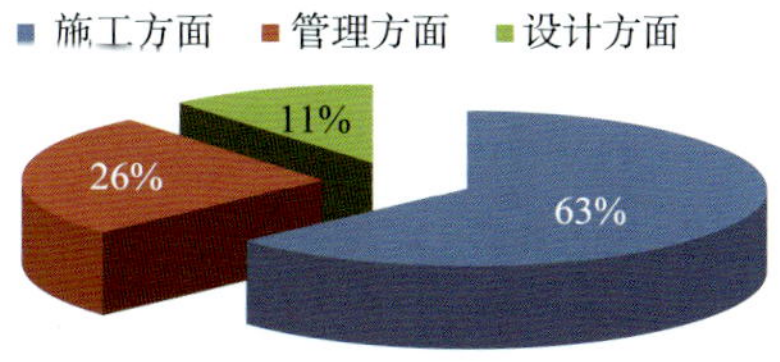

图2　按单位分类统计

工程实体方面的问题主要表现在：钢结构质量缺陷较多，问题最为突出；吊挂系统和屋面板安装存在安全隐患；幕墙主龙骨安装的基础不实，锚固不牢；钢筋混凝土结构问题数量最多，主要是钢筋绑扎不规范、锈蚀严重、浇筑振捣不实等质量通病；地道存在渗水漏

水和排水不畅等问题（图 3）。

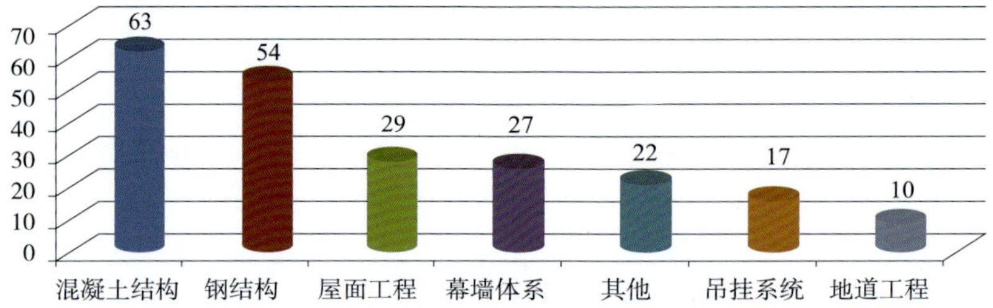

图 3　实体质量问题分项统计

建设管理方面的问题主要表现在：制度落实不到位，技术管理亟待加强，现场监理不履责，专业技术人员力量薄弱（图 4）。

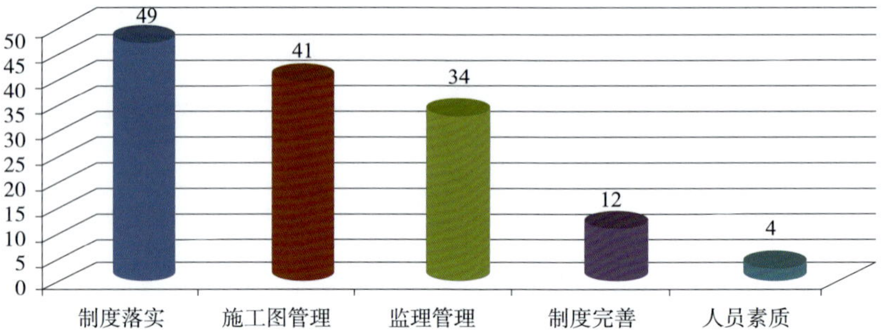

图 4　管理问题分类统计

确保客站工程建设安全质量，一是要抓制度落实。按照管理制度标准化的要求，在进一步完善内部管理制度的同时，狠抓已有各项安全制度的落实，严格执行合同约定条款。二是要强化过程控制。加强对大型客站主体结构等工程关键工序和节点的卡控，增加对施工现场的检查频率，确保结构工程质量"零缺陷"；严格按照合同条款，督促监理单位配齐配强现场技术人员，发挥监理作用；督促设计单位充实现场力量，做好技术服务。三是要加强技术管理。建设单位要高度重视技术交底工作，加强现场图纸核对，履行施工图审核程序，严格执行变更设计管理规定。

3. 运营维保方面。从已建成客站的检查情况看，运营方面的问题主要表现在：管理范围与职责不清，故障处理不及时；制度不健全，主体与设施设备的维护保养方式、方法考虑不周；管理人员专业技能与高铁客站的管理要求不相适应；设备设施维保方案缺失。

客站的使用过程实质上是客站建筑产品的消耗过程，运营期的养护维修对确保客站生命周期内的安全与正常使用至关重要。一是要开展对结构物和设备系统运营状况的跟踪监测，为适时养护提供第一手资料。二是要建立、健全客站营运管理、养护维护制度，研究制定客站维护保养的相关标准，探索构建适应大型客站养护要求的管理模式和技术标准。三是加强人员培训。针对大型客站结构新、技术含量高、设备系统复杂等实际，配备一定的专业技术人员，强化对管理人员的技能培训，确保客站运营期间的安全。

（二）提升品质

建筑作为一个有生命力的产品，其品质既包括建筑所提供的硬件质量，也包括文化理念和管理方法等软件质量，它能够生动地表达出建筑与人、自然和社会的关系，是建筑哲学、建筑科学、建筑学和工程技术的完美结合。提升客站品质，是建设让人民满意铁路的必然要求，是优化铁路服务环境的迫切需要，是提高铁路服务质量的有效载体。品质又是一个高度主观性和个人化的概念，不同的人对建筑品质内涵的理解，受文化、社会、经济和环境等因素的影响而存在差异。有人认为使用功能、绿色健康、文化传承是建筑品质核心内涵；也有人认为节能环保、内外空间、自然和谐是建筑品质的基本要素；还有人认为文化、细节、景观、舒适是建筑品质的重要表现。尽管不同的人对建筑品质的理解不同，但至少在“功能、舒适、艺术”三个基本要素上达成了共识。

与以往相比，客站建筑的品质虽然有了较大的提升，但仍有不少遗憾，值得我们反思和改进。今天，我重点谈三个方面的改进意见，供大家探讨。

1. 完善客站功能。客站作为重要的交通建筑，有别于其他建筑的特征是其复杂的功能需求和所扮演的城市角色。在客站品质内涵中，能力充足、换乘便捷、环境舒适等功能始终是第一位的。与此同时，伴随着人们生活水平的提高和生活节奏的加快，旅客对商业服务设施的要求也在不断提高。在今后的客站建设中，需要更多的关注旅客多样化、个性化的需求，更加重视商业、信息、自动售票等各种服务设施的配备，为旅客提供更加安全、便捷、完善的人性化服务。

2. 营造舒适空间。20 世纪建筑界最具革命性的变化是发现和形成了“建筑空间”的概念。空间是建筑设计中最核心的元素，正如现代主义建筑大师格罗皮乌斯所说：建筑意味着把握空间。客站作为人流密集的区域、服务旅客的场所，营造舒适的空间环境对提升品质至关重要。大空间的整体候车环境简洁、开放、高效，有利于旅客快速准确地获得完整信息，不被空间细节干扰。但究竟什么样的高度和通透度，既可以减少人流拥挤感、降低声音嘈杂和气味混杂所引起的疲劳、烦躁情绪，又可以有效引入室外景观，达到转移旅客注意力、舒缓情绪的目的，需要深入研究。正确把握旅客需求与建筑空间的关系，组织和创造空间，提高空间向导性和程序性，在空间有序、易于理解的基础上，丰富空间层次，营造舒适的空间环境，需要重点关注、深入研究。

3. 提升建筑美感。建筑物是反映一定时代人们审美观念和社会艺术思潮的艺术品，建筑艺术主要通过视觉给人以美的感受，建筑可以像音乐一样唤起人们某种情感，创造出庄严、雄伟、幽暗、明朗的气氛，使人产生崇敬、自豪、压抑、欢快情绪。汉初萧何建造未央宫时曾说过“天子以四海为家，非壮丽无以重威”，德国文学家歌德把建筑比喻为“凝固的音乐”，也是这个意思。但是建筑又不同于其他艺术门类，它需要大量的财富和技术条件，大量的劳动力和集体智慧才能实现。建筑艺术还常常需要应用绘画、雕刻、工艺美术、园林艺术，创造室内外空间艺术环境。客站作为公共交通建筑，提升其建筑美感，需要建筑师孜孜不倦的探求，需要工程师精细的设计和建造者精湛的工艺来保证。

（三）打造绿色建筑

绿色，是自然、生态、生命与活力的象征，代表了人类与自然和谐共处、协调发展的文化，贴切而直观地表达了可持续发展的概念与内涵。“绿色建筑”的产生和发展，是将绿色思想引入建筑领域的结果，是建筑界对人类可持续发展战略所采取的积极回应，是未来建筑的主导趋势。1999 年国际建筑师协会第二十次世界建筑师大会发布的《北京宪章》明确要求将可持续发展作为建筑师和工程师在新世纪中的工作准则。

铁路客站作为重要的公共建筑，在建设中，引入绿色的理念，是实现客站可持续发展的客观要求，也是转变客站发展方式的有效途径。自 20 世纪 60 年代美籍意大利建筑师保罗·索勒瑞首次提出生态建筑学的理念以来，经过半个世纪的探索、研究与发展，对绿色建筑的认定已由概念转化成定量指标，目前，美国、英国等国家陆续建立了相应的适合自己国情的绿色建筑认证标准。我国对绿色的研究、实践还处于起步阶段。打造绿色客站，当前首先要研究解决以下几个问题。

1. 建立评价标准。一座客站建成后，究竟应该从哪些维度来建立评价标准？评价绿色客站的标尺是什么？用什么样的定量化指标来衡量其优劣？回答这些问题，首先要结合我国国情和客站特点，研究制定科学评判绿色客站的标准。目前，客站绿色标准的课题研究已初步完成，希望大家在实践中不断总结、优化，为完善、充实绿色客站标准提供支撑。其次，要把评价标准落实到实践中。这是一个高度复杂的系统工程，其实施和推广贯穿于建筑的整个生命周期，不仅需要设计师运用可持续发展的设计方法和手段，还需要参建各方和运营单位都具备绿色意识，共同参与建造和运营的全过程。

2. 节约资源。客站建设需要消耗大量资源,设计要树立节约资源意识。通过简约建筑造型要素,优化土建与装修工程设计,优先选用节能型、环保型、高性能、高耐久性和3R建材,综合考虑中水、雨水等非传统水源的利用等工程技术措施,减少建筑全生命周期的碳排放,节省资源。

3. 降低能耗。建筑能源消耗量是衡量客站绿色性的重要指标,客站设计运营管理要尽可能减低能耗。一是客站强化建筑节能措施,采用适应当地气候条件的建筑平面形式及总体布局,优化建筑体形系数,提高围护结构保温隔热性能,调整窗墙比及建筑外窗的气密性,充分考虑自然通风、采光和被动式节能设计,尽可能减少采暖和空调的使用。二是降低机电设备能耗,广泛采用节能新技术,恰当选用高效设备,提高系统节能率。三是选用适宜的空调、采暖冷热源系统,充分利用可再生能源,尽可能利用太阳能及地源、水源热泵技术,减少常规能源的使用。四是完善空调、电梯、照明等设备运营方案,根据气候、客流密度变化的特点,对客站用能主要设备控制可采用"部分空间、部分时间"的控制模式,以降低运营能耗。

(四)提高客站性价比

在当前建设资金筹措十分困难的情况下,提高客站建设性价比具有重要的现实意义,从长远看,也是实现客站可持续发展必须重点研究的课题。一方面要精打细算控制好客站工程的一次性投资,另一方面要千方百计为客站经营创造条件。

1. 严格控制工程一次性投资。站房、雨棚及站台都要严格执行新的规模和标准要求,杜绝摊大、攀比现象;合理区分不同级别和线别客站的建设标准,细分同一客站不同功能区域的装修标准;突出客站的交通使用功能,有效控制站房的建筑层高;深化对客站深基坑基础、结构体系等工程方案的研究与论证;强化过程控制,提高精细化管理水平,节约来之不易的铁路建设资金。

2. 努力为客站经营创造条件。新建的客站无论在内部环境上,还是在功能布局、服务设施上,与以往客站相比,都有了较大的改善,如果再有适当的投入,其边际效益将会成倍增加。尤其是大型客站,商业价值潜力巨大。在客站建设中,按照部多元化经营战略的部署,充分利用站内空间,规划建设商业夹层,尽可能为客站运营提供有提升空间的硬件服务平台、较强的商业和广告盈利能力,进一步拓展车站服务链。

(五)注重创新

回顾近年来铁路客站的发展路径,客站建设能够取得今天的成效,得益于我们对创新的坚持。当前客站发展已上升到一个新的平台,正处在重要的转折阶段,面临着许多的新课题,迫切需要以时不待我的精神切实推动客站不断创新。

1. 要拓宽和深化对创新的理解和把握。古语云:"苟周于事,不必循旧。"创新是推进铁路发展的不竭动力,是实现客站可持续发展最有力的引擎。"十二五"时期铁路建设的思路、方式、重点都发生了较大的变化,作为铁路建设重要组成部分的客站,其发展方式、设计理念、规模标准也需要因时而变。每一次重大变化在对现有观念、思维带来巨大冲击的同时,又无不孕育着新的理念和技术的诞生,也预示着客站发展的新机遇。希望大家进一步增强紧迫感,抓住难得的新机遇,落实铁道部关于铁路科学发展的战略部署,创新思维,破解客站在绿色建筑、服务品质等方面的新课题,推动客站的创新发展。

2. 发挥工程师在创新中的核心作用。推进铁路客站的创新发展,关键在于观念的转变,观念的转变,核心在建筑师和工程师。观念是行动的先导。有什么样的理念,就有什么样的作品。"十一五"时期铁路客站发展之所以能上升到一个新的高度,取得显著成效,核心就在于建筑师和工程师们把握、坚持了一个先进的理念。社会在进步、实践在发展、形势在变化,原有的理念、技术需要进一步深化、丰富和创新。凡事"有因有循,有革有化",客站也不例外。希望建筑师、工程师们结合铁路发展的新理念、新思路,结合人民群众对铁路客站的新要求、新期盼,与时俱进,不断创新,希望大家都能尊重建筑师、工程师们的创新精神，把客站创新推到一个新的高度。

3. 要勤学和善学。古人说："立身百行，以学为基。"学习是提高认识水平和创新能力的重要基础，也是鉴古知今和把握规律的重要途径。从宏观方面讲，当今时代是一个大变革大发展的时代，社会变化日新月异，科技进步突飞猛进，新事物新知识不断涌现，新情况新问题层出不穷，学习永无止境；从行业层面看，客站的创新发展过程就是一个不断学习、探索的过程。"十一五"客站建设在理念、技术、管理上取得的创新成果是大家勤于学习、善于学习的结果，"十二五"期间，铁路建设形势发生了新的变化，客站发展思路做出了新的调整，希望大家通过加强学习，尽快适应新形势、把握新规律、破解新课题。现在也是知识爆炸的时代，各方面的知识浩如烟海，正确选择学习内容十分重要。希望大家在学好规范、标准等专业必备知识的同时，精读中外经典名作、广读增智益脑之书，不断在读书学习中获取真知灼见，不断在实践探索中获得创作灵感，真正把学习当做一种生活方式、一种精神追求。这里，向大家推荐几本书，我个人觉得非常不错，一起共同学习。这几本书是弗兰西斯・D・K・Ching 的著作《世界建筑史》(2006 年 8 月出版)、《建筑：形式、空间和秩序》(2005 年 5 月天津大学出版社出版)，布兰达・威尔和罗伯特・威尔的著作《绿色建筑学：为可持续发展的未来而设计》(1991 年出版)，张家骥的著作《建筑艺术哲学》(2011 年上海科学技术出版社出版)。

结　语

伴随着铁路的发展和科技的进步，客站建设在理念、技术和管理等方面也需要与时俱进、持续改进。在客站建设的关键时期，希望大家一定要认清肩负的重大责任，以高度的责任感和使命感，发扬求实创新的精神，坚定信心，振奋精神，集中精力，扎实工作，坚定不移地推动铁路客站的可持续发展，为实现铁路现代化建设作出新的更大贡献。

现代化铁路精品客站建设管理探索与实践

周东伟　刘　琨

（成都铁路局，成都　610031）

摘　要：本文对成都铁路局新时期现代化铁路客站建设的特点进行了分析，论述了科学、系统的安全、质量管理在客站建设中的重要作用，介绍了成都铁路局两年来“一体化”管理和施组管理的一些具体实践，简述了成都铁路局客站建设的成效；对建设精品客站工程提出了建议。

关键词：铁路建设；精品客站；科学管理

1　客站建设面临的形势与挑战

作为铁路现代化建设，尤其是客站建设起步较晚的铁路局，承载着所涉“两省一市”铁路现代化的历史重任。伴随依法合规的大规模铁路建设逐步展开，一批现代化的客站将陆续规划、建设，两年来开通了成灌铁路各站、宝成灾后重建“四站”、成都东站。我们认真梳理、分析、思考了成都铁路局现代化客站建设所面临的形势和挑战。

1.1　规模大

按《中长期铁路网规划》，2020 年前成都铁路局还将建设 146 座车站，其中包括新建重庆、重庆西、重庆北、沙坪坝、贵阳北站和成都站改扩建交通枢纽综合体计 6 座大型客站，规模约 60×10^4 m^2（不含配套开发部分）；尚有遵义、乐山等 34 座地市级客站，总面积 110×10^4 m^2；总投资近 200 亿元。

1.2　建设期集中度高

2009 年，随着三大枢纽（成都、重庆、贵阳）、成绵乐和贵广及成渝等客专、遂渝和六沾及渝利等快速、南涪和渝涪等普速铁路项目的相继开工建设，近 80 座客站将于 2012 ~ 2015 年建成投用。各项目建成日期大体集中于 2013 ~ 2015 年，使客站建设集中度高。

1.3　地域分散

除成都、贵阳、重庆省会级城市客站外，其他客站分布于贯连“两省一市”的各铁路沿线，地域空间跨度大、分散兼具区域多样性、复杂性特征。

1.4　枢纽站多

枢纽客站是包括客专在内的各铁路线的重要引入节点，枢纽内到发、整备、检修车流大，客站施工须保证运输秩序和运营安全；地处城区的客站施工期城市交通需疏解、导改、过渡，客站过渡与运输相互影响；不仅存在既有线运营安全风险，也不可避免地牵肘施工组织，建设安全风险大、管理难度高。

1.5　建设标准高

铁路客站一直被视为是城市窗口和地标性建筑，在城市和铁路建设中的地位举足轻重，在满足客运功能、映影城市和铁路的变迁与进步、传承地域文化方面具有独特的作用，理应具备宝贵的文化征候;把铁路客站建设成为建筑质量上乘、客运功能完美、地域文化内涵丰富的精品工程,使之具有长久的影响力和鲜活的生命力,十分有助于提升城市和铁路的整体形象。

2009年始铁道部逐步建立和完善了客站建设管理体系和相关规章制度,大力推进客站建设管理标准化,为精品客站建设制定了科学的标准。成都铁路局在客站建设管理中,借鉴全国客站建设的丰富经验,严格执行部相关标准,取得了一定的成效。

2 构建精品客站建设管理的探索与实践

成都铁路局对客站建设管理进行了积极的思考和探索。只有把客站建成建筑质量一流、配套齐全且功能完善、方便和满足旅客出行和换乘需求、充分展现地域特色文化、给力区域经济发展的工程,才是建成了精品客站工程。两年来的探索和实践中始终秉承"以质量安全为核心,以服务旅客为宗旨"的理念,坚持科学管理、创新管理、持续改进,努力将每一座铁路客站打造成精品工程。

2.1 正确树立科学管理理念

泰勒先生(美国)把科学管理概括为"科学而不是单凭经验办事",科学管理就是对所管理项目要理性地认识。现代化客站的建设管理除需具有常规建设理念外,还需具有系统建设、科学创新的理念,并藉此把铁路客站打造成新时期的精品工程。这就是对现代化客站建设管理的理性认识和科学管理理念。

2.1.1 坚持系统建设的理念

巨系统(huge-system)是指构成系统的子系统或层次或元素的数量非常庞大;复杂巨系统不仅系统内子系统非常多、具有很多层次,系统演化及系统行为均呈现复杂性,且每个子系统或层次都呈现系统的复杂行为,甚至有意识活动参与到系统中。

现代化铁路客站,尤其是大型和特大型城市的客站,在站区规划、建筑造型、功能布局、关键技术、交通流线布置、服务设施方面与以往相比都有重大突破或创新,与多种城市公共基础设施功能紧密连接;工程项目交叉、建设管理界面多、投资主体多;因而形成复杂巨系统(complex-huge-system)。对作为枢纽核心体、颇具巨系统特征的现代化客站工程,建设管理者不能单纯考虑铁路项目自身建设,须以系统理论指导枢纽及客站建设和建设管理,坚持系统的"三同步"(同步规划、同步建设、同步使用)原则,才能达成建设目标。

运用系统的理念和方法,分析出成都东站交通枢纽综合体建设管理的制约子系统或层次或元素,构建最优建设组合、建立最合理管理界面,特别注重管理意志参与的作用;科学地制定了交通枢纽综合体的目标协同,有效抑制了交叉干扰,提高了建设管理效率,促进了各子系统或层次或元素工程的协调推进,实现了交通枢纽综合体"三同步"的建设目标,降低了建设综合成本,保证了社会效益最大化。

2.1.2 坚持科技创新的理念

按《中长期铁路网规划》"以技术为突破、以管理为保障"的要求,客站建设科技创新须纳入客站建设管理规划和创优规划,运用"新技术、新设备、新材料、新工艺"使客站建设适应社会经济和铁路发展的需要。

"成都东客站设计施工综合技术研究"获中国施工管理协会"2010年度技术创新特等奖"(No.10),"双线铁路内承轨连续梁"设计获得2010年国家专利(专利号:200920080239,分类号:E01D2/00;E01D101/26;E01D101/28),"地源热泵系统空调技术"获成都市2011年环保节能补贴,并被列入成都市可再生能源建筑应用重点示范项目。

2.2 整章建制,构建专业化管理团队

2.2.1 构建专业化的管理团队

现代化客站是由近40个专业组成的复杂巨系统,是涉及铁路、轨道交通、市政道路与管网、城市

建筑等多个领域的综合体,其建设管理内容、界面均呈与传统客站不同的特点。按"专业化、规范化、实效化"管理原则设置机构、配备专业人员是提升客站建设管理水平,保证精品客站建设目标实现,保障客站全生命周期的价值最优化的重要手段和决定性因素。成都铁路局2008年构建了客站建设管理体系,2009年成立了专业化的指挥部——客站建设指挥部,负责局管内重要客站的建设管理工作,形成了"路局(公司)→专业化指挥部(管理部门)→项目管理机构"的三级管理体系;适时配齐配强了专业人员。局建设处指定处领导和专工负责站房建设及其管理的协调工作。

客站建设指挥部由涵盖铁路、房建、电力、暖通、信息、财务、法律、审计等专业的55名建设管理、专业人员组成,具有一级结构师、监理工程师、造价工程师、项目经理等国家执业注册或资格证书的人员20人,实现了专业化和标准化的人员配备。两年来,客站建设指挥部承担了成都东站、宝成灾后重建"四站"的建设管理工作,出色完成了建设任务和目标。

2.2.2 健全规章制度

针对客站的建设及其管理特点,部及部站房总指挥部(以下简称"总指")发布了方案征集、设计管理、钢结构技术要求、电梯和空调等设备集中采购、装修装饰等方面的规章制度。根据部关于站房建设及其管理的规定和要求,成都铁路局结合实际制定了客站建设前期工作、节能、环保、质量、安全、工期、投资、对外协调、竣工验收等制度,完善了专业管理、专项施工方案审查、材料物资管理、装修样板管理、材料设备供应、考核评价等管理制度和办法。两年的实践证明,客站建设管理制度和办法实用、有效。

2.2.3 强化标准化管理

以科学发展观为指导的铁路建设标准化管理,是提高铁路建设管理水平,高标准、高质量、高效率完成铁路建设任务的主要保障,是建设精品工程的客观要求和重要手段。成都铁路局建立了"结构清晰、职责分明、权责对等"覆盖全过程的标准化管理制度体系,按"突出专业优势,坚持高标定位,严格标准建设"的要求,以"工作有目标、实施有规范、操作有程序、过程有控制、结果有考核"为目标,以项目管理为核心、标准化管理为抓手,强力推动客站建设标准化。一是突出"四个明确"(指导思想、分工、创建规划、建设目标),实现高起点规范运作;二是坚持"三个务必"(技术专业化、人员年轻化、知识全面化),营建高素质高效率管理团队;三是抓好"四个结合"(国家技术标准和部管理制度、自我完善和学习借鉴、标准化建设与建设工程领域突出问题专项治理、既有规章制度与形势发展),建立实用型管理制度;四是强化"三项措施"(责任制落实、技术管理、检查制度),实现标准化管理常态化。

2.2.4 规范流程,强化接口管理

客站建设系统性强、专业接口多、程序复杂,知悉影响界面管理的项目决策问题,正确识别实体、合同、组织界面,并明确各管理界面职能,建立规范的管理流程尤为重要。成都铁路局借鉴国内客站建设经验,遵循PDCA闭合管理原理,按"事事有流程,事事有标准,事事有责任人"的原则,在规划设计、征地拆迁、项目监管、工程实施、联调联试、竣工验收等阶段制定标准化的工作流程,界定各参建方的工作职责,确保了客站建设管理"总体目标可控,重点流程可控,关键资源可控"。

表1 按照建设各阶段确定的客站建设工作责任分解矩阵

工作流程	计统处	总工室	建设处	客站建设指挥部	设计单位	施工单位	监理咨询单位
规划设计	○	△		△	●		
征地拆迁			○	●	△	△	△
项目监管			●	○	△	△	△
工程实施			○	●	△	△	△
联调联试		●	△	○	△	△	△
竣工验收			●	○	△	△	△

注:●表示责任单位;○表示牵头单位;△表示配合单位。

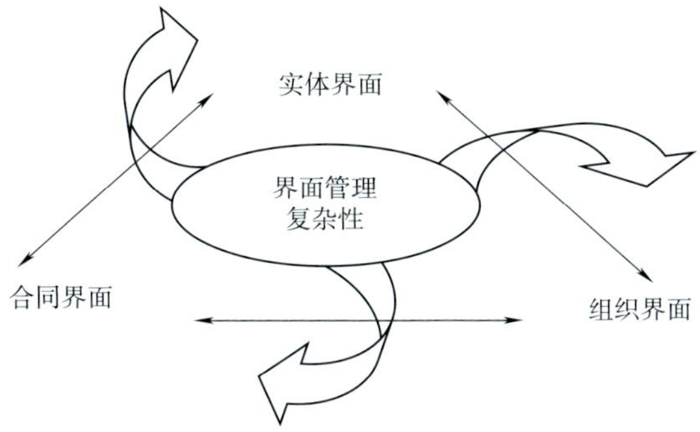

图 1　影响界面管理的项目决策问题

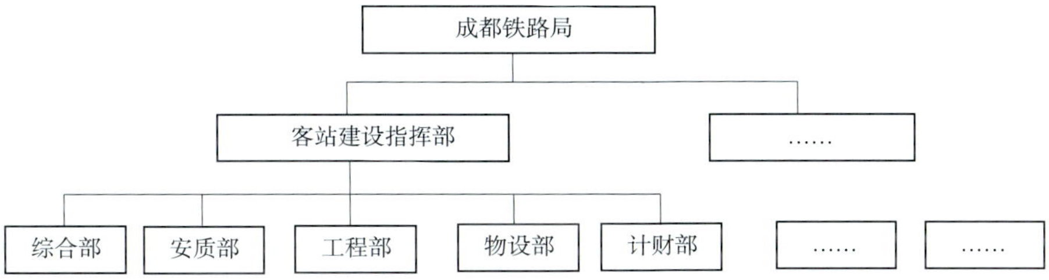

图 2　成都铁路局客站建设管理职能部门之间界面

2.2.5　抓过程,实现精细化管理

一是实行安全控制红线和安全质量问题分级管理,制定了《成都铁路局铁路建设工程质量安全“红线”管理办法》、《成都铁路局大中型基建项目安全质量分级管理办法》,客站建设指挥部结合项目特点细化了站房建设相应的管理措施,使质量安全处持续可控状态;二是强化问题整改的闭环管理,实行检查→建问题库→问题库追踪→销号管理。

2.3　以质量安全管理为核心,打造精品工程

2.3.1　坚持安全第一的理念

在现代化铁路客站建设中,成都铁路局始终坚持运输安全持续稳定是铁路科学发展的首要前提,固守“安全第一”的原则。一是建立安全生产责任体系,严格落实领导、逐级、专业、岗位负责的全员责任制,把安全责任分解到每个部门、每个人;二是完善安全管理、考核、安全风险评估、安全技术方案审查制度;三是实行安全分级、安全红线管理;四是狠抓现场管理。

2.3.2　坚持质量至上的精品意识

作为城市重要公共交通设施的铁路客站,是多种交通方式的换乘中心,其独特地位和作用决定了必须是质量至上的精品工程。部党组本着对人民、国家、历史负责的态度对客站建提出了许多具体的要求,成都铁路局把创建精品工程列为最基本的要求,将“大型站房必须取得鲁班奖、其他站房取得地方建筑最高奖”纳入建设合同条款,规定建设管理机构须在开工前编制《客站建设创优规划》报路局审查。

2.3.3　抓源头,强化原材料管理

规范材料取样、送样、见证、平行检测工作对其质量全面检测,以加强材料进场检验;落实原材料质量控制措施,杜绝不合格材料进场。对施工中发现的不合格材料,建设、监理单位发现一起处理一起、责令退场或整改。

2.4　积极推行“四个一体化”

一体化管理是指当两个或以上管理体系并存时,将公共要素整合在统一的管理构架下运行的综合管理方式。为实现配套齐全、功能完善的建设目标,成都铁路局以系统优化为先导,整合管理资源、共享管理成果,实现了“四个一体化”管理(路地管理、建设管理、建设运营、经营开发),并成功运用于

成都东站建设，重庆、贵阳等枢纽建设正按一体化模式推进。

2.4.1 路地一体化规划设计

铁路客站与城市建设、交通规划密不可分，站位选择是实现交通枢纽综合体功能的关键和完善城市交通网络等基础设施的重要组成，成都铁路局在站房规划建设中与地方政府充分沟通、协商，保证客站交通枢纽综合体发挥最大的作用。

2.4.2 建设管理一体化

现代化客站交通枢纽综合体建设与地铁、公交、长途客运、市政道路、市政管网等配套，与旅游、广告传媒、通讯、银行、邮政等配套设施连体，投资主体、管理方式和目标多元化，谁投资、谁管理的常规管理方式必然相互干扰。成都铁路局打破常规，统筹各投资主体的建设关系，实行统一的代建制，坚持“一家管理、一家施工、一家监理、一家检测”的实施原则。

成都东站建设中包含了铁路站房、地方交通投资、兴城、地铁、电讯及路局多经等6个投资主体，成都铁路局富有远见地对地铁2和7号线、东西广场、跨站立交桥及引道工程进行了建设管理一体化尝试，取得初步成效并正拟推广到重庆、贵阳北站的建设管理中去。

2.4.3 建设运营一体化

为克服客站建设受标准、规范、建设内容制约的不足，遵循“服务运输”理念，在建设过程中尝试客站建设指挥部和运营管理单位“同研究、同管理、同调试”的“三同时”措施，科学纳入运输站段提出的合理、客观运营需求，实行建设运营一体化管理。

按建设运营一体化建设管理的成都东站、宝成灾后重建“四站”已顺利移交。成都东站首次将客站的消防、机电等多种管理系统集成于同一现代化管理集成平台系统，为减少运营人员、提高效率创造了条件。

2.4.4 经营开发一体化

客站密集、短滞、多元的客流，使其成为潜在的商业开发黄金地段。除满足旅客正常通行外，扩展商业功能、提供延伸服务、引入高端品牌无疑是客站运营的方向，可观的收益能为客站更好地运营、更好地服务旅客创造条件。

由路局多元公司制定建设标准、招商方案，筹措商业开发建设费用，委托客站指挥部“同步规划、同步建设和同步使用”，与运营站段统一管理客站的商业开发。成都东站已招商10年收益达11亿元，减轻了运营成本支出。

2.5 精心组织，注重效率

经审查、批复的指导性施工组织设计（以下简称“施组”）是客站工程建设的纲领性的文件，对建设项目目标的实现至关重要。

2.5.1 编制科学合理的施组

施组是统领建设全过程施工活动的安全、质量、技术、经济、组织、协调、控制的综合性文件，只有基于翔实的现场调查，才能编制出组织科学、目标明确、资源适应、指标量化、针对性强、工艺先进、措施具体的合理、实用的施组，才能保证施组安全、质量、工期、投资、环境和健康目标的实现。

2.5.2 加强施组管理

施组管理就是施组的审查、监督执行、动态管理。一是落实部总指颁布的客站施组设计与审查的有关规定（鉴客站函〔2009〕257号文和客站总指函〔2010〕51号文），二是落实路局的施组管理和考核制度，阶段性比对施组与实际工作量的差异，发现严重滞后即组织查原因、补差距，确保施组目标实现。

通过路局、建指、专家的多次深入研究后制定了科学合理的施组，客站指挥部落实关键线路、卡控关键节点，保证了施组兑现。

2.5.3 运用信息技术，提高管理效率

成都铁路局建设系统2010年开始构建的信息化是标准化建设的四个支撑手段之一，一是建立施工场区局域网、视频监控、视频会议系统，施工实况信息经互联网传至建设相关方管理者的电子媒介中，使之可通过信息系统及时调整建设资源、施工工序，实现高效的远程控制；二是构建建设相关方综合信息平台和管理平台，分类存储设计、施工、监理、建设等建设信息、影像资料、管理资料，实现资讯交流、技(学)术讨论、专业互动、资源共享；三是通过计算机三维动画模拟技术，对重大结构施工、重大技术方案、重要卡控点、主要工序进行形象论证。

2.5.4　加强培训，提高管理团队整体素质

采取集中授课、技术交流、现场观摩、网络公开课等方式，对建设、设计、施工、监理人员进行不同阶段、不同层次、定期和不定期的培训。注重培训的阶段性、针对性、时效性，是成都铁路局提高建设管理团队整体素的主要手段。

3　成都铁路局建设铁路精品客站的成效

两年的探索与实践中，成都铁路局先后完成了成都东站、绵阳、广元、江油、德阳、青城山、犀浦等一批设施功能齐全、颇具地域文化特色的精品客站，成为所在地城市的地标性建筑和景观。

3.1　成都东站

成都东站(图3)是集铁路、地铁、公交、出租、社会车辆、长途客运等换乘和出行的现代化交通枢纽综合体，是西南地区目前规模最大、功能设施最先进、现代化程度最高、配套最完善的地标性建筑；站房内设自动扶梯、直达电梯，中央空调、直饮水系统、自动售票机、检票机等先进的客服设施设备和客站综合管理系统；它的建筑外观提炼了川西金沙与三星堆文化艺术元素，融入了竹编、竹叶巴蜀风情，演绎了成都独有的汉蜀文化。该建筑总量为 22×10^4 m^2，占地约1075亩，车场规模26站台26线；设计日均客车作业能力400对，日均发送量为 20×10^4 人次。

成都东站及相关工程2008年12月31日开工建设，2010年12月31日达开通条件，2011年5月1日完成综合交通枢纽建设。该站建设过程平稳、安全有序可控、质量精益求精、投资控制合理，在环保水保、节能降耗等方面取得了不俗的成绩，赢得了部、局及地方政府的肯定，2011年5月8日正式开通运营至今运行状况良好。

图3　成都东站

3.2　灾后四站

按部统一部署，为提振“5.12”灾后重建信心，2009年10月伊始对宝成线广元、江油、绵阳、德阳站实施灾后重建。2010年10月和11月、2011年1月和3月绵阳、江油、广元、德阳站相继开通使用。融入川西民居特色“大屋顶”的绵阳站、宛若一扇扇端庄素雅屏风的江油站、“蜀道开，凤凰来”的广元站、工业厂房式的德阳站，已成为当地重要的景观建筑。

图4　绵阳站

图5　江油站

图 6　广元站

图 7　德阳站

4　关于精品客站建设的思考

4.1　合理比较建设投资与维修投入费用

现代化客站是铁路一个庞大、永久性的固定资产，有数十甚至百年的使用期，建筑构件、设备维修改造费用不菲。精品客站要求选用的优质建材、先进设备，可延长使用寿命，但投资高；而优良的建筑品质结合成功商业开发可补偿维修改造费用。用一体化的思路，科学合理地比较、分析综合投资的高低，有利于确定合理的建设标准和投资规模。

4.2　设计文件细化与设计质量的提升

现行客站设计习惯于许多设计文件细化，尤其是关键节点的深化设计由施工单位完成，质量难以保证；设计文件的差错漏碰时有发生，设计质量还有待提高。建议明确客站深化设计的主体单位和深化设计阶段的细部设计深度标准。

4.3　控制主要建材和设备质量的难点

建材和设备的高品质是展示客站精品的重要方面，依部颁布总承包合同样本，大部分由施工单位自采，建设单位对建材和设备质量的控制手段不多。建议将客站的主要建材和设备纳入甲供（控）范围。

4.4　站房规模的适度超前问题

我国的站房一般按 50 ~ 70 年使用年限设计，基于二、三线城市发展较快的国情，为防止使用期内不适应发展的现象，建议不拘泥于城市等级限制而着眼于长远和发展，其建设面积适度超前。

参　考　文　献

[1] 郑健. 总结提升　持续改进　进一步推动中国铁路客站的创新与发展[J]. 铁道经济研究,2009,(6).
[2] [美]F·W·泰勒. 科学管理原理[M]. 北京:中国社会科学出版社,1984.
[3] 王昊. 论泰罗科学管理的当代意义和历史局限[J]. 北京行政学院学报,2007,(1).
[4] 钱学森. 论系统工程[M]. 上海:上海交通大学出版社,2007.

创新理念　精细管理
全力打造精品客站工程

李迎九

（上海铁路局，上海　200071）

摘　要：南京南站作为目前国内科技含量最高、功能最为先进、施工难度最大的站房工程之一，建设单位上海铁路局和各参建单位创新理念，精细管理，精心打造精品铁路客站。本文针对南京南站的建设特点及难点分析，着重从建设理念、工作机制、管理手段、科技创新等方面阐述如何打造精品工程，具有一定的借鉴意义。

关键词：铁路；客站；质量管理；实践；思考

南京南站是京沪高速铁路五大客运枢纽站之一。工程建设过程中，上海铁路局立足高起点、高标准、高水平，把“以人民满意”作为根本出发点，追求一流的创造力、凝聚力和执行力，实现了一次性、全功能、高可靠开通运营目标。

1　工程特点及难点分析

南京南站位于南京城东南，距市中心约 10.5 km，站房总建筑面积 38.7 万 m^2，其中主站房地上 3 层，地下 2 层，南北长 417.2 m，东西宽 156 m，檐口高为 58.5 m，建筑面积 28.1 万 m^2；设京沪、沪汉蓉宁杭和宁安三个车场，共有 28 站台 28 条线。南京南站是集高速铁路、城际铁路、城市轨道交通、公共交通、长途汽运等为一体的综合超大型车站，建造技术要求高、施工环境复杂、组织协调难度大。

1.1　地理位置特殊，建设意义重大

南京南站是连接京沪高铁、宁安城际、宁杭客专、沪汉蓉快速铁路以及沪宁城际等 5 条高速铁路的重要枢纽。作为古都南京重要的地标性建筑，主站房秉承古城新站的理念，以中国古典建筑构成元素为基础，柱廊、斗拱、双重屋檐，方正刚毅的直线和简约优雅的曲线营造出传统建筑的壮美神韵和现代铁路客站的恢弘气势，完美体现了古都南京浓郁的地域风格和山水城林的人文特质。它的开通运营不仅有效缓解了京沪铁路长期以来运输“瓶颈”制约，而且对构筑沪宁杭 1 小时都市经济圈，实现长三角区域经济一体化发展具有特别重要意义。同时，南京南站高品质按期建成，为京沪高速铁路顺利开通运营提供了强有力的支撑。

1.2　工程体量巨大，建造技术复杂

南京南站是全路规模最大的高速铁路客站之一，工程建筑面积约 39 万 m^2，钢结构用量 10.8 万 t，水泥用量 98.1 万 t，石材 32 万 m^2，工程体量庞大。本工程不仅钢结构形式多、构件规格高、单件重量大，钢结构制作、吊装技术要求极高，而且大量采用工厂 Z390 厚板焊接技术，质量控制难度极大。同时，南京南站作为典型的桥建合一结构体系，站房框架结构柱采用劲性清水高强混凝土结构，柱钢筋与钢骨间距离小，大体积混凝土浇筑施工工艺复杂。

1.3　交叉作业频繁，施工组织困难

南京南站工程汇聚铁路桥梁、轨道、四电等多个专业，涉及房屋建筑、机电设备、装饰装修等多个

领域，施工中大量存在钢结构与桥梁结构、桥梁结构与高架层、高架层与地面结构等多专业、多工序平行及交叉作业。在项目建设后期，地铁、停车场等市政配套工程全面启动，与站房作业区同步施工，高峰时万余名建设大军集中作业，专业接口繁多、系统集成复杂、作业场地狭小，施工干扰问题十分突出，现场组织、管理和协调工作难度极大。

2 创新理念，高标定位，引领精品客站建设新实践

南京南站建设中，上海铁路局始终从以人为本、打造精品出发，运用先进理念引领客站建设新实践。

2.1 树立文化引领的理念

建设文化是铁路建设的思想先导，是统一和凝聚各参建单位力量的有效载体。在南京南站的建设过程中，上海局突出建设文化引领，用“质量至上”的建设理念，打造核心价值观，在工程实践中形成了富有南京南站特色的质量“零缺陷”、安全“零事故”、考核“零容忍”的建设文化，培育了“创新发展，追求卓越”的南京南站精神，始终以最新理念、最高标准、最严管理和最强执行力推进工程建设，全力打造一流的铁路客站。

2.2 树立精细管理的理念

在南京南站建设过程中，我们始终坚持以人为本、细节取胜、追求完美的工作要求，在狠抓工程质量、确保整体成优的前提下，对每一项设计方案，做到精深入微，最大限度地体现人性化关爱；对工程每一处细部处理，从优化工艺工法入手，做到精益求精，先后形成了斗拱、楼梯扶手、卫生间、照明灯具、动静态标识等 39 个样板工程，其中装配式楼梯扶手在全路得到推广，使南京南站真正成为诠释地域文化、体现时代特征、富有韵律情感的建筑精品。

2.3 树立运建一体的理念

铁路客站建设的最终目标是服务运输。在南京南站建设过程中，上海铁路局始终坚持运建一体的理念，设备管理单位提前介入、过程参与。在建设方案设计阶段，共同优化功能布局，完善实施方案；在工程实施阶段，参与施工组织，全面了解设备情况，落实相关方案；在竣工验收阶段，参与专业验收，提出改进意见，督促问题整改，充分发挥运营单位在客站建设中的引导作用，使建设和运营得以有效结合，实现建设目标与运营需求无缝对接。

3 创新机制，规范行为，适应精品客站建设新要求

上海铁路局根据南京南站工程实际，以创新机制为着力点，明晰工作职责，规范运作程序，初步形成了职责明确、管理顺畅的工作机制。

3.1 建立高效的协调机制

一是成立专门组织。上海铁路局成立了由分管建设副局长任组长，建设、运输、土房及相关设备管理单位负责人任副组长的南京南站建设领导小组，下设技术指导、质量检查、安全盯控等专业工作组，及时研究工程建设过程中存在的重大问题。二是建立路局、指挥部及施工、监理单位三级责任包保机制。路局建设处领导带队现场包保，靠前指挥，对质量问题一抓到底；指挥部实行班子成员分区包保、责任到人；设计、施工及监理单位建立“双包保”责任体系，由集团公司指派一名局领导与项目部双重包保，共同负责。三是建立现场例会制度。路局领导小组每周召开专题协调会，分析查找问题，研究制定措施，督促责任落实；各专业组每天召开例会，专题分析、及时协调解决交通运输、施工方案、劳力组织等方面出现的问题，有序推进工程建设。

3.2 建立规范的创新机制

在南京南站建设过程中，我们始终把技术创新作为解决建设难题、提升功能品质的重要手段。一是确立创新规划。针对车致震动试验、钢结构承力斗拱研究及制作等11项课题，制定技术创新专项方案，明确创新目标、任务和措施，分步开展课题攻关。二是坚持专家治理。针对站房装修色系搭配，邀请主持上海世博会中国馆色系研究的何镜堂院士现场指导，从10 000多种色彩中甄选出4种主要色调进行搭配，确保站房色彩与建筑风格的和谐统一。组织清华、南大、同济等高校专家院士反复论证，成功破解了大直径钢筋连接、高强厚钢板室外低温焊接、劲性清水混凝土梁柱施工、超长桥建合一框架结构裂缝控制及变形监测等建设难题。三是开展重大施工方案论证。针对多项施工同步交叉等特点和难点，先后攻克了大跨度高空网架结构滑移综合技术、通车条件下大型建筑施工组织、350 km高速列车通过正线侧的安全防护技术等12项重大施工难题，为确保建设质量和施工安全提供了可靠保证。

3.3 建立严格的考核机制

一是责任界定。路局明确指挥长对客站质量安全负第一责任，重点负责清水混凝土、钢结构吊装及焊接等关键施工项目；总工程师对涉及客站质量安全的重大方案负责，重点负责深基坑开挖支护、钢结构制作安装等关键性施工方案亲自组织审查；工程、安质部门负责人和主管工程师重点加强现场管理，把检查要求转化为工作标准，清晰界定分级责任。二是责任追究。路局与南京南站指挥部签订项目年度业绩考核责任书，年底根据考核情况兑现风险抵押金。指挥部以信用评价、风险抵押为主要手段，对全项目所有参建单位进行每月评比排名，按照优秀、良好、合格拉开档次进行考核，不合格的重扣重罚，发生质量安全问题的一票否决，确保各级责任落到实处。

4 创新手段，把握规律，提升精品客站建设新水平

在客站建设中，我们针对南京南站技术要求高、施工环境复杂的建造特点，坚持从创新手段、精细管理入手，加强质量过程控制。

4.1 注重设计深化

我们坚持从服务旅客要求出发，深化客站内外细部设计，最大限度地体现客站功能性和文化性。如在站台楼梯设计上，将踏步宽度由300 mm改为350 mm，改善旅客上下楼梯的安全性和舒适度；对藻井、斗拱、窗花、檐口板等细部多次深化设计，特别在楼梯栏杆、候车大厅伸缩缝等细部处理上，结合现场实际反复推敲、力求完美，在遵循设计意图的基础上充分体现浓郁的地方文化特色；对站区三个站场间的夹角地进行园林式景观设计，成为客站一道亮丽的风景。

4.2 加强风险预控

在工程开工之初，指挥部按照路局要求，会同设计、施工、监理单位对客站工程清水混凝土、钢结构焊接、细部装饰等质量关键点和深基坑开挖支护、钢结构吊装作业等安全风险源进行评估，按照高风险、一般风险和低风险分类，在图纸上详细标明风险等级、技术措施、责任部门和人员。对安全质量隐患实施分级动态监控，由指挥部以及施工、监理单位按照风险等级落实包保责任，分级督办，确保隐患登记、整改、销号全过程受控。

4.3 坚持工艺试验

按照路局统一要求，组建了工艺试验检测专门机构，并制定了《南京南站建设工程工艺试验管理办法》，规定混凝土浇筑、钢结构焊接等关键施工必须进行工艺性检测试验。对首根清水混凝土柱、首

榀钢结构焊接等工艺试验方案实行专家审查，由各参建单位组成专业技术组共同加强试验过程控制，并根据试验结果及时修正施工工艺参数和施工工法。在此基础上，大力推行样板示范段、样板间和样板层，经验收评估合格后，在全项目推广，确保客站建设一次成优。

4.4 严格工序签认

一是实行关键工序卡控。根据路局《铁路客站工序管理要点》，制定了混凝土浇筑、钢结构焊接、装饰装修等关键工序的作业流程和作业标准，明确规定了分级检查、确认、签认的制度，杜绝质量安全问题发生。二是落实实名签认制度。实行工序交接验收、确认签认和实名制，对每道工序作业人员进行实名记录，在工序转序时，规范填写《工序质量交接单》，做到交验双方实名签字，实现工程施工质量的可追溯性。三是推行许可证制度。建立站房工程深基坑开挖、营业线施工等高风险作业施工许可证制度，对审批手续、施工条件等进行严格把关，确保施工质量安全。

4.5 开展标准化评定

开展客站标准化评定，是上海铁路局坚持“以人为本”，全面贯彻铁道部客站建设新理念的具体举措。一是成立组织。路局抽调专人，组建了南京南站装饰装修、给排水、绿化、客服信息等 7 个专业检查组，对主站房、雨棚、站台、天桥、地道等分组检查，并制订具体的评定计划和评定标准。二是专业评定。专业组以旅客进站流线为顺序，重点围绕工程外观质量、主要功能、实体质量等开展全方位检查，分专业填写检查记录表和评定评分表。同时制定问题整改责任展开表，确保整改一项、确认一项、签认一项、销号一项。三是综合评定。根据阶段性检查评定结果，进一步挖掘、培育工程建设亮点、创新点，评出各项标准化工程，并对精品样板段进行评定命名。经路局标准化评定领导小组综合评定，南京南站 3 项工程被授予“上海局标准化示范工程”，8 项工程被授予“南京南站标准化示范工程”。

5 收获和体会

南京南站的建设和运营，在价值取向、建设理念、具体内涵等方面努力践行铁道部各项要求，赢得了社会各界的广泛赞誉。通过南京南站的建设，我们对铁路大型客站的建设有以下四个方面体会。

5.1 必须坚持理念领先，树立精品意识

理念反映境界，意识决定行为。在客站建设过程中，只有坚持“以人为本”的理念，把服务运输、服务旅客作为铁路客站建设的出发点与落脚点，才能总揽全局，把握重点；只有树立精品意识，把确保质量安全贯穿于项目决策、标准确定、工程管理全过程，才能促进客站工程建设优质、安全、有序推进。

5.2 必须坚持创新机制，实施科学管理

现代化大型铁路客站是一个集技术性、功能性、专业性于一体的系统工程，必须采用与之相匹配的科学管理方法和手段。这就要求我们在建设过程中，通过创新机制，科学有效地整合好人员、技术、设备及物资等生产要素，最大限度地利用和发挥好建设资源作用；通过规范管理，把技术、标准及要求严格落实到管理层、技术层及作业层，确保工程施工各环节质量可控，整体成优。

5.3 必须坚持质量至上，打造精品工程

铁路客站是旅客换乘的集散地，是全社会感受铁路服务理念和服务品质的窗口。百年大计、质量第一，在建设过程中，只有质量无隐患、无缺陷，才能为运输安全提供基础保障，体现铁路市场竞争优势；只有客站设施少故障、少维修，最大限度地减少对运输安全秩序的干扰，才能使客站功能得到充分发挥。任何时候、任何情况下，必须毫不动摇地坚持质量至上，这是铁路客站建设之本。

5.4 必须坚持细节完美,提升客站品质

细节精雕出效果,整体控制出精品。在规划设计中,必须追求对细节的把握,充分体现建筑方案的构思与精髓;在施工过程中,必须加强对工序、流程等各要素的精细管理,确保建筑细部质量最优。铁路客站建设,只有从满足旅客需求出发、坚持与当地地域人文相融合,在提高设计精度、精细施工方案、严格工艺标准、雕琢建造细节上下工夫,才能最大限度地体现设计意图与建造结果的完美统一。

5.5 必须坚持目标同向,凝聚强大合力

南京南站无论是建设规模还是施工难度,在全路客站中都是首屈一指。全体建设者凭借"使命必达、期到必成"的强烈责任意识、"决战决胜、勇创一流"的顽强工作作风、"团结有力、敢打善拼"的坚强建设团队,只为成功想办法,不为困难找理由,统一和凝聚了参建各方力量,形成了震撼人心、一往无前的气魄和力量,共同成就了中国高铁客站精品力作。

海南东环铁路客站建设质量控制与安全管理

陈向前

（海南东环铁路有限公司，海口　570125）

摘　要：海南东环铁路客站建设质量与安全管理建立了完整的管理控制系统，从设计、施工到初期运营全过程，从专业、工序到人员全方位有效控制，实现了一流客站的建设目标。

关键词：客站；质量；安全；管理

1　重大意义

海南岛是我国第二大岛，有丰富的旅游资源、独特的气候条件和区位优势，是闻名世界的热带海滨旅游度假胜地。海南东环铁路的建设为旅客提供了快速、环保、大容量的现代化轨道交通服务，大大提高海南省旅客运输能力和服务质量，对完善海南省立体交通体系，保护沿海生态环境，促进海南国际旅游岛建设和经济社会快速发展具有重要意义。

2　项目概况

海南东环铁路（图 1）北起海口市，途经文昌市、琼海市、万宁市、陵水县，南至三亚市，线路全长 308.11 km，线路最高允许速度 250 km/h。全线共设 15 个车站，分别为新建长流、秀英、城西、海口东、美兰、文昌、琼海、博鳌、和乐、万宁、神州、陵水、亚龙湾站和改造海口、三亚站。其中，高架站 4 个（长流、秀英、城西、海口东站），地下站 1 个（美兰站）。全线站房建筑面积 77 326 m^2（其中，海口东站 9 903 m^2，美兰站 26 980 m^2，三亚站 14 991 m^2），雨棚面积 217 611 m^2（其中，海口东站 39 520 m^2，三亚站 47 679 m^2）。海南东环铁路 2007 年 9 月开工，客站工程于 2009 年 7 月开工，2010 年 8 月底完工，全线 9 月份完成静态验收并投入全线联调联试及试运行，2010 年 12 月 31 日开通运营。

图 1　海南东环铁路示意图

新建的海南东环铁路客站位于海南岛东部的 6 个市县，其建筑效果是独具特色的亮丽风景，让国内外游客到海南东环铁路客站乘车既感到舒适，又有美的享受，如图 2 所示。旅客们进入站房，踏上站台，感觉进入了一个赏心悦目的新空间。客站的设计艺术、工艺质量，得到了旅客的称赞和业内人士的好评。

(a) 海口东站夜景

(b) 三亚站房正立面图

(c) 亚龙湾站房

(d) 博鳌站房椰子树造型

(e) 三亚站站台、雨棚

图 2　海南东环铁路客站

3　主要特点

3.1　工程难度大

美兰站地质情况复杂，施工难度大。

美兰站设在美兰机场隧道（全长 4 600 m，含美兰站）中部，是国内第一座设在隧道中间的地下高速铁路车站，车站设四股道，采用双岛式站台。四股道道岔咽喉区线间距小，无法设置中墙或立柱，采用了四线大跨衬砌一次跨越。四股道大跨衬砌内净宽达 23.36 m，是目前国内已建成高速铁路地下站的最大净跨。

美兰站也是国内第一座与机场航站楼实现“零换乘”的高速铁路地下站，在复杂地质条件下设置地下车站所采取的施工方法、基坑围护结构、衬砌结构设计、高速铁路气动效应缓解的研究等，在国内尚属首例。

3.2　技术水平高

在客站建设方面，东环铁路沿线车站采用了大量先进技术，其中典型代表有海口东、美兰、博鳌和三亚站。

海口东站位于台风和地震高发区域，风压系数取值达到 0.9 kN/m^2，抗震设防烈度达到 8 级。站房屋盖采用钢结构管桁架的大跨度钢框架体系，最大跨度为 42 ~ 35 m，最大悬挑 18 m，钢结构部分最大高度 23.1 m，钢结构部分以下为钢筋混凝土结构，连接部分采用混凝土结构扩大头钢结技术处理。

美兰站是国内首个高速铁路地下车站，做到以人为本，方便了旅客出行。在美兰国际机场区域，航站楼、规划的第二条跑道以及机场大巴、出租车停站，与美兰站共同构成一个新型的、现代的、设备完善的综合交通体系，方便旅客出行快捷。

博鳌站和三亚站具有鲜明的文化性，体现了海南热带风光和地方特色。三亚火车站候车大厅采用多点柱支承钢筋混凝土空腹网架结构，跨度 32 m × 36 m，是目前国内最大的预应力钢筋混凝土空腹网架结构，具有结构美观、整体刚度大，以及耐久性、防火性、防腐蚀性强的优点，并可将大型空调管等放入空腹内,可最大限度地满足建筑功能的需求。

这些新型的铁路客站,以方便旅客使用功能为前提,每个细节的设计,都以给旅客提供方便舒适的乘车环境、快捷便利的换乘条件和人性化的服务为目标,最大限度地方便了广大旅客。

3.3 环境保护好

东环铁路客站的设计、建设,全面贯彻了环境保护的要求。

在固体废物处理方面,在海口东和三亚站设置了垃圾转运站,并配备了相应的垃圾压缩、储存设备。将旅客列车垃圾分拣归类后,部分垃圾回收利用。

在污水处理方面,各站的生活污水经化粪池预处理后排入污水排水管网、人工湿地生物处理模块、污水处理站等进行处理,污水处理达到现行的国家《生活污水综合排放标准》的一级标准后就近排放或用于绿化。

4 质量控制与安全管理

海南东环铁路客站工程自开工建设以来,始终以标准化管理为抓手,全面落实"六位一体"的管理要求,高度重视质量控制和安全管理,注重"控制源头,强化过程,抓好细节"的全过程质量监控,坚持"安全第一、预防为主、综合治理"的安全管理方针,认真落实质量安全责任制,严格现场管理,确保客站工程优质、施工安全按计划有序推进。

4.1 设计质量及安全控制

一是在方案设计上注重消除质量安全薄弱环节。针对海南位于台风多发地区的特点,委托风工程试验单位进行了风洞试验,并于2009年7月完成了风洞试验报告,将其试验结果应用于施工图设计之中,为施工图的结构计算及合理选择抗风结构体系、建筑结构构造措施等(如主体结构、钢结构屋面、玻璃幕墙的抗台风性能等),提供了依据。

二是按照质量安全的强制性要求对设计方案进行优化。在建筑方案设计中,对平面布置、进深与开间的确定、立面形式的选择、层高与层数的确定、基础类型选用、结构形式选择等都进行细致的技术经济分析。

针对海口东站幕墙系统安全性,决定采用300 mm宽铝合金梭型百叶,整体定制模具,一次性挤压成形,保证精度;35 m宽异形钢结构支撑玻璃幕墙,采用摇摆柱形式,保证屋面的变形不影响幕墙结构体系。通过一系列优化设计解决了幕墙抗风问题。

海口东、长流、秀英、城西是四个高架站台的车站,分布于海口市区主干道——迎宾大道和南海大道上,站房为线侧下式地面站房。流线型的站台雨棚与简洁大方的站房通过天桥连廊连为一体,弧形的无站台柱雨棚构成开敞连续的大尺度空间。将站台雨棚立柱全部设计在桥墩帽梁上,在站台梁中部侧面设置牛腿,既满足站台雨棚结构要求,同时也保证站台梁与桥梁跨度一致,使站台梁与桥梁结构混为一体、完美结合。

三亚站玻璃幕墙竖梃材质的选用。三亚站幕墙竖梃材质原设计为耐候木,从经济性、美观性等综合考虑,优化为铝合金仿木质喷涂。

博鳌站外墙格栅分格处理。博鳌站房面积虽小,但造型精致,外幕墙格栅的设计更是画龙点睛之笔。格栅采用仿木质菱形铝格栅,间距设置恰到好处,满足了候车大厅的采光要求,整体风格又与底部和内部的浅色玻璃幕墙以及顶部白色钢结构"椰树"相得益彰,分外鲜明。

三是深化设计以确保节点的安全性和可靠性。在装修阶段,室内精装修、屋面系统、钢结构、幕墙系统、四电系统、消防系统、通风空调系统等专业有大量的穿插施工,我们力求抓好各专业的深化设计和综合管线设计,把所有问题消化在深化设计阶段。

在装饰装修深化设计阶段,既考虑了构造做法,又兼顾建筑材料、施工技术和工艺,满足刚度、强度、美观和安全要求。在装修细节的处理时,注意公共部位外露阳角的钝化处理、卫生洁具的对缝处理、卫生间过门石的缓坡处理等。重点控制全线站房主要出入口的建筑效果、室外石材的衔接节点、屋面系统衔接节点以及静态标识的衔接节点。在玻璃幕墙深化设计时,考虑抗风压性、水密性、气密性、抗震性、经济性、环保性等要求,研究了幕墙分格尺寸、幕墙竖挺材质颜色、玻璃选型、开启扇的位置及数量。

在三亚站房屋面深化设计时,为了保证建筑立面效果及使用功能,我们选择了金属合金屋面,并研究了屋面板的形式、咬合方式、材质和加工方法等直接影响屋面功能和美观因素,使它满足屋面系统的防水、抗风、耐久性和建筑造型等要求。

全线站房、雨棚都普遍采用钢结构,在深化设计过程中,我们既注重了节点的安全可靠性,又兼顾了结构的美观。如对海口东站站房钢桁架通过建立模型,进行风洞试验,从最佳受力和最少用钢量考虑,确定了钢桁架采用球节点结构。在深化设计时,经过反复推敲及建模检算,决定修改主桁架结构,取消球节点,调整钢桁架各杆件角度,保证"菠萝格"的均匀,同时取消外包铝板,直接在钢结构表面做氟碳漆处理,取得了较好的深化设计效果。

四是加强协调各专业的接口设计。在客站设计方面,既要统一各设计单位及多个设备厂家的设计及相互之间的接口,又要协调设计各专业之间的接口。除协调设计单位内部接口设计外,还要组织各设计单位、各专业进行接口设计协调。综合管线在站房建筑设计中牵涉到的相关专业很多,为此,我们要求对站房的综合管线进行专项设计。美兰站是集站前与站后、土建与四电一体的典型地下车站,在设计阶段预留到位,使管线路径便捷、顺畅。

4.2 强化施工过程控制

一是强化设计技术及施工作业交底。在客站开工前,我们组织设计、施工、监理单位和设备厂家等单位的各专业人员对各专业进行技术交底,审图发现的设计问题在设计技术交底阶段解决。在施工作业前,各施工单位组织对作业队进行质量安全技术交底。

二是编制指导性施组、强化实施性施组和方案的审查。我们编制了全线的站房工程的指导性施工组织设计,又单独编制了重点客站工程的指导性施工组织设计;每一个客站工程,施工单位都单独编制了实施性的施工组织设计。对每个施工组织设计都要先由客站工程各专业审查后再由客站各专业共同审查,最后由公司召开专题审查会进行审查。在施工组织设计内容中强化质量、安全措施,正确处理工期、质量、安全的关系。项目施工中不仅科学合理地按照合同规定和工程的具体内容来制定和优化,而且在施工过程中进行严格的控制和动态合理调整,安全质量措施在施工组织设计中明确到位,指导整个客站工程安全质量管理。对于重点分部分项工程进行专项施工方案审查,如美兰站深基坑的安全管理及质量控制。

美兰站为地下站,全长 536 m,宽 42.60 m,基坑最深 19.33 m,施工前制定了深基坑开挖的安全及质量专项施工方案,确保深基坑作业安全。对围护结构旋喷桩施工技术进行优化,从确定桩位、水泥浆液配置、高压水泥浆压力、喷浆提升和旋转速率等方面对旋喷桩质量进行控制;支撑体系重点对拉力分散型锚索进行方案研究,从锚索制作、钻孔、安放、注浆、张拉锁定等方面制定了技术措施,为锚索的施工质量和基坑的安全提供了保障。原设计支撑体系为 1 道钢筋混凝土支撑 +3 道钢支撑,该施工方案是目前地下铁道施工的成熟技术之一,但该方案需要围护钢支撑数量多,租赁和自行加工都不能满足施工需要。同时,内支撑钢管密集,作业空间小,出土困难,基坑暴露时间长,存在安全隐患。我们组织相关人员对基坑施工方案进行研究和优化,支撑体系是采用 1 道钢筋混凝土支撑 +2 道锚索 +1 道钢支撑。混凝土支撑强度较大,有效地控制了基坑的变形,中部的锚索支撑为土方开挖和主体结构施工创造了开阔的空间条件,底部配置钢支撑可方便实现与底板的侧向支撑力的转换。方案优化后,基坑内作业空间大,能够使用大型机械设备施工,具有出土快、基坑暴露时间短等优点,基坑施工更加安全,施工功效得到很大的提高。

三是强化客站工程例会制度。公司成立了以总经理为组长,分管副总经理为副组长的客站工程专项工作组,各设计、监理、施工单位相应成立客站工程专项工作组,加强了施工过程的安全、质量控制。工作组每月按时召开月度安全、质量工作大会;每周分标段召开工作例会;在装修施工时,每晚在工地现场召集各作业队、班组召开碰头会,及时协调处理现场的问题。对问题采取了闭合管理方式,彻底解决。

四是强化客站建设标准化管理。借鉴了国内外重大项目建设的先进经验,以管理科学理论、系统工程理论为指导,结合客站建设的特点,统一部署、分步实施、平稳推进,按照已经形成的标准化管理体系和方法,以建设目标为纽带,进一步对施工安全、进度和质量进行标准化管理,做到管理制度标准化、人员配备标准化、现场管理标准化、过程控制标准化。

五是强化客站建设接口管理及专业协调。为加强接口管理工作,公司制定了《海南东环铁路接口管理办法》,通过接口管理工作专题会议,督促各参建单位规范日常接口管理工作,确保接口工作日常化、制度化和系统化。根据《海南东环铁路接口管理办法》编制了《接口作业要点手册》、《接口控制要点》及《接口检查记录表(检验批)》等,系统完整地实现各专业紧密衔接。图 3 为三亚客站扶梯与天桥的接口处理实景。

图 3　三亚客站扶梯与天桥的接口处理

六是以样板引路。落实以样板引路,推动全线创优的建设理念。客站工程开工建设后,要求各工地的重点、难点和新工艺在开工前先做样板,检查合格后再大面积施工。对于客站整体作为样板的是:亚龙湾站作为中间站的样板,三亚站作为海口东、美兰、博鳌站的样板。先后十余次组织了施工、监理单位进行装修样板现场交流,并请部客站总指挥部领导和技术人员现场指导,为参建单位提供了交流平台,让参建人员对装修方法、效果和质量做到心中有数,形成创“精品工程”的理念和氛围,避免了施工过程的盲目性。在装修过程中,严把材料源头关,抓原材料、构配件、成品半成品、设备的进场验收。按确认的样板材料,建立样板库,列出详细清单,贴有厂家规格、尺寸、颜色,使用部位与进场材料对照以后,才能使用;严把施工工序、工艺及工法关,按照设计及规范工艺施工。工序控制严格按照规范和标准,要求对每道工序进行严格控制,上道工序未经检验或检验结果不合格,一律不允许进入下道工序施工。

图 4　消火栓的石材门工艺

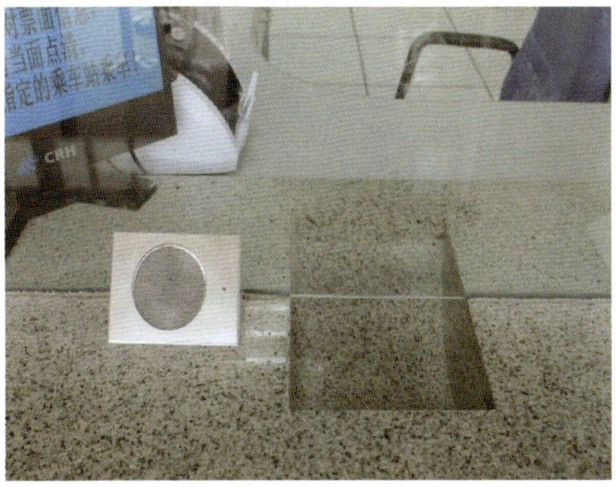

图 5　售票槽工艺

4.3　建立客站建设激励约束机制促进质量安全管理

一是充分利用合同激励约束考核费。在合同中明确考核内容条款，对质量、安全提出要求。将客站的安全生产管理费分解到各个分部分项工程，具体由公司安质部负责实施，对分项工作安全到位的不扣减费用，不到位的则扣减。在质量安全方面，每月评比一次，对工作情况进行评价，对做到位的单位给予奖励，对做得不足的提出批评意见并处罚，同时要求相关单位整改。

二是以劳动竞赛树典型。结合不同时期的工作重点、难点，开展各具特色的竞赛活动，用阶段性的竞赛成果来保证总体目标的实现。不断创新竞赛形式、丰富活动内容，激发全体参建人员的积极性、主动性和创造性，使来自五湖四海的管理人员、专业技术人员、作业队、班组等，形成了一个很好的有机整体，形成了团结一致、协同合作的良好工作氛围，极大地提高了工作效率。

4.4　验收阶段的质量安全管理

对于静态验收、动态验收、安全评估、专家评审提出的问题，海南东环铁路公司按照“五定原则”对问题进行分门别类，制定整改推进计划、落实责任单位、责任人、整改措施及整改期限，逐项整改销号。对影响下一步验收和行车安全的问题先行整改完成再复验，不影响动态验收和行车安全的遗留问题制定计划，限期整改。

全线客站工程在联调联试前进行了静态验收，在联调联试期间进行了动态验收，以及安全评估工作，发现的质量安全问题在开通前已全部整改完成。

4.5　客站质保期的质量安全管理

海南东环铁路全线开通运营后，我们继续跟踪工程质量，并提供优质的售后服务，让使用单位、旅客满意。对于全线客站使用后暴露出的质量安全问题和运营管理单位提出的问题，我们建立问题库跟踪整改。

5　客站质量安全管理成效

5.1　质量安全成效

通过质量安全控制，杜绝了低标准施工，克服了责任心不强、要求不严、标准不高、责任落实不到位的弊病，提高了参建人员建设质量一流、安全一流客站工程的精品意识和能力，创建了优质的客站。

海南东环铁路客站工程使用近一年来，未发生一般安全质量事故，并经历了 2010 年 9 月海南岛遭受的 49 年一遇的持续特大暴雨和 2011 年 10 月“海棠”（12 级）、“尼格”（14 级）两场强台风的考验。

5.2 社会效益和经济效益

在 2011 年 4 月海南“博鳌亚洲论坛”和“金砖五国”国际会议召开期间,海南东环铁路圆满完成了会议的客运任务,接待了参会国家的重要领导人和贵宾,成为值得海南人民骄傲的铁路。

海南东环铁路投入运营后,达到预期开通的效果,客流高峰期每天开行动车组 32 对,产生了较好的社会效益和经济效益。

5.3 评价和荣誉

海南东环线客站质量控制和安全管理工作得到了上级部门和领导的一致肯定。

海口东、博鳌、三亚站等九项房建工程被评为广铁集团“创优样板工程”。

海南东环铁路公司 2009 和 2010 年连续两年被评为海南省安全先进单位,2010 年荣获了铁道部火车头奖杯、“‘十一五’时期全国社会主义劳动竞赛先进集体”、“全国企业文化建设先进单位”;客站建设管理直接部门——海南东环铁路公司工程管理部获铁道部“工人先锋号”称号。

此外,参加海南东环铁路参建单位和设备厂家也获得了各级政府、社会组织给予的荣誉。

铁路已建成高铁客站安全质量分析及对策

王　强　郝　光

（铁路客站站房建设总指挥部，北京　100038）

摘　要：为实现安全、优质的建设目标，实现铁路客站科学管理，本文从工程质量、旅客安全、客服设备、设备系统、用电安全、工程验收等方面，对当前已建成高铁客站安全质量现状进行分析，归纳出共性问题，并提出了相应的对策和建议。

关键词：铁路客站；安全；质量；对策

截至 2011 年 12 月底，我国已建成 349 座客站，其中高铁客站 164 座。目前，客站安全、质量总体上可控的，但也存在不少问题，个别问题还很突出。为深刻吸取“7.23”事故教训，确保铁路运输安全，贯彻部党组的统一部署和“7.24”、“8.5”等会议精神，检查已建成高铁客站安全质量状况，总结经验教训，针对存在的主要问题提出对策，显得尤为必要。

1　高铁客站安全质量大检查的策划与实施

铁路安全质量大检查是部党组在新形势下开展的一项重要举措。客站总指以客站建设项目集成管理理论为指导，系统开展了本次安全质量检查的策划和组织活动。大检查活动以建设百年不朽精品工程的目标为核心，通过对已建成高铁客站安全质量进行检查，对以往的建设成果进行全面审核，力求发现共性问题，总结经验教训，为修订、补充、完善今后高铁客站建设管理工作，提出针对性解决思路。

遵照部领导的指示，客站总指研究制定了详细的督查计划。高铁客站安全质量大检查实施的流程如图 1 所示，包括客站资料梳理、自查的要求与资料收集、督查方案设计，督查的实施、督查结果的分析与论证、共性问题的处理对策及下一步的工作规划等。

客站总指成立了有运输局客专技术部、鉴定中心、工程监督总站参加的建成客站安全质量督导检查组，在对已开通运营的高铁客站技术资料进行全面梳理，在各单位自查的基础上，检查组先后对郑州、武汉、上海、南昌、西安、北京、济南铁路局、广铁（集团）公司进行了督导检查，现场抽查了京沪、郑西、武广、沪杭高铁，京津、广珠、沪宁、昌九城际，石太、胶济客专，合宁、合武、甬台温、温福、福厦、海南东环铁路等 16 个项目的 56 座客站，占已开通高铁客站的 37%。其中，检查了武汉、长沙南、广州南、上海虹桥、福州南、厦门北、海口东、天津、济南西、南京南、青岛等 11 座副省级及省会城市客站，覆盖了 85% 的同类型客站。

检查组重点对工程质量、旅客安全、客服系统、机电设备、用电安全、工程验收等方面进行了检查，共发现质量、安全方面的问题 713 个，主要分布如图 2 所示。

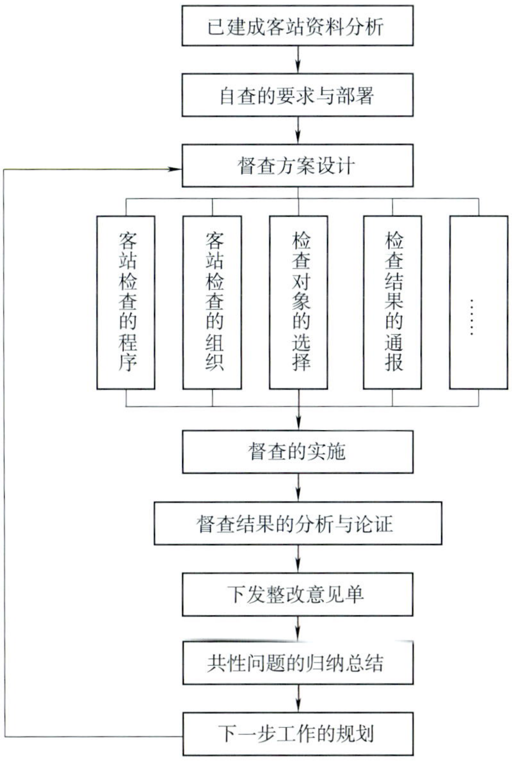

图 1　高铁客站安全质量大检查的实施流程图

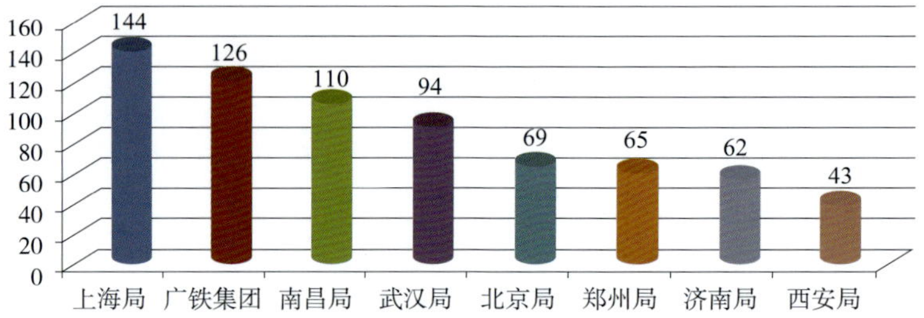

图 2　已建成客站安全质量问题统计

我们对检查发现的 713 个问题建立了问题库，并进行了分类统计和分析。其中施工质量问题 421 个，设计问题 128 个，竣工验收问题 64 个，运营管理问题 100 个。统计结果如图 3 所示。

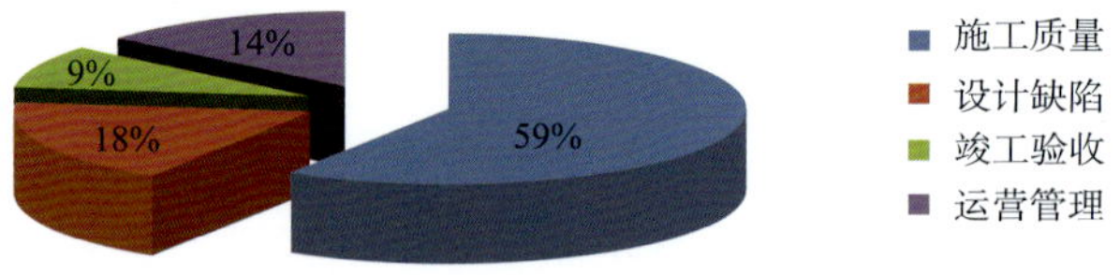

图 3　统计结果

2　主要存在问题分析

从检查的项目看，高铁客站质量安全情况总体可控，其中大型客站的工程质量和日常管理好于中小型客站；近年建成的客站，如京沪高铁、海南东环等铁路客站质量好于早期建成的客站；铁路局负责建设的客站，如上海虹桥、南京南站的质量总体好于客专公司建设的客站。

2.1　施工质量问题

通过对施工质量问题的进一步分析，设备及客服系统、屋面及吊挂系统、钢结构、楼地面等问题所占比例较大，应作为今后工程质量控制的重点。同时，地面沉降、地道渗水、玻璃自曝等现象和混凝土质量通病依然普遍存在。

2.1.1　设备系统

一是管道未按要求作防锈处理，采购的法兰、阀门等部件质量不符合要求，开通时间不长就锈蚀严重；二是部分客站扶梯安装精度不满足要求，与站台面、地道地面出现 10 mm 以上的错台，易造成旅客摔倒；三是部分监控显示屏的图像不够清晰；四是配电箱接线凌乱，电线裸露；五是动、静态标示故障修复不及时；六是空调风管保温层破损，影响制冷效果。

2.1.2　屋面及吊挂系统

一是结构变形缝处的屋面未作构造处理，已出现屋面拉裂、吊顶严重变形的问题；二是部分客站屋面材质与设计要求不符，有的自攻钉缺少、锁扣不紧、封堵不严，存在被风吹落的隐患；三是吊顶条板连接不牢固，发生条板掉落的情况；四是灯具等吊挂方式不规范，存在安全隐患；五是部分客站存在雨棚漏雨的现象；六是屋面建筑垃圾未及时清理，影响排水。

2.1.3　钢结构施工

一是杆件下料长度不准确，钢结构存在相贯线不吻合现象；二是钢结构焊缝不饱满，焊缝长度、高度不足；三是涂装质量差，部分站房及雨棚钢结构、各类吊杆普遍出现不同程度的锈蚀；四是防火涂料施工工艺不达标，脱落现象较多；五是站名牌支撑钢架均有不同程度的锈蚀。

2.1.4　楼地面

一是检查井盖板厚度不足、强度不够、尺寸偏大，出现破损；二是因地面沉降，出现石材破损、站台面存在高差等现象；三是伸缩缝处理不规范，挤碎地面石材；四是坡道地面采用光面石材，未采取有效的防滑措施；五是站台面存在影响旅客通行的障碍物，如螺栓头、雨棚柱基础等。

2.2 设计问题

通过对设计问题的进一步梳理，功能性方面考虑不周、接口管理不到位的问题较为突出，分别占37.5%、36.7%。

2.2.1 功能性方面

一是部分站房及雨棚的屋面和吊顶，未设置设备检修通道，设备设施的检查和养修工作无法开展。中小型客站这方面的问题尤为突出；二是因无柱雨棚高度过高，造成站台飘雨，特别在南方地区，这种现象更为严重；三是部分客站旅客通道口未设置雨棚；四是部分凌空玻璃栏板高度不满足要求；五是客站进站口未设门斗，影响空调效果，不利于节能环保。

2.2.2 设计接口管理

一是各专业之间协调不够，存在差错漏碰现象；二是部分管道如雨棚排水沟、给排水管道、消防管道、阀门等，位于接触网上部，一旦管道或阀门破损，影响行车安全；三是水管路（法兰及阀门）设置于消防等控制柜上方，有的已出现渗水现象。

2.3 工程验收问题

在竣工验收方面，资料移交的问题最为突出，占问题总数的62.5%。

2.3.1 资料交接

建设单位与设备使用单位未按规定及时办理交接手续，存在管理上的真空。有的项目虽已移交，但竣工资料交接不完整，给接管单位使用和维管带来不便。客专公司负责建设的客站，与铁路局的验交问题尤为突出。

2.3.2 消防验收

因消防检测工作滞后，消防验收工作普遍未及时完成，存在消防验收未通过就开通使用客站的现象，如郑西客专、广珠城际、海南东环铁路开通客站均未办理消防验收。

2.4 运营管理问题

在客站管理方面，设备维护不及时的问题最为严重，占问题总数的68%，商业及广告的问题占12%。

2.4.1 设备维护

各单位的运营管理水平参差不齐，但普遍存在管理范围、管理职责不清，设备厂家、维保单位、使用单位相互推诿，故障处理不及时的问题。一是客服维保方案尚未形成；二是设备维护不及时，记录填写不规范、不完整；三是公共场所的配电柜未上锁，存在安全隐患；四是冷却系统、空调回风口等长期未清洗，影响制冷效果；五是空调系统、消防压力表未按规定及时进行年检。

2.4.2 商业及广告开发

一是对于客站的商业开发缺乏统一规划、设计，破坏了整体建筑风格，影响旅客候车环境；二是站台侧广告牌过高过大，缺乏必要的安全检算，存在被风吹倒侵限的威胁；三是商业开发新增用电负荷未经设计检算，擅自接引电源。

2.4.3 管理制度

各铁路局、站段均建立了设备日常检查、维修的管理制度和应急预案，但对于大跨钢结构、高大幕墙等特殊结构，缺乏科学、系统的养修方法，应急预案缺乏针对性、操作性。

3 对 策

这次检查的项目，基本上是在2008～2010年建成通车的，虽然安全质量总体不错，但是存在设计深度不足、建设管理力量薄弱、施工专业化程度不高等诸多问题。为有效解决这些问题，提出以下对策供参考：

一是建议研究建立客站全寿命周期健康监测系统，对站房及雨棚主体结构沉降、钢结构变形等进行长期的测量监控，便于养护维修部门掌握结构变化规律，及时发现异常情况，为养护维修工作提供科学依据。建议工程监督总站充实客站专业技术管理力量，进一步加强在建客站的安全质量监督检查。

二是建议尽快研究明确大跨钢结构、网架结构、高大幕墙、无站台柱雨棚等新型结构的检查、维修、技术状态评定等标准，补充完善《铁路房屋建筑物大修维修规则》相关内容，进一步规范管理。

三是进一步配齐站房专业管理人员、加强人员专业培训。建议部运输管理部门配备站房专业管理人员，更好地指导铁路局加强客站运营期的维护保养工作。对于高铁客站的新型结构和特殊设备，可考虑委托专业化队伍承担养护维修工作。

四是《铁路建设项目甲供甲控物资设备名录》未包含客站工程的主要材料物资，应结合客站特点，补充完善相关内容，便于从源头上加强客站工程质量控制。

五是建议客站工程的施工和监理单独招标，站台雨棚宜纳入站房标段，其中大型、重要站房可单独划分标段，进一步加强客站工程专业化施工管理。

六是建议研究制定客站商业开发的指导性意见，明确商业开发设计、施工、管理的程序和界面，避免影响旅客候车环境，留下安全隐患。

七是督查建设单位进一步规范验收工作。在客站开通使用前，应组织施工单位整改完成涉及安全的工程质量问题，把好验收交接关，坚决杜绝带问题移交。

近期，急需从下面几个方面改进我们的工作：

一是进一步研究雨棚高度和结构形式，在今后的客站设计中最大限度地解决站台飘雨问题。

二是需结合设备设施检修的需要，充分听取使用单位意见，有条件的客站应研究增设屋面及吊顶的检修通道。

三是进一步加强过程控制，督促建设单位围绕安全质量关键环节，把握安全质量控制要点，进一步充实管理力量，注重发挥监理单位作用，及时消除施工质量隐患。

四是认真梳理施工质量和安全管理的问题，对常见的施工工艺做法和质量通病进行专项研究，研究制定客站养护维修技术手册，针对客站工程特点，及时总结经验教训，积极推广成熟的施工工艺。

4 结 语

铁路建设项目具有规模大、周期长、技术含量高、涉及专业面广、不确定因素多、风险大等特点，铁路建设项目的管理是一个复杂的多目标系统工程。在众多建设目标之中，铁路客站的安全和质量，无疑乃重中之重。本文通过对当前已建成高铁客站安全质量现状的分析，归纳总结了共性问题，提出了相应对策和建议，为和谐铁路的建设作出了贡献。

参 考 文 献

[1] 陆东福．铁路建设项目管理[M]．北京：中国铁道出版社，2004：50-64.
[2] 郑健．高铁客站建设管理体系构建与实践[J]．项目管理技术，2011，(3)：46-51.
[3] 王进，贾艳红，等．浅谈高速铁路工程质量管理措施及制度[J]．铁道建筑技术，2001，(3)：60-62.
[4] 孙永科．浅谈铁路工程质量管理[J]．交通与路建，2010，(4)：187，146.
[5] 杨栋．高速铁路工程管理应重视质量先行[J]．科技资讯，2011，(14)：162.

铁路客站工程质量安全管理与控制

谭月仁

（铁路客站站房建设总指挥部，北京 100038）

摘 要：结合铁路客站建设管理日常工作检查和“7.23”事故以后的质量安全大检查情况，较为全面地归纳了目前铁路客站建设管理和实施过程中存在的问题，从建设单位管理角度，分析加快前期工作和落实规章制度的重要性，解读铁路客站建设前期工作的重点内容；介绍与铁路客站建设有关的质量和安全管理方面的技术要求和重要措施；列举出铁路客站建设管理和质量、安全、文明施工方面的通病，以指导今后铁路客站建设管理工作。

关键词：铁路客站；质量安全；管理控制；要点

随着大规模的铁路建设，一座座现代化的铁路客站迅速在大江南北拔地而起，截至 2011 年 11 月底，已建成北京南站、武汉站、虹桥站等大型车站以及京沪、武广、郑西等线的各客站 342 座，正在建设的客站有 184 座。还有昆明南、南宁东、贵州北、西宁、合肥南等一大批铁路客站即将开工建设。铁路客站工程是一项专业性极强的综合性工程，集 30 多项专业于一体，各种专业接口错综复杂，各种工序作业立体交叉，与传统的铁路客站相比，新型的铁路客站建设更是具有要求高、技术新、涉及专业多、管理难度大等特点，要管理好大规模的铁路客站建设，必须有科学严谨的管理制度，必须有一支技术全面、作风过硬、责任心强的管理队伍来对众多的铁路客站工程质量安全进行有效的管理和控制。结合日常工作检查和“7.23”事故以后的质量安全大检查发现的问题，从建设单位的管理角度，阐述铁路客站建设质量安全管理与控制。

1 合理工期是铁路客站质量安全的保障，前期工作是保证合理工期的前提

一项大型铁路工程施工工期往往是 3～5 年，但由于建设管理单位对客站建设前期工作重视不够，客站规模迟迟不能确定，地方规划不落实，前期耗时太多，留给客站正常施工的时间往往只有不到一年的时间，有的甚至只有四个月之久，势必造成赶工，难以保证工程质量和装修品质，难以采取可靠的安全措施。有的建设单位虽然态度积极，主动加压，缩短客站施工工期，却只能以牺牲质量为代价，得不偿失。为此，卢春房副部长在铁路建设协调小组第四十七次会议上就站房建设工期问题，提出“原则上，在联调联试开始前，大站站房（包括有高架候车室等多层站房）至少有 2 年施工工期，小站站房至少有 1 年施工工期”。具体工期要根据工程量和实施难易程度，通过施工组织设计实事求是的确定。要确保站房施工合理工期，我们必须加快前期工作，具体要抓好以下几项工作。

1.1 方案征集

工程可研一旦批复，建设单位应抓紧与地方政府确定客站最终面积，落实地方城市规划，向鉴定中心提出方案征集委托函；主动配合鉴定中心完成方案征集的设计现场踏勘、专家评审等相关工作。此阶段的方案征集主要是进行概念设计招标。高铁客站、客运专线客站、城际客站以及地级城市以上客站均要进行方案征集，其他客站可以直接委托主体设计单位进行方案设计。

1.2 实施方案

通过方案征集，经专家评审的方案，报请部党组或部长办公会审定，并征求地方政府意见后，即可确定客站设计单位，并开展实施方案设计。在此阶段，建设单位要协助设计单位搞好既有城市配套设

施和城市规划调查工作，摸清城市配套设施的外部接口条件，有地铁或轻轨的要了解相关规划或设计情况。实施方案报经鉴定中心审定后，涉及地方投资的客站，建设单位应尽快与地方政府签订铁路客站建设规模、投资分担协议；立即委托设计单位或签订设计合同，开展初步设计工作。

1.3 初步设计

根据《关于做好铁路建设项目初步设计文件初审工作的通知》（铁建设函〔2004〕380 号）要求，建设单位应在收到设计单位提交的初步设计文件后 10 个工作日内组织对初步设计文件进行初审，提出初审意见，并行局文连同初步设计文件一起主送部工程设计鉴定中心。建设单位应认真履行职责，做好初步设计文件初审工作。从以往的情况看，大部分建设单位对初审工作不太重视，参与审查的部门或单位不全，审查深度不够，往往是初审意见少，到了实施阶段意见不断，有的甚至到了验收阶段还在提应在设计阶段解决的问题。由于铁路客站涉及的专业多、部门多，路局应组织技术管理、运营维护、消防公安、多经等部门参与初审工作，认真审查，对初审中发现的问题提出具体解决意见或建议。

1.4 专项设计

由于建设单位上报的初步设计文件深度不够，并考虑到铁路客站部分设计专业性较强，部鉴定中心要求进行十个专项设计报审，包括外幕墙、内装饰装修、室内外照明、空调系统、静态标识系统、客服系统、消防系统、综合布线、旅服、广告等十个专项设计。建设单位要根据初步设计批复意见，及时安排十个专项设计，经初审后报部鉴定中心审批。今后或正在进行初步设计的客站，建设单位要督促设计单位在初步设计阶段同时进行十项专项设计，与主体初步设计文件一同报部审批。

1.5 施工设计

初步设计一经批复，建设单位要立即与设计单位签订施工图供图协议，并强调施工图深度要达到《建筑工程设计文件编制深度规定》（2008 年版）（建质〔2008〕216 号）的要求。从质量安全大检查情况看，由于施工图深度不够，施工单位随意施作，造成的质量安全隐患较为普遍。建设单位要加强施工图审核工作，施工图深度不够不得进行工程招标。

1.6 深化设计

深化设计是施工单位将施工图纸转化为可加工的加工详图和可安装的安装图，直接面对施工单位内部或联合的加工队和安装队；再者就是施工单位为了预算、施工方便而对原图纸进行的解释、分解，将原施工图纸进行细化处理。这种深化设计无需原设计单位签认盖章。也有可能是设计单位出的图纸达不到直接施工的深度，或者是节点选用不符合施工单位的习惯、工艺，需要施工单位二次设计，二次设计对原设计有较大改动的图纸，必须经原设计单位审查、签认、盖章。另外，就是业主认为原设计单位的设计在建筑或结构形式、节点构造、安全、经济和相关专业配套方面无法完全满足业主要求，而原设计单位又无能力做进一步优化的情况下，可以委托有资质的专业公司或厂家进行深化设计，原设计单位应对深化设计图纸进行审查、签认、盖章。如有变更要履行变更程序。然而，通过质量安全大检查发现大部分设计单位将由专业施工队伍承担的钢结构、幕墙、屋面、装饰装修、部分设备管道安装等都交由专业施工队伍进行所谓的“深化设计”，实际上就是完全由施工单位自行出施工图，部分设计单位对“深化设计”图纸也不进行审查、签认和盖章，导致部分设计存在较大的质量安全隐患就付诸实施。建设单位要加强对设计的管理，不是设计单位提交或未经设计单位签认、盖章，并且未经施工图审核盖章的任何施工图纸均不得交付施工单位和监理单位。

1.7 施工图审核

按《铁路建设项目施工图审核管理办法》（铁建设〔2010〕36 号）要求，及时对施工图进行审核，具体审核工作可委托具有铁路设计甲级资质或铁路工程咨询(监理)甲级资质的单位实施。提交给施工单位和监理单位的施工图必须通过施工图审核,并由建设单位加盖施工图审核专用章。经主体设计单位签认的深化设计图,也必须进行施工图审核。

1.8 指导性施工组织设计

指导性施工组织设计是组织铁路建设的纲领性文件,编制铁路客站指导性施工组织设计是铁路客站建设项目前期工作的重点,必须高度重视,主要领导要亲自组织。铁路客站指导性施工组织设计的编制、审查等,应严格执行《铁路工程施工组织设计指南》(铁建设〔2009〕226 号)、《大型铁路客站指导性施工组织设计编制目录》(鉴客站〔2009〕257 号)及《关于进一步加强铁路客站指导性施工组织设计工作的通知》(客站总指函〔2010〕51 号)的要求。在施工图设计阶段,建设单位就要组织进行社会资源调查核实,进行指导性施工组织设计编制工作,在工程招标前,路局组织对指导性施工组织设计进行审查,并报客站总指核备。客站总指每年对重点铁路客站指导性施工组织设计进行两次集中审查。

指导性施工组织设计有以下重点内容:

(1)施工部署;

(2)施工进度安排(重点是立体交叉作业的合理安排);

(3)工程协调(重点是与市政、地铁、高架桥、轨道铺架、"四电"和"客服"安装、联调联试等方面的协调);

(4)关键工程施工方案(重点是深基坑施工方案、地下层与地铁交叉部分施工方案、高架轨道层施工方案、大跨钢结构吊装方案);

(5)工程保证措施。

1.9 工程招标

铁路客站工程招标要严格执行《铁路建设工程施工招标投标实施细则》(铁建设〔2010〕205 号)的有关规定。单座建筑面积 3 万 m^2 及以上的站房,可单独划分标段,站台雨棚纳入站房标段。其他站房工程应按专业化施工的要求划分标段,集中招标。站房工程应根据站房建筑面积、结构特点及地理位置合理设定潜在投标人资质条件。监理应单独招标,原则上应与客站工程标段对应。

铁路客站施工招标应具备以下条件:

(1)建设单位(或项目管理机构)依法成立。

(2)有相应的资金或资金来源已经落实(包括地方投资的资金)。

(3)施工图已经审核合格。

(4)施工图预算已经核备或批准。

(5)指导性施工组织设计已经完成审查。

2 规定和制度的落实是保证铁路客站工程质量安全的可靠措施

质量是工程的生命,安全是工程建设的重中之重。为了确保工程质量安全,国家和铁道部制定颁布了大量的规章制度、技术要求、标准规范等,与铁路客站建设有关的文件不计其数,这些都需要我们每位工程建设者认真地贯彻落实。为了全面推进铁路客站建设标准化管理,确保铁路客站的质量安全,客站总指针对铁路客站建设的特点和状况,先后制定了一系列制度、规定和措施,对铁路客站的质量安全起到了很好的卡控作用。具体有以下几个方面:

2.1 《细部设计》

铁道部成立铁路客站建设管理机构以来,对客站的细部做法进行了深入研究,通过充分调研、讨论,在借鉴发达国家铁路客站建设成功经验,系统总结我国以往铁路客站建设经验教训的基础上,编写出版了一本《铁路旅客车站细部设计》(鉴客站〔2010〕233 号),涉及铁路客站近三百个细部的设计方案和处理手法，是一本极具现实意义和指导作用的工具书，为现代化铁路客站建设提供了技术支持。希望大家能在客站建设管理工作中不断总结经验，进一步完善补充细部做法。

2.2 "样板引路"

样板引路工作已被广泛应用到各行各业，成为当今社会最有效的一项管理工具，是建筑工程施工过程中把控质量很重要的一种管理方法。所谓"样板引路"，顾名思义，在建筑装饰装修领域就是在主体结构工程完成以后，在进行大面积装饰装修前，先做出合格的样板单元，作为装饰装修细节做法、工艺流程、材料规格、材料品质等方面的范本。为此，客站总指于 2010 年下发了《关于进一步加强大中型铁路客站装饰、安装工程样板管理的通知》(客站总指函〔2010〕7 号)，实施了"样板引路"制度。通过"样板引路"制度管理，很好地解决了新型铁路客站各分项工程的施工工艺、质量标准、细部设计、方案选择及工程效果等各环节的问题，为铁路客站建设标准化管理和工程项目的顺利进行提供了保障。实践证明，这样做不仅可以大大提高施工单位的施工效率，提升设计单位的设计水平，同时也保证了对工程质量的控制，避免由于沟通不畅，理解有误等造成拆改，实现工期、质量的双赢。

2.3 质量技术文件

铁路客站的工程质量直接影响着投入运营后使用和运输安全，控制好工程质量是我们每位建设管理者的神圣职责。影响工程质量的因素很多，设计、材料、机械、地形地貌、地质条件、水文、气象、施工工艺、操作方法、技术措施、管理制度、投资成本和建设周期等，都直接影响施工项目的质量。铁路客站工程项目涉及面广，建设管理是一个极其复杂的综合过程，一个细微的管理疏忽、一个微小的质量隐患，就可以造成大的质量事故。因此在铁路客站建筑管理过程中加强对工程质量控制就显得极其重要。为确保铁路客站工程质量，客站总指下发了一系列质量控制方面的技术文件，需要我们每位建设管理者去认真贯彻落实。主要有：

(1)为推进铁路客站专业化施工，下发了《关于推进铁路客站装饰装修专业化施工的通知》(铁鉴函〔2009〕271 号)，要求铁路客站装饰装修施工单位具有一定的资质和能力。

(2)为促进各建设单位搞好铁路客站建设管理，提升客站建筑品质，下发了《关于加强铁路客站建设质量创优工作的通知》(鉴客站〔2009〕128 号)，要求各建设单位在铁路客站建设中开展质量创优活动。

(3)鉴于部分客站不同程度地出现了楼扶梯安装标高偏差，造成永久性缺陷，下发了《关于加强楼扶梯与楼地面及站台面标高控制的通知》(客站总指函〔2010〕47 号)，要求建设单位加强协调管理，并明确了站台上地道口处石材的铺贴方法。

(4)为加强对铁路客站钢结构制作、安装及涂装工程的技术管理，确保钢结构质量，下发了《关于加强站房、雨棚外露钢结构细部制作及涂装质量控制的通知》(客站总指函〔2010〕61 号)，提出了较为全面、详细的技术要求和质量标准。

(5)为了进一步统一铁路客站扶梯技术参数，推进客站建设标准化施工，下发了《关于进一步规范客站扶梯技术参数及土建结构尺寸的通知》(客站总指函〔2010〕72 号)，明确了扶梯角度、支撑设置原则和端支座土建结构预留尺寸。

(6)为了明确铁路客站无障碍电梯的技术参数，客站总指研究制作了载重 1 000 kg 的客站无障碍电梯样板，根据样板下发了《关于统一客站无障碍电梯安装及围护幕墙技术要求的通知》(客站总指函〔2010〕87 号)。

(7)为了加强冬期施工技术措施，确保铁路客站冬期施工的安全质量，下发了《关于进一步加强铁路客站冬期施工管理的通知》(客站总指函〔2010〕103 号)，明确了金属屋面安装、网架结构焊接、装饰安装新材料应用、幕墙工程施工等冬期施工技术质量控制要点和控制流程。

(8)为确保铁路客站的建筑品质，研究下发了《关于进一步加强铁路客站建筑石材板材选材技术要求的通知》(客站总指函〔2011〕19 号)，明确了天然花岗岩、天然大理石板材的技术要求。

(9)为切实推进铁路客站建设标准化管理,进一步加强铁路客站工程各阶段的质量控制,编写下发了《铁路客站工程质量控制要点》(客站总指函〔2011〕57 号),要求建设单位进一步分解细化客站工程质量的各个环节,制定有针对性的质量卡控措施。

2.4 安全技术文件

铁路客站安全包含两个方面,一是建设过程中的施工安全,二是建成投入运营后的使用安全。把控施工质量,消除一切质量隐患,使客站无病投入运营,是保证铁路客站使用安全的必要条件。"以防为主、安全第一",为消除和控制危险隐患,要从技术和管理上采取措施加以防范,消除不安全因素,防止事故发生,确保项目安全施工。应重点采取以下卡控措施:

(1)安全风险管理是规避和控制安全风险,确保工程安全的有效措施。为进一步加强铁路建设工程的安全风险管理,铁道部下发了《铁路建设工程安全风险管理暂行办法》(铁建设〔2010〕162 号),该办法对铁路客站工程也很实用,建设单位要认真组织各参建单位贯彻落实好。勘察设计单位要根据铁路客站的设计情况明确风险等级、提交风险控制措施和风险防范注意事项、并做好交底工作;建设单位要制订高风险工点的风险管理实施办法、组织进行风险等级论证,并将风险管理方案、措施等纳入指导性施组;施工单位要编制风险管理实施细则,并报经审定后纳入实施性施组;监理单位要对风险管理方案进行审查、把关和全过程的控制。

(2)根据已建成铁路客站中可能存在的安全隐患,客站总指研究下发了《关于进一步加强铁路客站装饰、安装工程安全技术措施的通知》(客站总指函〔2010〕50 号),对地面防滑、玻璃幕墙、石材幕墙、入口雨搭、地道天棚、栏杆栏板、站台雨棚、屋面吊顶、设备管道等提出了技术要求,建设单位在对铁路客站施工图进行审核时要贯彻落实好。

(3)为了吸取上海"11·15"特大火灾事故和济南西站、厦门西站建设工地火灾事件教训,切实维护铁路客站施工安全,客站总指下发了《关于进一步加强铁路客站消防安全工作的通知》,要求提高对铁路客站施工消防安全的思想认识,指出了铁路客站工程安全消防检查的重点工作和内容,各参建单位要把消防安全工作贯彻在铁路客站工程始终,常抓不懈,切实做好施工现场消防工作,要特别注意现场电焊作业的防护,消除一切火灾隐患。

(4)铁路客站工程从建设单位、监理单位到施工单位乃至分包单位都要配备安全员,对全部施工作业人员实行三级安全教育,特殊工种和高危岗位的工作人员要通过国家相关部门的考试后持证上岗。施工单位要根据工程特点、规模、结构复杂程度、工期、施工现场环境、劳动组织、施工方法、施工机械设备、变配电设施、架设工具等制定施工安全技术措施,针对施工中存在的不安全因素进行预测和分析,找出危险点。

3 客站建设管理质量安全通病案例

在铁路客站建设过程中,一些通病时有发生,有质量和安全方面的,也有管理和设计方面的。这些通病会给铁路客站建设带来不利影响,特别是质量通病,有的会缩短客站的使用年限,有的影响了客站的使用功能,有的直接影响铁路客站的使用安全,甚至还会对行车安全构成危险。借鉴别人的经验教训,对经常或普遍出现的质量安全问题加以预防,可以减少拆改,避免不必要的损失,确保铁路客站工程无病投入运营,安全使用、放心使用。通过对铁路客站质量安全大检查发现问题的分析归纳,下面我列举一些铁路客站建设管理方面的主要问题和设计、质量、安全方面的通病,望大家在今后的客站建设管理中加以重点预防。

3.1 人员配备

一是建设管理单位的专业技术管理力量不足,专业性技术人才缺乏,由于铁路客站建设专业化程度比较高,各建设单位要按卢春房副部长在铁路建设协调小组第四十七次会议上提出的"各建设单位要加强站房建设的管理力量,通过引进专业管理人才或成立专业化项目管理机构,提高站房建设管理水平"的要求(详见铁建设函〔2009〕1290 号),在路局成立专门的客站建设管理机构,配齐、配足相关的专业管理人员。二是监理单位现场专业技术人员配备不足,素质参差不齐,并且人员不固定,经常更换,导致日常检查发现的问题只停留在表面,监理日志记录不详、不联系,问题整改不闭环。各建设单位要狠抓监理工作,督促监理配足配齐专业技术人员,赋予监理应有的权力,依托监理抓好现场的安全、质量、进度、投资等管理工作。

3.2 工序交接

主要是两个施工单位之间的工序交接管理工作不到位,导致质量问题传递,后续工序无法解决,形成永久隐患或遗憾。

(1)站前施工单位施工的旅客地道主体,变形缝、施工缝防水没有处理到位,或标高控制有误就移交站后施工单位装修,导致装修后地道渗漏,或因标高不够无法实施排水沟,导致渗漏的雨水无法及时排除(图1)。

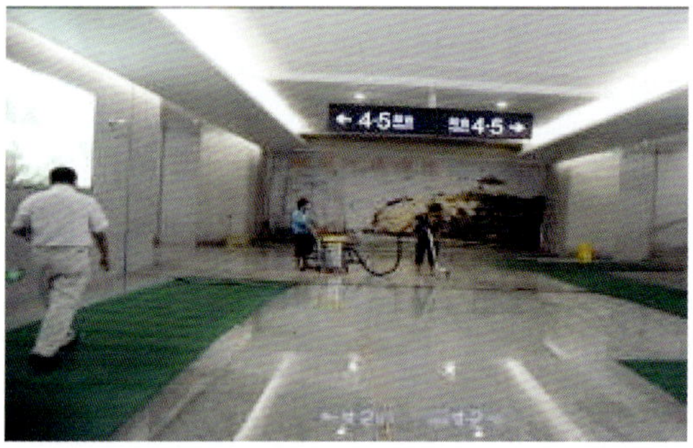

图1 地道渗水严重,且无排水设施

(2)站前施工单位施工的高架站台桥雨棚立柱预埋件,位置偏差超标就移交站后施工单位安装雨棚,导致雨棚立柱错位(图2)。

(3)土建施工与扶梯安装之间的交接有误,导致扶梯与楼地面产生较大的高差(图3)。

图2 雨棚立柱错位导致檐口难以顺直

图3 扶梯阶梯平段高于地面

3.3 钢结构

主要表现在钢结构材料进场检验、报验不规范,安装临时支撑不到位,结构杆件尺寸误差大、焊接质量差、表面涂装不规范,檩托焊接不按工艺流程施工,钢结构安装支点与混凝土结构的预埋件偏心,存在较大的结构安全隐患(图4、图5)。

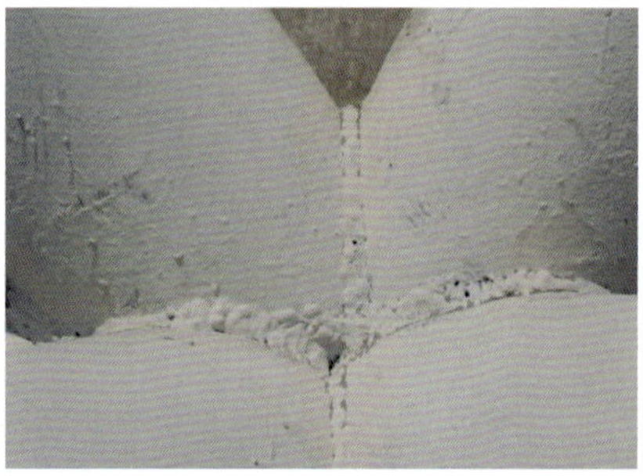

图4 焊缝存在气孔且相贯线不吻合

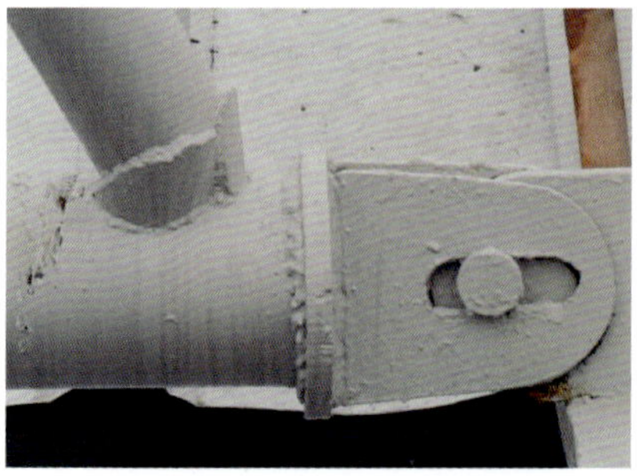

图5 桁架腹杆尺寸有误

3.4 幕墙

特别是幕墙龙骨安装问题比较普遍,主要表现在:不同体系的龙骨连接在一起;龙骨固定件直接固定在加气混凝土块上；随意将龙骨拴接改为焊接；龙骨与预埋件严重错位；龙骨落地支撑不牢固；幕墙龙骨在结构变形缝处不断开；用镀锌挂件代替不锈钢挂件；焊接工艺粗糙等（图6）。

3.5 屋面

屋面存在的问题主要体现在：屋面漏雨；屋脊、天沟节点构造不牢靠；屋面板咬合不到位；角码、铆钉缺失；封堵不到位等（图7）。

图6 玻璃幕墙直接焊在石材幕墙龙骨上

图7 屋面板在屋脊处未折边，无法封堵

3.6 吊顶

特别是站台雨棚吊顶安全隐患较多，主要体现在：龙骨强度或稳定性不够；龙骨吊杆与结构连接连接不牢；条板卡扣不牢或防风卡扣不到位；短条板安装不牢靠；吊顶龙骨与其他吊架共用等（图8）。

3.7 成品半成品养护、保护不到位

主要表现在混凝土的养护不到位，产生裂缝；钢结构防锈处理不及时，锈蚀严重；钢筋长期暴露锈蚀严重（图9）。

图8 采用短龙骨，强度和稳定性不够

图9 混凝土裂纹

3.8 混凝土和砌体

这部分质量缺陷较多，主要表现在：混凝土振捣不实；混凝土表面裂缝；跑模严重；砌体与混凝土结构无拉结；构造柱设计不合理等（图10、图11）。

图10 混凝土跑模

图11 砌体砂浆不饱满、有通缝

3.9 文明施工与施工安全

铁路客站一直在推行施工现场标准化，但由于各建设管理单位的管理力度和各施工单位的实力存在差异，部分铁路客站施工现场没有完全实现施工现场标准化，存在较多的安全隐患，主要表现在：现场作业分区不清，材料、机具堆放混乱；“三宝、四口、五临边”的安全防护不到位；脚手架搭设不符合要求（图12、图13）；施工用电管理不到位；消防器材配备不全；焊接不设接火盆；施工机械使用管理不规范等。

图 12　钢结构杆件堆放不规范

图 13　脚手架搭设极不安全

4　结束语

对以上案例加以分析，可以看出，不管是工序交接的问题，还是工程质量和现场文明施工问题，都与建设单位的管理有关。比如：两个施工单位的工序交接，如果建设单位能认真落实工序交接制度，在现场组织有关单位进行交接，就不会出现前道工序不到位，质量不合格就转交给下道工序的施工单位的情况；如果建设单位能配足、配齐专业技术管理人员，加强现场检查，或加强对监理单位的管理，充分发挥监理的作用，进行过程控制，就不会产生诸多的质量问题；如果建设单位能认真落实有关规章制度，就不会出现屋面漏雨、吊顶坠落、屋面被风掀开、施工现场发生火灾、脚手架垮塌、塔吊倾倒等事故。

质量是工程的生命，安全是企业的法宝，加强铁路客站的质量安全管理，施工单位责无旁贷，建设单位作为工程责任主体单位，对施工质量安全管理和控制负有不可推卸的责任。在客站建设过程中，建设单位要坚持技术创新、坚持专业化管理、坚持标准化建设、坚持可持续发展，充分发挥建设单位管理职能，加强建设管理，加快前期工作，保证工程合理工期，全面落实有关规章制度，就一定能够把铁路客站建设得更安全、更优质、更实用、更经济，让广大人民群众满意，让广大铁路旅客放心。

铁路客站安全质量全寿命集成管理体系构建研究

郝　光[1]　王　强[1]　李凤琴[2]

（1. 铁路客站站房建设总指挥部，北京　100038；2. 西南交通大学经济管理学院，成都　610031）

摘　要：以铁路客站安全质量管理为研究对象，以项目管理理论和集成管理理论为基础，结合铁路客站建设项目和铁路行业自身特点，站在全方位管理视角，提出了铁路建设客站安全质量集成管理的三维结构。在此基础上，创建了较为完整的铁路客站安全质量全寿命管理集成管理体系，概括起来就是："一个体系，两个中心，四个集成模块"。

关键词：铁路客站；安全质量；全寿命；集成管理

截至2011年12月底，我国已建成349座客站，其中高铁客站164座；正在施工的客站有178座，其中高铁客站109座。未来几年铁路建设将稳步发展，我国将先后建成1 000多座客站，投资规模之大、建设标准之高、采用技术之新，前所未有。目前，铁路客站质量、安全总体可控，取得了显著的成绩，但也存在一些问题，个别问题还很突出。在新的发展阶段，铁路面临前所未有的机遇，也将面临空前的挑战，但机遇大于挑战。能否提高铁路客站安全质量管理水平，关系到能否如期、优质完成大规模铁路建设任务，关系到铁路建设能否科学、安全、可持续发展这一根本问题。

1　铁路客站安全质量集成管理研究的必要性

1.1　客站安全质量管理主要存在的问题

目前铁路客站存在一些安全质量方面的问题，折射出客站建设、运营管理的不足，其中比较突出的问题有：

在建客站。一是没有严格执行铁路建设项目技术交底管理办法；二是变更设计管理不规范，存在未批先干现象；三是技术图纸管理不规范，钢结构、幕墙、金属屋面、吊顶等工程的二次深化设计深度不足，图纸审核、发放不及时；四是建设、设计、施工、监理单位对合同的技术条款普遍研究不透，合同管理方面亟待加强；五是建设单位专业技术力量薄弱，管理人员对客站安全质量控制要点掌握不牢，存在以包代管现象；六是文明施工不足，施工现场重大危险源管理不到位。

已建成高铁客站。一是施工方面：屋面及吊挂系统、钢结构、楼地面、设备及客服系统施工质量问题较多，地面沉降、地道渗水、玻璃自曝等现象和混凝土质量通病依然普遍存在。如部分客站屋面材质与设计要求不符，锁扣不紧、封堵不严，存在被风吹落的隐患；吊顶条板连接不牢固，易掉落；钢结构相贯线不吻合、锈蚀严重。二是设计方面：设计深度不足、接口管理不到位的问题较为突出。如部分站房及雨棚的屋面和吊顶，未设置设备检修通道；部分客站旅客通道口未设置雨棚；部分雨棚排水沟、消防管道位于接触网上部。三是工程验收方面：竣工资料交接不完整、不及时，部分客站未通过消防验收就开通运营。四是运营管理问题：各单位的运营管理水平参差不齐，普遍存在管理范围、管理职责不清，设备厂家、维保单位、使用单位相互推诿的现象。大量客站的设备日常维护保养工作不到位、不及时，维保方案尚未形成；客站商业开发缺乏统一规划、设计。

1.2　问题分析

上述问题涉及建设、施工、设计、监理等多个单位，贯穿铁路客站建设的整个过程，要切实解决这些问题，需要统筹兼顾、综合优化众多管理要素。铁路客站建设项目是一个复杂的动态系统，具有开放性、动态性、复杂性(层次与结构的复杂性、组织关系的复杂性、目标要求的复杂性、项目管理过程信息的复杂性)等特点。传统项目管理模式下，项目管理活动在不同阶段的非连续性和多个实施主体在项目管理系统上“技术屏蔽”、“信息孤立”等现象，增加了项目成本，降低了管理效率，造成了建设浪费。要改变这种现状，最根本的做法是使项目管理人员关注各具体活动之间、各参与方之间的相互联系影响和作用，重视对铁路客站建设项目管理中各子过程之间的衔接环节进行管理，从全局对项目执行过程进行合理的计划和控制，推行全寿命集成管理。

近年来，国内外一些学者致力于集成管理的研究，取得了不少的研究成果[1~6]。建设项目集成管理必然成为主要趋势。第一，集成管理适应了我国建设项目组织实施方式改革与国际先进项目管理模式接轨的需要。第二，集成管理适应了管理组织科学化、管理队伍专业化、管理行为市场化的需要。第三，集成管理适应了现代项目大型化、高技术化、复杂化条件下利用现代信息技术实施系统管理的需要。

2 客站建设项目管理的过程分析

客站建设项目的生命期，从构思的产生到项目投入使用，按主要工作活动内容，一般可分为五个阶段，即立项决策阶段、勘察设计阶段、工程施工阶段、竣工验收阶段、运营维护阶段。习惯上，将设计、施工、竣工验收阶段统称为实施阶段，将决策阶段和实施阶段统称为建设阶段，如图 1 所示。

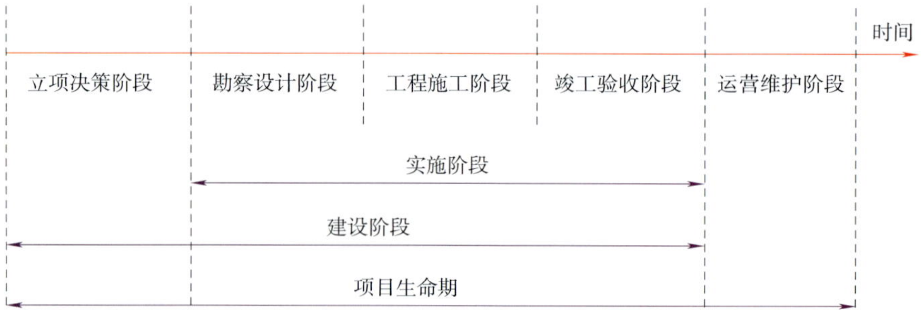

图 1　客站建设项目生命期阶段的划分

建设项目各个阶段都有明确的任务和工作内容，以各种重要可交付性成果为任务完成的标志，主要任务及可交付性成果包括以下内容：

(1)立项决策阶段：立项决策阶段主要进行项目的前期工作，包括确立项目目标、预可研、项目建议书、可行性研究等环节。立项决策阶段以业主需求的形成为标志。

(2)勘察设计阶段：勘察设计阶段主要是依照业主提出的要求进行建设项目的设计，编制建设项目的施工组织计划和方案，通常包括概念设计、初步设计、专项设计、施工图设计等环节。勘察设计阶段以建设项目设计文档的完成、施工组织计划和方案的形成为标志。

(3)工程施工阶段：工程施工阶段指的是按设计图纸和施工组织计划进行具体项目实施的阶段，是建设项目的物理实现，形成项目产品的过程，通常包括开工准备、基础施工、设备安装、装饰装修等环节。

(4)竣工验收阶段：竣工验收阶段通常包括静态验收、联调联试、初步验收、安全评估、国家验收等环节。该阶段以建设项目的竣工验收、正式移交为标志。

(5)运营维护阶段：运营维护阶段通常包括项目运营、项目维护、项目后评价等环节。该阶段包括建设项目从投入使用直至拆除的全过程。该阶段以项目的物理拆除为标志。

3 铁路客站安全质量三维集成管理结构

1969 年，美国学者霍尔提出了系统工程“三维结构体系”，它由时间维、逻辑维与知识维组成了一个三维立体空间结构，是一种解决规模较大、结构复杂、因素众多的大型复杂工程组织与管理问题的思想方法。

在集成理念指导下，由组织集成、过程集成、目标集成所组成的铁路客站安全质量三维集成管理空间结构如图 2 所示。

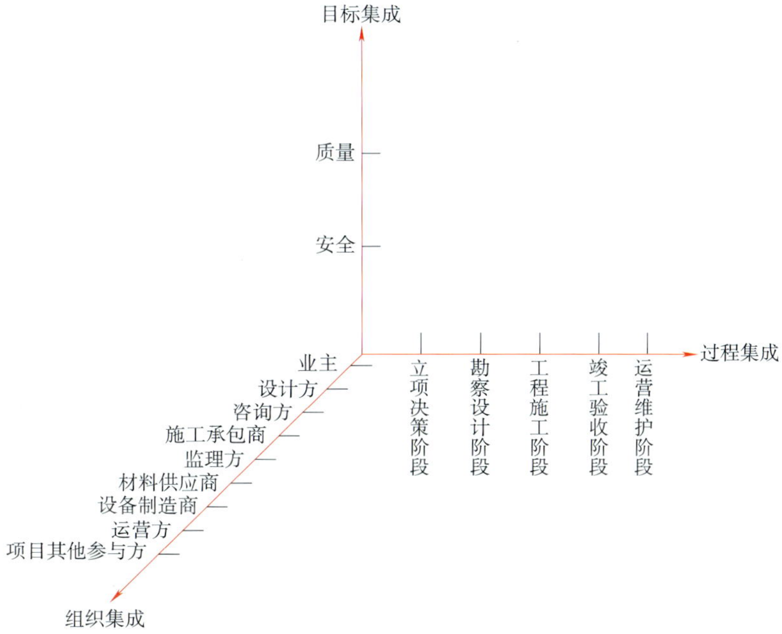

图 2　铁路客站安全质量三维集成管理空间结构

4　铁路客站安全质量全寿命集成管理体系的构建

在深入分析我国铁路客站安全质量管理现状的基础上，通过参考并借鉴国外的相关经验成果，确定了我国铁路客站安全质量全寿命集成管理体系构建的思路：依托 PDCA 循环理论，围绕质量、安全两大中心目标，从铁路客站安全质量管理的目标集成、组织集成、过程集成、信息集成四个方面，对如何有效提升客站安全质量管理水平进行了相关的探索，构建铁路客站安全质量全寿命集成管理体系，概括起来就是“一个 PDCA 循环、两个中心目标、四个集成模块”，其中，PDCA 循环是体系运行的机制，质量和安全是体系的中心目标，四个模块是体系的核心子系统，如图 3 所示。

铁路客站安全质量全寿命集成管理体系，是指通过运用复杂系统理论和集成管理思想，以质量、安全为铁路客站建设项目的主要目标，从铁路客站建设项目立项决策、勘察设计、工程实施、竣工验收、运营维护全寿命期的角度，建立涵盖铁路建设主管部门、建设单位、勘察设计单位、施工单位、监理单位、物资设备供应单位等各方主体全方位的集成管理体系。

4.1　一个 PDCA 循环

PDCA 循环又叫戴明周期，是美国质量管理专家戴明博士首先提出的，它是全面质量管理所应遵循的科学程序，如图 4 所示。PDCA 由 Plan（计划）、Do（执行）、Check（检查）和 Action（处理）的第一个字母构成。PDCA 循环反映了全面质量管理计划的制订、组织实现并不停顿地周而复始地运转的过程。首先依据目标确定计划，再组织实施，进而按照计划进行检查，看有没有达到预期的目标，若存在问题，则查找原因，进行处理，然后将经验和教训制订成标准、形成制度，以指导下一个阶段的工作。四个过程不是运行一次就结束，而是周而复始的进行，形成了阶梯式上升。PCDA 循环实际上是有效进行任何一项工作的合乎逻辑的工作程序，被视为管理的基本方法。铁路客站安全质量全寿命集成管理体系的构建发展具有类似的特征：是一个经过体系发展计划、体系开发实施、体系检测与监控、体

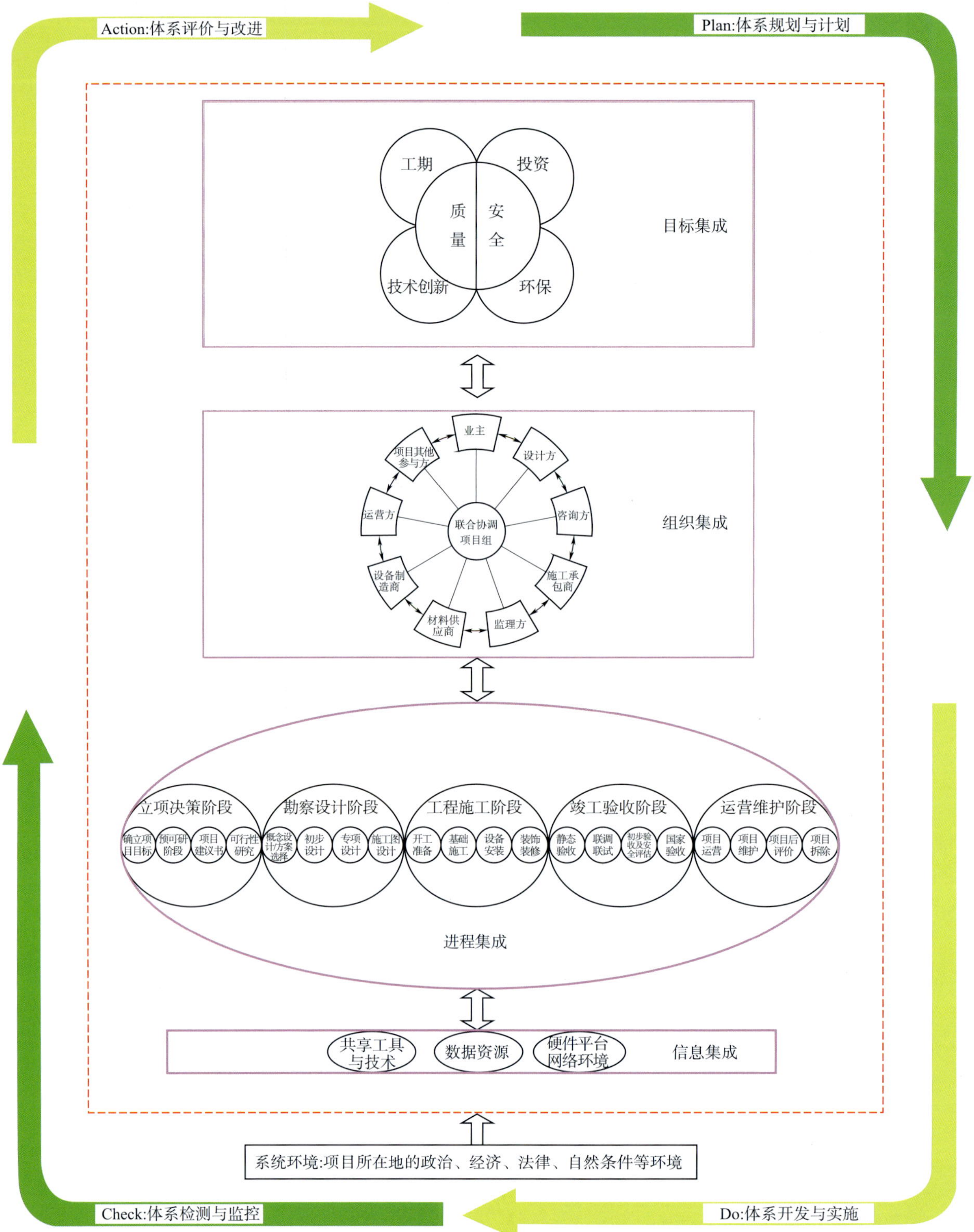

图 3　铁路客站安全质量全寿命集成管理体系模型构成框架

系评价与改进等过程螺旋式不断提升的一个过程。

4.2　两个中心目标

实现以质量、安全为中心,以合理工期为保证,以投资控制为纽带,充分考虑环保、技术创新要求的全要素集成管理,通过制定项目集成目标、层层分解落实、跟踪绩效考评,最终确保项目集成目标的实现。

(1)安全目标

安全目标既包含铁路客站建设安全生产目标,也包括参建人员的职业健康安全目标,以及项目所在地周边人员的安全目标。

(2)质量目标

质量目标不仅要注重铁路客站实施过程的质量、工作质量、工程实体质量,还要从全寿命期角度,着眼于工程项目系统的整体功能、技术标准、安全性等要求,追求的是项目全寿命期的工作质量、工程质量、项目最终功能、产品或服务质量的统一性。

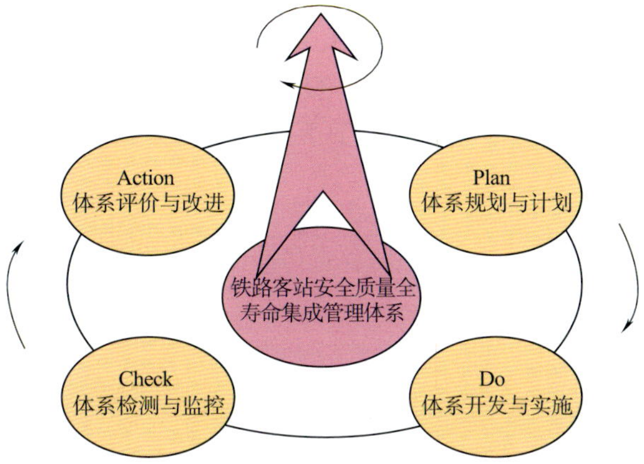

图4 铁路客站安全质量全寿命集成管理体系的运行机制

4.3 四个集成模块

(1)目标集成模块

一个项目全寿命周期内,不论项目参与的哪一方,都在根据项目所处的阶段进行全过程目标控制。尽管时间不一致,内容有差别,方法各不同,但归纳起来,均是对项目的安全、质量、投资、工期、环保、技术创新等要素进行控制。这些目标要素整合在一起的协同运转便组成了目标集成系统,它是与业务过程系统相互作用、相随并行的集成系统。

(2)组织集成模块

在铁路客站安全质量全寿命集成管理实践中,可以考虑两种基本的组织集成模式:一是虚拟建设组织模式。它是指项目业主方、设计方、施工方、供应方等单位利用现代信息及通讯技术,基于网络建立项目管理公用软件平台,使项目参与各单位互通有无、共享信息,以实现资源优化配置,降低管理成本,提高管理效率。二是基于合同模式的组织集成。通过总承包等合同模式,许多项目工作由一个单位全过程、全面负责,项目的主要承担者通过提供全面的全过程的服务,对工程的最终结果负责,与项目的最终效益挂钩。这样可通过看似复杂其实简单的合同关系实现了建设单位和总承包商之间的更好协调。

(3)过程集成模块

基于全寿命期,实现从立项决策、勘察设计、工程实施、竣工验收、运营维护各阶段的集成管理,优化资源配置,结合环境因素进行项目的全过程动态风险管理,实现项目全过程的协同管理。

一个铁路客站建设项目从前期开发管理、中期建设管理、后期运营管理经历了三种形态,项目的参与方也存在不同的管理侧重点。但对一个全寿命周期项目管理组织而言,它必须从提高项目整体管理效益出发,对一个项目,从开始到结束的全过程,打乱原有分割与各自为政的工作方式,进行业务流程的重组,由此建立一个统一的项目前期管理、实施管理、组织管理新的动态化的工作流程,即构成铁路客站安全质量全寿命过程集成系统。

(4)信息集成模块

伴随计算机网络技术、通讯技术的发展,对一个项目进行全过程动态的信息管理,即建立一个信息管理平台,它一般包括信息功能集成、信息资源集成、信息处理集成。在风险共担、利益共享的基础上,各参建单位借助信息共享平台,实现基于战略联盟的动态全方位集成管理,建立合作伙伴关系。

各种知识的集成最终体现在技术方法的集成上,而当前管理技术运用的主要方法是基于网络与计算机的信息管理。一个项目的组织、实施、参与、协同、控制,无时无刻不在进行信息的交流,项目参与方不但要有自身信息系统或信息管理系统,而且项目参与方都必须相互进行信息交流,从而构成了项目管理更大的信息系统。

5 结 语

为实现铁路客站多目标、全寿命、全团队、全要素管理，本文针对铁路客站安全质量方面存在的问题，基于项目管理、集成管理、系统工程等理论，理论联系实际，提出了铁路建设客站安全质量管理集成系统的三维结构，构建了铁路客站安全质量全寿命集成管理体系。这是一种铁路客站安全质量管理系统创新的新尝试，也是铁路客站安全质量集成管理理论的新探索。

铁路客站质量安全全寿命集成管理体系是个十分复杂的系统，为确保铁路客站质量安全全寿命集成管理体系的有效构建，还需从客站质量安全管理规范化、标准化、高效化、专业化、动态化、网络化六个方面进行相关的配套建设。这将是下一步研究的重点和难点。

参 考 文 献

[1] 郑健．我国铁路客站规划与建设[J]．铁道经济研究，2007，(4)．

[2] 何清华，陈发标．建设项目全寿命周期集成化管理模式的研究[J]．重庆建筑大学学报，2001，(8)．

[3] 成虎．建设项目全寿命期集成管理研究[D]．哈尔滨：哈尔滨工业大学，2002．

[4] 陈勇强，孙春风．大型工程建设项目信息集成管理研究[J]．石油工程建设，2007，33(3)：203-205．

[5] 王乾坤．建设项目集成管理研究[D]．武汉：武汉理工大学，2006．

[6] 郝光．铁路客站建设项目全寿命三维集成管理研究[J]．铁道经济研究，2009，(6)．

品质铸就经典　建筑传承百年

——成都东站建筑品质诠释

褚松涛[1]　金旭炜[2]

（1. 成都铁路局客站建设指挥部，成都　610081；2. 中铁二院工程集团有限责任公司，成都　610031）

摘　要：建筑作为人类创造活动的产物，集功能性和艺术性为一体，融实用性和审美性于一身。建筑品质的好坏是决定建筑能否传世的根本所在。本文论述了在铁路客站建筑设计中除要满足建筑基本使用功能外，还要秉持以人为本的设计理念，体现绿色环保的技术概念，并将文化性、艺术性完美的融入建筑语言中，以实现建筑设计的品质追求。以成都东站建筑设计及建设为例，诠释实现公共交通建筑卓越品质的关键所在。

关键词：品质；建筑；成都东站；责任

1　铁路客站建筑品质的核心内容

最初的建筑是为人类遮风避雨、防寒祛暑，抵抗残酷无情的自然力而建造起来的第一道屏障，只强调实用性和功能性。物质技术的高速发展和社会的不断进步，给人们的生活带来极大改变的同时也深刻影响着人们的思想观念。单一的实用性功能已无法满足人们的需求，人们愈来愈注重对审美、个性的追求。在保证基本使用功能的基础上逐步建设出不同需求的功能建筑，直至发展成为现代多样化、艺术化、个性化的建筑形态，以满足社会的发展需求。

古罗马建筑家维特鲁耶的经典名作《建筑十书》中提出了建筑的三个标准：坚固、实用和美观，一直影响着后世建筑学的发展，也决定了建筑品质的核心内容。首先，建筑必须具备基本的使用功能和安全性，如空间、围护结构、设备、材料等，以满足人们对建筑的基本使用需求；其次，建筑要秉持以人为本的设计理念，运用现代科技手段，在满足绿色、节能条件下最大限度地提供给人们便捷、舒适、健康的服务功能；第三，建筑是一个城市文明程度及品味的折射，是当地地域特色及风貌的综合展示。因此，建筑还应注重对文化的挖掘和体现，对艺术、审美的追求，展现与时代相符合的时代特征。

铁路客站是迎接国内外宾客的第一道窗口，是地域文化与人文精神的直接展示。因此，只有深刻蕴含文化品位与历史价值的铁路客站，才经得起时间的检验，才具有长远的生命力，才能成为社会的公共财富经久流传。

1.1　卓越的建筑品质是客站的地位和作用所决定

现代铁路客站无论在站区规划、功能布局、交通流线、建筑造型、关键技术，还是在服务设施上，与以往客站相比都有重大的创新和突破，最重要的是实现了铁路与其他交通方式的无缝衔接，将公交、地铁、出租等、甚至航空、磁悬浮等多种城市交通形式整合为一体，形成了多功能综合交通枢纽，极大地方便了旅客的出行。集合了城市现代化综合交通枢纽的铁路客站能力充足、功能完善、换乘便捷，在满足区域发展需求、带动城市经济发展、综合枢纽功能需求、体现地域文化、满足城市功能空间上起着不可替代的作用。因此，铁路客站建筑不仅要满足其作为众多交通方式的换乘中心、人流聚集与分散的核心点的功能需求，还要在技术、审美及文化内涵方面深刻探究，打造具有长久影响力和震撼力的品质建筑。

1.2 卓越的建筑品质是以人为本理念的实际体现

建筑的核心功能是为人服务，以旅客的需求为本是客站建设的核心理念。因此，建筑品质还应体现在最大限度地为旅客创造舒适、便利、快捷的交通环境，保证旅客顺利的到达目的地。遵循以人为本的思想理念，在设计到施工过程中的每个环节对建筑的各个部位、各种设备设施进行精心的设计推敲和研究，获得广大旅客和使用者的认可是建筑品质最重要的评判标准。

1.3 卓越的建筑品质是历史发展的必然需求

铁路客站是城市永久性的固定资产，在铁路200多年的发展历史中，许多车站逾越百年仍在使用。由于其特殊的地位和功能，铁路客站已成为一个时代的缩影，在不断演变和发展的过程中，记录着城市和铁路的历史，反映着城市的兴衰荣辱，也反映着铁路的变迁与进步，其站房建筑传承着社会的政治、经济、文化等多种因素，代表了一个阶段的整体建筑水平。因此，一个具有卓越建筑品质的铁路客站，必然会成为城市一笔宝贵的文化财产，屹立百年仍耐人寻味。

1.4 卓越的建筑品质要注重绿色环保、可循环利用

一般建筑物在历经几年的施工期后便会进入漫长的几十年、甚至百年的使用期，建筑物及内部设备等也会随着时间的流逝在不断的老化、废弃，很多建筑材料及设施开始出现故障频发、安全性降低、能源损耗量提高等诸多问题。因此，除了对建筑进行必要的维修与保养外，在建筑建造前期必须对后期的保养、维护及环境等问题进行周详的考虑：一是需采用符合品质需求且绿色环保的建筑材料，延长建筑材料使用寿命，增加循环再利用的可能，减少对环境的污染；二是选用先进、达标的设备设施，以延缓设备老化的速度，减少运营维护期的改造费用，大幅度减低建设运营维护成本。注重绿色环保，减少对环境的破坏也是对建筑品质考量的基本要求之一。

1.5 卓越的建筑品质是和谐社会的发展需求

铁路客站必须满足未来经济发展的需要，避免建成使用后的改造、拆除等造成的资源浪费。因此，打造具有卓越品质的客站建筑需要前瞻性的前期规划、周密的设计过程及严格的施工执行，只有这样才能建设出经得起历史考验，符合社会长期发展需求的精品建筑。

2 成都东站追求建筑品质的诠释实践

2.1 追求建筑品质必须有强烈的责任感

由于现代铁路客站的城市定位、历史地位及不可复制等特性，建设项目管理者在推动整体建筑品质建设中起着至关重要的作用，这就需要项目建设各方树立强烈的社会与历史责任感。

成都东站（图1）在建设前期制定了“以对国家、对历史、对人民高度负责的态度，高起点、高标准、高质量建好成都东站工程”为核心内容的建设指导思想。在此思想的指导下，围绕建设项目，制定出周密的创优规划。建设指挥部把“卓越的建筑品质”作为成都东站建设的最终目标，将历史文化、人文精神等元素赋予到成都东站建筑内涵中，使其成为真正的精品工程。由此，根据铁道部、路局提出的相关要求，制定出高标准、高起点的管理目标，建立起完善的建设管理制度，组建了专业化的管理团队。坚持标准化管理，融入项目经营、一体化等新的管理理念，采用信息化的现代管理手段，创造了非常

图1 成都东站

建设管理

良好的建设、施工环境和氛围，为全面开展建筑品质管理工作，打下了坚实的基础。

2.2　建设者与设计团队良好的沟通是保证品质建筑的基础

近几年来，国内建设了一批精品铁路客站，如北京南站、武汉站、上海虹桥站等。这些精品客站无一不是综合功能齐备、建筑造型优美、极具文化内涵的经典设计，为成为品质建筑打下了良好的基础。然而，一个好的设计能否成为真正的、可传承的品质建筑还有很长、很难的路要走，如何实现设计思想，真正创造出品质建筑，应该是建设管理者、建设者的最大任务。

国内外城市文化的发展表明，优秀的规划设计可传达社会效应、扩大公众影响，而规划师、建筑师与业主的相互认知与良好合作是造就好品质建筑的基石。建设者只有深刻理解客站建筑的文化内涵，体会建筑表达的核心思想、读懂建筑传述的文化语义，通过与设计团队良好的沟通、交流，才能在准确表达设计图的同时根据实际情况进行优化、完善，从而创造经典设计、铸就品质建筑。

在成都东站的建设中，建设管理者与建筑师、建设者们进行了良好的交流与互动。建设方多次对建设项目所表达的文化内涵、设计工艺要求、设计技术标准等多方面进行交流、探讨和研究，对设计方案的总体表现方式和每个细节的构成都进行了认真推敲，共同选择最优的表现方式、最佳工艺处理方法，确定了严格的施工工艺标准。

为了表达四川厚重的历史文化和沧桑感，体现三星堆五千年的璀璨文明，建设各方通过共同参观三星堆青铜展、汉代古玉展和砖雕艺术等展览，积极汲取四川的丰富文化营养。通过向四川相关历史学家、文物收藏爱好者、仿古文物研究人员等请教学习，探讨古代的雕刻艺术和青铜技术工艺工法，开发了钢介质上的仿青铜文物修复技术。为完美表现青铜的材质与肌理，从近百种色彩中反复推敲，组合搭配，运用建筑语言真正诠释了对四川厚重的历史和深厚传统文化的解读，如图 2 所示。

图 2　成都东站建筑特点

针对如何创造舒适的候车和换乘环境，同时既能体现现代科技发展，又能体现传统文化的问题上，我们共同组织论证，通过计算机对十几种玻璃幕墙的模拟分析、方案比较和设计优化，最终选择采用了索结构式玻璃幕墙。从结果来看，整个高架候车空间，自然光充分引入室内，宽敞明亮，旅客具有明确的方向感和更清晰的视野，其极致的通透效果营造了良好的环境与氛围，极大地满足了旅客追求舒适、宽敞的心理需求。室内外景观相互交融，大气、通透、简洁的玻璃幕墙与古朴而富有文化性的建筑装饰完美结合，虚实对比强烈，其轻盈的结构劲度提升了建筑效果，成为成都东站的最大亮点之一。

2.3　建设者良好的素质是品质工程的基本保证

铁路客站工程的建设跨度长、建设程序复杂，参与人员众多。因此，需要建立切实可行的建设管理制度，在建设过程中还要正确处理建筑品质与工期的关系，正确处理建筑品质与工程投入的关系，正确处理好总体与细节的协调，正确处理好设计与工艺工法的协调等诸方面关系。

追求客站项目建筑精品工程对建设者的素质提出了很高的要求，不仅仅是管理者，更多的是操作者即一线的工人。这是因为精品工程对施工工艺工法也提出了更高层次的要求。但是目前国内不同层次的人员对建筑品质的理解和技术实践的水平差异很大，所以努力提高管理者和操作人员的素质是保证建筑品质达成的重要因素。

在成都东站建设工程中，始终注重全员关于建筑品质素养培训。邀请建筑、施工、管理专家到工地授课进行建筑品质培训教育，组织管理、施工人员参观其他优秀项目汲取成功经验。选择优秀的管理队伍和合格的操作工人，严格施工工艺工法。通过这些方式，将建筑品质的追求贯彻到每一个建设参与者的思想和行为中，为工程品质的保证打下坚实的基础。

2.4 建筑品质的基础源于功能和安全

建筑品质的追求绝不是体现在奢华的装饰材料的堆砌上，其基础源于对建筑功能的契合、对使用者的关怀以及对建筑安全的重视。

成都东站幕墙设计上就坚持了从功能、实效和安全出发的大原则。建筑玻璃幕墙的发展已不再是单纯的维护结构了：一方面，除了表现其外观独特的装饰效果外，保温节能、结构细部的刻画以及和环境的融合与交流成为了玻璃幕墙设计的基本要求；另一方面，完善的技术方案和精致的技术细节保证了幕墙的安全可靠，保障了整体建筑的安全性。

在幕墙结构设计中，我们对主体结构与幕墙结构统一建模分析，在结构体系和玻璃板块设计中充分考虑了地震、风力和列车通过振动等影响，最终采用了对加速度力不敏感的钢箱梁和索相结合的柔性结构体系，适合在抗震、减振降噪要求高的站房应用。同时，为了保障公共区域中的人员安全，减少幕墙玻璃在偶然情况下破碎掉落的几率，在设计中，采用了幕墙阻尼器和带铰节点的专利玻璃夹具，极大地提高了幕墙的安全可靠性（图 3）。此外，幕墙结构、助力器等幕墙构件的设计与建筑整体造型和装饰相协调，通过精致的工艺、细节的推敲共同提升整体建筑品质（图 4）。

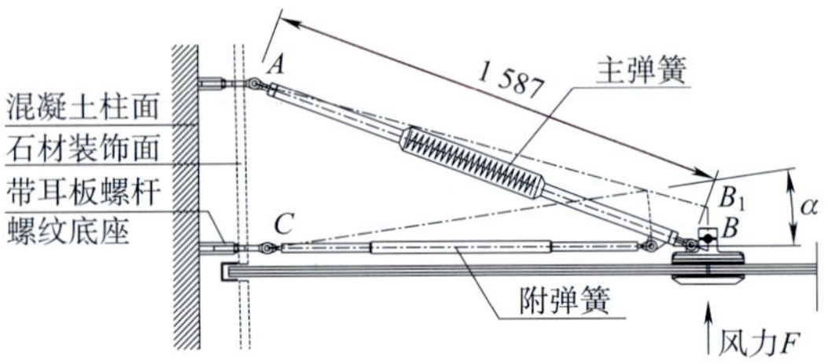

图 3　阻尼杆工作原理图

图 4　幕墙

与功能相适应，选择适用的建筑材料和设备系统也是建筑品质的基本要求。成都东站采用适应成都地质条件的地源热泵系统，获得了良好的节能效果，该项目已获得成都市再生能源运用奖励。为了提高运营管理效率，在信息系统中创新采用了综合大集成系统，有效提高了车站管理水平。在天窗设计中综合考虑采光与节能，采用遮阳膜配合室内吊顶的整体装饰效果共同打造简洁、明亮的室内空间环境。

2.5 建筑品质的提升是增加客站建筑后期商业开发价值的有效途径

由于公共交通枢纽建筑位于人口流动密集交汇处，使得像车站、机场等公共交通枢纽建筑周边和内部都具备非常良好的商业开发价值，成为了众多商家的必争之地。而具有良好品质的公共交通建筑，还会吸引众多国内外高端品牌的加入，在为投资者提供了商业利润的同时，也会大大增加公共交通建筑的社会产值，延长建筑的使用寿命。这样不仅有利于公共交通建筑的正常运营，对其扩大社会影响力，提升建筑形象和品质都有极大裨益。

成都东站遵从铁道部和路局的统一协调，在设计和建设过程中与商业开发、广告媒体部门、电信邮政银行等协调互动，将多元开发、广告媒体、电信邮政银行布局与建筑空间环境相结合，同步实施，完全避免因增加商业开发对建筑的二次拆改，既提升了车站商业价值，又统一了室内的整体效果，保证了整体的建筑品质，达到相互补充、共同发展的双赢效果。

成都东站中的商业开发主要利用高架候车层的高大空间，在候车区两侧布置了近 2 万 m^2 开发场地，结合商业开发需求与室内装饰效果、媒体广告需求与动静态标识功能进行统一布局和设计。在商业开发设计中，充分研究人的心理暗示作用，统筹布点电信邮政银行等延伸服务设施，将商业区域尽量引入人流交通集散密集点。在静态广告布点设计中，根据室内整体装饰模数进行广告布点设计，采用嵌入方式，将广告与建筑装饰融为一体。动态标识中采用目前国内先进全彩屏系统，以蓝底作为基本色，搭配白、黄等颜色，获得良好的感官效果，既满足审美需求，又可获得更好的广告展示效果。商业开发、广告与室内空间设计共同形成现代化交通建筑空间环境，也使得建筑室内空间璀璨夺目。

3 成都东站建设实践诠释实现卓越建筑品质的关键所在

建筑是人类社会发展和文明进程最直接的视觉载体，是保存民族发展进步的记忆。人类留下痕迹最多的就是建筑。追求建筑品质是建设者永恒的责任，而卓越品质的实现绝不是简单地堆砌建筑材料和科技技术，而要真正从人们的需求出发，研究建筑的使用功能需求及文化定位。在适应社会和发展需求的基础上、正确处理好设计、管理和建设的关系，从建设工期、材料设备选用、建筑总体与细节、工程费用的投入、地域文化与建设文化的结合等各个方面，确实需要做大量细致深入的工作，而真正把“精品工程”的理念贯彻到建筑实践中，是实现卓越建筑品质的关键所在。

在成都东站的整体建设过程中，建设各方将“精品工程”的追求理念贯穿始终，通过参建各方的共同努力，把成都东站建设成适应铁路客站发展、体现铁路客站建设水平、具有深厚文化底蕴、卓越建筑品质的精品工程。

依托体系化　管控全过程

——谈天津西站站房建设的质量安全管理

郑　雨　叶　道　吕绍强　徐海洋　方　亮

（北京铁路局京沪高速铁路天津西站工程建设指挥部，天津　300000）

摘　要：本文对天津西站站房建设的质量安全管理主导思想和做法进行了提炼。面对建设工期紧、质量要求标准高，并且全过程涉及既有线施工、确保既有线行车安全和施工生产安全难度大等现实情况，天津西站工程建设指挥部依托体系化构建，将质量安全管理覆盖工程建设的全过程，突出强调前置管理的理念，狠抓细节和接口管理，保证了工程的质量和安全，对类似铁路工程建设具有一定借鉴意义。

关键词：体系化建设；全过程管理；细节管理；接口管理

1　引　言

近年来，铁路客站工程建设注重以人为本，充分体现“适应时代需求，服务交通功能，体现地域文化，构建以铁路为主的综合交通枢纽”的建设理念，不断追求建设百年不朽精品工程的发展使命。

站房建筑工程的质量安全关系到广大旅客的切身利益，客站的工程质量是否经得起乘客的检验、运营的检验以及历史的检验，能否保证建设安全以及运营安全，铁路建设者肩上的责任极其重大。

面对现实困难和压力，天津西站工程建设指挥部充分认识到质量与安全管理在工程建设管理中的重要性，积极进行覆盖全团队的质量安全体系建设，对设计、采购、施工安装、联调联试、竣工移交等建设全过程进行前置管理，以细节管理和接口管理为抓手，强化施工阶段的质量安全控制，不断提高质量与安全管理水平，从而确保了天津西站工程的顺利竣工，各项质量安全指标均达到优良，目前正在积极准备申报“鲁班奖”。

2　工程概况

图 1　天津西站站房外立面实景照片

图 2　天津西站站房高架层实景照片

新建天津西站(图 1、图 2)是京沪高速铁路 5 大交通枢纽之一,连接京沪高铁、津保铁路、京津城际、津秦客专及既有京沪铁路,设计规模 26 站台 24 线,站房南北全长 382 m,东西面宽 282 m,高架站房宽 144 m,建筑高度 57 m,站房总建筑面积 229 239 m^2,建筑外立面为通透的玻璃圆拱结构,地下结构采用钢管混凝土柱加劲性混凝土梁组成的框架结构,地上采用钢框架结构,屋面为变截面单层联方网格形筒壳结构,长度 394 m,跨度 114 m。

与天津西站站房工程同步配套建设的市政及地铁工程有:南北广场及地下相关工程,地铁 1、4、6 号线车站及相邻区间工程。东侧改建河北大街立交桥,西侧新建复兴路立交桥,北侧改建子牙河南路,南侧改建西青道快速路为站前下沉通道。

建成后,天津西站将成为天津市最大的集高速铁路、城际铁路、普速铁路、地铁、公交于一体的大型综合性交通枢纽和城市发展副中心。

3　天津西站站房建设的难点和管理重点

3.1　天津西站站房建设的难点

与京沪高铁沿线其他大型客站相比,天津西站站房工程建设具有以下几个突出的难点,对确保建设工程的质量和安全提出了更大的挑战。

(1)开工日期晚导致工期紧张

作为京沪高速铁路的重要组成部分,站房工程必须在 2011 年 5 月份配套京沪正线进行联调联试,2011 年 6 月份开通运营,但是由于站场位置做出重大变更,导致工程开工日期远远滞后于京沪全线其他项目,使得后期施工图设计和进场施工安装时间不足 20 个月,与同等类型、类似规模的大型客站建设周期相比较,工期紧张问题更为突出。

(2)既有线施工贯穿建设全过程

天津西站工程作为在原站址进行建设的铁路枢纽性改造项目,在施工全过程中既有京沪铁路一直穿越站房和站场施工区域,涉及两次京沪铁路的改线,并在客观上将站房分为三个区域进行建设,处理好运输与施工之间的矛盾,确保行车安全和人身安全的责任极其重大。

(3)设计创新增加施工难度

天津西站工程采用了很多新技术、新工艺。站房高架候车大厅屋顶为大跨度、半圆形编织状钢结构,施工工艺复杂、施工难度大;装修设计从结构设计阶段考虑各种模数及对缝关系,在工期异常紧张的情况下需要进行精雕细刻,保证整体效果,对施工组织和质量控制提出了很高要求。

(4)接口繁杂不易协调

为配合京沪高铁同步开通,天津西站综合交通枢纽站房、站场与市政配套工程同步实施,地下结构、站场、站房、雨棚、桥涵、四电工程各专业间的接口繁多、工序穿插，与地方市政基础设施交叉施工干扰多，施工协调难度大。

3.2 天津西站站房建设管理的重点

为克服天津西站站房建设工程中的诸多困难，确保工程质量安全，将天津西站打造成为世界一流的精品客站，指挥部有针对性地提出了建设管理的主导思想：以质量安全体系的全组织一体化建设为基础，以全过程前置控制管理为主线，以施工接口管理和细节管理为保障，全面实现天津西站工程质量与安全管理目标。具体如图 3 所示。

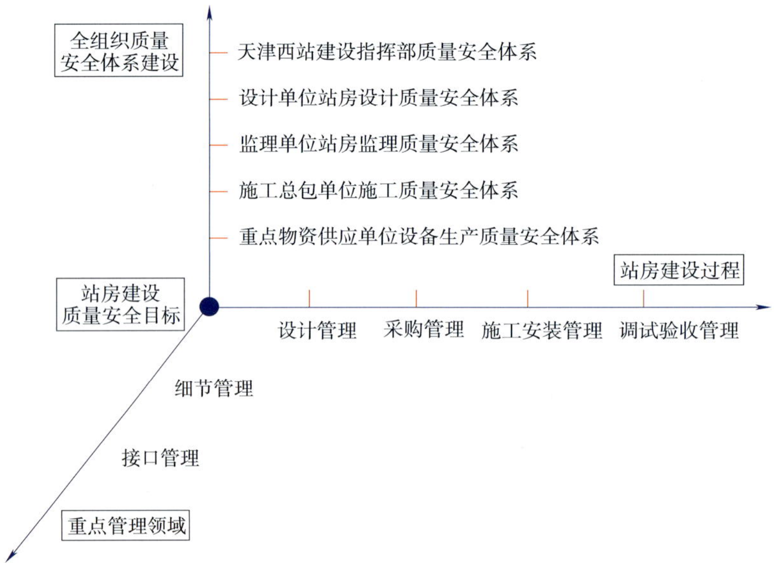

图 3　天津西站站房建设管理部署思路图

(1) 狠抓质量安全的组织体系建设

以指挥部为龙头，明确工程的总体目标，有效分解各参建单位分项目标，制定相应的执行标准；对工程中各项任务的执行进行有效的指导和规范，并进行严格的检查和审核。

(2) 强化设计、采购、施工安装的全过程管理

天津西站工程在设计上、技术上和工艺上都具有很多创新元素，所采用的大跨度编织状钢架结构和结构设计中采用模数设计思想在国内站房建设中属于首创。指挥部面向工程整体，对设计、采购、施工进行全面统筹，对影响后期施工安装的质量和安全要素开展前置性的策划，以终为始，狠抓全过程管理。

(3) 关注细节管理

千里之堤，溃于蚁穴，若忽视了细节管理，工程质量和安全很难保障。指挥部充分意识到细节管理的重要性，在创新元素多、工程复杂的情况下，对工程中的各个细节进行了严格的质量安全控制，尤其对施工过程中的钢结构框架、装修、幕墙、机电设备等进行了重点的细节管理，保障了工程的质量和安全。

(4) 理顺接口管理

接口管理向来是工程管理的难题。天津西站综合枢纽工程结合部多，接口协调量大，指挥部在建设全过程中狠抓接口协调管理，在注重工程内部部门之间的工作接口的同时，也重点关注了本工程和既有线运营的接口协调工作以及本工程和其他市政建设工程的接口协调工作，确保了工程接口处的质量和安全。

4 天津西站建设质量安全管理实践

4.1 狠抓管理体系建设

在天津西站站房建设管理的过程中，指挥部狠抓管理体系建设，逐步形成了一个符合“PDCA”循

环功能、能够持续改进完善、满足顺利实现工程质量安全目标要求的管理体系，其框架如图4所示。

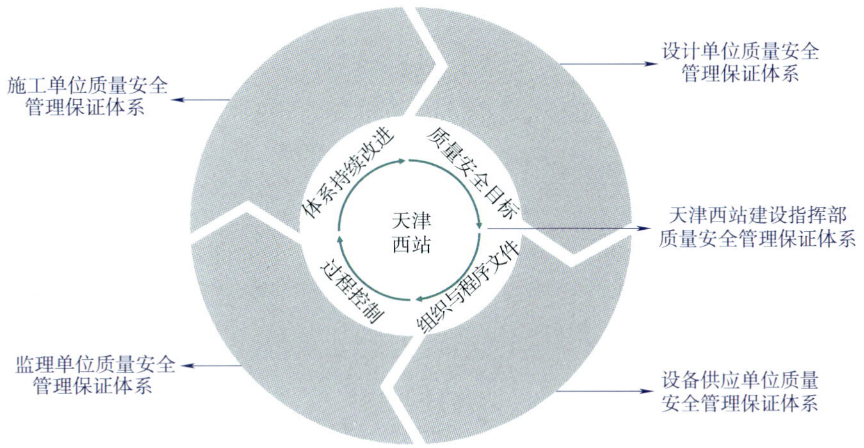

图4　天津西站站房建设质量安全管理体系框架图

(1)明确天津西站建设质量与安全管理目标

天津西站建设质量管理目标是：杜绝施工重大质量事故，确保主体工程质量"零缺陷"，确保主要承重结构寿命100年，工程质量要经得起运营和历史的考验。工程质量实现"三个一"目标：单位工程一次验收合格率100%；基础设施达到设计速度目标值，一次开通成功；竣工文件真实可靠，齐全整洁，实现一次交接合格。

天津西站建设安全管理目标是：实现"五无、一杜绝、一控制"的目标。"五无"指无人身死亡事故、无交通责任事故、无重大火警爆炸事故、无压力容器爆炸事故、无重大机械作业事故；"一杜绝"指杜绝一般D类以上铁路运输责任安全事故；"一控制"指施工人员年重伤率控制在0.5‰以下。

(2)加强质量安全组织管理

质量组织管理方面，在指挥部的主导下，分别构建了工程建设的内部、外部质量安全管理组织体系。安全组织管理方面，建立以指挥部为中心的安全保证组织体系，各参建单位按照指挥部要求设置各自的安全保证组织机构，确保整个体系由上至下覆盖整个施工现场。安全保证组织机构如图5所示。

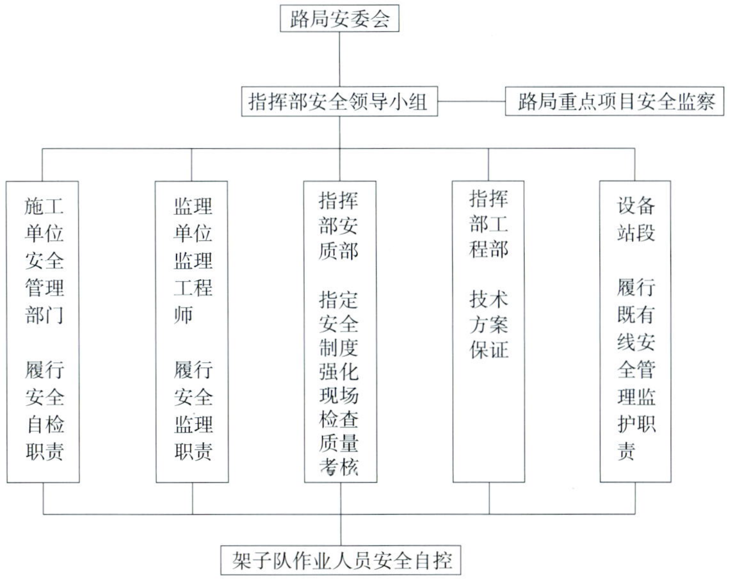

图5　工程建设安全保证组织机构图

(3)制定质量安全保证制度

①指挥部安全质量部负责质量的检查、督促和指导工作,对各参建单位质量管理行为进行考核、评价,保证质量目标的实现。

②建立健全安全生产保证制度,配置必要的设备、装备和专业人员,以建设安全标准化工地为手段,加强现场管理,促进现场作业人员作业的标准化。

(4)严格监控,落实质量安全

①推行三个层次的质量控制,第一层次:设计、施工、检测单位强化质量保证体系建设,加强质量自控;第二层次:实施总监负责制和专业监理制度,实行旁站监理,加强过程控制;第三层次:指挥部对全线质量负总责,加强过程监督和抽查,搞好工程质量评估,实施重点控制。

②设立自上而下的施工安全监督、保障体系,明确各级领导和部门的安全职责,签订安全目标责任书。

4.2 强化设计、采购、施工的全过程管理

工程的质量和安全需要从头到尾进行统筹管理和控制,以工程建设的全过程作为管理范围。在天津西站建设工程中,指挥部狠抓全过程管理,关注设计源头、规范采购管理、严控施工过程,对设计、采购、施工等各个环节进行全面的质量安全控制,做到了质量安全因素的前置性把控。

4.3 关注细节管理

细节决定成败。天津西站工程总体工程量大,难度大,必须从细节上做到严格把控,才能从总体上保证工程的质量和安全。

(1)对屋盖钢结构的细节把控

天津西站屋盖钢结构跨度大、体系新、工程体量大,施工难度很大,该部位的施工质量直接影响到天津西站的整体结构安全耐久性。对钢结构工程质量进行精细管理,是提升钢结构工程的整体质量和安全系数的重要保。

在屋盖安装方案选择上,指挥部作为重大方案的主导方,组织设计院、监理、施工单位及专家进行了 4 次研讨,对多种施工方案进行了详细的对比,最终综合各方意见选取了整体提升方案。针对施工中的质量控制难题,诸如多个对接接口控制的质量精度控制问题、提升时各工况下的结构安全问题等采用三维激光扫描成像的技术措施、预应力索主动控制的方法以及应力、应变实施监控等科学方法予以解决,收到很好的效果。其间,在指挥部的统一组织下,设计院对总包单位涉及结构安全的措施给予了定量核算,同时,监理单位对焊接质量、焊接工艺、检验检测等关键质量控制点加强了管理和控制力量。图 6 为屋面整体提升实景,图 7 为点云扫描成像图。

图 6 屋面整体提升实景

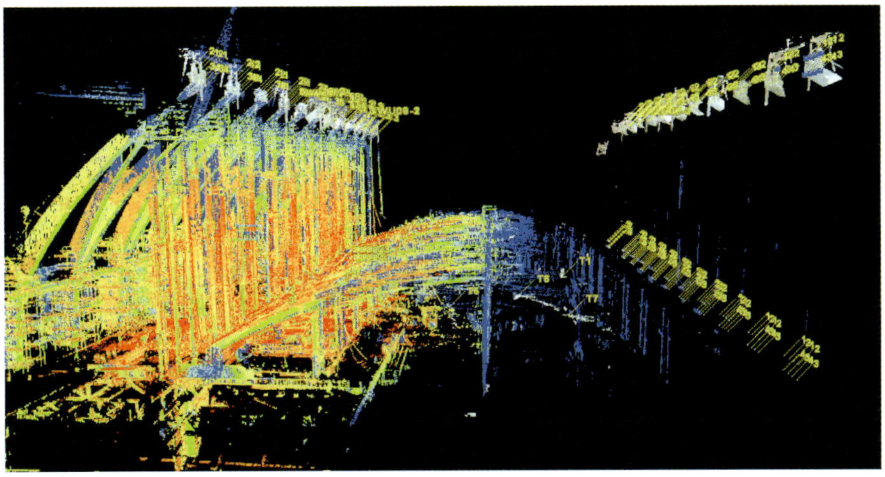

图 7 点云扫描成像图

(2)对屋面幕墙的细节把控

天津西站幕墙系统共分 T1～T8 幕墙 8 个大系统。其中 T7 系统玻璃大面积采用钢化均质 Low-E 双银彩釉暖边夹胶玻璃。T7 拱顶及半圆山墙玻璃全部为不规则形状,玻璃超大,单边长度超过 3.6 m 的玻璃居多,玻璃胶边(四边)全部为手工打胶,无法机械化批量作业。幕墙排水天沟铝板为超长(最大达 4.7 m),超宽(最大宽度 2.0 m),与双曲相结合的异型双曲天沟铝板,加工难度极大。同时,在 57 m 的高空,钢结构自身并不具备防护条件,幕墙施工安全风险和压力巨大,下部装饰装修施工同时进行,交叉施工给安全管理造成了影响。

图 8 屋面系统幕墙玻璃安装图

为此,指挥部统一协调,多方听取意见,对施工单位的方案进行深入研究比选,最终决定采用在不同施工部位设置不同使用功能、多种形式施工平台的方法,不仅解决了高空施工作业面的问题,同时解决了交叉作业的防护安全问题。幕墙脚手架采用在拱形钢结构上部搭设作业平台,为了不影响下部装修施工的进行,采用 $\phi48$ 钢管搭设,利用拱形屋面钢结构及檩条作为支撑进行吊挂,并采取满挂安全网防护,屋面钢结构的喷涂及灯具安装采用了扩拼的吊篮平台,拱身喷涂装修采取以汽车吊、蜘蛛车作为施工平台。上述方法,成功地解决了幕墙施工的诸多难题,保证了施工进度按计划进行以及工程质量、作业安全。

(3)对站房装修的细节把控

天津西站站房工程装饰装修工程施工面积大,板幅选取大,工期紧、交叉多,对质量的控制造成了极大的困难。为了保证装饰工程质量,制定了专项装饰装修施工方案,包括施工整体部署、材料检验以及成品保护等相关内容,实行严格的施工样板制度。在样板制作审查的过程中,进一步理清施工部署、工艺水准、技术措施、质量标准,为后续施工提供指导作用,为提升装修质量做好准备。对装修过程进行严格的细节控制,石材、铝板加工时按图纸编号,对进入现场的板材进行严格验收,板材铺贴、干挂严格按编号图、颜色、纹理试拼进行施工,不得随意更改,更不得混用,凡是翘曲、拱背、宽窄不方正等块材坚决予以剔除,不得使用。严格的装修细节管理,提升了天津西站的装修装饰质量,为将天津西站打造成精品客站提供了保障。图 9 为天津西站南共享大厅实景。

图 9　天津西站南共享大厅实景照片

(4)对机电设备的细节把控

机电设备就像站房的心脏和血管,机电设备的质量和安全是站房整体质量中的重要一环。天津西站机电安装工程具备系统复杂、工程量大、工期短等特点。在施工工程中,指挥部严抓细节,为保证质量、安全和工期,会同施工单位采取多项措施指导机电施工。

①事前统筹综合布置。由于机电系统齐全,各专业管道复杂,为了减少施工过程中管道坐标交叉对施工进度的影响,施工前,配合各专业设计利用先进的 CAD 三维立体图将强电、弱电、空调、给排水等管线进行综合布置,在三维图中解决管道交叉问题,明确各系统管道标高。按图纸对各专业分包统一交底,确定施工过程中各系统管道安装顺序,避免了施工拆改,节省了安装工期。

②合理安排进场时间。由于机电设备多,设备安装工期短,指挥部要求施工单位根据整体工期进度计划,确定机电设备进场时间、合理安排设备进场时间,既保证了施工需要,又避免了工地现场二次搬运费用发生。根据设备安装地点、设备吨位进行归类、划分,编制相对应的单独设备吊装方案,按照安全、合理、节省费用的原则进行设备吊装。

③编制专项施工方案。天津西站机电安装"四新工程"多,如多种材质的塑料管道施工、三联供系统、BAS(设备监控)系统、大空间灯具安装,为了保证施工合理、正确,指挥部要求施工编制"四新工程"专项施工方案,及时进行技术交底,让所有参与的施工人员施工前了解施工工艺及施工关键项目。

4.4　理顺接口管理

(1)全面管理与协调内部接口

指挥部始终把工程质量安全作为工程项目建设管理的重点,全面管理协调与设计、监理和施工单位的关系,审定重大技术方案、施工阶段的质量安全控制、信息反馈等各个环节,确保工程质量安全目标的实现。

(2)重点做好既有线接口安全管理

既有线安全管理贯穿天津西站整个建设过程，是天津西站安全管理的重中之重，指挥部针对既有线的防护与施工单位进行多次商讨最终确定方案，并要求施工单位对既有线防护工作认真重视，编制专项施工方案，审批通过后方可进行施工。既有线穿越天津西站站房，为了保证既有线的安全正常运行，需要对既有线经过站房区域进行硬防护，采用型钢搭设封闭通道，保证既有线在站房区域的安全通过。由于天津西站工期紧，考虑到后期施工的需要，不适用硬防护，而是利用10 m高架层站房结构作为既有线的上部防护结构，在既有线第一次改线前将U-W轴间(既有线第一次改线区域)上部高架层结构施工完成，同时在线路两侧运营安全区外设3.0 m高通长的彩钢板加钢丝网围挡，将铁路线运行区与站房工程施工区完全分开，避免施工人员横跨铁路线，确保运营及施工安全，采取合理的施工部署，利用结构作为硬防护的思路切实解决了施工对运营线安全的防护问题，提高了效率，降低了防护成本。

图10　既有线穿越整个天津西站

(3)加强市政接口协调

指挥部与天津市政府和有关部门以及市政配套工程的参建单位，加强联系、密切配合，按设计和有关部市纪要，化分清晰界面，把西站工程看为一个整体，按施工顺序统一规划施工场地，合理布置，互相提供便利条件，最大限度地减少交叉和干扰。由于市政配套与国铁站房基坑为一体，协调好地下结构工期尤为重要，要达到同步降水、同步开挖。南区开挖时间节点为2010年2月6日同步开挖，2月底地铁4号线车站逆做法区域交付国铁施工，3月底4号线车站顺做法区域交付国铁施工。另外，南侧辅楼要待市政地下车库完成后才能继续施工，存在工期的衔接，确保3月底交付国铁施工。东北侧出租车道部分伸入东北角辅楼，存在施工区域的交叉，由指挥部工程部随时沟通，确保了按时提供工作面。

5　结　语

综上所述，新建天津西站作为配套京沪高速铁路建设的五大铁路客运枢纽之一，是京沪高速铁路、津秦客专、京津城际铁路及津保铁路引入天津的枢纽站，其工程质量的影响极为重要，而且面对各种现实压力，指挥部高度重视质量与安全管理，针对工程建设的难点，明确管理工作的重点，突出强调前置管理的理念，通过狠抓管理体系建设，强化设计、采购、施工安装的全过程管理，关注细节管理以及理顺接口协调管理，不断提高质量与安全管理水平，保证了工程的质量和安全，为将天津西站打造成为世界一流精品客站提供了有力保障。指挥部“突出强调前置管理”的质量安全管理理念和狠抓体系化建设、全过程管理、细节管理和接口管理的做法，对类似铁路工程建设具有一定的借鉴意义。

大连北站的建设管理

刘光远　马全富　于守良

（沈阳铁路局新大连站工程建设指挥部，大连　116031）

摘　要：针对大连北站工程建设主要特点，通过研究工程总体情况及特点制定详细施组，加强设计管理，加强过程控制，重视重大方案编制，保证工程质量和安全有序可控。

关键词：大连北站；建设管理

1　工程概况及特点

1.1　工程概况

哈大客专大连北站，位于大连市甘井子区南关岭境内，距市中心 18 km，与大连站共同组成哈大客专大连枢纽（图 1）。整个大连北站的外观设计寓意为“海水雕琢的巨石”，大连北站的建成，将成为大连的新地标，矗立在大连的北大门（图 2）。

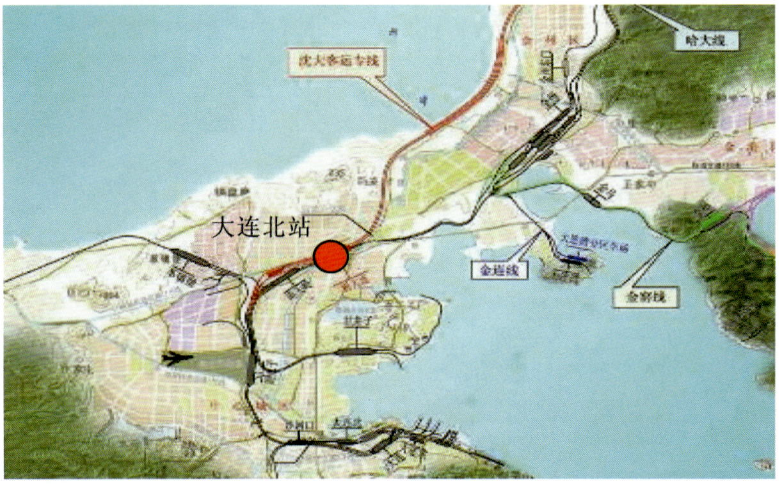

图 1　大连北站地理位置

图 2　大连北站效果图

大连北站总建筑面积为 14.22 万 m^2，站房檐口高度 33 m，最大跨度 72 m。站场共设 10 台 20 线，分别为普速场、哈大客专和丹大快速场。大连北站远期发送量为 6 309 万人，最高聚集人数 7 500 人。

大连北站采用上进下出和平进下出相结合的旅客流线模式。车站自下而上分别为出站层（－11 m）、出站夹层（－5.3 m）、站台层（±0.00 m）、高架层（＋10 m）、商业夹层（＋20 m）（图 3）。

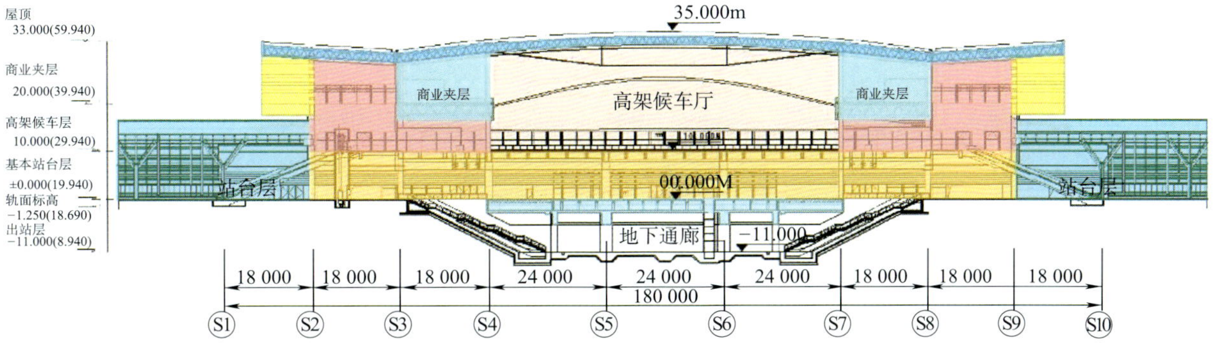

图 3　大连北站剖面图

1.2　工程建设的主要特点

1.2.1　工程外部影响因素众多，协调关系复杂

工程所在地区，既有哈大线横穿整个站场，还有泉水河和城市供水主管道从地下斜穿整个站场，另外还有 3 条高等级供电线路从站场上空穿过。工程开工时，动迁工作尚未全面开始。在如此复杂的条件下进行施工，如何实现质量、安全和工期目标，对我们来说是一个巨大的挑战。

1.2.2　技术要求较高

为了满足使用功能和建筑效果的需要，本工程技术要求较高。高架屋盖采用张弦桁架结构形式，桁架结构最大跨度 72 m，下弦设置了 3 道拉索，既保证了结构安全，又能彰显出结构轻盈飘逸的美感，并减少了用钢量，将每平方米用钢量控制在 85 kg 以下。为了表达建筑效果，部分幕墙采用双曲面的形式，加工要求很高。作为高铁车站，结构耐久性要达到 100 年要求。

1.2.3　质量标准严

本工程规模较大，作为大连市的地标建筑，受到大连市政府及广大群众的高度重视，被寄予很大的期望，工程的质量目标是争创鲁班奖。

2　保证工程质量安全采取的措施

2.1　建立组织机构，完善管理办法

为做好大连北站的建设管理工作，首先组建了部门齐全、人员精干的组织机构。路局选拔了一批作风过硬、业务精湛、善于管理优秀干部组建了指挥部的领导班子，又从各基层站段抽调了一批技术过硬、认真负责的专业人才组成了工管部、安质部和计财部，构成指挥部的中坚力量，为工程的建设管理和克难攻坚发挥了重要作用。

为确保各项工作有序可控，指挥部在借鉴学习兄弟单位成熟作法的同时，结合自身特点，制定并完善了各项管理办法，做到管理过程全覆盖。尤其突出了施工安全、质量管理制度为核心的指挥部内部考核管理制度，以考核评价制度为核心的勘察设计、施工、监理单位管理制度，通过管理制度的完善，为工程管理行为提供依据。

2.2　针对工程特点，制定相应措施

本工程规模较大，现场条件复杂。我们首先抓住设计源头，优化方案，满足指导施工的要求。主要优化设计如下：一是解决城市供水主管路影响施工问题。由于站场内的市政供水主管路迟迟未迁改，影响了部分基础施工。如果等到现场具备条件，再进行施工，势必无法满足工期要求。我们通过对管路标高和位置的精确定位，通过改变部分地梁的截面高度、调整群桩的位置，解决了基础施工的

问题，保证了工程的正常工期。二是解决高架楼梯基础问题。设计院在进行高架进站楼梯的基础设计时，依据以往的经验，将楼梯基础直接坐落在站场的回填土上。我们根据现场回填土的实际情况，认为无法满足楼梯的变形要求，建成后，势必存在质量隐患。我们及时通知设计院，根据我们的意见和现场的实际情况，将浅基础改为桩基础。目前，虽然站场填土有沉降的现象，但楼梯基础稳定，确保了楼梯的结构安全。三是利用有利地质条件，优化设计，节约投资。北站房基岩较高，原设计是采用桩基础，我们根据现场的地质情况，沟通设计院进行了优化设计，将部分桩基础改为独立基础，既满足了工程的需要，又节省了投资。

其次，针对质量通病，成立质量控制小组，攻坚克难，保证质量。地下通廊防水，一直是铁路站房的通病，也是施工难点。在施工地下通廊防水施工时，我们成立了由指挥部专业工程师、设计院现场代表、监理工程师、施工单位技术负责人组成的地下防水施工质量控制小组，从施工方案的确定、施工过程的控制、工程的检查验收、成品的保护等方面均进行详细的研究，精心实施，目前效果良好。

第三，加强临近既有线施工的安全防护，确保人身和设备安全。既有哈大线横穿整个施工场地，临近既有线施工的安全压力巨大。我们成立由指挥部、监理单位、施工单位相关人员组成的安全保障小组，对既有线施工严看死守。所有临近既有线施工的方案均由指挥部审查完后，确保无问题，报路局相关部门审批。为确保万无一失，又请设备管理单位的人员在施工现场24小时监控，指挥部、监理、施工单位也派员防护。对既有线两侧建筑物上的物品码放整齐，并绑扎牢固，防止飘落至既有线上。请专业设计院设计多个路基加固方案，包括人工挖孔桩方案、重力式挡墙方案、钢轨桩方案等，通过几轮方案比选，本着安全、经济、高效的原则，最后确定利用废旧的钢轨桩进行加固，确保了路基稳固。目前，既有线已经顺利转线至11、12道，保证了施工及营业线安全。

2.3 严格贯彻落实，实现闭合管理

完善的管理制度和切实的工程措施，均需要落到实处，方能取得效果。指挥部从专业工程师、部门负责人到指挥长都制定了明确的责任，强化了考核机制。指挥部按照P(计划)D(实施)C(检查)A(总结)推进工程建设，努力实现建设过程的有序可控。坚持实行日交班、周例会和月度例会制度，确保把管理制度落到实处。同时，加强对监理的管理，确保监理旁站、巡检到位。监理每周组织召开监理例会，对本周工程的情况进行总结并解决相关问题。指挥部派人员参加，并建立问题库，安排专人跟踪问题的整改情况。对已经销号的问题，组织监理、施工单位进行联合检查确认，对没有按时销号的问题，分析问题原因，制定相应的措施，明确销号时间，确保整改到位。

2.4 树立大局观念，加强协调配合

与大连北站建设相关的单位很多，包括站房与地铁的关系，站房与站场的关系，站房与市政广场的关系等。为加强与各单位的协调工作，首先联系各设计单位，进行设计对接，保证接口正确。其次，协调各施工单位的对接，保证坐标系统的统一，同时根据工程情况，及时沟通信息，理顺工序，减少各工程的相互影响。第三，与各建设单位建立联系人制度，定期召开联系会，对存在的相互影响问题能够及早暴露，第一时间予以解决。

2.5 抓住重点工作，实现重点攻关

全面掌控工程总体情况，紧紧抓住重点工作。大连北站建设工程，内容繁杂，专业众多，只有抓住重点工作，才能做到纲举目张，使得工程建设有序可控。

首先，做好指导性施工组织设计的编制工作。指导性施组是工程建设和施工管理的纲领性文件，是项目建设管理工作的灵魂，需要结合站房的性质和规模、工期、地质条件、气候条件、运输条件、机械装备程度等实际情况编制。工程前期，我们就收集有关大连北站工程建设的相关资料，包括铁道部的相关文件要求、设计资料、现场情况、各配合单位要求、材料供应、当地的天气情况等。通过深入研究相关资料，

对工程建设的整个过程及存在的问题进行预判，据此编制内容齐全，方案合理，符合现场实际并能指导施工的施组。在施组的编制过程中，2 次邀请相关专家对施组进行了审查，根据专家的意见对施组进行了修改和完善。在施组编制过程中，依据既有线穿越站场的实际情况，将整个施工现场划分为“既有线”和“非既有线”两个施工区域，并以“转线”作为第一阶段的主要工期目标，进行施工组织安排。为了在保证工程质量和安全的前提下实现工期目标，我们充分利用施组进行指导施工，以每 5 天为一个时间节点，检查施组在工程实施中的执行情况，对工期提前的部分，总结经验，在后续工作中借鉴运用，提高效率，对工期滞后的部分，检查召集施工、监理单位进行原因分析，找出解决办法加以改进。通过施组的不断修正和改进，使其一直对施工具有实际指导意义，为整个工程的顺利实施发挥了不可替代的作用。

对重大的施工方案，指挥部都亲自组织施工、设计、监理单位编制。并充分利用外部资源，邀请专家，对重大技术方案进行论证和完善，确保方案的有效性和可行性。第一，“转线”施工方案的确定。根据指导性施组的安排，需要将既有哈大线转到 11、12 道，然后在站场完成填筑后，利用 100 天的时间完成原既有线区域的结构施工，包括地下通廊结构，高架层混凝土结构及商业夹层及屋面钢结构。总建筑面积 2 万 m^2，混凝土 10 000 m^3，钢结构 3 500 t。由于工程量较大，场地狭小，施工交叉多，按工期保质完成困难很大。我们通过组织设计、施工、监理单位多次讨论，反复论证，对方案不断优化，并将方案上报路局及铁道部审定。2011 年 8 月 15 日完成转线后，我们依据施工方案，采用了提前介入施工，分段施工，变更设计等措施，在站场单位完成填土的条件下，用了 100 天的时间完成了原既有线的主体结构施工。第二，钢结构安装方案的编制。整个钢结构的施工是本工程的重点。在钢结构施工中，多次请钢结构设计、施工领域的知名专家对钢结构的安装方案进行论证。根据现场实际情况，做到方案最优。对非既有线区域进行 500 t 大型履带吊分块吊装，一榀桁架 120 t，分为 6 段吊装，最大一段重量 28 t。对既有线区域，由于施工场地狭小，500 t 履带吊作业困难，费用高昂。经过方案比选，决定采用 300 t 履带吊和 50 t 汽车吊双机抬吊安装，其中 50 t 汽车吊要到高架层进行作业，经过设计院计算确认，高架楼板可以承受 50 t 汽车吊的施工荷载。目前，主要钢结构已经安装完成，工程质量符合要求。第三，高大脚手架方案的编制及实施。大连北站工程层高较高，混凝土梁截面较大，最高梁高达 3 m，对支架的安全性要求较高。我们组织施工单位精心编制高大脚手架方案，对支架基础的处理、对支架材料的选用、对斜撑的设置都进行明确的要求。并三次组织专家论证，根据专家论证的意见进行修改和完善。支架搭设完成后，由指挥部总工、工管部长、安质部长，施工单位项目经理、总工程师，监理单位总监共同组成验收小组，依照批准的方案严格验收，进行安全卡控。目前，脚手架搭拆已经全部完成，未发生质量和安全问题。

2.6 强化监理职责，确保工程质量

大连北站工程，规模较大，专业庞杂，指挥部相关专业人员较少，必须强化监理职责，依法对施工单位在施工质量和安全等方面，代表建设单位实施监督管理，确保工程建设质量和安全，提高工程建设水平。

(1)监理单位必须按照投标承诺和委托监理合同约定，设置现场监理机构，配置现场监理人员，配备必需的试验、检测、办公设备及交通、通信工具等。监理单位必须加强现场监理管理，制定监理工作管理制度，建立健全质量保证体系，明确和落实质量责任，并分阶段采取有效的质量控制措施，保证监理工作质量。监理进场伊始，根据现场实际情况及指导性施组，制定了监理规划，监理大纲和监理细则。并根据施工区域，划分为南北站房、雨棚、地下通廊监理组，配备相关专业的监理人员，各司其职，各负其责。

(2)充分利用监理人员的专业知识，请监理单位参与施工图的审核工作。要求监理单位在开工前和施工中核对施工图，发现差错或与现场实际情况不符，必须及时书面通知建设、设计、施工单位，从源头上减少和消除质量隐患。

(3)要求监理单位在开工前和施工中，必须按规定对施工单位的施工组织设计、开工报告、进场机械数量及性能、投标承诺的主要管理人员及资质、质量保证体系、主要技术措施等进行审查，提出意见和要求，并检查整改落实情况。监理单位应按规定组织或参加对检验批、分项、分部、单位工程验收。

并应参与工程质量事故调查处理，对因监理原因造成的工程质量事故承担相应责任。

通过明确监理职责，增强监理的使命感和责任感，使监理单位能够高度重视，从组织上、制度上、人员上保证监理职责的顺利履行。

3 对站房建设管理的几点体会和思考

大型站房，建设规模庞大，建筑面积动辄十几万平方米，涉及专业众多，除了站房工程的建筑、结构、水、暖、电、空调、通风、客服、FAS、BAS、标识等专业外，还包括通信、信号、变电、接触网、站场施工等其他专业。各专业相互影响，各工序交互穿插，工程项目极为繁杂，对工程建设管理提出了更高的要求。因此，要达到建设管理的目标，在做好日常管理工作的条件下，以下几点工作至关重要。

3.1 前期工作要尽量完备

尤其涉及动迁问题，必须在开工前完成。如果边动迁边施工，对工程的工期、质量必定构成重大隐患，给工程的顺利开展造成严重影响。对投资也可能造成极大的浪费。大连北站的建设，动迁工作影响巨大，一度影响了工程的正常进程。

3.2 工程要确定合理的工期

建设工期一定要合理，要在科学论证的基础上，结合实际情况制定工期。如果盲目压缩工期，必定会给工程质量和安全造成巨大压力，只有在合理的工期下，科学开展施工，才能为顺利实现质量和安全目标提供前提条件。

3.3 工程开工前，各专业一定要完成设计对接

站房规模大，专业众多，除了站房本身，还涉及市政专业、站场各专业，这就需要各专业必须紧密配合，完成对接，形成完备的施工图。否则，必定会造成工程的差错碰漏，造成工程返工、工期延误，严重时会对工程质量造成不可挽回的损失。

3.4 充分发挥监理的职责

监理工作是项目管理机构工作的延伸，尤其对现场的质量和安全控制发挥着不可替代的作用。为充分发挥监理的作用，一是要求监理人员具有相应的专业知识和高度的责任心，对不符合要求的监理人员坚决予以更换；二是要树立监理的权威性，确保监理的意见能够得到贯彻落实；三是要加强对监理的监督考核，督促监理工作的不断改进。

3.5 建筑质量管理是一项持续性的工作

站房不仅在建设的过程中需要注意质量管理，而且必须充分考虑日后的维护保养。因此，我们在建设的过程中一定考虑日后维护保养的因素，留下必要的检修保养条件（如检查口、检修空间、检查通道等），同时专门编制《维修养护手册指导书》，对使用、维修、养护的注意事项给予足够的说明，并有配套的内业资料。

4 结 语

目前，大连北站的结构施工已经进入收尾阶段，装修工程即将大面积展开。我们通过聘请有丰富经验的装修深化设计团队，同主体设计院密切配合，力争细化方案实现建筑师的原创意图。同时，坚决贯彻样板引路的原则，要求对每个典型部位都做好样板工程，由建设、监理、设计、施工单位对样板的材料品质、工艺做法、装修效果达成一致后，方可按照样板大面积展开施工。我们相信，通过我们的努力，一定会将大连北站建成既能满足使用功能，又能展示铁路形象的大连市新地标。

推行建设、监理管理一体化确保安全生产的实践与探讨

栾光日

（京沪高速铁路济南高速站工程建设指挥部，济南 250117）

摘　要：京沪高速铁路是当今世界上建设标准最高，系统技术最全，运行速度最快、一次建成通车里程最长的高速铁路。作为京沪高速铁路的重要组成部分——济南西站及相关工程，在建设过程中，面对标准高、技术新、安全风险大等难题，科学管理，创新管理，建立健全了一系列安全管理制度，坚持预想预控，把住源头关口；推行标准化管理，夯实安全基础；坚持重点盯控，实行分级管理；严格考核奖惩，强化责任落实；并尝试以建设、监理一体化的运作模式，监督检查、帮促指导，保证了管理措施落实到位，实现了项目建设的安全持续稳定。

关键词：京沪高速铁路；济南枢纽；建设、监理一体化；安全管理

1　概　述

举世瞩目、举国关注的京沪高速铁路经过全体建设者的艰苦奋战、顽强拼搏，已经胜利建成，并以高标准、高水平的全新姿态，纵贯大江南北，使京沪之间5小时到达成为现实。京沪高铁在试运行中以486.1 km的列车最高速度刷新了世界运营铁路试验速度的最高纪录，它是当今世界上科技含量最多，系统技术最全，运行速度最快，一次建成开通里程最长的高速铁路。

作为京沪高速铁路的重要组成部分——济南西站及相关工程，在建设过程中，全面贯彻落实部、公司、路局的方针、政策和建设管理要求，高标准定位，科学组织，从严管理，狠抓落实，组织参建人员稳扎稳打，奋力拼搏，使项目建设又好又快地向前推进。安全管理中推行的建设、监理管理一体化，在确保项目建设的安全稳定中取得了良好的成效。

2　工程概况与特点

2.1　项目概况

项目主要包括京沪高铁济南西站和两条联络线。济南西站设计有15台17线（含2股正线），99 786 m^2站房，65326 m^2无站台柱风雨棚，以及与市政有关的相关工程。济沪南联络线自高铁正线的崔马庄线路所引出，经白马山线路所，与既有京沪线并行至济南站与胶济客专贯通，上行全长17.015 km，下行全长17.387 km。京济南联络线自济南西站南端引出至白马山线路所，上行全长7.764 km，下行全长7.643 km。全线共有特大桥10座/18.223 km。济南西站站场工程和站房工程分别于2008年6月7日、2009年7月12日开工建设，2011年5月30日竣工，6月23日顺利完成联调联试，2011年6月30日与京沪高铁全线同步正式开通运营。

2.2　项目特点

2.2.1　拆迁多，推进难度大

济南西站及相关工程需征地1 440亩，拆迁房屋31.7万m^2，迁改管线、电力、改移坦克训练通道720处，协调难度大，给安全管理增加了更大压力。

2.2.2 技术难度大,工程标准高

本工程有大跨度连续梁 12 处,CFG 桩 17.1 万延米及 PHC 管桩 64.2 万延米,软土地基加固 26.8 万 m^2。站房深基坑,大跨度钢结构屋盖整体滑移等多项新技术、新施工方法都给安全管理提出了新要求。

2.2.3 施工条件差,安全风险大

在枢纽内联络线有 16 次跨越既有正线和专用线,有 11.6 km 线路紧靠既有京沪线施工。济南站咽喉区改造是典型的"虎口拔牙",条件极其艰难,给安全管理带来了极大风险。

2.2.4 施工队伍新,承担责任重

与高速铁路工程建设要求相比,这次参建的队伍大多数是第一次参加高速铁路建设,这对安全管理提出了新的课题。

京沪高铁济南枢纽的这些特点,决定了用老的安全管理观念、方法远不能适应新的要求,必须更新理念,创新管理,用新对策、新措施,才能解决安全管理中的新难题。

3 建设、监理一体化的模式及运作尝试

在如何优质、高效、安全按期地完成京沪高铁济南枢纽建设任务的大讨论中,我们分析认为,以往许多建设项目各方面都存在一些不足之处,如建设单位:有些人建设管理经验不足,有的工作作风不扎实,不深入现场,技术不高,缺乏责任心。施工单位:由于承担的施工任务量大,幅度增加而没有足够的管理人员与技术人才,新招收的管理人员及毕业生难以满足高速铁路的施工要求。监理单位:卢春房副部长在 2007 年 7 月 29 日全路监理工作会议上对监理单位存在的问题分析得很深刻、很具体,主要是监理企业规模小,实力弱,从业人员总量不足,整体素质不高。尤其是高素质的总监人才、专业人才严重短缺,现场监理人手不足,监理职责落实不好,不善于发现问题,不敢于解决问题,有时甚至是形同虚设,不仅对工程质量造成影响,削弱了监理单位的地位、作用,也损害了监理企业的信誉和形象。许多案例启示我们:在安全质量管理中,监理作为最后一道防线一旦崩溃,将会造成重大安全事故。这种状况在京沪高速铁路建设中是绝对不允许存在的,必须对监理模式进行大胆创新。

3.1 创新管理模式

(1)完善建设指挥部模式:在科学界定建设、监理、设计单位管理界面的前提下,突出抓好监理责任主体,把监理的现场控制作为监理最重要的环节,在这次工程建设项目中,我们采取建设单位直接管理监理单位、施工单位的方式,以减少中间环节,提高管理效率。

(2)监理站以专业划分监理组。

(3)建指派专业工程师去监理站任"甲方驻工地专业代表"。

(4)监理站总监兼任建设指挥部指挥长助理。

3.2 规范管理运作

用"一个延伸"、"两个接受"、"三个参与"、"四个联手"去监督检查,帮促指导,使建指制定的安全管理制度、措施及战略意图能及时传递并落实到现场、落实到岗位。

3.2.1 强调"一个延伸"

建设、监理单位的管理人员在管理权限和职能上实行"双向延伸"。建指派驻监理单位的"甲方驻工地专业代表"对监理工作监督检查,帮促指导,支持协助监理组长和总监的工作,及时传达建指的统一部署及解决问题的思路。树立监理组长和总监的现场权威,共同协调设计与施工之间的关系,参加监理专业例会,及时解决专业问题;监理单位参与到建设单位的管理中去,项目总监协助建指分管安全质量的副指挥长抓好现场安全、质量工作,参加建指周一例会及其他专业会议;建设单位专业主管

工程师在建指的岗位职责不变，监理组、监理站的职责不变，责任不减。

3.2.2　坚持“两个接受”

首先是接受项目文化熏陶、安全教育培训。思想是行动之先导，文化是建设之动力。项目文化能造就企业特殊的安全管理模式。面对繁重的建设任务和巨大的安全挑战，必须高度注重项目文化的引领思想、培育精神、凝聚力量的作用，把“安全、优质建成世界一流的高速铁路”作为建设者共同的追求和责任，形成强大的合力。

按照路局提出的“打造一支思想领先，管理创新，作风过硬，技术精湛，团结务实，能打硬仗的优秀团队和争创模范建设指挥部”的要求，建指从项目文化目标、理念、价值观等多方面积极探讨，形成了具有自己特色的项目文化，凝聚了建设、监理、设计、施工等参建各方的力量，营造了新时期和谐铁路建设新模式，为全力打造精品工程、安全工程提供了一种新形式。所有参建者在“千载难逢建高铁，三生有幸比贡献”的项目文化的氛围中，更新观念，启迪人生，深刻感悟了安全的内涵。建指发出了《安全生产倡议书》，并与每个单位签订了《安全承诺书》，各单位又与参建者每个人签订了《我坚决遵章守纪》的承诺书。项目文化为安全管理打下了良好的思想基础。

京沪高铁技术含量高，建设标准高，机械化程度高，对人员素质要求也高，为消除人才匮乏造成的质量安全隐患，加强对包括监理人员在内的安全教育、技术培训十分重要。建指先后组织建设、监理、施工单位有关人员学习高铁建设关键技术和安全质量把控重点，学习高速铁路设计的基本知识和路基的沉降控制技术，学习连续梁、挂篮施工技术和标准化管理，学习大型站房和无站台柱风雨棚的施工技术。还邀请部、局、铁科院、北方交大、西南交大有关专家、领导讲解高速铁路的技术标准和发展方向。同时还实行分层次、分类别、分专业的培训。开工前建指共组织各类专业人员培训 302 人，建指内部有 36 人参加部、京沪高铁公司、路局的培训班。西南交大的 6 次培训班中，参加有 156 人次。建设过程中，还组织监理、施工单位参加路局营业线施工培训 18 次，培训人员 286 人次，培训架子队骨干 820 人。这些都为高铁建设打下了良好的技术基础。

其次是接受监督帮促指导，考核监理效果。京沪高铁技术新、标准高、安全风险大，不仅对施工单位而且对监理单位也提出了更高要求，为使监理单位能名副其实地履行好“高智能的服务活动”，建指加强了对其监理活动的监督、帮促、指导，如人员结构和专业配置、技术装备，对监理规划、监理细则的细化、优化，帮助协调设计与施工等各方面关系，指导在监理过程中技术难题的解决。

在科学界定建设与监理单位工作界面的前提下，突出抓好监理工作的责任主体，加强监理职责的落实。根据每周例会交流的情况和现场出现的问题，对监理单位的投标承诺和合同履约执行情况与监理效果实行月、季、年度的考核，并与各有关要素挂钩，极大地增强了监理效果，杜绝了“监理形同虚设，旁站等于‘白站’”的现象发生。

3.2.3　落实三个“参与”

首先是参与安全制度的制定与落实。为使监理单位更好地掌握安全管理内容实质和目标，我们要求监理单位参与建指安全制度的制定，以便在现场更好地落实。建指经过大规模梳理，建立健全了综合管理、安全质量、施工技术等五大类 48 个管理制度与办法，并汇编成册，编制了《标准化管理实施手册》，形成了统一、系统、规范的安全标准化管理制度体系。

其次是参与施工方案审查和优化。京沪高铁济南枢纽联络线施工环境十分艰难，安全风险项目多，风险程度高。对重要的施工项目，如既有线和邻近既有线施工、深基坑、高桥墩，上跨既有行车线连续梁的施工，运梁、架梁、大型机械设备作业，大跨度钢结构站房屋盖整体滑移等，坚持提前进行安全条件审查，安全专项方案审查，内容包括：施组中的安全技术措施是否符合要求，是否切实可行，是否有详细的计算，现场的安全保障体系是否健全，责任是否落实，安全预案是否完善，在审查方案的同时提出建议，进行深化、细化、优化。

再次是参与危险源的分析与评估。建指制定了《月、周危险源辨识、评估和现场监控办法》，每月、每周定期组织相关单位排查施工现场危险点、危险源，制定相应的防控措施，将安全月计划与生产月计划同步下达。每周组织监理对施工单位检查分析预控的现场落实情况：即施工前，施工单位工程师做安全交底，监理检查防控措施的布置情况。施工中，施工单位安全员跟踪检查措施的落实，监理加强监督。施工后，监理工程师要对每天的危险点的控制进行评估与总结。

3.2.4　强化四个“联手”

首先，联手检查“防控措施”，把住安全源头关口。安全管理最重要的原则之一是“预防为主”，所以工程建设的安全管理必须关口前移，源头控制，对各种不安全因素进行预先分析，有的放矢地制订防控措施。一是强化对设计的管理，施工图审核把关，注重设计优化。建指建立健全了《施工图审核管理办法》、《施工图交接及现场核对工作管理办法》，同时提前做好技术交底工作。二是严格技术方案的安全措施审查。施工组织设计中的技术方案、安全防控措施及落实，是安全管理最重要的组成部分和最有效的手段之一，是“预防为主”安全管理理念最重要的体现。技术方案的制定必须细致周密、科学务实，要吸收同类专业案例的经验教训，对方案反复细化、优化，力求达到只要按方案实施，安全就会万无一失。三是推行安全超前预想。与危险源分析、技术方案、安全措施审查一样，安全超前预想是现场安全管理的切实可行、十分有效的方法。建指要求所有的安全管理人员以对安全生产极端负责的态度，认真思考，想一想现场作业的每个环节，每道工序的设备特殊情况下，可能出现什么状态，因此会导致怎样的安全后果，应采取什么措施预防，诸如：在靠近既有线钻桩作业，要超前预想到钻架有倒向既有线的可能；在吊装作业时，钢筋笼和绳索有碰到接触网的可能；站房工程施工中，白天电气焊焊渣落在可燃物上，夜间有死灰复燃的可能；站内高架电缆槽盖固定不牢，万一脱落将会危及行车安全，甚至要预想到上跨既有线钢筋混凝土梁的养生水水流垂直落到接触网上也将会造成触电和重大行车事故等。提前制定指导性措施，强化现场的管理与控制。只要用心超前预想，并定出预防措施，安全事故就无可乘之机。“只有不到位的超前预想，没有避免不了的安全事故”。

其次，联手督导“三全”管理，打造精品、服务安全。安全与质量息息相关，绝对可靠的工程质量是高速列车安全运行的基础，必须“以质量一丝不苟，保安全万无一失”。一是严格推行标准化管理，“全员、全过程、全方位”开展标准化管理，同时十分重视开展现场作业标准化，在项目开工前必须编制《施工作业指导书》，明确技术标准和操作规程，作业标准和工艺流程，并确保落实到每个岗位。二是强化工程质量的源头把关，重点是审查施组中保证创优方案措施是否切实可行，稳妥可靠。同时把住原材料进场检验、试验关。坚持监理抽检与组织检查、抽检并行。建指每周组织总监会同施工单位项目经理对全线料场徒步检查，查出不合格物资立即清退。三是试验先行，样板引路。建指实行样板认可制度。严格样板的施工质量控制，改进施工工艺和方法。样板项目由建指组织验收和评估，合格后全面推广。全线桥梁混凝土墩台，现浇钢筋混凝土梁跨、CFG 桩、PHC 桩、路基填筑、防护工程及站房装修都采用这种方法，效果极好。四是狠抓架子队管理：架子队是工程项目的具体实施者，要深化完善其管理模式。强化架子队人员和设备配备，提高架子队作业人员的素质和技能，还要提升架子队管理人员的管理水平，从作业源头上把好工程质量关。五是高度关注质量关键。对路基沉降观测与评估、连续梁施工、站房大面积混凝土施工、大跨度钢结构焊接及施工等我们都与科研机构、评估机构等共同参与施工控制，采取科学办法，用先进的仪器和技术监控施工过程，如有异常立即采取措施。

第三，联手盯控“重点、关键”，确保安全有序可控。只有突出安全控制重点，全面掌握现场作业的关键环节，强化现场盯控，才能使安全管理有序可控。济南枢纽安全控制的重点自始至终是营业线、临近营业线的作业安全。其中经十路立交框构接长基坑对行车线的防护、跨纬十二路特大桥基坑防护、跨既有线连续梁挂篮前移、济南站咽喉区改造大要点等，建设、监理、施工单位都做到领导现场盯控，专业人员签字把关。

全线重点防护的有：临近营业线作业防机具侵限、防绳索触碰接触网触电、防济南西站站房施工电焊引发火灾事故。联络线架桥机架梁大部分是在 20‰的坡道上作业，高桥墩、大坡道，低气温，操作人员穿着臃肿，动作不灵便，防架桥机制动失灵、防冲撞、防倾覆是冬季架梁安全防护的重点。

安全控制的关键有：确保资源配备，安全投入，安全质量培训严格标准，确保施组方案预防措施，技术交底细致、周密，确保关键点分级把关，关键工序领导把关，分工明确，包保到位。

第四，联手监督“责任落实”，杜绝安全管理盲区。安全生产是涉及众多单位和个人的复杂的系统工程，建指作为项目的管理者、组织者，建立健全了一系列安全生产责任制，也制定了考核奖励机制，与监理单位联手监督各施工单位的安全生产责任制的落实情况。主要有：一是安全包保问责制度，按风险高低程度分级包保，将安全责任具体化。二是工序签字制度。在施工单位自控及监理验收的基础上，对重要工序推行签名制，将安全责任落实到人。三是严格考核制度。建指制定了《建设项目激励约束机制考核办法》等一系列安全管理制度，对参建单位进行考核，与信用评价挂钩，与每半年对项目经理、总监个人写实鉴定挂钩，并将鉴定告知其上级单位，考核结果还要在风险抵押金中兑现，与个人经济利益挂钩。对不合格的参建单位采用警告、辞退、减任务等办法，奖优罚劣。

4 建设、监理一体化的优越性及问题思考

4.1 优越性

(1)监理单位依托建设单位的组织、管理优势，可以大刀阔斧地开展监理工作，在济南枢纽建设项目的监理过程中，办事腰杆硬了，说话底气足了，改变了以往有的项目中“管得松了业主不满，管得严了承建商翻脸”、监理的活“不好干，也干不好”的局面。

(2)监理工作可得到建设单位的监督、检查、帮助、指导。

(3)可促使建设单位专业工程师深入现场，掌握第一手资料。

(4)建设单位与监理单位信息资源共享，监理工程师与建指专业工程师可以相互学习，共同提高。

(5)减少了不必要的重复检查，节约了时间，提高了效率。

4.2 问题思考

(1)为指导、帮促监理单位做好现场管理工作，建设单位付出了不少的人力、物力及技术支持，加大了管理费支出的压力，监理单位是否应给以必要的管理费补偿，需要商榷。

(2)建设、监理一体化的模式适用于项目相对集中的枢纽、大站工程建设，对长大线是否适用，如何改进，也要思考。

5 结束语

在京沪高铁济南西站及相关工程建设过程中，由于我们积极实施建设、监理一体化的安全管理，并在过程中加强安全技术培训，全面提高参建者的整体素质；用预想预防预控，强化安全质量的源头控制；用“三全”标准化管理强化过程控制，使全体参建员工牢固树立了“如临深渊、如履薄冰、如坐针毡”的安全忧患意识，加之在具体的工程建设安全管理方面，我们坚持用科学方法，创新管理，解决安全生产一系列难题；用严格的考核和严厉的奖惩机制，保证各层次责任的落实，确保了京沪高速铁路济南西站及相关工程建设期间的持续安全和稳定。

参 考 文 献

[1] 朱晓雯，郭琦．我国建筑业安全现状分析[J]．科技情报开发与经济，2008，18(3).

[2] 熊万仁．对当前建筑安全管理状况及其对策的思考[J]．安全与健康，2008，(11).

[3] 夏红星，臧海峰．关于建筑安全管理体制的思考[J]．中国科技财富，2008，(11).

关于武汉站工程质量创优的若干思考

胡小勇　吴　雷　陈　露

（武汉铁路局站房工程建设指挥部，武汉　430064）

摘　要：随着我国经济的快速发展，高速铁路建设进入前所未有的高潮阶段，作为高速铁路建设重要组成部分的高速铁路站房工程迎来了快速发展的时期。我国高速铁路站房建设的里程碑工程"武广高铁新建武汉站工程"以其完美的施工质量，先后赢得湖北省各项工程质量大奖，并通过了"鲁班奖"评审复查。武汉站质量创优的过程中在科技创新、管理创新等方面取得了一定的成绩，为高速铁路站房质量创优提供了一个借鉴标准。

关键词：高速铁路；站房工程；质量；创优

1　引　言

铁路站房作为一个城市的交通枢纽中心与城市门户，代表了一座城市的文化底蕴与经济基础。随着我国高速铁路与站房建造技术的发展，高速铁路站房工程往往建筑造型新颖、结构形式复杂、技术含量高。特别是高速铁路站房工程涵盖了铁路与房建领域的众多专业，交叉施工频繁，几乎没有可以借鉴的成功经验和技术标准，质量控制难度非常大，质量创优工作需要进行系统研究与探索。武广高铁新建武汉站（图 1）工程是我国首批建设的高速铁路特大型综合性站房工程，是一座现代科技与城市文化完美结合的铁路站房工程，由于其超前的设计理念和独特的结构形式，备受社会各界的高度关注。为了将工程建设成全国铁路站房领域的标志性建筑，达到为我国高速铁路站房工程建造树立标兵的作用，在武广高铁新建武汉站的建设过程中，积极探索质量管理与创优的新思路、新方法。

图 1　武汉站立面图

2　武汉站工程质量创优的意义和工程特点、难点

2.1　武汉站工程创优的意义

高速铁路站房与以往的铁路站房相比，立足于高起点、高标准、高水平，贯彻实施"以人为本"和"可持续发展"的理念，采用立体化布局模式，同时也给站房主体结构、室内装饰施工等带来新的挑战，为站房建设质量管理创优带来了前所未有的难题。

武广高铁新建武汉站以"千年鹤归、千湖之省、中部崛起、九省通衢"等文化、地域之含义，充分展示了现代车站的文化气息，更要求建设者要以超完美的态度和精细的手法去雕刻完成这座精美的艺术品。无论是下部醇厚朴实、大气磅礴的群桥结构还是上部优美纤细、凌空飞翔的大跨度钢结构，其构造之复杂，国内罕见。武汉站涵盖了房建和铁路两大领域的 28 个专业，施工工序繁杂，还需在狭小的空间内组织群桥作业，中央站房多层面的逆作法立体交叉作业，其施工难度之大、安全管理之难更是史无前例。作为国内外首例的"桥建合一"新型结构，在执行标准方面采取从铁路、房建两大标准体系中提取从严条款的方式执行，下部的大型群桥观感质量需达到与周边精美装修融为一体的房建领域饰面级清水混凝土。上部空间曲面钢结构的各类复杂受力节点，以及空间杆件精确放样、定位等均提出了更高的质量要求。武汉站作为国内首创的无缝对接车站，充分体系以人为本，改变了传统设计理念，具有功能齐全、技术先进、节能环保等特点，是一座现代化、智能化程度极高的铁路站房。在满足车站运营需求，充分体现武汉站建筑特点的同时，站房内采用自然采光技术、地能技术、能量回收技术、太阳能技术、声学技术、绿色建材等，实现了建筑的绿色化，给绿色施工提出了更高要求。因此，铁道部把武汉站定义为我国站房建设的里程碑。武汉站工程质量成功创优为我国高速铁路站房工程质量控制和质量创优提供了不可多得的标本，其在质量控制和质量创优过程中众多做法值得其他高速铁路站房工程借鉴。

2.2　武汉站工程的特点、难点

2.2.1　武汉站工程的特点

造型新颖、结构复杂、科技含量高；规模庞大、工序繁杂、施工难度大；新型结构、标准创新、质量要求高；以人为本、绿色建筑、节能环保亮。

2.2.2　武汉站工程的难点

（1）1 850 根钻孔灌注桩最大成孔深度 52 m，设计沉渣厚度不超过 50 mm，施工质量控制难度大。

（2）工程施工阶段铁路、房建两大领域的 28 个专业，在同一屋檐下交叉施工，且站房周边及站房中部被不同标段施工单位所包围，工程总体协调、组织管理难度大。

（3）桥墩、桥梁为复杂空间曲面，三跨连续刚构桥为空间不可展曲面，模板设计、制作，钢筋翻样、绑扎及施工期交通组织难度大。

（4）三跨连续刚构桥拱部单次混凝土浇筑高度达到 10.89 m，钢筋含量 327 kg/m^3，混凝土施工难度大。

（5）外露面积 141 200 m^2 的空间曲面桥梁混凝土。设计要求达到饰面清水混凝土的装饰效果，施工质量控制难度大。

（6）空间曲面屋盖钢结构 10 086 个节点除对称点外无一相同，深化设计时每个节点均需建立模型，深化设计、翻样、制作、安装等施工难度大。

（7）空间桁架密集，分区卸载情况下，边卸载边合龙，施工工况复杂，三维定位控制难度大。

（8）钢结构拱脚铸钢节点、锥状椭圆管、小径厚比管件、多管相贯节点（最多 11 管相贯），国内应用无先例，无可参考的制作工艺，加工制作难度大。

（9）60 232 t 钢结构焊接质量要求高，焊接工作量大，在高空作业、空间受限情况下，焊接质量控制难度大。

（10）132 594 m^2 双向曲面金属屋面温度变形复杂，天窗、排水沟总长达 190.4 km，细部节点多，防开裂、防渗漏难度大。

（11）169 854 m^2 空间曲面吸音管帘吊顶离楼面净距离达 39 m，安装难度大，多层面立体交叉作业，安全管理难度大。

（12）27 000 m^2 玻璃幕墙在承受下部桥梁和上部钢屋盖纵向及水平位移和 0.35g 振动加速度情况下，确保玻璃板块不出现破裂深化设计与施工难度大。

（13）东、西进站大厅单层最高 36 m 超高幕墙且需与大变形屋盖相连接，深化设计和安装难度大。

（14）长 225 m，外径 1 120 mm 的风管在直径小于 1 700 mm 的狭小空间内安装难度大。

（15）站房机电安装工程智能化程度高，各系统接口多，确保一次性调试成功难度大。

3　武汉站质量创优的具体实践和做法

3.1　科技创新为质量创优提供技术保障

建设过程中，建设单位、施工单位、设计单位进行积极探索、研究，成功攻克了空间曲面饰面清水混凝土桥墩及大截面鱼腹式单箱五室现浇预应力简支箱梁、高性能自密实清水混凝土异型连续刚构桥、大型桥建合一站房大跨度枝状支撑空间曲面钢结构、高速铁路站房高性能混凝土、高速列车作用下高大玻璃幕墙等一系列施工难题。并在科技创新的基础上，按照高标准、严要求的准则，制定了一系列高速铁路桥建合一站房建造质量控制标准和控制措施。

正是由于制定了这些质量控制标准和控制措施，并在建设过程严格执行，确保了 1 850 根 50 多米深钻孔灌注桩最大沉渣厚度不超过 50 mm，建筑物沉降变形小，无沉降倾斜，地基与基础稳定可靠；102 419 m^3 桥梁混凝土内在密实，无肉眼可见裂缝，无漏筋；141 200 m^2 的空间曲面桥梁外露表面颜色一致、外形整齐美观；60 232 t 钢结构安装定位精确，结构安全稳定，101 700 m 焊缝经无损检测，合格率 100%，210 个铸钢节点、735 根椭圆锥管、8 045 个多管相贯节点经过现场检验，全部满足设计及规范要求；132 594 m^2 多曲面金属屋面，节点构造合理，施工精细，无渗漏；27 000 m^2 玻璃幕墙结构牢固、构造巧妙，安装平整，打胶严密、美观；169 854 m^2 空间曲面穿孔白色吸音管帘吊顶排列整齐、均匀、弧线优美、颜色一致，使得整个站房内无明显回音。

图 2　武汉站桥梁结构

图 3　武汉站空间曲面钢结构

图 4　武汉站屋面结构

图5 武汉站吸音管帘吊顶

图6 武汉站玻璃幕墙

3.2 管理创新为质量创优的第一要素

高速铁路站房工程体量大、工期相对紧张、质量标准高、专业接口多,建设过程中,必须在贯彻"管理团队专业化、工作流程规范化、现场管理标准化、工程控制实效化"的基础上寻找管理突破,才能实现现代时尚且又复杂异常的高速铁路站房工程的质量目标。

在传统工程项目组织机构的基础上,公开招聘具有丰富质量管理、工程科研经验的人员,组成项目质量管理顾问组,项目质量顾问组与项目施工单位相辅相成,且又完全独立。项目质量顾问组的职责在于辅助建设、施工单位制定工程质量标准和质量创优策划,突破高速铁路站房工程建设的质量控制瓶颈;与项目传统的质量监督、检查部门相对独立,查找工程施工过程中存在的质量缺席。将设计单位纳入质量管理和质量创优的组织机构体系中,进一步明确施工质量的控制难点,并从工程设计源头提高质量要求、优化质量控制措施。

应用现代计算机技术,研发高速铁路站房建设质量管理系统软件,通过质量管理系统,让每一位施工人员熟练掌握质量控制要点、质量控制措施;使得质量监督人员及时准确了解现场施工动态,并根据现场施工动态快速调整质量监督方案;快速通报质量问题,施工管理人员及时形成处理方案。

每个分部分项工程开工前期进行精心的技术方案编制,详细的方案论证,重大工程坚持专家论证,做到方案编制周详,技术交底到位。每个分部分项工程开工前,坚持施工质量分析及编制施工质量计划,过程中坚持质检工程师旁站监督,对特殊部位,特殊工程项目部派技术人员和质量工程师同时进行过程监督,做到管理有针对性,过程监督到位,施工有记录。

增派质量管理人员，做到每部位每道工序不放过，同时为明确责任，实行质量包保责任制，施工负责人同时为质量责任人。坚持质量与经济相结合，赏罚分明。

3.3 抓住质量控制细节体现创优的水平

新建武汉站工程在建设之初就设定评选“鲁班奖”，为此每个分部分项工程质量标准的制定都按照“鲁班奖”标准制定，并详细编写了质量创优企划书，对质量控制细节进行了详细阐述，总结出各分部分项工程的特点，并逐项进行严格控制。

(1)地基与基础工程

桩基施工标准高，过程控制严格，质量优良，建筑物沉降变形小，无沉降倾斜，地基与基础稳定可靠。

(2)主体结构工程

主体结构清水混凝土内实外美，细部精致，钢结构定位精准，焊接可靠，变形受控，主体结构安全可靠。

(3)建筑屋面工程

多曲面金属屋面，节点构造合理，施工精细；金属屋面采光窗、不锈钢天沟，虹吸雨水口等细部节点处理精心细致、无渗漏水；不锈钢天沟采用压片形式固定构造，顺直美观，变形自由(图7)。

图7　武汉站屋面施工效果

(4)装饰装修工程

玻璃幕墙结构牢固、构造巧妙，安装平整，打胶严密、美观、无渗漏、破损；铝板幕墙密缝拼接，造型特殊，弯弧顺滑，收口精细；顶棚块材对缝，缝隙交圈，侧向送风口布置均匀、成排成线；玻璃地面，分格合理统一，视线通透，与钢结构收口处理精细，周边与石材收口嵌边平直；块材地面表面平整，拼缝均匀一致，自流平地面表面光洁平整，平整度误差在0.5 mm以内；吸音板墙拼缝横平竖直，面板色差均匀，孔位排列整齐；空间曲面穿孔白色吸音管帘吊顶排列整齐，均匀，弧线优美，颜色一致；卫生间墙、地、顶砖缝全部对齐，缝隙宽窄一致，打胶精细。设备用房墩座、排水沟细部处理统一精美(图8～图13)。

图8　武汉站候车厅顶棚

图9　武汉站玻璃地面

图 10　武汉站石材地面

图 11　武汉站自流平地面

图 12　武汉站吸音墙

图 13　武汉站排水沟

(5)机电安装工程

大空间设备用房墩座、排水沟等细部处理精美,管线成排成行,标识清晰;消火栓、箱水龙带绑扎紧密、器具码放整齐;水管、风管、电缆桥架排布紧凑合理、安装顺直美观,支吊架稳固可靠;卫生洁具安装高度统一,位置对称居中,排列整齐;高低压配电柜、配电箱布置合理、安装稳固,排列整齐;配电柜、桥架接地、跨接良好,接地干线色泽清晰;配电箱内排线横平竖直、接线规范、牢固、标识清晰;火灾自动报警及联动系统、机电设备监控系统等弱电系统安全可靠;灯具、烟感、喷淋、风口、插座末端设备成排成行,整齐美观,使用方便(图 14 ~ 图 19)。

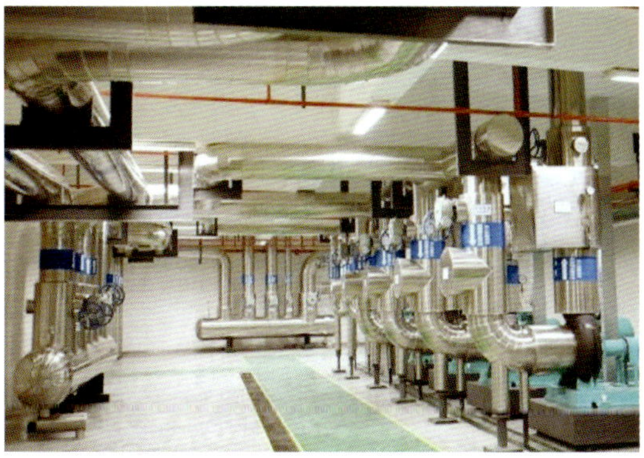

图 14　武汉站设备间

图 15　武汉站水管布置

图 16　武汉站配电间

图 17　武汉站桥架接地

图 18　武汉站配电箱

图 19　武汉站灯具

4　武汉站工程质量创优取得的成绩

在科技高速发展的今天，面对越来越多的造型独特、结构复杂、科技含量高的高速铁路站房工程，工程质量控制和质量创优面临越来越多的挑战。工程开工之前，工程质量控制和质量创优工作需要进行详细的策划，盘点所建工程的质量控制难点，并为其量身订制相应控制措施。特别要依托科技创新突破质量控制瓶颈，使得质量控制难点易于掌控，同时，依靠社会资源，聘请工程设计、研究、施工等领域专家进行质量控制措施论证、监督。施工过程中加强管理监督，从管理机构、新科技应用、施工方案论证等方面着手，进行管理创新。质量控制过程中应当将质量细节处理作为第一要务，要狠抓异形结构、复杂结构的原材、模板、钢筋、钢结构定位、焊接等质量控制细节；要狠抓块材对缝、表面平整度、交接口处理等精装修细部做法；要狠抓灯具布置、管线走向、支架处理等机电安装细节；控制好机房、泵房、配电房、卫生间、屋面等质量创优严格要求部位的质量标准；控制好混凝土保护层厚度、钢结构涂装、装饰块材对缝等易于忽视部位的质量标准；控制好地下桩基、承台等隐蔽工程的质量标准。

通过科技创新、管理创新和狠抓细节处理等措施，在建设过程中共应用建筑业新技术 38 项，自主创新技术 13 项。其中 4 项技术成果经鉴定达到国际领先水平，2 项达到国际先进水平，1 项达到国内领先水平；成功申报专利 16 项，形成省部级及以上工法 9 项，技术标准 6 部，被评为第六批全国建筑业新技术应用示范工程，保证了造型独特、结构复杂、质量控制难度极大的武汉站工程如期竣工，在使用一年多来未发现质量问题。在管理上，通过标准化管理的实施，形成了一套站房施工标准化管理体系，通过了专家鉴定。武汉站工程先后赢得武汉市“黄鹤杯”、湖北省“楚天杯”，以及国家最高奖项“鲁班奖”等质量优质称号。

5　结　语

作为我国高速铁路站房建设的里程碑工程“武广高铁新建武汉站工程”以其完美的施工质量，先后赢得湖北省各项工程质量大奖，并得到了国家最高奖项“鲁班奖”。武汉站质量创优的过程中在科技创新、管理创新等方面取得了一定的成绩，为高速铁路站房质量创优提供了一个借鉴标准。

特大型站房建设过程重点环节控制管理的探讨和研究

——广州南站建设管理的启示

谢有宁　李　敏

（广州新客站工程建设指挥部，广州　511495）

摘　要：通过广州南站建设管理过程的一些重点环节控制管理实施的案例总结，探讨和研究特大型现代化枢纽站房的特点以及实施建设管理程序的方法和经验，并对新时期铁路大型客站的建设提出过程管理的建议。

关键词：广州南站；客站建设；建设管理重点环节；过程管理建议

1　广州南站工程项目概况简介

新广州站（后定名广州南站）位于广州市番禺区钟村镇石壁村，处于广佛经济圈中心，是目前我国功能最复杂、客流量最大的铁路旅客站房之一；衔接武广、广深港、广珠城际、贵广、南广各线路，是广州铁路枢纽中最主要的客站，是铁路“十一五”规划的标志性工程，华南地区核心的交通枢纽。站房建筑面积48.6万 m^2，由地下层、地面层、站台层和高架候车层组成。地下层为现浇钢筋混凝土地下室，面积11.7万 m^2，可提供1 808个车位。地面层为现浇钢筋混凝土板，面积11.8万 m^2，为长途旅客列车到达和城际旅客列车出发、到达层，是高速铁路、城际轨道交通、地铁、城市公交旅客的换乘层。站台层为V构拱组合连续箱梁，站台面积9.23万 m^2，是旅客乘降平台，共有28条股道、28个站台面。高架候车层为钢筋混凝土预应力梁板加大跨度钢桁架梁组合，面积8.6万 m^2，是旅客安检、进站候车、休息购物的主要区域。

图1　建筑夜景效果图

图2　区域性规划效果图

2　广州南站建设管理实施过程重点环节小结

根据大型车站交通枢纽的特性分析，结合广州南站项目的特点，对于工程建设管理整理出若干相关的重点环节，以此为纲要指引，在工程前期和过程实施中，有针对性地进行了相关的管理介入和协调工作，主要重点有以下几个方面：设计管理和协调控制；施工招投标条件约束；与地铁共建的方案衔接和协调；市政配套工程衔接和协调；特殊施工方案专项处理；主要物资材料设备控制；新工艺、新技术、新设备、新材料的科研和使用。

2.1 设计管理和协调控制

2.1.1 前期与市政配套工程的设计衔接和确认

广州南站为全国四大铁路枢纽之一,同时在广州市也属于重要的区域性交通中心,早在2004年新广州站方案国际竞赛启动的同时,广州市规划局即开展了铁路新客站地区的交通衔接专项规划和区域控制性规划的研究,2005年5月公布终期研究报告,建设指挥部意识到特大型枢纽工程与地方配套设施的设计衔接重要性,主动进行了前期介入,主要组织设计单位并与地方部门沟通持续并分设计阶段进行了以下几个方面的衔接工作。

(1)站区周边市政道路、给排水、供电、河涌、绿化、污水处理等项目的设计规划接口衔接,稳定各自的接入接出条件,按照双方确定的实施方案指导各自的施工。

(2)与广州市规划局落实东西广场、落客平台及连接市政的匝道设计条件要求,在符合地方规划条件的前提下也需尽量争取满足特大型客站的旅客流线顺畅和换乘衔接的需要。

(3)南北咽喉区原设计的路基工程应广州市政府与铁道部协商后要求采用高架桥形式,由建设指挥部牵头多次与广州市规划局、建委等单位确定相关条件,满足地方路网规划布置,改变为高架铁路桥梁。

2.1.2 与地铁结构空间交叉的设计协调和互接确认

由广州市地铁公司编制的广州市轨道交通与铁路新客站衔接专项规划也于2005年5月公布,确定广州市地铁2、7号线将接入新客站站厅层下,并与新客站同期建设及同期开通。为满足和实现与地铁同期建设的目标,建设指挥部组织与地铁公司进行了多次设计方案协调会,主要解决了以下几方面问题:

(1)地铁主体结构尺寸与国铁上跨轨道梁结构确定方案。地铁主体结构分为站台及站厅两层,位于站房地面层下,其中轴线与站房南北向中轴线重合。由于该地铁站为广州地铁2、7号线双线终点站并预留佛山地铁2号线的结构空间,因此其结构横剖面尺寸达到了45.8 m。经过设计方案和施工方案的多次可行性讨论,设计方通过咨询,引入了德国的工程顾问公司SBP的方案,采用“V构梁”形式,将上跨地铁的铁道桥梁主跨距调整至64 m,保证了双方主体结构同时施工的工作面相对独立性,为国铁与地铁结构的同期建设创造了有利条件。

(2)地铁站厅与国铁站厅结构及出入口部接口。地铁在国铁地面层站厅内共有十个楼扶梯出入口及一个垂直电梯口,在结构、装修、消防、引导等专业的接口衔接方面,建设指挥部协调地铁公司组织了双方设计单位的对接和设计联络专题会,在各专业实施前稳定了各自方案,并经双方建设单位互提设计文件致对方确认备案,作为双方接口部位施工时的共同依据。

2.1.3 各系统专业设计之间的衔接和协调

由于广州南站工程涵盖的系统专业众多,房建、铁道、四电、客服等系统都由不同的专业设计单位进行设计,不可避免地发生较多的接口问题。大型客站枢纽工程都具备的这种复杂性和交叉性的问题,为此,建设指挥部一是牵头组织了多次上述专业设计单位的设计联络会,逐步暴露和完善各大专业之间的接口问题;二是要求各设计单位派驻现场施工配合组,针对现场发生的问题能随时予以研究解决,并且规定各设计单位派驻代表须参加每周的参建方例会;三是如遇到需要协调设计、施工、监理等多方的设计问题,由建设方现场指挥部随时召集组织各方开专题会议研究。

2.1.4 引入第三方机构对某些专业设计项目的评审和指引

针对广州南站这种特大型客站的形式、功能等要求所导致的复杂性,在设计的前期和设计进展过程中,根据铁道部、初步审查意见和具体专业实际情况,建设指挥部有选择性地引入了第三方机构对某些较为特殊的专业设计项目及其延展范围进行了专项设计、评审和审查,对这种复杂工程的设计深化的指引、优化都产生了重要作用。主要有以下几项:

(1)因超出现行消防规范防火分区限制条件的站房超大空间消防性能化设计和评估(英国奥雅纳公司及上海泰孚公司),作为消防相关工程的设计和验收依据;

(2)根据《建筑法》规定和初步设计审查意见进行的站房建筑工程范围的施工图强制性审查(广东省建院审图中心);因为项目规模巨大,设计单位分阶段提供施工图,与强审机构协调要求其同步分阶段审查,作为现场施工资料的有效性依据;

(3)根据地方相关规定要求进行的站房工程地下室及设备风道深基坑支护专项设计,确保地下工程施工过程中的安全可靠性(委托广东省建科设计院);

(4)超大空间钢结构设计安全性复核及数量核算,确保复杂空间钢结构体系的设计安全性和数量(广东省建筑设计研究院);

(5)超大空间室内声学设计咨询,解决大空间的声学质量问题(华南理工大学)。

3 超大型“站桥合一”型站房在建设管理中所采取的特殊施工方案专项处理

“站桥合一”可简单解释为:“站房在高架轨道梁的上方和下方,在轨道梁上方的站房竖向结构与下部轨道梁结构同体”。“站桥合一”形式的优点是节约了土地使用、充分利用轨道梁上方和下方的空间、旅客流线更加直接和明晰,但同时对于结构设计和施工来说确实具有非同寻常的挑战性。以武汉站和广州南站为例,武汉站高架站房的立柱通过空心桥墩一直落至墩承台中,确实是一种很巧妙的设计思路;而广州南站因现浇连续梁要求桥墩全部为实心混凝土,高架站房及雨棚的主立柱全部锚固在桥墩顶部,高架站房的次立柱落在轨道梁上,且广州南站角一层两侧为地下室,地下室结构的底板与顶板分别与轨道梁桥墩承台和墩身横向相连(图3),这种独特的“站桥合一”结构模式决定了此工程不能按照房建或铁建工程各自单一体系传统的施工顺序实施,必须按照有利于项目整体进度和质量利益的原则统一考虑施工方案。在这一点上,针对“站桥合一”及其类似形式的站房工程,建设单位在整个建设过程中应针对这种项目结构类型的特点,有清晰的思路和掌控方向。以下是广州南站在施工阶段中由建设指挥部主导的几个施工专项方案案例。

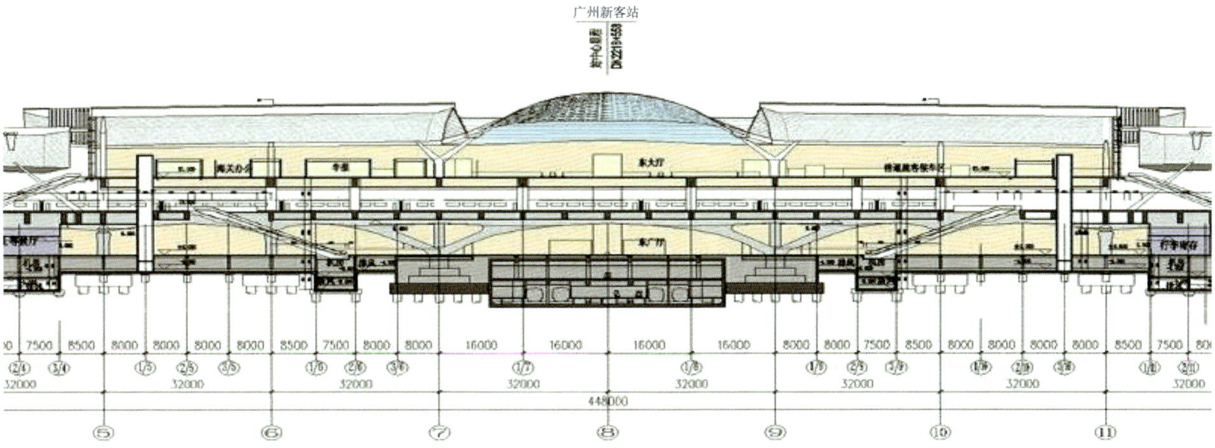

图3 地铁结构与国铁结构关系剖面图

3.1 地下室和桥梁施工顺序的综合考虑

按照房建工程正常的施工顺序,结构层是由下至上逐层施工的,由地下室与站房桥墩身、梁部的相互关系可知,如果按照地下室底板→地下室顶板→轨道梁、站台板的顺序施工,则轨道梁的施工荷载将通过满堂支架传递至地下室顶板,这是地下室顶板无法承受的。对策方案有二:其一是先施工完轨道梁再逆作施工地下室;其二是通过优化轨道梁支撑荷载布局、对应局部加强地下室底板的结构设计,按照地下室底板和侧壁→轨道梁→地下室顶板的顺序施工(轨道梁支架落在地下室底板上)。

在土建主体结构的实施性施组的编制过程中(由于广州南站的工程规模过于庞大,建设指挥部组织施工单位分阶段性地编制实施性施组),针对以上两个对策方案,建设指挥部组织施工、监理、设计单位进行了充分的对比研究。如用方案一，在轨道梁下进行机械开挖施工的工效低，地下室底板包括站房设备通廊和风道结构，施工比较复杂，需时不短，而地下室上部的轨道梁需待正中三联跨"V构梁"完成后方可挂孔接上继续施工，本身还需要1至2个月的施工时间，于是地下室施工周期会拖得比较长，势必影响到站房设备的安装时间。因此从整个项目工期考虑宜采用方案二，对地下室底板局部加强设计抵受上部轨道梁施工荷载，施工地下室底板的同时正在施工正中三联跨"V构梁"，时间搭接正好利用上。施工完地下室底板后在其上搭设满堂支架施工上部的挂孔连续梁，连续梁施工完毕后采用吊模方案施工轨道梁间的站台板，同时可施工轨道梁上的21 m层结构和下部地下室的侧壁和顶板，因此该方案能合理保证12 m高架站台层上下的结构可同时施工。

3.2 钢结构逆作法吊装施工顺序

在"站桥合一"这种体系中，高架站房钢结构主受力柱端锚固在轨道梁墩身顶端，还需承受21m高架层结构和屋面索拱体系的荷载。对于整个项目结构施工过程来说，钢结构安装方案是其中最主要的一环。在投标方案中，钢结构吊装的施工平台是以完成的轨道梁、站台板为作业面。实际上，在钢结构深化设计完成后安装单位即发现由于吊装构件尺寸和重量较大，需动用300～500 t的履带吊机，因此，利用12 m轨道梁层和21 m高架层为吊装作业面的方案已不可行。建设指挥部经组织研究后统一意见，钢结构安装结构复杂、数量庞大(总重约7.85万t)，是制约整个项目工期的重点环节，同时也是尽快形成站房工程形象的关键问题，应该设法让钢结构在轨道梁墩身完成后即开始安装。这同样需要解决两个问题，一是安装完后钢结构柱端锚固的刚度应足够大，高架层轨道梁的变形对其无影响；二是后续逆作施工的21 m高架层结构变形也不会对整个钢结构体系产生实质性影响。建设指挥部通过与设计单位协商，要求对于上述两个问题进行验算和节点二次设计解决了问题(在其后广东省设计院对钢结构的安全性复核时，也认为21 m高架层结构变形引起的对钢结构主体的影响不大)，吊装作业面设于已施工完成的地下室底板标高上，经过施工荷载计算采用路基箱铺垫分散大吊机的荷载重量。

图4　地下室底板与轨道梁墩身同时施工

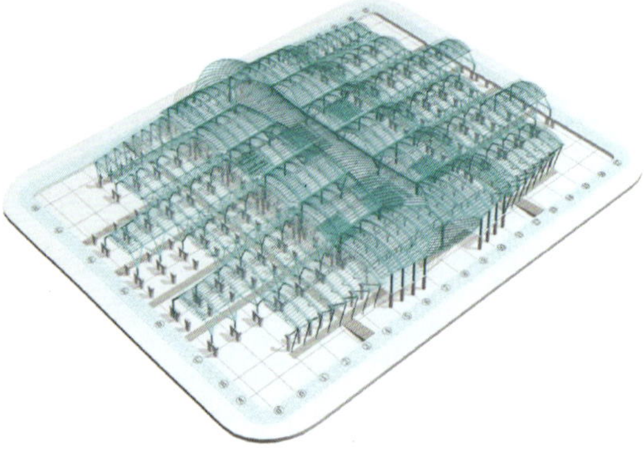

图5　钢结构体系三维示意图

图6　在地下室底板完成后同时施工轨道梁和屋面钢结构

3.3 高架候车层及地下室顶板“跳仓法”施工顺序

高架候车层及地下室顶板在原设计上有后浇带要求，按照规范和设计说明，后浇带需在60天后浇注。这对于项目要求工期有较大影响。经咨询有关专家，建设指挥部约请国内对于利用“跳仓法”施工解决伸缩缝和后浇带问题有深入研究、实践及著述的王铁梦教授赴现场指导施工单位编制“跳仓法”施工的工艺方案和辅助措施，并于现场指导实施原则。所谓“跳仓法”施工，即是对大面积混凝土进行分块，按照一定的顺序隔仓跳打，以及在前期设计构造和后期养护措施中采取辅助方式，可以连续浇注混凝土，不需设置后浇带和伸缩缝的一种施工工艺。施工单位通过专家指导，编制了详细的“跳仓法”施工方案。5万 m^2 的武广场21 m高架层结构按“跳仓法”仅用了2个半月施工完毕，为按时开站创造了必要条件。

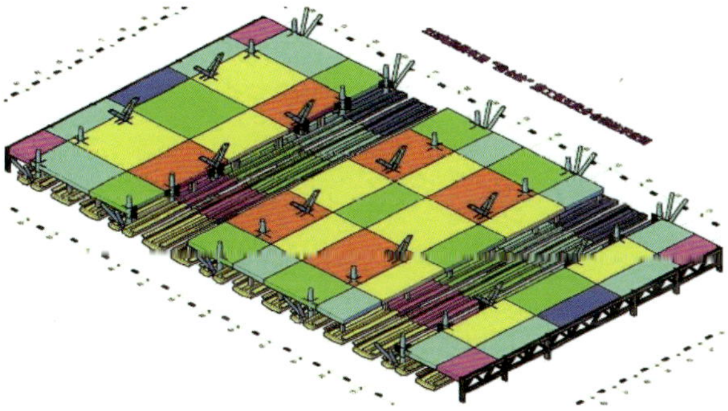

图7　21 m层楼板“跳仓法”施工分块示意图

图8　21 m层支架及“跳仓法”施工现场

4　新技术、新工艺、新材料、新设备的科研和使用

4.1 结合方案开展有关的科研实验课题项目

广州南站主站房规模巨大，建筑规模达48.6万 m^2，具有旅客流量大，内部功能复杂，空间宏伟，站房、站场、桥梁建筑合一等建筑特点，同时还应满足高速列车通过的要求，是一种全新的车站类型。这些技术上的困难在国内外的站房建设中几乎没有相似的经验，因此在初步设计后有许多需要深入研究的技术问题。建设指挥部在初步设计后续阶段牵头组织设计单位就如何开展专题科研进行研究，于2007年3月确定分别由中国建筑科学研究院、同济大学、中南大学、清华大学、东南大学承担风工程、抗震、列车走行性及振动试验、建筑热环境及节能、大跨度空间结构体系课题研究。设计单位还自

图9　东南大学进行广州新客站预应力索拱结构试验

行委托科研单位进行了一些专题研究工作，如高大空间照明、大空间室内声环境、幕墙体系、建筑节能设计等。这些研究课题的成果对于项目的设计提供了强有力的依据和保障。

4.2 新技术、新工艺、新材料、新设备的使用

广州南站规模宏大、功能完善，使用的新技术、新材料、新设备还有消防性能化设计、太阳能光伏建筑一体化发电技术、屋面虹吸排水、智能照明控制、屋面 ETFE 膜结构及充气系统、消防红外影像和对射报警系统、七氟丙烷气体灭火器等。在建设指挥部的统一要求下，在设计、施工过程中都相应编制设计指导工艺专篇、施工安装及调试工艺专篇，以指导现场确保实施效果。对于各种新材料、新工艺、新技术的使用，在可能的条件下，可以委托有关的大专院校和科研机构进行独立的工程咨询和检测，以此指导和调整“四新”项目的实施效果，如委托华南理工大学进行了大空间室内声学设计咨询，对于超大空间的声学效果、装修手段提供技术咨询和检测。

图 10 屋面 ETFE 膜结构施工及完成后的膜充气气枕

5 广州南站建设管理过程的启示和建议

5.1 高度重视设计前期和过程之间的管理和协调工作

对于广州南站这种类型的特大型枢纽车站工程，建设单位须将设计工作作为首要重点控制环节。其一，工程本身涵盖的系统专业众多，大的专业系统有房建、铁道、四电、客服等，其下又有众多庞大和复杂的子系统，且多由不同的设计单位进行设计；其二，工程外部与之配套的市政工程衔接的专业和限制条件也多，如地铁、道路、给排水、供电、河涌、绿化、污水处理等，且往往有同期开通的要求；其三，此种类型的车站建筑结构形式设计技术上的困难在国内外的站房建设中几乎没有相似的经验，初步设计后尚有许多需要深入研究和解决的技术难题，牵涉的相关部门和人员都较广；其四，因为工程的复杂性，在建设过程中也会遇到各种无法预料的设计问题。以上因素都需要建设单位从初步设计的前期就开始未雨绸缪、全面介入、讨论研究，有针对性地列出需解决的设计问题关键节点和解决对策，牵头组织、协调和督促设计单位和相关部门予以解决。在建设过程中也要要求相关设计单位设立强有力的现场设计配合机构，服务施工现场和及时解决偶发性的设计问题。

5.2 紧密联系地方相关建设、职能部门，建立良好的协调机制

大型火车站往往是一个城市的交通枢纽，因此火车站区的建设并不是单一的铁路工程，必然牵涉与之配套的道路、市政广场、市政管网设施以及地铁工程等相关项目的同步建设，于是在建设过程中铁路建设单位与地方相关部门建立有效的沟通协调机制是十分必要的。另一方面，由于车站的位置都处于城区范围内，所以车站在建设过程中还必须受到属地相关职能部门，如建委、消防局、环保局、人防办、防疫站、公安局、劳动局等单位的专业专项管理或检查，因此，与地方相关职能部门保持良好的协调关系，争取这些部门的理解和支持，也是工程顺利进展的关键因素。设法促成地方政府牵头成

立项目现场协调机构，路地双方相关部门人员参与其中，建立定期协调沟通制度，以确保工程的建设工期，保证站区市政工程与站房工程的同步配套建设。

5.3　组织好主要设备、二次装修、系统工程、大宗材料等专项招标工作

大型站房的建设是一项涵盖了建筑结构、通风水电消防、智能化系统、机电安装等控制项目以及大型设备系统的多专业的综合工程，特别是新近建设的客运专线超大型客站，其系统工程和建设规模将是国内史无前例的，忽视任何一个重要细节都会影响以后的整体质量和使用效果，因此，作为建设单位在建设管理过程中应充分发挥主导作用，针对钢结构、屋面、玻璃幕墙、室内精装、消防机电等主材和专业工程组织或督促总承包单位进行专项专业招标，择优选择专业厂家和分包单位。确定一定的总承包管理费用，将这些专业标纳入总承包单位的总体管理范围。另外，信息技术的飞速发展使得施工单位在技术上总是跟在设备制造商后面，基于上述原因，在系统的集成和调试过程中都不同程度地存在着不少问题，选择一个质量优良、技术支撑力量雄厚的设备制造商便在一定程度上决定了工程的质量，所以在设备和材料的招标上建设单位应严格把关，不管采用哪种招标方式，都应把质量和技术目标放在首位。

5.4　加强投资控制

大型站房的建设资金虽然投入较大，但投资概算一旦成立，"超概"是很敏感的事情。客运专线大型客站都是超大型的建筑，各种专业工程系统工程较多，牵涉许多新技术、新设备，甚至还有设计不足引起的概算偏差，这就要求建设单位在前期的图纸审查、市场调查、招标择优时把工作做细做足，尽量将各种不确定因素考虑在前，纳入投资概算。一旦在建设过程中发生较大的变更，也要严格按变更设计的程序办理。

5.5　加强宣传工作，提高工程的知名度

通过广泛的和各种形式的宣传，不仅可以提高工程的知名度，同时在工程建设过程中能够得到地方各级政府和广大民众的理解、支持和配合。

5.6　合同管理探讨和建议

参照广州南站建设管理过程中出现的一些情况，对于这种房建和铁建专业交结在一体的类似工程施工招标，建议采取以下几种方式进行招投标和合同管理：一是在允许联合体投标的前提下，业主只与联合体主体单位签订总承包合同，其余单位作为指定分包企业，按其投标承诺和报价进入合同条款，由总承包单位进行统一管理；二是在允许投标的房建或铁建企业除结构主体外可以进行专业分包的前提下，也只与一家企业签订总承包合同（以上两个方式都有相似的案例参考：如深圳某站，招标时要求钢结构一级资质且允许联合体投标，某联合体中标但业主最后只与主体单位某铁建企业签总承包合同；又如武汉站，站房及站房桥轨道梁均由中建三局一家负责施工）。同样，对于设计招标方式，也可以采用设计总承包的形式，由设计总承包主体单位自行委托和协调各种分类专业，由此可以减少设计接口的错漏和减轻建设单位协调各专业设计单位之间接口的难度。

另外，针对客服系统、四电工程、重要大型设备等项目，如由业主单位另行招标选定承包商和安装单位的，适宜在招标文件和合同中约定一定的总承包协调配合费的比例付与站房总承包单位，同时在站房总承包施工招标文件中约定中标单位须负责承担施工范围内的客服系统、四电工程、重要大型设备安装等的服务协调和总的控制管理工作。如广州南站建设指挥部在招标时即已意识到与地铁接口和结构交叉施工的协调是一个重要环节，所以在招标文件中约定了中标企业负责担负与地铁工程交叉施工事宜的协调工作。由于有合同约定，广州南站施工联合体在国铁、地铁同期建设实施过程中，在建设指挥部与地铁公司的统一安排下，承担了大量配合协调工作，为广州南站 2010 年 9 月底的国

铁、地铁的同期开通起到了积极作用。

参 考 文 献

[1] 新建铁路广州枢纽新广州站站前工程修改初步设计及站后工程初步设计(车站建筑分册).

[2] 铁鉴函〔2006〕971 号 关于广州枢纽新广州站及枢纽相关工程新广州站补充初步设计的批复.

[3] 广州铁路新客站交通衔接专项规划(终期报告).2005 年 5 月.

[4] 广州市轨道交通二、八号线延长线工程(广州新客站)最终方案图.2007 年 2 月.

[5] 新建铁路广州枢纽新广州站及相关工程广州新客站工程(XKZ-3 标段)施工总承包合同.

[6] 新建铁路广州枢纽新广州站及相关工程广州新客站工程站房工程设计合同.

[7] 武广客运专线广州枢纽广州新客站剩余工程指导性施工组织设计.

设 计 技 术

铁路客站大型复杂结构健康监测研究与思考

韩志伟

（铁道部工程设计鉴定中心，北京　100844）

摘　要：结构健康监测技术经过长期发展，已成为预防重要结构发生安全事故的有效手段。铁路综合交通枢纽客站结构体系复杂，跨度大，人流密集，社会关注程度高，其结构安全应特别予以重视。本文介绍了结构健康监测技术的发展与应用现状，分析了铁路客站大型复杂结构开展健康监测的必要性，研究了铁路客站大型复杂结构健康监测的内容与关键技术，提出了推进铁路客站大型复杂结构健康监测工作的相关建议。

关键词：铁路客站；交通枢纽；复杂结构；健康监测

1　引　言

现代公共建筑伴随着材料技术的发展、设计技术的创新、建造技术的进步，正在不断地向高度、跨度极限发起一个又一个的挑战（图 1 为迪拜塔，图 2 为苏通大桥）。

图 1　迪拜塔（828 m）

图 2　苏通大桥（主跨 1 088 m）

而现代大型工程坍塌事故又时有发生，如法国巴黎戴高乐机场候机楼坍塌事故，如图 3 所示；美国明尼阿波利斯，明尼苏达维京人队体育场的圆形屋顶被积雪压塌，如图 4 所示。保证“大型结构”的使用安全，已日渐成为工程界关注和研究的课题。铁路综合交通枢纽客站人流密集，公众关注度高，一旦发生重大结构安全事故，会造成严重的社会影响。因此，加强对铁路客站大型复杂结构使用期间结构状态的动态监测，确保其能够“健康服役”，是铁路客站设计、建设、运营需要深入研究的课题。

图 3　巴黎戴高乐机场登机楼结构垮塌

图 4　美国明尼阿波利斯体育场屋顶跨塌

2　铁路客站大型复杂结构健康监测意义

我国铁路客站建设、运营已经进入一个新的时期，目前，已建成综合枢纽客站 19 座，在建 20 余座，未来还要规划建设十几座，有必要在铁路客站大型复杂结构中开展健康监测工作。

2.1　铁路客站结构安全面临新挑战

新建的交通枢纽客站，如北京南站(图 5)，武汉站(图 6)，广州南站(图 7)，虹桥站(图 8)等客站体量大，结构方面有许多创新，结构的复杂程度、结构跨度都超过了以往的铁路客站。

图 5　北京南站

图 6　武汉站

图 7　广州南站

图 8　虹桥站

这类客站地上、地下分为多层，结构体系复杂。在设计过程中，结构选型都经过了精心推敲、严格计算，其结构安全理论上都是有保证的。但是，由于这类结构柱网大，空间高以及体系的多样化，普遍存在“抗连续倒塌能力”不强的特点。另外，结构设计时，计算假定边界条件与实际边界条件难免存在差异，以及材料力学性质的不确定性等因素，都会或多或少的影响到结构的安全冗余度。其次，结构在使用过程中的材料老化，预应力松弛以及风荷载的反复作用都有可能造成材料损伤，这些都会随着使用时间的推移，对结构安全带来影响，甚至降低结构自身的安全度。因此，通过监测手段，及时了解掌握铁路客站大型复杂结构健康状态非常必要。

2.2 结构健康监测技术应用广泛

2.2.1 结构健康监测概念

结构健康监测是指对工程结构实施损伤检测和识别，是通过对结构的物理力学性能进行无损监测，实时监控结构的整体行为，对结构的损伤位置和程度进行诊断，对结构的服役情况、可靠性、耐久性和承载能力进行智能评估，为结构在突发事件下或结构使用状况严重异常时触发预警信号，为结构的维修、养护、异常情况下的抢险与管理决策提供依据和指导[12~14]。

2.2.2 结构健康监测技术的发展应用现状

结构健康监测系统最先应用于桥梁结构，并已在大跨度桥梁结构、特种结构、超高层建筑结构、大跨空间钢结构、深基坑支护工程中得到广泛应用[5,6]。

桥梁结构。从 20 世纪 80 年代开始，结构健康监测技术就得到应用，发展到今天，许多超大跨度桥梁都设有健康监测系统。英国 Foyle 大桥[7]，美国的 Sunshine Skyway 斜拉桥，丹麦的 Great Belt East 悬索桥[8]，加拿大的 Confederation 桥[9]，以及国内的香港青马大桥、汲水门大桥、汀九大桥，内地的上海徐浦大桥、江阴长江大桥、苏通大桥、滨州黄河大桥等，都建立了不同规模的结构监测系统。

特种结构。20 世纪 80 年代中国石油总公司在海上钻井平台结构上安装监测设备，以监测冰荷载、冰压力和海洋平台结构的冰激振动相应情况[10]。

超高层结构。如在广州新电视塔、广州西塔、深圳京基金融中心、深圳证券大厦、上海金茂大厦等结构都进行了必要的监测。

大跨度结构。2002 年深圳市民中心屋顶网架结构中搭建了国内较早的大跨度结构健康监测系统[1]，2006 年，国家游泳中心钢膜结构健康监测系统开始施工安装[11]。另外实施了结构健康监测系统的大跨度空间钢结构还有国家体育馆屋盖、深圳大学城体育场结构等建筑。

深基坑工程。近年来，深基坑的施工广泛采用了结构健康监测系统，通过对基坑支护、支撑的变形、应力进行监测。为预防基坑事故、抢险、准备应急预案提供科学依据，实现信息化施工。监测系统的应用，既可提高基坑工程的施工安全性，又可适当地降低基坑的支护费用。

近年来，从奥运会体育场馆的建设开始，大跨度建筑结构健康监测技术逐渐在国内被广泛应用起来。新建的大跨度体育场馆及其他公共建筑普遍采用了结构健康监测技术[1~3]，如图 9、图 10 所示，结构健康监测技术已经进入到实际应用阶段，并且成为预防重要结构安全事故的常见手段。

图 9　深圳市民中心

图 10　济南全运会体育馆

2.3 结构健康监测技术日渐成熟

结构健康监测从开始应用到现在已有了 30 多年的时间。在这期间无论是监测的硬件设备，还是监测的理论储备和工程经验各方面都有了长足的发展。理论储备方面，早期的研究较少，现在对于监测系统、测点布置、模型修正、损伤识别、数据分析等方面已有了较为全面的研究。尽管目前还存在着类似监测设备寿命与监测周期不匹配的问题，但这些问题可以通过采取具体措施，提高管理水平予以解决。推进复杂大跨度铁路客站结构健康监测工作的技术条件已日益成熟。

2.4 健康监测是预防结构安全事故的有效手段

随着社会的发展，大跨度、超高层建筑结构不断兴建，这些重要建筑一旦发生结构安全事故，将造成重大人员伤亡和经济损失，并造成严重社会影响。建立重大土木工程的结构健康监测系统可以对结构在施工与服役阶段的安全性、耐久性有实时的把握，同时也可对同类新型结构的设计理念完善提供依据[4]。

铁路客站建设要想实现科学发展、健康持续发展，在积极推进铁路客站安全硬件建设的同时还必须不断加强软件建设，建立健全各种能够对安全风险预警的信息化管理系统，提高管理水平，实现铁路客站安全动态管理。

3 铁路客站大型复杂结构健康监测关键技术

客站结构健康监测技术是一门多领域跨学科的综合性技术。包括土木工程、动力学、材料学、传感技术、测试技术、信号处理、网络通讯通信技术、计算机技术、模式识别等多个方面。图 11 为结构健康监测的研究范畴和流程[15]。

3.1 客站结构健康监测技术路线

客站结构健康监测技术路线如图 11 所示。

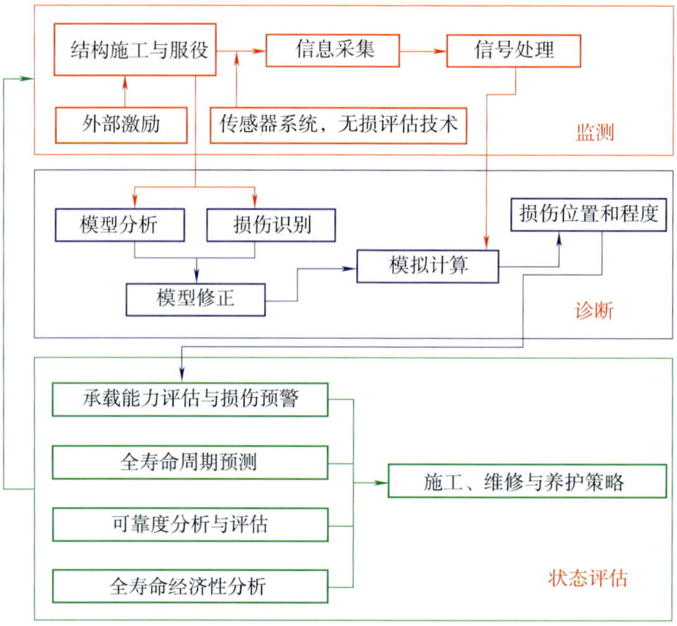

图 11　结构健康监测的研究范畴和流程

3.2 铁路客站大型复杂结构健康监测的范围和布置

客站结构健康监测过程中，想获得比较完备的数据，就需要足够多的传感器，然而，传感器过多，成本就会增大，在结构大部分自由度上安置传感器是不可能也是不现实的，这就需要确定最优的传感器数量。同时，即使使用相同数量的传感器，如果采用不同的布置方式将会采集到不同的信号和数据，这些信息将直接影响模态分析和损伤识别的精度和可靠性，因此传感器位置的优化布置十分重要。

良好的传感器布置方案应做到：在含噪音的环境中，能够利用尽可能少的传感器获取全面、精确的结构参数信息；实测分析得出的模态能够与有限元模型分析的结果建立起对应关系；能够通过合理添加传感器对感兴趣的部分模态进行数据重点采集，针对铁路客站结构可以重点监测大跨度屋盖、轨道层、雨棚等具体部位；测得的时程记录将对模态参数的变化最为敏感；使模态试验结果具有良好的可视性和鲁棒性。目前，工程界已发展出多种方法来决定测点传感器的最佳布置位置。

3.3 客站健康监测的结构参数

现代结构健康监测技术，已经允许对结构的各种参数进行监测，包括结构位移，如静位移和动位移；结构变形，如静动挠度、静动应变等；内力，如杆件和索的拉力；动力参数，如速度、加速度等；外观和完整性，如气蚀、磨损、裂缝、剥落；环境作用，如风速、温度、地震、外部荷载等。

客站结构健康监测应针对大型复杂结构开展，健康监测内容应主要包含外部荷载作用和结构反应两大部分。外部荷载作用主要为地面运动加速度和风环境及结构表面风压等，结构反应主要为结构应力、变形、振动加速度、表面温度、表面裂缝开展等。鉴于大跨度结构的特点，风环境及结构表面风压是大跨度结构外部荷载作用监测的重点，而结构应力监测包含主要结构表面应力、拉索力等[16]，结构变形包含主要结构构件的位移、挠度及关键部位的应变。

3.4 客站健康监测数据的采集传递与分析

客站结构健康监测传感器所获取的数据需要及时传递并进行信息分析处理，数据信息产生后以信号的方式存在，既有的信号传递方式都可以用于结构监测数据的传递。可以应用有线系统传递，也可以通过无线系统进行传递，由于通常结构距离数据分析中心距离较远，目前应用比较多的是无线数据传递方式。获取结构监测数据后可以对其进行分析，其目的是为了判断结构是否存在损伤及判断损伤的程度。其原理是通过对结构静、动力参数变化的分析来判定结构的损伤情况。结构整体的损伤可以通过整体静、动力参数反应，局部损伤可以通过具体测点的信息来反应。

3.5 客站结构安全评价与预警

客站结构健康监测工作的最终目的，就是通过所监测的各结构参数判别结构的安全状态，以便采相应措施，避免结构安全事故的发生。目前结构健康状态的评价标准是结构健康监测领域研究的热点之一，已经有了许多成果。客站健康监测可通过将结构划分为不同的安全等级，并采取相适宜的措施。这样既可以避免不必要的浪费，又可以保证结构的安全。

4 推进铁路客站大型复杂结构健康监测工作的建议

目前，在铁路客站工程建设中也开展了一些结构健康监测的工作，如，北京站无站台柱雨棚安全监测工作，上海虹桥站超长梁监测工作，南京南站结构应力、动力响应和变形测试三部分监测工作，深圳福田站地下结构施工的变形监测工作。虽取得了一定的成果，但总体上讲，铁路客站结构健康监测工作还处于起步阶段，缺乏统一的规范指导，没有形成完整的铁路客站结构健康监测标准和体系。另外，结构健康监测需要相应的成本投入。对客站实施健康监测，也要避免盲目性：一是要避免随意扩大监测项目范围，对一些结构不复杂的项目盲目实施监测。二是要避免随意增加监测内容，对非关键部位也开展监测。过分扩大监测范围，过多设定监测内容，都是不科学、不合理、不必要的，都会增加不必要的建设成本，实施中要严格加以甄别。因此，为了有效地在铁路系统内推进复杂大跨度客站结构的健康监测工作，需要研究建立规范和技术标准以便指导后续工作的开展。现提出以下几点建议。

4.1 研究制定适宜的客站结构健康监测及健康状态评价标准

制定相应的实施细则，明确客站健康监测的范围、内容、标准，在结构设计过程中就制定结构健康监测方案，并纳入客站设计说明书及维护手册中。

4.2 立法明确客站健康监测实施主体

大型铁路客站的建设方和运营方通常都是同一铁路局，通过立法，明确由路局统一实施该项工作，可以使得结构健康监测工作连续不断地进行。同时，铁路系统中既有的防灾监控系统以及便捷的路内通讯系统，也可以使客站结构健康监测数据统一化，专业化，系统化管理成为可能。

4.3 逐步建立客站健康监测长效管理机制

结构健康监测工作是一项需要长期坚持的工作。通常结构的设计使用年限为50年，有的重要结构更是达到100年，这就注定了结构的健康监测工作是一项长期的工作，没有制度化的管理，就不能保证工作的持续性。绝大部分结构在其使用周期内是安全的，不会发生破坏，但这并不能说明结构健康监测工作不重要。正常人定期需要体检，客站结构健康监测工作也需要逐步建立长效管理机制，使结构健康监测定期化、制度化、规范化。

4.4 有序推进已建成客站结构健康监测工作

既有客站系统的安全监测是一项较为复杂的工作。笔者认为：可通过对使用超过一定年限的大跨复杂结构进行安全检查，对其结构健康状况进行评价，根据结构安全性高低对结构风险进行评估，将安全度评价低的结构确定为重点结构安全风险源。对于不同级别的风险源分别采取实时监测、定期检测等不同级别的安全策略，以保证结构安全。

4.5 严格设定客站健康监测范围

目前，铁路客站健康监测对象应仅限于“大型复杂结构”。对大型复杂结构可针对不同的监测对象，研究确定相应的监测内容。一般只需要对损伤敏感部位的应力应变、位移和加速度等监测。某个项目是否需要监测，监测哪些内容要具体研究论证后确定。

5 结　语

综合交通枢纽客站结构复杂，对其使用期间的结构安全应特别予以重视。将日益成熟的结构健康监测技术应用于大型复杂结构铁路客站，可及时掌握复杂结构的“健康”状况、对客站在使用阶段的维护保养和运营策略制定都有这十分重要的意义。在铁路客站工程建设中科学有序地开展结构健康监测工作，有利于推进我国铁路客站结构技术的进步、有利于对客站安全的动态管理、有利于铁路事业的健康持续发展。

参 考 文 献

[1] 瞿伟廉，滕军，项海帆，等．风力作用下深圳市民中心屋顶网架结构的智能健康监测[J]．建筑结构学报，2006，27(1)：1-8.

[2] 张爱林，刘学春，王冬梅，等．2008 奥运会羽毛球馆新型预应力弦支穹顶结构全寿命健康监控研究[J]．建筑结构学报，2007，28(6)：92-99.

[3] 周学军．济南奥体中心场馆钢结构设计特色与健康监测[J]．工程力学，2010，27(S2)：105-113.

[4] F. N. Catbas, K. A. Grimmelsman, A. E. Aktan. *Structural Identification of the Commodore Barry Bridge*. Proceedings of Spie-The International Society for Optical Engineering. 2000，3995：84-97.

[5] B. Glisic，D. Inaudi. *Fiber Optic Methods for Structural Health Monitoring*. Wiley，2007：133-247.

[6] K. Fujihashi，K. Kurihara，K. Hirayama，S. Toyoda. *Monitoring System based on Optical Fiber Sensing Technology for Tunnel Structures and Other Infrastructure*. Sensing Issues in Civil Structural Health Monitoring，2005：185-195.

[7] 卢伟．基于现场总线的大跨度空间结构健康监测系统研究[D]．大连：大连理工大学，2010.

[8] E. Y. Andersen. *Strutural Monitoring of the Great Belt East Bridge*. Krokeborg Proceedings of the 3rdSymposium on Strait Crossing. Rotterdam：Balkema，1994：54-62.

[9] M. S. Chueng，G. S. Tadros，T. G. Brown，W. H. Dilger，A. Ghali，D. T. Lau. *Field Monitoring and Research on Performance of the Confederation Bridge*[J]. Canadian Journal of Civil Engineering，1997，24(6)：951-962.

[10] 欧进萍．土木工程结构用智能感知材料、传感器与健康监测系统的研究现状[J]．功能材料信息，2005，2(5)：12-22.

[11] 郭剑峰．国家游泳中心钢结构和膜结构健康安全监测系统[J]．科技潮，2010，(2)：34-34.

[12] Housner G. W.，Bergman L. A.，Caughey T. K. *et al. Structural Control：Past，Present，and Future*[J]. Journal of Engineering Mechanics. 1997，123(9)：897-971.

[13] Charles R. Farrar，Hoon Sohn. *Condition and Damage Monitoring Methodologies*. Invited Talk，The Consortium of Organizations for Strong Motion Observation Systems (COSMOS) Worksh，Emeryville，CA November 14-15，2001，LA-UR-01-6573.

[14] 李宏男，李东升．土木工程结构安全性评估、健康监测及诊断述评[J]．地震工程与工程振动，2002，22(3)：82-90.

[15] 何浩详．空间结构健康监测的理论与试验研究[D]．北京：北京工业大学，2006.

[16] 张其林，陈鲁，朱丙虎，等．大跨度空间结构健康监测应用研究[J]．施工技术，2011，40(4)：3-8.

关于我国铁路客站安全评价体系的研究与思考

李 京

（铁道部工程设计鉴定中心，北京 100844）

1 铁路客站安全评价的迫切必要性

平安是人类的永恒需求，追求并创造一个“更加安全和舒适的世界”，落实“安全、减灾、无害”的奋斗目标，已成为“世界安全文化”的主旋律。中国铁路客站作为承载了关乎民生的大型交通枢纽，安全文化也是其重要的组成部分，随着铁路的高速发展和更新，安全的标准和要求也在不断变化，在这变革的关键时期，铁路客站是否仍然能够安全地承担其使命，尤其新型的客站是否能应对新的安全问题，这亟须我们建立一套科学有效的评价体系，以此来验证我国铁路客站能否在新形势下依旧不负众望、真正担当起安全运送广大旅客的重任。

1.1 党中央国务院对铁路及客站安全高度重视

铁路安全一直以来都受到党中央和国务院的高度重视，就国家发布的国家专项应急预案中，有关铁路安全就有一项——《国家处置铁路行车事故应急预案》；而国务院部门应急预案总 57 项，铁路部门就占了 8 项，包括《铁路破坏性地震应急预案》、《铁路地质灾害应急预案》、《铁路突发公共卫生事件应急预案》等。

胡锦涛主席、温家宝总理也曾多次就铁路安全工作做出指示，听取全国铁路工作情况汇报，并强调把科学发展主题和加快发展方式主线贯穿到铁路建设和运营的各个方面，着力加快转变铁路发展方式，科学有序推进铁路建设，切实保证铁路安全万无一失。铁道部党组书记盛光祖在 2011 年 2 月的全路电视电话会议中也强调，要集中精力，切实抓好铁路安全和工作，把确保运输安全作为重中之重，严格落实安全生产和各项工作责任制，全力以赴确保铁路运输安全持续稳定。

1.2 “7・23”事故给铁路全线安全再次敲响了警钟

1.2.1 “7・23”甬温线特别重大铁路交通事故的经验教训

“7・23”事故的发生引起党中央、国务院的高度重视以及全社会的广泛关注。温家宝总理指示，此次事故给中国高铁发展敲响了警钟，并要求有关部门要汲取事故教训，改进工作，突破核心技术，使中国高铁真正安全起来。唯有这样，中国高铁才能在世界上“站得住，有信誉”。

1.2.2 展开铁路客站安全质量大检查

按照铁道部 2011 年 7 月 24 日全路运输安全紧急电视电话会议精神，铁道部工程设计鉴定中心分别针对建成铁路客站建设安全质量、在建铁路客站建设安全质量、铁路客站勘察设计安全质量进行了大检查。

建成铁路客站中，重点抽查了 25 座高铁客站的工程质量、竣工交验、设备管理等情况，其工程质量和日常管理好于中小型客站，但在施工质量、设计质量、工程验收、客站管理等方面还存在一些问题；在建铁路客站则不大乐观，共检查 182 座，自查发现问题 2 409 个，督导检查发现问题 543 个，其中施工问题数量最多，占 63%，其次是建设管理问题，占 26%，设计问题占 11%；18 家设计院自查的 452 座客站和检查组抽查的 8 家设计单位的 38 座客专项目客站，则重点抽查质量体系的运行和设计程序的合规性以及各专业的设计质量安全，还着重对影响行车和旅客人身安全的各类设计问题深入核查，检查结果发现各类问题1 907个,其中,专业设计问题占71%,设计管理问题占8%,其他问题占21%。

大检查的结果令我们深感不安,这些大大小小的问题都暴露出在铁路客站的安全建设方面出现了诸多疏漏,虽然很多都是极其细微的方面,然而小缺不补难抵大患,紧抓铁路客站的安全工作已是重中之重、万事之首。

1.3 铁路客站面临转型期的各种严峻挑战

从时代进步社会发展的角度来看,我国铁路客站的建设同时正面临着转型期带来的挑战,无论是铁路运行速度的提升、铁路公交化的变革甚至通过式站房空间的出现,都为铁路客站带来了新的安全问题。新型铁路客站与传统客站相比已经在诸多方面产生了较大变革。

1.3.1 新型铁路客站已转变为城市综合交通枢纽

铁路客站已由原来单一的铁路客运作业场所转变为零换乘的多元化的城市综合交通枢纽,功能组织呈现为多层面立体的一体化空间布局形式。

1.3.2 站房客站流线模式由"等候式"转向"通过式"

高速铁路的发展为客站提出了快速换乘的要求,因此新型客站减少了旅客在客站内的逗留和等候时间,实现购票即刻乘车,由以往的"等候式"容纳功能转变为"通过式"的换乘功能。

1.3.3 工程技术上呈现"桥建合一"的特征

新型客站采用立体式空间布局,自下至上分别为换乘大厅层、站台层和高架候车层,站台层的"架空"布置已等同于桥梁结构设计技术,因此这一"桥建合一"的特点为新型客站的工程技术带来新的挑战。

1.3.4 运营管理方面由"管理型"向"服务型"转变

新型铁路客站的空间已由封闭转向开放,站房、广场、站场三者界限淡化,形成"内部中空"的室内空间,这些开放的大空间都为管理带来了新的要求,封闭式管理不再适应新型客站,以人为本、服务旅客已成为新的管理理念。

2 铁路客站安全保障系统的内涵

2.1 安全系统工程的概念

2.1.1 安全系统工程

所谓安全系统工程是指应用系统工程的原理和方法,识别、分析、评价、排除和控制系统中的各种危险,对系统中的各个因素进行分析评价和综合处理,使系统可能发生的事故得到控制,并使系统安全性达到最佳状态。它的基本任务就是预测、评价和控制危险,其中,系统安全分析和评价是安全系统工程的核心,只有分析准确、评价周密,才能得出最佳决策和得力的安全措施。

2.1.2 铁路客站的安全系统工程

铁路客站是一个综合性交通枢纽,虽然以站房为主体,但是关系了客运、线路、信号、物业、公安、商业经营、城市交通等多个部门,因此铁路客站的安全系统工程是对包括整个系统中各个环节的安全性进行的预测、评价和控制,从技术、管理、制度、培训以及宣传等各方面采取安全保障措施,并最终保证整个系统的正常运转。

2.1.3 铁路客站安全分析和评价是铁路客站安全系统工程的核心

在整个铁路客站安全系统工程中,对危险的预测和分析以及安全性的评价是核心内容,尤其针对铁路客站这样一个庞大的系统,准确并完整地识别不同层面、不同环节、不同性质的危险源,并采用具有针对性和适用性的评价方法,是最终提出正确的保障措施的前提条件。

2.2 安全评价的概念

2.2.1 安全评价的定义

根据中华人民共和国安全生产标准《安全评价通则》(AQ8001—2007)的定义,安全评价是以实现安全为目的，应用安全系统工程原理和方法，辨识与分析工程、系统、生产经营行为和社会活动中的危险、有害因素，预测发生事故或造成职业危害的可能性和严重程度，提出科学、合理、可行的安全风险管理对策措施建议。

2.2.2　安全评价的内容

（1）危险有害因素识别与分析：包括对危险源和事故隐患的辨识，并对事故类型和现有措施进行分析。

（2）危险性评价：对事故后果和可能性以及危险性进行标准的分级。

（3）确定可接受风险：对整个系统进行分析、判断可接受风险的标准以及不可接受风险的识别。

（4）制定安全对策措施：根据风险的分级以及确定的不可接受的风险所采取的安全管理和安全技术方面的措施。

2.3　铁路客站安全问题的特点

2.3.1　广泛的公共性

在我国，大多数人都会选择铁路运输作为出行工具，因此，铁路客站也已成为大量人流聚集的公共空间，铁路客站的安全直接关系到广大群众的生命和财产安全。

2.3.2　超强的运输压力

我国的铁路运输承载了超强的压力，就2011年广铁春运40天数据显示，总运客2 950万创下六项春运新纪录，每年的春运潮、民工潮、学生潮以及大假旅游潮，都随时冲向铁路客站这座堤坝，考验着铁路客站的安全承受力。

2.3.3　铁路客站的更新和变革

新型铁路客站的出现是顺应高铁时代的必然，快速通过理念指导下的客站空间，较之传统客站都更加便捷、开放，然而新旧更替的转型期，软硬件更新的不同步，包括旧有的管理模式、参差不一的旅客素质，都对开放的客站空间带来了新的安全问题。

2.3.4　铁路客站安全评价的复杂性

一方面，由于铁路客站安全系统的复杂性，因此安全评价的展开要针对系统中不同的层面，提出具有针对性的、切实可行的评价方法和标准。

另一方面，铁路客站牵扯部门庞杂，涉及专业更加众多，这给安全评价带来了很大难度，包括评价方法、评价指标以及评价标准的建立都要针对具体的安全问题对症下药。

2.4　相关行业的安全评价以及标准的借鉴

铁路客站的安全评价应该说是一个全新的领域，因此有关其方法和标准的确立，相关高危行业的经验值得借鉴和学习。

2.4.1　航空安全管理的借鉴

目前国际民航界一般用事故、事故征候、空难等航空器运行安全事件作为衡量一个国家或地区民用航空安全的主要指标。航空安全评价体系是建立一个人－机－环境大系统，与航空灾害有关的因素划分为4类：人、机器、环境与管理。

2.4.2　非煤矿山安全评价

非煤矿山安全评价是根据危险、有害因素识别情况，结合露天矿生产工艺特点，将露天开采划分为厂址和总平面布置、露天开采和安全生产管理3个评价单元，并根据露天开采生产过程中存在的危险、有害因素的分析，对厂址和总平面布置采用安全检查表（SCL）进行检查或采用专家评议法进行评价分析；对安全生产管理采用专家评议法评价，借鉴专家的经验和历史统计数据进行分析；对露天开采评价单元分别采用事故树分析法（FTA）、故障类型和影响分析（FMEA）法和预先危险性分析（PHA）法进行评价。

2.4.3 危险化学品企业安全评价

危险化学品企业安全评价是以危险、有害因素的类别为主，将危险化学品企业划分为7个评价单元，即：总图危险性评价单元、火灾爆炸危险性评价单元、电气危险性评价单元、机械危险性评价单元、锅炉和压力容器危险性评价单元、安全管理评价单元、重大事故应急救援评价单元。

2.4.4 机械制造企业安全评价

机械行业多用安全检查表法、安全检查法、预先危险性分析法、作业条件危险性评价法等方法进行安全评价。以机床厂为例，主要通过安全验收评价方法来进行评价。

2.4.5 冶金企业安全评价

冶金企业安全评价是根据项目特点、生产工艺过程的危险、有害因素的性质和重点危险、有害因素的分布等情况，将冶金企业划分出7个评价单元进行评价，并根据项目特点和评价的类型，选安全检查表法和预先危险性分析法作为主要的安全评价方法。

3 铁路客站危险源分析

3.1 铁路客站的危险源识别

铁路客站的危险源识别可通过直观经验、专家会议、类比以及系统安全分析等方法相互启发、交换意见、集思广益，从而使危险、危害因素的辨识更加细致、具体，并得到相对完整的危险归类，以此作为确定评价方法和标准的依据。

铁路客站的危险源相对错综复杂，不同阶段、不同行业、不同领域或交叉或并行，而对于铁路客站的危险源分析，首要的便是全寿命周期的安全意识的概念，对铁路客站的安全性研究应当是贯穿在铁路客站从立项到最后投入使用整个全过程中的，这个过程中的任何一个环节出现问题，都将对铁路客站的安全性造成极大的威胁，因此，对铁路客站危险源的分析即以客站的全生命周期为逻辑线索，严抓各个环节，保证全局安全。

3.2 铁路客站全生命周期阶段中的危险源要素分析

根据对铁路客站全生命周期的安全系统分析，铁路客站在立项、设计、建设到最后投入使用，整个过程中都存在不同程度的危险源。

3.2.1 立项阶段

铁路客站的立项阶段主要包括了项目的定位、规模、选址、技术工艺、组织和定员、投资、效益、风险等内容，其中，项目的选址和环境的评测是影响到铁路客站安全性的重要因素，包括地质条件、自然灾害评测、环境中不安全因素分析等，都是关系到客站安全的重要危险来源。

再有便是在立项阶段是否落实运营管理阶段的维护资金与责任主体，这一点看似与前期立项阶段的安全问题没有直接关系，但却成为保证后期运营管理阶段安全维护和实施的重要资金保障和前提。目前我国大部分客站在运营管理中出现责任不明确、设施维护不得力的情况，大多是因为专项资金无法落实造成了安全维护工作的难以开展。因此，维护资金与责任主体的确定与否也是立项阶段的一项危险源判定。

3.2.2 设计阶段

设计阶段的危险源主要来自于安全预测以及与铁路客站发展新形势之下相关行业标准和规范的缺失。

(1)建筑专业：包括项目选址、旅客疏散设计、各种安全防护措施等；最突出的问题是大空间的疏散问题，目前普通民用建筑的防火规范已不适用于新型通过式的站房空间，而消防性能化评估的准确度也有待于进一步验证。

(2)主体结构：包括站房的结构选型、结构计算、抵抗自然灾害计算等。

(3)二次结构与装修：包括站房的雨棚、幕墙以及装修结构等的安全设计，应提供使用和维护说明书，确保使用过程中的安全性。

(4)设施与设备:包括防火设施、空调系统、监控系统、报警系统、响应系统等,还应负责培训维护管理人员,从而保证设施设备的正确安全使用。

3.2.3 建设阶段

建设阶段的危险源来自于施工技术的可靠度和规范化,目前客站建设工程多为总承包与分包的形式,这对施工质量的监控带来不小的难度,再加上工程监理方面如果不得力,将会让客站建筑本身就成为一个随时破坏的巨大的危险源。再者是技术规范的执行力度、施工管理的规范程度、工程监理的严格把控等。当然,在建设阶段,我国在施工管理、施工技术及施工质量方面都有相对完整和严格的一整套法律法规和技术标准,因此,只要有效把控建设阶段的各个环节,并保证各项制度的严格执行,就会最大限度消除此阶段可能存在的安全隐患。

3.2.4 使用阶段

(1)各种灾害:如火灾、地震、大型公共卫生事件、恐怖事件等。

(2)设施故障:包括应对各种灾害的设施设备、预警系统、监控设施以及运送旅客的各种设施,这些都与旅客人身安全紧密相关,一旦出现故障、遇到危险,将形成很大破坏。目前客站的设施维护方面大多存在人员欠职业化、没有经过专业培训等问题。

(3)运营管理:包括安全预案不够健全,执行安全管理的标准化、规范化程度不够;对站房建筑主体结构和二次结构的后期维护保养不得力,没有健全的维护制度等。

(4)人员因素:包括旅客自身的安全意识,管理者对突发状况的不能快速有效和有效组织,缺乏必要的突发事件应对能力等,也成为保障安全的不确定因素。

3.3 铁路客站危险源的危险性预先分析

对铁路客站危险源的判断和危险性预先分析,是对各类危险的等级划分,并针对不同级别采取具有主次逻辑和先后顺序的安全措施,这样才能做到避免小事故,杜绝大事故。因此在设计阶段就应当进行必要的危险性预先分析,这种分析至少应包括以下内容:审查相应的安全性历史资料;列出主要能源的类型,并调查各种能源,确定其控制措施;确定系统或设备必须遵循有关的人员安全、环境安全和有毒物质的安全要求及其他有关的规定;提出纠正措施建议,在完成识别危险、评价危险的严重程度及可能性之后,还应提出如何控制危险的建议。

4 关于建立铁路客站安全评价体系的思考

4.1 铁路客站安全评价体系

客站安全评价体系不是单一的或者是局部的,而是指由一系列与安全评价相关的评价制度、评价指标体系、评价方法、评价标准以及评价机构等形成的有机整体。

铁路客站安全评价体系应该具有以下四个子体系:

- 铁路客站安全评价制度与组织管理体系

——是铁路客站安全评价的前提和保证

- 铁路客站安全评价指标体系

——是铁路客站安全评价的核心与关键

- 铁路客站安全评价方法体系

——是铁路客站安全评价的措施与指导

- 铁路客站安全评价标准体系

——是铁路客站安全评价的依据与原则

4.2 铁路客站安全评价制度与组织管理体系

现阶段铁路客站由铁道部、铁路局和站段组成的三级管理机构进行监管,基本上是一种管理与监督为一体的管理模式。随着铁路客站安全评价的逐步制度化、法规化,有望在安全监督与评价中引入第三方,管理与评价相分离,并形成合理的监管体系、完备的管理法规和制度,以此促进铁路安全的有效管理。

铁路客站安全评价制度与组织管理体系应该由以下5部分组成:

(1)安全评价所依据的法律法规,如宪法,法律,行政法规、部门规章、通则与导则、地方性法规和地方规章以及国际法律文件等;

(2)安全评价组织机构体系;

(3)安全评价档案的管理制度;

(4)安全评价的行政处罚制度;

(5)安全评价循环机制。

4.3 铁路客站安全评价指标体系

(1)铁路客站安全评价的核心问题是评价指标体系,它既是对客站安全进行科学评价和决策支持系统的核心组成部分,又是客站安全决策的重要工具。为了把客站安全评价从概念逐步推向实践,需要制定合理而全面的客站安全评价指标,以便能够定量化并可操作的衡量客站的安全水平以及抗风险能力。因此,铁路客站安全评价指标体系的研究是我国安全领域新的前沿课题之一,必当引起我们的高度重视。

(2)通过铁道部鉴定中心在2011年8~9月间针对建成铁路客站建设安全质量、在建铁路客站建设安全质量、铁路客站勘察设计安全质量等进行的大检查,发现在设计阶段、施工阶段以及管理阶段都存在相当多的疏漏和不足,这些都是确定安全评价指标的客观依据。

(3)国内相关的评价指标体系也在探索建立之中,比如:《城市生态安全评价理论体系》、《城市消防安全评价指标体系》等,目前也已有一些可供借鉴的成果。由于客站安全评价的对象是"人—建筑—环境"的复杂系统,包括了客运管理、建筑及其技术、施工、其他社会行业等若干子系统,同时,铁路客站在全生命周期内又分为不同的生命阶段,因此铁路客站安全评价指标体系必然是一个多层级的立体结构体系,它围绕着客站的全生命周期的四个主要阶段和所有技术专项领域,建立逻辑严密、相互联系、互为补充的安全评价指标体系。

(4)铁路客站安全指标体系的框架。铁路客站安全评价指标体系综合了横向(生命周期)维、纵向(技术环境)维和竖向(人与管理)维三个维度,是一个多维的指标体系框架,如图1所示。

①基于横向(生命周期)维度的安全评价指标

按铁路客站全生命周期的时间顺序分为立项、设计、建设以及运营四个阶段。

立项阶段:包括可行性研究报告的完备性,各种自然灾害评价,与城市规划与交通的关系,社会安全评价,环境安全评价等。

设计阶段:包括城市规划、建筑设计、主体结构与二次结构、暖通、电气、给排水、通信、室内装修、标识与引导、商家入驻设计、节能等。

建设阶段:包括施工企业资质与管理、监理企业的资质与管理、工程建设指挥部管理、施工质量、总体施工组织设计、建筑工程各关键质量控制机制等。

运营阶段:包括设施维护、安全生产制度、运营安全管理、安全宣传、人员培训、事故预案、救援措施、旅客安全知识与技能等。

②基于纵向(技术环境)维度的安全评价指标

客站规划:包括选址、城市交通组织、社会与环境、站前广场等。

建筑设计:包括紧急情况下的疏散安全、防坠、防滑、防撞、防拥挤、材料安全、设施设备运行安全、设施设备的运行环境监测、消防安全、无障碍设施的安全、建筑物使用及维护说明书等。

结构设计:包括主体结构在全生命周期的安全、二次结构的使用年限及其安全、附属结构使用年

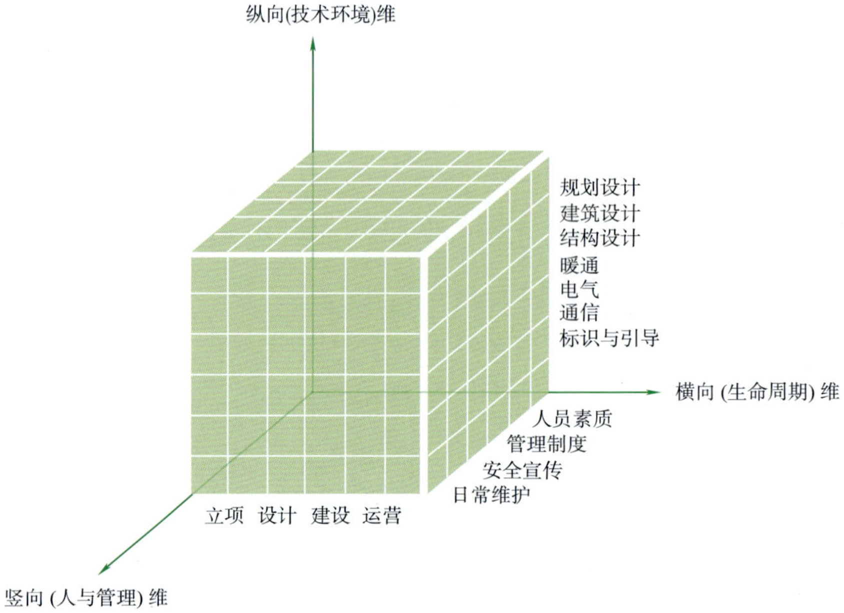

图 1　指标体系框架

限及其安全。

暖通:包括通风安全、空气质量、排烟安全、设施完备性等。

电气:包括电力负荷安全、电线电缆安全、电力消防措施等。

通信:包括动态标识、监控系统、预警系统、防恐系统等。

公共设施:包括卫生设施安全、标识引导设施、服务设施安全性、无障碍设施安全、消防设施完备等。

③基于竖向(人与管理)维度的安全评价指标

设计管理制度:包括设计文件的审查执行、设计阶段对安全措施的研究情况等。

建设管理制度:包括执行法律法规情况、项目管理模式、监理管理、施工企业管理水平等。

运营安全管理人员:包括安全管理人员专业素养水平,职工安全培训制度,安全意识测评、安全行为测评等。

运营安全管理制度:包括旅客安全运输方案、高峰期旅客运送方案、旅客安全管理方案、意外事故安全预案、火灾事故预案、自然灾害事故预案、应急救援方案等、运营安全责任制度等。

设施设备安全维护及检修制度:包括日常维护,周期维护,检修等。

建筑物档案管理制度:包括建筑物设计资料完整度、设施设备维护档案、事故档案等。

安全宣传制度:包括安全标志、安全宣传手册、安全演习等。

卫生安全管理制度:包括供水质量、空气质量检测、垃圾清运、消毒防护等。

入驻商家的安全管理制度

(5)关于客站安全评价指标体系的思考:安全评价是一个长期的过程,我们的客站安全系统也才刚刚开始建立。如果我们坚持长时间不间断地进行安全评价的深入研究,就可能更加客观地掌握客站全生命周期的各种因素的演变,也可以为其安全等级的判定提供更为科学的依据。客站安全评价具有动态性和相对性,处于不同时期、不同城市的不同客站其评价指标体系和标准也不尽相同。而随着时间的推移、社会生产力的提高以及国民安全素质的不断改善,其评价指标和标准也会相应改变。并且,无论是评价指标体系还是评价标准,都不是简单的线性关系,在现实中,客站的安全要素之间存在着相当的复杂性,因此需要对各指标之间的相关性加以深入研究,并不断调整。

指标权重是安全评价不同指标重要程度的反映,是主观与客观评价的综合度量,指标权重赋值的合理与否，对评价结果的科学性具有至关重要的作用。所以对评价指标的权重赋值应执非常慎重的态度。一般来讲，指标权重的赋值有主观赋权法、客观赋权法及主客观综合集成赋权法。在铁路客站安全评价指标体系的研究过程中，应采用主客观综合集成赋权法，使指标权重值最趋于科学。

4.4 铁路客站安全评价方法体系

根据铁路客站安全评价的复杂性与特殊性，并应充分考虑各种评价方法的优势和特点，安全评价方法体系应包括阶段性评价和综合性评价。

4.4.1 阶段性评价方法

首先，应在铁路客站不同的生命周期制定不同的阶段性安全评价程序要求。比如，运营前期，应对铁路客站进行安全预评价，在客站施工竣工后和试运营期间，进行安全验收评价；在营运过程中，建立定期开展安全现状评价的制度和措施，使客站安全评价形成一个全生命周期的循环机制；最后，还要根据铁路客站的危险特征，做好专项安全评价，比如：火灾安全评价等。

4.4.2 综合性评价方法

国内外已开发应用的安全评价方法，有几十种之多，常用的也有十几种。就其个体而言，每一种方法都有其优势和局限性。铁路客站安全评价是一个系统工程，应该以系统的原理综合运用多种评价方法，以达到评价全面、准确、深入的目的。例如美国杜邦公司的三段法，日本的六段法、五段法，国内有的化工行业开发的三段法等。

综合性评价方法主要选取安全检查表法—专家评议法—类比评价法—预先危险性分析法等四种方法综合形成评价方法体系，该体系包含了评价领域最常用的四种评价方法。运用该评价体系可以从不同角度、不同方面对铁路客站安全评价得出比较客观的评价结论。这四种评价方法各有优势与侧重，评价的过程、对象、广度、深度及操作方式均有不同，应将多种方法的优点有机组合起来，弥补单一方法的不足。同时，应不断深入研究各类方法的特点以及相互关系，凸显检查全面、重点突出，事故分析充分、深入的优势，另外，各评价方法的评价结论具有可以相互借鉴、相互优化、相互提高的互动效应。比如：用安全检查表法可以全面细致的对铁路客站的各种设备进行全面、细致评价、找出其存在的危险因素；然后采用预先危险性分析法和危险与可操作性分析法对检查表法找出的主要危险因素产生原因及后果进行分析，找出相应的控制措施等。

4.4.3 铁路客站安全评价的具体方法

（1）安全检查表法。依据铁路客站相关的建筑设计标准、规范，对安全系统中已知的危险类别、设计缺陷以及设备、操作、管理有关的潜在危险性和有害性进行判别检查。为了避免检查项目遗漏，事先把检查对象分割成若干系统，以提问或打分的形式，将检查项目列表，这种方法适用于铁路客站全生命周期的各个阶段，尤其在运营使用阶段。

（2）专家评议法。专家评议法是一种组织专家讨论研讨，根据铁路客站的过去、现在及发展趋势，进行积极的创造性思维活动，对铁路客站安全的现在与未来进行分析、预测的方法。专项安全评价经常采用专家评议法，运用该评价方法，可以将问题研究讨论的更深入、更透彻，并得出具体执行意见和结论，便于进行科学决策。

（3）类比评价法。类比评价法是运用“比较类推法”的原理，分析比较铁路客站与其他类似建筑物的异同，或者参照其他行业的安全评价方法，推导出适合铁路客站安全评价的评价方法，比如：可以参照大型公共建筑的安全管理办法、城市生态安全评价理论体系等。

（4）预先危险分析法——适用于专项安全评价。预先危险分析是系统设计期间危险分析的最初工作。也可运用它作运行系统的最初安全状态检查，是系统进行的第一次危险分析。通过这种分析找出系统中的主要危险，对这些危险要作初步估计与评价并采取适当措施予以控制，从而达到可接受的系统安全状态。该评价方法可用于铁路客站立项阶段以及试运营阶段。

4.4.4 铁路客站安全评价的可行性与案例分析

铁路客站安全评价的实施关键在于是否建立起安全评价的管理机制，政府可立法，在铁路客站全生命周期制定严格的阶段性安全评价机制，特别是立项阶段进行全生命周期的安全系统分析与安全预评价；长期进行客站安全评价的科学技术研究，不断完善客站安全评价理论体系；设立客站安全评价管理机构，实行强制性安全评价程序。

评价实例：2011 年 7 月，对广州南站进行的安全后评价以及 2011 年 7～9 月的铁路客站安全质量大检查，都是一种运用安全检查表法进行的安全现状评价，虽然目前还不能算是严格意义上的安全评价，但通过此举可以发现目前铁路客站存在的各种安全隐患，防患于未然。

4.5 铁路客站安全评价标准体系

铁路客站安全评价标准体系同样是一个多学科、多维度的综合性体系。

4.5.1 铁路客站安全评价标准体系的构成

广义来说，安全评价标准可按来源、法律效力、对象特征等分类。

(1)按标准来源可分为四类。由国家主管标准化工作的部门颁布的国家标准，例如《生产设备安全卫生设计总则》、《生产过程安全卫生要求总则》等；国务院各部委发布的行业标准，例如原冶金部的《冶金生产经营单位安全设计卫生设计规定》等；地方政府制定发布的地方标准，例如《不同行业同类工种职工个人劳动防护用品发放标准》(〔91〕鲁劳安字第 582 号)；国际标准和外国标准。

(2)按标准法律效率可分为两类。强制性标准，例如《建筑设计防火规范》、《铁路车站及枢纽设计规范》《铁路旅客车站建筑设计规范》等；推荐性标准，例如《汽车危险货物运输、装卸作业规程》等。

(3)按标准对象特征可分为管理标准和技术标准。其中技术标准又可分为基础标准、产品标准和方法标准 3 类。

狭义的评价标准是指特用于主要指管理标准及强制性技术标准。

4.5.2 铁路客站安全评价标准体系的研究与思考

由于客站安全评价指标体系是一个全新的课题，并非所有的指标都有其相应的标准。有些指标在国家或国际上有规范或者已经通过研究有了较为准确的标准，但有相当的指标还未有明确的标准，所以对指标标准可以遵循以下几项原则：第一，参考国家或国际已有的标准值；第二，参考良好状态的国外铁路客站评价的标准；第三，参考国内其他相关行业的标准，如航空行业，做趋势预测，确定标准值；第四，依据专家评议意见，确定标准值。

虽然，我国已建立了较为完善的建筑勘察、设计管理以及相应的技术标准系统，但由于勘察和设计造成的安全隐患以及建筑物实际寿命缩短的实例时有发生，不可否认，很多事故的深层原因就是规范和标准本身的缺陷和设计人员对规范作用的片面认识。目前客站安全评价中存在的最大问题是安全评价标准的科学判定，对于指标的确定以及某些指标的界定值，只能依据相关科学研究成果确立其安全级别的最高值和最低值，但还有大量的指标和技术规范标准仍然需要多学科的深入研究。

在客站安全的评价过程中，可以依据多种评价方法和相关评价及学术机构的深入研究，以多维度的形式表达评价结果，并可对其影响因子进行动态监测和动态评价，进行客站安全的预测与预警分析，构建起我国铁路客站安全评价、预测和预警的较为完整的评价标准体系。

5 结语——铁路客站安全保障的原则与策略

5.1 完善铁路客站的安全保障系统

铁路客站是旅客旅行的开端。完善的安全保障系统是铁路客站真正实现安全运营的前提，只有完善了整个系统的组成，并且严格把控系统中的每一个环节，才能做到真正安全的保障。

5.2 健全铁路客站安全评价法规与制度

铁路客站安全评价是保障客站全生命周期安全运营的重要措施。这一措施要落实到法规和制度的层面,才能做到有据可查、有章可循,才能真正得到执行,避免安全评价流于形式。

5.3 明确铁路客站安全问题的管理责任

安全问题本质上是一个人与管理问题。落实到具体的部门甚至负责人,这样安全问题才能得到有效的重视,安全工作的开展才能更有效率。

5.4 开展铁路客站安全要素的专业技术学科研究

铁路客站的安全评价在我国是一个全新的课题,具有相当的社会和时代意义,并具有较高的学术研究价值,而且铁路客站安全要素的研究需要进行不断深入的科学论证,只有在经过科学论证的研究基础上展开安全评价,才具有客观针对性。

5.5 普及铁路客站安全知识与不断建设全民安全文化

人的因素在铁路客站的安全问题上是最为关键的因素,无论是客站的投资者、设计者、建设者还是客站的管理者以及人数最为众多的旅客,都与客站的安全息息相关。所以增强全民安全意识,普及安全知识以及不断的建设全民安全文化,才是保证铁路客站在全生命周期中能够始终处于安全的、真正可持续的有效途径。

过犹不及　持续发展

——谈提高客站建筑性价比

盛　晖

（中铁第四勘察设计院集团有限公司，武汉　430063）

摘　要：铁路是安全经济、节能环保的大众交通运输方式。铁路客站作为一种建筑产品，存在性能价格比问题。性能与价格往往是此消彼长的一对矛盾，只有懂得过犹不及的道理，适度平衡以求得较大的性价比，同时以商养站，铁路客站才能从根本上提高服务质量，得到不断持续地良性发展。文章倡导大胆创新，从实际需要出发重新研究确定当前客站的规模构成、功能设施、建筑形象、建设标准和商业开发模式。文中提出的一些旨在提高客站建筑性价比的建议，可供设计师和建设管理者研究参考。

关键词：客站建筑；性价比；规模构成；建筑形象；功能设施；车站商业

性价比的全称是“性能价格比”，是一个产品性能与价格之间的比例关系。人们购买产品时，都希望选择性价比高的产品。对于客站建筑，我们也可以把它看成一种产品，设计建造者是生产方，业主是购买者。而业主对产品性能要求包括功能满足客运需求，安全、美观；产品价格则包括总造价和使用维护费用。可见，客站建筑同样存在性能价格比问题。

以下就提高铁路客站建筑性价比的问题从几个不同方面做一探讨。

1　规模构成的性价比

随着社会经济和城市化进程的发展，旅客车站作为城市大门的象征作用和作为形象面子工程的意义越来越小。人们越来越关注的是其交通功能的本真作用，建筑规模也依其所处环境、交通地位及其发挥作用的实际需求确定，产生了极大的差异化和个性化。今天我们看到的大到规划用地 26 km^2 的虹桥综合交通枢纽，小到闹市之中路边紧凑设置的城际车站，都是功能需求的具体体现。我们既需要能代表世界最高交通建筑水平的四大路网性客运中心的枢纽车站，也需要一大批经久适用的中小型客站，它们数量众多、星罗棋布于祖国各地，为广大旅客带来极大便利，是我国客站的主流。

所以，当前的铁路客站规模和标准需要进一步研究，可靠的客运预测数据和营运策划应作为确定规模的重要基础。客站既不是越大越好，也不应保守短视、停滞创新。

客站的规模结构也值得探讨。当前的铁路客站应该采用什么样的模式一度成为客站设计的讨论焦点。“通过式”、“等候式”，谁更先进舒适？为什么国外的车站都不设候车室？实际上，需不需要候车，与铁路的性质类别和运输能力密切相关，还与城市交通环境以及旅客的出行目的、旅行经验、行为习惯等一系列因素有关，甚至涉及铁路以营利性还是公益性为主的体制问题。其实国外铁路并不是不需要候车，只是一般不设专门的候车室而已。反观我国的铁路客站，候车室占据了过多的建筑空间。

现代化交通枢纽的效率集中体现在候车和换乘环节，从国外车站发展经验和以上分析来看，候车不一定是旅客旅行的必经环节，候车室也不必作为客站的必备元素。尤其是在一些发达城市及现代化的快速铁路车站，应尽量提高车站效率，减少候车空间规模。今后的车站不仅要追求“零（距离）换乘”，还要争取“零（时间）候车”。

减少候车室不意味着车站建筑规模的简单缩减，可以适当增加商业服务空间比例和新的旅客服务项目设施，或将候车空间与适当的商业设施相结合。

同时，建议将空间设计重点放到站台空间上来。在站台增加安全栏杆，旅客可以适当提前进入站台进行短时间候车，既经济又便捷，并且能适应高密度的快速运营方式。

2 完善功能的性价比

建筑要满足经济、适用、美观的一般原则。作为客站建筑，最重要的还是使用功能，满足旅客乘降、交通转换的客运需求。当然作为重要的公众建筑，审美需求也是不可或缺的。除此之外，不必背负其他诸如窗口、地标、大门、文化殿堂等重任，如有特别需求，则要考虑为这些“附加性能”另外“买单”。很多人购买苹果电脑和手机并不是因为它好用，而是因为它好看，因为它代表了时尚。人们多花了钱心里舒服，也很明白。对于建筑，超出一般适用和美观要求的部分也应该这样看，作为产品的另一种性能要求，当然也要为此付出相应的价格。这点在过去显得较为含混。

我们国家地域辽阔、人口众多，人均资源占有量较少。铁路作为一种安全、便利、经济、环保的交通方式，必然成为广大民众的首选。车站建筑一定要把握“物美价廉”的高性价比原则，真正落实到解决交通问题。我国轨道交通发展的某些现象和教训值得吸取。有的城市将地铁这种大众交通工具的建设标准制定得过于豪华，以倾其财力修建一段形象地铁线路为满足，忽视了公共交通必须成网成片才能形成有效运力的规律。结果修建的地铁不仅无益于改善城市交通，有限财力下的漫长建设周期反倒给城市地面交通带来更大的压力。

即使是客运功能的完善也不是一味求全求尖，也应考虑由此产生的性价之比。以人为本不是只能用豪华昂贵的设施实现，功能完善的关键在于设计师理念的创新、全局的把握和细节上的认真用心。比如我们在武汉站设计中倡导的视觉导向，使旅客可以不依赖动静态的电子引导和大量的自动化设施的帮助，很快明确所处方位、了解车站布局，这是设计师利用建筑空间的设计手法做到的。马德里巴拉哈斯机场4号航站楼方案的目标同样也是通过使用简单的直线图形，确保航站楼对乘客来说是简单和易懂的。架空廊桥连通整个航站楼的大空间，虽然到港旅客和离港旅客互相分隔，但都能分享一个真正的开阔的空间。引入“日光峡谷”(下沉庭院)作为航站楼里的一个方向指示标志，强调了在设计构想中十分重要的清晰的方向感。

倡导自然通风和采光也是减少对空调等现代化技术设施的依赖，以那些传统的低技术手段达到环境舒适的要求和减少运营维修负担的目的。武汉站整个屋面都是半透明的，白天可以不用人工照明，而进站广厅等高大空间都没有设置空调，节省运营费用的同时并没有降低客站的品质和环境舒适度。巴拉哈斯主航站楼的波浪型屋盖，不安装任何建筑设备，上面散布天窗，为上一层(离港区）提供可控制的自然采光。“日光峡谷”分割航站楼直线型体块，把自然光引入较低楼层。同时巴拉哈斯机场也仅对封闭的空间提供全空调，其余的地方采用了一种低速可移动通风系统。

其实，从建筑设计上讲，只知使用高技术设施解决一切问题的设计本身也许正是缺少技术含量的。

3 建筑形象的性价比

建筑形象设计是各方都很重视的一个方面。美是人们永恒的追求，但对美观的追求也应理性适度，同样要考虑性价比。并且从来美都是多元的，也不是和金钱成正比的。

中小站不应追求立面高大雄伟的震撼之美、中轴对称的庄严之美，而应该依托内部空间布局合理打造并反映所处环境的特点。追求高大雄伟往往滑向小站大做。虽然小站设计手法上的大型化在不真实的效果图中可能会显得宏伟气派，但实际效果并不能真正起到反映城市实力、给受众留下正面印象的目的，反而打乱了功能需求，给建设、管理、运营带来负担，没有必要。中小站可以根据当地不同特色，发挥空间亲切宜人、自然朴实的优势，打造自身特点。一样会给人留下美好难忘的印象。图为瑞士因特拉肯小站，如同温暖的小旅馆，与滑雪胜地的雪山构成一幅天然画卷。

关于立面对称问题，个人的看法是：车站建筑应以对称构图为主，但根据环境和风格的不同，也可以尝试不对称的构图，尤其是中小型车站。

一般中小站都只有一处进站和一处出站的跨线设施（天桥或地道），其功能本身就决定了布局的不对称性，此时如做对称立面，要特别注意是否会造成功能不合理和面积浪费。另外，当周边道路环境比较局促时，或者车站当地以旅游休闲等为主要特色时，我们都应该灵活把握，给车站一个恰当的气质形象设计。

例如，我们最近遇到的一个中型车站阳朔车站的设计。这个车站如果采用对称形式，图面上也可以做得庄重雄伟。但是我们分析一下现场的环境和通站道路方向会发现，站前实际上并没有足够开阔的场地以提供通常那种正视角度。而不对称的设计更加自然得体、经济实惠。其立面的设计灵感来自“漓江竹排”，由于充分利用自然的地形高差展开设计，空间紧凑、流线顺捷，浑然天成。与对称设计相比，明显节省了建设成本。

实际上，即便是大型站也不是只有中轴对称这一种展现美的形式。从德国汉堡火车站我们看到，不对称的构图一样优美大气，也可以成为经典。

4 运营维护的性价比

客站的运营维护费用与建筑规模、建筑形式和设备配置密切相关。规模越大管理保障保洁等费用越高，钢结构、复杂结构比传统的混凝土结构的养护复杂、花费高。

室内避免过度装修、包裹。室外避免室内化装修，其构件应稳妥牢靠，充分考虑耐候性。站台雨棚应充分体现遮阳挡雨的效能，结构经济合理。

鉴于沿海铁路中小车站地处偏远、海风侵蚀和台风袭扰不可避免，建议尽可能采用耐蚀性能和抗风性能较好的钢筋混凝土雨棚，形式应该在过去的基础上优化改进。

由于土建结构与一般装饰构件本身寿命存在的差异，室外跨线构筑物，如人行天桥、高架候车室底板以及无柱雨棚等，应不做装饰吊顶，尽可能利用和发挥结构构件的本身美感。国外车站跨线雨棚几乎都不设吊顶，其构造至少看上去没有什么令人不放心的单薄装饰，这也许是它们可以历经百年而不朽的秘诀之一吧。（右图为瑞士因特拉肯小站）

对于客站的日常使用，一般来说最大的开销是用电费用，主要用于人工照明和空调、电梯等设备的使用。关于车站照明，现行的一些标准也许不尽合理，站内场所采用均匀的照度标准值，为了照顾某项要求而整体提高，直白高亮的照明既不利于节能也不利于创造站内的环境气氛和空间层次，虽然有不同的照明回路控制，仍不足以解决上述问题。建议重新研究拟定车站照度标准，推广局部重点照明和场所一般照明相结合。目前的大小铁路车站都配备有一些现代化服务设备和人性化设施，其初衷是以人为本、更好更方便地为旅客服务。但这些设施如自动扶梯等，都是“用电大户”，如果采用不切实际的过高建设标准，与运营和日常维护脱节，往往只是开站初期风光一时，不出数月，运营部门成本不堪重负，入不敷出，被迫采用关灯停梯等方式节省日常开支，造成了旅客的更加不便。

为避免这种尴尬局面，除了避免过度装修包裹，尽量采用自然通风采光、节能形光源、变频电梯及地源热泵节能型空调等措施外，还应合理确定照度标准、采用标准配件电梯、推广缓坡道替代楼扶梯、合理核定设备数量等。

5 以商养站提高服务水平

做好维护保养、提高服务质量，让客站建设运营进入良性循环，很重要的一点是要下工夫将站内商业服务设施做好盘活，以商养站。

高铁客站的商业经营模式，不应限于设计时在站内客运功能布置之空余，见缝插针设置一些商业零售餐饮空间，日后由车站出租商业面积获取租金补贴运营那么简单。要想避免以往车站商业档次低、价格贵、管理乱的不良印象，应该在高铁车站建设规划之初就进行整体的商业专业策划。在国外，火车站往往在繁华的闹市中心，其商业也并没有档次较低的印象。位于法国巴黎里昂车站的 Le Train Bleu 餐厅具有百年历史，以奢华、艺术、唯美为基调，为名人名流所钟情，大导演吕克·贝松甚至把这里作为影片场景……；位于曼哈顿中心的纽约中央车站是美国最繁忙的火车站，每日客流量达 75 万人，苹果 Apple Store 全球最大的旗舰店即将在这里开业，占地 2 137 m^2，年租金近百万美元。他们是怎么做到的，这里面的经验可供我们借鉴。

另外，我认为，客站商业还不能仅仅局限在某个站、某些传统经营开发模式的思考，要站在全路、全局的高度，充分利用铁路的联网成片、系统完备以及客站地段好、客流大等别家无法比拟的优势，通过专业策划，结合电子商务的新趋势，打造出一个中国高铁家喻户晓有口皆碑的商业品牌形象。在日本，铁路车站的通勤客流大，他们就开发了网上订购，车站取货的商业模式，大受上班族欢迎；在韩国，Home Plus 超市在首尔地铁推出一种电子虚拟商店，利用站台屏蔽门显示商品图像和二维码的，乘客可以利用等车的碎片时间，像逛实体店一样浏览并选择商品，用手机结算后，所购商品将会被及时送到家中，其销售量甚至超过了传统连锁超市。这是个创新的时代，只要我们开阔思想，不墨守成规，相信具有先天优势的传统铁路商业一定能焕发出新的迷人光彩。

利用土地资源和客流优势、地段优势，吸引社会各路资金参与站房建设及其综合开发，形成投资主体多元化、建设资金多样化、资本运作市场化，也是一个值得研究的课题。只有做到多方共赢，才能达到铁路客站健康持续发展的目标。

6 科学控制建设成本

性价比中的分母是造价，同样对提高性价比具有重要作用。决定造价的最大因素是建设成本，而成本控制与合理的建设周期、周密的施工组织密切相关。俗话说"慢工出细活"，虽然现在强调"又好又快"，但是要保证这个"好"字，一定的设计周期、施工周期还是必须保证的。建设各方应尊重科学、尊重规律、合理制定工期，不提倡赶工、不人为返工、不随意提前、不搞人海战术，这样才能做到成本可控，成本合理，才可以把有限的资金用好，不花冤枉钱，同时节约社会资源。

在鼓励大胆创新的同时，还要注意依法合规。建设管理部门应系统计划、科学论证、及时决策，减少人为的不确定因素，避免遇问题久拖不决、一旦决定则要求压缩工期，造成质量或成本难以控制。

7 主要结论与建议

归纳以上结论要点，总结提出如下十点建议，供业主和同行研究参考：

(1)重新研究车站规模及其构成比例，缩减客运专线候车室规模。倡导中国高铁进站零候车、出站零换乘的高效客站模式。

(2)增加站内旅客商业服务设施、扩展服务项目。利用铁路自身优势，结合电子商务，打造中国高铁商业服务品牌。

(3)中小型车站以空间合理、外观朴实为主。立面灵活多样、不强求中心对称。

(4)重视站台雨棚设计，将车站空间设计重点转移到站台空间。

(5)增加站台安全防护设施，适当实行站台候车。

(6)室外考虑耐候性、减少钢构件，跨线设施不设吊顶。沿海台风地区推广新型钢筋混凝土雨棚。

(7)减少室内装修包裹，尽量外露结构，便于观察和维修。

(8)尽量利用自然通风和采光，仅在候车区等旅客滞留部位设置空调。旅客入口根据节能需要设置门斗。

(9)重新拟定车站照度标准，推广局部重点照明，降低场所(均匀)照度标准值。避免大量灯具设而不用、设计与管理脱节。

(10)采用标准配件电梯，合理确定扶梯配置标准；尝试以经久耐用、安全、大能力的旅客坡道代替楼扶梯。

8 结 语

性能与价格往往是制约产品的一对此消彼长的矛盾要素，性能的提高带来成本的增加。我们当然不能一味要求最低廉的价格，但也不能盲目追求绝对的性能。适度平衡以求得较大的性价比是我们在客站建设中应重视的问题。俗话说：没有最好的，只有最合适的。

《论语·先进》里有这样一段，子贡问孔子："子张和子夏二人谁更好一些呢？"孔子回答说："子张过份，子夏不足。"子贡说："那么是子张好一些吗？"子曰："过犹不及。"意思是说过分和不足是一样的。

以论语为代表的儒家学说是中华文化的精华，其实质乃中庸之学，讲究中庸之道。中庸之道实际上无处不在的，比如当今倡导的和谐社会就是中庸的现代体现和需求。在铁路客站建设中，我们也一样要懂得过犹不及的中庸之道，才能少走弯路，又快又好地可持续地发展。

铁路综合交通枢纽与城市综合体设计

朱　颖　金旭炜　王彦宇　刘　娴　李　飞

（中铁二院工程集团有限责任公司，成都　610031）

摘　要：本文通过对国内铁路旅客车站交通枢纽设计模式及国外交通枢纽城市综合体典型案例的分析和总结，提出了随着社会经济的不断发展，铁路旅客车站结合物业开发设计并形成交通枢纽城市综合体将是国内铁路旅客车站发展趋势之一的观点，以期对今后铁路旅客车站的建筑设计有所启示。

关键词：铁路旅客车站；上盖；物业开发；交通枢纽城市综合体

随着我国铁路建设的发展，高速铁路、城际铁路的建设将使得城市原有的"单一发展"转变为城市之间协作的"城市群"发展。高铁客运快速、大运量等特征，一方面给城市带来发展机遇；同时，交通规划与城市发展和客流需求之间的矛盾逐渐凸显。从城市建设的角度看，随着社会经济发展和城市化进程推进，城市集约化要求日益明显，"土地价值最大化"已经成为共同关注的话题。在这种背景下，加强铁路旅客车站与城市发展的互动，创造符合时代特征和适应社会发展的人性化交通枢纽设计亟待进一步深入探讨。

1　国内交通枢纽发展现状回顾

1.1　传统交通枢纽设计模式的局限性

目前，以轨道交通、高速铁路和城际铁路等为代表的快速公共交通体系快速发展，一大批综合交通枢纽的建设体现了城市与交通效率的紧密联系。但是，随着城市和经济活动的发展，特别在一些经济发达和城市化水平较高的区域，城市的扩张和旧城的更新受到交通基础设施的制约。传统以交通为主导的枢纽已不能完全适应城市和交通综合发展的需求。

1.1.1　平面化布局，空间利用率低

传统交通枢纽各组成部分一般拥有各自相对独立而庞大的用地。由于投资主体、土地权属和管理主体的差异，综合交通枢纽布局较多局限于平面化和低强度空间叠合形式。枢纽与城市空间布局衔接较弱，城市空间价值利用率较低，土地资源不能获得充分的开发和利用。

1.1.2　枢纽功能单一，城市功能不足

由于受到经济水平，客流构成和枢纽交通建设体制等客观条件限制，在规划中主要强调解决内外交通集散功能，而城市化功能规划较弱。以交通集散为中心的设计由于缺乏容纳人员活动的城市空间，枢纽的综合社会功能不能得到有效发挥。

1.1.3　服务功能不足

传统的车站旅客活动以静态等候方模式为主，这种大规模的静态等候空间随着旅客出行频率及方式的改变，已显现出单一功能空间不能满足客流不断增长的多样化服务需求的矛盾。

1.2　我国交通枢纽设计模式探寻

在铁路建设发展过程中，交通枢纽的建设模式与城市发展相结合的研究和尝试已在多层面取得一定阶段性进展。

1.2.1　利用交通建筑内部空间做适量商业开发的设计模式

在一般中小型车站中，常见的做法主要是利用站内零星空间布置零售、商业等服务设施，在保证主要空间功能的基础上达到适量的商业开发的目的。在这种模式中，车站的功能设计仍然以满足交

通功能为主，商业开发是完善空间功能的辅助手段。

1.2.2　站房结合上部空间开发的设计模式

以昆明站房(图1)、杭州城站(图2)为代表一批客站结合线侧式站房采用高层配套物业以层叠复合的形态对其上部空间进行开发，这种形态能够实现交通与城市职能相互渗透和衔接，物业开发强度较高，使站房的整体建筑形象更加雄伟突出。但是由于受到整体交通、规划配套的限制，这种形式还存在诸如物业环境受车站环境影响、交通相互干扰大、业态定位单一、对城市吸引力不足等问题，但作为交通枢纽城市综合体的雏形，它们具有非常重要的借鉴意义。

图1　昆明站

图2　杭州站

1.2.3　交通枢纽空间、物业一体化立体组织的设计模式

大型综合交通枢纽通过多维度分层组织实现各种交通无缝换乘，形成复合式的综合城市空间。复合式交通枢纽的设计对于梳理枢纽换乘，改善枢纽区域城市微环境，实现土地资源集约化开发均有显著成效。其设计过程已经融入了“物业开发”的理念，在不同空间中组织商业及配套开发，并通过步行系统与周边城市物业实现对接。其中主要城市功能体现在以下几个方面：车站内部空间综合利用；配套地下空间综合利用；周边地块综合开发。

复合式交通枢纽中的综合服务设施已纳入整体的规划设计之中，是一种具有可持续发展性的空间组织模式。但是这样的开发模式还存在不同功能组团间相对孤立，业态向外延展开并向枢纽周边渗透的过程受到交通功能的限制，土地和物业的价值没有得到最大化实现。

2　国外交通枢纽城市综合体分析

在城市建设土地价值趋向最大化的时代背景下，如何把握交通枢纽与周边城市区域甚至更大范围城市圈层的交通及各种城市职能的关系成为一个新的命题。交通枢纽城市综合体这种新兴的设计模式应运而生，并展现出强大的发展前景。

2.1　国外交通枢纽城市综合体典型案例分析

在轨道交通发展历史悠久的国家，如欧洲的法国、德国及日本、美国等，交通枢纽城市综合体建设实例较多，在城市发展中发挥了重要作用并带来城市价值体系的更新，在城市化进程中成为十分积极活跃的因素。

2.1.1　旧金山港湾枢纽

美国旧金山港湾枢纽是21世纪现代化的集轨道交通(高速铁路、普通铁路、通勤铁路)及长途汽车客运、城市道路交通于一体的交通枢纽综合体，含各类住宅、宾馆、办公、零售用房等(图3、图4)。

图3　美国旧金山港湾枢纽效果图

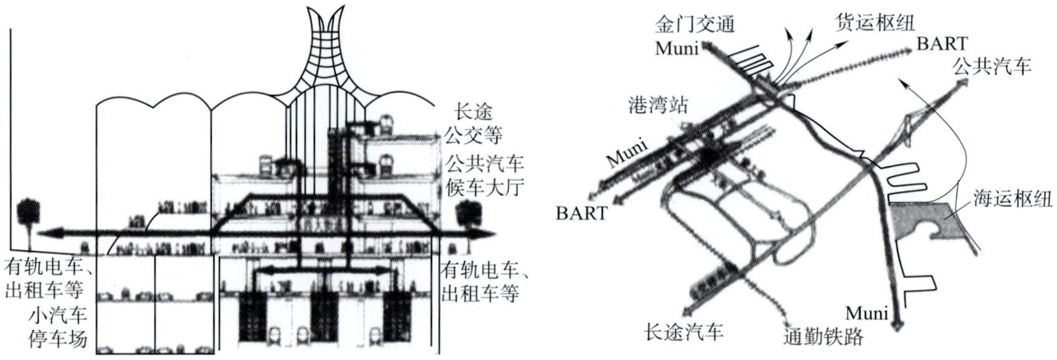

图 4　美国旧金山港湾枢纽剖面分析

2.1.2　柏林中央火车站枢纽

中央火车站建立在位于施普雷河(River Spree)河畔莱特车站的旧址上,是一个综合性的大型立体化换乘中心。该车站最初建设时就考虑了将铁路、公路和水路多种交通方式连接起来,不仅考虑了接发旅客,还考虑了为旅游观光者提供购物和休闲场所,为大量人群提供集散、购物、餐饮服务(图 5)。

图 5　柏林莱特枢纽外观、室内及剖视分析

2.1.3　日本京都火车站

日本京都车站是现代感十足的复合型建筑综合体,除了充满未来感的空间艺术设计,更是充分结合了交通运输、商业、住宿娱乐等多种功能,体现了更新公共交通系统、焕发市区活力的设计宗旨。京都车站充分将多种功能层叠立体化并且妥善处理了各种城市公共交通的流线关系,从而起到了集约利用城市空间、改善环境质量、促进运作便捷高效等作用(图 6)。

2.2　小结

通过以上国外的典型案例,我们可以看出国外交通枢纽城市综合体都具有一些共同的典型特征:即在城市核心区交通枢纽建设中,以铁路和轨道交通换乘为中心,利用车站人流量大的特点在车站及枢纽区域进行高密度、高强度的物业开发,车站建筑融入区域建筑群之中,共同作用于城市肌体。

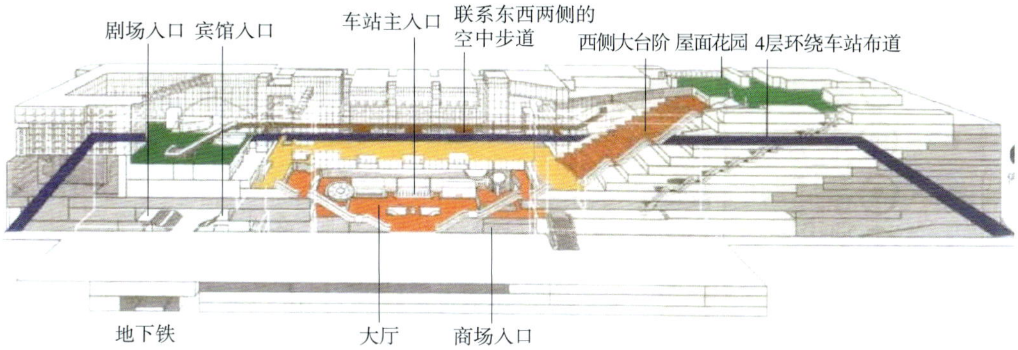

图 6　京都火车站外观、局部及剖视分析

3　重庆沙坪坝站综合交通枢纽融入城市综合体设计理念的尝试

对于大型综合交通枢纽，无论是交通梳理还是综合开发都已逐渐形成一套较为成熟的设计理念，如北京南站、上海虹桥枢纽、成都东站等均是代表性的成功实例。相对于新建枢纽，旧城中心区的一批现存枢纽站房尚处于如何成功转型的过渡阶段。在重庆沙坪坝站的规划设计中，以交通枢纽为支撑的城市综合体建设模式的引入，为城市与交通互动发展做出了探索性尝试。

3.1　交通枢纽城市综合体的概念

以轨道为核心的城市公共交通体系是城市快速发展的支撑，交通枢纽也将逐渐从满足交通为目的的单一功能发展为交通功能与城市功能相叠加，交通枢纽与城市其他功能块共同组合，互相交织成为一个立体的复合的建筑群体，即“交通枢纽城市综合体”。

交通枢纽城市综合体与一般交通枢纽的重要区别在于其在解决综合交通功能的同时，城市化、社会化的开放性特征更为明显。以铁路旅客车站作为交通枢纽城市综合体的重要依托和载体，与城市对话并向城市具有无限功能拓展，其功能涵盖了综合交通、综合开发和城市景观等多项内容，如图 7 所示。

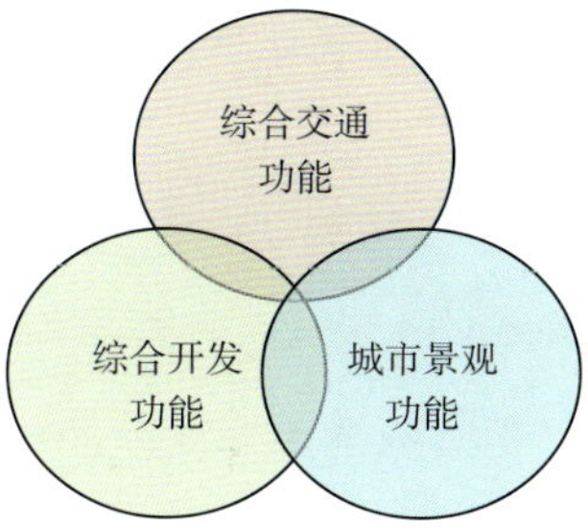

图　7

3.2　交通枢纽城市综合体的形成

交通枢纽城市综合体的出现是社会经济发展的必然结果，它形成的边界条件主要在于以下几个层面。

3.2.1　交通层面

城市化进程带来的大量人口聚集使得人们对公共交通的需求日益增长，现代轨道交通在城市公共交通体系中日趋占据主导地位，有效缓解了城市交通压力。因此而出现的短途、商务性为特征的城市客流对传统交通枢纽提出了更加丰富的功能要求。面对出行旅客性质的改变，综合交通枢纽以其合理组织各种快速交通方式,高效便捷的交通效率成为了枢纽城市综合体出现的最本质诱因。

3.2.2 城市功能需求层面

城市交通体系的转型不仅影响了人们的出行方式,也间接作用于人们的生活方式,高铁系统逐渐成为人们日常和商务出行的首选,地铁、轻轨系统成为人们日常工作生活的出行方式。轨道交通体系已渗透入人们的城市行为,带来了轨道沿线尤其是各交通节点的商业、服务、休闲等其他城市功能需求。

3.2.3 城市结构层面

在传统城市空间格局中,交通空间与城市其他职能空间保持着相对独立。而随着城市轨道交通体系的完善,城市其他职能逐渐以立体多元化模式渗透入交通空间,避免了交通体系的城市孤岛效应。交通枢纽与城市空间有机结合,承载了多元城市职能的立体化综合体系,最终形成了城市行为的衍生综合体。

3.2.4 经济因素层面

充分利用有限资源,实现土地价值最大化,是城市发展所面临的首要问题。交通枢纽城市综合体带来的大量人流、物流、信息流的同事时也带来了巨大的潜在的商业开发价值。这些综合的社会经济因素导致对于位于城市中心区域的交通枢纽,以其为依托的高强度密集型商业开发模式成为必然,这也是形成交通枢纽城市综合体的最终诱因。

3.3 地铁领域综合开发的早期尝试

相对于国内铁路城市综合体开发的空白,在地铁轨道领域已有了利用站场地块进行上盖综合开发的尝试。杭州地铁七堡车辆基地利用轨道上盖空间,引入了住宅、总部 CBD、酒店式公寓、办公、社区教育及商业配套、公共绿地、运动场地等功能形态。为地铁车辆基地所在城市注入了活力,赋予其全新的积极、高品质的城市空间形态(图 8)。

图 8 杭州地铁七堡车辆基地上盖开发鸟瞰

但是地铁车辆基地的上盖开发主要定位于以轨道交通带动以住宅社区为主的物业开发。交通形式单一,人流有限,不具备“综合换乘”的大流量客流条件。但地铁领域的建设经验仍对综合交通枢纽城市综合体的建设具有重要的参考价值。

3.4 重庆沙坪坝站综合交通枢纽引入城市综合体设计理念的尝试

在城市中心区的旧有现存枢纽往往因为站场对城市分割,枢纽交通低效等问题而对城市发展造成了极大限制。如何充分利用铁路站区的大面积土地,让有限的土地价值最大化越来越受到社会和政府的关注。在保证高效便捷换乘的基础上对枢纽核心区进行整体上盖物业开发是解决铁路客站建设与城市矛盾的方法之一。通过站场上盖区的适度配套物业开发与非上盖核心区的高强度物业开发,实现城市界面的延续,优化枢纽区域环境,充分体现了土地资源开发集约化、价值最大化的设计原则。

重庆沙坪坝站交通枢纽城市综合体通过站场上盖与物业开发相结合,它集铁路客站、轨道交通、公交、出租等多种交通空间,结合建设广场、商业等多种城市功能于一体。对于城市中心区域铁路交通枢纽建设和城市改造进行了探索性的尝试。

3.4.1 项目的缘起

沙坪坝火车站地处重庆主城区沙坪坝商业核心区。成渝客专建成后,沙坪坝站近期、远期年旅客发送量分别为1016万人和1270万人，又将增加该区域的交通压力(图9)。

车站周边为重庆五大商圈之一，人气集聚，交通繁忙。随着城市经济的发展，沙坪坝站对城市空间拓展的限制也日趋显著，旧有交通体系已严重阻碍了城市经济发展。因此，在保证交通枢纽功能的基础上，整合各种交通方式，充分利用沙坪坝城市核心区的人流和城市发展资源，建设适应城市发展，实现城市空间价值便显得尤为重要。

图9　沙坪坝站周边环境

3.4.2　项目概况及定位

重庆沙坪坝交通枢纽城市综合体工程包括成渝客专沙坪坝站、用地范围内的城市道路改造、轨道交通、公共交通场站、地下停车库、铁路上盖和上盖物业开发等内容(图10)。

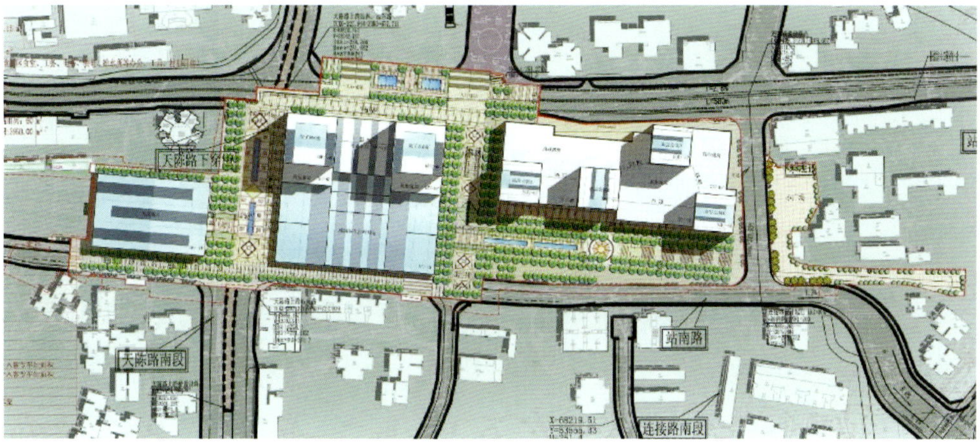

图10　沙坪坝站规划总平面图

项目定位为“三个枢纽”。交通枢纽：多种交通方式无缝对接，高效换乘。生活枢纽：以“新城市广场＋新城市功能＝新城市中心”为目标，结合展览、餐饮配套等设施将成渝高铁上盖规划为一个兼具开放性、兼容性及连通性的城市广场，面向高端客流，引入高端酒店、公寓、写字楼以对接未来国际商务需求。文化枢纽：打造地标性城市门户形态，形成新城市文化活动与内涵。

3.5　重庆沙坪坝站交通枢纽城市综合体设计特点

3.5.1　交通与城市发展并重

重庆沙坪坝火车站位于沙坪坝商圈的核心地带是车站进行综合开发规划的前提。因为沙坪坝站的周边城市发展成熟不具备“横向发展”的可能，沙坪坝站城市综合体利用站场低于城市标高的有利条件，采用“竖向发展”的上盖整个铁路站场的方式为城市开发和获取城市环境空间创造条件。

车站进站部分位于上盖平台，平台以下为6层，分别布置铁路进出站交通层、换乘厅和出站通道以及城市开发停车库等，建立立体换乘体系，分别设置地铁轨道交通、物业交通、城市公共交通和步行交通系统。通过独立的出入口解决城市开发部分的交通容量，避免了交通与物业开发的矛盾。以地下空间为主构成枢纽内高效的综合交通体系。地下交通部分总建筑规模约23万m^2。上盖结构以上结合周边城市构成，分别布置了三个不同功能的城市开发组团，其中站场上空平台以环境和适度大空间商业空间为主，结合站房形成以双塔为标志的商业商务组团，东侧组团则是以商业、商务、酒店和住宅等综合构成的高层建筑群。综合体开发与交通体系和周边城市环境紧密结合，地上总开发规模约 50 万 m^2。

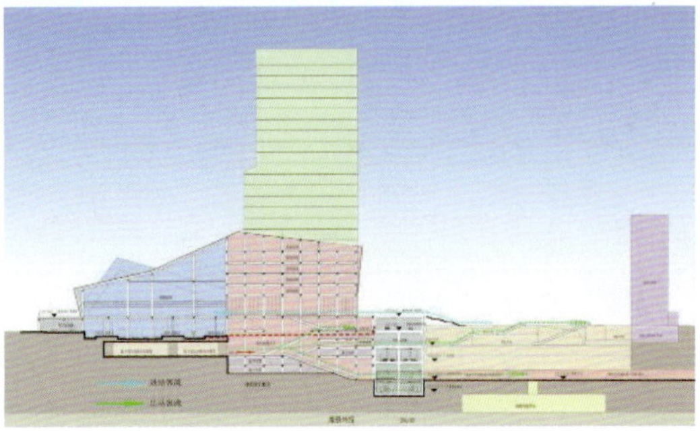

图 11　车站综合体剖面图

图 12　车站综合体鸟瞰图

图 13　综合体外观

图 14　综合体外观

3.5.2　总体规划延续城市空间，改善区域环境

既有的重庆沙坪坝站割裂了城市南北之间的发展，阻碍了三峡广场商业圈对沙坪坝火车站以南区域的辐射和发展，成为本地区城市发展的瓶颈和制约因素。沙坪坝交通枢纽城市综合体的改造通过上盖物业使南北城市空间得以延续，让局部区域空间形态更为整合。尤其是站场上部空间可以大面积作为城市公共景观广场、绿地，改善城市的环境，并为市民提供足够的室外活动空间，是有效利用铁路用地的方式。层叠式、立体化的设计创造出不同层面的城市公共空间效果。上盖区域所构建的第二层面城市空间营造高品质开放性的公共空间序列，避免交通体系对城市的硬性分割，保持城市经济发展轴线的延续性，提升枢纽区域空间品质。

3.5.3　交通组织立体化，实现高效率、大容量的城市交通体系

城市综合体相比一般交通枢纽，由于城市开发所带来的巨大的人流集散，建设高效率、大容量的城市交通体系尤为重要。在沙坪坝站综合体规划中，在城市交通层面，首先是建立适应城市路网条件和枢纽交通需求的外部交通格局，另一方面，规划足够能力的公共交通体系则是项目实施的关键。

铁路客站作为城市对外交通的节点，其本身所产生的交通需求很大，同时，城市综合体又将带来更多的交通流量。因此周边路网和公共交通的能力就成为项目实施的前提。从国际上成功的综合体运营实践来看，足够的轨道交通体系是满足枢纽综合体建设的基础条件。沙坪坝站将是重庆地铁 1 号线、9 号线及地铁环线的重要换乘站点，三条轨道交通的引入为城市客流的集散提供保证。在城市交通规划上，通过上跨下穿和单向循环等方式，将城市区域交通与综合体的需求分离，实施后的沙坪

坝枢纽城市综合体将有效疏导该枢纽核心区的城市区域交通，改变南北区域交通系统隔断的不利情况。

在内部交通组织上实现效率的原则在于通过对交通和物业客流的合理分流达到减少干扰的目的。铁路客站、轨道交通和综合体不同的物业形态对于公共交通的需求方式、时间等均有较大的区别，分别针对交通与物业不同客流的需求建立适应其客流特点的公共交通组织是项目良好运行的基础。沙坪坝站综合体规划中将多种交通方式实现立体分层化布置，这种竖向空间组织体系一方面对城市交通量进行了合理分流，并提供了枢纽核心区与城市的多层面接口选择，避免了交通枢纽节点的堵塞，另一方面使各种交通方式形成无缝对接，从而大大缩短了换乘距离，实现高效便捷的人车分流的换乘体系。

3.5.4　增强城市活力，适应城市发展

枢纽城市综合体内根据旅客行为需求引入商业配套服务设施、展览、办公、酒店、公寓、公共活动空间等城市职能，车站的交通功能不再是绝对的，旅客在乘车的过程中有更多的机会参与到休闲、购物、餐饮、文化展览等各种社会活动中。服务对象也不再局限于进站出站旅客，也能吸引周边普通的人群参与到其中，使交通枢纽告别了以往单一功能、缺乏人性化设计的旧有状况。利用铁路地块、车站内部或周边进行对外商业招租，租金可以作为保证整个车站日常运营的消耗。更为重要的是车站上盖开发提升区域整体品质，直接体现在周边土地价值的增加，实现铁路和地方政府的“双赢”。

4　对交通枢纽城市综合体设计的思考

虽然交通枢纽城市综合体有着交通发展的必要性及社会经济开发的必需性，但是目前针对我国国情及政策，尚存在不可忽视的技术设计重点和难点。

4.1　系统的建设管理和城市管理

综合开发模式下集合了铁路、轨道交通、市政与城市功能等多个部分，其投资渠道、建设管理和后期运营在现行政策条件下协调难度很大。例如由于综合体开发模式带来的空间咬合形态，使各物业形态的投资、产权及管理界面划分均成为一个难点，制定相关健全的政策措施是枢纽城市综合体模式的保证。

4.2　交通系统的梳理

交通枢纽城市综合体是依托于发达的交通换乘系统而存在，综合交通涵盖了城际高速铁路、地铁、轻轨、公交、出租车、社会车辆等。交通疏解是整个设计过程中的核心问题，城市交通系统的承载量是城市综合体运转的关键，合理分流不同功能、不同人车流综合体高效运转的基础。通过有效组织过境车流和进入区域的人流车流，避免交通节点栓塞，实现交通人车分流，交通组织有序化。同时，各部分城市功能(地铁人流、国铁人流、商业人流、办公人流等)需要自己相对独立的交通出入口与城市交通网衔接，又与综合体内其他功能保持顺畅的连接。

4.3　消防与安全

城市综合体模式在积聚交通和城市资源的同时也带来了巨大的公共安全压力。首先是地下空间、铁路站场和城市开发物业的重叠所面临的消防安全。由于盖下区为轨道区，各物业形态设于上盖平台上，其消防疏散需要进行专门论证。比如提高上盖平台的耐火极限(达到4小时)等，都是一些有效的措施。另外，保证集散安全、铁路运营安全也都是城市综合体模式所必须面对的课题。

4.4　针对性的土建、设备系统设计

在铁路城市综合体的设计中，由于其建筑类型、功能需求的叠合聚集，对土建结构、环境控制等方

面都需要针对性地进行专项设计和研究。比如在建筑设备方面，整个上盖开发区域的综合管线的设计，盖下部分（即站场部分）的自然通风、排烟，盖下区域的安全系数等问题，都是枢纽城市综合体有待进一步论证的难点所在。在结构方面、由于不同建筑功能区域的空间形态要求不同，兼顾盖下大跨度空间需求与上部物业开发结构选型经济性的结构体系，亦成为下一步着重需要解决的课题。

5 结 语

在现代快速城市化集约化的过程中，通过城市设计的引入，将铁路旅客车站跟周边城市土地资源进行整合并形成交通枢纽城市综合体，"交通枢纽城市综合体"作为一种新的建设与发展思路为城市和交通的发展注入了新的血液，有利于发挥土地价值，创造集约型社会，将成为城市核心区铁路交通枢纽建设的一个新的发展趋势。

交通枢纽城市综合体模式设计从前期策划、业态分析到具体建设中需要更多部门或单位（如政府、商业策划公司、开发公司以及其他设计公司）随时跟进，密切配合。当然，这些相关因素的介入也对设计提出了更多的新的挑战。各种不同功能建筑空间的高度叠合背后的技术难题亦需进一步深入研究。如何实现其可操作性有待在规划过程中进行更深入细致的研究和探讨。

参 考 文 献

[1] 钱才云，周扬．谈交通建筑综合体中复合型的城市公共空间营造——以日本京都车站为例[J]．国际城市规划，2010，(6)．

[2] 钟华．城市轨道交通车辆段综合开发模式研究——以北京市为例[D]．北京：北京交通大学，2009.

[3] 徐洁，林军．六本木山——城市再开发综合商业项目[J]．时代建筑，2005，(2)．

[4] 麦哈德·冯·格康，于尔根·希尔默．柏林中央火车站——轨道交通的新平台[J]．时代建筑，2009，(5)．

从激情的创意到完美的建筑
——天津西站设计控制

周铁征　谷邛英
（铁道第三勘察设计院集团有限公司，天津　300142）

摘　要：本文结合项目全过程的设计实践，阐述了天津西站在设计中追求高完成度、高品质的同时，如何在质量、安全、节能、环保等方面得到有效控制所做的实践和思考，以期不断地积累经验，更好地把握铁路客站的设计过程。
关键词：天津西站；铁路客站；建筑设计；设计管理

朝阳从地平线冉冉升起，这个命名为“光辉”的激情创意，最终成为天津西站的建筑方案，它以巨大的拱壳结构环抱了整个 5.6 万 m^2 高架层，以圆拱和放射状编织构件表现光芒四射，寓意铁路建设及天津市的美好发展前景和光辉未来。2008 年的最后两天里，方案得到了铁道部和天津市的确定，我们随即在前期创作团队的基础上组建了设计实施团队。本文结合项目全过程的设计实践，阐述了天津西站在设计中追求高完成度、高品质的同时，如何在质量、安全、节能、环保、投资等方面得到有效控制所做的实践和思考，以期不断地积累经验，更好地把握铁路客站的设计过程。

1　综合交通枢纽的定位

天津西站是京沪高速铁路五个大型节点车站之一，通过对天津铁路枢纽的布局调整，天津西站车场确定为 24 站台（面）26 线（含 2 条京沪正线），设有京沪高速、津保铁路、普速三个车场。天津西站的建设对天津西站地区功能定位及总体布局也产生了重大影响，该地区面临城市功能的重构，同时也为地区改造提供了契机。自从 2008 年 4 月天津西站的建设提到日程上来之后，通过半年多时间的研究，最终确定了天津西站综合交通枢纽的整体功能布局和功能定位。铁路客站总体功能的合理性，其实是靠与其相关配套设施的紧密衔接来实现的，所以在前期的规划配合上，我们发挥铁三院的综合技术优势，主动牵头做工作，把国铁设计、地铁设计、道路交通设计以及站房建筑设计结合起来考虑，并与天津规划院、天津市政院紧密配合，取得了前期规划研究的成果，为铁路站房的设计奠定了基础（图 1）。

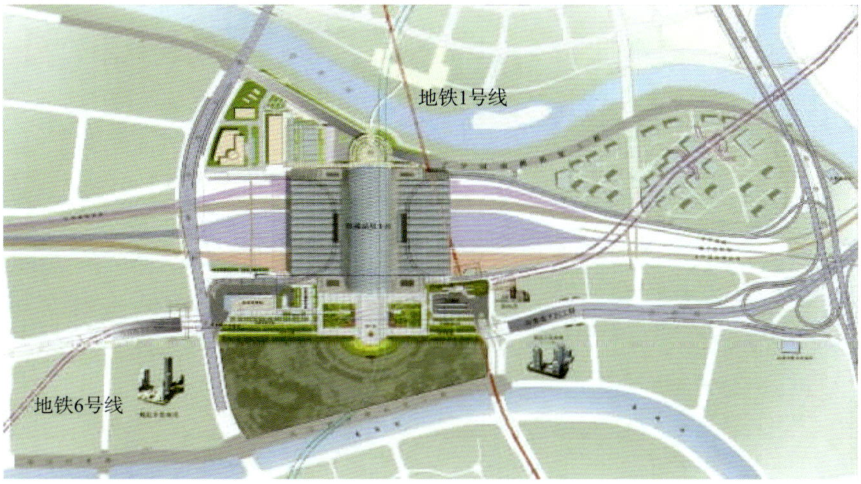

图 1　枢纽总平面

(1)铁路车场东移 150 m 靠近既有地铁一号线车站,使得旅客的进出站更加便捷;

(2)南北向增加地铁四号线,以解决远期铁路客流的疏解;再加上已经规划的六号线,这样三条线地铁交汇于天津西站,从而形成了紧凑、方便的地下换乘枢纽;

(3)将进出铁路客站交通流线纳入区域交通组织中,通过区域交通组织明确地区道路的功能,避免过境交通与进出枢纽交通产生冲突点,并为公交车、出租车、自备车的集散规划各自的线路,其中西青道快速路在站前下沉,复兴路高架,河北大街立交分别设有直接接入站房高架层的定向匝道,实现乘车旅客的即停即离;

(4)南北广场的规划与铁路客站功能相配合,实现了整体上的功能衔接,同时也考虑了景观的控制效果,为天津西站作为城市副中心在形象上打下了很好的基础。

2 建筑创意

在综合交通枢纽的规划研究成果的基础上,铁三院与德国 GMP 建筑设计公司合作完成了站房建筑的概念设计。建筑的概念应该是在功能的基础上提出来,其形式应该紧紧地贴近其内容,是其功能需求的自然表达,牵强的造型很难成为优秀的创意,更不能成为经典的建筑。由于 GMP 公司是国际著名的建筑设计公司,其建筑方案的创作能力是可以信赖的,但需要铁三院在铁路站房设计中的丰富经验进行引导,从而才能创造出满足我们目前功能需要的、同时富于表现力的建筑方案来。事实证明天津西站的设计最终满足了这两方面的要求。最后的建筑创意表现在以下几个方面。

2.1 "光辉"的形象

在概念设计上强调了为旅客进站候车服务的高架大厅的空间效果,通过采用通透的编织拱的手法,为旅客在进站、候车过程中营造出开敞、明亮、壮观独特的室内空间感受,同时在南北立面上也形成了半圆形的"光辉"形象,为所在地区提供了地标性的效果(图 2)。

图 2　天津西站正立面

2.2 以结构语言直接表现建筑的形态

在大空间的建筑设计中,以结构直接表现建筑形式的手法是非常合适的,可以省去大量的建筑装饰,同时表现出简洁、高技术感的效果,在天津西站的创意中就是用独特的单层网壳变截面实腹钢结构编织拱来营造主要空间的效果。整个高架层拱形屋面长 394 m,水平投影宽度 114 m,矢高 35.9 m,不设置结构缝,不采用外包材料装饰,仅以氟碳喷涂保护,以纯粹的结构语言来表现建筑形态。进入天津西站的候车大厅,在感受巨大空间所带来的震撼之外,其简洁的装饰风格,以及裸露的结构形态,也给旅客带来了明快、纯净、富于韵律的视觉冲击(图 3)。

图 3　高架候车厅内景

2.3 内外统一的简约建筑风格

在设计中更加关注室内公共空间的使用效果以及与室外效果的统一性。铁路客站的使用主要在其内部，成千上万的旅客每天在这里进出，所以在室内设计中给予了充分的重视，在尽量简化室内装饰的手法，争取用最少的色彩、材料种类和构造做法来统一室内外各部分的区域，达到了全站各部位空间效果的高度统一(图4)。

图4　站房柱廊

3　完美的理性设计

一个好的建筑创意，或者说一个好的概念设计只是一个优秀建筑得以实现的开始，还需要有大量的设计深化工作需要完成。追求工整与韵律是天津西站在设计中控制的主要目标，这就要求把涉及方方面面的专业设计工作做好，才能对最终的建筑品质有所保障。在这方面，铁三院与GMP公司的设计团队一起经过整个设计周期的共同努力，将概念设计中的想法坚定不移地贯彻下去，遇到问题时积极想办法，创造性的解决问题，从不轻易做出妥协和放弃。在天津西站的设计中，比较典型的创新做法体现在以下几个方面。

3.1 站场设计与建筑形态的密切关联

最典型的是站房主体具有鲜明规律性的编织拱，编织的分格要求均匀一致，而站场由于有正线通过、普速、高速等不同情况，线间距和站台宽度有差别，要想在不规律的线间设置柱子，支撑上部有规律的大拱结构是不可能的，最终，建筑与站场联合设计。

寻找满足线间距和编织网格数据要求的一个最小公倍数，作为编织网格的模数，并据此调整了线间距和站台宽度，并将调整结果报部认可。这样，才使这个建筑方案得以成立，是系统设计的具体体现。

3.2 结构设计对建筑表达的实现

天津西站主体结构不同于常规的结构设计，结构师在关注结构安全性和经济性的同时，还必须关注建筑师的要求和最终完成的效果，因为结构完成的效果就是最终的建筑效果。按照建筑师的想法，编制拱形的构件为变截面，从下到上在矩形截面上两个方向都在变化，这样不仅在结构计算，更对后期制作安装上提出了挑战，因此在设计中，结构师、建筑师以及深化设计人员等多方进行了密切的配合，一些影响最终建筑效果的因素，如：避免箱梁外侧出现侧光可见的焊接变形，在满足结构安全需求的前提下构件材料的选择，对钢结构的加工要求，现场拼接焊缝的位置，焊缝余高以及安装后的打磨等等，结构师都提出了明确的要求，现场的加工安装人员也都竭尽全力的给予了配合，而最终完成的作品也得到了建筑师的认可，达到了最初的创意构想(图5)。

图5　高架室内大拱局部

3.3 模数与对位

模数与对位是对建筑设计最基本的要求，也是天津西站设计中的主旋律，无论是屋面的编织拱还是室内外装饰,都进行了严格的模数与对位控制。走进天津西站,各装饰面的分隔的规律性和整体的韵律感随处都可清晰地体现出来,但是在设计过程中要满足严格的模数和对位,需要将建筑模数作为设计系统控制的一个核心参数来考虑,要牵扯到各个专业,做很多系统性工作的。例如:为保证外立面柱子完成尺寸的模数对应关系,我们在施工图设计过程中,曾要求结构专业调整过柱网的尺寸,这确实是对我们既有设计理念的冲击(图6)。

图6 站房一层共享空间细节处理

4 设计安全与质量控制

安全与质量控制始终是站房设计中的核心内容,在追求完美的设计品质同时,更应该注重质量与安全的控制。回顾天津西站的设计实践,需要在整个设计阶段做好两个层次的设计控制,一是适宜的技术管理制度,另一个是各专业严格的设计质量控制,尤其是结构专业和相对容易被忽视的二次结构设计。

4.1 项目技术质量管理制度

项目技术管理的核心目的是达到技术目标明确、专业工作清晰、质量责任落实、设计成果可控以及过程可追述,因此,结合项目特点,在铁三院质量管理的框架下,细化了多项质量及技术管理文件,以便于项目推进。

首先是梳理专业职责。西站项目技术复杂,周边接口多,参与单位多,项目策划阶段,仔细梳理了与市政工程及正线工程的设计界面;与相关设计单位通号院、电化院的设计职责划分;联合体内部与GMP公司的设计分工以及院内各专业的职责划分。这样,可保证设计项目在一个清晰有序的环境中开展。

第二是明确技术决策制度。重视各阶段的总体设计原则、专业设计接口等技术文件的编制,并作为对设计标准和质量的控制依据,也适用于设计联合体中的其他参与方,同时明确设计成果的技术责任由铁三院负责,最终的技术决策也在铁三院。这样,清晰的设计标准,明确的决策制度,便于设计质量控制。

第三是细分的专业技术咨询。站房是复杂多专业的集合体,为提升设计完成度,对于一些新技术的采用、新的设计手段应用等专业内部细分的技术分支,过程中充分利用专业化的公司,进行设计咨询,参与到设计中来,将他们的知识和智慧系统整合后,用于提升整个站房的设计。

4.2 主体结构质量控制

主体结构的质量控制关注两方面问题。在基础工程方面,由于桩基础设计等级比较高,应要求在正式施工图设计前,进行试桩,在试桩资料完备的情况下开展设计,既可以保证结构安全,也可满足经济性的要求;同时基础设计尽量与施工过程相结合;另外在实施方案和初步设计阶段,对基础形式一定要结合各种因素进行多方案比选,确保整体结构安全,并能够满足沉降的要求。

在上部结构方面,首先是综合考虑建筑功能、建筑形式、结构安全以及经济性等各方面因素,确定一个合理的结构体系;其次是设定合理的抗震目标,此目标的设定必要时需要经过抗震专项审查;第三是进行了多软件、多层次的设计计算及分析;第四是对特殊结构及关键节点进行试验研究,西站对屋面拱形结构进行了整体结构缩尺模型载荷试验,对拱脚等重要节点进行了缩尺的节点模型载荷试验;第五是在施工阶段给予密切配合,针对大拱屋面结构的特殊性及整体提升的结构施工方案,对施工过程中的结构进行校核,对需加设的临时构件提出设计建议,以保证已施工完毕的地下主体结构安全和施工期间在施结构的安全。

4.3 二次结构的质量控制

对二次结构的质量控制,是指对幕墙、屋面、内外装修等主体结构以外的次要结构的质量控制,虽然不涉及主体安全,但因为是非主要结构构件,在设计过程中往往容易专业界定不清,设计与施工职责不明,也会产生严重的后果。

以幕墙为例,天津西站二次结构的质量控制主要是通过以下几个步骤完成的:首先是设计确定技术方案,联合体认可的幕墙顾问与设计一起,研究确定幕墙的结构体系、主要构造、分隔尺寸等关键技术问题;其次是在幕墙招标阶段,设计需要控制幕墙的技术标准,主要幕墙材料的技术参数,主要节点构造以及对幕墙施工的要求等,掌握幕墙技术控制的主动权;第三是深化图纸及设计签认,分包商在深化图纸过程中,设计顾问全程参与,对图纸及计算书进行审核,设计院以幕墙顾问签认图纸为依据,进而对幕墙的主要材料、规格、分隔尺寸进行确认,要求幕墙所有构造措施、结构体系幕墙分包商应确保安全、可靠性;第四是现场巡查,设计以及设计顾问定期现场巡查,对于发现的问题及时给予建议,尽量将所能发现的问题、预见的安全隐患尽早解决。

5 节能环保方面的创新

根据天津西站概念设计的创意,高大的候车空间,大面积的玻璃屋面,在给旅客带来良好的室内感受的同时,也会留给人们能耗过高的感觉,那么实际情况如何呢?自方案设计阶段起,降低能耗,关注节能环保这一意识就始终在设计人员的工作内容之中,我们通过多方案的比较,采暖空调系统最后确定采用低碳型冷、热、电三联供系统;通过对高架层室内环境分析、自然采光分析、自然通风、建筑节能以及室内人体舒适度等内容的综合研究,确定屋面建筑构造以及玻璃采用的技术参数;依托天津市政府的支持,引入投资商,在西站雨棚屋面铺设太阳能光伏发电板,总的发电规模约 1.9 MW;同时,天津西站还申请了美国绿色建筑 LEED 认证,目前正在认证过程中。

5.1 太阳能发电技术

天津西站在站台雨棚顶部布置太阳能光伏电池组件,采用建筑一体化设计将其有规律的覆盖在雨棚之上,既能保证光伏电池组件正常受光,又不影响建筑的使用功能和总体效果。太阳能板的布置外轮廓与中央站房对应部分采用弧形控制线,与拱顶屋面呼应。光伏电池平行铺于雨棚上,组件与雨棚的倾角一致,电池组件与雨棚之间采用支架连接的模式。太阳能组件铺设面积约 35 000 m^2,分玻璃组件和柔性组件两种形式,总容量为 1 883.84 kW,在 25 年设计寿命期限内平均每年可发电约 233 万 kWh。

5.2 低碳型热电冷三联供技术

天津西站应用了当前国内外最先进的低碳型冷热电三联供技术,并获得并网发电的许可。通过对溴化锂冷水机组进行特殊设计,除了可以提取发电机组排放的烟气及热水余热外,还能通过地源井从土壤里提取很大热量,实现了能源的梯级利用,极大地提高了整个系统的一次能源利用率,使其达到 120% 以上。

5.3 以室内环境分析为基础,选择玻璃屋面构造及技术参数

西站高架候车大厅跨度大,室内高差大,如何做到既能保证建筑整体效果,又能确保室内有一个良好的热舒适性环境,同时还能做到节能环保经济,这就需要整个设计方案从节能、舒适、美观及经济四方面综合考虑,合理确定玻璃的太阳能透射率及玻璃的遮阳系数,采取合理的空调送风形式,优化

气流组织，研究在不同的玻璃太阳能透射率下，室内温度场、相对湿度场和速度场随着送风速度、送风温度和风口高度的变化规律，优化送风速度、送风温度和风口高度。研究不同的玻璃太阳能透射率下，室内热舒适评价指标的变化趋势，确定合理的玻璃太阳光透射率。

6 投资控制

要实现高品质的建筑，投资控制更是一项重要的工作，同时也是比较难把握的工作。初步设计阶段是确定投资的关键时刻。天津西站的投资控制具有全过程的系统性，前期测算要合理，设计深度必须要支撑投资测算，后期控制要得法，在完成施工图的同时必须完成投资检算，超出时查找原因，确因设计原因的，要优化设计，优化后的图纸才能提交现场施工。

前期测算时，要依托专业的多方案比选，确定经济合理的技术方案是必须的。例如在确定采暖空调方案时，我们从初投资、技术成熟度、运营费用等各方面比选了电制冷、市政热源、燃气锅炉、地源热泵、溴化锂直燃机、溶液除湿等多个采暖空调方案，最后确定采用冷热电三联供系统，保证了投资测算的准确性。在后期控制时，要做到技术优化，有所侧重。例如装修设计阶段，在总投资控制的前提下，结合不同空间的功能，确定不同的装修标准，对西站生产办公功能的四个辅楼内天井的装修进行了简化，满足功能和节能要求后，去掉了不必要的装饰，节省投资约 700 万元，此投资可用在公共空间或旅客使用区域的装修中。随着设计推进以及工程的竣工，尽管天津西站提出了较为严格的技术控制要求和较为高标准的投资控制要求，但是，依托立足技术、多方案比选、适时优化、重点突出的投资控制理念，天津西站的设计投资控制还是比较理想的。

7 现场实施与设计意图的实现

为了很好的实现设计初衷，天津西站在设计和建造过程中创造性的使用了大量的特殊设计，这些经过反复推敲和论证的设计能否在施工过程中得到落实，是提高设计的完成度、实现好的建筑作品的关键环节，也是保证建筑品质的最为关键的因素。

7.1 对于主体结构的实施

首先是设计过程中要考虑到现场的施作，特别是针对天津西站大型编织拱的异型钢结构，要考虑到加工、运输、拼装、安装等各个环节的实施可行性，这样与施工结合的设计，才能在施工中更好的体现设计意图；其次，设计中需要明确提出对施工的要求，以及对成果的控制标准，让施工单位能够有明确的方向和目标；第三，重视施工交底，对关键技术以及设计难点重点逐一交代清楚，做到技术上相互理解，实施起来自然更容易满足设计意图（图 7）。

图 7 站房大拱提升施工现场

7.2 对于装修及设备安装工程

重点关注深化图纸、材料小样、现场实施三个环节（图 8）。

首先是图纸，装修、幕墙、照明以及设备等深化图纸，需要经过设计的签认后才可用于施工，深化图纸中对于面材规格、可视构件尺寸、连接构造、胶缝处理等所有细节都要求表述清晰，不满足设计要求时，需要多次重新优化后才能签认施工。签认的过程既可以控制质量也可以通过优化调整控制投资。

图 8 售票厅吊顶施工样板

其次对于建筑材料的选择,先由设计提出技术要求及材料样品,以确定材料选择标准,由甲方选择的材料商制作,然后设计对材料商提供的材料小样确认,包括外观、色彩、品质、价格等多种因素,并将确认后的材料用于现场样板制作,最后由各方来确认现场样板是否可行。这样可以减少现场工作的反复,节省投资,也更容易达到设计意图。

实施过程中,设计及时派遣有现场经验的工程师到现场巡查,发现问题时,与建设单位先行沟通,达成一致意见后,由我院以联系单方式,图文并茂指出现场问题,提交建设、监理单位,据此要求施工现场整改,实践证明,这样可以提升现场的施工质量。当然,最重要的一点,所有这些之所以能够在现场实施,建设单位对设计院的支持是关键。

8 结 语

天津西站已经于2011年的7月1日和京沪高速铁路同期开通使用了,回顾天津西站的规划、设计过程,在前期的规划设计研究的成果之上完成了建筑概念设计,在建筑设计方案确定之后设计团队付出了更多的努力来实现概念设计的意图,同时在质量安全和节能环保上也为天津西站增添了技术保障与创新成果,最后在现场实施的关键环节上也毫不放松,坚持设计意图,最终一座完美的车站建筑展现在我们的眼前,作为设计人员感到无比的自豪,当然最后还是要靠实际运营的效果来检验,我们也期待着天津西站在今后的铁路客运中发挥其作用。

参 考 文 献

[1] GB 500017—2003 钢结构设计规范[S]. 北京:中国计划出版社,2003.
[2] GB 50011—2010 建筑抗震设计规范[S]. 北京:中国建筑工业出版社,2010.
[3] JGJ 102—2003 玻璃幕墙工程技术规范[S]. 北京:中国建筑工业出版社,2003.
[4] JGJ 113—2009 建筑玻璃应用技术规程[S]. 北京:中国建筑工业出版社,2009.

线正下桥式车站站房隔振降噪的技术策略

傅海生　杨　涛

（中铁第一勘察设计院集团有限公司，西安　710043）

摘　要：铁路桥式（线正下式）车站具有功能紧凑、旅客流线便捷、节约用地及投资的优势。但由于站房位于线路正下方，列车运营产生的振动和噪音对站房使用及旅客生理、心理感受产生很大的不利影响，这极大限制了桥式车站的推广实施。所以有必要对桥式（线正下式）车站的隔振降噪技术措施进行深入的研究，将振动、噪声控制在容许范围内，在满足铁路客运高效运营，为乘客提供高标准、高舒适度候乘环境的同时，使我国铁路建设具有良好的经济性。

关键词：桥式车站；站房；隔振降噪；材料；构造措施；技术策略

1　桥式车站的类型及特点

随着城际铁路、客运专线的建设，由于列车高速运行对铁路线路平顺度的要求，大量线路路基以桥代路，相应产生了到发站台位于桥梁结构上的桥式铁路客运站。按车站站台与站房的位置关系，桥式车站主要有以下几种。

1.1　线正下式

包含候车厅的站房主体位于桥体及线路正下方。典型剖面如图 1 所示。

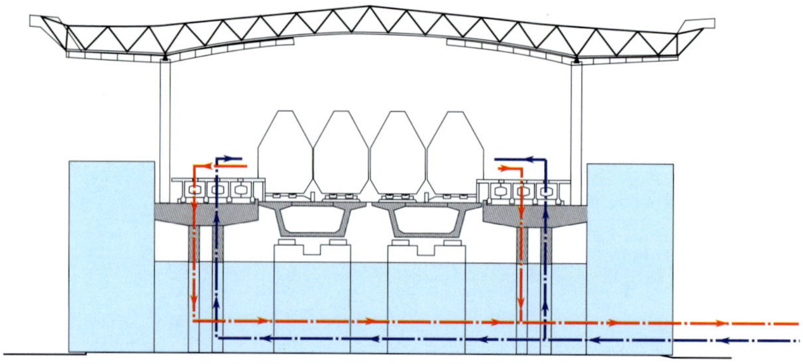

图 1　线正下式典型剖面

1.2　局部线下式

站房主体位于桥体一侧贴临而建，局部站房空间位于桥下，如图 2 所示。

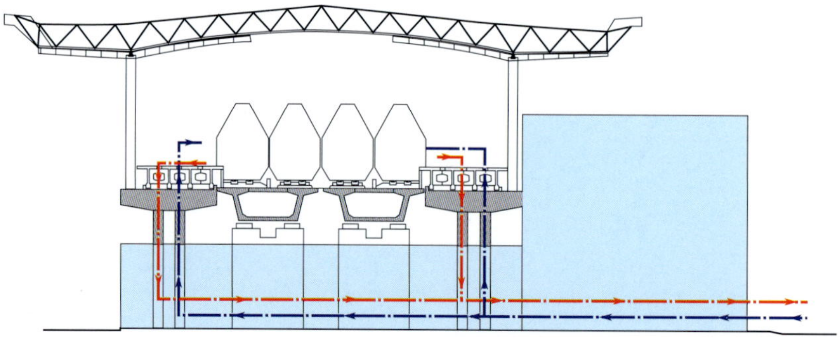

图 2　局部线下式典型剖面

1.3　线侧下式

站房主体位于桥体一侧并分开较大距离，仅进出站通道布置于桥下，如图 3 所示。

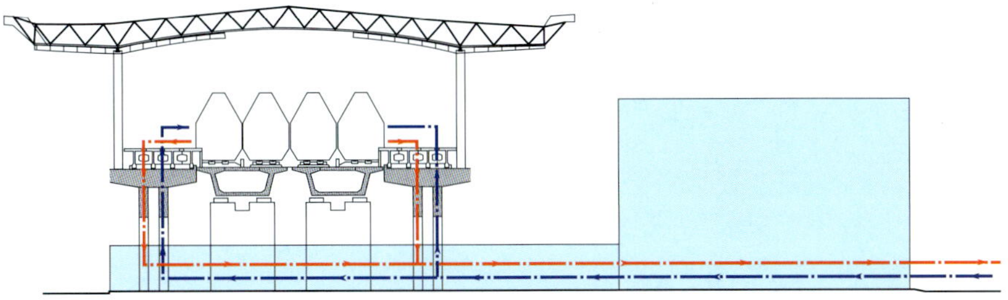

图 3　线侧下式典型剖面

1.4　线正上式

站房主体位于桥体上方，桥下空间布置出站通道及停车场等辅助功能，一般应用于大型、特大型车站。图 4 为新武汉站剖面。

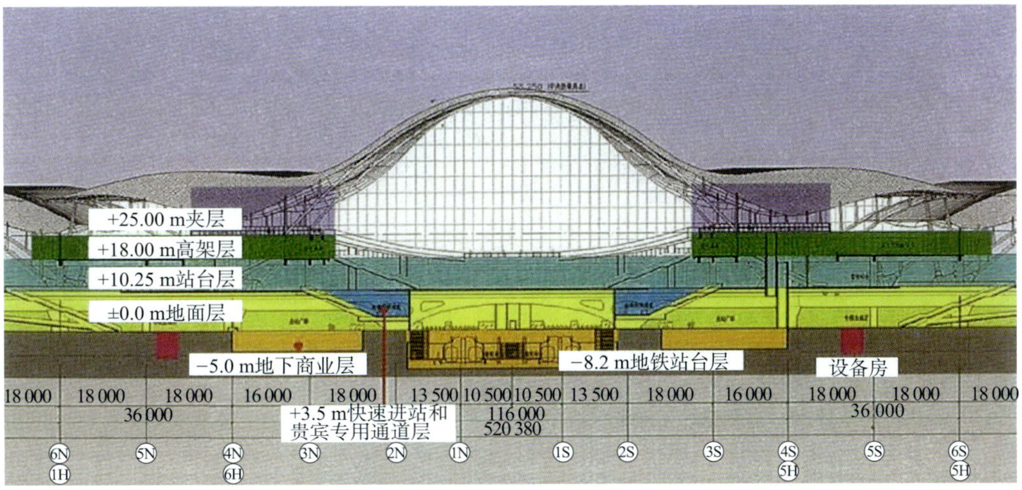

图 4　线正上式——新武汉站剖面

由桥式车站的典型剖面可以看出，桥式车站具有体量简洁、功能紧凑，旅客流线便捷，节约用地、节省投资的特点和优势，但由于站房主体与线路距离近，甚至位于线路正下方，列车运行产生的振动和噪音对旅客生理、心理感受及站房使用产生很大的不利影响，这在线正下桥式车站上体现得尤为突出。本文即针对线正下桥式车站的特点，对此类站房提出隔振降噪的技术措施。

2　线正下桥式车站噪声、振动的组成、特性及影响范围

2.1　振动、噪声的组成、特性及影响范围

2.1.1　振动的组成、特性及影响范围

动车组高速通过站房时，其振动来源主要是：在列车行进时，由于轮重移动以及轨道不平顺的激励产生的振动。通过模型计算及站房结构体系分析可以得出，振动主要以 4 条路径传递到候车室等站房空间：振动通过钢轨、钢轨底板、轨枕、轨枕底板、桥梁、桥墩传递到地面，引起候车室地面的振动；通过桥梁、站台、站台立柱、传递到地面地面；通过站台立柱传递到站房室内空间；通过桥梁

底面传递到站房屋面，如果桥梁底面兼作站房屋面则直接传递至站房室内。振动传递路径框图如图 5 所示。

站房减振措施应根据上述振动传递路径特性选择。

2.1.2　噪声的组成、特性及影响范围

铁路客运车站包括站台噪声和站房噪声组成。站台噪声主要由列车过站、列车进站、列车出站、列车定置（列车进站后车内设备仍在运行）、站台广播、鸣笛、电铃、口笛等产生的噪声组成；站房噪声来源主要是外部站台噪声的传入及站房内部的人员活动噪声和广播声。与常规铁路客运站相比，桥式客运站噪声的主要特点是由于传播路径直接，存在较大的动车高速通过噪声及结构振动引起的结构噪声。因此主要对动车高速通过时，站台、旅客站房和车站办公室各处的噪声时、频特性进行分析。

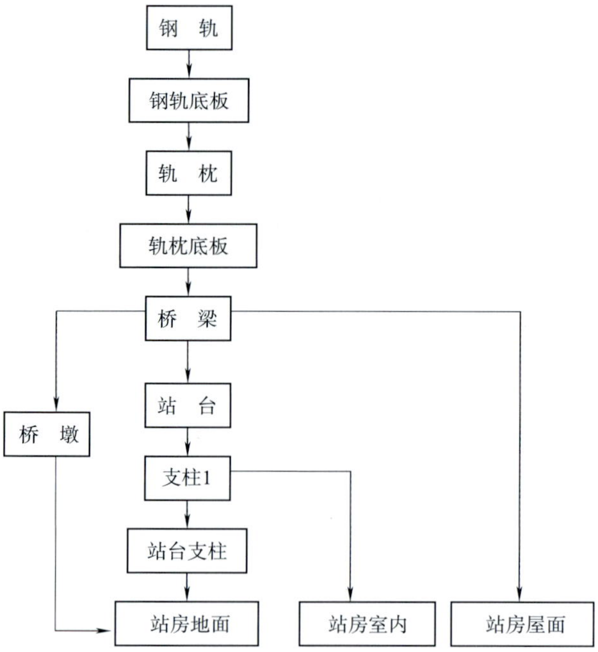

图 5　振动传递路径框图

从各个测点的噪声 A 声级时程曲线看，随着动车通过，A 声级都存在由小到大、再由大到小的明显变化过程，持续时间约为 6 s。其中站台噪声最大，其最大 A 声级 L_{max} 达 110 dB。由于各测点到动车的距离和噪声传播途径不同，动车高速通过噪声到达各测点也略有时间差。高速列车运行所产生的主要噪声及其特性简介如下。

（1）轮轨噪声

传统的轮轨噪声包括轮轨滚动噪声、冲击噪声和曲线啸叫，但高速铁路由于曲线半径大，而且采用无缝钢轨，因此，高速铁路的轮轨噪声主要是轮轨滚动噪声。轮轨滚动噪声是由于轮轨表面粗糙度激发车轮、钢轨和轨枕结构振动，并通过周围空气向外传播而产生的。

（2）气动噪声

高速列车气动噪声主要产生于列车表面装置和特殊结构的特定位置。现有研究结论表明，不同位置的气动噪声，其产生机理也不相同，大致可归纳为由于气流流经结构部件表面产生的噪声和湍流流动产生的噪声两大类。气流流经结构部件表面产生气动噪声的来源包括受电弓、受电弓底座、车辆连接处、车顶百叶窗、转向架和空调通风设备。

（3）集电系统噪声

高速列车集电系统在高速运行情况下会产生较剧烈的噪声，包含弓网滑动噪声、电弧噪声以及气动噪声。弓网滑动噪声是由于受电弓和接触网之间相对滑动、使周围空气产生高频振动而产生的，在高速列车发车、停车时的噪声中占重要比例。

（4）高架结构噪声

当高速列车在高架结构上运行时，由于列车运行激发轨道结构振动并通过高架结构各个部件（如承重梁、桥墩、站台立柱等）向邻近的建筑物和室内空间传递，引起建筑物的墙壁、地板、屋面及吊顶振动而产生的低频噪声，称为“二次噪声”或结构噪声。

3　站房隔振、降噪的技术策略

3.1　降低旅客站房振动和噪声的总体思路

针对桥式车站振动的传播途径，采用隔振措施阻断振动传播途径或减弱振动影响；桥式车站降噪的重点是控制站房室内主要空间的噪声值，所以应针对噪声的传播途径和噪声频率特性选择相应技术措施。外围护结构采取隔声措施，室内空间采用吸声措施。值得注意的是，由于车站结构振动引起的“二次噪声”可能成为桥式车站室内峰值噪声的主要来源。

3.2 隔振、降噪的主要技术措施

3.2.1 隔振的主要技术措施

减振措施应根据振动传递路径和特性选择。

（1）在条件允许（如桥下净高）时尽量采用“桥、建分离”的结构方式，即站房墙体、屋面、站台的支撑结构及基础与桥梁结构完全分离，这样可以有效阻断列车运行引起的桥梁振动直接传递到站房屋面和内外墙面。

（2）在桥墩和站房、站台立柱之间设置隔振沟，可以减弱桥墩振动对站房结构和地面的传播。隔振沟的深度直接影响着隔振效果。隔振沟深度增加，隔振效果越好。在工程实际中隔振沟深度会受到限制，结合仿真结果，建议隔振沟的深度在 6 m 左右，这样已有较好效果。

（3）铺设地砖隔振垫的可明显减弱站房地面的振动影响，如图 6 所示。

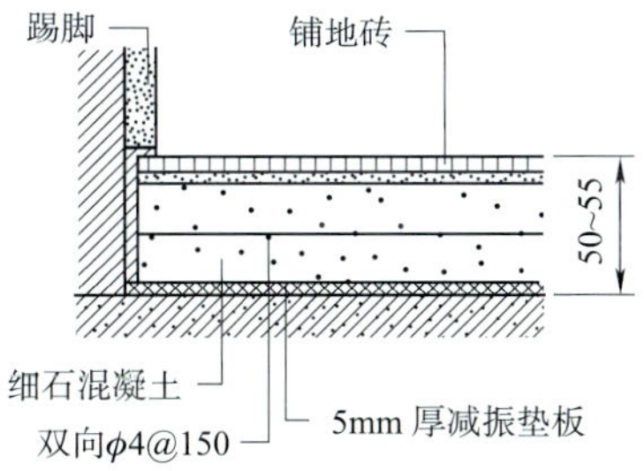

图 6 地面隔振做法大样图

（4）外围护玻璃幕墙应采用阻尼较大的构造连接方式，同时要注意幕墙的分格尺寸，控制幕墙的自振频率，避免共振。列车高速通过车站时，振动将通过车站地面等传递到玻璃幕墙的窗框和玻璃上，窗框和玻璃的结构振动会引起相应的结构噪声。因此，要降低玻璃幕墙的结构噪声，应对玻璃幕墙采取隔振、减振措施。建议采用玻璃幕墙时，要求生产企业提供阻尼参数，并在满足窗框强度等其他要求的基础上，选用相对阻尼系数较大的塑钢、塑铝材料或其他新型材料。

3.2.2 降噪的主要技术措施

在站台上动车高速通过噪声主要是以 600 ~ 1 000 Hz 的中频成分为主；而在站房内，如候车室、综合室、售票室噪声也主要以 600 ~ 1 000 Hz 的中频噪声为主，另有一些低频成分。因此站房隔声、吸声材料及结构应根据上述噪声频率特性选择。

（1）隔声材料及构造

隔声墙（屋顶）的构造做法，经过长期研究和实践，目前公认轻质墙（屋顶）需用复合材料，特别是需要在两层隔声墙（板）间夹入玻璃棉板或岩棉板等吸声材料，才能有效阻断高低频声源的通过。有隔声墙（屋顶）的构造做法或类似两层隔声墙（板）间夹吸声材料结构，已可满足隔声要求。隔声控制的重点是避免设计和施工中产生的孔隙，以及隔声量较小且面积较大的结构件对隔声量的影响。

（2）吸声材料及构造

在站房内，如候车室、综合室、售票室噪声也主要以 600 ~ 1 000 Hz 的中频噪声为主，另有一些低频成分。对站台、站厅的天花板和墙面，进行吸声处理，可降低噪声，控制混响时间，改善语言清晰度。吸声材料及构造应根据上述噪声频率特性选择。

考虑隔声、防水及节能，站台下方候车室应设金属屋面与外幕墙共同组成外围护结构。金属屋面结合隔声板以隔绝上部噪音，设离心玻璃丝棉吸声层，以吸收候车室内部的中频噪音，同时起到保温节能的作用。候车室吊顶可设计为吸声穿孔铝单板吊顶，更好的吸收候车室内噪声，如图 7 所示。

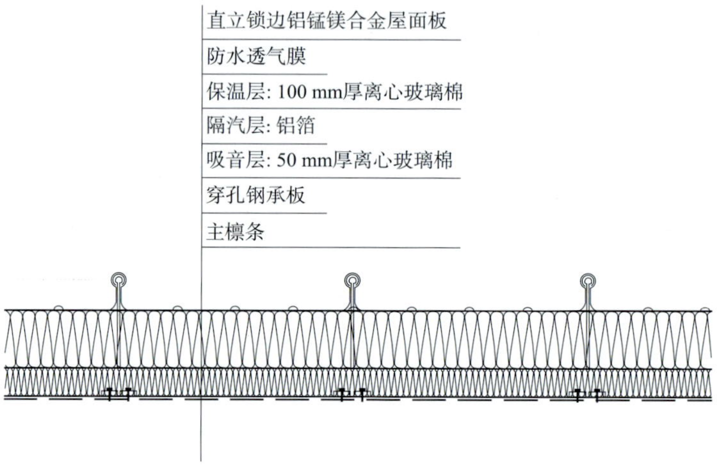

图 7　候车室金属屋面构造

3.3　渭南站采用的隔振降噪措施

郑西客专渭南北站于 2010 年 2 月正式开通运营。车站距渭南市区约 1 km，车站广场位于线路南侧，面向渭南市区。渭南北站按最高聚集人数 500 人设计，站房总建筑面积 4 608 m^2，设 VIP 候车室。车站为 2 台 4 线，是较典型的“线正下桥式旅客站”，如图 8 ~ 图 11 所示。

图 8　渭南北站现场照片

图 9　渭南北站候车厅照片

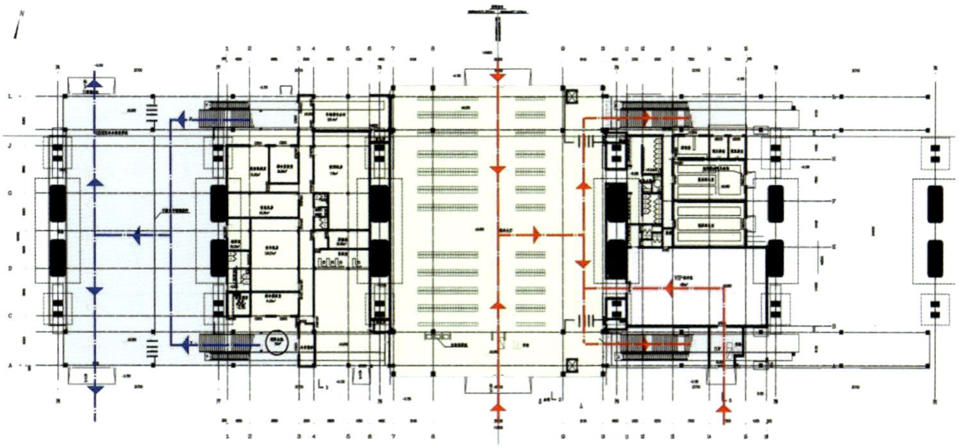

图 10　站房一层平面图

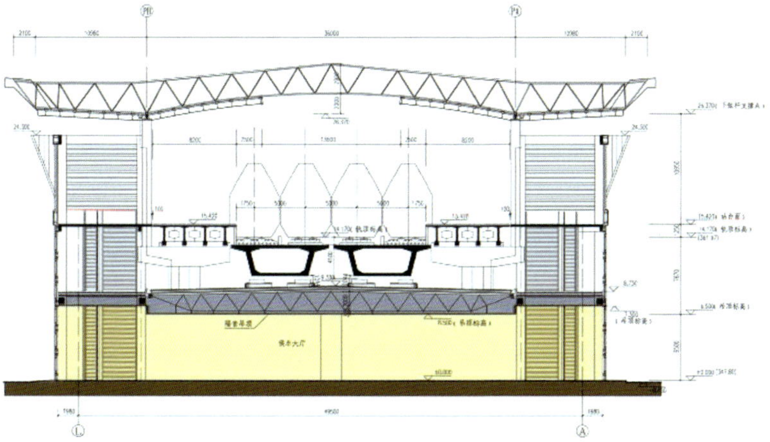

图 11　站房剖面图

3.3.1　隔振措施

渭南北站房采用“建桥分离”结构形式，由桥墩支撑轨道梁及站台板，设于轨道梁下的候车室、设备用房及车站辅助用房等采用框架结构，与桥墩及基础完全分离；加设与桥梁结构分离的站房屋面，有效地减少列车通过时引起的轨道梁、站台板和桥墩振动向室内空间传递。

3.3.2　降噪措施

国产高速客车车辆噪声频谱峰值主要集中在中频段 1 ~ 63 Hz 的线性低频段，噪声呈中低频特性。隔声与吸声构造做法针对噪音源特性，并主要参考国标《建筑隔声与吸声构造》(08J931)图集。

渭南站的噪声难以从噪声源(图 12、图 13)上来消除。在站房围护结构上通过设置隔声屋面、隔声减振吊顶、采用复合轻质墙体(在外墙增加隔声层，内侧采用吸音材料)等技术措施，有效降低了外部噪声对车站内部空间的影响。

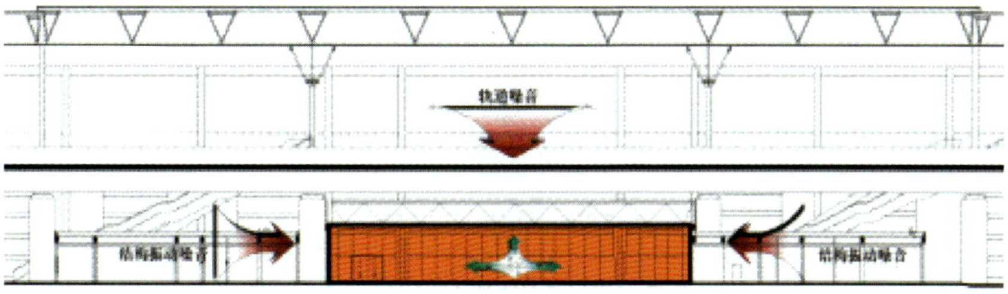

图 12　噪音来源示意图 1

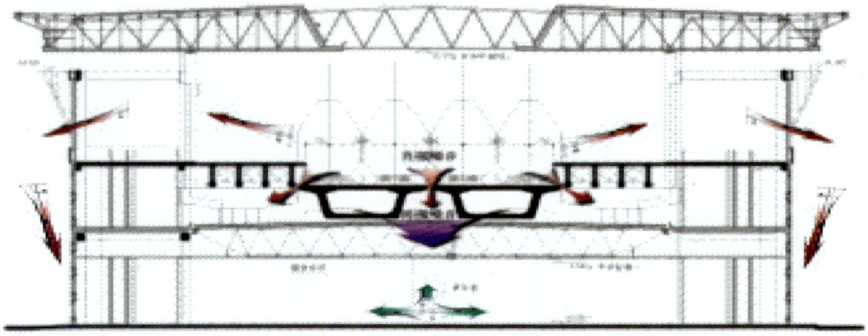

图 13　噪音来源示意图 2

（1）候车室屋面做法

0.6 mm 厚铝镁锰板；100 mm 厚保温玻璃棉；17 厚减振隔声板；U900 型屋面板；次檩 C120 × 60 × 3.0；主檩 C120 × 60 × 3.0。

（2）候车室吊顶做法

吊顶：在选择减振吊杆的基础上，吊顶上部采用隔声材料、中间设置吸音层，下部采用穿孔吸声铝板。做法参见国标 08J931—36，吊顶大样如图 14 所示。

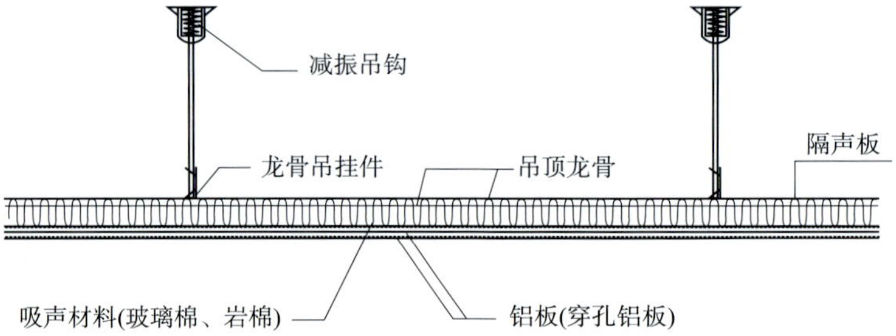

图 14　吊顶大样图

（3）墙体做法

基于隔振降噪和使用安全性、耐久性方面的多重考虑，渭南站主要墙体采用轻质复合墙体，同时，内外装饰面层也选用轻质材料，这与同类站房常用的石材或玻化砖幕墙材料形成了很大区别，实际完成的观感效果达到了预期设想。

外墙做法由室内至室外依次为：高密度纤维水泥空心挂板（局部为吸声埃特板）；50 mm 厚岩棉吸声层；隔声埃特板；铝单板幕墙（用于南、北立面）或外墙涂料。

3.4　渭南站采用隔振降噪技术措施效果的实测验证

3.4.1　渭南站降噪措施的实测验证

实地测试时由于渭南站尚未正式运营，因此主要对动车过站噪声进行了测试。站房内各处的噪声级见表 1。动车过站噪声持续时间大约为 6 s，表中噪声级的 L_{max} 为 6 s 中的最大值，L_{eq} 为 6 s 中的等效连续 A 声级。

表 1　站房内各处噪声级（dBA）

车速（km/h）	办公室		候车厅		梁　柱		VIP 室		售票厅		售票室	
	L_{max}	L_{eq}	L_{max}	L_{eq}	L_{max}	L_{eq}	L_{max}	L_{eq}	L_{max}	L_{eq}	L_{max}	L_{eq}
300	—	—	73.6	69.4	—	—	—	—	69.8	65.1	61.4	58.9
300	—	—	—	—	—	—	—	—	—	—	59.9	59.3
320	67	62.9	75.4	69.7	75.6	70.3	67.9	64.1	71.2	65.8	—	—

续上表

车速(km/h)	综合室		站长室		出站大厅		屋面外侧		站台	
	L_{max}	L_{eq}	L_{max}	L_{eq}	L_{max}	L_{eq}	L_{max}	L_{eq}	L_{max}	L_{eq}
300	63.9	59.2	67.8	63	—	—	—	—	—	—
300	—	—	—	—	87.7	83	88.9	84.6	110	106.8
320	—	—	—	—	—	—	—	—	—	—

实测点均为Ⅰ道下方,红色标记内容为测量时有其他噪声干扰。

由表1实测数据可以看出,同为桥下空间,经过隔振降噪处理的站房室内相比于桥下室外空间(出站大厅、屋面外侧)其噪声值均有较大幅度的降低。

旅客站房的噪声实际上由列车通过时段噪声与其他背景噪声所合成。渭南站由于尚未投入使用,旅客站房正常使用时的背景噪声无法测得,为预测渭南站投入使用后的旅客站房噪声,参考上述国内典型车站候车室的背景噪声范围(64.3~71.1 dBA),与列车通过时段噪声进行合成。表2为背景噪声分别为65 dBA和70 dBA,1小时内通过动车分别为10对、15对、20对、25对、30对运行情况下候车室的等效连续A声级 L_{eq}。

表2　背景噪声分别为65 dBA和70 dBA时渭南站候车室 L_{eq} 预测

背景噪声 / 过站列车对数	65 dBA	70 dBA
10	65.5	70.2
15	65.8	70.3
20	66	70.3
25	66.2	70.4
30	66.4	70.5

为对渭南站候车室等效连续A声级 L_{eq} 进行更准确地预测,还选择了上海站、南京站、成都站、北京西站、郑州站的背景噪声与1小时内通过30对动车的列车通过时段候车室噪声进行了合成,合成结果(见表3)表明,所预测的渭南站候车室等效连续A声级 L_{eq} 相对其他车站更小。

表3　选取典型车站背景噪声时渭南站候车室噪声预测(dBA)

背景 / 站名 / 对比项	69		71.1		65.8		64.3	
	上海站	渭南站	南京站	渭南站	北京西站	渭南站	郑州站	渭南站
L_{max}	77.7	75.6	80.5	76.2	83.1	75.1	71.9	74.9
L_{eq}	73.1	69.6	75	71.5	70.5	67	68.5	65.9

由以上预测分析可见,背景噪声在渭南站候车室预测等效连续A声级 L_{eq} 中,起到很大作用,如果能适当控制住候车室的背景噪声,渭南站候车室等效连续A声级 L_{eq} 不仅能满足75 dBA的参考限值,甚至有望控制在《铁路边界噪声限值及其测量方法》(GB 12525—90)和《城市区域环境噪声标准》(GB 3096—93)中4类标准适用区域70 dBA的噪声限值内。

对于渭南站综合室、售票室、站长室、办公室等车站工作人员长期工作的房间,即使在列车通过时段的噪声等效连续A声级 L_{eq},大多也小于《美国APTA车站噪声设计要求》中车站值班室声级(60 dBA)设计要求。通过计算,如果能适当控制住各办公室的背景噪声小于58 dBA,则各办公室等效连续A声级 L_{eq} 能满足60 dBA的参考限值。

综上所述,尽管由于车速的提高和线正下桥式车站特点使得渭南站站台及站房外部噪声远高于其他车站,但渭南站候车厅、办公室等站房室内空间噪声值相对于其他车站更小,并达到了较高的噪声控制水平,说明渭南站站房隔声、吸声设计较为合理。

3.4.2 渭南站隔振措施的实测验证

与铁路振动相关的评价标准有《城市区域环境振动标准》(GB 10070—88)见表4。

表4 《城市区域环境振动标准》(Z 振级 VLz)

适用地带范围	昼间	夜间	适用地带范围的划定
特殊住宅区	65	65	指特别需要安宁的住宅区
居民、文教区	70	67	纯居民和文教、机关区
混合区、商业中心区	75	72	指一般工业、商业、少数交通和居民混合区
工业集中区	75	72	指在一个城市或区域内规划明确确定的工业区
交通干线道路两侧	75	72	指车流量每小时100辆以上的道路两侧的区域
铁路干线两侧	80	80	指距每日车流量不少于20列的铁道外轨30M外两侧的住宅区

渭南站进行动车运行试验时,列车通过时段候车室内的等效连续振级为70.5~73.5 dB,站台的等效连续振级为68.2~76.6 dB,小于《城市区域环境振动标准》中"铁路干线两侧"所适用的80 dB振动限值。即使以列车通过时段在站台和候车室所测得的铅垂向计权Z振级VLz的峰值振级评价,其最大值分别为81.5 dB和80.2 dB,也小于对于冲击振动最大值昼间不容许超过80 dB标准值10 dB(即90 dB),夜间不容许超过80 dB标准值3 dB(即83 dB)的振动限值。上述测试结果表明,渭南站隔振、减振设计较为合理,达到了相关标准的振动限值要求。

4 桥式车站站房隔振降噪技术措施的建议

(1)桥式车站特殊的结构和空间形式造成列车运行引起的振动和噪声对站房的不利影响更为直接,首先应尽量从振动和噪声源头采取有效的隔振降噪技术措施,如改善轨道平顺度(尤其是垂向平顺度)、采用减振道床、桥墩采用隔振垫等。

(2)站房采用"桥、建分离"的结构方式可以在振动和噪声的传播途径上有效减弱其对站房室内声环境的影响。结构基础设置隔振沟、采用隔振地面等措施可进一步减弱振动影响。

(3)桥式车站的振动和噪声频率均以中低频为主,应根据其频率特征选择恰当的材料和构造做法。

(4)正常情况下,依据国标《建筑隔声与吸声构造(08J931)图集》确定相应材料和构造做法可以满足工程要求,这在工艺技术、材料、造价控制上均有较高可行性。隔声控制的重点是避免设计和施工中产生的孔隙,以及隔声量较小且面积较大的结构件对隔声量的影响。

(5)即使采取了隔振措施,线正下桥式车站墙体等围护结构所受的振动影响仍会大于其他类型车站,所以站房内外装修装饰材料宜选用轻质材料及弹性构造。

(6)根据对国内典型铁路客运站噪声测试分析结果,并结合我国目前车站的噪声现状、降噪技术条件和管理状况,提出我国铁路客运站主要区域噪声等效连续A声级L_{eq}参考限值见表5。

表5 铁路客运站环境噪声参考限值(dBA)

区域名称	昼　间	夜　间
站　台	80	80
候车室	75	75
售票厅	75	75
站台值班室(关门)	60	60

参 考 文 献

[1] 中铁第一勘察设计院集团有限公司,西南交通大学. 桥式(正线下式)旅客站房隔振、降噪技术研究报告[R],2011.
[2] 焦大化,钱德生,等. 铁路环境噪声控制[M]. 北京:中国铁道出版社,1990.
[3] 焦大化. 环境噪声的最高允许值[J]. 铁道劳动安全卫生与环保,2002,(5).
[4] ISO DIS1996-1:2001. 声学 环境噪声的描述、测量和评价 第一部分:基本量和评价程序[S].
[5] 吴萱,高日. 列车引起的高架铁路车站的振动与噪声[J]. 都市快轨交通,2004,17(3).
[6] 建筑隔声与吸声构造图集(08J931)[S]. 北京:中国建筑工业出版社,2008.

发挥高校学科优势
强化铁路客站安全设计

贾　坚　许笑冰　魏　崴　刘传平　谢立伟　刘天骛
（同济大学建筑设计研究院（集团）有限公司，上海　200092）

摘　要：文章以同济院设计的福州南站、大连北站、宁波站和兰州西站为例，从城市“大交通”角度对站区交通进行梳理、保畅通，大跨度钢结构设计与施工安全控制，“桥建合一”结构体系的可靠度研究，铁路客站信息化施工、健康监测及动态设计等几个方面来论述同济院如何发挥同济大学的学科优势，强化铁路客站安全设计。

关键词：高校学科；客站；安全设计

同济大学创建于1907年。现同济大学是原同济大学、上海城市建设学院、上海铁道大学、上海建筑材料工业学院等院校合并而成的，是国内土木建筑领域最大、专业最齐全的综合性大学。成立于1958年的同济大学建筑设计研究院（集团）有限公司是全国知名的集团化管理特大型甲级设计单位，现有二千多名优秀的工程技术人才。

随着国家铁路建设和改造的快速发展，大量铁路客站应运而生，在满足建筑功能、造型和造价控制的前提下，如何行之有效地控制铁路客站的安全成为设计的一个重要课题。本文以同济院设计的福州南站、大连北站、宁波站和兰州西站为例，从城市“大交通”角度对站区交通进行梳理、保畅通，大跨度钢结构设计与施工安全控制，“桥建合一”结构体系的可靠度研究，铁路客站信息化施工、健康监测及动态设计等几个方面来论述同济院如何发挥同济大学的学科优势，强化铁路客站安全设计。

1　从城市“大交通”角度对站区交通进行梳理、保畅通

所谓城市“大交通”即整个城市框架内的总体交通规划，“大交通”对于铁路站房区域的交通定位是站房前期设计内容的重要组成部分。铁路站房设计由于受到工程划分、投资划分的影响，站房设计单位往往会形成只重视站房本身的功能、造型、内部流线，而对站房外的交通组织设计、评估不够。然而，作为交通类建筑，站区交通的畅通、换乘的便捷，减少交通拥堵和冲突等设计更是判别站房设计成功与否的标准。保证旅客“进得来，出得去，保畅通”，也是站房安全设计的一个重要方面。

1.1　站房在整个城市交通体系的定位

交通工程学在我国近30年的发展中，其基本理念和技术已经得到了广泛的推广应用，城市交通基础设施的建设更加重视其前期的工作，交通规划已经列入决策流程[1]。铁路站房是城市交通体系的重要节点，是城市与城市间客流的转运中心。铁路站房在属于全国铁路运营网络一部分的同时，也是一个城市内多种交通运输方式的枢纽，是交通网中的重要一环。因此，铁路客站应与城市交通良好衔接，使得站房设计在满足铁路运营网络的同时，还要满足城市交通对于站房的需求和定位。

1.2　从城市角度对站区交通进行前期评估的策略

同济院充分发挥同济大学多学科协同作业的优势，在已设计的几个大型铁路站房中，都将交通设计纳入整体设计，而且是交通设计走在前，为整体设计铺路，做好整体定位，结合已有的交通规划经

验，初步调研，定性评价，为后续定量设计提供充足的依据来进行交通规划，从而保证“进得来，出得去，流得快，保畅通”的目标。

同济院结合同济大学的学科优势，对客站交通规划中的相关环节从宏观到微观分别进行课题调查研究，收集大量数据，做好基础工作。利用仿真模型对整体交通规划进行辅助分析研究，对原交通规划提出采纳或修改意见。

在交通辅助站房设计方面，同济院形成一整套的工作方法：铁路客流的特征调查→前期现状调查与分析→对城市综合交通规划进行总体研究（或进行修订研究）→对站区交通流量进行预测与需求分析→对站区交通组织提出合理性方案及评价→交通仿真分析及评价→对站区内存在问题的交通节点提出修改建议及方案→定案后的再评估。

针对每个城市的不同情况，上述各阶段的工作重点也略有侧重。如城市综合交通规划属于较早编制版本，无法适应现阶段的要求，就需要对总体交通规划中的不合理部分进行修订，以保证城市综合交通规划与站区交通规划的同步性；另外，定案后的再评估阶段也是交通设计后期的重要环节，所以，定案后再评估可以针对方案的遗留问题提出相应对策，以便后续运营时加强某项管理来弥补遗留问题。应该说，交通设计的一套流程是层层递进、环环相扣的。

1.3 大型客站的前期交通设计——以兰州西站、宁波站为例

我院在设计兰州西站时（目前为实施方案调整阶段），从前期方案阶段就将交通设计作为整体设计的重点内容进行研究，我院设计人员与中国城市交通规划学术委员会委员，同济大学杨晓光教授团队一起组成专项分析小组配合兰州西站及其周边的交通设计。专项小组对兰州市、七里河区、兰州西站站区的现状进行调研并对需求进行预测，以此为基础结合市政提供的资料进行仿真分析，得到从宏观到微观的交通分析（图 1），对城市综合交通规划中兰州西站区域存在问题的节点提出合理性建议和方案，进而从城市角度把站区的交通疏解做流畅、做合理。图 2 所示 1 ~ 4 为兰州西站枢纽区域可能的瓶颈点分析。如瓶颈点 1 是站前西津西路东西两侧为下穿通道，而下穿隧道入口与车站进出口距离过近，因交通流量较大，下穿隧道入口地面道路部分容易发生拥堵。合理的解决方案是将下穿隧道开口后移并做好路口的交通组织设计。瓶颈点 2 是南山路路幅较窄、通行能力较低，由于进出枢纽流量较大，易发生拥堵，对应的修改建议是拓宽该道路。

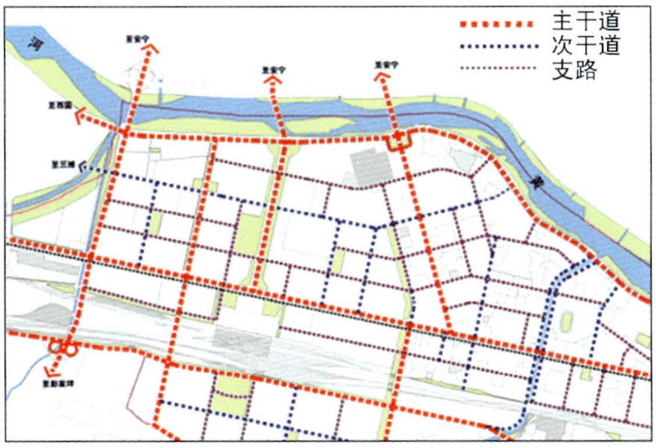

图 1　兰州西站周边区域道路等级规划图

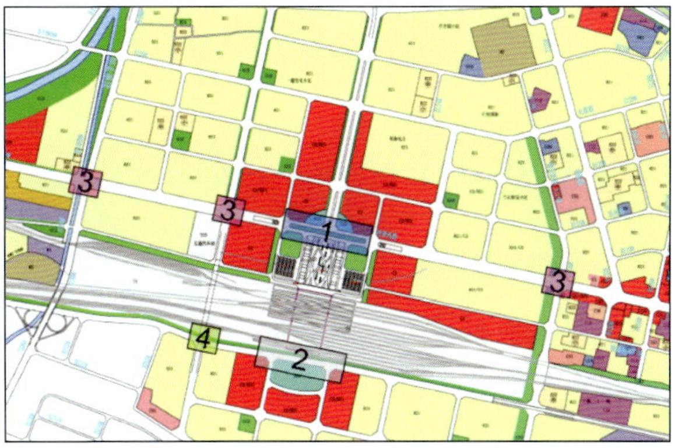

图 2　兰州西站站区道路瓶颈点分析图

针对不同的瓶颈点，均有相应的理想解决方案，但在深化过程中，就会碰到经济性、可操作性等问题，例如延伸 1 km 来解决瓶颈点 1 的方案就会导致投资大大增加，这时就需要循环论证，找到保证枢纽畅通的各种因素最终平衡点。

我院也在设计前期阶段做好站区内城市配套工程如地铁、各类车场等的定量分析，力争把城市配套的工程规模做准、做足，把各类换乘做的更便捷。

宁波站为铁三院与同济院联合中标的大型铁路枢纽。在宁波站（目前在施工阶段）的设计过程

中,区域交通设计也是前期介入,首先对大区域的交通进行评估、预测,进而对站区中设计难点进行分析,提出解决方案(图 3)。

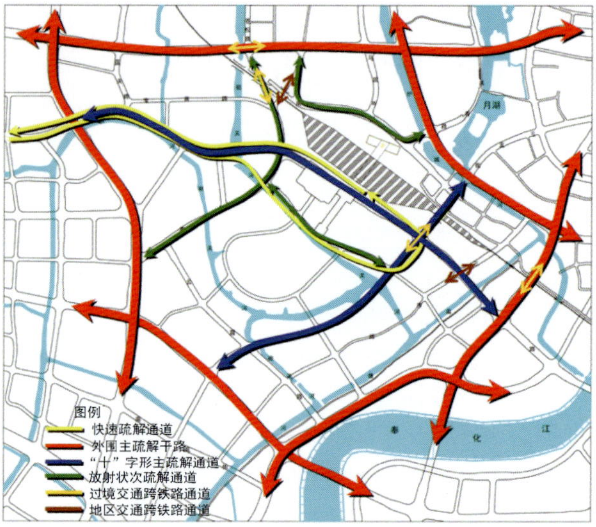

图 3　宁波站外围交通疏解图

由于宁波站为改造工程,周边的用地比较局促,如何在相对狭小的空间里把交通组织通顺、把所需的车场面积做足成为前期设计比较棘手的问题。如在北广场地下空间的设计中,站房距路边只有约 70 m 的距离,广场两侧又受到既有建筑的影响无法外扩,因此配套车场规模无法满足远期的需求量,且南站西路上的交通出入口混行严重(图 4)。经过交通节点精细化分析评估,得出将北侧地下车场区域扩大至南站西路北侧并通过对南站西路的拓宽改造,将两组车行出入口设置在南站西路北侧的拓宽路面上来组织交通。最终整体流线比之前更顺畅、合理(图 5),进而再通过建筑、结构、机电、道路等专业的配合,使最终的方案得以实现。

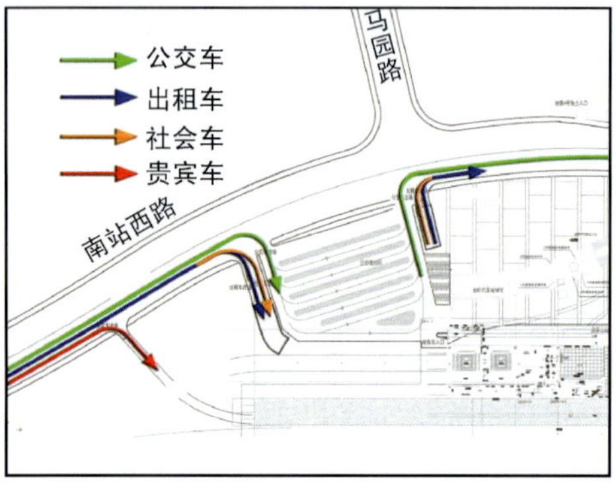

图 4　南站西路未拓宽时交通疏解图

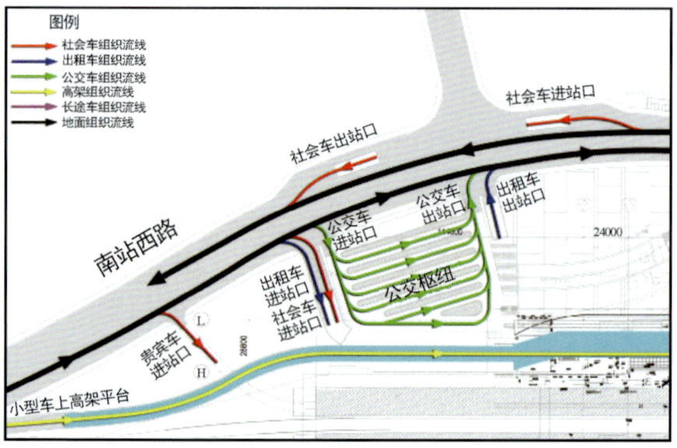

图 5　南站西路局部拓宽后交通疏解图

同济院正是以同济大学为依托,发挥高校的学科优势,在交通类建筑的设计中,把交通设计摆在设计前期重要的位置,特别是把火车站区域交通放到城市"大交通"规划中来总体定位。

2　大跨度钢结构设计与施工安全控制

2.1　大跨度钢结构选型与创新

新建的铁路客站对外观造型、内部柱网布置以及空间形态上都提出了较高的要求,客站结构工程中的站房屋盖和站台雨棚等大跨度钢结构是客站工程的重点和关键,也是客站工程质量安全的核心之一,因此对结构的要求就需更加严格。同济院结合同济大学在工程领域的综合学科优势,从结构体系创新,新体系的应用,多方案的比选以及节点设计的合理性等多方面进行控制,努力打造精品工程。

在福州南站雨棚的设计过程中,同济大学丁洁民教授提出为保证雨棚的内部空间、外部空间效果,雨棚结构应尽可能轻盈化,以求摆脱传统屋盖结构的厚重感;最大限度的配合建筑师的建筑创新,使雨棚结构造型与建筑造型有机统一。结合屋面形态特点、下部土建结构柱网的要求,通过多个方案的对比分析,站台雨棚结构采用了刚性与柔性相结合的混合结构体系——柱顶分叉斜撑支承的三跨连续张弦梁结构体系(图 6 和图 7)。

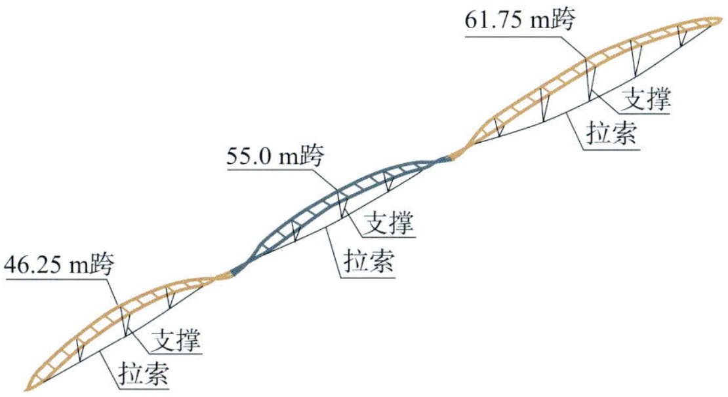

图 6　单榀张弦梁效果图

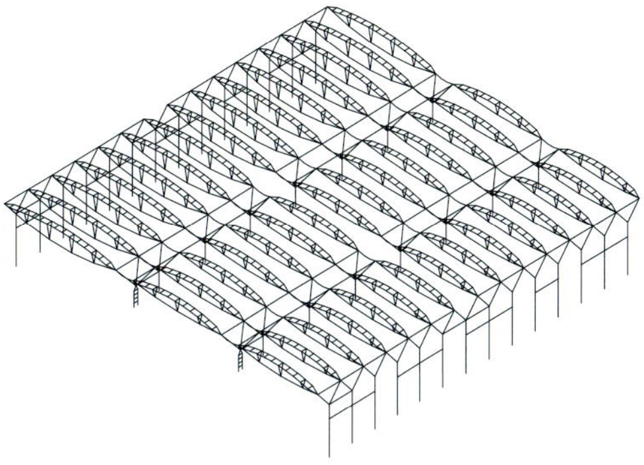

图 7　雨棚轴侧图

雨棚平面投影尺寸为 450 m × 163 m，顺轨道方向设置两道伸缩缝将结构分为 76.25 m、86.5 m 和 86.5 m 三个区域，在伸缩缝区域采用檩条内设纵向滑动节点方式来释放温度作用下的变形。垂直轨道方向，受线路制约，没有合适的断缝点，但是考虑到屋盖在该方向的波状外形对温度应力的释放能力、中间 V 字形柱顶斜撑的约束刚度较小以及边侧无约束刚度的摇摆柱等各种因素，全长采用连续的多跨结构(图 7 和图 8)。

图 8　三跨连续张弦梁雨棚

福州南站雨棚设计中有如下技术特点：

(1)首次在无站台柱雨棚中运用三跨连续不等跨张弦梁结构体系。

(2)充分注重与建筑波浪形造型特点及站台雨棚功能要求的结合，创造出受力合理、技术先进、轻盈通透、极富韵律的结构形式。

(3)上部刚性子结构选择实腹矩形变截面钢管梁，截面高度与受力大小相对应，线型流畅、造型优美，营造出富有力度感和视觉美的结构空间。

(4)钢管混凝土柱顶设倒锥形分叉钢支撑连接上部钢梁，可使得间距 24 m 的钢管混凝土支承点减小为 12 m，使得上部中心间距 12 m 的横向张弦梁得以直接搁置在柱顶的斜撑上，省却了托架梁的转换，受力更加直接。同时分叉支撑对柱顶也形成了有效的抗侧刚度。

(5)在沿海大风地区运用张弦梁结构，通过上弦钢管内灌浆的方法有效解决风吸问题，节省造价、经济合理。

(6)因结构超长，每隔 96 m 设置一道温度缝，通过断开檩条并设长圆孔的方法形成纵向滑动，从而有效减小温度应力，方法简单，但经济有效。

(7)三跨连续且不等跨张弦梁同步张拉在国内尚属首次，张拉施工存在诸多技术难点，如张拉前的工况模拟计算，张拉的同步协调控制，张拉过程中的应力与变形控制等。

在大连北站的设计过程中，配合建筑造型要求，先后对十字交叉张弦桁架（图 9）、空间管桁架（图 10）以及单向三索张弦桁架（图 11）进行了深入的体系研究和方案比选，最终从经济性，美观性选择单向三索张弦桁架作为最终的实施方案。

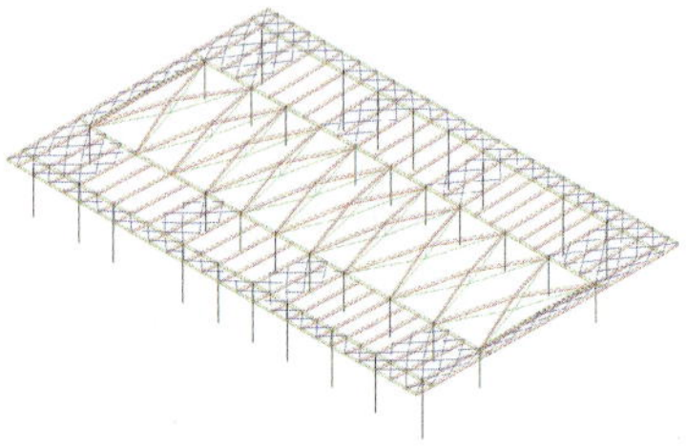

图 9　交叉张弦方案

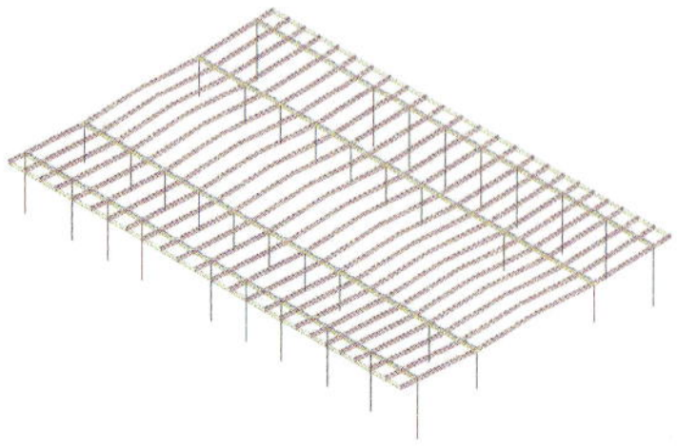

图 10　钢管桁架方案

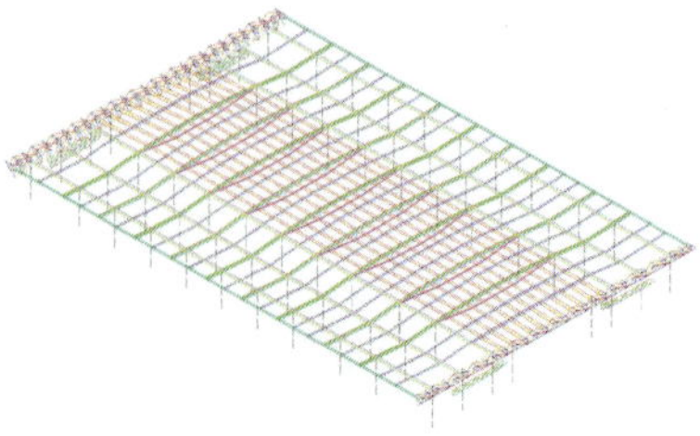

图 11　单向三索方案（采用方案）

大连北站站房屋盖平面尺寸为 256.8 m × 164 m，柱距顺轨方向为（36 + 72 + 36）m，垂直轨道方向为 21.5 ~ 29.1 m，边柱周边外挑 6.5 ~ 10.0 m。采用张弦桁架结构方案，在实现建筑立面和空间设计效果的同时，充分利用拉索的预应力改善结构的受力和变形，减少了桁架梁支座的水平位移和对立柱的水平推力，极大地减小了屋架梁的高度，降低了屋架梁和立柱的用钢量。屋盖的用钢量控制在 85 kg/m^2，比采用钢管桁架方案每平米用钢量减少 20% 。由此充分说明了合理的结构方案既能满足结构的安全性，又能获得较好的经济效果。

2.2　大型空间钢结构施工质量及安全控制

同济院在钢结构设计过程中，深入分析结构体系受力特点，剖析结构的风险源，制定控制方案，结合深化图纸审核及技术交底，将风险源存在的关键点和施工过程中的控制方法向施工单位进行交代，并在施工过程中重点监控。

大连北站站房屋盖钢结构吊装和弦索张拉（图 12）是本工程钢结构施工过程中最大的风险源和质量安全控制点。我院通过以下几方面来进行安全控制。

图 12　大连北站屋面钢结构吊装施工现场照片及张拉节点照片

（1）配合施工单位在吊装前完成不同施工阶段的有限元模拟分析。

（2）在现场首榀钢桁架吊装时我院派钢结构设计负责人到场参与检查督导，对桁架梁起吊点的设置，支架起拱的高度，各分段的合龙温度，拉索的张拉顺序及分级张拉力的确定等关键施工技术指标进行逐项审核控制，确保钢结构的施工质量安全。

（3）根据第一榀张弦梁的张拉实测数据，确定后续结构张拉分为“先拉力，后位移”的张拉控制方法，即在张拉到设计拉力的 90% 前，以张拉力控制为主，在达到 90% 后以位移控制为主（图 13）。

（4）在后续的张拉过程中，同步记录索力和位移，并及时将收集的数据提交给设计院。

CE 轴桁架梁分级张拉拉力理论与实测控制见表 1。

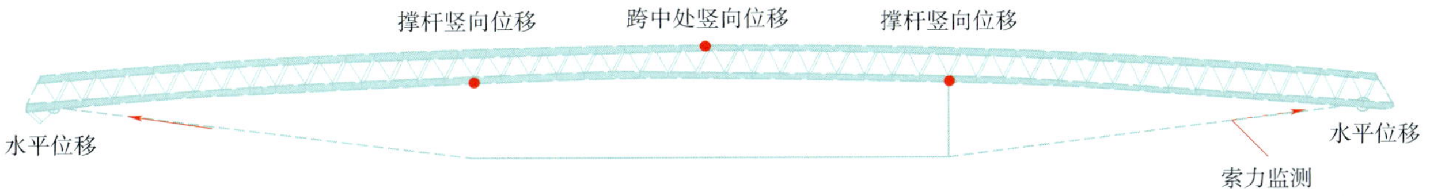

图 13　大连北站屋架钢桁架及弦索示意图

表 1　CE/S7 轴张拉监测数据

张拉部位：CE 轴 S7　端　张拉力：841 kN

张拉点：南侧拉索　张拉设备：(千斤顶) 507133—507110#　(压力表) Y00400965									
25% 张拉力(kN)		50% 张拉力(kN)		75% 张拉力(kN)		90% 张拉力(kN)		100% 张拉力(kN)	
210		421		631		757		841	
要求读数(MPa)	实际读数(MPa)	要求读数(MPa)	实际读数(MPa)	要求读数(MPa)	实际读数(MPa)	要求读数(MPa)	实际读数(MPa)	要求读数(MPa)	实际读数(MPa)
10.5	10.5	20.2	20.2	29.0	29.0	35.3	35.3	38.9	—
最终张拉力(kN)	757	与理论值比较	90%	是否满足	满足				

客站结构工程中的站房屋盖和站台雨棚等大跨度钢结构是客站工程的重点和关键。同济院结合同济大学的优势，从结构方案的比选到节点的模拟分析，在保证结构安全的前提下，做到经济合理，精益求精。深刻了解各子项、各工序、各环节的风险源，并介入施工过程中，严把质量安全关，做到关键点的全过程监测、监控，有的放矢，杜绝安全隐患。

3　"桥建合一"结构体系的可靠度研究

"桥建合一"结构形式在部分客站中已有应用。"桥建合一"结构体系的车致振动影响及可靠度分析研究是我院在福州南站、宁波站工程中结合学科科研团队开展的一项重要研究课题[2,3]。

在宁波站、福州南站"桥建合一"结构设计中，我院设计人员与同济桥梁系吴定俊教授的研究团队一起用不同的有限元软件建立模型对站房结构在车致振动下的影响进行了分析，课题重点研究了列车高速通过和制动等工况下站房结构关键部位的振动位移和加速度响应、结构纵横向及竖向刚度变化和节点安全可靠度(图 14)；分析列车行驶的安全性和平稳性，包括车辆的竖向、横向加速度，轴重减重率，抗脱轨安全系数等，并根据研究结果对站房结构节点安全可靠度进行加强，确保站房结构特别是"桥建合一"高架桥结构的设计安全。

高速列车、城际列车以及地铁列车直接运行于站房主体结构或者基础底板之上，列车通过、刹车与加速会引起整个站房结构振动(图 15)。由于站房结构列车线路众多，结构复杂，在一定条件下，列车激振频率与结构自振频率吻合，可引起结构发生较为显著的共振响应。站房结构振动响应过大，将影响候车旅客的舒适性、站房附属结构以及相关仪器设备的正常使用性能、结构疲劳强度。对列车运行下站房结构的振动响应进行分析评估，能够在设计阶段避免由于结构设计不合理产生的不良振动问题。

通过计算发现列车通过宁波、福州南站房结构时，结构的振动加速度在《新建时速 200 公里客货共线铁路设计暂行规定》允许的范围内，满足要求，车辆轮对脱轨系数、轮重减载率、轮对横向力、车体竖向及横向加速度满足相关规范要求；列车运行的安全性可以得到保证；在列车荷载作用下，结构的内力量值不大，强度满足要求，动力作用不控制结构强度设计。

但是在福州南站工程设计中，通过计算发现列车通过站房结构时，结构的纵、横向位移较大、主梁跨中及主柱顶横向位移最大值分别达 0.98 mm 及 0.43 mm。原因在于主柱的抗侧刚度偏小。采取设计措施：增大主柱截面尺寸；加强梁柱节点抗震构造，所有高架桥墩柱均设置芯柱(图 16)；适当加厚轨道层楼面板厚度。

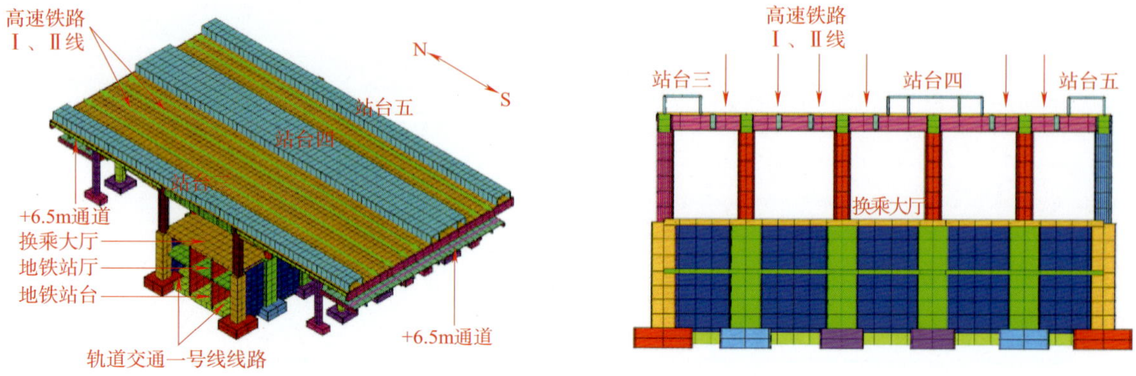

(a) ANSYS 计算分析模型

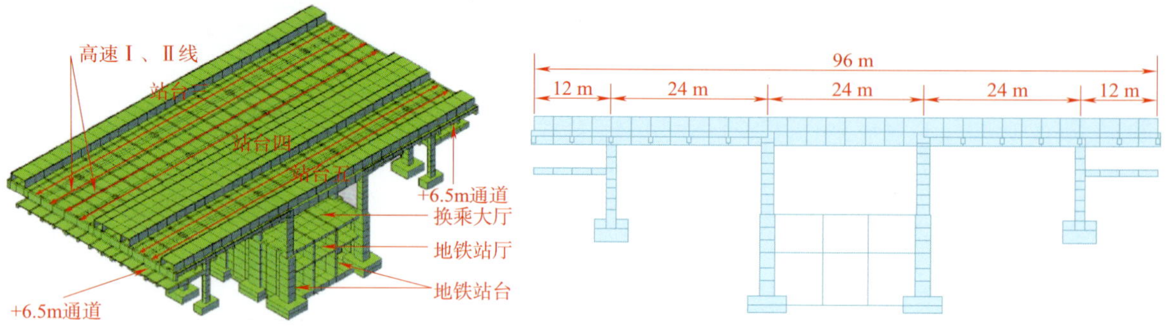

(b) MIDAS 计算分析模型

图14 计算分析模型

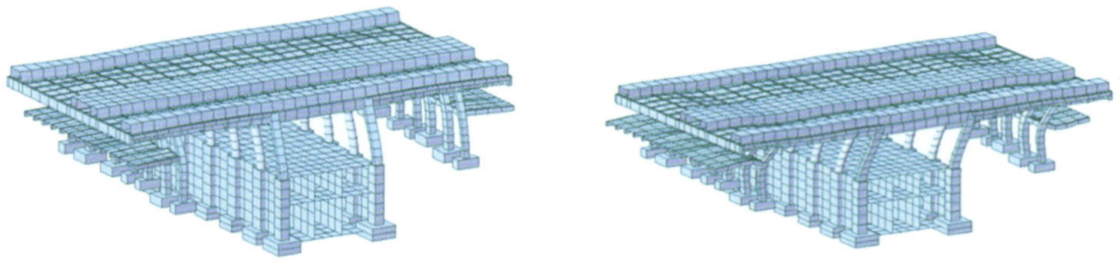

图15 桥梁1、2阶振型图

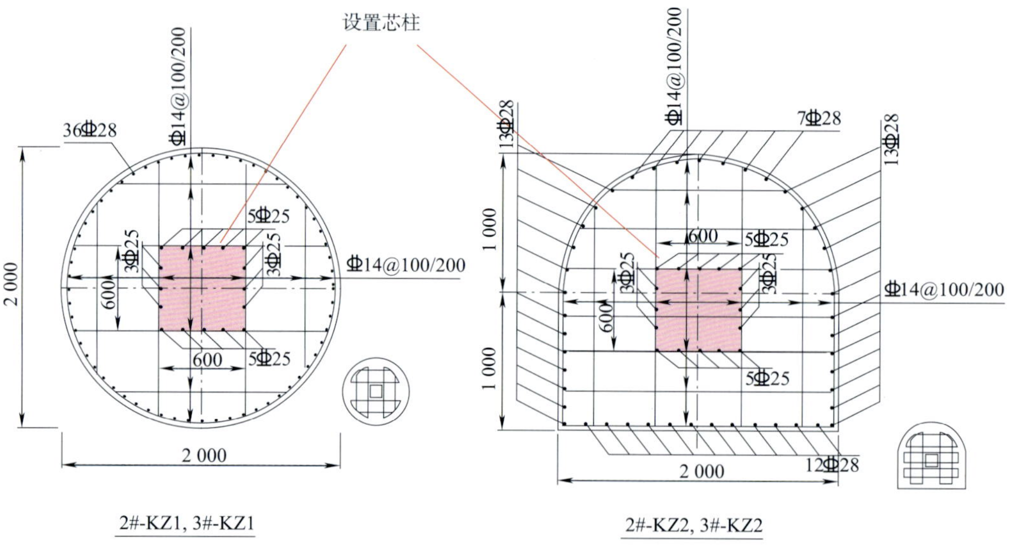

图16 桥梁墩柱设置芯柱

通过以上改进措施，结构的各项指标均满足设计要求，并有较高的可靠度。

4 铁路客站信息化施工、健康监测及动态设计

目前，铁路客站结合地铁换乘作为城市"零换乘"的综合枢纽已屡见不鲜，但是由于客站选址不同，国铁施工工期紧张，某些站就要求施工期间在不间断正线正常运行的前提下制定安全可靠的实施方案，这种情况下，信息化施工对于保证铁路行车安全就显得尤为重要。

以我院设计的宁波站为例，国铁基坑为国铁南北通道与地铁车站基坑的共建基坑，根据铁路部门的要求，在改建宁波站工程施工期间，既要保证既有正线的正常运营，又要在 2 年内完成本项目的永久正线铺轨。为此，经过多方案比选，工程实施筹划采用在基坑中架设临时铁路便桥过渡既有正线，保证既有正线的正常运行，从而满足了工程铺轨及完工节点的要求。

在基坑开挖过程中，对铁路便桥受力状态的动态实时全过程监测、监控，信息化施工也是确保临时便桥在使用过程中万无一失的关键。

4.1 临时便桥下的基坑施工控制

临时便桥立柱采用型钢格构柱，刚度较小，而基坑采用整体一次性开挖，铁路便桥在基坑开挖时仍然承担上方列车运行，并遵循"行车不挖土，挖土不行车"的施工原则。在严格保障铁路部门的列车营运前提下，充分利用夜间封锁天窗时间及无客车时间，进行便桥下的土方开挖、剪刀撑焊接及连梁浇筑作业。

根据便桥下各项施工活动对便桥的影响程度不同，结合铁路局批准的无客车时间，信息化施工监测、监控，精心组织施工，确保基坑施工阶段上方的列车运行安全，将不同的施工作业活动安排到相应的时间段内，把对临时便桥安全的影响减到最小。

4.2 临时便桥受力状态的动态实时监控

对临时铁路便桥进行全过程、全方位的监测（图 17 和图 19），监测内容如下：便桥的固有频率、便桥板梁跨中竖、横向振动位移及振动加速度、钢立柱顶横向振动位移及振动加速度、便桥梁及角钢格构柱动应力（图 18）。铁路便桥的静态监测，有横向位移、纵向位移、竖向位移、差异沉降及轨行区平整度（图 20）等。

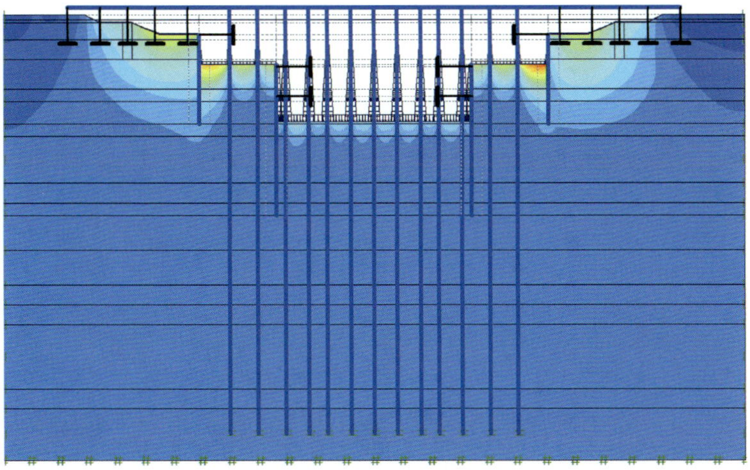

图 17 基坑开挖竖向位移等值云图

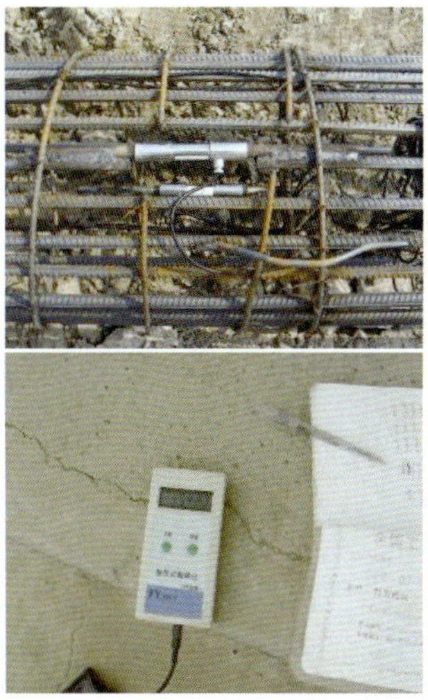

图 18 钢弦式钢筋应力传感器及频率接收仪

对所有通行列车进行动态监测，并对特征时段（列车通行前后、列车停止通行前后、货车通行前后、每层土方首次开挖、列车提速前后）进行重点监测（图 19）。通过自动化信息系统对各传感器数据进行采集、处理，并根据处理结果，提供建议参考值，同时提供即时报告给各相关单位，并根据事先设

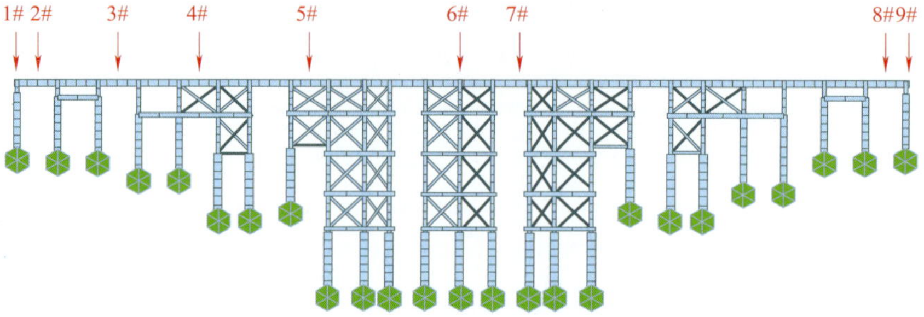

图 19　桥梁相应提取位置

定的预警及报警值判断临时便桥的安全状态，必要时根据预先制定的应急预案，采取相应措施，确保列车行车安全。

图 20　轨道平整度测量

图 21　基坑支护结构测斜

对便桥下方基坑开挖期间支护结构的测斜（图 21）、隆沉、支撑轴力、坑内外承压水、潜水位的变化、坑外地表沉降等进行监测。

4.3　站房大型钢结构健康监测

铁路站房的安全是一个全过程、全寿命使用的安全，因此，如何确保铁路站房的长期运营安全已成为设计的一个重点。站房工程结构在使用期间一般会受到两种损伤：突发性损伤和累积性损伤。突发性损伤一般发生在结构物外部，由碰撞、爆炸等突发事件引起，使结构物在短期内损伤达到或超过一定限值。累积性损伤则有缓慢积累的过程，一般产生在结构物内部，损伤积累到一定程度会引起结构物破坏[4]。

由于工程环境的复杂性和计算理论的局限性以及外部荷载作用的不确定性，现代结构工程科学尚不能完全确保大型复杂结构体系的安全性。法国戴高乐机场候机厅的坍塌（图 22）和上海 F1 赛车场临时看台的倒塌（图 23）等工程事故均为前车之鉴，结构内部的累积性损伤如不及时发现可能诱发非常严重的后果。

图 22　法国戴高乐机场候机厅的坍塌

图 23　上海 F1 赛车场临时看台

对于铁路站房等大跨空间结构以及“桥建合一”高架桥梁等受力复杂的结构体系，虽然已有一些“桥建合一”的工程应用实例，但使用历史很短，对由此导致的结构动力和疲劳效应还缺少充分的理论和实验研究，而目前客站建设中站房结构使用寿命 100 年，雨棚使用寿命 50 年，因此开展结构健康检测研究就显得非常必要。在施工阶段通过比较理论计算和实测结果，分析施工中产生的误差，预测后续施工过程的结构形状；提出后续施工过程应采取的技术措施最大限度地符合设计的理想状态。在运营使用阶段，比较设计计算与实测数据，检验设计参数；实时检查结构在使用过程中的损伤积累情况；并评估影响的大小，采取必要的加固或修补措施，确保结构的质量与安全。

同济设计院丁洁民教授与同济大学张其林教授科研团队，对在建中的宁波站站房和雨棚结构也设立了完整的站房结构健康监测系统（图 24），用于及时发现并消除建造和运营期间结构体系的累积性损伤引起的安全隐患，确保站房结构长期运营过程中的安全，对铁路客站信息化施工和健康监测的深入研究有较大的科学意义和工程应用价值。

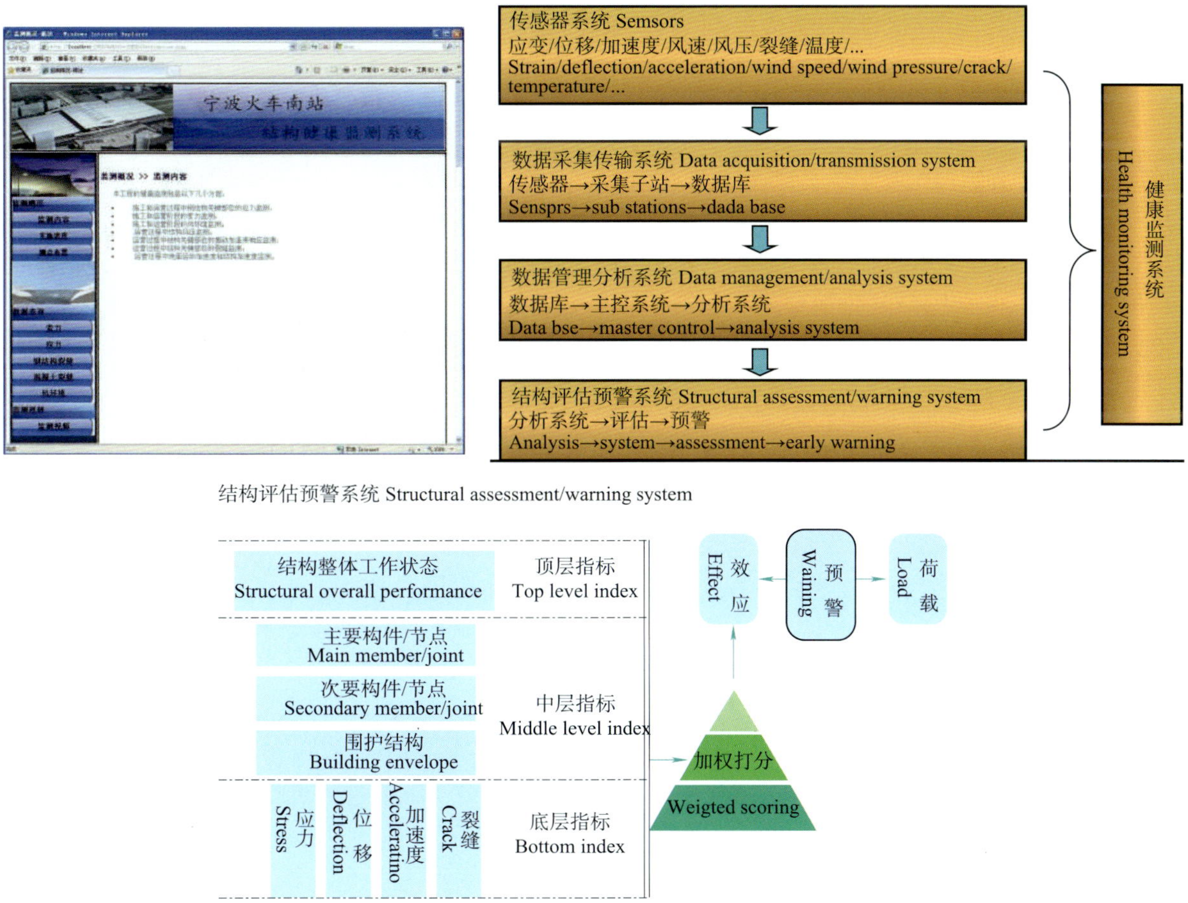

图 24　结构健康监测系统

宁波站站房结构健康监测主要对以下内容开展监测研究：钢结构关键部位在施工和运营阶段时的应力、索力的变化情况；站房结构运营阶段关键部位的振动加速度响应、裂缝开展等情况（图 25）；站房结构施工和运营阶段的风环境；运营阶段地面运动加速度和结构加速度等。

对客站站房及雨棚建立健康监测系统有助于及时发现并消除建造和运营期间结构体系的安全隐患，确保“桥建合一”结构体系的长期安全工作，对类似结构体系的深入研究具有较大的科学意义和工程实践价值。

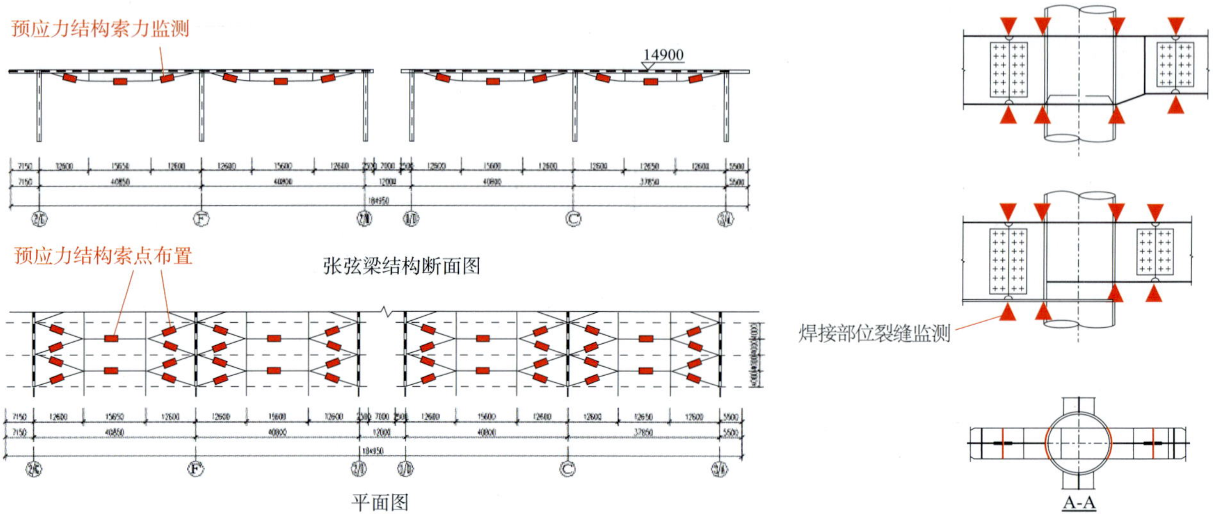

图 25　梁柱焊缝测点布置

5　结　论

在同济院近年来参与和承担设计的铁路客站中,同济院依托同济大学学科优势和不同领域专家的特长,结合客站建设中的特点和规律,从城市“大交通”角度对站区交通进行梳理、保畅通,大跨度钢结构设计与施工安全控制,“桥建合一”结构体系的可靠度研究,铁路客站信息化施工、健康监测及动态设计等方面做到客站安全设计的全过程控制。在今后的铁路客站建设中,同济院将结合高校优势,为中国铁路建设做出更多贡献。

参　考　文　献

[1] 杨晓光. 城市道路交通设计指南[M]. 北京:人民交通出版社,2003.
[2] 吴定俊. 新建铁路福厦线引入福州枢纽福州南站—站房桥梁结构车致振动问题研究报告[R]. 上海:同济大学桥梁工程系,2009.
[3] 吴定俊. 宁波火车站站房结构车致振动问题研究[R]. 上海:同济大学桥梁工程系,2010.
[4] 张其林. 宁波火车南站结构健康监测方案[Z]. 上海:同济大学,2011.

铁路客站二次结构质量安全设计控制
——以新建杭州东站站房设计为例

李春舫　王　力　熊　森
（中南建筑设计院股份有限公司，武汉　430071）

摘　要：随着中国铁路建设的快速发展，新一代铁路客站的质量安全问题也得到了广泛关注与重视。本文拟通过对新建杭州东站二次结构设计中所遇到问题的分析，探索性地提出铁路客站二次结构设计安全控制应注意的问题及解决方法。

关键词：铁路客站；二次结构；质量安全；控制措施

1　前　言

铁路作为中国经济的大动脉，其质量安全性一直是铁道部历年工作中的重中之重，因此，在目前大量建设的铁路客站设计中，质量安全也是设计人和建设者高度重视的工作内容。

新一代铁路客运站房建筑出现了创意新颖而构造复杂的建筑形式，如何实现建筑的创意并保障安全，除主体结构外，二次结构也是必须慎重考虑并解决的问题。

2　铁路客站二次结构类型与范围

铁路客站二次结构是建筑围护、装饰及标识系统的结构体系，附着在主体结构上，主要包括屋面系统、幕墙系统、吊顶系统及动态、静态标识系统四个部分的结构体系。

2.1　屋面系统

2.1.1　屋面构造特点

覆盖铁路客站大空间的屋面系统主要以金属屋面为主，包括铝镁锰屋面和镀锌钢板屋面，此外还有其他类型的压型钢板屋面。屋面系统自下而上构造如下：支撑整个体系的主体钢结构；檩托，可进行双向调节的连接器；檩条，屋面系统的支撑体系；防潮层、保温层；金属屋面板。

其二次结构主要包括主次龙骨（主次檩条）、金属屋面板（包括铝镁锰板及镀锌钢板）、雨水天沟、玻璃天窗等。典型屋面系统如图1所示。

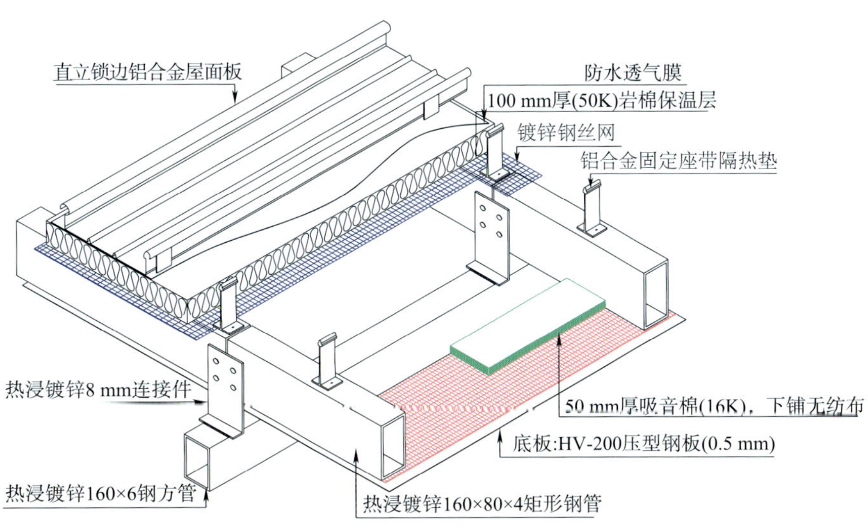

图1　典型屋面系统

2.1.2　屋面二次结构设计安全措施

许多造型独特的站房建筑，屋面多为单曲面甚至多曲面，具有复杂的外形，对风荷载非常敏感，除按照《建筑结构荷载规范》提供的风压进行设计外，一般都要按照风洞试验提供的极值风压进行复核。采用适合具体工程屋面系统的节点设计和施工工艺才能为安全性提供保障。

图 2　杭州东站屋面

(1)主次龙骨的安全性通过计算确定，多数情况下主檩条属于站房结构设计，次檩条则属于二次结构，由屋面施工单位完成加工详图，由站房设计单位进行复核和认可，确保其安全性。

(2)主次檩条设计中，风荷载取值为《建筑结构荷载规范》与《风洞试验报告》两者中的大值，并考虑列车正线通过活塞风的影响，雪荷载按 100 年一遇确定。

(3)对于特殊的屋面系统，除考虑积水荷载外，可在屋面系统采取泄水构造，确保在特殊天气条件下控制该区域的积水深度，保证主体结构和附属结构的安全。

(4)若工程处于强台风地区，还应采取防台风的特殊措施，如增加防风扣；加密檐口、屋脊处的檩条，减小屋面板跨度等。

(5)檩条与屋面主体结构的连接也是影响安全的主要环节。檩托事先安装时可以与主体钢结构焊接，若主体结构已经合龙后再安装檩条，则不允许焊接，可用抱箍的连接方式，防止因为二次施焊影响主体钢结构，从而造成安全事故。

2.2　幕墙系统

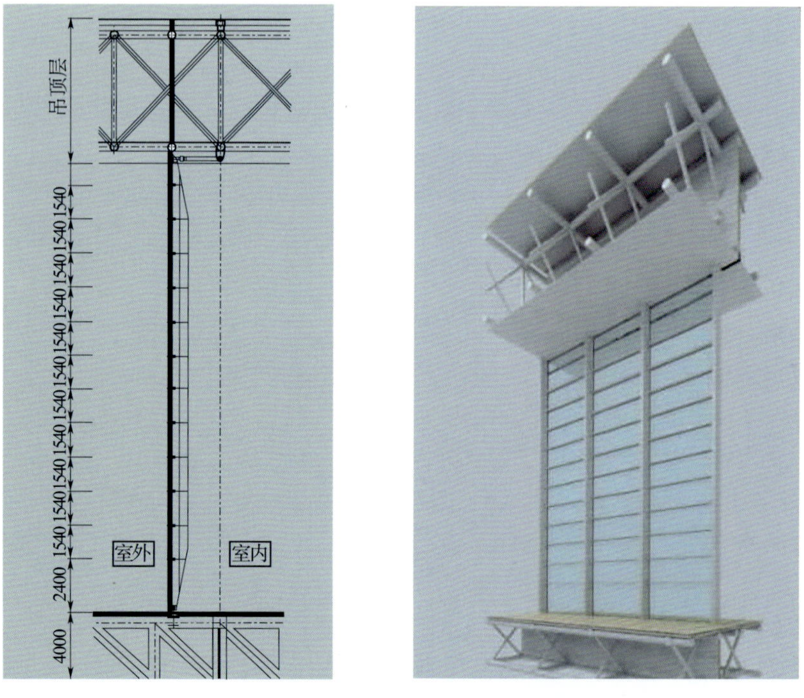

图 3　杭州东站玻璃幕墙示意图

2.2.1　幕墙构造特点

铁路客站站房幕墙系统二次结构主要包括：支撑幕墙的挡风柱（挡风桁架）或固定幕墙的框架结构、表皮（包括石材、玻璃、金属板材等）、变形缝等。

2.2.2　幕墙二次结构设计安全措施

（1）幕墙主要支撑系统的形式，与主体结构的连接关系和节点构造，必须在施工图阶段确定并完成相应的结构设计。幕墙系统的结构支撑构件的形式既要满足建筑形态的要求，又要达到结构的安全性要求，幕墙施工单位完成的加工详图，经站房设计单位进行确认后方可施工。

（2）幕墙系统的预埋件必须与主体结构同步施工。

（3）特殊形式的幕墙体系，如郑州东站东西两侧幕墙支承结构，采用与主体结构合二为一的设计方案，建筑与结构完美结合，满足建筑设计效果。这种情况必须由结构工种进行整体建模分析，确保主体结构和幕墙体系的安全性。

图 4　郑州东站主立面幕墙

（4）幕墙玻璃根据建筑专业的要求选定后，由结构设计人员复核幕墙玻璃的结构安全性。

2.3　吊顶系统

2.3.1　吊顶构造特点

吊顶系统二次结构主要包括主次龙骨（转换结构）系统、吊顶板材（包括铝板、石膏板、埃特板等）等。

2.3.2　吊顶二次结构设计安全措施

吊顶二次结构设计安全措施主要是二次结构的安全性复核，包括风荷载的影响，如轨道上方的吊顶应考虑列车通过活塞风的影响，并采取安全可靠的构造措施。其他室外吊顶也应充分考虑风荷载因素，尤其在台风多发地区，室外吊顶龙骨与主体结构的连接方式及防风构造要求，由设计院进行复核。此外，大空间大跨度引起的吊顶转换龙骨也是需要配合和结构安全性审查的重点。

吊顶龙骨与主体结构的连接一般采用螺栓连接，既不损害主体结构也利于龙骨安装时进行调节。施工中有时出现不按设计要求施工，将吊顶龙骨与主体结构随意焊接的情况，影响主体结构安全。

2.4　其他附属二次结构

在铁路客站站房设计中，还有一些其他附属结构的设计也与铁路行车及旅客安全密切相关，如高架桥隔音屏障、临空栏板、动静态显示屏、站房屋顶大字等附属结构。

屋顶大字需与屋面主体结构进行可靠连接，风荷载取值是关键。

高架站房垂直穿越车场的室外高架桥，临空一侧的挡板或玻璃幕墙的安全性应充分重视，节点构造需强调耐久性，材料选择应避免易碎裂材料。

图 5 杭州东站高架桥外侧挡板

3 杭州东站二次结构质量安全控制措施

铁路客站二次结构质量安全控制的策略是：保证各个建筑系统在满足使用功能的前提下，重视二次结构构造方案的合理性，强调与主体结构的可靠连接，强调使用材料的稳定性和耐久性。

在杭州东站的建筑设计中，我们在不影响建筑实用、美观的前提下，对各部分二次结构的安全可靠性进行了深入研究和设计。以下笔者按上一节对二次结构范围的分类方式，对杭州东站的二次结构设计进行具体论述。

3.1 屋面系统节点设计

杭州东站屋面包括主站房以及无柱雨棚两部分，屋面布置太阳能板大约 9 万 m^2。结合太阳能板的构造要求，屋面采用铝镁锰直立锁边屋面系统，屋面檐口及局部屋面采用铝合金板。

图 6 杭州东站鸟瞰效果图

杭州地区属于台风途经高发地带，因此，我们非常重视屋面系统的安全性设计。在风力作用下，屋面不同部分的交界处往往是受风力影响最大的地方，如檐口与屋面板交界处、雨水天沟与屋面板交界处、天窗与屋面板交界处等。针对这一特点,我们在节点设计中,尽量减小不同部分交界处出挑结构的尺寸,从而将出挑部分所受风力减到最小值;同时,安装铝合金密封堵头,密封板肋形成的缝隙,披水板边板采用防水拉铆钉固定密封,进一步加强屋面的可靠性。

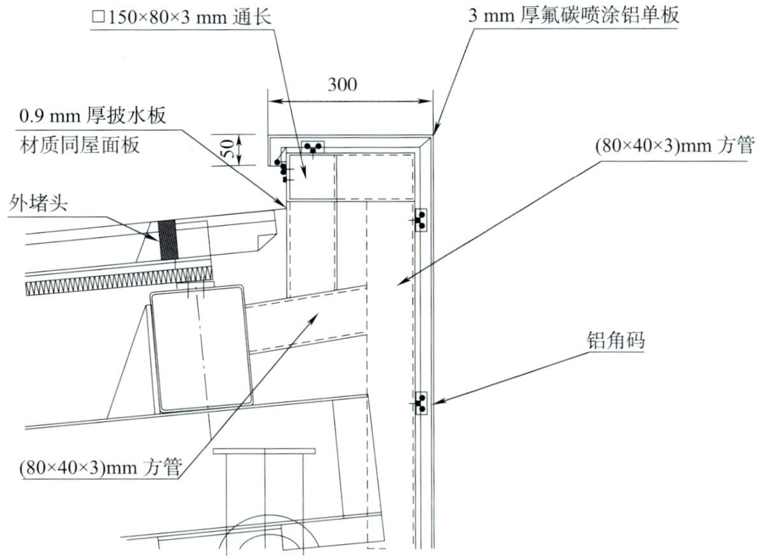

图 7　杭州东站屋面节点详图

杭州东站主站房屋面的椭圆形天窗及凹陷区设计是站房屋面造型的亮点之一,同时也是屋面安全的难点。杭州东站屋面凹陷区的排水设计为内排水,按一百年重现期设计。在极端情况下仍有可能出现凹陷区积水问题,进而威胁屋面结构安全。为了解决这个问题,我们首先在各个凹陷区周边设计了截水沟,避免屋面其他部分雨水汇入凹陷区;其次,在各凹陷区内的排水沟中设计有溢流口,使得在极端条件下,雨水可通过溢流口排出,从而有效地避免了凹陷区内堆积过量雨水破坏屋面支撑结构的情况产生。

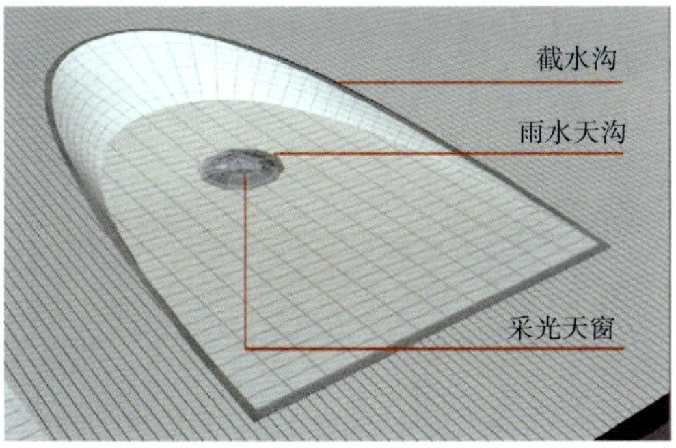

图 8　杭州东站屋面凹陷区效果图

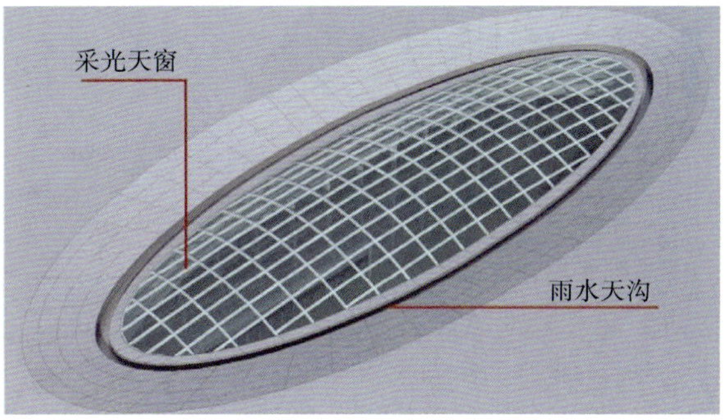

图 9　杭州东站屋面椭圆形天窗效果图

3.2　幕墙系统节点设计

杭州东站幕墙形式主要包括站台层的石材幕墙系统、高架层的明框玻璃幕墙系统以及包裹异形柱的金属幕墙系统三大部分,其中又以异形柱双曲面金属幕墙和高层南北侧的倾斜玻璃幕墙对安全质量要求最高,设计难度最大。

杭州东站主站房高架层南北侧的倾斜玻璃幕墙斜度达到了 69.27°,因此,为提高其安全性,我们将倾斜玻璃幕墙设计为单元式明框玻璃幕墙系统,要求每个单元格(4 300 × 1 540)均在工厂加工,在施工现场用螺栓与钢梁结构系统连接,从而避免幕墙系统在现场施工质量难以控制所产生的安全隐

图 10　杭州东站一点效果图

患;同时,控制玻璃的垂直挠度在 1 mm 以内,并通过强化节点设计,将玻璃端部深入铝合金框内 15 mm,从而有效地防止了玻璃从框中脱落的可能性。

图 11　杭州东站南北高架桥效果图

图 12　杭州东站明框玻璃幕墙系统效果图

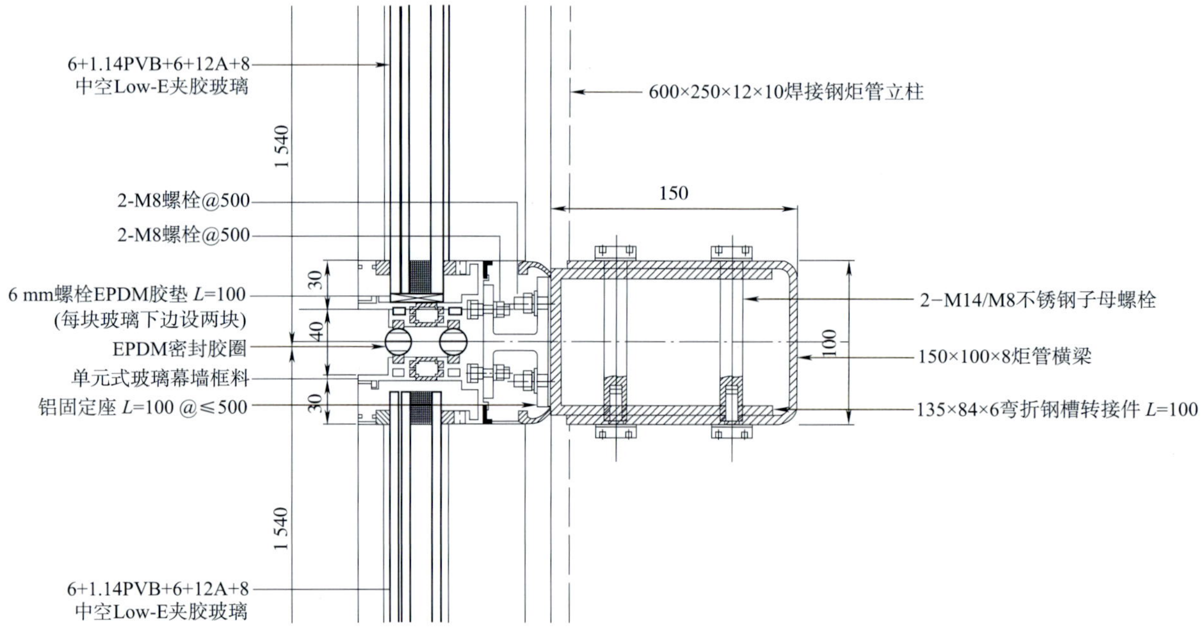

图 13　杭州东站明框玻璃幕墙节点详图

3.3 异形柱双曲面幕墙系统

主站房异形柱双曲面幕墙系统因造型复杂、表皮块面较大，其结构安全性设计一直是我们关注的重点。

图 14　杭州东站明双曲面异形柱效果图

在完善专项设计后，通过多方案比较和实体样板制作模型，我们确定了外表皮与钢结构主体连接的二次结构的实施方案。其关键点为：二次结构与外表皮的连接满足温度应力的作用；二次结构不传导温度应力于主体结构。在此基础上设计节点构造。

图 15　施工工艺流程图

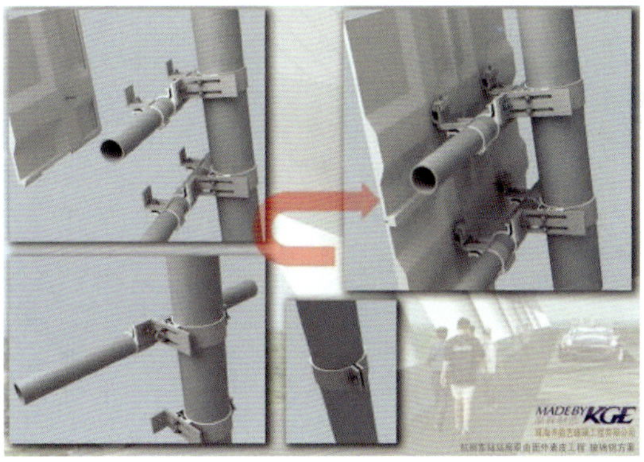

图 16　二次结构模型图

3.4 吊顶系统节点设计

在铁路客站站房吊顶系统中，室内部分的安全性设计相对容易，而室外部分吊顶因暴露在大气环境中，受风力等外在环境影响较大，且部分吊顶位于轨道上方空间，因此对铁路行车及旅客安全影响很大，是铁路客站站房吊顶系统中应重点关注的部位。

杭州东站室外吊顶的主要形式为开缝式铝合金板条吊顶，为加强其安全性，龙骨系统采用螺栓连接形式，并在板条之间采用防风扣件，从而减小板条掉落的可能性。轨道上方采用钢板网吊顶，钢板网与龙骨采用螺栓连接，且每块板连接点不少于六个，防止坠物砸落钢板网，对接触网的安全造成影响。

图 17 杭州东站站台及轨道上方吊顶

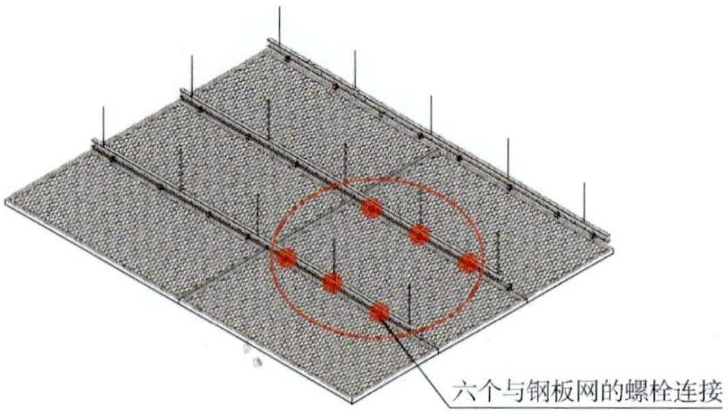

图 18 杭州东站轨道上方钢板网安装

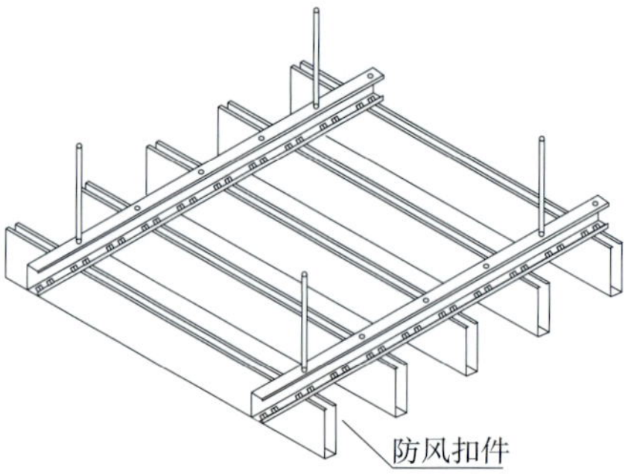

图 19 杭州东站室外吊顶防风构造

3.5 其他部分节点设计

在杭州东站其他附属结构的安全质量设计中，也采取了一些较特殊的节点构造设计。

如高架桥侧面倾斜的隔音屏障设计，隔音屏障在高架桥外侧，部分还在轨道上空，因此其安全性不容有失。我们在设计选择质轻、不宜破碎的实心聚碳酸酯板替代玻璃，并通过卡槽式的节点设计把透明的隔音屏障卡在框架中，同时在隔音屏障四角设置安全索，保证即使在特殊情况下隔音屏障脱离卡槽，也会被安全索固定住，从而避免隔音屏障落到轨道上影响行车安全。

图 20 杭州东站高架桥隔音屏障效果图

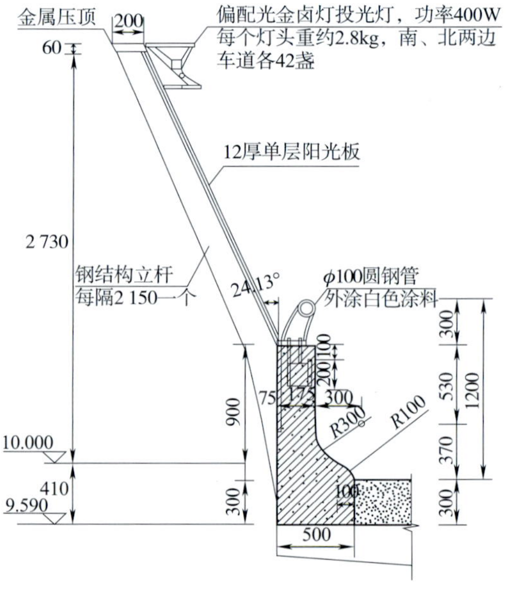

图 21 杭州东站高架桥隔音屏障大样

4 结 语

以上我们论述了在设计过程中,对铁路客站二次结构质量安全进行控制的方法和体会,但我们认为二次结构质量安全不仅仅是一个设计问题,对施工过程的监理与质量控制,对国家现行施工验收与安全检测规范的贯彻执行,将直接关系到结构体系和二次结构系统的安全保障。另外,站房建成后在使用过程中的日常管理与维护,也是为二次结构系统提供安全保障的重要环节。

铁路站房综合商业开发策划与建筑设计的整合应用研究

王 睦 卢 源 秦 科

（中建（北京）国际设计顾问有限公司，北京 100013）

摘 要：目前我国铁路站房商业开发严重滞后，对比发达国家成熟站点的开发经验，我国站房空间存在巨大的、待挖掘的商业潜力。本文通过构建站房商业策划与建筑设计的整合研究框架，在分析客流特征的基础上寻求商业策划与建筑设计的整合机会，来充分利用站房的建筑空间与交通人流的聚集效应，优化交通建筑的建筑设计，挖掘站房空间的商业潜力和实现站房空间应有的商业价值与回报，实现可持续性的站房开发建设与空间利用。

关键词：铁路站房；综合商业开发；建筑设计；商业策划；整合

1 现状与问题

1.1 宏观背景

近年来我国铁路网络正以一种前所未有的速度进行规划与建设。2004 年 1 月，国务院常务会议讨论通过了《中长期铁路网规划》。2008 年国家发改委通过了《中长期铁路网调整规划》，新规划进一步扩大铁路网规模。计划到 2020 年，高铁投资额将超过 20 000 亿，铁路营业里程由 10 万公里调整为 12 万公里，其中客运专线由 1.2 万公里调整为 1.6 万公里。

随着铁路网络的建设，也带来了大量的铁路站房的规划与建设。据统计，“十一五”期间，共需建设 548 个铁路客站：按站点规模来分，省会级站点有 25 座，地市级 95 座，县级 428 座；按线路类型分，客运专线占 158 座，城际客站 83 座，一般干线 292 座。

铁路运输客运功能的提升和站房客运服务的专职化，使得铁路站房与城市功能的联系更加密切，各地也因此开展了以高铁、城际铁路为主导的高铁新城建设、以铁路站房为核心的商务中心区、城市副中心区域的建设。站房区域的功能也已经发生了显著的转变，从原来单一的对外交通门户，转变成为多种城市交通方式与对外交通的转换枢纽，高铁新城、商务区的交通服务中心以及区域城市间商贸活动的重要联系节点。

1.2 铁路系统和车站的亏损状况

然而，在热火朝天的巨额投资和铁路建设的另一面，却是铁路系统连年亏损的现实。一方面，难以在中短期内看到运营效益；另一方面，新增投资还需要大量举债，新债旧债抬高了财务成本。在双重压力下，铁道部已进入不敷出的亏损周期。2011 年铁道部上半年报显示：截至 2011 年 6 月 30 日的负债已高达 2.09 万亿元，资产负债率达到 58.54%，而上半年利润仅 42.9 亿元。而作为铁路系统的重要资产，铁路站点运营也普遍处于亏损状况。

在现有状况下，单靠客运与货运收入远远无法平衡大规模的投资和铁路运营的支出。然而对比发达国家的铁路收入数据，我国铁路非运输收入占铁路总收入的比重仍然相对小（2005 年约为 33%，与日本铁路的 60% 相去甚远）。并且作为非运输收入中重要组成部分的批发与零售业（2005 年占多经利润的 33.76%），较低的收入利润率（2001 年北京铁路局数据：1.6%）表明其运营状况处于非常低效的状态。

1.3 站房商业开发存在的问题

铁路与站房的客运功能提升，没有带来站点的客运服务与商业服务环境的改善。目前，包括很多新建设的站房在内，站内的商业服务仍然处于非常初级的阶段。这主要体现在以下几个方面：

1.3.1 商业开发规模偏小

在站房设计过程中，站房商业配比通常是站房建筑面积的4%，基本上只是为了满足旅客必需的消费需求。虽然新建设的铁路站房在商业开发规模方面有了很大改善，但与国外成熟的站点的50%～70%商业面积配比相对比还存在不少的差距。

1.3.2 商业布局不佳，配套设施不全

站房的建筑布局完全以交通流线为主，而商业空间只能利用零碎的建筑灰色空间，这使得消费者进行商业消费需要步行较长的距离，非常不便；商业的布局以点式为主，分散布置，不易形成完整的商业氛围；商业的布局并没有与交通流线进行融合，商业区域发展不平衡，有些商业得到了客流的支撑，效益较好，而一些商业由于位置不佳，客流很少导致商业效益很低；另外由于站房基础设施工程配套的不足，难以引入那些成熟、完善的，但对电力、给排水需求较高的商业服务。

1.3.3 商业服务环境较差

配套工程条件的不足与环境管理缺失，导致光线环境、卫生环境较差，并且占比重较大的自营商业中服务人员大多来自退岗职工或者职工家属，有一定的职工福利性质。这样的服务人员通常缺乏专业的培训和职业的服务意识，很难提供高品质的商业服务。

1.3.4 旅客的主动消费意愿较低，消费者满意度低

据抽样调查，70%的乘客很少进行站内消费，并且消费以必需品或临时消费品为主，如饮料、干粮、方便面、报纸等。由于价格、环境、品质等因素，对其他的商业消费意愿很低。除必需品之外的商业消费，旅客往往采用自备的方式，从其他地方购买后带入车站。

1.3.5 商业服务种类少，业态单一，重复率高，商业潜力没有被充分挖掘

由于旅客的消费仅集中于必需品，导致其他商业服务无法维持，逐步退出站内商业。商业租金水平是比周边略高20%～30%左右，与客流的聚集效应并不匹配，并且其商业收入、租金通常是靠较高的商品价格来维持的。这似乎就形成了铁路站房商业开发的消极循环。如果没有外部施加一定的推动力，这样的发展模式根本无法通过内部的自发调整来进行改善。

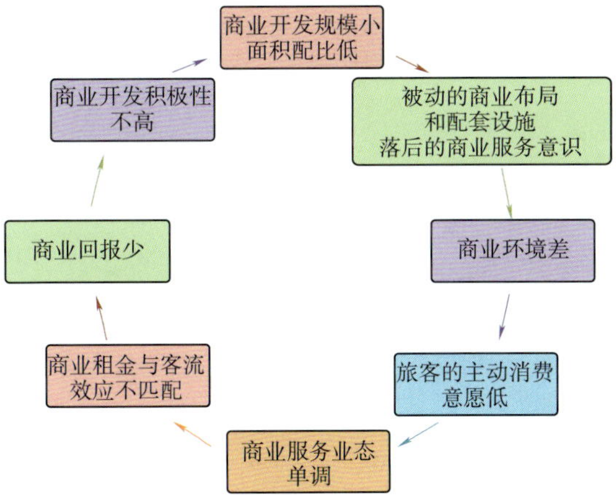

图1 铁路站房商业运作消极循环示意图

2 发展必要性与趋势分析

2.1 铁路站房商业发展的必要性

2.1.1 铁路和车站在经济上的可持续建设发展的需要

铁路站房商业发展的必要性首先体现在经济上的可持续性发展方面。经过长期以来的负债经营和今年的大投入建设，目前铁道部的负债水平从2005年的37.53%升至2010年的57.44%，2011年负债已高达2万亿，而今后每年的铁路基本建设投资仍然维持在6 000亿元以上。

经过简单估算，每平方米运营良好的商业开发能够带来约1.34万元左右的融资，如果站房建筑能够配置40%的商业面积，则站房建设资金的54%能够通过商业开发带来的融资解决。

因此充分激活站房潜在的经济收益，有利于缓和铁路系统的建设资金压力：一方面，商业开发带来的经济效益能直接解决铁路部门的建设资金问题，另一方面，稳定的现金流与利润有利于进行资产

的投融资，吸引银行资金以及民间私有资金的注入，从而得到更大建设发展资金的支持。

2.1.2 以人为本和人性化服务的需要

长期以来，铁路相关服务属于半军事化管理模式，并不十分注重旅客对服务的反馈。随着铁路运营服务目标的改变，客运专线的建成、投入使用，铁路系统特别是站房内的服务需要更贴近旅客日常生活和旅行需求。而提供更多更好的商业配套服务，提高旅客在进出站、候车期间的旅行体验，也正是最直接、最重要的以人为本、人性化服务的体现。

2.2 国际车站商业开发的发展趋势

在铁路系统较为发达的日本以及欧洲国家，铁路私有化导致开发商非常重视投资成本的回收，更倾向于在客运站内部设置大规模的商业服务设施，以求得经济上的回报。交通商业综合体正是将车站建筑结合了多种商业服务与旅客交通空间，已经成为一种较为成熟的开发方式。

例如，1983 年启用的日本大阪铁路客运站总建筑面积 13.8 万 m^2，地下 4 层，地上 27 层，总高 122 m，集交通功能和购物、餐饮和旅馆等于一体。1997 年开始运营的京都火车站总建筑面积约为 23.8 万 m^2，地下 3 层，地上 16 层，除了交通功能外，还包括酒店、百货、购物中心、古董店、咖啡馆、餐厅、电影院、博物馆、展览厅、地区政府办事处、停车场等多种城市功能。2006 年启用的德国柏林中央火车站，建筑面积达 17.5 万 m^2，也包括超过 3 万 m^2 的各类商业零售和办公空间。

2.3 铁路站房商业综合开发的可能性

我国铁路站房向交通商业综合体方向进行设计建设与改造，在空间、需求、政策方面都具有很大的可能性。

2.3.1 建筑空间上的可能性

目前，我国铁路站点占地面积通常很大，而建筑面积较小，即容积率较低。同时在站房建筑方案设计过程中对建筑大气、宏伟的外形要求，也导致站房常常采用方正、规整的空间布局模式，这使得空间利用率较低，除了主要交通功能空间外，尚有较多的建筑灰空间没有得到充分利用。这些都说明了现有的站房空间的使用效率有很大的改善空间。

2.3.2 商业需求上的可能性

由于考虑到到达火车站的城市交通时间不确定性，以及进入车站安检排队的时间不确定性，国内旅客通常提前相当一段时间到达车站候车。据调查显示，旅客在火车站内平均的候车时间约为 0.5～1 小时。这些停留时间为潜在商业服务的进行提供了时间上的可能性。

另一方面，国内旅客在旅行中的商业消费需求长期受到压制，这可以从较多旅客携带的大量旅途食品、用品可以直观感受得到。高速铁路的建成使用后，更多的商务旅客从短距离航空转向铁路交通。通过对比沿海发达城市以及欧洲、日本等铁路发达国家铁路旅客的消费频率，我国旅客的现状商业消费频率、消费额偏低，有较高提升空间。

在区域功能上，站房商业作为门户型商业中心，将不仅仅服务于站区的交通人流，同时也服务于依托枢纽站点建设起来的商务平台和城市新社区，作为新区开发的商业中心或者重要补充。

2.3.3 政策推动的可能性

据《经济观察报》报道，2011 年初铁道部曾召开内部会议，准备给地方铁路局更大的经营自主权，铁路多经业务回归主业，铁道部抽取多经业务的部分利润后，大部分收入仍归铁路局。经营权下放和对多经业务的重视，使站内商业开发的积极性与主动性得到很大的提高，将成为站内商业开发的重要推动力。

2.4 做好交通商业综合体的关键

交通商业综合体的最大挑战在于交通功能与商业功能的结合。在我国现有站房设计过程中，先有交通流线的设计，经过建筑方案设计与深化后，才有商业空间策划与设计。这种商业开发硬件方面的先天不足，导致站内商业开发很难通过后续运营的软处理来进行改善与提升。

因此做好交通商业综合体，首先需要一套与普通商业策划与设计完全不一样的工作流程，即从建设初期到投入运营全过程，将商业策划与设计与交通流线设计、建筑空间设计密切结合，这也是目前站房设计工作中最缺乏的。

其次，交通综合体建筑的使用者（主要为旅客）作为商业消费者，与普通商业综合体的消费者在消费目的、消费倾向、消费心理、消费环境期望等方面存在很大差异，也对车站功能布局、空间设计、商业业态配置等提出了特殊的要求。这意味着做好交通商业综合体的商业开发，首先需要解答下列众多问题：

（1）该交通建筑有哪些类型的旅客，其消费特征分别是什么，购买力如何？各种类型的旅客对商业服务及环境的要求是什么？

（2）适宜在交通建筑内布置的各种商业类型有哪些？各自有哪些建筑空间设计方面的要求？

（3）交通建筑需要多大规模的商业开发、旅客消费能力能支撑多大规模的商业开发？

（4）如何进行合理空间布局，旅客能够便利地得到商业服务？

（5）如何对两种流线进行整合，在保障交通流线功能的基础上，使商业开发得到充足的客流支持，实现效益最大化？

（6）如何强化建筑空间的使用效率，使空间潜力能够得到充分的激发？

（7）商业开发还需要有什么样的管理制度与配套措施、资金支持策略等？

3 消费者类型与需求特征

3.1 现状与问题

历来在铁路站房的设计与运营过程中，对旅客构成的关注度较少，铁路部门与旅客之间主要是一种“管理”与“被管理”的关系。这也导致了站房内部的功能空间的制度化、设计形式的模式化。而对此进行改变的起点就是将站房使用者作为购买服务的“顾客”来看待。

提供好的商业服务的基础就是掌握顾客的需求，对应到铁路站房商业开发来说，就是要了解该站房的使用者可以分为哪些类型，其各自消费倾向分别是什么，购买力如何，各种类型的顾客对商业服务及环境的要求是什么。

3.2 消费者类型分析

显然，站房的主要使用者与潜在消费者是使用其交通功能的旅客。按照旅客的旅途长度可以划分为长干线旅客（乘车时间在 5 小时以上）、城际列车旅客（2 ~ 5 小时）和郊区列车旅客（1 小时以内）；按照旅客购买的车票等级来分，可以分为硬卧、软卧、一等座、二等座、普通座；按照其出行目的可以划分为商务旅客、旅游旅客、往返乡旅客（上学或务工）、探亲旅客、接送人等；按照交通出行的阶段，可以分为进站旅客、出站旅客、换乘旅客等。

不同类型的旅客对商业的需求类型、档次、频率有显著的不同。据调查，出差、旅游等目的的出行，其消费更偏向高档；以探亲、通勤、上学等目的的出行，其消费更偏向实惠；长干线旅客对饮食、娱乐需求、特产等礼物的几率更大；乘坐高铁、动车或者购买较高级别座位的旅客，其消费频率更高。这些分析在较多的研究中已经有所总结，如朱小娟（2008）等，此处不再赘述。

3.3 研究与设计方向

铁路站点是城市的对外门户，而城市的人口规模、发展特点、区域职能、对外经济活力决定了旅客类型的构成。同是县级市，沿海经济发达城市与内地欠发达城市或者旅游城市的铁路旅客构成具有显著不同。而旅客类型构成的多样性，带来了商业服务需求的多样性，也要求站房功能空间设计具有相应的多样性。

张钒(2008)总结了站内旅客对商业空间综合需求体现在便捷、商业空间的聚集性与可选择性、空间可识别性等方面。而不同类型旅客对站房内部空间的要求也各有不同。收入较高的旅客对空间中人与人之间的最小距离非常在意,对空间的卫生环境、噪声环境也要求较高。对于进站、出站旅客,更期望的是一种快速通过的功能,而换乘停留旅客、候车旅客则对商业服务的可选择性、空间的多样性更感兴趣。

因此站房的商业空间策划与设计基础,就是从城市功能的宏观角度和个体消费者类型消费需求的微观角度来审视商业服务顾客的综合需求。

4 商业服务类型与特征

4.1 现状与问题

目前大多数国内站房内部能提供的商业服务的种类、档次是非常单一化的,主要集中于简单的饮料、干粮等。这不仅降低了消费者对商业服务的可选择性,也很难刺激、提高消费者的潜在消费意愿。在进行商业策划与设计过程中,需要明确哪些商业类型适合于交通建筑内部,以及这些商业类型有哪些各自不同的建筑空间设计方面的要求。

4.2 站内商业服务分类

与旅客分类相似,商业的分类也存在众多不同的方法。本文建议根据消费者在获得商业服务过程中的主动性或被动性进行大类的划分,即"可选择性消费"和"非选择性消费"。

- 可选择性消费

对于这类商业消费,顾客可以根据自己的喜好倾向与实际需求来选择自己的消费服务类型、消费的时间、消费的数量、付费方式等等。这类消费包括传统意义上的商品零售业、服务业、金融业等。根据旅客的需求刚性,可以进一步细分可以再分为必需品类商业和引导型商业。其中必需品类包括餐饮、日常便利、卫生、金融、快递等服务;而引导型商业包括电子产品、专柜商品、影剧院以及一些休闲服务业等。

- 非选择性消费

消费者无法对这类消费进行选择,属于一种被动型的消费。这主要包括注意力(眼球)经济,在交通建筑内部体现在商业广告、产品展览展示、商业橱窗、店铺招牌等方面。注意力经济是依靠吸引公众注意力获取经济收益的一种经济活动,在现代强大的媒体社会的推动下,注意力经济在商业领域占据越来越重要的位置。目前我国已成为继美国、日本、英国之后的第四大广告市场。1997 年至 2006 年间的增幅达 460%,远远超过其他商业类型的增长率。

注意力经济的另一个特点就是使用者不需要付费,其经济收入来源于信息的提供者即厂商。对处于旅行过程中的站房商业客户来说,免费及不需要增加行李重量这两个因素显著提高了这种商业服务的接受程度。而这种商业服务的一个最重要成功要素就是定向投放,即在最合适的地方展示给最有相关需求的消费者,将注意力的经济价值最大化。定向投放最经典的案例是在互联网业,广告巨头 Google 公司最早通过用户所访问网页的关键字(或历史搜索记录)来确定发放网页广告的内容。

4.3 研究方向与设计要点

不同的商业类型对建筑设计提出的要求有很大不同。肯德基等连锁餐饮对卫生条件提出较高的要求,需要较高的配电、配水和下水设施条件,以及较大规模的营业面积;3C 专柜需要较好的照明条件;汽车展示需要较开阔的公共空间等。

而各自的商业发展与布局策略也有差异:对于必需品类的商业,强调服务覆盖区域,提高便利性;对于引导型消费,强调商业氛围的整体性,提供多样性进行对比、选择;而对于注意力消费,更需要从建筑空间的视觉可达性、视觉覆盖频率与受众群体特征等多方面进行分析,从而制定租金价格策略。

不同站点的旅客类型对商业服务需求的多向对应关系，构成纷繁复杂的站内商业需求构成。同时，随着城市区域功能的发展，旅客类型构成是不断进行变化的，这导致相应的商业需求构成也将是处于不断的变化过程中。在建筑设计中需要充分考虑这种商业空间的变化性。

5 商业设施的规模判断

5.1 现状与问题

如前说述，目前我国站房商业开发规模总体较小，不利于提供商业的可选择性和形成引导型的商业氛围，其收入在站房运营收入中比重非常低，商业功能需要进行大幅度提升。另一方面，规模过大的商业开发如果得不到足够消费能力的支撑，将会造成巨大的资金投入和空间浪费。

商业开发规模的大小直接确定了商业业态的完整性、多样性和层次性，应该在交通建筑策划和可行性研究阶段就开始考虑，重点考虑旅客需要多大规模的商业设施，旅客能支撑多大规模的商业设施以及站点期望得到多少的商业回报等。

5.2 商业开发规模的确定

商业开发规模与消费者的需求、潜在的消费能力以及站点的发展目标、所处的区位有密切的联系。根据目标导向的不同，确定商业开发规模的方法可以归纳出以下几种：

5.2.1 基于旅客服务目标导向：案例比较法

借鉴发展比较成熟站点的商业开发规模，归纳出合适的商业配套与旅客发送量或者车站建设规模之间的比例关系。从表1数据可以看出，这些国际车站的商业配套面积达到40% ~80%，远高于我国的车站配置。

表1 国外大型铁路站商业面积统计参考表

车站名称	日发送旅客数（万人）	建筑面积（万 m^2）	商业面积占建筑面积百分比（%）
日本京都站	30	23.7	79.3
日本大阪站	20	13.8	64.4
英国滑铁卢车站	20	4.4	70.4
法国巴黎北站	56	5.6	76.7
德国柏林中央火车站	24	16.4	45.7

5.2.2 基于绩效目标导向：绩效反推法

按照国际标准三产营业收入占车站运营支出的比例关系，从而确定商业开发的规模目标。例如JR东日本铁路公司的非运输性收入在整体收入中站的比例很大，平均占28%左右，而且有稳步上升的趋势。

5.2.3 基于旅客需求导向：消费能力反推法

根据各类旅客在站内停留的时间，分析其消费可能性，并根据其习惯消费能力和潜在的消费能力来反推消费能力能够支撑的商业开发零售额，从而估算出合理的商业开发规模。

5.2.4 基于城市功能目标导向：商圈服务推算法

站房在城市或城区中所处的区域不同，其担任的城市功能也有所不同。在紧凑型开发模式下，站房商业开发也会为周边的居住和城市活动提供商业服务。这种情况下站房商业规模需要附加考虑其实现城市商业功能的部分。

6 空间布局与业态分布优化

6.1 现状与问题

我国站房商业功能的长期弱势地位使站内商业布局在空间上受到很大约束，商业空间也仅仅作为附属的空间形式。国内常见站房区域商业空间布局类型有以下几种方式与特点。

6.1.1 完全分离式

考虑到土地权属与资产管理的因素，独立的商业开发建筑与站房在空间上完全隔离，旅客获取相应的商业服务需要离开站房，步行一定的距离进入另外的商业综合体内。

6.1.2 大厅单点布局

在进站大厅内部划分少量的建筑空间，提供旅客综合服务。通常这些建筑空间位于大厅的角落，由于大厅的空间尺度通常较大，商业服务与旅客的活动空间的平均距离也较长。

6.1.3 结合候车空间布局

在候车室内划出部分空间作为商业服务。由于候车室之间的相互独立性与分离性，各自的商业空间也往往是规模较小、仅提供近似的商品与服务。

6.1.4 独立分层布置式

近年来站房商业空间布局发生一些改进，利用建筑夹层或者在换乘空间划分一大块面积来进行集中的商业开发。由于面积较大这类商业开发能够提供较为全面的商业服务，但由于空间与交通流线的不同结合效果，不同空间的商业开发效益存在明显的差异。例如上海虹桥火车站，地下1层的集中商业空间位于火车站出站口与地铁站进站口之间，产生了很好的商业效益；而候车空间上层的独立夹层商业开发，由于与候车区之间的联系较为不便，商业效益没有得到充分发挥。

由于布局方式习惯遵循严格的几何图形，空间划分以便于管理为主，并不利于旅客使用；商业空间往往利用独立的建筑标高层或平面内的边角空间进行设置，距离旅客有较大距离，使用不便，也很难引导潜在的消费意愿。

6.2 发展方向

6.2.1 国外的商业布局案例分析

(1)综合、分散结合型

在日本京都火车站，商业布局采用了“大型商业集中布置、小型商业结合交通流分散布置”的形式。对于大型商业，如影剧院、酒店、餐饮、品牌服饰等消费目的较为明确的商业类型，集中布置于建筑的两端。而小型便利性商业，如食杂、小百货等，在主要交通流线的两侧布置，以及在大厅结合大型商业流线分散布置，使其能够获得充分了交通流、商业流的支撑。

(2)三明治型

柏林火车站采用了更为立体的布局形式，地下2层、地面层、地上2层均为交通层，分别提供火车及地铁、公交、轻轨等不同城市交通服务；而中间的地下1层、地上1层主要为商业层，提供的商业服务覆盖了日常生活的方方面面。当客流在不同交通层之间流动时，其间的商业层也获得充足的客流支撑。

6.2.2 研究方向与设计要点

商业的布局模式受到较多的影响因素制约，首先是交通功能的复杂性。由于铁路站房在空间上与更多的城市交通功能进行整合，不同交通方式之间的布局模式直接制约商业空间的布局。其次，影响商业布局模式的还有商业空间规模和业态构成所导致的空间需求分配等。

随着交通建筑空间的集约性发展趋势，商业布局的模式正从简单的平面布局模式向复合的立体布局模式发展。

在水平层面上，商业空间是以具有一定独立性的、较为完整的“大空间”与规模相对较小灵活布置的“小空间”相结合的布局形式，并不是零碎空间的简单加和。例如，对于消费目的性较强的商业业态(如影剧院、大型餐饮、旅馆、品牌服饰等)，可以适当远离交通活动空间，布置在空间或者通道的尽端；而对消费目的性较弱的业态(饮料、小食品等日常用品)，需要紧靠交通活动空间，以获得足够的客流支撑。

而在垂直层面上，商业开发利用各交通功能中间层的空间，能够提供较为完整的商业服务，并且在集约用地和减少顾客步行距离、整合多种功能空间方面都有很大的促进。

在业态选择方面，不同客站等级、类型对不同业态的适应性有显著差异，所以对不同地区选择不同的业态，对哪些地区选择哪些业态也是铁路客站商业开发的一个重要部分。

7 商业与交通流线组织

7.1 现状与问题

由于目前在设计过程中商业功能的缺失，我国现有站房的流线设计主要以交通流线为主，组织形式为等候式，至今经过三个阶段的发展：北京站为代表的封闭分离候车模式、成都站、杭州站为代表的整体集中候车式和高架候车式、上海南站为代表的大空间复合式。

站房内部交通流线的主要节点可以简单归纳为抵达入口—车票预检—行李安检—候车—检票—站台（等候）—验票上车—下车—验票出站—离开。而在此流线过程中每个旅客需要进行 3 ~ 4 次的排队检查，这无疑大大降低了通行效率并加重了旅客出行的紧张心理情绪。

7.2 研究方向与设计要点

方静（2007）在杨·盖尔的研究基础上，将旅客的个体行为也对应分为三类，即必要性行为、自发性行为和社会性行为。而根据群体旅客与空间的相互关系，则可以简化为必要性行为（交通类行为）和社会性行为（购物、问询等衍生交互类行为），用流线描述即为交通流线和商业流线。

虽然我国站内流线组织方式在一定时间内还是等候式为主，但是随着列车准点率的提高、列车班次的公交化以及高铁短途商务、旅游等携带行李较少的旅客比例提升，火车站内的流线特点必将由传统的等候式向较为现代的通过式过渡。通过式的流线组织方式要求更有效的节点通过效率，而商业流线需要能够较为自由的穿梭在商业空间与主要交通功能区间。

通常成熟的商业开发内部的商业流线的组织应考虑建筑空间的物理条件因素、经济效益因素、业态分布规律以及顾客生理心理因素等多方面因素。但由于站房建筑的交通性，在流线组织上应该首先确保主要交通功能的安全、稳定，然后再寻求交通流线带动商业流线的机会：如何合理设计流线，使商业开发得到充分的交通流线支持。

8 空间使用效率强化

8.1 现状与问题

老一代站房设计的主要弊端之一体现为内部空间使用效率较低。由于站房在城市中的形象门户地位，往往设计的比较气派与庄重，占地面积很大；站房高度 20 ~ 30 m，但往往只有 1 ~ 2 层。整个空间功能大致采用方块型、平铺格局，这也直接导致了空间使用的低效率与不均衡，也使建筑建设、维护成本与其空间收益存在巨大差异。一些区域客流过于拥挤，而另一些区域的大量灰色空间无法得到合理利用，并且过于空旷的建筑大空间也显著增加旅客与商业服务之间的距离。

8.2 研究方向与设计要点

在明确下一目的地的前提下，行人在空间中是按照最少消耗（距离与拥挤等因素的函数）的原则进行路径选择的。在人流聚集密度均衡的情况下，行人总是沿两点之间的直线段运动，这就意味着行人对空间的使用更倾向于一种带状或折线型。

J. J. Fruid（1976）引入“服务水平”的概念来对行人的空间密度进行评价，C. Alexander（1977）提出的建筑中功能空间与使用者之间的“烦恼距离”概念可以用来评价空间距离与使用频率之间的联系。在交通与商业都成为重要功能的交通建筑空间，重点需要考虑在满足一定交通服务水平的基础上，在行人的烦恼距离之内提供多样的商业服务。

图 2　各级服务水平概念图示

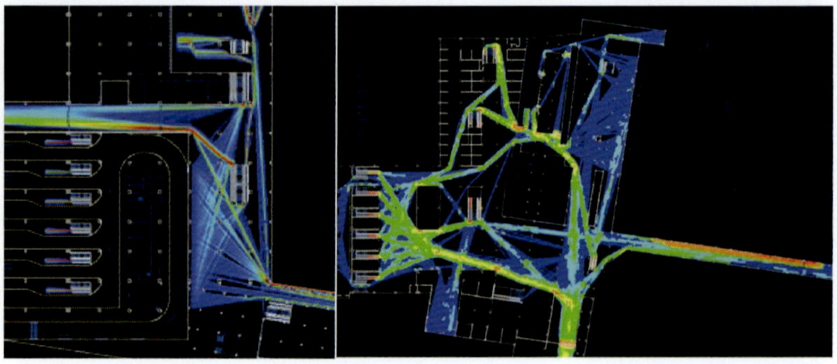

图 3　某地级市铁路综合枢纽内部换乘空间行人密度分析图

建筑空间使用率过高则可能产生空间不舒适感、拥挤感乃至安全问题；使用率过低则表明建筑空间得不到充分利用，存在浪费情况，也不适于营造商业消费的氛围。为此，我们亟待建立对空间使用效率的综合评价体系，将建筑内部空间的使用效率控制在合适的范围内。对空间使用率进行评级，也能指导空间的商业价值评估，设定不同店铺的租金水平，并确定合理的商业回报期望。

在此评价体系基础上，通过不同技术手段从不同角度对空间的使用进行评估。从行人个体交通角度，可以利用服务水平或者在时间段内空间使用人数累积来进行评价。从商业服务配置角度，可以通过 GIS 系统对不同商业的服务覆盖范围进行分析。从行人的视觉覆盖范围角度，可以在行人仿真基础上，对行人的视线范围进行累积分析，来统计各个空间受到的关注程度，从而对空间的视觉价值及广告的实际发布效果进行评价。

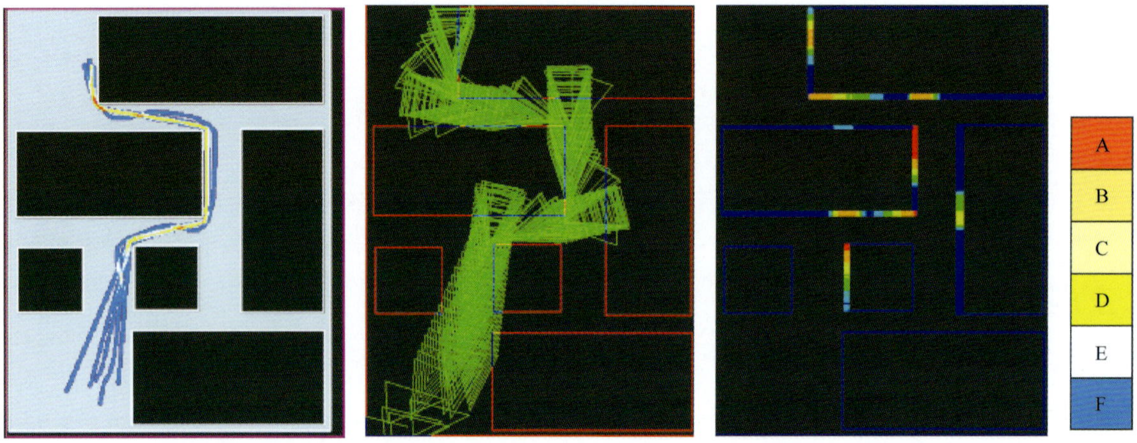

图 4　基于客流的空间视觉商业价值分析示意（客流分析、视域分析、价值分析）

9　节点设计咨询到全程服务

9.1　现状与问题

在我国的站房设计过程中，商业策划与设计并不是必须的工作内容。由于长期以来商业面积较少，这部分策划设计工作常常被省略，或者让建筑设计师顺带完成。即使在现阶段商业开发已经引起重视以后，商业策划工作也常常是在建筑方案设计完成后才开始。策划工作的过晚介入，造成了策划工作需要完全被建筑设计方案牵制，而商业策划工作所提出的功能布局、空间设计、设施配套等方面的要求，常常无法在建筑设计中得到体现。同时商业策划机构与建筑设计师之间松散的工作模式，很难确保相互之间的设计理念、工作时间节点、阶段性成果得到及时、充分的理解与沟通。

9.2 发展方向

当商业开发具备一定规模,其运作情况与收益状况对交通建筑的运营产生越来越重要的影响时,商业策划与设计这一工作内容需要被引起足够的重视,成为建筑设计过程中的重要部分,并且贯穿从建筑策划、可行性研究等前期阶段到建筑方案设计、详细规划等设计阶段,以及招商、运营等后期运营阶段。

在前期阶段,商业策划根据客流规模,列车服务等级等规划资料,确定商业开发的规模、档次及初步的业态构成,并作为建筑方案设计的前提条件。

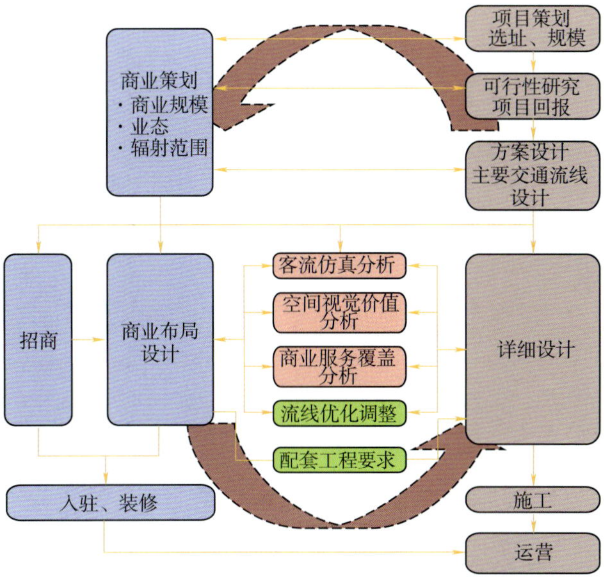

图5 商业策划与建筑设计整合设计流程示意图

设计方案阶段需要根据前期的商业策划内容,对商业开发提出初步的布局、设计方案。随后的详细设计阶段中,商业策划师与建筑设计师配合,共同对商业业态的详细构成、商业开发的具体布局、空间设计、配套工程进行详细设计,同时应确定商业运营管理公司和相应的管理模式,并初步落实招商意向,并根据具体的商业品牌提出的招商条件进行建筑设计深化。

后期运营阶段,根据客流和交通服务发展的阶段变化,对商业管理、运作模式和商业布局进行适当调整,使处于各发展阶段的旅客需求得到满足。

与此同时,商业综合开发带来了新的一系列设计要求,需要在建筑设计全过程得到充分的考虑。站房空间功能的复合性趋势,带来的大型综合空间的需求,对建筑结构设计提出了新的要求;空间开发的强度提升也加大了供电、供水、排水等方面的配套要求;空间的多功能性与流线的复杂性也使建筑设计难以用现有的消防设计规范来进行指导,也要求对建筑空间的正常使用进行动态的消防性能化评估等。

10 管理创新与多元化投资探索

10.1 现状与问题

现行体制下,铁道部对地方铁路局实行收支两条线的管理,铁路局所有收入全部上缴铁道部,铁道部按照其清算系统对各路局的运营经费、收入利润指标进行重新分配。这种“大锅饭”的模式,达到了用经济发达地区路局的盈利补偿了西部等地区路局亏损的效果,但也使得铁路局的积极性受到制约,这也是站内商业发展滞后的政策层面原因。

在人力资源方面,铁路部门的集权管理模式,使服务部门基本上都采用内部职工或家属作为一线管理和服务人员为旅客提供商业服务,人才的非专业性也导致了无法提供良好、专业的商业服务。

10.2 管理体制的发展方向

政策方面,近期铁道部对收支两条线的改革、多经的并轨这些方面的讨论,带来站房商业开发所需政策的曙光。经营权的下放与商业收入的分配模式改革将极大地促进路局对站房空间资源的优化整合与强化开发,进而在管理方面,可以通过引入专业的交通商业运营公司,按照大型综合商业开发的运作模式来进行开发、管理和运营,充分利用市场资源与调节能力,使提供的商业服务与旅客需求变化保持动态平衡。

10.3 多元化投资探索

高企的负债率使铁道部开始考虑到将建设投资的主体下放到地方政府，而除了少数较发达城市以外，大多数内地城市的财政收入是无法负担如此短期而又巨大的铁路建设投资。引入银行资本以及社会民间资本，是解决未来铁路建设的资金问题的必然模式。站房商业功能的提升，虽然会带来额外的建设初期投资，但商业功能带来稳定的现金流和利润将提高铁路基础设施建设的投资回报率，并为项目的投融资提供稳固的基础。

在城市轨道交通建设过程中，地方政府已经采用了多种投融资模式来引入外来资本。铁路系统的建设也可以充分借鉴城市轨道交通建设的成功经验。如：北京京投、香港地铁、北京首创集团在建设北京地铁4号线时采用了公私合伙制（PPP）；重庆开投在建设轻轨2号线、3号线时采用"政府采购、分期付款"的资产证券化（ABS）；北京地铁十号线公司在北京地铁奥运支线部分工程上的"建设－移交"（BT）模式；香港地铁公司、日本东急公司常用的"轨道＋土地模式"（R＋L）；以及港铁轨交（深圳）公司在深圳地铁4号线二期工程上采用的"建设—经营—移交"（BOT）模式等等。

铁路建设中引入外部资金，首先需要理清客运专线车站和线路的资产关系，明确客运专线车站资产属性，同时也需要将铁路统一管理模式下的单个站点清算规则透明化和运营收入及分配透明化等方面的问题。

11 结　语

站房商业开发落后现状产生的原因是多方面的，而转变这一状况也需要从规划理念、建筑设计流程、管理政策等多层面多角度入手，才能实现站房商业开发的全面良性发展，为提供更好的铁路旅行环境和保障更多的后续建设资金提供有力的补充。本文对站房商业策划与开发提出了研究的初步框架，而针对各个模块的更具体细致的整合设计与实践应用需要进一步的深入研究。

南京南站工程看大型铁路客站的设计控制

焦　力[2]　陈学民[1]　杨志红[1]　李晓冉[2]
(1. 中铁第四勘察设计院集团有限公司，武汉市　430063；
2. 北京市建筑设计研究院，北京市　100045)

摘　要：通过在南京南站车站工程中设计的经验，研究“设计控制”在大型车站建筑设计及施工中的重要性。在对项目进行设计控制时，设计组通过对项目设计、科研项目、工程设计以及文件管理这四个方面进行控制来实现对项目的全过程控制。在四个控制方面中，以项目设计、工程设计两个方面最为重要。在进行项目控制时，我们以模数化设计为基础，将车站建筑拆分为16个子系统，将技术难点及创新作为专项设计进行控制，在工程设计控制中，我们制定了质量管理体系以及网上协同平台，使多各专业，多家设计单位在同一平台共同协作，通过制定严格的二次深化设计审核体制，将深化设计纳入设计控制之中，最终通过设计控制实现对于项目的全过程控制。

关键词：模数化设计；系统化设计；专项设计的控制；项目科研的控制；专业间的协同平台；多专业审核机制

京沪高铁南京南站是我国铁路站房建设中的一座超大型站房，在历经数年的设计建设后，终以其完美的容颜展现在世人面前。在这座高完成度的站房建设之中，作为站房的设计者有很多设计方面的体会想与大家分享，现就设计控制方面的一些经验教训简述如下。

图1　南京南站北立面日景

图2　南京南站北立面夜景

1 设计控制在大型交通建筑中的重要性

设计控制就是对设计流程的管理过程，由于大型交通建筑项目的特点为规模大、设计周期短、分期出图压力大、专业性、工艺性强。同时设计方经常以协调者的角色出现，过程中配合、协调工作量很大。在这些特点下，设计质量的优、劣关键取决于设计控制的好与坏。

项目中的设计创意、科研成果、专项设计研究就像是一颗颗散落的珍珠，而真正把他们串联起来形成一条美丽珠链的就是在项目进行中的设计控制。

2 设计控制工作的几个层面

设计控制工作分为几个层面：首先是国家及行业层面的控制，这一点主要体现在地方审批、强制性审查和铁道部的各类审查上，这一层面的设计控制可以保证设计成果满足国家及行业的现行规范；其次是设计层面的设计控制，这一点主要为各个设计单位自身制定的设计质量管理体系，这一方面的设计控制可以使项目的设计质量达到相关设计单位的控制型标准（此项标准应该说是高于行业内的普遍水平的）。但对于大型铁路客站来说，设计质量以及设计完成度要求高，除上述两方面的设计控制之外，还需要项目设计总体组针对项目的特殊性制定第三层次的设计控制，而正是这一层面的设计控制才造就出今日京沪高速铁路南京南站的高质量和高完成度，本文要探讨的就是在设计团队层面上的设计控制工作。

3 项目设计团队的设计控制工作

设计团队的设计控制工作是最有针对性的，因为每个项目的特殊性，只有在项目开展之初，根据项目特点制定设计控制方案才能确保项目的顺利实施，同时设计团队的设计控制工作是提高设计质量、完善设计服务最有成效的办法。

项目设计团队的设计控制工作包括工程设计的控制工作、科研项目的设计控制工作、深化设计的控制工作、设计文件管理等四个方面。本文要重点讨论的是前两项内容。

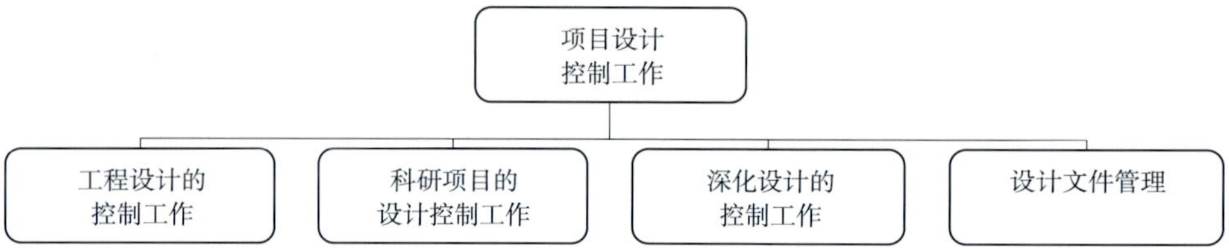

图 3 设计控制工作

3.1 项目设计的控制工作

3.1.1 模数化设计

作为一种设计方法，我们将模数化设计列入设计控制的范畴之中，可见其在设计管理过程中起到的重要作用。

南京南站的模数化设计制定的基础模数相对简单。由于无站台柱雨棚区域柱的东西向间距以21 500为主，因此东西向取其最小倍数 1 075 作为此区域的设计最小模数，而柱的南北向的最小模数为1 000；站台南北落客区域的最小模数为东西向 1 000，南北向 1 000。

在建筑模数确定之后，我们将此应用到主站房的地面铺装、墙面的石材分格以及吊顶、灯具的定位、外立面幕墙分格等方面，使各个专业在同一平台上工作。

通过模数化设计控制，南京南站项目设计还实现了一个大区域内的模数化设计，其中参与单位包含四家设计单位、三家业主，建设工程包含南京南站主站房、市政配套、长途客运站、游客接待中心、南

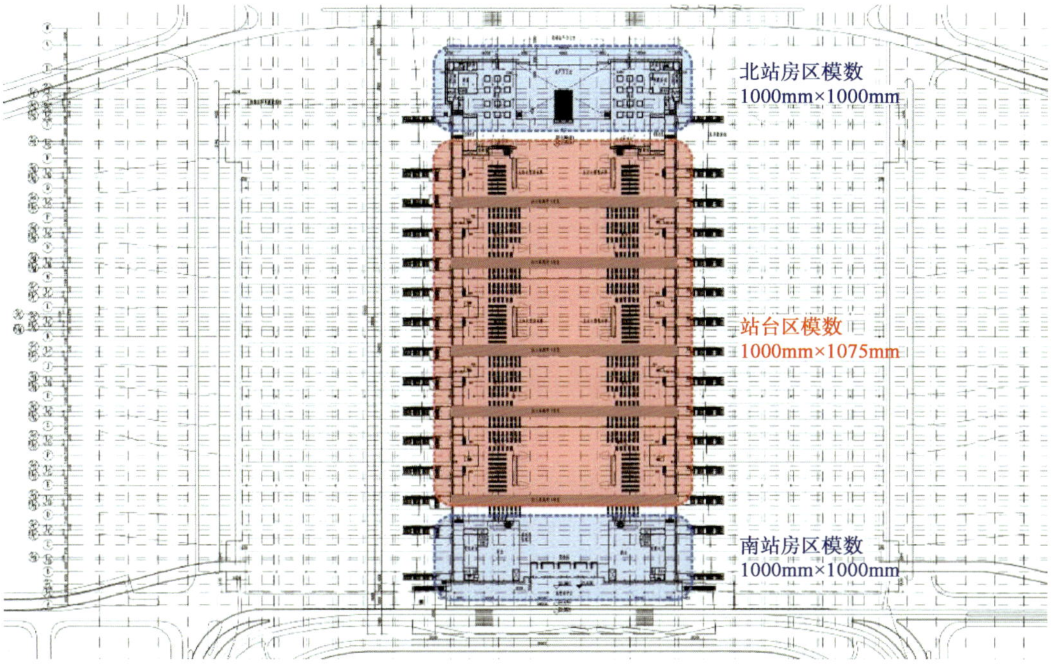

图 4　模数化设计

北广场等多个项目，大家通过模数化设计控制，在同一设计平台上相互协作，使建筑在模数化控制下融合建筑、设备、电气、标识等专业、铁四院、北京院、上海市政院、华东院等多家设计院的设计成果具有内在联系性，极大地加强建筑内部的统一性和逻辑性，保证了建筑的整体性，避免了由于多专业、多家设计方共同作业带来的标准不统一、无整体性的弊端，如图 5 所示。

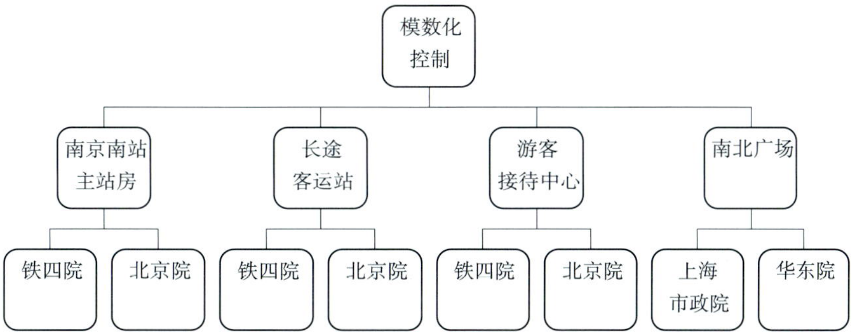

图 5　模数化设计控制

3.1.2　系统化设计的控制工作

当前在大型交通枢纽建筑尤其是机场航站楼的设计之中，系统化设计已有相当成熟的实践。在本项目的设计过程中，我们将在参考航站楼设计中总结出的诸多经验运用到南京南站的设计之中，取得了良好的效果。

现在以建筑装饰一体化设计的设计控制为例来说明系统化设计的具体实践和取得的诸多成果。

首先是专业间协同平台的建立，这是系统化设计的基础，建立了协同平台，将各个专业整合在同一平台上工作，以参考文件的形式，时时更新，避免了专业间由于版本号的交叉。

图 6　地面出站层实景照片

图 7　高架候车层实景照片

图 8　站台层实景照片

另外我们根据大型铁路客站的功能空间的特点，将站房的设计划分为 16 个子系统进行专项设计，他们分别是：垂直交通、卫生间、多功能集成模块（送风单元）、内幕墙、外幕墙、栏杆与隔断、内门、地面铺装、楼层板下吊顶、屋面吊顶、屋面、清水混凝土饰面、标识、无障碍、贵宾室以及其他。

图 9　垂直交通系统

图 10　多功能集成模块

图 11　外幕墙系统

图 12　楼层板下吊顶系统

图 13　屋面吊顶系统

图 14　清水混凝土系统

每个子系统均在建筑设计方面设立专门的负责人，装饰深化方面在相关深化单位同样有专人负责。由设计院、相关深化单位以及施工单位的设计总负责人组成总体组，负责审查每个子系统及其与相关系统的交接问题。这种工作模式为顺利完成南京南站项目的设计工作提供了有力的时间上的保障。这种工作模式改变了由平面在先、大样在后，设计信息单向传递的模式，转变成平面主导、大样同步，设计信息双向传递的模式。这种新型模式使设计工作从强调个人素质的“单兵型设计”到强调分工合作的“团队化设计”转变，有效地提高了设计质量，实现了设计上的高完成度。系统化设计控制可以使设计人员更加专注于本系统的设计内容，使设计深度有了大幅度的提升。与此同时，设计经验丰富的总体组的全程介入显著减少了设计交接部分处理不当的可能性，保证了整体的设计质量。

整合设计资源、实现全程控制的必由之路。由于系统化设计是将设计院各个专业设计人员与深化单位相关设计人员共同组成了一个设计团队，子系统专项设计人员与深化单位相关设计人员直接对接，故此设计的每一环节均在设计院设计人员的控制之中，真正实现了设计的全过程可控，保障了建筑产品的最终品质。

3.1.3　专项设计的控制工作

大型铁路客站的设计工作涉及大量专业化的新技术、新工艺，必须由专业的设计科研机构进行专项设计。南京南站的专项设计包含风洞试验、消防性能化、标识系统、大空间照明系统、声环境研究、色彩研究、大空间空调设计、商业运营设计等。

专项设计大体分为两类，第一类是以风洞试验以及消防性能化设计为代表的专项设计。此类专项设计是由专项科研机构根据南京南站的空间、功能、结构形式等进行试验模拟并提出技术参数供设计院各个相关专业使用。对于此类型的专项设计，控制工作主要集中在时间控制上。在设计之初将专项设计所需时间以及提交成果的时间纳入设计时间计划中，确保设计成果充分运用到设计之中。第二类是以标识系统、大空间照明以及色彩系统为代表的专项设计。第二类专项设计则是由专项设计机构直接完成相关设计并提交设计成果。在对于此类专项设计的控制工作则集中在设计成果的审核及运用上。我们将专项设计成果进行审核并纳入施工图流程，最后完成的商业运营设计则采用深化图纸的管理流程，各个专业对于其设计进行审查及指定签认制度，以使其接口满足施工的要求。

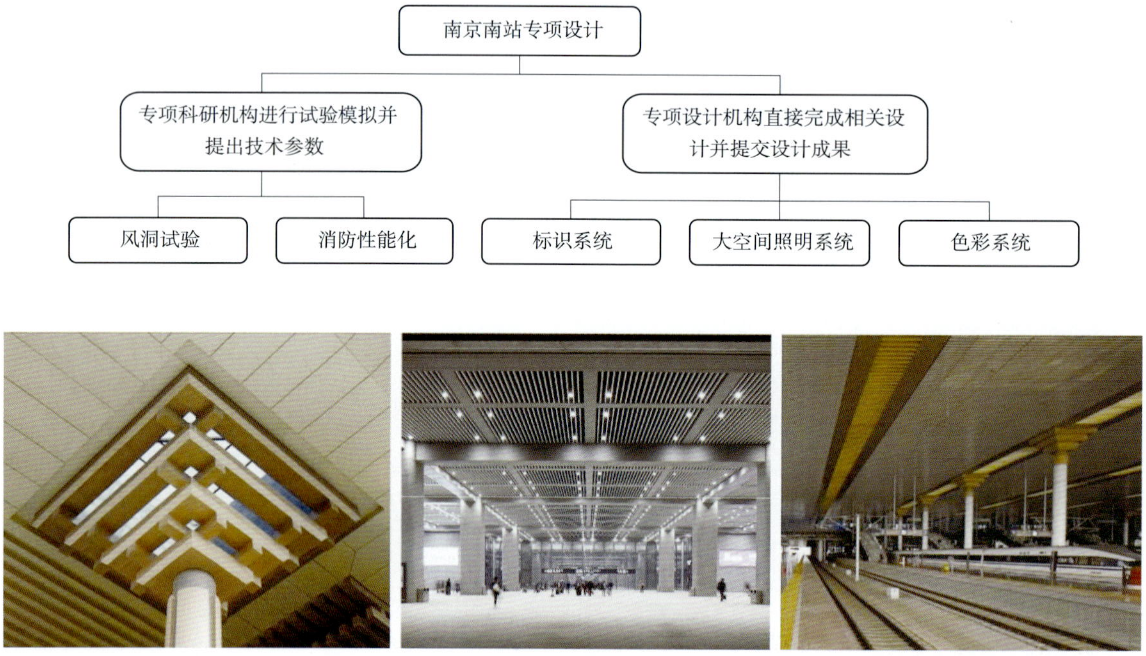

斗拱研究　　大空间照明　　风洞试验

图15　专项设计控制工作

3.1.4　重大技术难点的设计控制工作

在京沪高铁南京南站的设计过程中，对于重大技术难点的解决我们制订了一整套控制体系。这套控制体系分成三个层面：首先是设计团队对于重大技术难点问题提出多方案解决办法；其次是在设计院的层面上，将技术难点及解决方案报院技术委员会进行专题的审查并将解决方案与总体院、相关资讯单位进行技术沟通；最后是组织地方或全国性的专家评审会对于技术难点及最终提交的技术解决方案进行评审。

图16　重大技术难点的设计控制体系

3.2 工程设计的控制工作

3.2.1 专业间的协同平台

由于南京南站作为超大型车站建筑涉及领域广、相关专业多、参与设计的设计院多，造成设计图纸交接量大。南京南站设计团队在初步设计之初就共同制定了图纸质量管理体系以及专业间图纸的会审、提供资料的规则。

(1)在设计院内相关专业进行交接方面

首先，设计团队制定了严格负责制度，将各级设计人员的责任和权力明确。建筑平面系统构成见表1。

表1 建筑平面系统构成

系统类别	内　容	修改权限
01 轴网柱网	轴网、各层柱网	轴网：工程主持人 柱网：专业负责人
02 总体平面	建筑平面中不需用详图表达的部分	专业负责人
03 竖向交通	楼梯、电梯、扶梯、自动步道	设计人
04 卫生间	卫生间、清洁间	设计人
05 机电用房	需用详图表达的机房	设计人
06 吊顶		设计人
07 铺装		设计人

其次，图纸比例、图纸命名方式，十六个子系统的图纸命名方式，各个专业的相关图纸以专业代码作为区分。

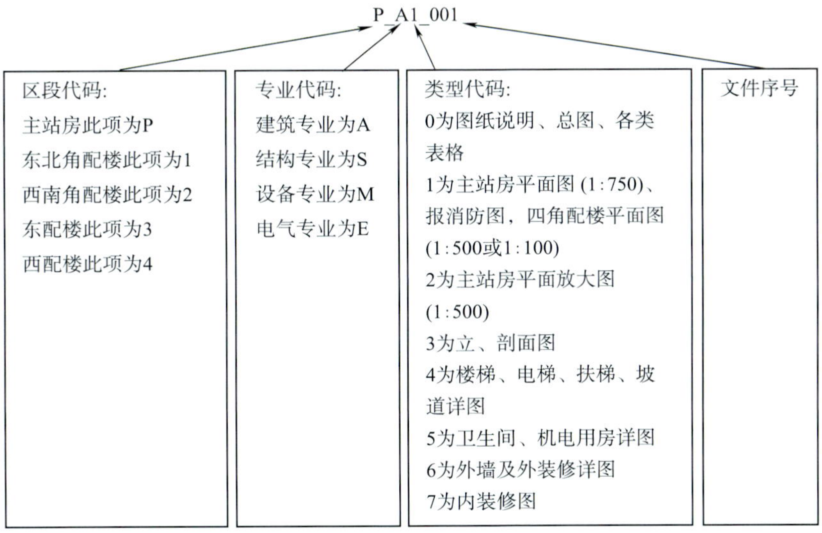

图17 图号命名的详细规定

再次，在文件管理以及绘制图纸时采用参考文件的方式，设立统一的文件夹，间同命名的图纸覆盖，保持图纸时时更新。在设计之初，由建筑专业负责人绘制轴网，确定图纸的原点作为基础资料，各专业绘制图纸时采用统一轴网、同一建筑原点。在此基础上，各个子系统的设计负责人将图纸绘制完毕后按照图纸的命名规则来命名，上传至服务器至本专业负责人，本专业负责人将子系统参考至平面图纸，绘制成完整的平面图纸。

最后，在与其他相关专业进行图纸会审时，各个专业负责人将图纸收集整理上传至网络服务器平台至其他各个专业负责人，再由专业负责人分发图纸，避免了图纸版本上的不一致。

（2）在与总体院相关专业的交接方面

首先，两院设计团队负责人共同制定图纸命名方式、图纸名称及相关专业代码等规则。

其次，在进行图纸会审时由两院建筑专业负责人牵头负责收集本专业及其他相关专业图纸，并在图纸传递时，共同注册公共邮箱，由建筑专业负责人收集图纸后发送至公共邮箱。这种方式可以避免图纸大规模交叉带来的设计漏洞。

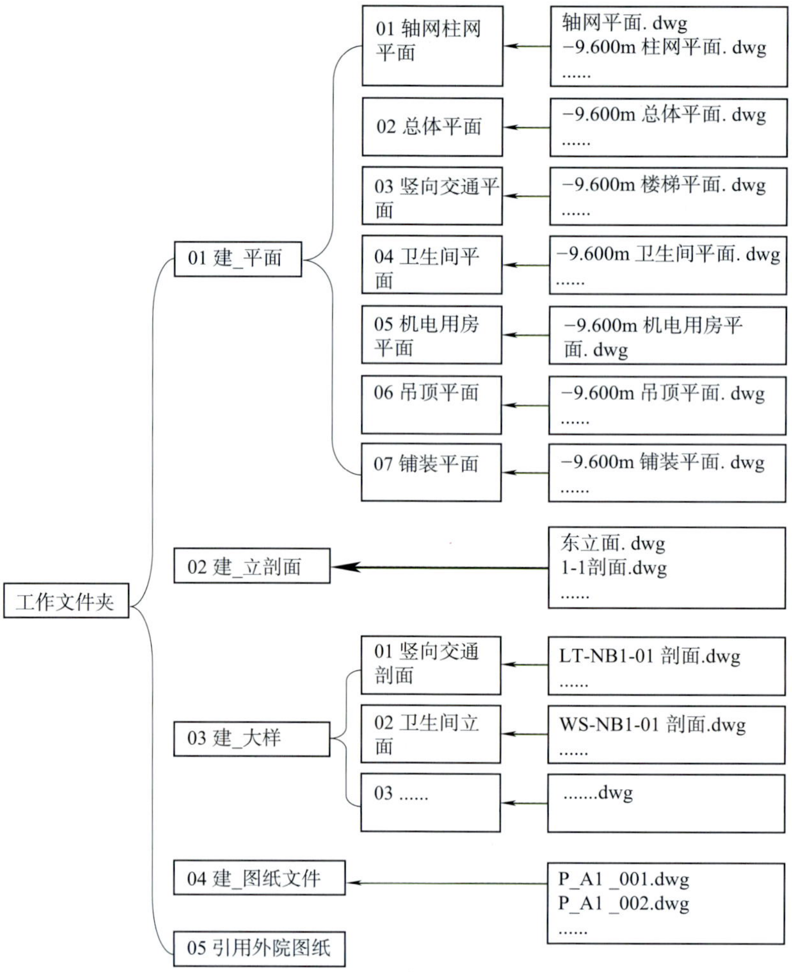

图 18　目录结构规定

3. 2. 2　二次深化设计的控制

与其他工程不同，南京南站二次深化的内容较多，包括钢结构深化、装饰深化、外立面幕墙深化、屋面深化等等，涉及专业较广并存在多专业交接问题。深化设计的质量直接影响到项目建成的实际效果。故此，如何组织各个相关深化单位，整合设计力量，控制深化设计的进度及质量成为了设计管理时的又一难题。

针对二次深化设计的控制，南京南站设计团队在三个方面对其进行控制。

（1）时间进度的管理与控制

在设计之初，设计团队将二次深化设计纳入整个施工图设计之中，根据工程建设的进程，与建设方、施工单位以及相关深化单位一起制定出此区域施工图纸及相关深化设计图纸的完成时间节点，并要求相关深化单位，将深化图纸的阶段性成果按照时间计划提交设计院对其进行审核。

（2）多专业审核机制

由于南京南站二次深化设计涉及的内容广泛，其中部分深化设计涉及多个专业，故此南京南站设计团队就此特点制定了多专业审图机制，各专业待深化图纸提交之后就各专业所涉及的内容予以确认。以装饰深化中的栏杆深化图纸为例，待设计成果提交后，设计院建筑专业对其颜色、材质、分格等部分进行审核；结构专业对于栏杆深化图纸中与主体结构的连接方式、杆件的截面尺寸以及深化单位提供的结构计算进行审核。在上述两个专业审核完成后，由本院的设计总体负责人最终审核并确认深化图纸。

多专业审图机制的制定避免了在对深化设计图纸的审核时的遗漏，确保了深化图纸的安全性、质量性，成为了二次深化图纸完成度高的保障。

(3)二次深化图纸最终的签署

在二次深化图纸的进行最终签署确认时，我们根据深化图纸的内容及相关深化单位的资质不同采取了不同的签认方式。

第一类签认方式为非主体负责的签认方式，主要针对有专业设计资质的深化单位，如对外幕墙的深化确认。在最终签认时，建筑专业负责人与结构专业负责人同时在图纸上进行签认，并标识只对幕墙外观及其与主体结构的连接方式提出满足要求或不符合要求的结论。其余部分由幕墙公司负责。

第二类签认方式为主体负责的签认方式，如装饰深化设计的确认。以装饰深化中吊顶深化图纸的确认为例，设计师要对吊顶的造型及受力情况提出要求，但对吊顶涉及产品的细部连接不承担责任。

4 结束语

从南京南站项目的设计实践表明大型铁路站房工程设计的顺利实施，不是单靠建筑师的创作就能完成的，它是一个系统工程，凝聚着由设计院深化设计单位、专项设计单位及从事本项目专项科研的科研单位的广大设计人员的心血和智慧，而聚拢这些智慧和力量的纽带就是设计控制。

优秀的设计控制给大型铁路站房工程设计所带来的变化是积极的。首先在设计层面上，设计周期得到了良好的控制；设计深度得以大幅度提高；总体组对专业设计接口控制得以加强从而整体确保了优异的设计质量。另外在管理层面上，强调团队设计的力量；强化了专业设计对建筑设计的推动作用；激发了深化设计单位再创作的欲望，同时设计院和深化设计单位及专项设计单位组成团队加快了整个项目的推进工作。而这一切带给南京南站工程建设上的是高质量完成大型铁路站房工程。

通过南京南站工程建设进程不断地进行，逐步体现了设计控制对于大型车站建筑设计的重要性。对于大型车站建筑，设计专业多，参与设计方多，工程复杂，并具有一定的影响力，设计控制是将各个专业、领域有机结合的重要保证，是提高设计质量的重要手段，同时也是实现设计高完成度设计的必由之路。

参考文献

[1] 北京市建筑设计研究院质量管理体系文件(2008-2).

[2] 郑健，徐尚奎，赵奕，谭月仁. 铁路旅客车站细部设计[M]. 北京：人民交通出版社，2010.

[3] 李传成. 交通枢纽与城市一体化趋势——特大型铁路旅客站设计分析[J]. 华中建筑，2004，(1).

[4] 盛晖. 铁路旅客车站现代化的设计探讨——浅谈两个建筑实例的创作构思[J]. 建筑学报，2002，(4).

综合客运交通枢纽分类分级研究

朱胜跃　赵　慧　吴海俊

（北京市市政工程设计研究总院，北京　100082）

摘　要：本文在分析现有研究的基础上，结合城市交通特性和综合客运交通枢纽发展方向，对综合客运交通枢纽定义、分类、分级和规模等问题进行了探讨性研究。梳理目前枢纽建设所面临的问题，结合未来城市建设重点以及城市部分功能的调整情况，理清枢纽建设与上述问题之间的内在联系，探讨枢纽的功能定位、分类、分级等问题，为今后综合客运交通枢纽规划建设提供技术支撑，实现不同区域综合客运交通枢纽的差别化布局和规划，促进综合客运交通枢纽系统、区域交通一体化以及社会经济的全面发展。

关键词：综合客运交通枢纽；空间综合体；分类分级；交通方式；客流集散量

1　引　言

随着城市化进程的不断加快，人口逐渐向城市集中，城市空间格局也在不断变化，交通方式也日趋完善和多样化。国内诸多城市均提出了建设与城市功能相匹配，构建可持续发展、以人为本和动态满足交通需求的、以公共交通为主导的高标准、现代化综合交通体系，引导城市空间结构调整和功能布局的优化，促进区域交通协调发展，支持经济繁荣和社会进步的交通发展目标。综合客运交通枢纽作为城市交通系统的重要组成部分，实现了各种交通方式间的衔接和转换，促进城市对外交通与城市内部交通的有效整合，对城市发展的影响日益显著。

发达国家经历了城市化快速发展时期之后，受交通需求及交通方式转变的影响，产生了综合客运交通枢纽这种全新的空间综合体形式。在过去的几十年里，发达国家的综合客运交通枢纽经历了从简单到复杂、从单一功能到多功能、从单体建筑到以公共交通为导向的城市土地开发模式带动周边地区全面发展的演变过程。

经过多年的规划建设，我国大城市综合客运交通枢纽特征也在逐渐发生变化，由单一功能向多功能转变，不仅服务于多种交通方式，而且成为集交通、商业、服务等多功能于一身的交通综合体，同时满足交流、景观、防灾等其他的空间功能；枢纽布局模式也由平面向立体转变，各种交通方式的集散与换乘设施由平面分散布置转变为集中布置、垂直换乘、分层布局，并充分利用地下空间和交通建筑的内部空间；为实现换乘客流的有序移动，快速、方便、舒适、安全地实现换乘，综合客运交通枢纽正逐步朝着智能化的方向发展；对枢纽的认识也在随着交通的不断发展而改变，从依托对外交通站场形成的枢纽，逐步向城市内部交通延伸，枢纽与线网之间的关系也在发生变化。

随着城市人口的不断积聚，北京、上海等大都市在中心城以及外围新城涌现出一批新的产业功能区、金融区以及大型居住社区等，与此同时，城市轨道交通建设的提速，成为中心城职能疏散和城市向外扩展的主要推动力之一。综合客运交通枢纽的规划布局需要满足城市发展需求，发挥其引导城市空间布局优化的作用；枢纽功能定位需要体现出服务各种交通方式的综合特性，而不再局限于公共交通方式之间的换乘功能，从而满足城市定位和交通需求。特别是随着高铁的发展，以高铁车站为主的大型综合客运交通枢纽对城市功能的提升意义重大。枢纽集散的大量人流对周边土地开发利用带来的商机，愈发引起政府部门和各级开发商的重视。优先发展和建设一批综合客运交通枢纽，改善城市客运网络的衔接以及实现不同客运网络的衔接换乘，提高公共交通运行效率及服务水平，增强公共交通吸引力和缓解城市交通拥堵，同时通过综合客运交通枢纽的建设引导城市空间结构发展，解决居民

"出行换乘难"的问题有很紧迫的现实意义。

2 存在问题与挑战

综合客运交通枢纽作为汇集大量人流、提供客流便利换乘的交通设施,它的合理规划及布局,不仅能够方便居民的交通出行,而且能够引导城市布局的优化,带动整个区域的社会经济发展。随着居民对出行质量要求的日益提高,为缓解机动车造成的交通压力,国内各大都市开工建设大量轨道交通线路,综合客运交通枢纽建设步伐加快并成为城市交通领域发展的重点。在枢纽的规划建设过程中,还存在很多问题,并面临着缓解居民出行交通压力、带动城市用地合理开发、促进城市社会经济发展等诸多挑战。

2.1 综合客运交通枢纽发展不能满足城市交通需求

当前我国城市综合客运交通枢纽的发展仍处在起步阶段,枢纽的发展仍然滞后于城市社会经济和空间布局的发展。无论从数量和服务质量来说均不能满足人们对出行质量日益增长的需求,枢纽的数量偏少,分布不够均匀。随着城市化进程的加快,交通供需不平衡和居民对出行质量要求的提高成为一对矛盾体。尤其是随着社会经济和区域空间结构的发展,交通需求的日益增大,对综合客运交通枢纽合理规划、布局的要求也逐渐提高。

2.2 综合客运交通枢纽整体效益不高

综合客运交通枢纽布局合理与否将直接影响城市客运系统的交通效率,而枢纽布局规划与城市形态、土地利用有着密切的关系,同样的地域范围和交通运输网络,布局不同的交通枢纽由于受到交通发生吸引源的分布、交通运输网络特点和自然环境等因素的影响,会导致不同的交通运输效率和社会经济效益。国内城市已建成的枢纽在规模和功能布局上与国外先进的综合客运交通枢纽相比还存在着差距,枢纽综合服务能力、带动土地开发的作用仍不明显。外部道路网作为承载枢纽正常运行的硬件设施,是枢纽交通顺畅组织的必要条件,尤其是外部道路网与不同功能定位枢纽之间的级配关系、出入口位置设置等对枢纽的运行产生重要影响。由于综合客运交通枢纽周边用地开发强度较高,原有路网无法承载由于高强度开发所诱增的客流,致使枢纽周边的路网运行效率不高,对枢纽的运行也造成了一定的影响。此外,目前已经建成的枢纽大多存在换乘距离远的问题,降低了枢纽对居民出行的吸引力,进而影响了枢纽的换乘效率。

2.3 对综合客运交通枢纽建设的前期研究重视不够

由于对枢纽前期研究的资金保障较为薄弱,致使综合客运交通枢纽研究存在一定的滞后性,储备不足,从一定程度上制约了枢纽的建设步伐。由于综合客运交通枢纽涉及城市规划、轨道交通工程、铁路、民航、道路工程、建筑设计、交通规划等多个专业,从立项至开工建设需要的时间较长,尤其是前期规划设计阶段,枢纽的布局方案及空间结构需要经过深入的研究方可最终确定。长期以来,由于城市整体发展速度较快,原本规划的土地性质或开发强度随城市的发展有所调整,而枢纽的规划调整未能与之同步。此外,综合客运交通枢纽的用地选址与城市用地之间的协调缺乏足够研究,近年来随着城市建设规模的扩大,交通设施用地有不断减小的趋势,对枢纽的建设产生了影响。

2.4 欠缺相关的综合客运交通枢纽建设规范标准

目前国家尚未出台综合客运交通枢纽的相关标准,致使枢纽建设缺乏明确的技术指导。如枢纽的分类和功能定位缺乏统一的标准,既有的交通行业标准之间存在界定不清晰、功能定位不够准确的特点,影响了枢纽在城市空间的整体布局,同时枢纽的建设规模受其功能定位的影响也难以得到有效控制,继而影响政府投资。对综合客运交通枢纽的定义、功能定位、分类、分级等相关内容尚没有一个明确的结论，导致在规划设计阶段需要对每个枢纽进行单一论证，缺乏系统性的描述。

3 综合客运交通枢纽的定义

对综合客运交通枢纽定义虽然各家不一，大凡谈到交通枢纽，无不要包括交通衔接或交通方式转换这一核心，而这种衔接与转换均需要一定的空间场所满足换乘客流及交通工具使用的需要。基于此，对综合客运交通枢纽定义为客运交通系统中，不同交通系统之间或同一公共交通系统不同线路之间客流衔接与转换的空间综合体[1]，包含设施、交通工具、客流三大要素。

综合客运交通枢纽有三个典型特征：①不同交通系统之间的客流衔接与转换；②有满足这种客流衔接与转换需要的空间场所；③必须达到一定的量。

这里所指的交通系统涵盖民航、铁路、水运、公路、轨道交通、常规公交、小汽车、出租车、自行车、步行等不同交通方式所形成的系统。交通的衔接与转换，既包括同一种交通方式之间不同线路的衔接与转换，比如不同公交线路间转换客流、铁路中转、民航班线间的客流中转等，也包括不同交通方式之间的衔接与转换两种类型；空间场所可以表现为换乘厅、广场、建筑体等不同形式；必须达到一定的量，才能称之为综合客运交通枢纽，道路沿线有多条公交线路设站的一个公交站，只能称之为换乘点，而不叫枢纽。

综合客运交通枢纽的形式也从传统的各交通系统平面布局逐渐转换成立体布局，统一纳入空间综合体中来。其表现形式已经不是原来站房单体建筑那么简单了，而是形成为交通转换服务的综合客运交通枢纽综合体，也可能是结合商业、公建开发形成更大型的空间综合体，其功能也从传统的单一交通功能向综合服务功能转变。综合客运交通枢纽主要有以下三大功能：①交通功能，枢纽设施最基本的功能是实现不同交通方式的衔接与转换，同时服务于客流、交通工具，这两种要素在枢纽内集结并发生乘降关系，综合客运交通枢纽为客流出行的连贯性、舒适性服务。②经济功能，枢纽人流汇集，蕴含潜在的商机，往往能够形成较强的区域经济活动，促进其周边区域经济的增长，带动地区土地开发，成为区域经济的增长点，枢纽的经济价值取决于在枢纽及周边地区的“客流滞留时间”。大型的综合客运交通枢纽，因其周边用地高密度开发，将逐步发展成为区域中心，缓解城市中心区的高集聚，使城市空间布局朝着可持续的多中心结构发展。③环境功能，借鉴城市设计的各种手法，创造人性化的空间，与周边的环境相协调，满足文化和审美要求。为大客流服务是综合客运交通枢纽存在的关键，必须关注人的舒适度问题，为乘客提供生态宜人的枢纽内、外部环境。

4 分类研究

用于控制枢纽规划设计的最重要国家标准《城市道路交通规划设计规范》(GB 50220—95)中对货物流通中心尚提出了“地区性、生产性、生活性”三种分类，并给出对应的用地面积控制要求，而对于综合客运交通枢纽，该规范仅在公共交通线路网一节中谈到“城市公共交通主要客流集散点应设置不同交通方式的换乘枢纽，方便乘客停车与换乘”；公共交通车站一节提出“长途客运汽车站、火车站、客运码头主要出入口 50 m 范围内应设公共交通车站。公共交通车站应与快速轨道交通车站换乘”。该规范在术语一章中也没有对综合客运交通枢纽进行解释，整本规范并未对综合客运交通枢纽的分类进行规定。

有关枢纽分类的学术研究也很多，大多都按交通功能、交通方式组合、交通组织、布置形式、服务区域、用地性质及场所导向、位置特性等进行枢纽分类，见表 1。

表 1 所列的大多数分类方式用于理论研究是可以的，具体实施时界定较难，所需设施配备差异明显，针对综合客运交通枢纽的规划设计建设不宜操作。

美国主要根据枢纽换乘方式的多少分类，分为两种类型：只有 1 ~ 2 种换乘方式的称为运输中心，有多种换乘方式的称为综合枢纽。

伦敦在市域范围内规划了 614 处交通枢纽，将其分为 5 类：A 类为位于中心区的主要对外铁路车站枢纽(8处);B类为位于中心区、客流较大、可实现多种交通方式选择的公共交通车站枢纽(31处);C类为具有重要战略意义的枢纽,在城市交通网络中具有重要作用(39处);D类为地区性交通枢纽,服务于地区级交通需求(235处);E类为局部性枢纽,服务于局部地区(301处)。

《上海市综合客运交通枢纽布局规划》根据承担枢纽的交通功能和其规模大小分为4类:A类为对外交通设施为主、交通设施对内为辅组成的枢纽,共有5处;B类以轨道交通车站为主体、其他交通方式为辅组成的枢纽,共有88处,其中主要包含3线及3线以上的轨道换乘枢纽15处和以轨道站点为主体的中型客运枢纽73处;C类以轨道交通和机动车换乘为主体的P+R停车换乘枢纽,主要分布在外围,共有35处;D类:以常规公交换乘站点为主体的客运换乘枢纽,共有15处。

清华大学交通研究所建议北京市客运交通枢纽分为综合枢纽、公共交通枢纽及换乘中心3类:综合枢纽是以多种交通方式衔接,例如对外交通、轨道交通、地面公交、出租、社会机动车、自行车等客流很大的集散点;公共交通枢纽是以地面公交始发路线为主,涉及部分其他交通方式(如地铁、自行车等),规模较大的集散点;换乘中心是以地面公交中途换乘方式为主,进行客流转换,是规模较小的集散点。

表1　研究层面的枢纽分类方式汇总表[2~4]

划分标准	类　型
按交通功能划分	对外交通枢纽 市内交通枢纽 为特定设施服务的枢纽
按交通方式组合划分	线路换乘枢纽 方式换乘枢纽 复合型枢纽
按承担的客流性质划分	换乘型枢纽 集散型枢纽 混合型枢纽
按交通组织方式划分	首末端换乘枢纽 中途站换乘枢纽
按布置形式划分	立体式枢纽 平面枢纽
按服务区域划分	市级枢纽 区级枢纽 地区性枢纽
按时间范围划分	待拆除的枢纽 正在使用的枢纽 规划待建的枢纽
按位置特性划分	中心区枢纽 边缘组团枢纽
按用地性质划分	独立建设的枢纽 综合建设的枢纽

国内外综合客运交通枢纽的分类方法主要考虑两方面因素:一是枢纽内所含的交通方式的种类,包括航空、铁路、轨道交通、地面公交等;二是枢纽所处的城市区位,例如城市中心区、城市副中心或城市边缘地区等。但是面向实施层面的分类方法较为混乱,很多分类模式叠加了分级标准,不易操作。较实用的分类方法应该简单实用、分类清晰、涵盖全面。

枢纽是为客流服务的场所,从枢纽使用者的行为模式出发,常规的、短期重现的小范围出行模式(通勤、购物、就医、上学等)与跨城市的出行模式(探亲、旅游、出差等)有显著差异。按服务客流的不同将枢纽分为对外枢纽和市内枢纽两大类。对外枢纽由于受到空域、水域、对外交通线网等的影响,数量较少,设置灵活性较差;城市内部交通转换的枢纽设置相对灵活,依托轨道、公交线网设置。

对外枢纽以铁路、公路、水运或航空等对外交通方式为主导,且配备有轨道交通、常规公交、出租车、小汽车、非机动车等相关设施的客流集散场所,根据主体客运交通方式的不同,细分为航空枢纽、港口码头枢纽、铁路枢纽和公路枢纽。航空枢纽属于终端式的城市内、外部交通转换,城市内部交通转换相对较少,虹桥模式将打破这种传统,有将城市内部交通引入枢纽的趋势,民航属封闭体,不与其他交通方式混杂,航空之间的中转与其他交通方式无关,发送、到达的客流也只是航空与其他方式之间的转换;港口码头枢纽属于终端式的城市内、外部交通转换,城市内部交通转换相对较少,城市核心区的客运码头,其枢纽也可承载城市内部交通,水运属封闭体,不与其他交通方式混杂,水运之间的中转也与其他交通方式无关,发送、到达的客流也只是水运与其他方式之间的转换;铁路枢纽针对乘坐火车出行的客流,属于终端式的城市内、外部交通转换,城市内部交通转换易引入枢纽,铁路属封闭体,不与其他交通方式混杂,铁路之间的中转与其他交通方式无关,发送、到达的客流也只是铁路与其他方式之间的转换，铁路换乘公路长途也比较常见；公路枢纽针对乘坐长途车出行的客流，属于终端式的城市内、外部交通转换，城市内部交通转换易引入枢纽，线路与公交等混杂，属开放体，公路客运与城市公交客运载体是相同的，大家并网运行，公路长途换公路长途相对较少。

市内枢纽以轨道交通和常规公交为主导，且配备有出租车、小汽车、非机动车等相关设施的客流集散场所，细分为轨道交通枢纽和常规公交枢纽。

对外枢纽、市内枢纽可按衔接的轨道交通、公交站模式进行细分，详见表 2。对于轨道交通枢纽，Ⅰ类至少含有两条相交的轨道线路，且与常规公交首末站接驳换乘，有专门的非机动车停车区，出租车、小汽车可以在枢纽周边道路上停靠换乘；Ⅱ类至少含有两条相交的轨道线路，且与常规公交中途站接驳换乘，有专门的非机动车停车区，出租车、小汽车可以在枢纽周边道路上停靠换乘；Ⅲ类至少有一条轨道线路，配有专门的小汽车停车场，能够实现 P + R 换乘，且辅以常规公交中途站和非机动车停车区。

表 2　树型枢纽分类方式表

大　类	主导方式	细　分	换　乘　方　式				
			轨道交通	常规公交	出租车	小汽车	自行车
对　外	民　航	Ⅰ	■	■	■	■	非常少
		Ⅱ	—	■	■	■	
	水　运	Ⅰ	■	■	■	■	非常少
		Ⅱ	—	■	■	■	
	铁　路	Ⅰ	■	■	■	■	■
		Ⅱ	—	■	■	■	■
	公　路	Ⅰ	■	■	■	■	■
		Ⅱ	—	■	■	■	■
市　内	轨道交通	Ⅰ	—	■	■/□	□	■
		Ⅱ		□	■/□	□	■
		Ⅲ		□	■/□	P + R	■
	常规公交	—	—	■	□	□	■/□

注：■：常规公交首末站；含有出租车泊车区、小汽车停车区、非机动车停车区。
□：常规公交中途站；没有专门的出租车泊车区、小汽车停车区、非机动车停车区。

上述分类方法可与综合客运交通枢纽内所含的交通方式相对应，通过枢纽所属的类别可以判断枢纽内所含的交通方式，间接了解枢纽的服务范围。

5　分级研究

目前还没有针对综合客运交通枢纽分级的统一标准，现有的研究多是针对轨道交通枢纽、公共交通换乘场站、汽车客运站的研究，以及北京、上海、广州、深圳等大城市在相应规划设计文件中对枢纽的相关研究。现有研究成果中对综合客运交通枢纽分级标准不统一，且缺少客流集散量等定量指标。

深圳大学吕慎“基于城市用地与交通一体化的枢纽等级体系研究”学术论文中将城市客运交通枢纽分为对外客运交通枢纽、市级客运交通枢纽、中心区级客运交通枢纽、边缘组团级客运交通枢纽、片区级客运交通枢纽五个等级，这种分级方式在规划阶段对城市的枢纽空间布局很有帮助。

陆锡明、刘小明等交通学者按照枢纽的不同功能与规模，将枢纽划分为特大、大、中、小或一级、二级、三级等 3 ~ 4 个等级。也有学者按客运枢纽对城市的影响程度划分为特别重要、重要、一般等。上海、广州、深圳、北京等城市已基本完成了轨道交通线网规划，相应的规划文件一般根据相衔接的客运交通方式种类、相衔接的轨道交通线路数或枢纽所在区域的土地开发类型等指标将轨道交通枢纽划分为综合枢纽、大型换乘枢纽、一般枢纽或一级、二级、三级等 3 ~ 4 个等级。上述分级均为定性描述，没有给出相应的分级量化指标。

王有为在硕士论文“城市公共交通换乘枢纽规划研究”中给出了按照日集散客流量对公共交通枢纽分级的量化标准[4]，特级枢纽，日集散客流量大于10万人；大型枢纽，日集散客流量小于10万大于3万人；中型枢纽，日集散客流量小于3万大于5000人；小型枢纽，日集散客流量小于5000人。覃矞在博士论文“轨道交通枢纽规划与设计理论研究”中给出了基于集散客流量、换乘客流量的轨道交通枢纽分级量化标准[5]。

表3给出了国内外城市主要客运枢纽的类型、设计客流集散量以及衔接的轨道交通、始发公交线路条数。从客运枢纽所服务的客流规模上看，不同功能定位的客运枢纽之间差异较明显。从客运枢纽所衔接的轨道交通线路上看，3条线以上的客运枢纽较少，目前主要以1～3条轨道线路为主，只有部分客流量及集散客流量较高的区域配备3条轨道线路；城市中心区大都以1～2条为主。从综合客运交通枢纽所配备的基本设施情况看，客流量越高的枢纽需要配备的设施等级越高。如公交线路条数的配置与枢纽的客流规模基本成正相关，客流越大，需要公交线路条数较多，并且都具有到发功能。一般以对外功能为主的枢纽所配备的公交线路充足，基本在12～20条之间；联系新城及远郊区县的市内换乘枢纽也都配备了较为充足的公交线路，基本在10～15条左右；位于城市中心区的枢纽受用地限制，在设施配置上主要考虑出租车车位和自行车车位，较少考虑P＋R停车场，位于城市边缘区一般优先考虑P＋R停车场的设置。

表3　国内外枢纽设计客流集散量统计表

城　市	枢纽名称	类　型	设计客流集散量[6]（万人次/日）	接驳轨道条数（条）	始发公交线路（条）
北　京	西直门	对　外	87	3	4
	东直门	市　内	75.6	3	17
	西站南广场	对　外	46	2	12
	中关村西区	市　内	38	2	—
	四　惠	对　外	36.81	2	15
	动物园	市　内	26	1	10
	六里桥	对　外	27.53	1	14
	苹果园	市　内	45.6	2	12
	宋家庄	市　内	78.3	4	8
	望京西	市　内	21	2	10
	北苑北	市　内	30.3	1	12
	西　苑	市　内	10	1	18
	丰台站	对　外	35.58	2	11
香　港	青衣站	市　内	68	2	—
	九龙湾	市　内	78	1	—
上　海	人民广场	市　内	61	3	22
	上海南站	对　外	48	3	12
	虹　桥	对　外	110	5	30
南　京	新街口	市　内	30	1	—
深　圳	福　田	对　外	35	1	22
	罗　湖	对　外	30	1	14
广　州	公园前	市　内	36	2	—
	火车站	对　外	66.9	2	—
日　本	荣	对　外	75	1	25
巴　黎	拉德芳斯	对　外	40	3	—
旧金山	港湾枢纽	对　外	30	—	—

根据北京市统计局公布的2010年统计年鉴推算，涵盖民航、铁路、公路等对外交通方式的站场年均客运量2亿~2.5亿人次（上海、广州、重庆等国内大都市均不超过这个数值，公路客运量只含持有道路运输经营许可证客运车辆发生的客运量，不含郊区道路、都市区周边市县及出租车道路客运量），日均不过50万~70万人次，尽管城市对外枢纽的数量不会太多（如北京规划2个航空枢纽、7个铁路客运枢纽；上海规划2个航空枢纽、5个铁路客运枢纽），分配到每个枢纽上其对外的客运量并不大，但实际这些对外枢纽的客运量总和超出这一数字，差额即是这些枢纽包含的城市内部客流转换值，特别是位于城市核心区的铁路客运枢纽，这一特征更加明显。市内交通每天的出行量远大于对外交通，枢纽分级的量化标准需要考虑市内交通尤其是大运量的轨道交通影响因素。

按“十二五”综合运输体系规划，我国城市市区人口超过1 000万的城市逐步完善轨道交通网络，公共交通占机动化出行比例达到60%以上。人口超过300万的城市初步形成轨道交通网络主骨架，公共交通占机动化出行比例达到40%以上。人口超过100万的城市，建设轻轨、现代有轨电车、磁浮等多种形式大容量公共交通。人口超过50万的城市，实现中心城区步行距离500 m范围内公交服务全覆盖。

按设置轨道交通城市人口标准来考虑枢纽分级：市区人口100万~300万/300万~600万/>600万。对于1 000万~2 000万人口的城市，轨道交通已经编制成网，如果枢纽客流量占人口的比重超过5%，枢纽的规模将非常庞大，对周边道路网、轨道交通的要求很高。对于300万~600万人口的城市，考虑建设轨道交通，如果枢纽客流占人口的比重超过10%，同样枢纽也将超出服务能力。应该结合轨道交通及对外交通分散布局枢纽。枢纽规模100万级别，占2 000万人口的约5%，60万级别，占600万人口的10%，30万级别，占300万人口的10%，占150万人口的20%，如果枢纽规模为10万级别，占100万人口的10%，占50万人口的20%。除了卫星城镇等职能不够完善的城区外，如果一个城市功能相对完善，枢纽客流量占人口的比重超过20%，将会给城市道路、枢纽带来过大的压力，极易导致枢纽周边道路系统的拥堵，进而蔓延至整个干路网，影响城市交通系统功能的发挥。鉴于此，建议综合客运枢纽按表4分级。

日客流集散量不足5万人只能称为换乘点，而不能称之为枢纽。

枢纽的建设规模与枢纽的类型、承担的客流、配备的相关设施是密不可分的。结合城市用地规划、枢纽的分类和分级标准，合理配备相关设施以及确定用地规模。客运枢纽建设规模的大小受到以下三个因素的影响：①枢纽功能，一般而言，枢纽的功能越多，设施越齐全，枢纽所需要的用地范围就越大，枢纽规模也就越大；②交通需求，枢纽作为集散、换乘客流的聚集地，其客流需求反映了枢纽的服务承载力，是确定枢纽规模的主要因素；③用地条件，鉴于目前城市用地资源紧张的现状，枢纽的建设规模受到用地条件的限制，需要结合用地条件，合理配设枢纽建设规模。

表4　综合客运枢纽分级标准

等　级	客流集散量（万人次/日）	接驳轨道条数（条）	始发公交线路（条）
特大型	>60	2~4	>20
大　型	30~60	1~3	15~20
中　型	10~30	1	10~15
小　型	5~10	1或不设	5~10

综合客运交通枢纽的分类与分级具有一定的相关性，但是对枢纽的合理分级也是必不可少的工作，因为只有级别明确了，对客运枢纽的规模、预测和评价才更实际、更有意义和更具有可比性。

6　相关建议

综合客运交通枢纽的分类、分级是进行枢纽规划设计和建设的基础，通过对国内外不同国家和地区综合客运交通枢纽分类、分级方法的分析，本文建议综合客运交通枢纽的分类方法以衔接的交通方式为标准，分级方法以客流集散量为标准，在此基础上可进行细分。

综合客运交通枢纽强调了各交通系统的衔接与换乘，是为客流服务的空间场所，实际应用中应根据具体客流需求，确定各类枢纽不同的等级规模。本文所述的分类、分级方法尚有不足之处，欢迎批评指正。

参 考 文 献

[1] 朱胜跃．综合客运枢纽功能布局与交通组织探讨[J]．特种结构（增刊），2011.
[2] 郑祖武，李康，等．现代城市交通[M]．北京：人民交通出版社，1996.
[3] 刘灿齐．现代交通规划学[M]．人民交通出版社，2001.
[4] 王有为．城市公共交通换乘枢纽规划研究[D]．西安：西安建设科技大学，2001.
[5] 覃矞．轨道交通枢纽规划与设计理论研究[D]．上海：同济大学，2002.
[6] 曹荷红，张智勇．北京市综合交通枢纽调研分析[J]．北京规划建设，2009，(3).

温暖的城市客厅

——哈尔滨西站专项设计总谈

赵 霞

（中建国际设计顾问有限公司，北京 100013）

摘 要：从哈尔滨西站以城市客厅的立意出发，论述陶板幕墙、室内、照明、标识等专项设计在严寒地区交通建筑中的独特作用。哈尔滨西站作为哈尔滨城市发展中的标志性建筑之一，它将展现着城市的品质与特色，设计师通过对造型、色彩、灯光的巧妙运用，充分体现了为旅客提供社会活动和社会交往的交通建筑特征，从而实现建筑在于创造更美好的生活这一社会目的的美好意愿。

关键词：城市客厅；铁路客运站房；幕墙设计；室内设计；照明设计；标识设计

1 项目立意与概况

1.1 项目立意

丹麦建筑师扬·盖尔在《交往与空间》中提到："几乎所有有意义的社会活动、深切的感受、交谈和关怀都是在人们停留、坐着、躺卧或步行时发生的。"有交通建筑特性的铁路客运站房就是一个非常明显的城市交往空间，作为社会的人在这个城市公共空间的各种活动产生了社会交往。当新时代火车站逐渐成为新的城市发展标志性建筑，并且具有城市、建筑一体化特征，作为城市形象，城市名片象征时，我们更愿意把城市比作一个"家"，铁路客运站房就成为进出城市的转换空间，公共空间就是这个"家"的"客厅"。在新建铁路哈大客运专线哈尔滨西站的设计中，围绕这一主题展开并进行了富有特色的专项设计。

1.2 项目概况

哈尔滨西站位于哈西新区、群力新区交界处，南岗区境内。主站房建筑面积 69 905.0 m^2，预留商业面积 10 884.8 m^2，属于特大型旅客车站。哈尔滨是一个具有浓郁欧洲风情的北方城市，哈尔滨西站立意为一个温暖的城市客厅，整体设计充分尊重有着"东方俄罗斯美誉"的哈尔滨地方文化特色，用现代、简洁、含蓄的手法实现现代交通建筑与地方文化之间的交流与契合，营造了一个温馨的城市客厅，体现出哈尔滨西客运站独有的地方文化特点，成为富有地方特色的标志性建筑门户。

2 客厅的外表

2.1 哈尔滨西站的整体设计

哈尔滨西站立面设计通过富于节奏和变化的竖向划分表现出变化的韵律感，两侧柱廊式的粗壮石材柱列表现出强烈的力量感，并衬托出中部入口拱形空间细密石材细柱的优雅与细腻。立面设计表现出整体的力量和丰富的变化，通过比例的控制以及细节的设计使建筑带有优雅的俄罗斯韵味，同时又能够表现出现代交通建筑简洁端庄、大气明快的特点。柔美的曲线屋顶轮廓结合厚重的垂直墙身结构形成建筑刚柔相济的整体基调。屋顶轮廓线取自哈尔滨老站的曲线原形，体现出文脉的延续和新与旧文化传承。厚重的陶板墙身表现出哈尔滨地方建筑文化雄浑有力的力量和质感。

图 1 哈尔滨西站北站房立面图

2.2 形式和色彩——幕墙

2.2.1 色彩——砖红色

温暖的红色建筑色彩设计同时考虑了地方文化和环境色彩因素:砖红色的外立面色彩选择给人以温暖、安全的感觉,令人联想到著名的索菲特教堂的色彩;同时红色在冰城哈尔滨的素白世界中将显得格外突出和亲切。

2.2.2 材质——陶板

外观设计融入哈尔滨地方特色,通过建筑材料、构造形式等现代建筑语言实现。设计外墙面分格细腻,竖向密缝,横向开缝,并要求幕墙构造具有自承重、保温、防水等功能特性,可与钢骨架、混凝土梁结合。

对于外墙材料的选择,经过多方面比选、推敲和调研,确定了纯天然陶土烧制而成的陶板。陶板这一建筑材料具有绿色环保无辐射的特征,外观接近"陶土砖",色彩永久、色泽均匀、含蓄自然、高贵典雅、返璞归真,衬托出较高的艺术品味。在四季和不同天气的环境中,砖红色陶板呈现出随着光影不同而表现出丰富的色彩变化,我们深信,陶板这一极具表现力的外墙材料,也会给予旅客丰富的情感呼应。

在陶板规格的选择和设计上,经过各方反复比较以及样板的视觉评判,哈尔滨西站中最终采用了单一的普通陶板(400 mm × 1 000 mm 规格)、转角陶板和陶板栅。

2.2.3 细部——冰花纹样和陶板的细部,近人尺度的温馨

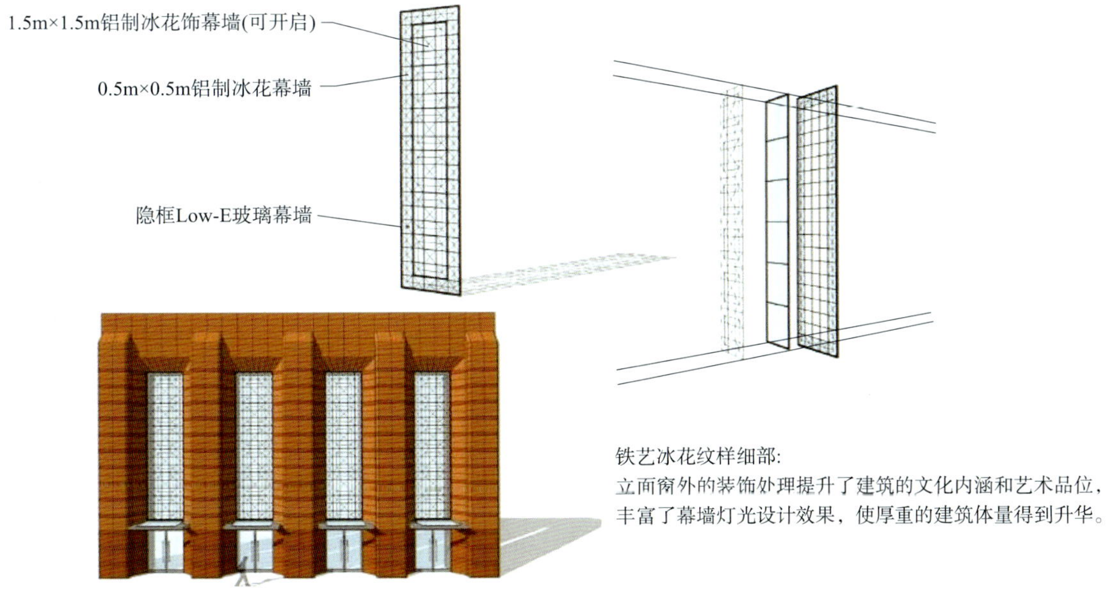

图 2 冰花纹样的细部设计

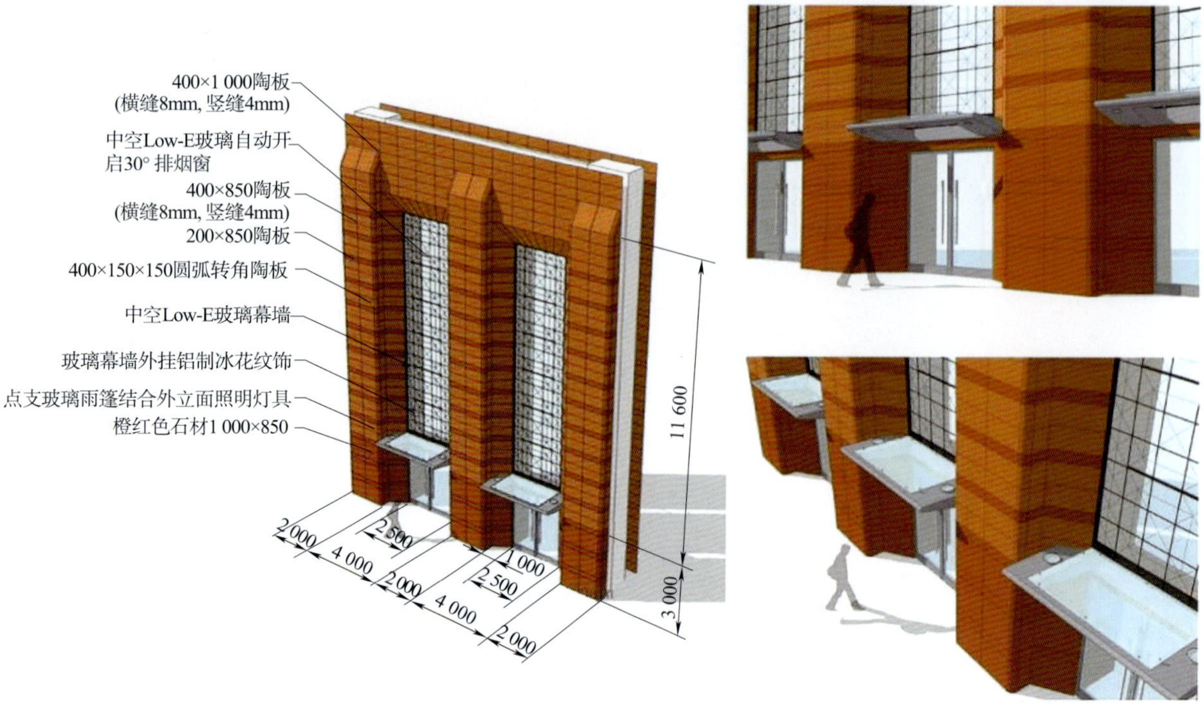

图 3　陶板的细部设计(单位:mm)

3　客厅的内涵

3.1　室内设计

图 4　室内设计理念来源及意向效果

3.1.1　色彩设计

候车厅室内立面在色彩设计时选用同为暖色系的米色石材,局部呼应外立面的红色色调座位点缀,提供温暖、明亮的视觉效果,表现出哈尔滨欢迎各方来客的热情暖意。吊顶采用乳白色系微孔铝板，不仅对室内光线起到极好的漫反射作用，使室内光线柔和均匀，同时兼顾大空间的特殊吸声要求，地面铺装采用同色系的米灰色石材，与室内立面材质及模数相呼应，体现设计一体化，营造光洁明亮的室内空间。

3.1.2　吊顶设计

哈尔滨西站的主要候车厅选择具有较好抵抗屋面雪荷载的拱形结构，因此也形成了颇具严寒地区特色和欧式风格的拱形室内空间，柔美的曲线吊顶与厚重的垂直墙身结构相结合，形成了刚柔相济的整体基调，屋面桁架下部吊顶采用微孔铝板密缝拼接，在天窗正下方采用模数化三角形开孔铝板拼接，意似雪花冰晶的抽象形式，以交叉的斜线条强调其现代感，打破大面积吊顶的粗糙感，以整体的连续图案纹样体现浓郁的欧式风情，用现代的手法表达严寒地采取的地域特色。天窗内两侧设有暗藏灯带，夜晚的照明辅助体现其弧形空间结构形式，并削弱天窗的立面尺度，整体更为轻盈。

3.2　采光与照明设计

3.2.1　采光设计

哈尔滨西站的候车大厅天窗是唯一的采光源，要满足室内采光要求必须确定合理的天窗面积及天窗玻璃材料、构造方式。以下将从室内照度的数量、采光质量方面进行分析。

本项目天窗占屋面面积的9.4%，少于20%，根据《公共建筑节能设计标准》(GB 50189—2005)要求，只要天窗传热系数小于于2.5即可，对天窗的遮阳系数没有限制。一般Low-E中空玻璃其传热系数在1.65~1.9之间，如果采用断热型窗框，天窗的传热系数都可以满足要求。因此本项目天窗玻璃的选择范围非常广，只要是Low-E中空玻璃即可。

(1)室内合理的照度

本项目候车大厅天窗面积3 775 m^2，占屋面面积的9.4%，占大厅地面投影面积的26.7%。

根据分析，大厅应该满足全阴天室外临界照度为4 000 lx情况下，室内工作面最小照度值150 lx。根据原建筑的设计方案及相关图纸资料，对以下两种天窗方案室内照度分析进行了分析计算，见表1。

表1　不同天窗构造类型说明

名　称	天窗面积	天窗玻璃品种及构造层次(由外到内)	玻璃污染折减系数	天窗系统总透光率
方案一	4252.7m^2	1. 夹胶安全玻璃(6+PVB+6磨砂)，透光率0.53 2. 空腔 3. Low-E中空玻璃(8Low-E+12A+8)，遮阳系数0.55，透光率0.65	0.75(清洁)	0.22
方案二	4252.7m^2	1. 夹胶安全玻璃(6+PVB+6磨砂)，透光率0.53 2. 空腔 3. Low-E中空玻璃(8Low-E+12A+8)，遮阳系数0.69，透光率0.79	0.75(清洁)	0.27

采光计算室内表面光学特性(反射率)，天花:0.7；侧墙:0.57；地面:0.7；天窗口:0.83；其他表面:0.5。

全阴天室外临界照度为4 000 lx情况下，室内照度分布如图5所示。

结论:方案二采用透光性能最好的Low-E中空玻璃，此方案是在目前条件下室内能得到大的照度水平，基本满足室内照度值大于150 lx的要求。

(2)室内采光质量

室内采光质量关键是控制照度的均匀度，均匀的照度分布才能有适宜的亮度分布。大厅如果采用普通透光玻璃，在晴天室内会形成反差很大的亮斑，计算显示相同的透光率下采用透光玻璃和磨砂玻璃室内照度及亮度状况。

天窗之下铺设镂空铝单板，镂空部分(图6填灰区域)面积占天窗投影面积的63.5%，由于天窗采

方案一室内照度分布（全阴天4 000 lx，天窗系统总透过率22%）

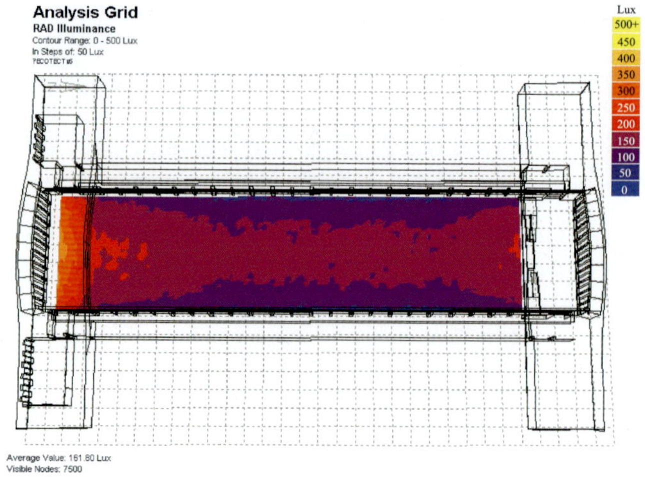

从以上结果可以看出，室内大约80%区域照度大于150 lx，室内平均照度值161.8 lx。不能满足要求。

方案二室内照度分布（全阴天4 000 lx，天窗系统总透过率27%）

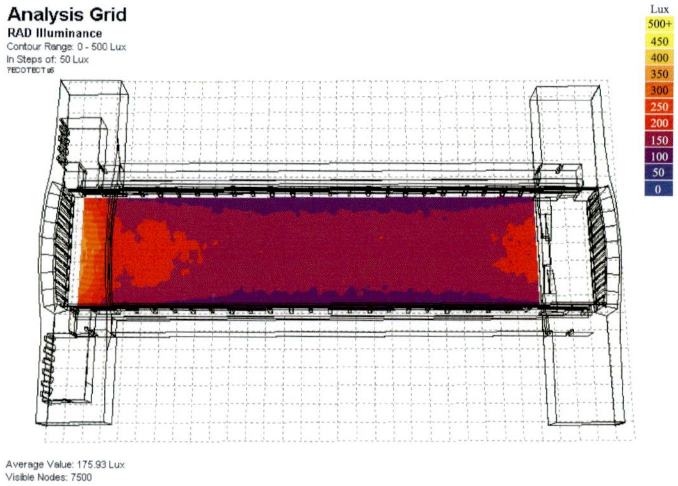

从以上结果可以看出，室内大约90%区域照度大于150 lx，室内平均照度值175.9 lx。基本满足要求。

图 5　室内照度分布对比

光计算无法建立镂空铝单板的模型，为了保证计算的准确性，天窗面积按 63.5% 对应进行折减。

图 7 为采用不同玻璃，在 6 月 22 日 7 时、12 时、18 时室内按人眼曝光量亮度效果。

在可以选择的材料及调整空间不多的情况下，本项目最好的采光方案是在现有天窗面积的基础上，天窗采用如下构造(由内到外)：一层夹胶安全玻璃(6 mm + PVB 夹胶 + 6 mm 磨砂玻璃) + 空腔层 + Low-E 中空玻璃(8 mm Low-E + 12A + 8 mm，遮阳系数 0.69，传热系数低于 2.5，透光率 0.79)。

3.2.2　照明设计

哈尔滨西站的照明设计秉承了建筑节能的设计理念，在展现夜晚建筑光环境的同时，满足功能照明的需求，以人为本，节能环保，如图 8 所示。

建筑内外观都采用红色陶板及暖色石材，高架候车区吊顶结合结构特点处理，顶部采用金属吊顶。为了营造出候车区室外露天的效果，高架候车厅金属吊顶采用陶瓷金卤灯具洗亮形成整体内外一体，宽敞高达，温馨的候车空间。同时拱结构洗亮在立面上形成流畅曲线，使火车站具有强烈的标识性和鲜明地方特色，与哈尔滨传统建筑取得呼应，同时具有现代气息。

本项目的照明设计提炼了城市的印象——寒冷与火车站人流的涌动——温暖为主要切入点，

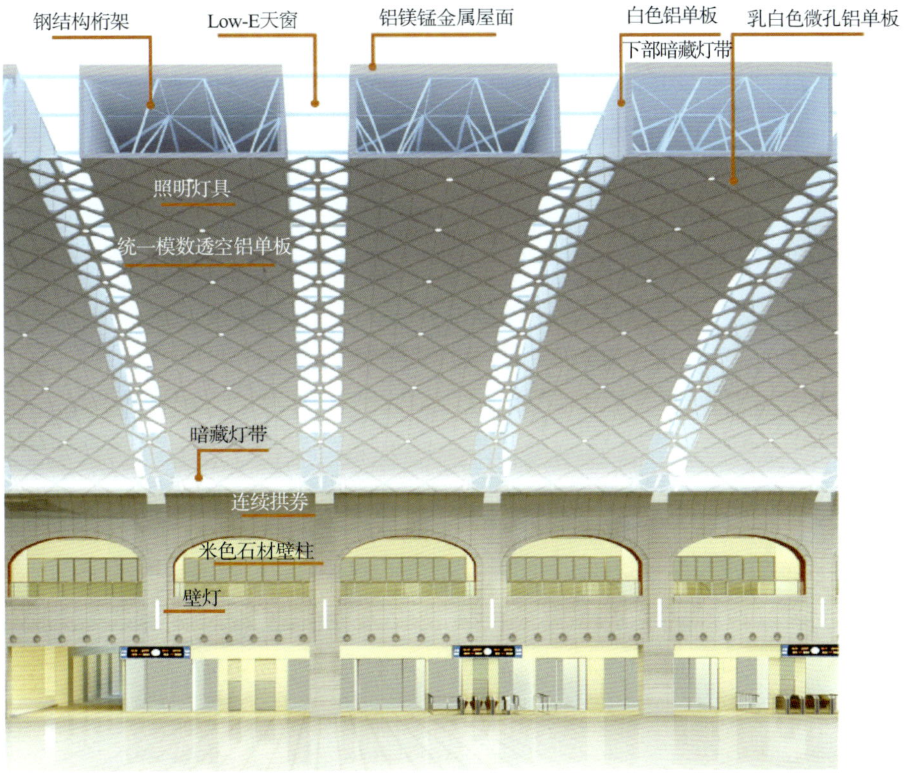

图 6　室内照度及亮度状况

外立面采用冷暖对比色，使建筑迸发出热情，并通过开放式的照明来体现哈尔滨的好客，如图 9 所示。

天窗采用普通透光玻璃，天窗系统总透光率 0.27	天窗采用磨砂玻璃，天窗系统总透光率 0.27

以上结果显示不同时段室内都会出现反差很强烈的光斑，这些光斑影响室内视觉的舒适性。	以上结果显示不同时段室内均具有良好的亮度均匀性，采光的均匀性，一致性很好。

图 7　亮度效果

图 8　入夜照明效果图

3.3　采暖节能设计

哈尔滨西站项目候车大厅天窗面积 3 775 m^2，占屋面面积的 9.4%。根据《公共建筑节能设计标准》(GB 50189—2005)要求，哈尔滨属于严寒地区，天窗面积占屋面面积不应超过 20%，天窗传热系数不大于 2.5。本项目采用断热型框 + Low-E 中空玻璃，完全可以满足节能要求。

玻璃内表面结露是严寒地区，寒冷地区经常出现的问题。当玻璃内表面温度低于室内空气的露

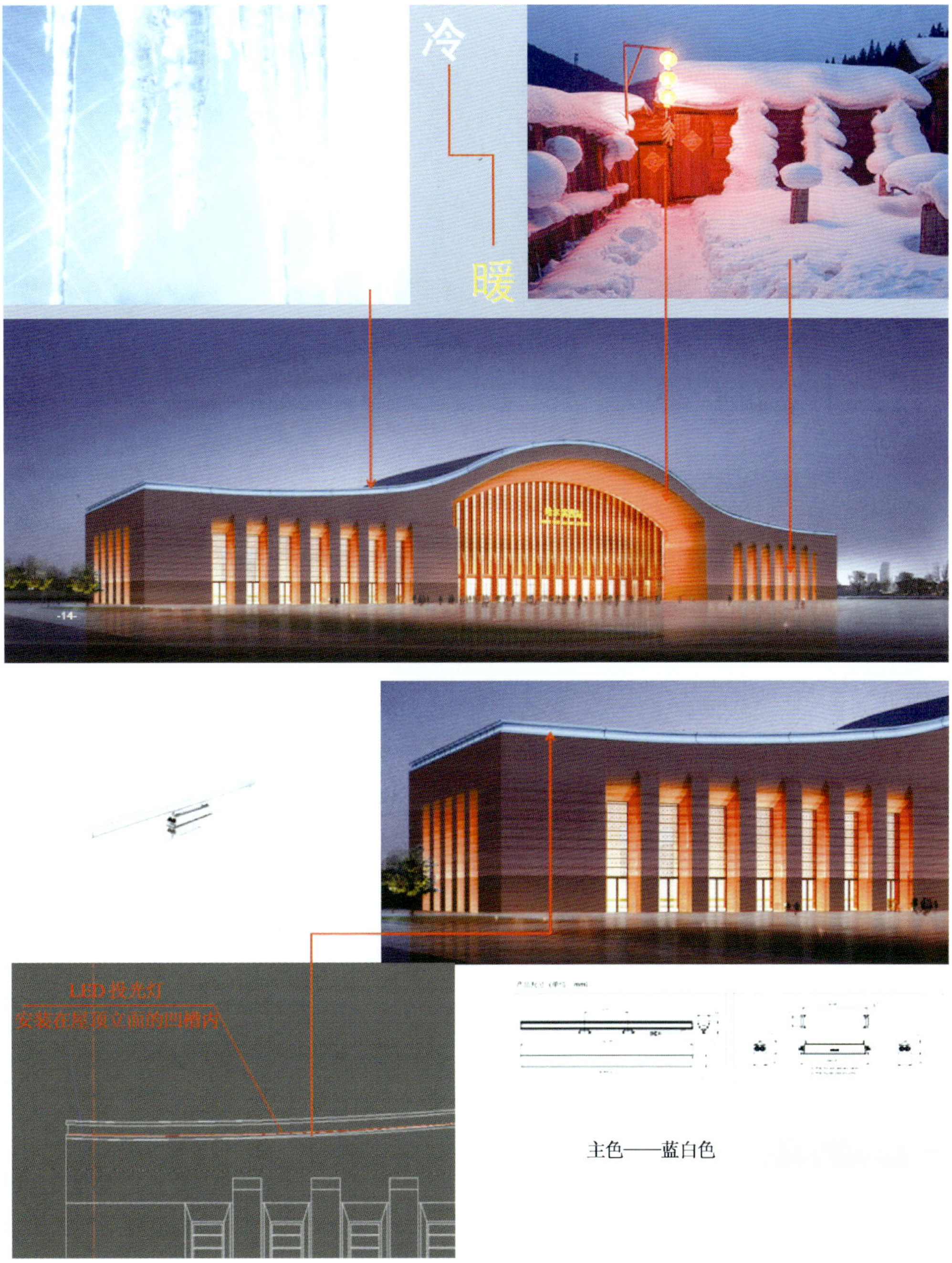

图9　照明设计特点

点温度时，将出现结露。

本节对大厅基本空间进行了建筑能耗逐时计算。得到全年逐时室内温湿度、天窗及外窗内表面温度，并在此基础上对是否结露做了分析，如图10所示。

结露分析天窗采用前一节推荐的：一层夹胶安全玻璃（6 mm + PVB 夹胶 +6 mm 磨砂玻璃）+ 空腔层 + Low-E 中空玻璃（8 mm Low-E +12A +8 mm，遮阳系数0.69，传热系数低于2.5，透光率0.79），天窗系统传热系数低于2.0。

南北幕墙采用 Low-E 中空玻璃（6 mm Low-E +12A +6 mm，遮阳系数0.5，传热系数低于2.5，透光率0.79）。

室内条件 1:室内温度 16℃ ~28℃,系统不进行加湿或除湿。

天窗结露分析:

天窗结露分析

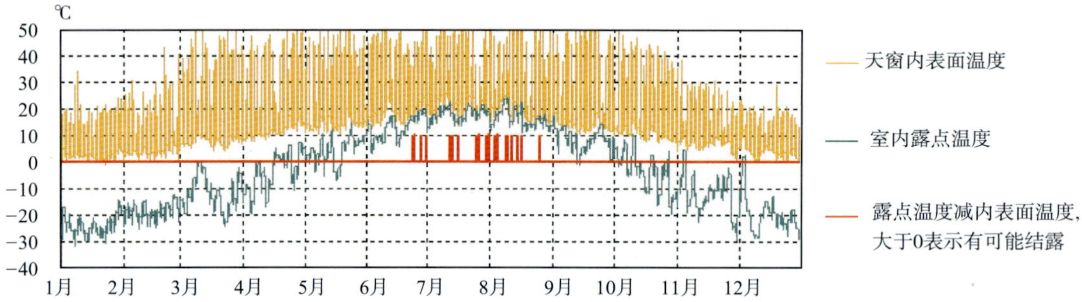

在室内条件 1 情况下,冬季天窗不会出现结露现象,夏季个别时刻有可能出现结露,主要是夏季夜间气温下降,室内气温随之下降,玻璃内表面温度下降,大厅白天人员多,散湿量大,室内在白天高温高湿的空气变冷,相对湿度变大,甚至达到饱和,遇到玻璃冷表面产生了结露。

北立面幕墙结露分析:

北向外窗结露分析

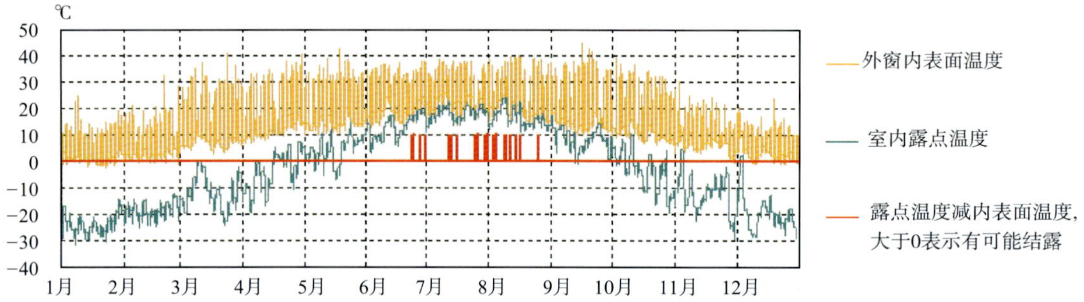

在室内条件 1 情况下,冬季北立面幕墙不会出现结露现象,夏季个别时刻有可能出现结露,原因同上。

南立面幕墙结露分析:

南向外窗结露分析

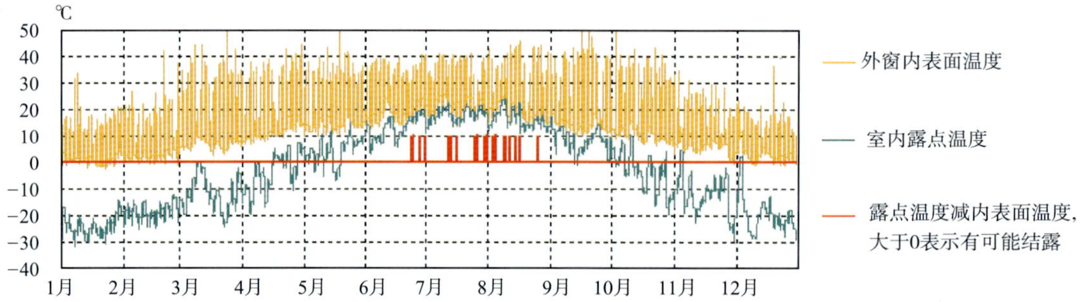

在室内条件 1 情况下,冬季南立面幕墙不会出现结露现象,夏季个别时刻有可能出现结露,原因同上。

图 10

室内条件 2：室内温度 16℃ ~28℃，系统在冬季进行加湿，室内相当湿度控制在 30%，夏不进行除湿。

天窗结露分析：

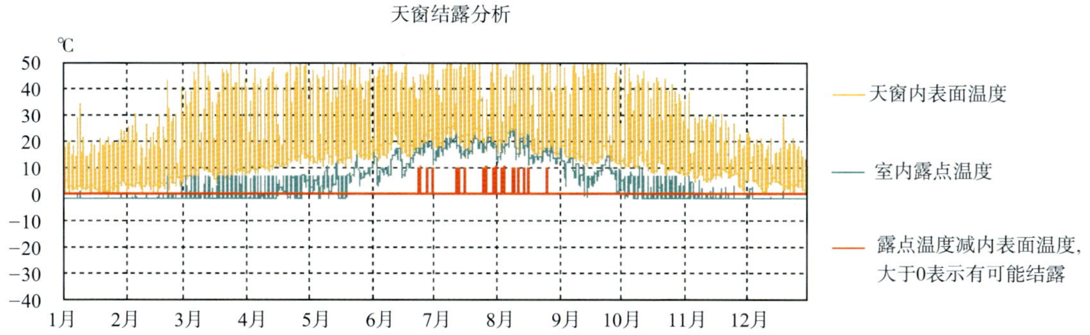

在室内条件 2 情况下，冬季天窗不会出现结露现象，夏季个别时刻有可能出现结露，原因同上。

北立面幕墙结露分析：

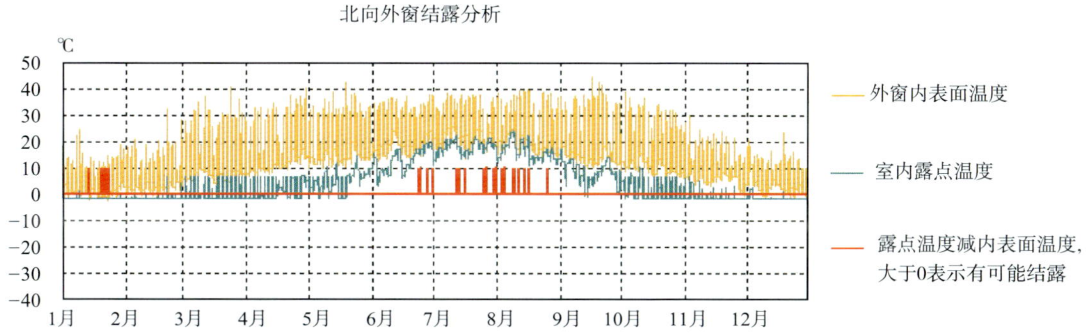

在室内条件 1 情况下，冬季北立面幕墙个别时段出现结露现象，主要原因是白天进行加湿，夜间室内气温降低，相对湿度增大，遇到冷玻璃表面，即产生结露。夏季个别时刻有可能出现结露，原因同上。

南立面幕墙结露分析：

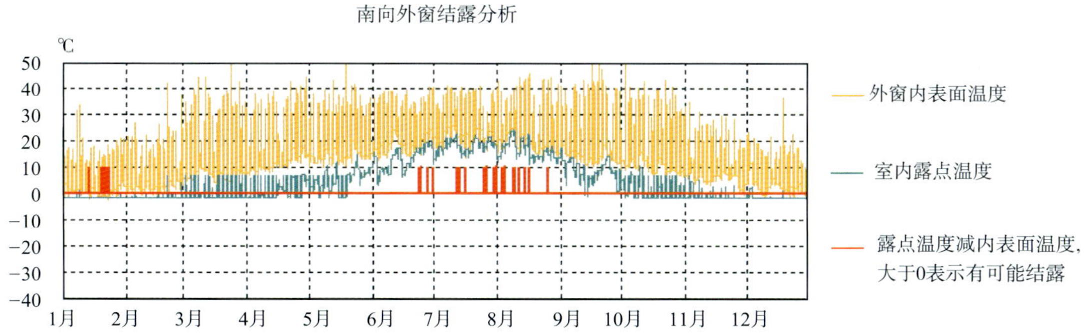

在室内条件 1 情况下，冬季南立面幕墙个别时段出现结露现象，夏季个别时刻有可能出现结露，原因同上。

图 10　结露分析

从以上分析可知，天窗在采用上节推荐的构造做法时，冬季不会出现结露，夏季个别时间会有结露。外窗冬季如果室内加湿，夜间可能会有结露，但是这样的时间很少。空调系统冬季应谨慎加湿，夏季应除湿。

设计技术

3.4 标识设计

铁路标识系统建设作为新建车站的重要组成部分,其内容、形式和规模向标准化、系列化方向发展,将是铁路建设的必然。

标识给旅客带来便捷的同时,也是对建筑空间的一种定位,是建筑与使用者的一种需求。哈尔滨西站标识设计本着简洁、清晰地原则,更人性化地做了整体规划布置。满足旅客及工作人员使用需求,同时使建筑空间美观大方,如图 11 所示。

图 11 标识设计

哈尔滨西站交通枢纽不仅是铁路客运重要节点,还承担了与其他公共交通设施中转联运的功能。因此在哈尔滨西站内,我们不仅将设计相关铁路服务流程的静态标识,还将提供完备哈尔滨地铁运营线路图、公交线路图、民航航班信息以及相关的时间表,甚至还将设有酒店、医院、政府机关、商业网点及旅游场所的配套信息,形成一个包含多元信息的、集成化的导向服务中心,尽量广泛地满足各种旅客的信息需求。

4 城市客厅的细节

城市客厅不仅仅在最主要的候车大厅,还有在售票厅(图 12)、城市通廊(图 13)、站台(图 14)等空间,通过栏杆、扶手、不同界面的衔接处理等细部设计,体现温暖客厅对旅客的人文关怀,降低在车站焦虑紧张迫切的不安。

图 12 哈尔滨西站南售票厅效果图

图 13　城市通廊效果图

图 14　基本站台候车室效果图

5　结　语

我们相信，一个安全、便捷、环境优美并且能够长久发挥作用的城市空间能够长久存在。在哈尔滨西站的整体设计中，围绕“温暖的城市客厅”这一主题，满足安全、功能、适用的要求之外，处处考虑个人或者群体在这个空间的体验与需求，以达到设计是为了更好地服务于生活，建筑的意义在于创造更美好的生活这一社会目的。

参　考　文　献

[1] S·E·拉斯姆森. 建筑体验[M]. 刘亚芬，译. 北京：知识产权出版社，2003.
[2] 李道增. 环境行为学概论[M]. 北京：清华大学出版社，2000.
[3] 扬·盖尔. 交往与空间[M]. 何人可，译. 北京：中国建筑工业出版社，2002.

自然环境、人、建筑之间的关系

——记海南东环铁路站房建筑设计

毛晓兵　王蕤蘗　张兴隆

（中铁二院工程集团有限责任公司，成都　610031）

摘　要：建筑，是人与自然关系的载体之一。人与自然的关系，总是随着人类的进步和认识水品的提高而不断发生变化的。早在古代，人与自然是朴实和谐共存的。近代工业文明开始之后，人类与自然开始局部对立。到了当代，人与自然的和谐成为了向往与追求。当代的建筑，更应成为人类追求与自然共存，修复自然的重要工具之一。

关键词：海南岛；铁路客站；环境；空间

1971 年《马丘比宪章》中规定："城市中的每一座建筑及空间不是孤立的，而是系统中的一个单元。"1981 年第 14 次国际建筑师协会华沙宣言明确提出："建筑学是为人类建立生活环境的综合艺术和科学。"本文通过对海南东环铁路海口东站、美兰机场站、博鳌站等车站建筑设计的归纳，进一步分析阐述车站建筑设计与城市、环境是如何相互沟通、融合的，并对建筑、自然环境、人的活动进行局部研究。

1　海南东环铁路概况

海南岛，祖国的南海之疆，蕴含丰富的旅游资源，有国际旅游岛的美名。岛上有世界上最美的沙滩，最清洁的海风，最干净的蓝天白云和最葱郁的椰林。

海南东环铁路，北起海口市，南至三亚市，线路途经文昌、琼海、万宁、陵水，全长约 308.11 km，共设 15 个车站。线路在走向、沿途站点设置上均充分考虑重要的城市、景区，如琼海的博鳌、万宁的兴隆、田独的亚龙湾等，让旅行者全程领略海岛的风光与风情，如图 1 所示。

图 1　海南东环铁路示意图

海南东环铁路站房建筑，车站集萃了各种功能的交通形式和换乘方式，可谓丰富多样。首先，原粤海铁路老海口火车站就是停靠大陆地区以轮船摆渡火车到海南岛的形式的列车的站房，火车开上轮船渡海这种特殊的交通形式，给赴海南岛旅游的乘客留下非常深刻的印象；从海口站出发，长流、秀英、城西和海口东四站都是兼顾城市轨道交通的高架火车站，旅客像乘坐轻轨一样，由城区各地登车横穿城市上空，俯瞰城市的面貌；美兰站则是与机场换乘的一座地下火车站，列车如地铁一样在地下停靠站台，再由大厅穿过数百米的地下换乘通道，前往机场乘坐飞机，机场达到的人流可以非常直接的通过火车高速快捷地前往岛上主要的景区和城市，非常方便和新颖；之后的文昌到三亚 9 站，都是传统形式的地面车站，各站都地处各景区和主要城市的重要位置，一路上可以观赏海岛上独特的风光、气候特点、生态形式和最吸引人的蓝天白云大海沙滩。

2 主要车站简介及换乘方式示意

主要车站简介及换乘方式示意如图 2 所示。

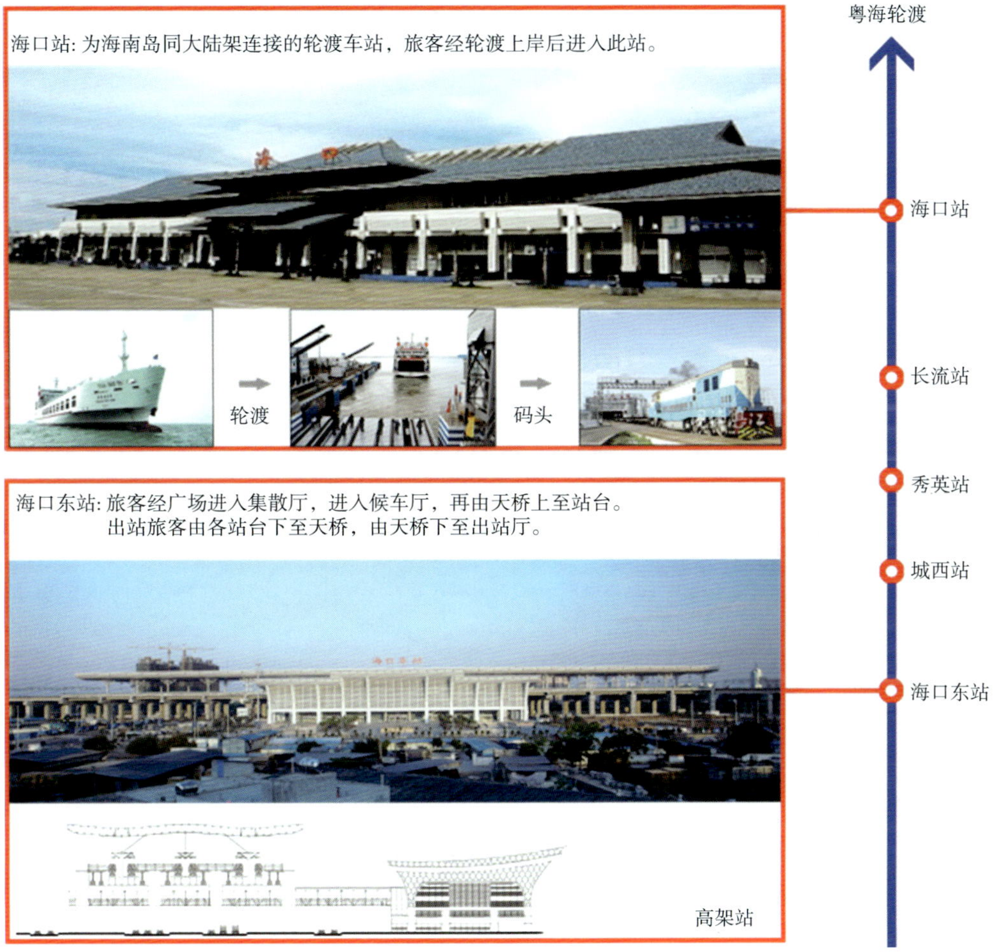

图 2 主要车站及换乘示意

3 对建筑、自然环境、人的研究

建筑是人与自然关系的载体之一。人与自然的关系，总是随着人类的进步和认识水平的提高而不断发生变化的。早在古代，人与自然是朴实和谐共存的。近代工业文明开始之后，人类与自然开始局部对立。到了当代，人与自然的和谐成为了向往与追求。当代的建筑，更应成为人类追求与自然共存、修复自然的重要工具之一。

建筑，离不开与自然环境关系协调共存。水文地貌、风土人情、历史文化、城市性格以及地域特点，都是协调系统的构成部分。任何建筑，只有和环境融合在一起，与周围的其他建筑共同组合成为统一的有机整体时，才能充分显示出它的价值和表现力。对于环境的结合和利用，不仅限于建筑四周的地形、地貌，而且还扩大到相当远的范围，建筑与自然环境的内在有机联系，既体现在外部又体现在内部，既涉及近处又涉及远处。不同功能的建筑，对环境与人的相互作用有不同的手法，也有相同原理。例如超高层建筑，首先在满足大量人的使用前提下，依托其巨大体量形成视觉冲击力。在新兴城市气氛中，开启人类现代文明的剧幕，但同时也在城市天际线上找到自身存在的位置和尺度，将巨大体量对城市的挤压减少到最小值。又如纪念、博览性建筑,除开对其内在文明的深层次挖掘外,还应内外兼修。外部依靠体量、符号等建筑手法形成其厚重的历史文化特质,内部还应利用琳琅有序的表达手段,给予人丰富的信息量,以达到其接受教育和启发的目的。

铁路车站建筑,与城市的建设和发展紧密联系,根据地形及城市的需求,选择方便快捷进、出站车站形式并与城市原有交通方式合理对接,都对城市有着深远的影响。高品质的生活方式与理想的生活状态成为人们追求的终极目标。而对于这个终极目标的渴求应该来源于能够给人以精神安慰和精神享受的空间环境。车站建筑从功能属性上讲,存在高流动、高集聚的特征。如何摈弃浮华与烦躁,给旅客带来温馨与宁静的环境,让旅客心情祥和地候车,而非迫于生计的匆匆而过,是对建筑师空间运用、环境利用、技巧使用能力的考验。

人是环境建筑协调的受益者,按照受益关系的逻辑规律:环境依托于建筑,人依托于环境。建筑的美观、功能、文化、科技,都最终服务于人与社会。

3.1 海口东站

建成的海口东站(图 3、图 4),像一位矗立守卫在南海国门的勇士,身上的白色铠甲与清晨的阳光蓝天相映成辉,威风凛凛,英姿飒爽。

图 3 海口东站鸟瞰效果图

图 4 海口东站实景

回首创作过程中,最费心思的就是如何让地标建筑有机地融入城市。个性融入共性却又不失个性。研究后结论是用一条贯穿全局的线索作为灵魂,那就是"减法"。用"减法"作为创作的主要手段,弱化建筑对城市的压迫感,并通过精雕细作塑造自身的个性。具体做法如高架的站台、掏空的外廊、寓意渔网的网状主桁架造型。

海口东站是东环铁路的始发站,站台 6 台 6 线,近 3.3 万 m^2。如此规模的站台若放在地面,除开线路对城市交通的破坏,站台自身在城市的规划、形象、经济上也显得不合理。因此,将线路与站台高架起来,不仅为拥挤的城市让开一条路,还像轻轨一样,在城市上空划出一条靓丽的风景线。

图 5 海口东站外廊实景

进入室内之前的大挑檐、灰空间，借鉴南方多雨潮湿地区建筑外廊的做法，营造出室内外的过渡空间，除了遮雨蔽日，还能引入阵阵清凉海风穿廊而过，此乃建筑、环境、文化和谐共生的完美境界，如图 5 所示。

设计细部中利用钢结构主桁架雕刻出栅格的形式，既有南海渔民生存工具"渔网"的寓意，又有南海卫士铠甲上"鳞片"的象征。弱化了繁重钢构对环境及室内的影响，活跃丰富了建筑外观，有"文心雕龙"之巧。

白色墙面引出海南境内"土石具白如玉而润"而得"琼岛"之名的缘由，并暗合海边城市的色彩特质。同时使人联想起都市旁的白色海浪和绿色景致。一改传统大型公共建筑灰色沉重的外貌，白盔白甲在明媚的阳光和湛蓝的天空下显得神采奕奕，给城市带来一阵新馨的气息。

小结：海口东站在融入城市的过程中核心手法在于一个"减"字，实心庞大的体量只能形成一个孤立的空间，对环境只会存在压迫作用。在孤立空间中以"掏空"的手段形成"减"的手法，各个"掏空"的部位又分离出若干灵活的内部空间，对环境起到了吸纳和包容的作用，其融入环境的效果立竿见影，化腐朽为神奇。

3.2 美兰站

美兰站位于海口市美兰国际机场北侧，距离航站楼 330 m。根据机场规划资料，既有一期航站楼，站房以北规划二期航站楼，高铁车站夹在中间。需合理解决车站与机场流线关系，并考虑与二期航站楼的预留条件，如图 6 所示。

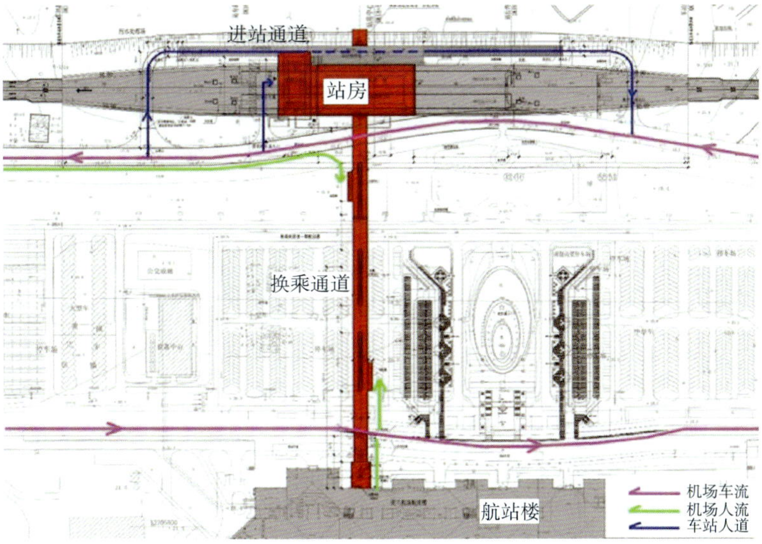

图 6 美兰站总图交通流线分析图

以美兰国际机场环境条件及高铁布线方式对于美兰站设计所能产生的建筑形式和换乘方式有如下三种：

地下方案能够降低对周边环境的副作用，保持机场固有观景及规划，规划的机场商业城亦可同地下站房及换乘地道相互结合，如图 7 所示。

地面车站对周边环境影响大，如对未来二期航站楼建成后出现一期同二期之间的连接性阻碍；对美兰国际机场"园林式"规划成为一种破坏，如图 8 所示。

全高架方案对于地面交通影响较小，但出现同地面方案相同问题，并出现换成天桥同机场高架桥出现垂直相交，出现人流同车流垂直，影响高架桥交通的舒畅性，如图 9 所示。

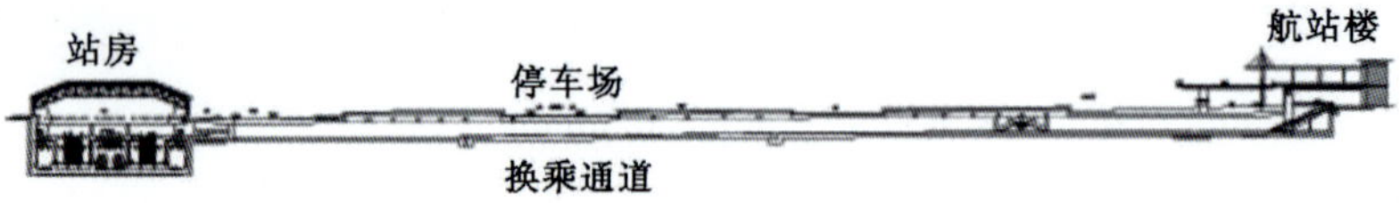

图 7　地下方案

图 8　地面方案

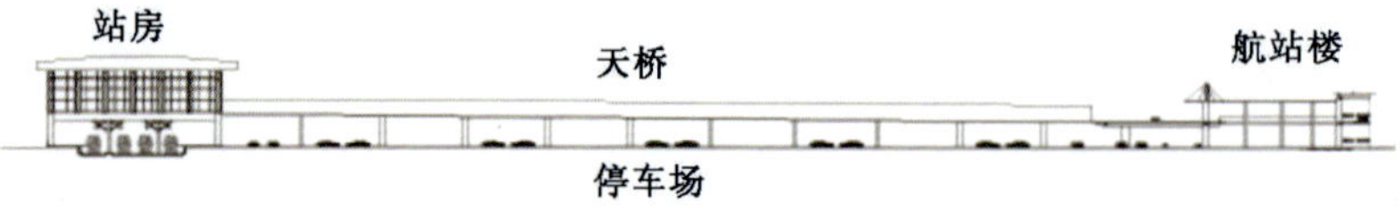

图 9　全高架方案

结合对城市和机场的客观需要，最终美兰站设计采用地下方案，站厅为半地下层，降低对机场环境规划的影响。换乘通道从地下纵穿机场广场连接航站楼 2 号门侧“凹”型空间，通过三部扶梯连接航站楼出发厅和到达厅，如图 10 所示。

图 10　美兰站剖视效果图

该方案整体布局较好地体现“以人为本，以流为主”的设计思想，开放性的内部空间具有较强的综合性和兼容性，适应大流量快速交通换乘的需要，如图 11 ~ 图 13 所示。

图 11　美兰站换乘通道地面实景

图 12　换乘厅室外实景

图 13　换乘厅室内实景

为保持机场固有环境，而无法避免的地下通道疏散口和采光措施，巧妙地设计成玻璃体建筑小品同机场广场景观相结合，不仅解决了自身功能，还丰富了区域环境。换乘通道与机场航站楼连接处的换乘厅在用地紧张和航站楼外观的限制下，用最简洁的体量衔接新老建筑，达到体量平衡。采用玻璃屋面和幕墙作为围合结构，通透的幕墙使室内外空间相互协调，并起到不同功能空间分隔的作用。

车站至航站楼的地下换乘通道长 330 m，宽 10.6 m，换乘通道内设置 4 部两组组自动人行步道；与航站楼之间采用 2 组楼扶梯和 1 部电梯换乘，进港流线和出港流线分开，不交叉，换乘方便安全，预留接二期航站楼通道接口，详见图 14。

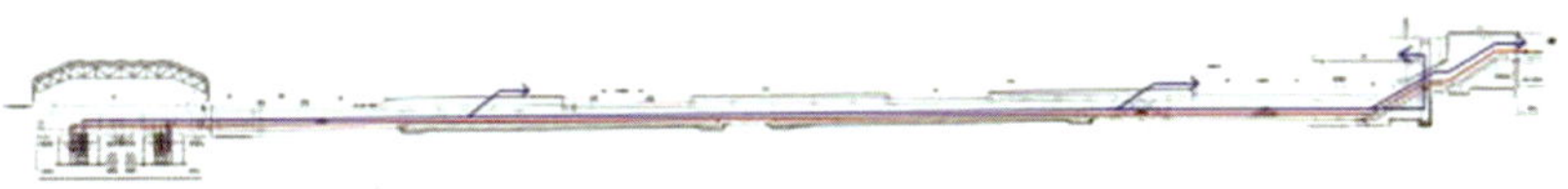

图 14　美兰站换乘通道交通流线图

美兰站换乘通道处于机场广场绿地下方，具备了自然采光条件，充分发挥此优势，采光带根据机场停车场内道路分布，采光带长度达 143 m，分 44 m、48 m、51 m 长度三组设置，宽度 3 m，如图 15、图 16 所示。

图 15　美兰站换乘通道采光区域示意图

图 16　美兰站换乘通道实景

人们希望在建筑空间内享受太阳光能提供的照明，在阳光下，人们精神振奋、身心健康、充满希望。人们依恋阳光，喜欢它的均匀、亮度和温度，习惯在自然光下观察物体，“哪怕窗户小一点，总比没有好啊”，说明了人类对天然光的渴望。天然光具有照度均匀、眩光的可能性小、光色好、持久性好的特点，能够渲染室内环境气氛、美化环境、展示材料的质感等重要作用。但国内目前换乘通道空间的自然采光在地铁、地下换乘等大型工程中因各种条件限制均未缓解此问题，采用大规模人工采光耗能大，人工采光固然解决了不让旅客走在黑暗中，但对于旅客行走心理均未达到所需的舒适度。

小结：美兰站将设计技巧和技术运用发挥到极致，整体设计与规划无处不显示出设计者对环境、城市的尊重和对人的关怀。同时探索了高铁车站连接机场航站楼对接换乘的一种模式，为未来城市的大型交通枢纽设计积累了较为成熟可行的经验。

3.3 博鳌站

“万泉河上波光粼粼，玉带滩前椰林葱葱。”这是对博鳌站设计方案的一个最好写照。博鳌站地处琼海市博鳌镇，是一个远离城市喧嚣的清静之地，自然风光优美。宁静万泉河入海之处与九曲江、龙滚河三江汇流，形成玉带滩。博鳌站入口处椰林造型、木纹格栅外墙、精巧的小庭院设置，使得建筑完全融入当地美景之中，如图17、图18所示。

图17 博鳌站鸟瞰效果图

图18 博鳌站实景

与其说博鳌站是当地的一个地标式公共建筑，不如形容成整个博鳌大景区的一个建筑小品。在美景中以一种平静从容的心态，安坐在合适、合理的位置上。建筑外形设计的作用不是强调自我，而是融入环境，舍“小我”而顾“大我”，应为城市或环境添一道风景，而非改变原有的面貌。

整个站房通过白色的以单元式钢结构为体系展开，各个部分有机融合在一起。抽象化的白色的钢结构雨棚，呈现出多变的层次和壮观的气势，象征一片片层层叠叠的椰树林，是博鳌给人不能忘怀的记忆。木色格栅围合的建筑立面引入了热带建筑独特的风情，将大空间的现代化交通建筑与城市特色、自然环境有机结合。

建筑设计巧妙地用两个小庭院将主站房与两个附属建筑分开，优化功能分区的同时，又借景观景，小景中观大景。结合木纹格栅和白色钢制“椰树”，在纷乱繁杂的交通建筑中，留下一块绿色的栖息之地，让人闹中取静，心情平复。灵巧的一笔，不需要大动作，就能改变事物的状态，如图19所示。

图19 博鳌站庭院实景

小结：博鳌站建筑设计，针对博鳌镇及站房周边环境地理特点，主打“绿色”牌，运用“椰树”、“木纹格栅”、“庭院”等设计手法，将站房以一种“生态”形式彻底地融入环境。建筑体量轻盈、色彩浪漫、格局优雅，使人置身其中，能感受到外部优雅风景的延续，完全地脱离世俗，回归自然。

建筑、自然、人三者的关系必须是协调的，对于车站大型建筑只有融入环境、融入城市、融入文化才是对人的尊重，对自然的读解，才能服务于人、关怀与人，才能评估自我价值的存在。交通建筑、居住建筑、工业建筑等，都不应脱离环境而去推崇自我而存在。人是环境的一部分，建筑是人的一部分。

在本文行将结束之际，归纳建筑设计的三个要点供同行共享。

首先，建筑师应该端正对待城市和自然环境的态度。建筑单体虽然是一个独立的空间，但她同样需要在自然中呼吸。她不仅满足着人类的吃穿住行，同时也肩负着人类与环境的对话重任。因此，建筑不应该孤立地成为建筑师满足个人虚荣与欲望的工具，更应成为建筑师作为人类文明先驱者之一的里程碑。建筑师只有对城市和自然环境形成尊重的态度，才能尊重建筑、尊重人类、尊重自己。

其次，建筑师要让自己先行融入环境，才能使建筑融入环境。在建筑设计之前，建筑师应该对所在地的文化底蕴、风土人情、自然风光等地域特点进行深层次的挖掘，再通过自身多年文化知识的积累和建筑艺术的理解对以上信息进行消化与咀嚼，这样才能找到建筑融入环境的方向与路径，对将来的具体工作行程指导。

最后，建筑师的基础功底，手法的运用，是善其事的利器。有了决定一切的态度，解决问题的方案和路径，加上具体操作层面上的精炼表达、熟练手法、干净利落的工艺，再加上对事业的一腔热情，设计出精美的建筑并融入环境之中就非常容易了。

4 结 语

海南东环铁路站房是现代交通建筑设计的一个缩影，它显示了现代交通建筑为满足乘客的需求和方便，“上天入地”在所不辞；有效地将建筑融入城市和环境，并定位出自己在城市环境中的坐标；定义了建筑及城市已成为当代宏观环境的一个重要组成部分；展示了现代建筑的设计施工水平和高新科技含量；是人类智慧的集中体现。

建筑师在宁静优雅的环境中，奏响建筑这一章凝固的乐曲，源于自然，服务于人。

比例与尺度在铁路旅客站房空间设计中的应用

徐德彪　雷　倩　廖晓斐　黄婷婷　施　敏

（中铁二院工程集团有限责任公司，成都　610031）

摘　要：比例是物与物的比较，而尺度是物与人的比较。通俗地讲，人的视觉抵达，无非是各种实体的形状，形体的几何尺寸长、宽、高，构成一种相互关系，称之为比例。当此关系与人的习性、感觉产生了联系，就有了尺度。比例是客观的存在，而尺度还包含了人的意识。

关键词：铁路旅客站房空间；黄金分割；尺度；建筑心理

自古以来，人们对于美的追求就不曾停止过，也常常将“美”挂在嘴边。美，是一种比较抽象的概念，究竟什么是美，评价美有什么原则吗？古希腊人认为，强健的男人是美，女人丰满匀称是美。毕达哥拉斯提出宇宙万物都存在数的秩序，数是万物的本原，造型艺术和音乐艺术的基本原则就是数量关系，即和谐就是美，美是和谐比例的合度。“美观”是见仁见智的，建筑是以实用为前提的艺术，在决定建筑物的美观性的各种因素里，合适的比例和尺度是最基本的。那么到底怎样的尺度和比例才能满足人们的审美情趣呢？在这里我们首先认识一下黄金分割和黄金矩形。

古希腊数学家毕达哥拉斯最早发现把一根线段分为长短不等的 a、b 两段，使 $a:(a+b)=b:a\approx0.618$（图 1），它的长短比例正好符合人的视觉习惯，使人感到悦目。

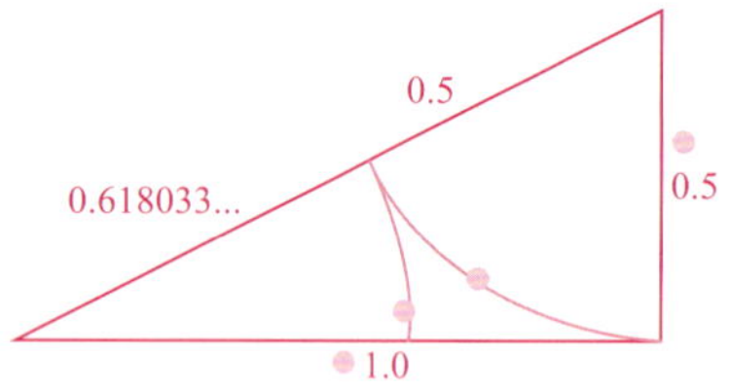

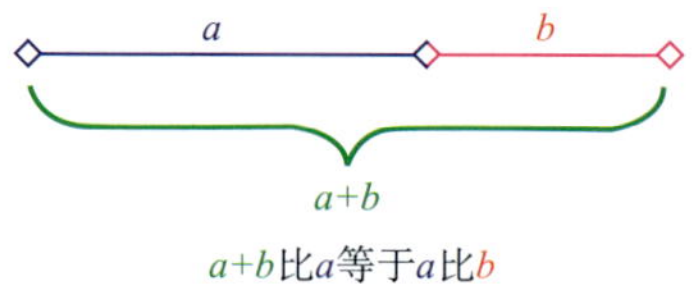

图 1　黄金分割率

黄金分割是一种数学上的比例关系。黄金分割具有严格的比例性、艺术性、和谐性，蕴藏着丰富的美学价值，人们发现，一些名画、雕塑、摄影作品的主题，大多在画面的 0.618 处。艺术家们认为弦乐器的琴马放在琴弦的 0.618 处，能使琴声更加柔和甜美。

由黄金分割引申出的斐波拉契数列（以约等于 0.618 为比值的等比数列，并且数列中每个数值为前两个数值之和）、符合斐波拉契数列的矩形成为黄金矩形，斐波那契数列的形状可以用排成螺旋状的一系列正方形来说明（图 2）。黄金矩形在建筑设计中的应用十分广泛。而且矩形的长宽之比刚好为黄金分割率。黄金分割率和黄金矩形能够给画面带来美感，令人愉悦。柯布西耶的模度理论，也是以斐波拉契数列为基础的（图 3）。

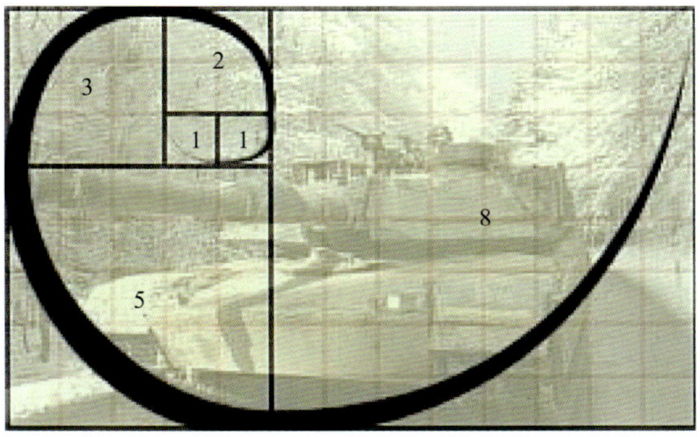

图 2　斐波拉契数列、黄金矩形图片

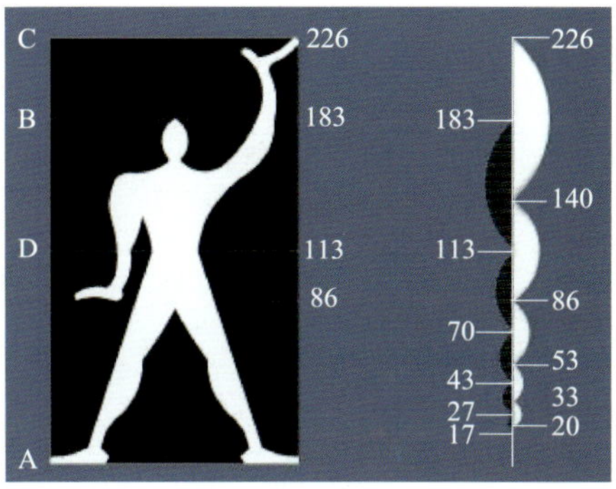

图 3　柯布西耶的模度理论图示

1　黄金分割及黄金矩形在中西方建筑的运用

黄金分割被认为是建筑和艺术中最理想的比例。建筑师们对数字 0.618 特别偏爱，无论是古埃及的金字塔，还是巴黎的圣母院，或者是近世纪的法国埃菲尔铁塔，都有与 0.618 有关的数据。

1.1　古埃及胡夫金字塔

其高与底部边长之比为 0.618，其几何形状有 5 个面，8 个边，总数为 13 个层面，金字塔的长度为 5 813 寸，5∶8、5∶13 都接近于黄金分割的比例（图 4）。

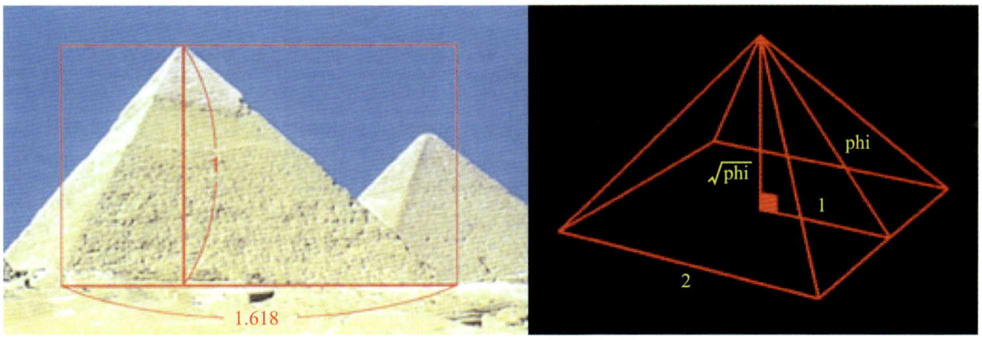

图 4　古埃及胡夫金字塔

1.2　印度泰姬陵

印度泰姬陵伊斯兰教建筑的代表作，世界七大建筑奇迹之一，由殿堂、钟楼、尖塔、水池等构成，整个陵园是一个长方形，长 576 m，宽 293 m，这个比值接近于黄金分割比，被誉为“完美建筑”（图 5）。

图 5　印度泰姬陵

1.3 中国紫禁城

乾清宫和坤宁宫组成的院落，与前朝三大殿太和殿、中和殿、保和殿组成的院落进深和宽度之比都正好为0.618(图6)。

1.4 埃菲尔铁塔、东方明珠塔

法国巴黎埃菲尔铁塔(图7)、上海东方明珠广播电视塔(图8)同样都是对黄金矩形和黄金分割的完美应用。

图6 紫禁城平面

图7 法国埃菲尔铁塔

图8 上海东方明珠塔

2 对角线原理也是评判建筑空间比例是否适度的重要法则

对角线的原理就是：如果一系列方形的对角线是平行的，那么它们的长和宽具有相同的比例；如果它们的对角线是垂直的，那么它们具有相同的比例并且只是旋转了90°”，如图9所示。

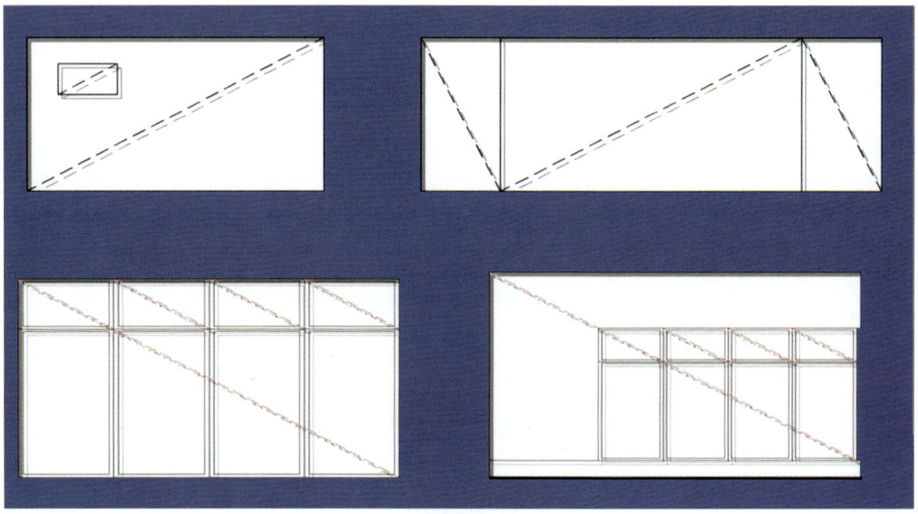

图9 对角线原理

3 尺度概念在建筑室内外空间设计中的运用

比例主要表现为各部分数量关系之比,是相对的,可不涉及具体尺寸。尺度则不同,它要涉及真实的大小和尺寸。建筑室内空间的三个度量中,空间的高宽比对人的感官影响最直接,高宽比太小使空间压抑,高宽比太大使人有不安全感,只有适合的高宽比才能让人感到亲切、舒适。那么,怎样的高宽比才是恰当的呢?这里又要运用到黄金分割了,当室内空间的高宽比为0.618时,人的视觉感官是比较舒适的,既不会感觉压抑,也不会感觉太空旷,这样的尺度是亲切的(图10)。

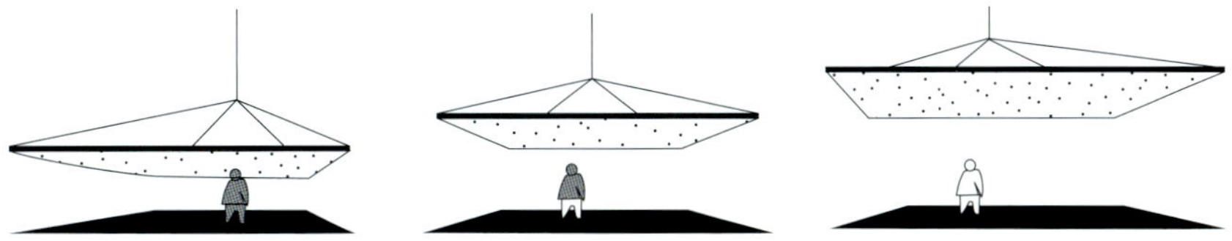

使人感到压抑　　使人感到亲切　　使人感到过于空旷

图10　空间高度对人的直观感受的影响

尺度对于建筑室外空间的设计也很重要。对于建筑立面上的构件,门窗及窗间墙的尺寸按相似形原理进行设计,以同样的秩序在整个建筑的不同构件间创造尺度层级,即可获得一种韵律感,整个建筑能够产生一种和谐的效果(图11、图12),又能使建筑物正确地表现出真实的大小。在建筑立面处理中,它原是一个抽象的几何形状,只有实际的大小,但一经建筑师处理便可以使人获得尺度感。

图11　上海世博会中国馆立面
(创新地运用了自由拼接的不对称平衡手法)

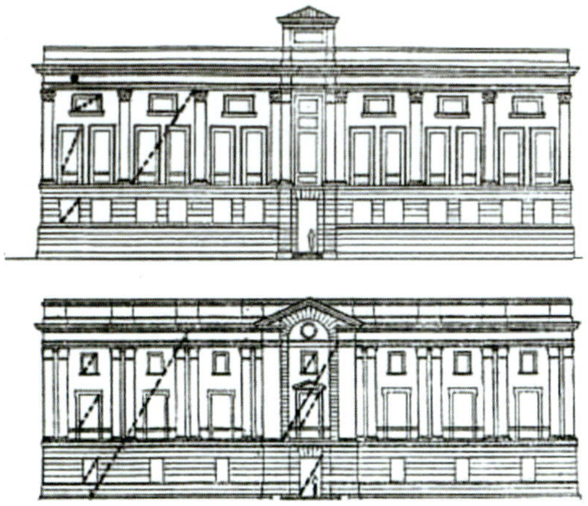

图12　窗墙控制立面的例子
(上图为没有控制的立面图)

一般来说,可清楚识别建筑的细部的水平距离为20~30 m以内,而100~300 m以内可以清楚地识别建筑的窗洞口、体形变化,600 m以内则是看清建筑轮廓线的距离,1 200 m则是建筑群体过渡到城市景观的距离。在室内空间设计中特别要注意近尺度的处理,这些部位常被使用者所触摸、观察,因而其设计要符合人的心里特性,尺度不宜过大或过小,过大易使建筑缺少亲切感;过小又使建筑缺少尺度感。

4 比例和尺度在铁路旅客站房设计中的应用

文艺复兴时期的建筑理论家阿尔伯蒂说:"我认为美就是各部分的和谐,不论什么主题,这些部分都应该按这样的比例和关系协调起来,以致既不能增加什么,也不能减少或更动什么,除非有意破坏它。"既然前辈们提炼出了神齐的数比关系,我们为什么不很好地利用它为我们服务呢?候车空间的确定、门窗开启的大小,甚至建筑高宽比推敲、柱式和柱网的大小均可作为我们推敲各部分比例关系的理论依据。下面就以铁路站房实例来说明比例和尺度在站房设计中的具体应用。

4.1 小型铁路旅客站房

4.1.1 青城山站

青城山站(图 13)造型设计的尺度比例处理得较好,其立面设计利用了三个相似形体构建立面的大关系,立面划分利用造型相似的方式使三个形体互相呼应与协调。

图 13　青城山站正立面

4.1.2 青莲站

成绵乐的青莲站(图 14)是小型站房中运用比例尺度相关原理进行设计指导的典型案例,无论是外部造型还是内部空间,都遵循了尺度比例的相关原理。在外立面的处理上利用了相似原理的设计思想,使各部分比例协调,语言统一。这种相似的矩阵比例,使建筑具有活泼而不失理性的气质。

图 14　青莲站正立面

青莲站的平面设计上也运用了相似的矩阵比例关系来进行控制,使各个空间虽然大小不同,但都在适宜人使用的一定规则之中,显得规整统一,如图 15 所示。中间蓝色部分是青莲站的候车大厅。

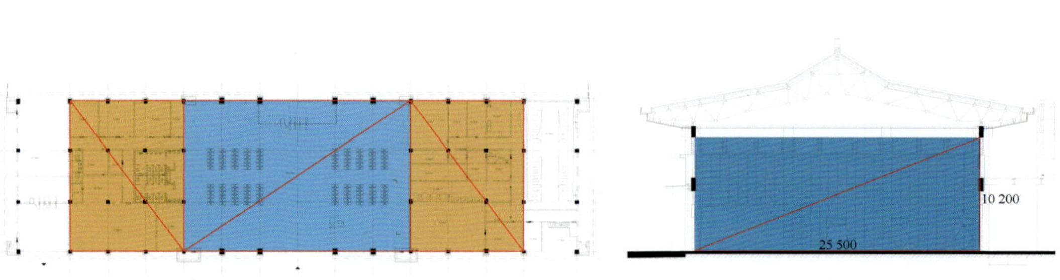

图 15　青莲站平面、剖面

它的宽度为 38.4 m，进深 25.5 m，宽度和进深的关系正好与 0.618 的黄金分割比例相似，空间关系良好，便于使用。

青莲站的剖面设计上也遵循了黄金矩形原理，候车大厅进深 25.5 m 的考虑，高 10.2 m，符合黄金矩形比例，空间大方适宜。

站房设计只要控制好候车大厅的长宽高三个维度的空间比例，就能给旅客创造出一个舒适的候车环境。图 16 为候车大厅空间效果图，整个空间不显局促，也没有浪费。

通过站房设计分析我们可以发现，小型站房的候车大厅一般宽度在 40 ~ 50 m，进深 25 ~ 30 m，高度在 10 ~ 12 m 是适宜的。

图 16　青莲站室内空间

4.2　中型铁路旅客站房

在绵阳站的设计中，处处都蕴含着尺度比例的设计原理。

绵阳站的正立面设计：总长 163 m，每四个柱间距与 18 m 高的柱身共同构成了 5 个连续的黄金三角形，其高与底边比均为 1 ∶ 1.618，使整个建筑在大关系中更为协调、和谐，如图 17 所示。

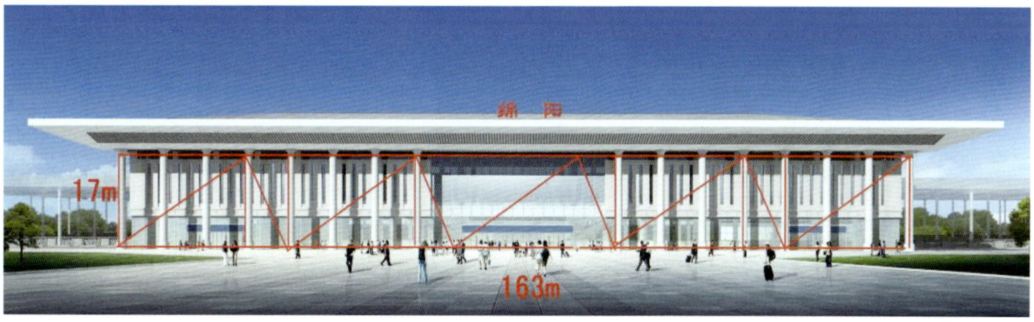

图 17　绵阳站正立面

绵阳站的平面候车部分宽度为 93 m，进深 34 m，如图 18 所示。空间关系良好，整齐划一。

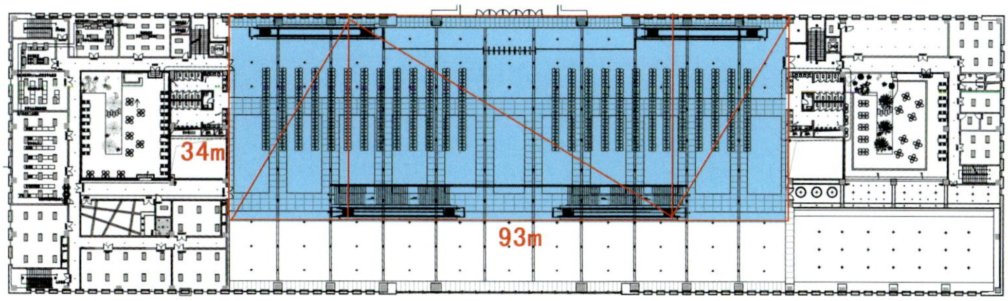

图 18　绵阳站一层平面

绵阳站在剖面设计上一脉相承地贯彻和平面相似的控制方式。在候车大厅的横向剖面关系中，大厅中央 15.6 m 的高度和 45 m 的宽度，正好形成近似于 0.382 的黄金矩阵关系，如图 19 所示。

露天茶室空间比例关系：茶室开间 15 m，进深 24 m，装修高度为 12.5，平面长宽比例关系 5 ∶ 8，符合黄金矩阵比例关系，空间舒适宜人，如图 20 所示。

绵阳站的大贵宾室开间 13.1 m，进深 9 m，吊顶高度 6.0 m，高宽比符合黄金比例，空间舒适大方，如图 21 所示。

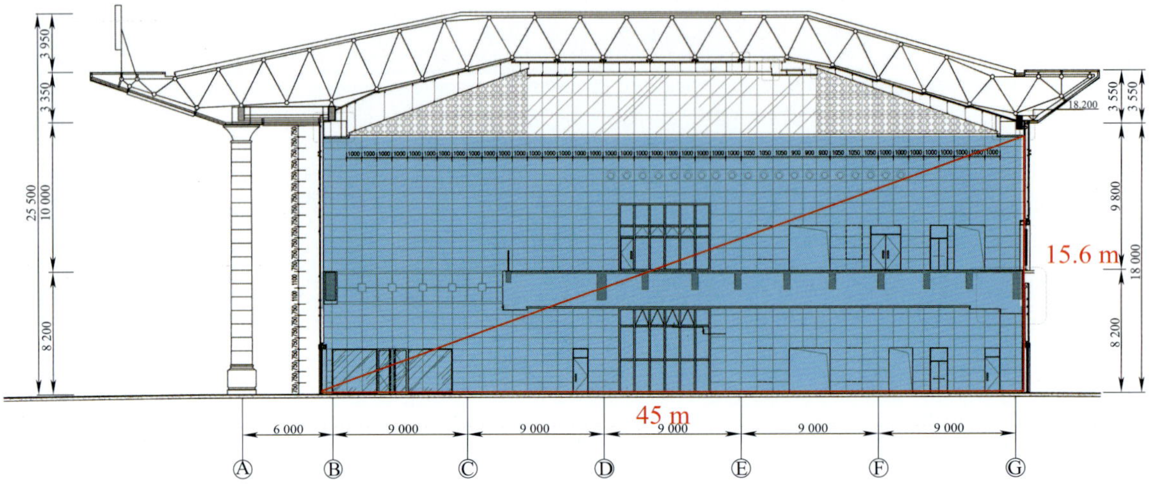

图 19　绵阳站剖面

绵阳站站房建筑外立面柱廊的比例关系便参照了希腊科林斯柱的比例关系。外廊上的柱列在科林斯柱式比例的基础上根据建筑整体尺度进行调整，考虑与人视线平齐的柱础线脚，柱身收分增加透视效果。柱高 18 m，底部柱径 1.9 m，柱础高 1.6 m，其比关系 1/10。绵阳站整个外廊空间因为秀丽挺拔的柱而显得比例恰当、舒适，如图 22 所示。

图 20　绵阳站露天茶室效果图

图 21　绵阳站大贵宾室效果图

图 22　绵阳站室外柱廊效果图

从绵阳站的设计可以看出，通过比例尺度关系的控制，中型铁路站房的设计可以实现一定程度上有章可循。在实际使用需要中，中型站房一般采用 50 m 左右的进深，根据文章前面的分析和实例研究，在比例尺度关系的指导下，与 50 m 左右的进深相适宜的高度在 15 ~ 18 m 左右，宽度在 160 m 左右为宜，其他空间相应也要遵循这种比例关系，创造出能实现空间效益与经济效益双赢的站房空间。

4.3 大型铁路旅客站房

在成都东站的设计中，尺度比例的设计原理被运用得淋漓尽致。

首先是正立面设计：在通透的玻璃幕墙中隐藏了三个黄金矩阵，穿插错落构成正立面，让建筑造型形成一种内在的呼应与协调，如图 23 所示。

图 23 成都东站正立面

成都东站的平面设计上也运用了 5 个黄金矩阵来进行控制。中间的黄色候车部分长 150 m，宽 90 m，两边的 4 个蓝色候车部分长 105 m，宽 65 m。空间虽然大小不同，但长宽比都接近黄金比例 0.618，显得规整统一，如图 24 所示。

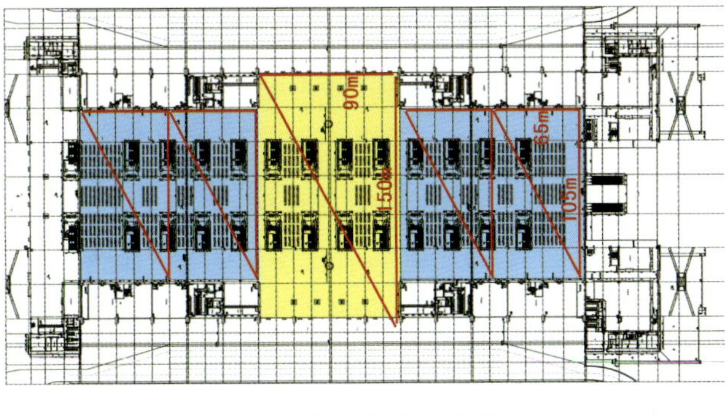

图 24 成都东站一层平面

成都东站在候车大厅纵向剖面关系如下，基于每榀网架宽度 43 m 的考虑，室内上采用了 24 m 的高度，这也近似符合了 0.618 的黄金矩阵关系，7 个连续的黄金空间共同构成了完整开放的候车空间，如图 25 所示。

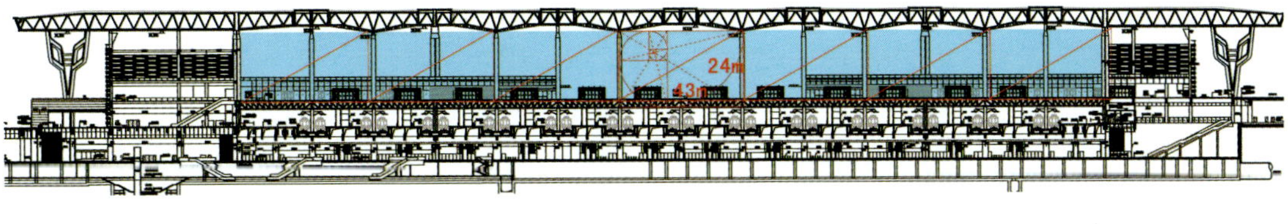

图 25 成都东站剖面 1

在候车大厅的横向剖面关系中，大厅中央 24 m 的高度和 65 m 的宽度，以及两边空间 16.8 m 的高度和 42 m 的宽度，均正好形成近似于黄金矩阵关系，如图 26 所示。

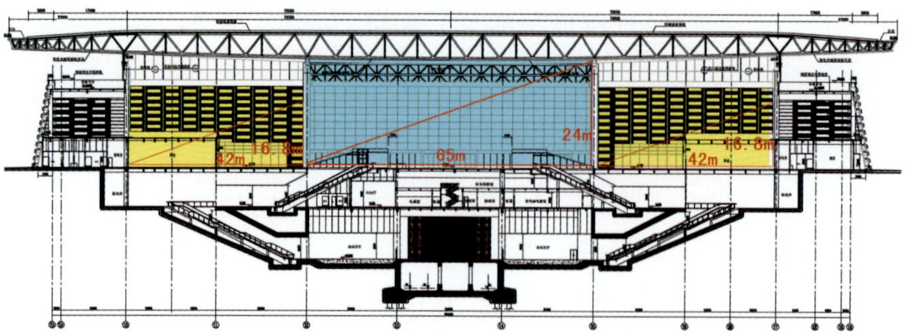

图 26　成都东站剖面 2

这样,就从长、宽、高三个维度控制了候车大厅的空间比例,从空间感受上给旅客创造一个舒适的候车环境。图 27 为成都东站的候车大厅空间:连续的黄金空间共同构成了完整开放的候车空间,不仅能够提供更加紧凑的布局和更加便捷的流线,而且能够使旅客迅速建立空间秩序感,也为空间内部构成元素的组织提供了灵活多变的选择。另外,这种开放的大空间也有利于消除旅客在传统封闭等候空间中的焦急的心理。另外,集散大厅的空间设计中也用 1∶1.618 黄金矩阵控制了空间比例,从空间感受上给旅客创造出一个舒适的视线和空间环境。

图 27　成都东站室内空间

大型铁路客站外部形体的设计,一定要遵循比例尺度相关原理,使形体形成一种内在的关联与和谐,让建筑形态优雅大方。比例尺度在内部空间设计里的运用,也可以使空间的使用效率、空间感受以及经济性方面达到最优。在实际使用需要中,大型站房一般采用 300 m 左右的进深,根据文章前面的分析和实例研究,在比例尺度关系的指导下,与 300 m 左右的进深相适宜的高度在 20 ~ 25 m 左右,宽度在 150 m 左右为宜,其他空间相应也要遵循这种比例关系,创造出能实现空间效益与经济效益双赢的站房空间。

5　尺度感在站房设计中的运用

通过门窗等不变要素显示出建筑的尺度感(图 28)。

图 28　建筑尺度感

通过楼层，地板，门窗分隔，体现内部空间尺度（图 29）。

图 29　内部空间尺度

6　今后铁路旅客站房空间设计中比例与尺度的应用

建筑是以空间来反映时代精神的，人才是室内空间的主人。——密斯·凡·德罗

空间是为人而营造的，建筑的结构和材料构成了建筑室内空间，采光和照明帮助展示空间，建筑装饰用来限定、润饰空间。旅客站房空间的基本功能是容纳人、组织人，一个优秀的站房空间，不论是候车厅还是售票厅，在其实现基本功能的前提下都能够以空间的力量影响人、感染人。

符合要求的铁路旅客站房空间，离不开实用、经济、节能和舒适。

6.1　站房空间的实用性

铁路旅客站房空间的最基本功能就是组织旅客购票、候车、疏散。在引导标识设计之前，建筑设计就要以空间手法来达到这些基本的要求，达到这些要求的站房空间才是实用的。

6.2　站房空间的经济和节能

在倡导节能低碳的今天，经济性和节能指标也是站房设计的重点，黄金分割就是约束空间高宽比的重要依据之一。过高或过低的空间高度在节约造价、节能方面都不能达到各方面效益的均衡。有研究表明，站房的建筑高度每增加 1 m，总造价就会增加 2% ~3% 。

6.3　站房空间的舒适性

站房空间的舒适性并不仅仅指身体上的舒适，旅客心理上的舒适也涵盖在内。这就要求站房空间的设计要充分考虑到旅客的心理需求，并且依据环境心理学对室内空间的具体要求来进行设计。

面对日新月异的潮流变幻，如何以理性的手法结合感性的创意共同设计是建筑行业不容回避的问题。在今后的铁路旅客站房设计中，认真总结前辈们的经验，遵重建筑美学原理，将比例和尺度的概念更加深入地引入，使之成为一种基本概念和一种基本手段贯穿于站房室内空间设计之中，从而达到既能够满足人的物质要求，又能够满足人的精神要求的站房室内空间，给世人留下优秀的建筑作品。

参　考　文　献

[1] 彭一刚．建筑空间组合论[M]．北京：中国建筑工业出版社，1995.

[2] 常怀生．环境心理学与室内设计[M]．北京：中国建筑工业出版社，2000.

[3] 扬·盖尔，拉尔斯·吉姆松．新城市空间[M]．北京：中国建筑工业出版社，2003.

[4] 李鹏，胡望社．建筑内部空间尺度与形态的研究[J]．重庆建筑，2010，(1).

西南地区铁路大型快速客运站选址、站场规划设计与思考

杨　健　罗江成　袁光明　杨　宇

（中铁二院工程集团有限责任公司，成都　610031）

摘　要：本文从较宏观的角度，对西南铁路主要大型快速客运站的设计特点进行分析总结，引证工程实例，并对我国客运站设计中存在的问题提出思考意见，供同行借鉴、参考，拓展设计思路。

关键词：铁路；大型；快速；客运站；设计；思考

1　引　言

西南（特含广西）快速铁路规划研究始于“九五”后期，由成绵乐、沪昆、西成、成贵、贵广、柳南、成渝、渝万客运专线和渝利（沪汉蓉中段）、湘桂、云桂、南广、成兰、渝黔、成昆、玉磨、渝昆客货共线等铁路构成。以省会（直辖）城市为基地的客运站，除拉萨站为普速客运站外，其余成都、成都东，重庆、重庆西、重庆北、贵阳北、昆明南、南宁东站均为以电动车组运行为主的特大（大）型快速客运站。西南第一条快速铁路为成遂渝铁路（沪汉蓉西段），设计时速 200 km，2006 年投入运营；第一座特大型快速客运站成都东站已于 2011 年 7 月 1 日投入运营，其余均将在“十二五”期间建成投产。

快速客运站的选址、站型、规模、引入线及疏解、平（纵）面设计等，具有长效、永恒性，一经建成，难以更改，对城市规划及城市发展、综合交通构建，铁路自身建筑功能格调、站区内外部综合功能以及今后运营成本、运输质量等方面，有着决定性的奠基、引领作用，是客运站这一庞大系统工程的核心和基础。

2　西南地区大型快速客运站规划设计特点

2.1　科学定位枢纽客运需求，前瞻规划多客站

西南各枢纽客运系统规划在结合城市几何形态、人口资源分布、城市总体规划和具体建设环境的基础上，超前展望，贯彻“客货分线、客内货外”的技术指导思想，充分论证各枢纽的路网作用和定位、运输需求，统筹可预见的引入线规划，因地制宜规划了多个客运站，实现全域覆盖、多点发车。其中成都、重庆枢纽最具代表性。

2.1.1　成渝地区

成渝经济区是我国仅次于环渤海、长江三角洲、珠江三角洲的经济最发达、人口密度最大的第四经济区，重庆为我国最年轻的直辖市和城市综合改革试验城市。西南地区铁路快速客运网大都以成都、重庆为核心构建，具有举足轻重的作用。

（1）成都枢纽

成都枢纽为“兰昆”、“沪汉蓉”通道的交汇点及川藏、川青铁路后方基地，全国“六大客运中心”和“七大动车基地”之一。规划远景年将衔接 11 条干线、2 条市域铁路，总行车数 1 352 对。

成都枢纽总图规划为多环—放射形特大型枢纽。内环为客运基础通道，其上规划串接以成都、成都东为主，成都南、成都西为辅的“两主两辅”四客站，全域覆盖城市，客运站总规模为 33 台 60 线，见图 1。

(2)重庆枢纽

重庆枢纽位于"沪汉蓉通道"、"包柳通道"交汇点,受长江、嘉陵江和南北向中梁山分割,呈伸长型放射状布局。远景年将衔接 12 条干线,总行车数为 860 对。客流除始发终到外,其余以东—西、南—北向交流为主。故规划除充分利用并扩建位于城市核心区的重庆站、枢纽东西向客运通道上的重庆北站外,在南北向客运通道上新建快速客运站,形成东侧重庆北卡口、核心区重庆居中、南北向重庆西拦截的"三站并重"的三客站布局,客运站总规模 36 台 66 线,见图 2。

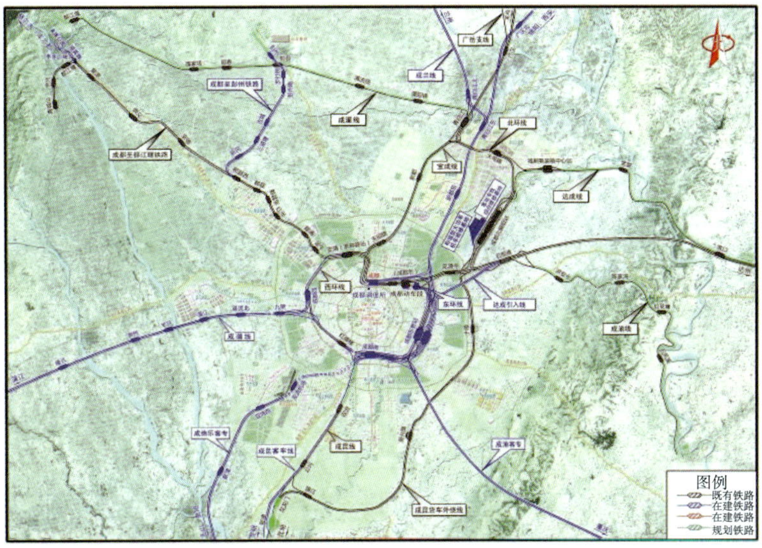

图 1　成都枢纽总布置示意

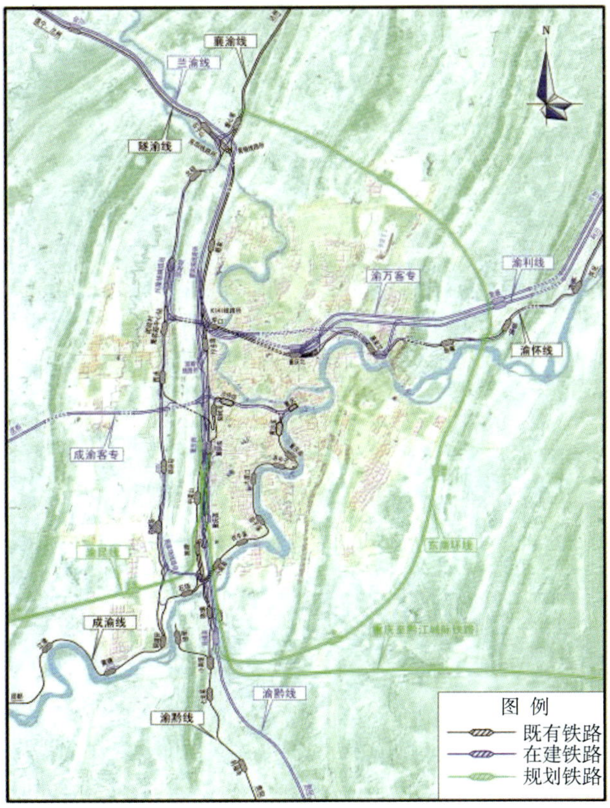

图 2　重庆枢纽总布置示意

2.1.2　贵阳、昆明、南宁枢纽

贵阳枢纽位于"沪昆"、"包柳"通道交汇点,同时是川渝—中南、华东地区客货交流的要冲。规划年度将衔接 12 条干线,远景年规划总行车数为 600 对。结合城市组团式布局和各引入线宏观走向和客车不停站通过比重高的特点,设西环、东北环"快速客运直径线";客运站规划为扩建位于城市核心区的贵阳站,金阳新城区内新建贵阳北站,两站并重、高普分工、相互贯通。客运站总规模 21 台 40 线,见图 3。

昆明、南宁枢纽长久解读为西南路网末梢和南疆前线、资源型枢纽,铁路建设相对滞后。

昆明枢纽随着泛亚中、西通道建设及沪昆、云桂、渝昆铁路的引入,将成为泛亚国际通道的"总关隘”和最强大基地、全路十大区域性客运中心之一。预测远景衔接9条干线，总行车数800对。客运系统形成环滇池客运环线，结合城市东南新城区和环线建设，规划新建昆明南站并充分发挥昆明站功能，“两站并重”，总规模22台42线。

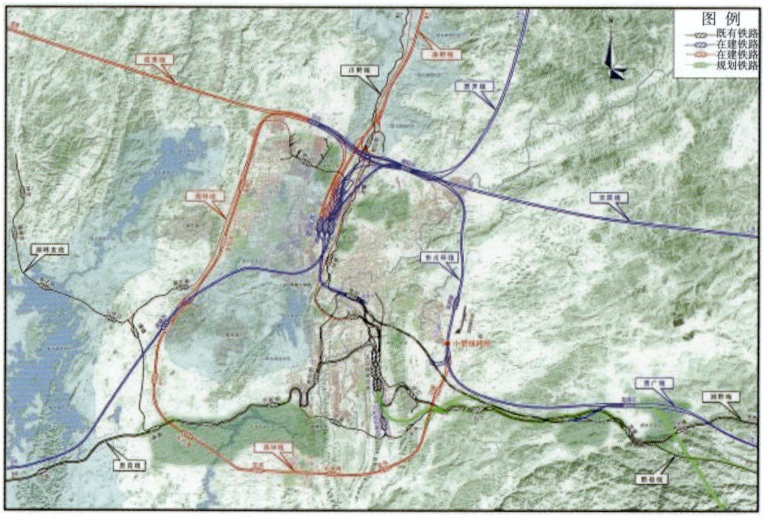

图3　贵阳枢纽总布置示意图

南宁枢纽现定位为环北部湾经济圈核心和北部湾港口群后方基地，“沿海”和“沿边”通道的最重要交汇点，全路十大区域性客运中心之一，远景年将衔接9条干线，总行车数为700对。枢纽客运站规划为：改扩建位于城市核心区的南宁站，琅东新城区新建南宁东站，东南侧设五象辅助客运站，形成“两主一辅”三客站布局，总规模23台43线。

2.2　紧密结合城市规划，合理选址主要客运站

铁路强大的接发车和整备检修能力和快速、便捷的旅客集散能力是车站设计的基本要求，而站址则是枢纽客运系统规划的核心问题。大型快速客运站是由多个客运车场和动车运用等设施构成的庞大节点，衔接线路多，占地面积大，对建设环境要求极高，地方规划及配合往往成为客运站建设的决定因素，常常要经历总图规划、预可行性、可行性研究乃至初步设计多次反复方能稳定。

既有客运站有完善的城市公交系统和商贸区域，居民也形成了固定的乘车习俗，理应改扩建充分利用，是首要考虑的方案，一般有“原址扩建”、“置换扩建”等模式。但利用既有客运站除考虑铁路本身环境因素外，尚要考虑市政配套、拆迁等社会总成本，成本过大时则应另辟新址，兼顾历史与未来，并与线路宏观走向、城市规划紧密协调。

西南客运站建设均经历了既有客运站改扩建研究阶段。深入研究表明，“机械”地改扩建无法解决拆迁、城市配套及噪声、震动等等难题，除城市较有远见做好规划预留的外，快速客运站基本选址新建。

2.2.1　成都枢纽主要客运站选址

成都为平原地形，没有重大的自然控制因素。基于城市基本在绕城高速公路内圈发展，铁路内环线基本沿城市二、三环路行经的特点，新客站依托内环铁路选址，以最佳地吸纳老城、辐射新城。

既有成都、成都南站均位于内环线上，地理位置优越。快速客运站利用成都站扩建，可就近利用原成都东编组站作为动车基地，并辐射北部新区。但将成都站扩建为14台26线规模将引起巨量拆迁；成都南站则受城市标志性的人民南路南延立交桥制约，扩建规模极有限，“难担重任”，动车基地尚需另选址。因此，结合成渝、沪汉蓉、成绵乐快速铁路走向，经与规划部门反复协调、权衡，快速客运站最终选址于环线东段的原沙河堡站区，亦能利用原成都东编组站作动车基地，政府则可借新客站带动东部工业区改造，铁路、地方“双赢”。随着对铁路重要性认识的深入和运输需求的增长，成都站扩建工程（规模调整为10台18线）也自然提上日程，城市积极配套了地铁、市政道路、拆迁等工程，成都站“顺理成章”地成为枢纽主客站之一。

2.2.2　重庆枢纽主要客运站选址

重庆枢纽既有重庆（菜园坝）、重庆北客运站。重庆站已位于核心城区，地理优势绝无仅有，应办理具城际特点的客车和市域列车。重庆北站位于枢纽东西向客运主通道上，城市已预留发展条件，故扩建为办理枢纽东西向衔接线路的始发终到及通过客车的特大型客运站。

重庆第三客站应于中梁山东侧、城市建成区边缘的南北向客运主通道上选址。在对通道上的多个站位深入研究后，为减少对城区的影响，第三客站采用了“置换改建”模式：客运车场利用原重庆东货运站外迁后的场址，机辆(动车运用)等设施利用原重庆西站解编功能转移兴隆场后留下的场址改建。

2.2.3　贵阳枢纽主要客运站选址

贵阳为喀斯特山地地貌，城市发展以组团式布局，地形及规划限制较多。新建贵阳北站为渝黔、贵广、成贵、沪昆及贵开快速铁路交汇点。经多站位研究，很难有站址将走向、规划、地质、新老城等均衡好。经与规划部门多次协调、论证和地质地形选线比选，最终新客站选址在金阳新城规划区，但各引入线技术标准较低，距老城区较远，丘壑纵横的地貌造成主城区居民出行困难。解决方案是：设西环、东北环线构成枢纽东西(沪昆)、南北(渝黔—贵广)向的“快速客运直径线”并兼作市域铁路，为不停站通过客车运行服务，停站客车“下线进站”；新老客站依托贵广线纵列串接并开行站间市域列车，较好地平衡了走向与站址的矛盾，极具地域特色，见图3。

2.2.4　昆明枢纽主要客运站选址

为保护滇池，昆明城市原规划向北、东北向发展，第二客站原规划在米轨昆明北站(改造为准轨)。

昆明客站曾为西南最大客运站，位于枢纽最捷径轴线上，覆盖主城最好，但原址扩建受车站两端城市立交群制约，迁改工程巨大，尚需迁建与其纵列的昆明东编组站作动车所，丧失再扩建条件。结合城市沿滇池发展特点，经与城市规划部门反复协商、省部决策，最终选址于可带动城市新区发展，与沪昆、渝昆、云桂铁路便捷联系的枢纽环线东南端的昆明南站，既有昆明站则充分利用，两站通过环线连接，并通过车种分工、“多点发车”来满足老城区旅客出行需要。

2.3　客运站引入线及场型选择及进路设计

西南客运站设计组合运用了合场、分场布置，并通过合理的引入线分配，简化跨线疏解工程。在咽喉进路设计中，通过线路合理分束来满足接发车平行作业需要，最大限度提高运营效率。站型各具特色。

2.3.1　成都枢纽客运站

成都枢纽四客站规划中，成都东为快速客运站，成都为高普速共站的客运站，共用位于两站间的动车基地(由原成都东编组站改建而成)。

(1)成都站

为既有站改扩建，衔接宝成、成绵乐(西成)、沪汉蓉(成渝)、环线(成灌)铁路，正线“六进六出”，最高聚集人数 H(下同) = 20 000 人，车站规模10台18线，设南北广场。经两场、三场、四场多方案比选后，采用引入线线路别、由南向北依次设普速(兼接高速)—城际—环线场的三场布置。由于引入线分配合理，避免了车站两端建筑走廊内产生过多跨线联络线和巨量拆迁工程，方案得以成立，见图4。

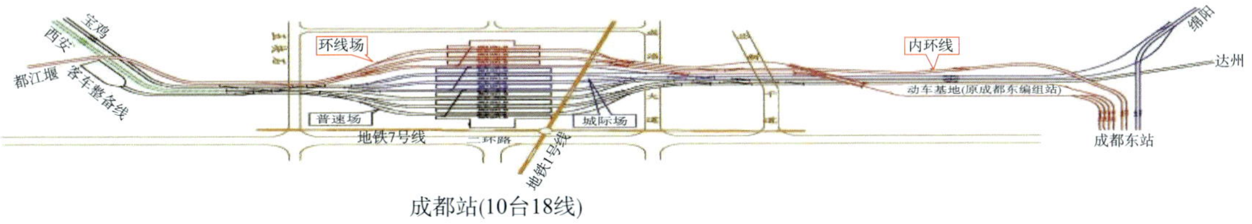

图4　成都客运站平面布置示意图

(2)成都东客站

为一次新建的快速客站，衔接沪汉蓉、成绵乐(西成)、成渝、环线、成贵、成昆等铁路，正线“六进六出”，高峰小时旅客发送量PH(下同) = 24 000 人，总规模14台26线、东西广场。针对其客车始发终到多、立折比例高、兼顾停站通过的特点，设计因地制宜采用了引入线线路别的宏观三场(城际、环线、沪汉蓉场)、功能划分五场(东侧城际场再划分为西成始发区、通过区、成渝始发区三功能区，顺接反发站前立折)的分场布置(图5)。经仿真模拟满足高峰小时通过能力需要，达到了功能和工程的有机统一。特点极其鲜明。

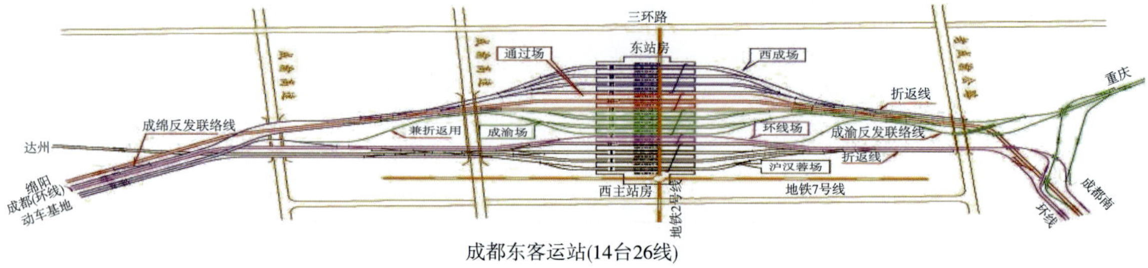

图 5　成都东客运站平面布置示意图

2.3.2　重庆枢纽客运站

枢纽客流特点为始发终到流、通过流并重,客运站布局为"三站并重",其中重庆站尽端式站型,以始发终到城际车为主;重庆北、重庆西为快速客运站,兼办普速客车。

(1)重庆北

位于枢纽东西客运通道上卡口位置,为既有站改扩建,衔接渝怀、兰渝、渝万、渝利铁路,正线"四进六出",$H=15\,000$ 人,规模 14 台 26 线,设南北广场。设计采用由北至南依次设高速(兰渝—渝利)—城际(渝万)—普速(渝怀)三场分场设计,渝万场与渝怀场呈"T"形布局,渝利场与渝怀场间在车场东西两端分散设置跨线联络线(图 6)。

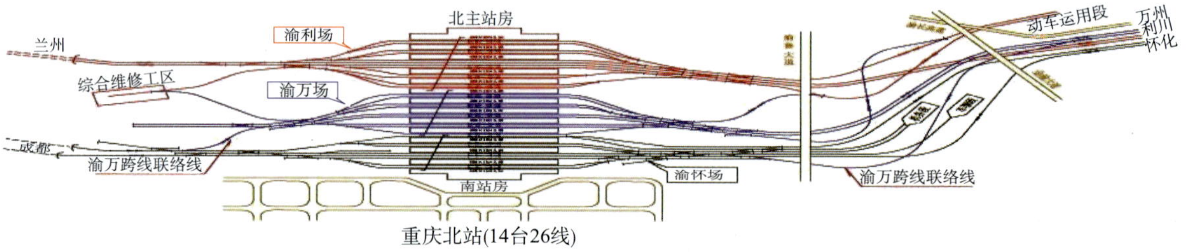

图 6　重庆北客运站平面布置示意图

(2)重庆西

主要办理南北及西南向间快速客运作业,南端衔接渝昆、渝长、渝黔线,北端衔接成渝、襄渝及成遂渝铁路,$H=15\,000$ 人,引入线"六进六出"。设计规模 16 台 31 线。车站采用引入线线路别的东西依次设渝昆、渝黔、渝长场的分场布置。受中梁山地形控制,邻靠城市的东侧集中设站前广场(图 7)。通过合理分配引入线贯通衔接方向,虽引入线较多,但车场两端本身并未设置其他客运站常见的跨线联络线,跨线车疏解通过南北端疏解区完成,显得简洁、清爽、通透,效果显著。

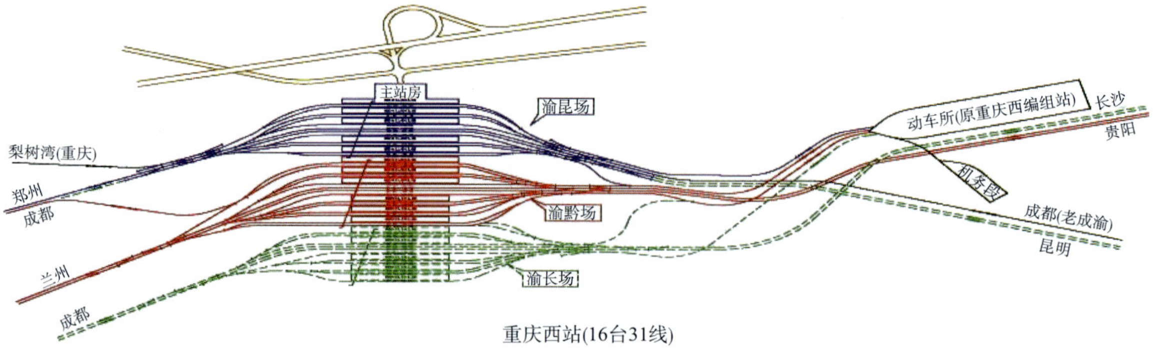

图 7　重庆西客运站平面布置示意图

2.3.3　贵阳北客运站

为新建快速客运站,衔接沪昆、渝黔、成贵、贵广、贵开等客运专线,$H=7\,000$ 人,车站总规模 15 台 30 线,设东西广场。设计采用引入线线路别、从东往西依次设沪昆、贵开、渝黔（贵广）、成贵四场布置，沪昆及重庆—广州方向正线贯通布置，贵开场、成贵场尽头式布置，分别与沪昆、渝黔场构成"T"形布置，形成北南向正线"八进四出"线路别布置。为满足跨线车停站通过运行需要，结合自然条件，集中在车站北部分别设置成都（重庆）—广州、昆明—重庆（成都）跨线联络线（图8），是特大型客运站集中疏解的典型代表。

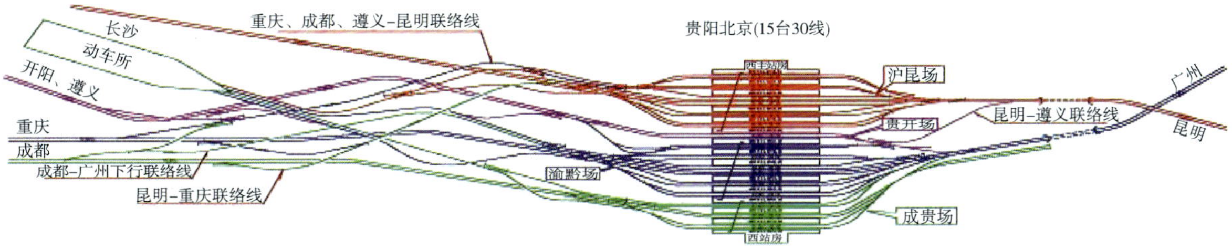

图8　贵阳北客运站平面布置示意图

2.3.4　昆明南客运站

为新建快速客运站，$H = 12\,000$ 人，衔接沪昆、渝昆、云桂、昆玉（磨憨）线及枢纽环线线，引入线呈"六进四出"格局。总规模16台32线，东西双广场。经二场（沪昆、渝昆合场）、三场、四场站型研究，设计采用由西向东依次布设长昆、渝昆、环线（昆玉）、云桂四场，为避免昆明端多层立交，环线场采用两端设反接联络线，构成"反弹琵琶"的右侧行车的"第四场"，见图9。

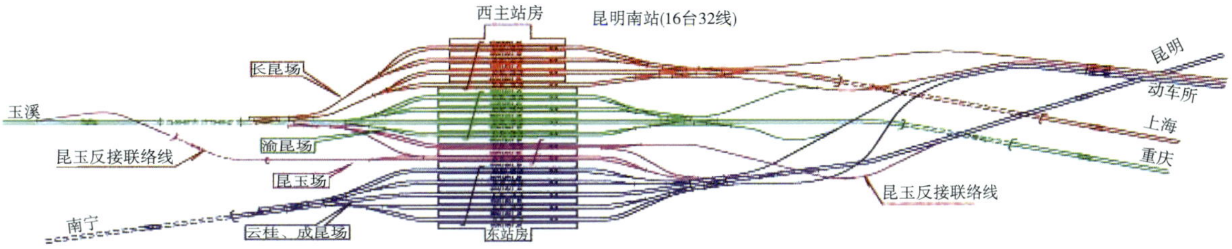

图9　昆明南客运站平面布置示意图

2.4　引入线分配及疏解布置

大型客运站规模大、衔接方向多、引入线路标准高，各引入线须进行合理分配贯通方向、必要归并，并按照主线贯通、次线跨线的原则精简、合并跨线联络线，尽量在本站或区间利用前方车站进行车流梳理，综合运用线路别、方向别及种类别疏解手段，简化车站布置。

2.4.1　成都枢纽主轴线

成都、成都东、成都南站均采用了分场布置，成都东—成都南区间由环线、成绵乐铁路构成线路别布置的主轴线。为满足成都、成都东、成都南三客站"多点发车"的需要，成都南站两端分散设置成昆、成贵跨线联络线，沟通成都站与昆明、贵阳方向间的动车东环径路；设置成渝联络线，沟通重庆—乐山（贵阳）、西昌方向，从而在主轴线上形成引入线路别—跨线联络线方向别疏解群（图10）。

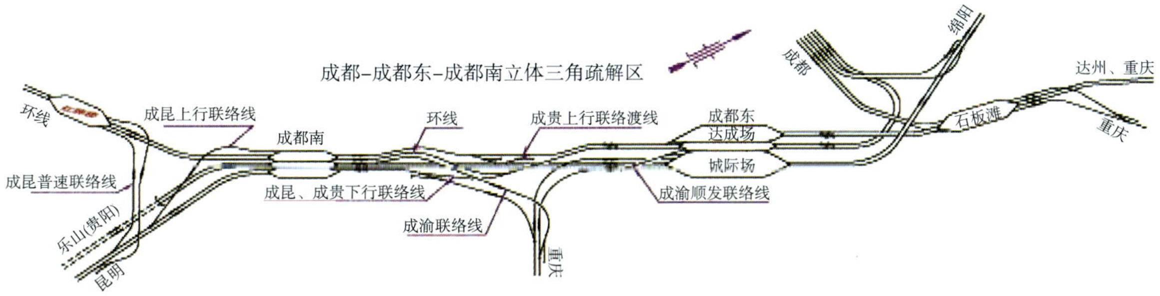

图10　成都枢纽客运主轴线置示意图

2.4.2　重庆枢纽主轴线

重庆枢纽南北向客货运输通道以中梁山为界实施“内客外货”分线后，中梁山以东的南北向客运通道内有襄渝（南延为渝昆）、成遂渝（沪汉蓉）铁路（南延为渝黔线），东西向客运通道主要为渝怀和渝利（沪汉蓉）铁路。各引入线在北南通道上形成北部磨心坡三角疏解区、东西—南北向井口十字疏解区及成渝客专引入十字形疏解区三处主要疏解区，构成各客运站及引入线间的有机联系，实现“多点发车”功能（图 11）。

2.4.3　贵阳枢纽北部疏解区

贵阳枢纽北部贵阳东站区域，为沪昆、成贵的高速直径线及其下线联络线、渝黔—贵广贯通线、贵开城际铁路交织的十字交叉区域，南侧贵阳北客运站为四线线路别引入分场布置。经多方案研究，区域疏解设计采用十字形方向别集中疏解，并结合直径线兼市域铁路的功能需要，十字交叉处东、西侧设贵阳东、白云客运中间站，是集中跨线疏解的典型代表，见图 12。

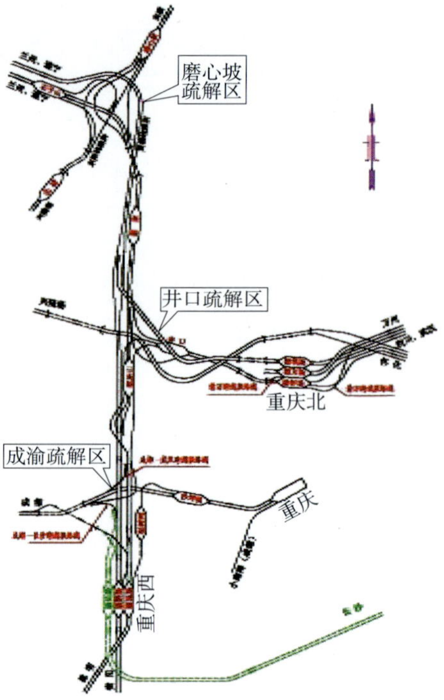

图 11　重庆枢纽客运主轴线疏解布置示意图

2.5　依托快速铁路及客运站，构建城市综合交通系统

铁路客运站同机场、港口、公路客运站、地铁轻轨站等都是城市的客流集散点，必须依托综合交通系统合力完成旅客的安全、快速集散，其选址及站区规划与其他交通方式和节点有机衔接、构建成城市综合交通枢纽是必然选择。

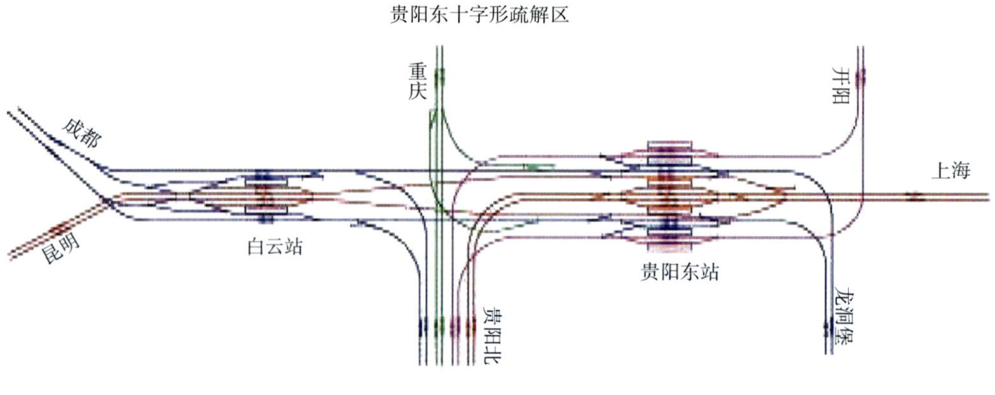

图 12　贵阳东疏解布置示意图

西南大型客运站在枢纽内线路走向选取、站区规划及车站建筑及流线设计中，均构建了综合交通的大区域宏观衔接和站区干线、城际铁路和城市轨道交通、公路公交“四网合一”无缝衔接功能。

2.5.1　构建与机场、地铁（轻轨）的有机衔接径路

成都枢纽成绵乐城际铁路下穿双流国际机场前广场，设置了机场折返站，四客站均可开行至机场的快速列车，站区均设有地铁站点。重庆枢纽受自然限制，快速铁路无法直接引入江北国际机场，采用城市轻轨与三客站衔接。贵阳枢纽东南环线经由龙洞堡国际机场，设置了铁路、地铁、地面公交的竖向 4 层换乘站。昆明贵昆线、沪昆客专小哨国际机场前广场设置小哨铁路—轻轨换乘站。南宁枢纽湘桂铁路南段新双线亦经由吴圩国际机场场区并设站。

2.5.2　客运站立体流线设计及城市公交的无缝换乘

客运站“上进下出、立体换乘、综合交通”理念在“九五”时期昆明（2001 年竣工）、重庆北（2002 年竣工）客运站设计中即成功实践，在新一轮快速客运站设计中得以充分扩展。成都东站设计中，站区

集成了铁路、地铁、城市公交、社会车辆功能区,采用竖向五层、上进下出流线立体设计,地上二层高架平台延伸为城市跨越铁路的互通立交,地下层纵深发展为公交、出租及地铁车站,实现了竖向立体"零换乘",成为城市的标志性建筑体,见图13。

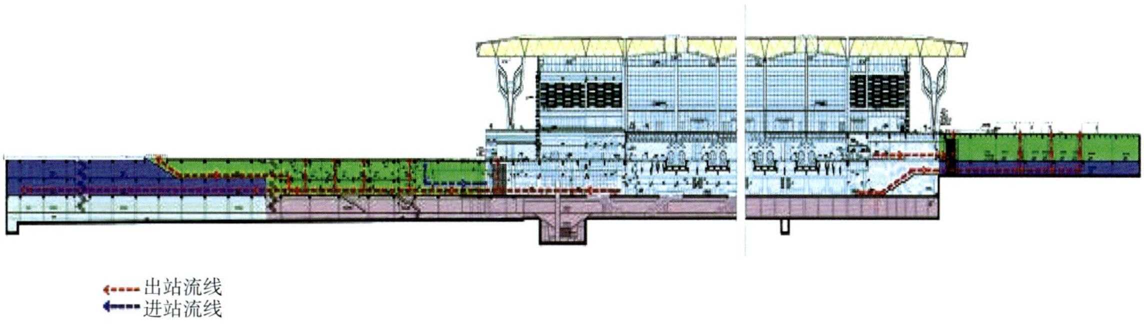

图13　成都东客运站剖面示意图

在车站综合交通建设规划中,客运车场高程设计是重大技术关键和难点,需结合站区建筑结构竖向设计,兼顾地下、地面、高架结构需要,需经多次反复综合比选、权衡确定。

3　大型客运站设计再思考

通过各种规模快速客运站的设计实践,客运站设计运营尚有下列问题有待进一步研究。

3.1　车站规模问题

我国大型客运站到发线规模普遍在20条以上,规模确定的物理定义为:高峰小时到达(出发)线需要数量等于到达(出发)列车占用到发线时分除以最小接(发)车间隔(3～4 min)。当其等于线路设计最小追踪间隔时,车站具最高的接发效率,但此时车站规模也最大。缩短列车占用到发线时间和合理确定最小接(发)车间隔是"压缩规模"的关键。

3.1.1　合理确定需要的高峰小时接发车间隔

最小接发车间隔与需求、设计最小追踪间隔、运行图和交路密切相关,同时与咽喉长度有关,咽喉长度又与到发线规模有关,而到发线规模又由最小接发车间隔计算。故需要实现"确定需要接发车间隔—计算车站规模—完成平面设计—仿真检算接发车间隔—反馈确定车站规模"的多次设计循环。

3.1.2　缩短列车占用到发线时间

有序组织旅客、有效缩短乘降时间最具可操作性。其余技术作业的时分指标目前尚无成熟、稳定的设备运行数据积累,尚需运营积累总结。

3.2　改进旅客候车方式及组织

3.2.1　增强设备及加强组织,消除站内人为"两次高峰"

高峰时段到发意味着旅客密集集散,"列车停靠—检票—上车"造成了短时间旅客两次排队高峰,加之步行耗时,无谓延长了列车占用到发线时间(两列车同一站台同时乘降更甚),增大了安全隐患。建议推行"安检—检票"一检合并、允许适当提前站台候车,缩短或削除"检票高峰"和步行耗时,客运员主要责任是检票口引导、提前开关检票口。为保安全,可加大站台宽度设置待乘区(地铁模式),站台安全标线内侧增设安全门。

3.2.2　简化中转换乘旅客乘车程序

在推行"次线换乘"的模式下,中转换乘旅客尚没有固定的中转换乘厅,需"出站—改签(购票)—再进站"。在今后站房设计中,可在站台上或候车大厅内另辟必要的中转旅客休息厅,以减少中转旅客被动无效流动,提高服务质量。

3.3 进一步加强客运专线安全线及延续进路设置的基础研究

铁路运输遵循“故障导向安全”的基本原则。目前客运车站设计中，均遵照《铁路技术管理规程》第 53 条、279 条及信号设计强制性规定，按各种速度等级检算，进站信号机外制动距离内超 6‰下坡道的车站正线或到发线的接车方向末端均设置安全线和延续进路。

安全线是为防备制动误差冒进信号时隔离冒进列车，避免其与正常运行列车冲突而设置的隔开设施，避免“连带”损害，不同于消能的避难线。延续进路则是将接车进路延续至站外正线，防护锁死与其敌对的进路，保证后续列车安全。简言之，安全线防“殃及无辜”，延续进路保“远离事故”。

在客运专线车站设计特别是在西南地区，安全线往往设置于桥梁、隧道、高路堤上，复杂了车站咽喉和工程，真有动车冒进信号导入安全线脱线乃至颠覆，结果是灾难性的，不可承受。延续进路则必然降低车站接发车效率。

综上，客运专线设置安全线及延续进路的必要性以及是否需将安全线转化为避难线等问题，尚需结合客运专线与普通铁路的种种差异和特点，再进行系统的基础研究。

4 结 语

枢纽和地区均有多条铁路引入，在次级中心城市等尚有大量大中型客运站建设。在今后的客运系统规划建设中，需借鉴国内外铁路客运站成功的规划、建设、运营经验，突破过去局限于铁路系统内、忽略与其他交通系统协调统一的做法，坚持服务城市、综合交通的理念进行选址、规划、建设，按照“客货分线”的理念理顺客运径路，多客站时应合理分工、有机联系，尽量实现对城市的全面覆盖，打造新型城市综合交通枢纽。

由于篇幅所限，难以面面俱到，不免挂一漏万，欢迎探讨和指正。

参 考 文 献

[1] GB 50091—2006　铁路车站及枢纽设计规范[S]. 北京：中国计划出版社，2006.

[2] TB 10621—2009　高速铁路设计规范(试行)[S]. 北京：中国铁道出版社，2009.

[3] 陈应先，李明国. 高速客运站基本图形的分析[J]. 铁道运输与经济，2007，(增刊).

[4] 杨健. 铁路站场及枢纽设计理念和方法探讨[J]. 铁道工程学报，2010，(6).

[5] 杨健. 铁路客运站折返方式及图形布置探讨[J]. 高速铁路技术，2010，(6).

基于路网承载能力分析的核心地区城市路网规划及实践应用

代漉川

（中铁二院工程集团有限责任公司，成都 610031）

摘　要：基于“路网承载能力分析”的城市路网改造规划将城市土地规划和交通规划紧密地联系在一起，形成土地规划和交通规划的动态反馈机制，即在进行土地规划和交通规划的过程中，不仅要根据土地规划方案确定交通规划方案，而且要通过交通规划方案的制定对土地规划方案提出各种反馈意见和建议，并进行相应的修整和完善，并继续对交通规划方案提出反馈意见和建议，交通规划加以修正和完善，使城市交通高效运行。

关键词：路网承载能力分析；土地规划；交通规划

1　引　言

城市交通作为城市四大功能之一，不仅对城市的整体运行起到至关重要的作用，也与每位居民的日常生活息息相关。因此，如何确定城市交通设施能否满足城市交通需求和如何满足城市交通需求成为规划城市交通系统能否保障城市正常运行的关键要素。交通网络承载能力作为土地利用与交通需求的衔接点，提供了解决交通规划中所遇到的土地利用与路网规划不协调的问题。

交通网络承载能力是指在城市空间范围内，在给定交通设施资源和环境容量约束下，整个交通网络所能提供的人与物的最大空间转移能力。限定于城市道路网络（简称路网），亦被称为路网容量、路网通行能力等[1]。以路网承载能力为基础，将城市交通规划与土地利用相结合，协调二者的关系，解决实际中的交通问题，最终实现城市交通的正常运行，这也是本文研究的核心内容。

2　基于路网承载能力的交通规划分析方法

2.1　依据路网承载能力的交通规划意义

以城市路网承载能力分析为基础，测算土地利用的强度并反馈给城市交通规划有着重要的意义。

（1）分析城市未来土地开发与交通建设相协调的程度；

（2）调整及确定城市各类土地开发在空间分布上的适宜强度；

（3）局部优化控制范围内动态交通系统的布设，与土地开发相协调；

（4）为控规片区单元中土地使用性质、开发强度的调整优化提供参考等。

2.2　计算思路及方法

城市路网承载力计算采用土地开发强度与交通容量空间分布的“静态”对比与宏观交通模型的“动态”测算两种方法相结合的研究思路进行测算[2]。

2.2.1　路网承载力“静态”对比测算分析

以街区作为最小研究对象，根据街区内居住用地、各产业用地的开发强度计算各街区内的居住人口数和就业岗位数，以此度量早高峰时段交通产生、吸引的强度。结合城市交通设施规划方案，计算各街区内交通综合承载力，从而获取各街区内交通产生、吸引度量值与交通承载力之间的比值（简称“G”和“A”值）。并根据城市交通发展策略和城市交通结构，匡算确定城市土地开发强度与城市交通承载力之间的合理比值区间(简称“H 区间”)。比较各街区 G、A 值与 H 区间的关系,若高于该区间,降低相应用地的开发强度或增加街区内交通供给能力,促使两者之间在空间分布上相协调。

(1)核算居住人口、就业岗位

以控规中的街区为基本单元,统计街区各类用地的建筑开发量。

(2)核算各街区交通设施承载力

①轨道交通承载力

理论上,计算轨道交通的直接客源市场规模是轨道交通对步行交通方式直接吸引范围内的居民数量和就业岗位数量,轨道交通对步行方式直接吸引范围是距站点 800 ~ 1 500 m 所覆盖的范围。以日客流量和高峰小时的客流强度作为总体最大控制参数计算轨道交通站点的交通承载力。

②道路交通承载力

城市道路交通承载力以车公里作为街区道路承载能力的度量值,计算步骤如下:

第一步,根据道路规划方案设定每条道路的等级码 n(按照道路的等级分为 $n = 1,2,...,n$);

第二步,根据道路所在位置设置每条道路双方向区域码(i),标明道路位置,街区边界道路双向设置不同域码(平均分配道路承载力);

第三步,计算每个街区内每条道路长度($L_{i,j}$);

第四步,设定每条道路的单向车道数($M_{i,j,n}$);

第五步,根据道路等级设定每条道路单车道通行能力($C_{i,j,n}$);

第六步,区分城市高、快速路两侧是否有辅路;

第七步,设置辅路车道数($M_{i,j,f}$)、单车道通行能力($C_{i,j,f}$),计算辅路长度($L_{i,j,f}$);

第八步,统计各街区内道路的车公里总和 ($VkH_i = \sum_{j=1}^{k} \sum_{n=1}^{n} C_{i,j,n} \cdot M_{i,j,n} \cdot L_{i,j} + \sum_{j}^{k} C_{i,j,f} \cdot M_{i,j,f} \cdot L_{i,j,f}$)。

(3)街区土地开发强度与城市交通承载力对比合理取值区间确定

城市土地开发强度与城市交通承载力之间的协调,是以城市总体规划为前提所确定的城市交通资源条件下与城市土地开发强度之间的协调。计算中,在核算城市轨道交通出行方式的规模后,采取实际利用道路资源居住人口数(出行数——轨道交通方式出行人口数)和就业岗位数与城市路网交通承载力对比,以道路交通承载力与交通需求之间的对比程度作为衡量两者之间能否协调的依据。

合理取值范围的匡算应遵循城市路网整体交通负荷小于 0.7,否则就会出现道路“瘫痪”状态的原则。

鉴于城市土地所处区位、周边环境、用地性质不同,城市土地不可能也没有理由均质开发,因此在制定合理取值的过程中采用了如表 1 的经验取值。

表 1　城市土地开发强度与城市交通承载力比值经验取值范围一览表

	土地开发强度取值范围				
	强度低(A 区间)	强度适宜(B 区间)	勉强接受范围(C 区间)	强度高(D 区间)	强度过高(E 区间)
居住人口指标(人/车公里)	<0.94	0.94 ~ 1.31	1.31 ~ 1.53	1.53 ~ 1.75	>1.75
就业岗位指标(岗位/车公里)	<0.78	0.78 ~ 1.09	1.09 ~ 1.27	1.27 ~ 1.45	>1.45
匡算路网负荷	<0.43	0.43 ~ 0.60	0.60 ~ 0.70	0.70 ~ 0.80	>0.80

根据指标对比,采取相应的改善措施。

(4)规划调整

选取“静态”对比结果处于 D、E 区间的街区,其中以 E 区间街区作为重点调整对象,进行如下调整:转换土地开发性质;降低土地开发强度;增加道路网密度,提升道路等级;增加公交服务设施(BRT 或轨道建设等)。

2.2.2　路网承载力“动态”测算分析

路网承载力“动态”测算采用城市宏观交通模型,将交通生成、交通分布、方式划分及交通分配四个阶段相互统一，得到规划年的测试结果，并进行分析。模型的测试技术路线如图 1 所示。

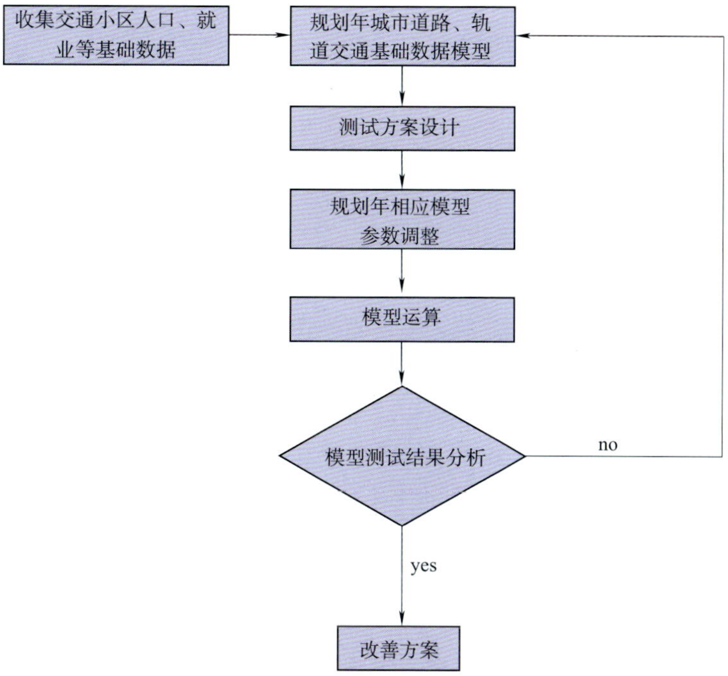

图 1　宏观交通模型测试技术路线

通过模型测算，根据结果进行统计分析，一方面确定“静态”对比测算的合理性，另一方面既可以核查造成城市交通主要矛盾的症结所在，又可以检查局部地区的土地与交通规划的合理性。

3　案例应用

3.1　项目概述及现状路网运行特性分析

沙坪坝交通枢纽位于重庆市沙坪坝商圈，是成渝客专的主要客站之一，枢纽综合了铁路、城市轨道、普通公交、出租车、小汽车等多种交通方式，由于用地紧张，该枢纽采用了高强度开发模式，除交通功能区外，还于地面层开发了体量可观的上盖物业，使整个沙坪坝交通枢纽成为以交通功能为主的大型城市综合体，由此带来了枢纽核心区域较为严重交通压力。基于此，为了保障沙坪坝交通枢纽区域城市交通的畅通，本研究对其枢纽区域路网进行规划调整。

3.1.1　路网现状分析

目前沙坪坝核心区域为“两环八射”的路网结构，包括汉渝路、沙中路、沙杨路、渝碚路、站西路、站东路、天陈路等。现状干道网密度明显偏低，造成这种状况的原因是由于作为重庆科教文化中心的沙坪坝中心区学校比较多，用地面积大，且相对封闭，因而城市支路不易深入地块内部，导致中心区支路密度较低。同时，中心区土地开发强度大，导致交通量非常集中，道路交通压力很大，如图 2 所示。

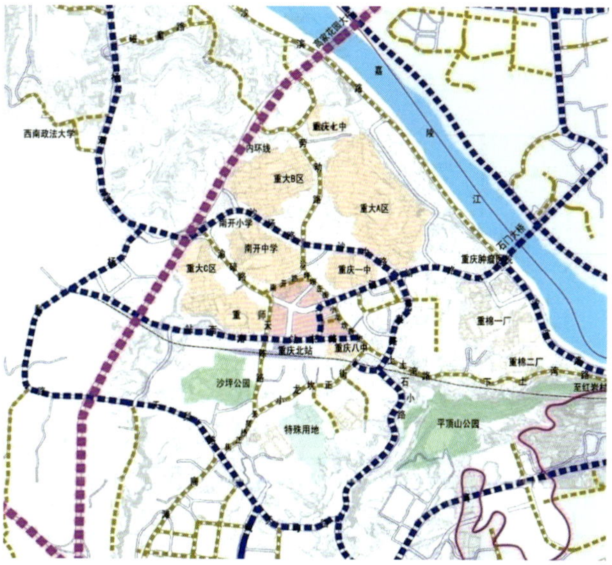

图 2　沙坪坝站交通枢纽核心区现状路网

3.1.2　路段现状分析

由于沙坪坝站核心区域内路网结构、交通结构等原因，目前区域内主要路段道路交通负荷较高，表 2 为区域内现状路段早晚高峰期的交通状况。

表 2　主要路段交通承载力水平

道　路	车道数	车速(km/h)		流量(pcu/h)	运行状态
		早高峰	晚高峰		
渝碚路	双向 4 车道	18.65	14.52	3 330	拥堵
沙杨路	双向 4 车道	18.39	16.67	7 787	拥堵
杨双路	双向 6 车道	18.40	17.83	5 750	拥堵
站东路	单向 5 车道	21.33	14.77	2 591	拥堵
小龙坎正街	双向 4 车道	17.16	14.72	3 846	拥堵
天星桥正街	双向 4 车道	17.50	15.45	4 000	拥堵
凤天大道	双向 6 车道	23.98	24.63	3 272	缓行
天马路	双向 4 车道	20.56	18.95	3 052	缓行
沙滨路	双向 4 车道	60.07	59.29	2 546	畅通

沙坪坝中心区大部分道路高峰时段平均车速低于 18 km/h，交通拥堵情况显著，晚高峰道路拥堵程度比早高峰严重，其中三角碑商圈环道高峰时段平均车速 19.42 km/h，其中，早高峰 23.25 km/h，晚高峰 15.58 km/h，如图 3、图 4 所示。

3.1.3　交叉口现状分析

本次调查区内主要交叉口天陈路—站东路北进口和南进口服务水平为 F 级；站西路—清溪路交叉口西进口早晚高峰期服务水平为 E、F 级；站东路—小龙坎交叉口西进口和南进口早晚高峰期服务水平均为 E、F 级；天陈路—天星桥正街交叉口西进口和北进口早晚高峰期服务水平均为 E 级。可以看出，区域内主要交叉口部分进口道早晚高峰均现拥堵状况。

图 3　主要路段早高峰速度示意图

图 4　主要路段晚高峰速度示意图

3.1.4 公共交通现状分析

目前,沙坪坝站枢纽核心区域内现状公共交通主要依靠地面公交,公交运营线共有 60 多条,承载了区域过境及达到性客流的大部分需要,轨道交通正处于建设阶段。同时,公交停靠站设施较差,没有专用停车港,高峰时间对主线车流影响较大。通过对现状交通设施定量的分析,可以判断现状路网承载力难以满足枢纽区域内居民的出行需求。

3.2 基于路网承载能力分析的沙坪坝综合交通枢纽核心区路网规划

重庆沙坪坝交通枢纽作为城市的主枢纽之一,建成后将成为人流和车流的聚集地,现有路网的条件难以满足交通需求,因此,提供支撑沙坪坝站枢纽大规模吸发客流的城市交通系统,使得该交通系统和城市既有薄弱的交通系统有效衔接是当务之急。根据本研究提出的路网承载力分析方法,结合沙坪坝交通枢纽核心区交通现状的基础上进行相应的路网规划研究。

3.2.1 路网承载能力分析

根据规划年路网规划和路网承载能力"静态"计算方法,核算规划年轨道交通设施承载力和道路交通承载力,并得到土地开发强度与城市交通承载力的对比值,作为路网调整的依据。

在核算过程中假设远期规划年轨道 9 号线、1 号线、5 号线全部建成,轨道交通对步行方式的直接吸引范围是距站点 800 ~ 1 500 m 半径区域内,考虑到交通枢纽的特点,核算枢纽本身产生的客流和城市内部交通客流,根据最终计算结果,推算平均每个站点通勤时段的客流为 6 300 人。根据道路设施承载力的计算方法,按照不同的道路等级计算出沙坪坝核心区路网车公里总和。在匡算路网负荷时,基于现状分析,推算 2020 年晚高峰小汽车平均出行距离为 12.3 km,为反映高峰小时交通枢纽核心区产生和吸引交通量对道路资源的不同影响,采用实际利用道路资源居住人口数和就业岗位数与路网道路交通承载力对比,得到道路负荷与承载力之间的度量。

通过沙坪坝交通枢纽核心区土地开发强度与路网承载力比值的调整,并结合"动态"模型分析,调整土地利用布局和城市路网规划,并对沙坪坝交通枢纽核心区的整体路网及关键节点进行交通组织,优化规划年的公共交通发展,在此基础上构建沙坪坝交通枢纽核心区的规划路网、土地利用规划及公共交通规划方案等。

3.2.2 核心片区路网规划及交通组织

根据承载能力计算分析以及土地开发及路网规划的相互协调,规划年沙坪坝核心区相对于现状新增了一部分过境通道,完善了部分路网结构和节点;在中心区增加了至滨江路的通道和火车站站南路;新增站东路下穿通道,衔接站西路、滨江路和石门大桥,形成东西向联系的快速通道,同时考虑商圈环道与滨江通道的进出衔接;新建东侧南北连通道,分流环道、天陈路、小龙坎交通量,形成火车站循环集疏通道,如图 5、图 6 所示。

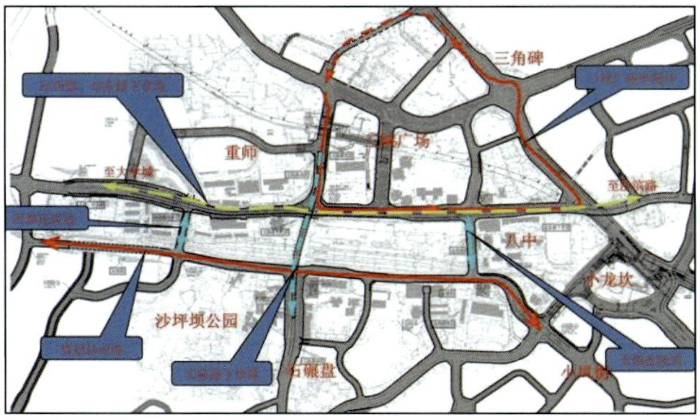

图 5 核心区路网规划图

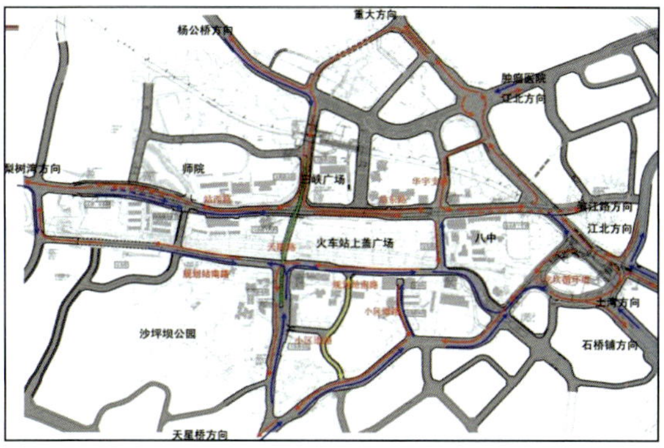

图 6 核心区规划路网交通组织方案图

3.2.3 公共交通规划

规划发展以 TOD 模式为主导的公共交通架构,将区域城市发展引导至沿轨道交通和公共汽车网络布置的不连续结点上,充分利用交通与土地利用之间的基本关系,把更多活动的起始点和终止点放在一个能够通过步行到达公交站点的范围之内。根据规划年公交 22% 的出行分担量，在枢纽地区布置公交站场，完善核心区域内路面公交站点，有条件的情况下设置港湾式停靠站。在沙坪坝中心区有三条轨道线经过，直接服务范围和便捷服务范围达主城中心区 50% 的区域。同时，对于出租车设置专用待客区，解决出租车排队问题，如图 7 所示。

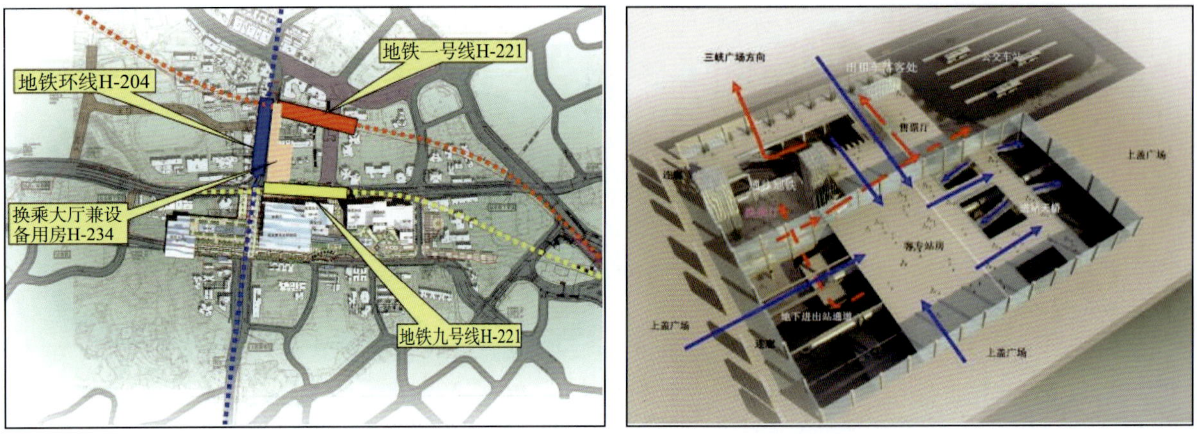

图 7　轨道交通换乘规划及公交场站布局示意图

3.3　路网承载能力需求预测

3.3.1　背景交通量预测

本项目中背景交通量指的是没有沙坪坝火车站物业开发的情况下，各个重要路段流量分布情况；主要根据该区域各个地块的开发强度及不同用地的出行吸引率和出行特征，预测出该项目吸引的人流、车流。本项目的交通需求预测数据来源于重庆市主城区综合交通模型。

3.3.2　项目交通量预测

因本项目物业开发而增加的交通量，这里通过对物业开发的各项经济指标进行科学分析，得出最后结果，并按"静态"测算方法进行反馈计算。

3.3.3　"动态"测算过程

依据实际调查与重庆市综合交通规划交通预测模型，结合本项目开发规模与使用性质，以 EMME 软件为操作平台，根据调整优化后路网，对该项目周边道路 2020 年交通量进行了预测，路段划分如图 8 所示。

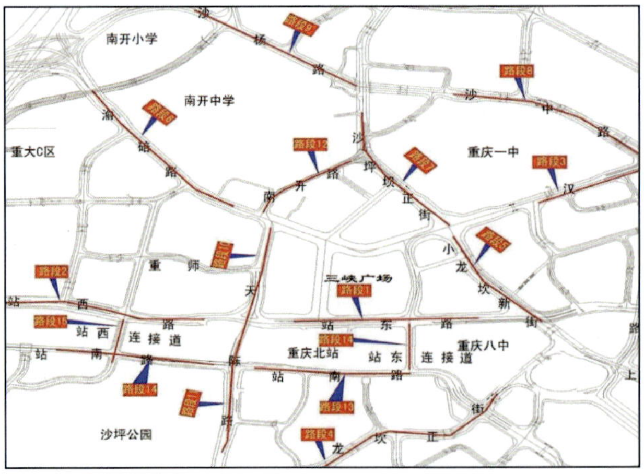

图 8　路段划分示意图

通过预测可以看出，晚高峰时段沙坪坝周边路网均处于拥堵状态，道路饱和度大多在 0.9 以上，道路服务水平在 E 级及以上。表 3 为主要路段背景交通承载力水平，图 9 为背景交通流量示意。

表 3　规划路网主要路段背景交通承载力水平

道路编号	道路名称	方　向	交通流量	饱和度
1	站东路	东—西	6 045	0.93
		西—东	0	0
2	站西路	东—西	2 184	0.91
		西—东	2 256	0.94
3	汉渝路	东—西	2 375	0.95
		西—东	2 275	0.91
4	小龙坎新街	南—北	2 350	0.94
		北—南	0	0
5	渝碚路	南—北	2 136	0.89
		北—南	2 208	0.92
6	沙坪坝正街	南—北	2 450	0.98
		北—南	2 275	0.91
7	天陈路北段	南—北	0	0
		北—南	2 231	0.97
8	天陈路南段	南—北	2 184	0.91
		北—南	2 256	0.94
9	南开路	东—西	2 090	0.95
		西—东	0	0
10	站南路	东—西	2 139	0.93
		西—东	2 093	0.91
11	站东连接道	东—西	2 112	0.88
		西—东	2 232	0.93
12	站西连接道	东—西	2 256	0.94
		西—东	2 256	0.94
13	站东路下穿道	东—西	2 275	0.91
		西—东	2 200	0.88

项目新增交通需求的预测采用“类别—规模—出行量”三者相互关联的方法，即先对同类型建筑出行率研究，找到这些建筑规模与高峰小时产生的交通出行之间的联系，并将此联系模型化，获得目标年项目高峰小时出行需求。

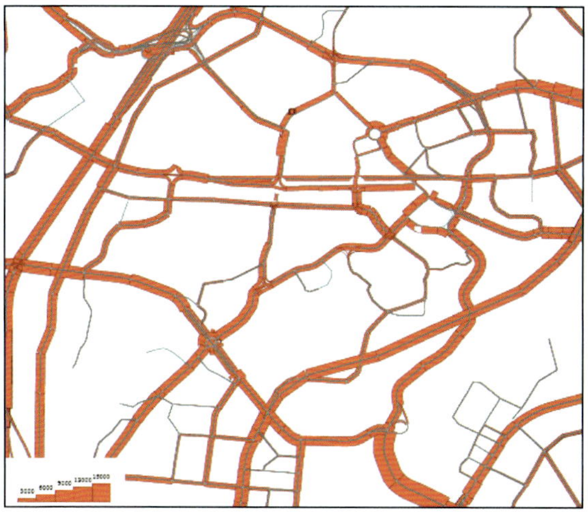

图 9　背景交通流量示意图

3.4　基于路网承载能力的路网改造效果分析

根据重庆市远期交通结构所确定的城市客运目标见表 4，小汽车出行方式所占份额按 15% 计算，匡算出晚高峰小时沙坪坝核心区规划年路网总体负荷处于 0.45 左右，就业岗位指标为 1.02 岗位/车公里，居住人口指标为 1.22 人/车公里。根据表 1 判断，沙坪坝核心区土地总体开发强度属于 B 区间，开发强度适宜，核心区道路网交通运行状态良好。

表 4　远期重庆市主城区居民出行结构预测结果

交通方式	步　行	常规公交	轨道交通	出租车	社会车辆	摩托车	其　他
所占比例(%)	35	22	20	6	15	1	1

在重庆市综合交通规划确立的数学模型基础上，运用 EMME 软件将项目生成的小汽车（含折算后的公交）量分配到项目周边主要道路上，将项目产生的交通量与背景交通量叠加，得到项目实施后的路段流量分布。改造前后路网流量对比如图 10、图 11 所示，高峰期承载力水平分析见表 5。

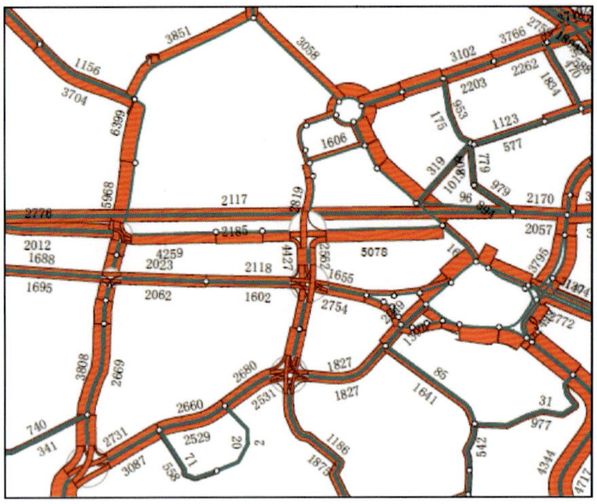

图 10　改造前路网流量

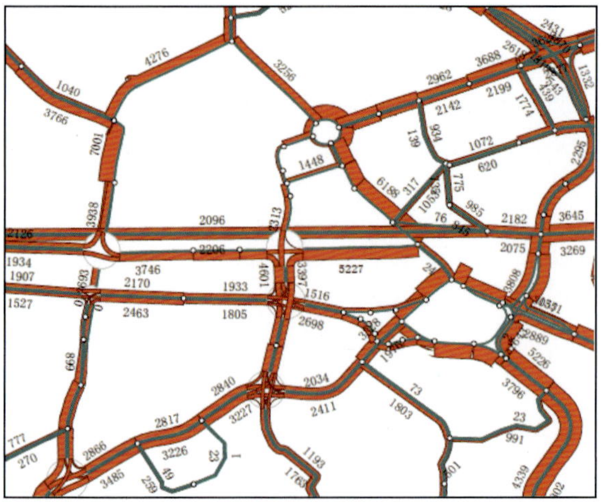

图 11　改造后路网流量

表 5　规划路网主要路段高峰期承载力水平分析

道路编号	道路名称	方向	晚高峰小时交通量	增加饱和度	叠加交通量后饱和度
1	站东路	东—西	340	0.05	0.98
		西—东	0	0.00	0.00
2	站西路	东—西	120	0.05	0.96
		西—东	130	0.05	0.99
3	汉渝路	东—西	246	0.10	1.05
		西—东	212	0.08	0.99
5	小龙坎新街	南—北	79	0.03	0.97
		北—南	0	0.00	0.00
6	渝碚路	南—北	296	0.12	1.01
		北—南	325	0.14	1.06
7	沙坪坝正街	南—北	112	0.04	1.02
		北—南	0	0.00	0.00
10	天陈路北段	南—北	0	0.00	0.00
		北—南	210	0.09	1.06
11	天陈路南段	南—北	230	0.10	1.01
		北—南	278	0.12	1.06
12	南开路	东—西	96	0.04	0.99
		西—东	0	0.00	0.00
13	站南路	东—西	186	0.08	1.01
		西—东	235	0.10	1.01
14	站东连接道	东—西	220	0.09	0.97
		西—东	256	0.11	1.04
15	站西连接道	东—西	163	0.07	1.01
		西—东	133	0.06	1.00
17	站东路下穿道	东—西	12	0.00	0.91
		西—东	13	0.01	0.89

由以上基于规划路网承载能力的分析结果可以看出，通过分流过境交通，增强中心区路网连通性，优化配置公交、出租车，使本项目生成交通量更为合理的分配到项目周边路网，最大限度地减少了项目实施所带来的负面影响，通过“动、静态”反馈计算，得到沙坪坝交通枢纽主要功能区最优建设规模如表6所示。

表6　基于“路网承载能力分析”的沙坪坝铁路客站最优开发规模经济技术指标表

综合交通枢纽项目总用地面积		12.01 公顷
总建筑面积		730 350 m^2
物业开发总建筑		439 854 m^2
其　中	办　公	147 840 m^2
	商　业	139 554 m^2
	酒　店	89 320 m^2
	公　寓	63 140 m^2

4　结　论

本文采用土地开发强度与路网设施承载力相互反馈的研究思路，并基于路网承载能力分析对沙坪坝交通枢纽核心区路网进行改造是较为科学系统的方法。首先，采用该方法可以将土地开发与路网规划相互关联，形成互馈的机制，能够有效克服不同专业差别所带来的分析结果理解偏差；其次，通过该方法不仅能够分析城市总体交通运行状况，而且在空间分布上可以定位矛盾区域及激化程度。

参　考　文　献

[1] 朱吉双，张宁．城市道路网络承载能力影响因素分析[J]．交通运输系统工程与信息，2008，8(1)：92-93.

[2] 杨励雅，邵春福．城市交通与土地利用互动机理研究[J]．城市交通，2006，7(4)：21-25.

[3] CJJ 15—87　城市公共交通站、场厂设计规范[S]．北京：中国建筑工业出版社，1987.

[4] 重庆市主城区交通发展年度报告[R]．重庆，2009.

[5] GB 50220—95　城市道路交通规划设计规范[S].

天津西站站房主要空间建筑设计与细节控制

孟　然

（铁道第三勘察设计院集团有限公司，天津　300251）

摘　要：通过对天津西站拱顶及其内部空间设计过程的描述，展现了如此巨大空间的研究重点及设计过程中对影响整体建筑效果因素的把控情况，希望为日后的站房设计提供一种新的设计思路。高品质的交通建筑能为旅客提供一种舒适的候车环境，并在此留下深刻的出行记忆。

关键词：天津西站；编织拱顶；模数；玻璃幕墙；三角形檩条

天津西站站房设计的基本理念是，在如此复杂的枢纽建筑实体中实现建筑设计的简洁性，寻找单一性和多样性之间的平衡，创造其独特性和实用性的统一，充分体现高品质的交通建筑。因此，从最初的造型设计就采用醒目的编织拱顶和浑厚的柱廊基座用以构成站房形象主体。在 2008 年 12 月底，寓意为"光辉"的天津西站设计方案得到了铁道部和天津市的一致认可。一个象征着天津美好未来、代表铁路高速发展的新型火车站就开始了紧密而深入的设计工作。建设精品车站是部市领导的共同要求。

如何打造精品工程，对于设计院来说就是要有一个好的设计基础，追求高品质的设计作品。天津西站古典的拱形与现代的工程技术相结合，明确表达了天津西站的城市功能——一座通往未来的现代化火车站。西站的核心就是编制大拱和貌似支撑大拱的基座柱廊以及拱顶所覆盖的动感空间，在所有旅客可视空间里面进行了大量的空间研究和方案比较工作。并对公共空间的细节处理作了细致的对比和借鉴。建筑风格上主要体现协调、呼应与统一的建筑关系，如图 1 所示。

图 1　鸟瞰图

1　拱顶及立面设计

1.1　设计过程

编制拱顶方案确定之后，开始着手于大拱详细的构造设计、功能配合及材料选择的研究。首先与结构专业研究了拱顶的受力形式及结构对建筑体形的要求，结合线间立柱、设置转换层等条件明确纵向拱脚分格间距为10.75 m最为合理。拱顶过高会产生较大的水平推力，过低弧形效果欠佳，整体外观不协调。通过多高度方案的比较，确定大拱圆心位于站房中心地下 -8.06 m标高处，矢高37 m、大拱高度57 m、跨度114 m。拱形屋面结构体系为联方网格型单层网壳。单层网壳弦杆构件采用实腹箱型梁。高架两侧裙房钢框架作为拱形屋面结构的支座及主要的抗侧力构件。整体屋盖结构不设置伸缩缝。拱顶屋面包括南北悬挑部分全长396 m。

结构外露是天津西站设计的一大特点，要求以结构形式变化体现建筑空间的丰富层次。因此，在保证整个结构体系安全的前提下，建筑对结构构件体量、尺寸、形式等方面提出了更高的设计要求：高架室内拱顶空间采用外露变截面钢结构拱形形式，拱顶部较宽较薄（高1 m，宽2.2 m），底部则变化为窄而高（结构梁高3 m，宽0.8 m），纯粹以结构构件形式体现建筑设计意图，不再进行结构的外围装修及过多的吊顶装饰。顶部较宽底部较窄对空间的遮阳也起到了积极的作用。这样的结构尺寸变化要求设计过程中建筑与结构紧密配合并不断磨合，通过不断优化建筑方案及构件形式和尺度、每个结构单元格菱形对角线处的弧度、钢结构表面涂装色彩以及光泽度的控制，达到理想的建筑空间形式与结构受力的完美结合。

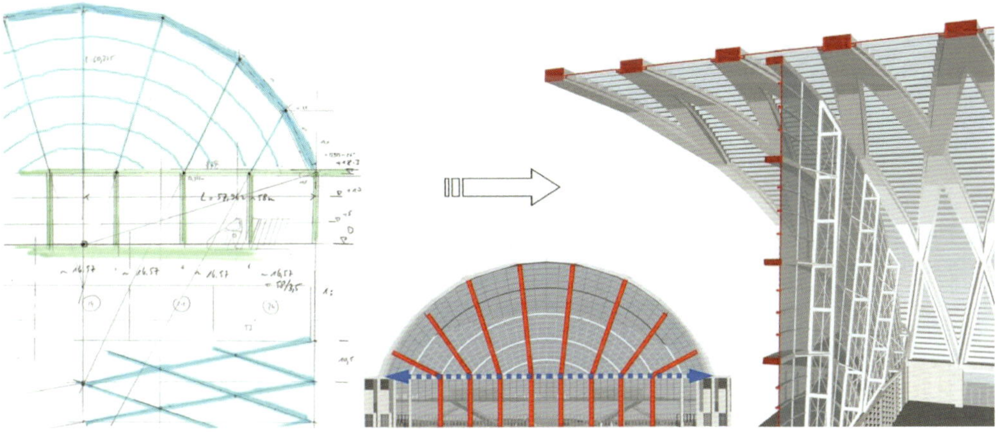

图2 设计构思图——模型

圆拱型结构可以创造出南北长346.5 m，东西跨度114 m的大尺度开敞空间，塑造出纯净、大气、具有震撼力的室内空间，给旅客呈现一种简洁、现代的候车氛围。

图3 拱顶结构构件单元图

在与结构专业的紧密配合过程中，同步进行拱顶内部环境以及幕墙分格和建筑材料的研究。拱顶主要由三角形檩条、采光天窗、主体钢结构组成，天窗面积达 54% 。如此巨大的天窗面积，在北方的交通建筑中非常罕见，采用何种材质是建筑设计研究的重点。对于国内常见的用于采光顶篷的外围护材料，并结合西站造型特点，着手在可塑性强的玻璃和自重轻、爆裂问题较少的聚碳酸酯板之间进行比较、咨询。聚碳酸酯板研究了复合板、实体单层板、实体双层板的特性及技术成熟度。聚碳酸酯复合板热工性能能够满足规范要求，但是外观不够通透，不能满足拱顶可以吸收自然光及通透的基本设计要求，并且构造节点很难解决，不适用于如此重要的部位；实体单层板虽然通透，但多用于室外空间和对传热系数要求不高的南方，不适合于北方寒冷气候建筑的外墙和屋顶，其热工性能无法满足规范要求；实体双层板可以达到通透要求，但是实体板在遮阳方面存在缺陷，印刷图案很难实现。增加气候控制膜也仅限于理论，尚未看到相关成品，操作难度大，成本高。所有形式的聚碳酸酯板材切割成不规则形状后边缘会不坚固，安装铝材后易扭曲。由于形状不规则，边缘脆弱难密封，节点处灰尘和雨水容易沉积，长时间使用后，聚碳酸酯实体板会黄变。天津西站拱顶通透面积巨大，不同于其他屋顶采光天窗的设计，聚碳酸酯板的使用将不能保证极具现代感且高通透性拱顶建筑造型的实现。

最终通过综合比较，从材料耐久性、对空间效果的影响、热工性能、清洁性能、造价、产品使用成熟度等众多方面的权衡确定屋面采光部分材料采用玻璃。

图 4　屋面材料的比较

采用玻璃关注度最高的就是玻璃自爆以及日后维护。防止玻璃自爆主要工作从三方面入手：设计方面尽量控制玻璃的单方向尺度，避免双向超大玻璃，拱顶最大玻璃尺寸 1 000 mm × 4 950 mm。充分考虑拱顶结构变形对整体幕墙的影响，设置多方向长圆孔钢结构转接件用以消除拱顶变形对幕墙的挤压、拉伸作用；其次，在幕墙招标以及施工图中明确要求玻璃幕墙必须经过均质处理；另外，施工过程中，多次提醒现场注意对玻璃成品的保护。

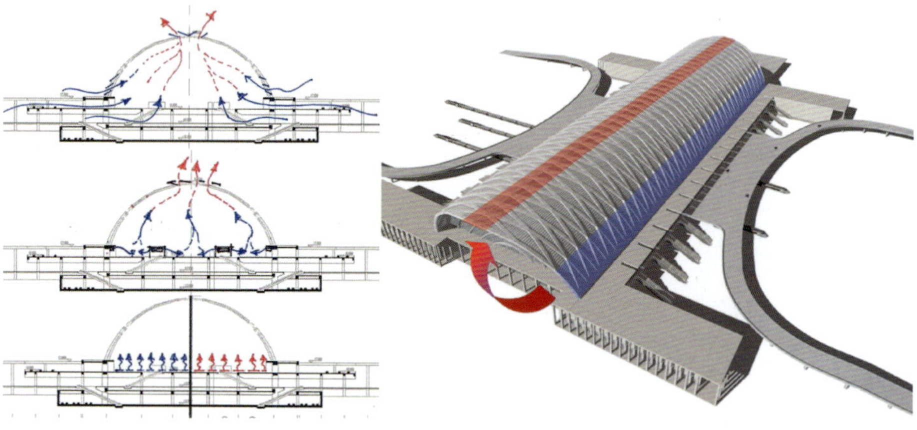

图 5　设计构思图——模型

确定采用玻璃方案后，开始细化研究整个大拱的节能设计以及室内环境需求。大面积玻璃的使用，节省了照明用电量，但会造成一定的能源浪费，且由于太阳辐射的存在，通过玻璃屋顶直射到人身体上，会大幅增加人体的热感觉。考虑到天津西站屋面的特殊形状及构造，若设计不当，将造成比较严重的后果。

为合理确定拱顶玻璃参数以及是否设置遮阳系统，天津西站进行了室内环境分析以室内环境舒适度的研究。这也是国内交通建筑中首次针对人体舒适度进行的环境分析研究。根据玻璃采光要求及遮阳性能的可行性研究，从节能、舒适、美观及经济四方面综合考虑，最终确定屋顶玻璃太阳能透射率为 10%，遮阳系数为 0.25，传热系数为 1.65 W/(m^2 · ℃)，采用双银 Low-E 钢化夹胶中空玻璃（共三层），再增加 50% 左右彩釉可达到以上设计参数，无需考虑内外遮阳设施。结合适度的通风、制冷、供暖，达到最优的节能方案。拱顶与拱脚部分根据消防性能化要求设置适度的自动排烟窗，拱顶排烟窗的设置对于室内的通风、排热非常有利。

对于拱顶幕墙的后期维护：高大无柱空间的设计为旅客提供了开敞舒适的候车空间，大气磅礴的候车感受，但也对日后的检修维护带来了很大的困难。拱形屋顶是天津西站建筑中最具标志性的一个部分，也是维护最为复杂的部分。透明玻璃屋顶面积占据整个屋面系统面积的 54%，拱顶上设置大量灯具。经过对国内外擦窗设备的参考和研究，室内维护主要利用蜘蛛车。在 10 m 高架层安置展臂高度可达 47 m 的蜘蛛车，进行内幕墙的清洁以及灯具的更换。并在高架层设置蜘蛛车专用停车室。室外设置蜘蛛人吊钩、拱顶设置南北通长不锈钢栏杆，并在 20 m 裙房屋面上留有小型蜘蛛车，用以屋面玻璃的更换。多种方式相结合的方式解决外幕墙的后期维护问题，室内蜘蛛车辅助。山墙部分内外侧设置擦窗机轨道，便于今后擦窗设备的使用。

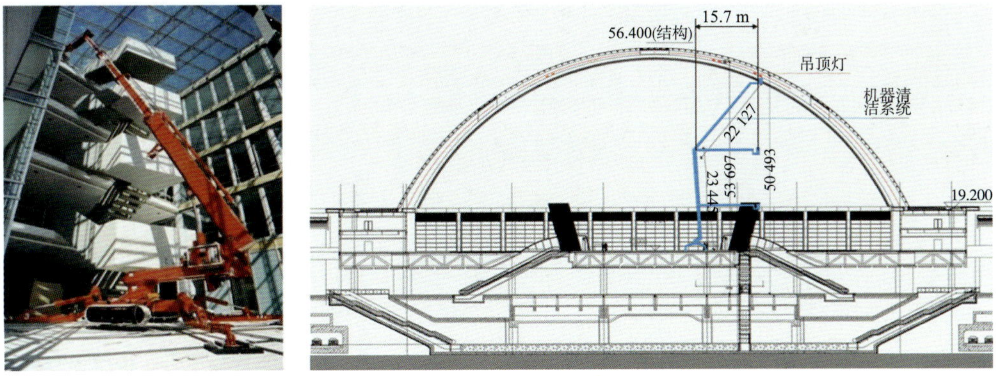

图 6　蜘蛛车示意

1.2　拱顶方案的相成（20 m 以上）

通过以上一系列的研究天津西站拱顶方案基本确定。超大的拱顶形式被喻为是一座超大尺度的城市大门，内部则容纳了站房最重要的候车大厅，通透的钢结构采光屋面引导自然光线进入到大厅，47 m 高的无柱空间使旅客对站内各部分功能一览无余，同时也有着清晰的方向感。拱顶展开面积 55 900 m^2，玻璃面积约 30 120 m^2，约占拱顶总面积的 54%。双向编织拱顶钢结构造型优雅并极富动感，空心箱型钢梁截面的不断变化，形成下部较为通透、上部相对宽大、具有遮阳效果的独特结构形式。为了凸显拱顶与众不同的结构美，在围护结构和装修设计上尽量简洁。拱顶整个体系仅由玻璃采光顶、三角形檩条以及主体钢结构组成。屋面檩条通过转接件与拱顶主体钢结构上表面连接，檩条支撑玻璃幕墙系统。檩条外包穿孔铝板，铝板表面处理为金属光泽深灰色氟碳喷涂，内衬吸音棉，兼具吸声功能。可见钢结构表面处理为金属光泽银灰色氟碳喷涂。钢结构外侧为屋面铝板天沟，宽度随钢结构尺度变化而变化。

拱顶玻璃采用 TP8 + 12A + 6TP + 1.52PVB + 6TP 中空夹胶双银 Low-E 钢化玻璃。玻璃上面 50%

彩釉条。拱顶共设置512个电动开启窗。在钢结构上侧与三角形檩条对应的侧面穿孔铝板与钢结构之间设置100宽凹槽,作为拱顶部分管线的走行空间。

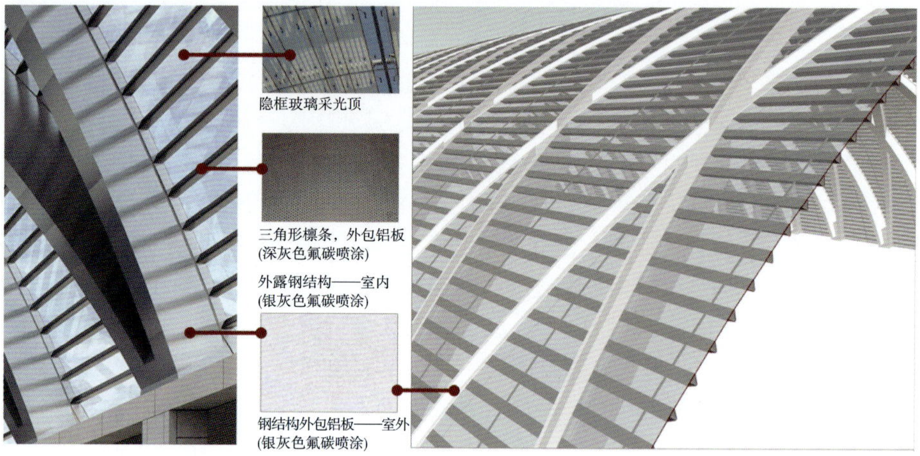

图7　拱顶构造图1

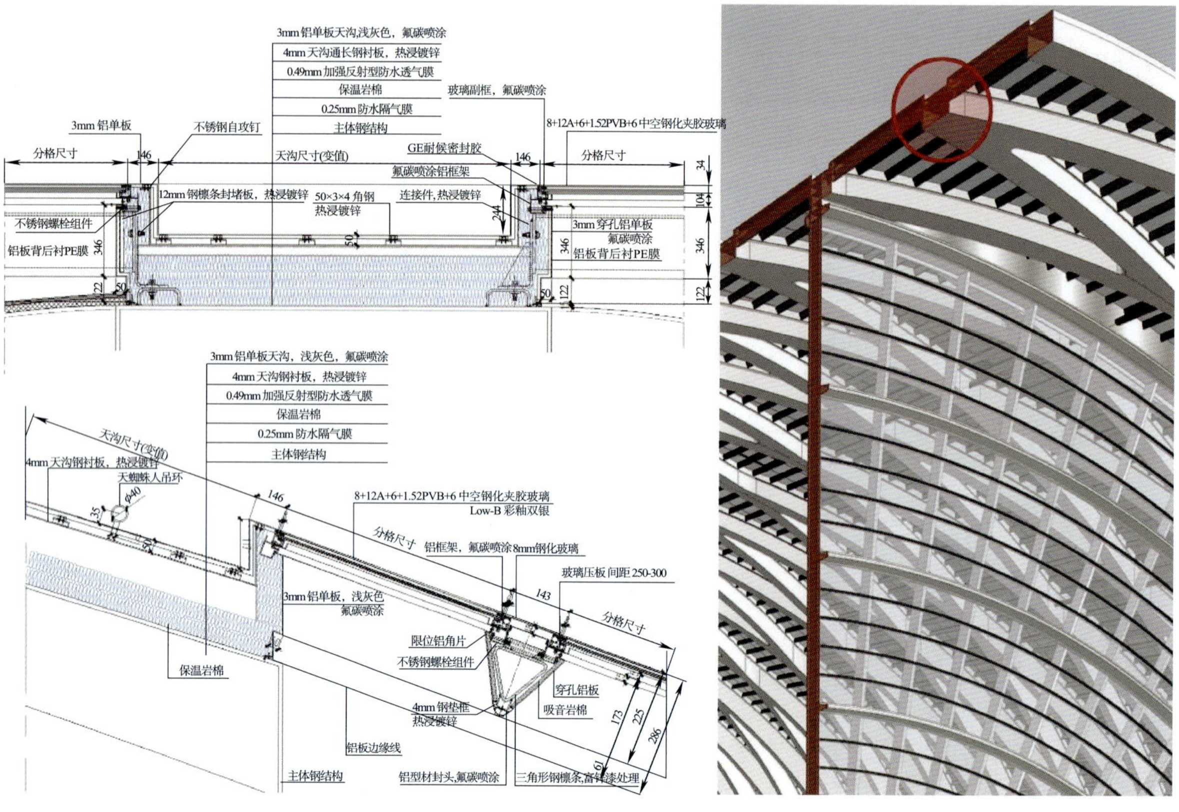

图8　拱顶构造图2

1.3　辅楼、裙房部分(20 m以下)

作为基座的20 m高拱廊裙房强调了慷慨大度的城市空间性和使用上的开敞性,营造了站前广场与站房之间舒适宜人的过渡空间。站房20 m以下南北主入口是以宽度为1 m,外装饰面为石材的柱式墙体作为分隔,中间为17 m高的玻璃幕墙。幕墙结构横向采用钢龙骨外包深灰色铝型材隐框,竖向采用20 mm钢拉索,使得主入口部分立面更加通透。辅楼立面为玻璃、石材和石材百叶的组合幕墙,

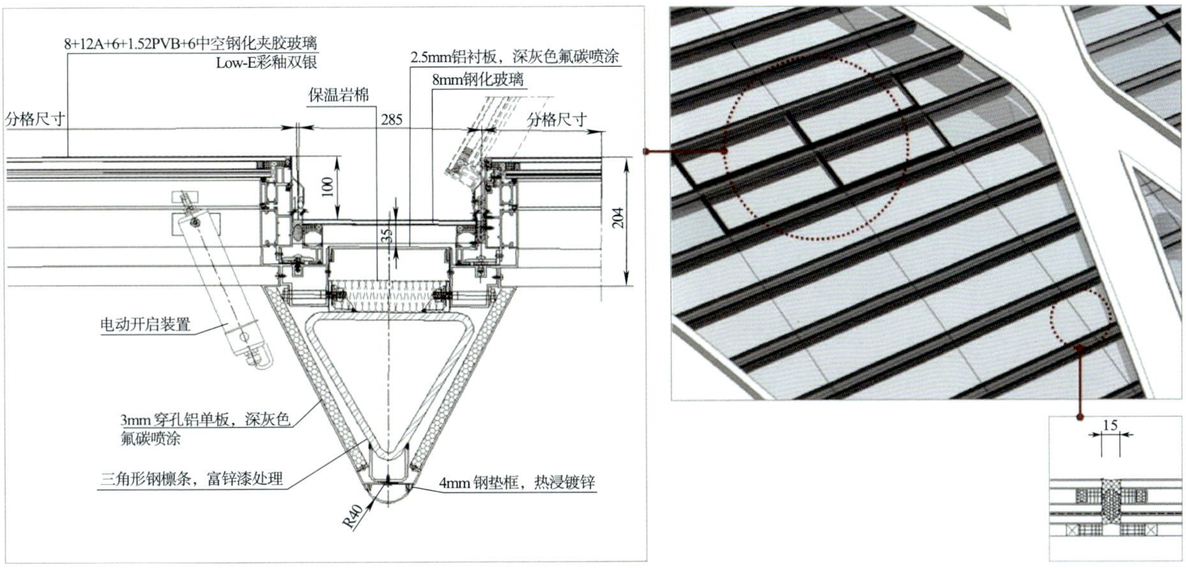

图 9　拱顶构造图 3

使得柱廊内立面更具丰富的层次。5 m 以下包括许多服务空间的入口，采用退后的玻璃幕墙与石材墙面结合；5 m 以上的石材百叶可以遮挡部分直射光，另外整个立面单元利用玻璃幕墙和石材百叶之间约 0.7 m 的空间设开启门作为清洁通道。柱廊顶部的天窗在视觉上延续了立面上 1.67 m 宽的条形玻璃幕墙，同时为柱廊空间带来了丰富的光影变化。

东西立面为整体玻璃幕墙立面，相对于辅楼立面，设计上力求简洁。为了保证内部一些服务房间的使用以及外观不受影响，玻璃幕墙采用中空彩釉玻璃，室内一侧为黑线彩釉玻璃，既保证了室内采光，室外效果也较为整体统一。

立面材料仅限于天然石材、玻璃和深灰色金属板三种，柱廊、实墙面、石材百叶、柱廊顶和地面采用同一种天然石材（白麻），玻璃幕墙框全部为金属光泽深灰色，单纯的材料选择用以突出建筑的体量感和空间感。深色金属材料的运用与浅色石材形成对比，在石材与玻璃大量运用的立面中更显沉稳。立面划分方面，室内外玻璃幕墙横向均以 1 m 为基数分格，竖向则尽可能以结构为基准均分，做到每个装修面的分缝对齐。

图 10　立面节点图

石材的分格水平方向与玻璃幕墙保持一致，以 1 m 为模数，转角部分则采用“L”型石材，减少了石材的拼缝。在紧张的施工过程中，极大地提高也保证了建筑整体品质。这种柱转角石材的做法也延续至室内空间。

2　内装及细节设计

室内设计在材料色彩方面的设计理念是将站房建筑分为三个区域，分别对应三种自然元素，并在材料与色彩方面加以体现：最上部的拱顶代表天空，设计上尽量轻盈通透；中间的对称C型裙房及其包围的候车区域对应土地，主要利用大面积的天然石材表现；下部的地下到达大厅，设计灵感则来源于水，引入了蓝色营造静谧而沉稳的空间效果，中和大量人流带来的嘈杂感。

图 11　细节设计

另外，室内设计还有一些总体控制原则。首先，所有空间的室内设计尽可能保留并突出原有的空间效果与建筑体量感；其次，材料选用与外立面保持一致，如选用同种石材（白麻）用于室内立面和铺地等；最后，从室内立面划分、铺地分格到墙面分格，都要做到与外立面分格一致。

2.1　幕墙与内装的系统设计

天津西站内装与外装作为一个连通的整体进行了系统设计。柱廊作为从外至内统一的建筑语言，将装饰材料、分格尺寸、设计风格进行了延续。从室内也能感受到拱顶下面坚实的基座，为繁忙的旅客营造了安全的感官空间。主体空间采用了大量的玻璃幕墙和天然花岗岩石材（荔枝水洗面白麻），横向分格与室外幕墙主体连贯，以 1 m 为基数。

图 12　柱廊的延续

2.2　进站口设计

候车大厅内共22个进站口，体量设计力求小巧、通透，以降低对大厅内的视线遮挡。这些楔形的玻璃盒子造型别致，作为连接大厅与站台层的通道，为旅客提供了一次独特的空间体验，同时在超大的候车空间内也十分醒目。所有的等候区都排布在同侧进站玻璃盒子之间，保证了中央走廊开敞的空间效果，玻璃盒子略微倾斜的立面更强调了中央走廊的通行效果。弧形的收尾与采光地面交汇，呼应了大拱屋面，感官上缩小了玻璃盒子的尺度。材料方面采用了玻璃和银灰色铝板、铝方通的组合，轻盈而具有现代感。进站口的尺度经过了详细的推敲，在为旅客争取更多的活动空间的同时，与周围建筑体系寻求了一种和谐、共存的舒适对位关系。

进站口玻璃维护最高点 4.9 m，主要是将单侧无障碍电梯与高架进站楼扶梯作为一个整体结合设计。从整体空间感受进站口两侧对称、尺度一致，则更好地保证了空间的规整、有序、简洁。

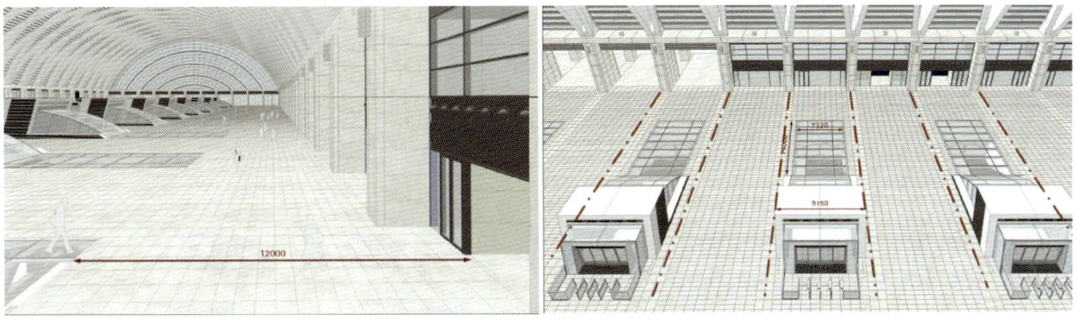

图 13 进站口的定位与尺度控制

暖通设备所需的出风、进风口以及消火栓均被容纳在玻璃盒子之内。摄像头、扬声器、安全疏散指示牌、静态标识、PDP 屏等等相关设备专业末端均进行了密切的结合。弧形屋顶与地面相连的部分被设计成防滑玻璃地面,用以增加站台层日间的自然采光。

图 14 进站口效果

2.3 栏杆设计

西站站房栏杆初步的设计想法是尽量简洁、通透。采用上下插入式玻璃栏板,不锈钢方立杆,方形带槽扶手,100 mm 宽、30 mm 厚,中间 6 mm 厚凹槽。栏杆整体采用装配式。立柱与踏步、石材分缝群寻求对位,楼梯栏杆扶手插入斜面低于踏步面。

图 15 栏杆设计

随着设计的深入,考虑瞬间大量客流对栏杆的作用,方正的栏杆构件虽然大气、简洁,但可能会存在安全隐患,再次优化设计了圆形扶手,以及与圆形扶手完美结合的上部半圆下部方正的立杆。栏板仍然采用上下插槽式。楼梯两侧栏杆插槽台面对应踏步低点平行楼梯角度设置。过低的栏板平台不利于日后清扫，虽然此方式更符合高品质建筑的需要，但考虑到建筑整体的使用功能，将栏板平台抬高至踏步高点平行于楼梯角度位置。栏板平台材质根据不同区位采用不锈钢或石材。立杆下侧根据实际工程操作的精细度设不锈钢盖片。

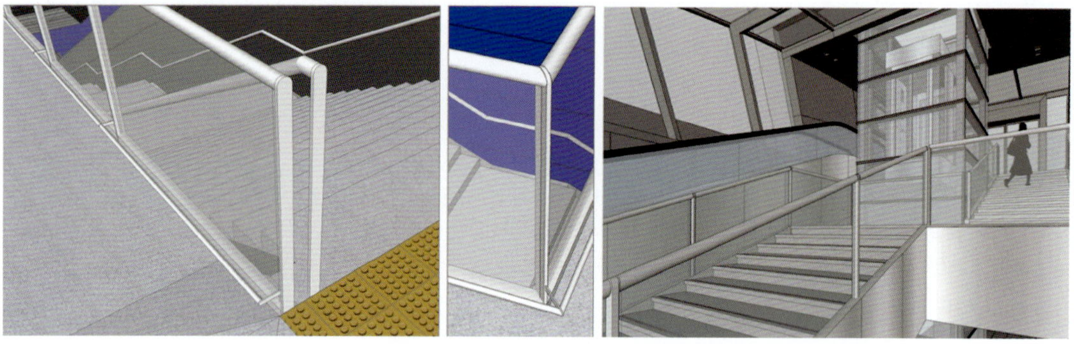

图 16　优化栏杆效果

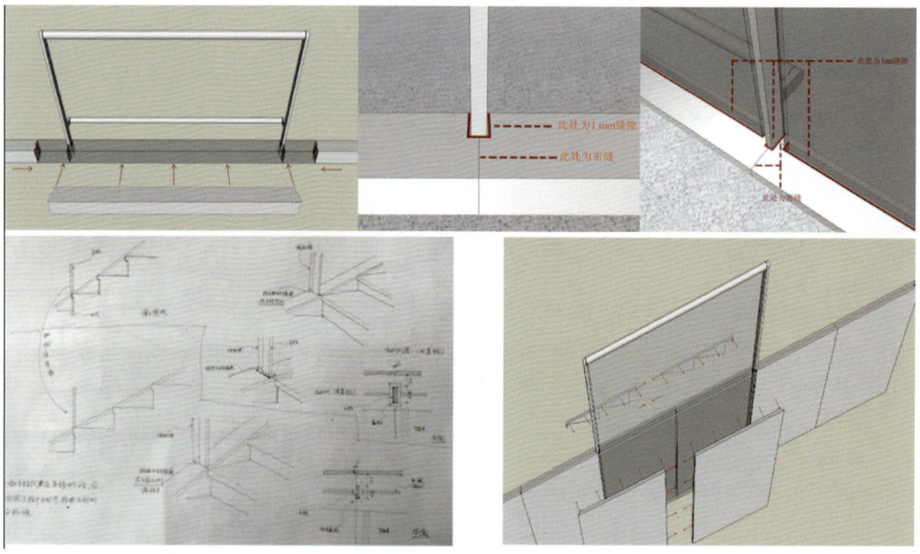

图 17　设计过程手稿及安装构造图

3　其他细节设计

大型车站建设中细节设计的控制、细微尺度的把握，也会影响到建筑的最终效果和整体品质。西站除在自身建筑设计中与各专业技术配合、各种设备末端紧密结合、严格控制外，重点在灯光设计、标识设计以及商业广告的布局与控制方面进行了深入的参与和研究。

3.1　灯具的形式与建筑的结合

细节决定品质。照明设计对于光的控制是天津西站灯光设计最核心的部分，也是照明体现建筑尺度、细节之美的关键。因此、在实施过程中对于灯具产品的配光控制，是本项目的重中之重。在设计过程中建筑专业对主要空间的灯光照射范围、灯具外观提出了详细的要求，因此，在灯光设计时，严格控制灯具的配光，避免光线外泄，影响整体建筑效果。例如柱廊空间在每个立柱顶部设置方形灯具，灯光照射范围仅限于柱廊地面范围，不建议将柱照亮。配合室内空间的灯光形成一种夜间照明效果。再如半圆山墙在每个半圆形幕墙龙骨外侧留灯具安装灯槽用以安装 LED 线形投光灯，进而体现大拱的光芒四射。

图 18　柱廊空间照明设计

另外西站空间造型的独特性，对主要空间灯具形式也进行了相应的建筑设计，所有主要空间的灯具采用方形外观，铝板材质，较大灯具设置线形凹槽。根据不同空间的需求色彩为深灰色和闪银色。个别区域例如拱顶、高架候车空间两侧裙房柱廊上下照射的灯具均为定制灯具。

图 19　空间灯具形式

3.2　标识设计

在保证标识引导信息系统能够达到明确引导功能的前提下，标识导向与建筑装修进行了充分的结合，使其更好地结合空间环境，自然地成为空间设计的一部分。

标识牌的颜色突破了以往规定的颜色范畴，地下一层采用与吊顶灯槽板装修色调一致的深灰色铝板作为标识的板底色，蓝色墙面铝板上方的标识也同样采用与墙面一致的蓝色作为标识底色。严格控制吊杆的位置和所有标识板底的标高，在地下一层不同层高的空间里面标识尽量规整、统一，较好地融入空间环境，不显突兀。高架候车层标识也与装修融合设计，在整体的深灰色铝板上面制作了标识引导信息、客服扬声器的出音口。

图 20　标识设计

在高架玻璃围护进站口上面的标识系统为不显过于突兀,形状采用了与玻璃维护倾角一致的平行四边形的结合设计,PDP 屏镶嵌在静态标识下侧平行四边形深灰色铝板内。

东西入口动态显示大屏与进站玻璃盒子结合设计,采用倾斜式,静态标识悬挂在动态屏下侧。南北共享空间动态屏顺应空间弧度安装为弧形。

图 21　进站口处标识设计

图 22　动态显示屏与装修的结合

3.3　广告与商业

天津西站作为集铁路、地铁、公交、长途、社会车等于一体的综合交通枢纽,高速铁路的引入带来也将吸引更多的人流汇聚天津西站。为此将带来巨大的商机和商业需求,因此在站房部分预留了较为充足的商业空间,并在装修设计的同时考虑一定的广告布置数量及方式。对于广告的布置范围、尺寸、形式以及色彩等视觉效果进行了要求。

高铁车站空间的视觉传达原则为:公共信息第一,商业信息第二。在统一装饰系统总体定位下,使广告达到最佳收益。

严格控制广告的位置,柱廊空间虽然宽大但严禁设置任何广告,进而保证了柱廊空间的延续与规整。大量广告位设置在人流密集的高架和地下出站通廊。高架在每个单元内幕墙 5 m 以上设置 3 m×3.6 m 灯箱,灯箱上部铝百叶 1 m 空间可放置广告 Logo。地下空间主要设置在蓝色铝板墙面上。

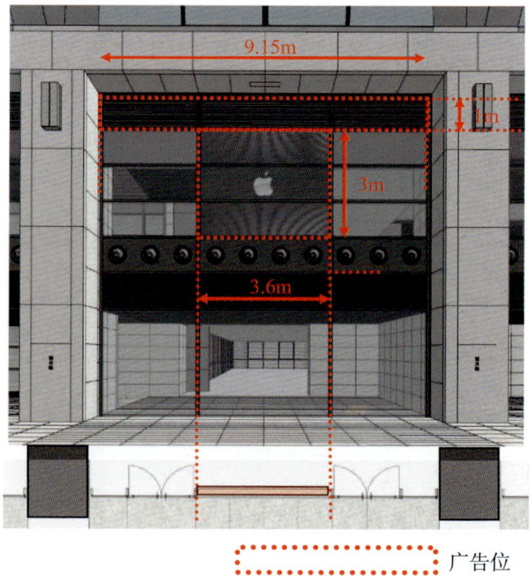

图 23　高架广告控制图

根据天津西站的装修特点,结合车站对广告灯箱使用材料规定,站厅所使用灯箱外观及结构为:铝板墙面灯箱,灯箱与装修面齐平,不锈钢外框。其他灯箱采用深灰色铝合金外框,与墙体接口处外角取方,与旅客接触部分外角取圆、内角取方。整体设计风格与车站内部装饰大环境融为一体。

天津西站体现了铁路高速发展带给我们的时空感。57 m 的总高将成为 CBD 核心区的控制性标志建筑。西站整体建筑自始至终给旅客呈现出的是一个具有简洁性、条理性、独特性以及多样统一性的高完成度的交通建筑。

图 24　售票厅广告灯箱的控制

参考文献

[1] 郑健. 铁路旅客车站细部设计[M]. 北京:人民交通出版社,2010.

大型铁路客站交通综合体的塑造与思考

——以南京南站枢纽为例

杨志红

(中铁第四勘察设计院集团有限公司，武汉 430063)

摘　要:如何建设好我国新的历史发展时期的铁路客站综合体,使之在规划设计、功能布局、交通组织方面与城市融为一体,实现交通功能和城市功能的和谐发展,是我们铁路建设参与者所面临的机遇和挑战,本文以南京南站枢纽综合体为例,从宏观和微观的角度对客站综合体的规划设计和工程建设方面进行阐述和思考。

关键词:铁路;综合体;探索;思考

1　概　述

我国铁路建设正处于迅猛发展的时期,根据规划,我国到2020年将形成以客运专线高速网为核心、快速线路为基础、城际轨道交通为补充的铁路快速客运网络,全国铁路营业里程达到12万km以上。高速铁路的便捷性将为城市带来新的发展契机,同时必将在各大城市催生出一批集各种交通方式于一体的综合性交通枢纽。随着京沪高速铁路的建成通车,必将对沿线城市的交通、经济、文化等方面产生深远影响。作为京沪高速铁路五大始发站之一,南京南站正是京沪高速铁路引入南京后形成的一个集铁路客运、长途汽车、城市轨道交通、城市常规交通于一体的特大型综合交通枢纽综合体。如何建设好我国新的历史发展时期的铁路客站综合体,使之在规划设计、功能布局、交通组织方面与4城市融为一体,实现交通功能和城市功能的和谐发展,是我们铁路建设参与者所面临的机遇和挑战。

2　大型铁路客站综合体的形成

当铁路引入到一个城市的时候,会将外部大量的客流带入到一个城市,形成一个客流的聚集点,这时候需要城市交通需要将这些客流快速疏散到城市的各个方向,同时也需要将这些客流快速带到这个聚集点,再通过铁路发送出去,在这个过程中,城市交通的集结也产生了大量的换乘人流,这样就形成了一个综合性的交通枢纽。这个交通枢纽是因铁路而生,以铁路客运为核心,多种交通换乘方式于一体的铁路客站交通枢纽综合体。铁路交通作为一种外来交通形式,如何与城市交通有机衔接,与城市规划融为一体,为旅客提供方便、快捷、高效的服务,需要铁路客站在设计理念、城市角色定位、功能流线等多方面进行认真研究和创新,以适应新时代人们对出行的需要。

南京南站由京沪高速铁路、沪汉蓉宁杭、宁安城际三个车场组成,车站采用高架站场形式,总设计规模28台28线,主要办理京沪高速铁路、沪汉蓉通道、宁杭城际、宁安城际线的始发、通过客车(图1)。预测近期枢纽体旅客发送量4413万人/年,远期5822万人/年,最高聚集人数8000人,其中普速、城际、高速铁路分别占14.3%、34.4%和51.3%;轨道交通客流总量39561人次;枢纽总体客流进出总量控制为40000人次,加上各方式的内部换乘,乘客总量为66328人次。2030年早高峰场站自身吸发机动车进量4.962 pcu/h,出量3.368 pcu/h。枢纽综合体总建筑面积达66.7万m^2,其中主站房28.1万m^2,无柱雨棚10.6万m^2,地铁5.4万m^2,城市配套市政工程22.6万m^2。

图 1　南京枢纽总布置示意图

南京南站枢纽是一个立体式的交通综合体，主要由地上三层(局部设有夹层)，地下二层组成，地面三层(22.400)为铁路的高架候车层，铁路与城市共同投资的高架落客平台在该层的南侧与铁路站房对接；地面二层(12.400)为铁路的站台层，布置由铁路进站厅、售票厅、贵宾候车室和站台组成，铁路与城市共同投资的高架落客平台在该层的北侧与铁路站房对接；地面一层(±0.000)位于铁路桥梁下方，中间 240 m 范围为铁路出站厅，铁路出站厅两侧为城市配套的长途汽车站、公交车站、出租车和社会车停车场；地下一层中间部分为地铁站厅层，站厅层两侧除布置部分铁路设备用房外，其余为城市配套的商业开发用房、换乘通道及社会车停车场；地下二层(-16.600)为地铁站台层(图 2～图 6)。

图 2　南京南鸟瞰图

图 3　南京南站北透视图

图 4　南京南站南立面

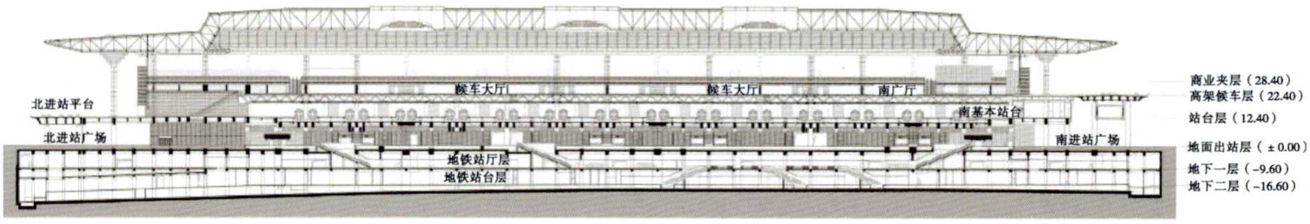

图 5　南京南站纵剖面

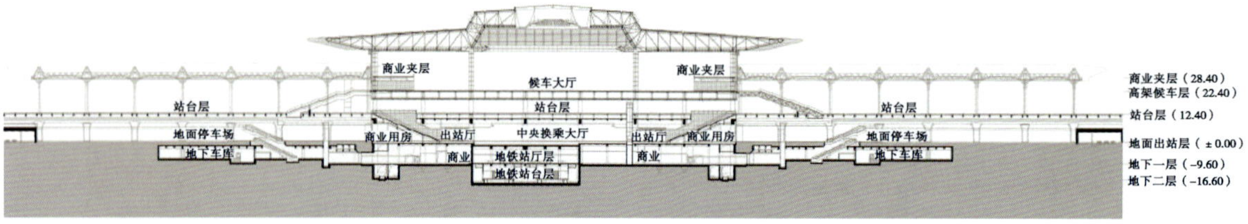

图 6　南京南站横剖面

南京南站枢纽所在的地区南位于主城与东山新市区的结合部，处于城市发展的轴线上，地理位置极为有利而重要，是南京主城与东山新市区间“承旧启新”的关键接力点。按照南京市相关规划，该地区将建设成为城市重要的副中心，枢纽的主导客流方向为南北方向。作为未来的城市重要地区，如何节约利用土地、沟通城市南北成为枢纽设计的总要课题，基于以上因素，我们按照节约土地、沟通城市南北、打造立体化的综合交通枢纽的设计原则，将南京南站铁路桥梁架空范围为 660 m，充分利用桥梁架空区域下方的地面一层和地下一层空间，对铁路设施及城市配套设施进行合理布局和整合，使铁路交通与市政交通紧密地衔接在一起，不仅缩短了旅客换乘距离，实现了铁路与市政交通的“零换乘”，还达到了节省城市土地资源、节约投资的目的。最终，南京南站枢纽综合体形成了以铁路客运为核心，形成一个由铁路交通枢纽、城市公共交通枢纽、公路客运枢纽共同组成的一个特大型立体综合交通枢纽（图 7 ~ 图 9）。

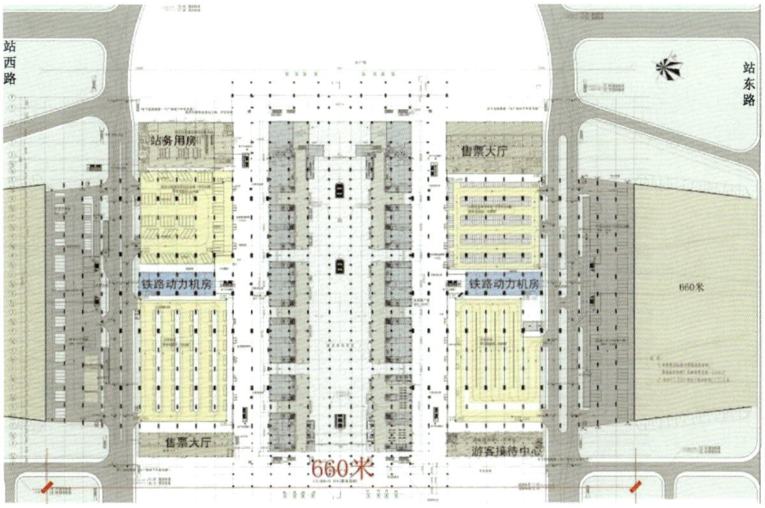

图7　南京南站桥梁架空范围示意图

图8　架空桥梁下方停车场效果图

图9　架空桥梁下方空间利用效果图

3　大型铁路客站综合体与城市的关系

3.1　铁路客站综合体对于城市的核心价值

借鉴国外城市铁路客站地区的开发经验，21世纪的铁路客站应该是公共交通的客站，应该是对城市开发的交通运输和服务枢纽，作为城市的一扇门，在成为交通枢纽的同时，也成为城市中一道新的风景，客站的整个空间形态并没有完全局限在交通上，在这个交通综合体中我们能找到"马路"、"广场"，在这里也有商业、公共服务、文化业的存在。铁路客站由过去相对单纯的对外交通集散地，发展到现在是城市错综复杂的交通网中的交汇点而承载越来越多的城市公共交通与服务的功能，而未来最终会作为公共交通的中转枢纽区域将成为一种新型的社会、文化、经济交流地，并且将来一定会成为新的城市活力中心。

3.2　铁路客站综合体的选址与城市规划理念的契合至关重要

目前我国正处于经济高速发展，城市化进程明显加快的阶段，铁路客站综合体的建设既要适应我国人口众多、地域辽阔、经济发展不平衡的现状，同时也要满足我国当前和今后社会经济发展的需要，要具有一定的前瞻性和灵活性，为今后的发展留有一定的余地，实现可持续发展。借鉴国外发展经验，铁路客站综合体的选址一定要与城市发展战略相结合，不能过度远离城市中心区域，偏离其发展方向，也不能盲目深入城市中心。如将铁路客站综合体过度远离城市中心区域，既不符合客流"快进快出"的基本要求，同时也加大城市其他交通设施配套的难度，过度远离城市中心区域的铁路综合体会在很长一段时间处于荒凉的环境中，对旅客、综合体自身和城市发展均不利；如盲目深入城市中心，由于城市中心的发展已达到成熟和饱和阶段，铁路路网势必会穿越城市所带来的征地拆迁、环境以及文物保护方面的难度，同时客站综合体本身的客流会给城市的交通疏散带来极大的压力。当然，对于符合城市规划发展的改扩建综合体另当别论，但体量也不宜过大。

南京南站枢纽综合体在选址方面就充分考虑了城市总体规划和发展战略的要求，在站位规划初期，存在着“南线”和“北线”方案的争论，从京沪高铁的线网规划方面，北线方案更为有利，但南京市的总体规划发展战略为“向南”发展，经路地双方多次沟通和科学的论证后，决定将铁路客站设置在城市的发展轴线上，且处于主城区与东山新市区联系的空间节点上，南京南站地区将建设成为城市的副中心，是城市“东进南延”发展策略中的“南延”的重要节点，同时是将东山新市区拉进主城区的因素（图 10）。

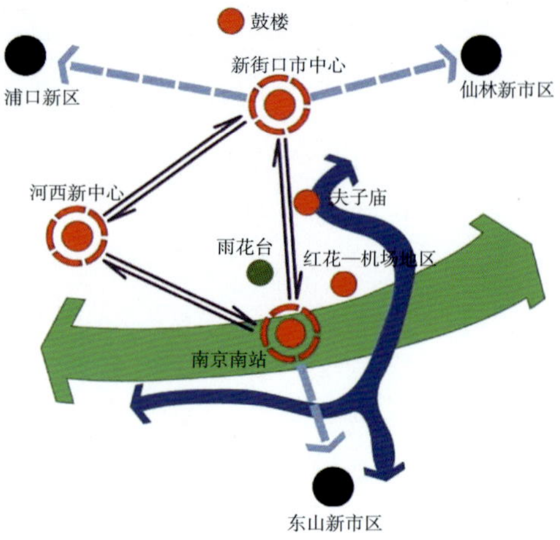

图 10　南京南站区域分析图

3.3　铁路客站综合体合理选址对城市发展的带动

铁路综合体地区可在原有功能体系上不断壮大，因而产生新的衍生功能，成为城市高端服务业聚集地。站区将在交通枢纽的主导、城市商业中心的发展、城市产业结构的升级、对发展空间的充分利用、与周边功能的共生、旅游业的发展上充分发展潜能，最终可能形成一个城市的重要城市副中心。

4　铁路交通综合体的设计

4.1　处理好枢纽综合体与外围交通的有效衔接

铁路交通综合体必须建立“交通优先，集约高效”的交通组织理念，确保来往的交通可以快速、顺畅、安全、愉悦、直觉的完成。同时，作为城市的一个重要组成部分，其承担的交通功能与城市功能应并重，相辅相成，相得益彰。其内部合理的道路系统、清晰的结构、明确的方向感、便捷的换乘，使之既能够有效地支持枢纽站地区的交通，又能够支撑丰富多彩的城市生活，提供高品质的城市空间环境。

南京南站枢纽综合体位于绕城高速、宏运大道、宁溧路、机场高速围合的区域内，通过对枢纽地区的用地结构、地理条件以及周边交通形态，研究出适合南站综合交通枢纽核心区规划路网为方格网状布局，在枢纽核心区 6 km^2 范围内形成两纵两横的快速路疏解系统以及四主六次的主次干道系统（图 11），枢纽内部穿越站场的道路采用单向循环形式（图 12），合理分流、避免交叉，提高了交通组织效率，有效沟通了南北广场。通过在枢纽核心区范围内两纵两横的快速路疏解系统以及

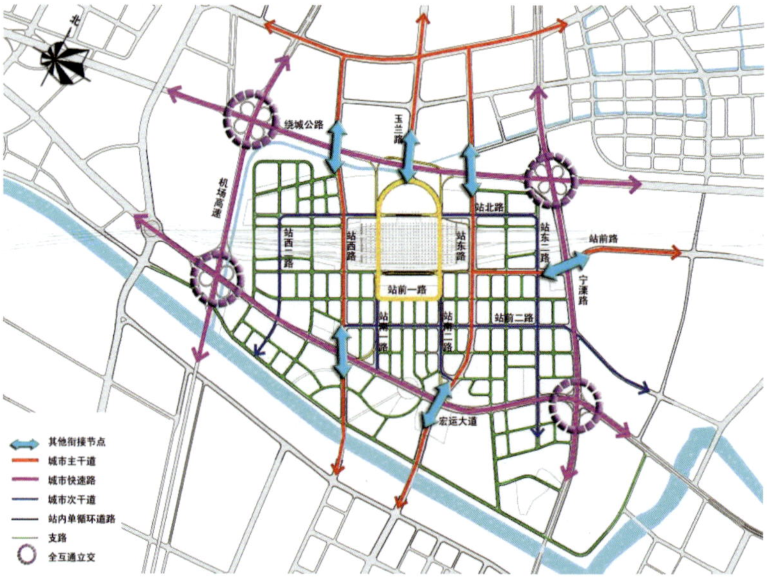

图 11　枢纽内部与外围联系道路骨架图

四主六次的主次干道系统和单循环道路系统平顺衔接，使枢纽内部客流与外部客流达到“快进快出”。

4.2 建立枢纽综合体内部高效的立体换乘和合理的功能布局理念

从设施布局、换乘设计、交通组织三个方面对综合交枢纽客流集散系统进行规划，做到“以人为本、公交优先、分区组织、立体换乘、分层布设”。进行机动车流交通组织规划的同时充分考虑步行、非机动车交通问题，做好针对弱势群体的无障碍设计、旅客步行空间设计以及枢纽的绿化、景观设计等；将轨道交通、地面常规公交与高速铁路客运、公路客运视为换乘体系中的重要环节进行规划设计，充分利用桥下空间布置交通设施，实现不同性质交通流的时空分离，包括人车分流、机非分流、进出分离、动静分离、客货分离、枢纽内部交通和枢纽穿越交通流的分离。

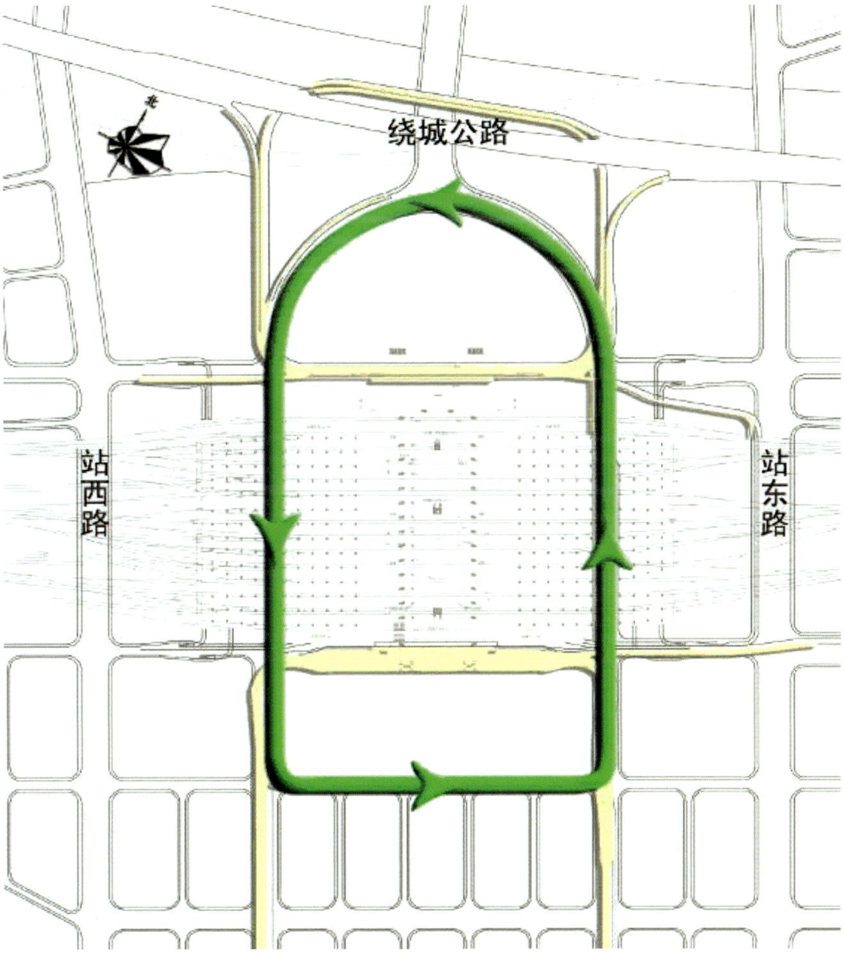

图12　站内单向循环道路设计

南京南站枢纽综合体内所汇集的铁路客运、长途客运、城市轨道交通、公交车、社会车、出租车等各种交通之间的换乘均在综合体内完成，旅客不用走出屋檐均能方便、快捷的换乘各种不同的交通工具(图13)。为了很好地解决快速交通、大容量交通与高速铁路客流的对接，城市轨道交通引入铁路站场下部，公交、长途客运等设施位于站房中央换乘广场核心区两侧的站场高架桥梁下方，小汽车则由外围城市快速路系统直接接引至

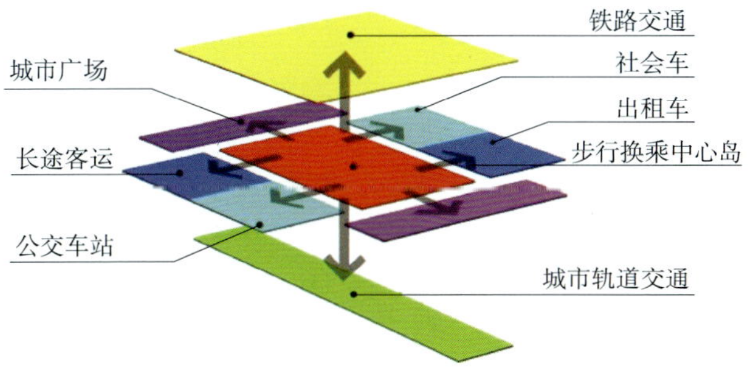

图13　枢纽内部交通布局图

站房南北两侧高架落客平台直接进站，使南京南站枢纽综合体内部各种交通模式换乘由传统的与铁路客运单向换乘改变为以铁路客运为核心，各种交通互通式立体换乘模式（图 14），充分体现了“公共交通优先”、“人车分离”的设计思路。

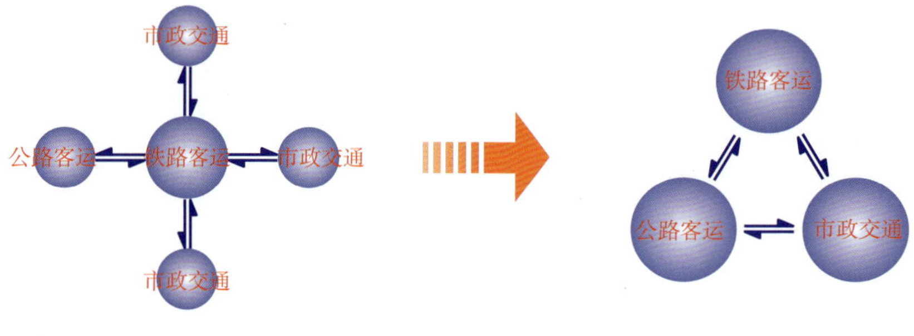

(a)枢纽内部单向换乘关系图　　(b)枢纽内部互通式换乘关系图

图 14　枢纽内部交通换乘模式演变示意

4.3　铁路交通与城市交通的结合

4.3.1　确立以轨道交通为主体、层次化的公共交通为主导的交通集散和疏解战略

目前我国城市轨道交通建设进入了快速发展时期，城市轨道交通有着有节能、省地、运量大、全天候、无污染（或少污染）、又安全等特点，属绿色环保交通体系，符合可持续发展的原则。截至目前已有 36 座城市申请建设城市轨道交通，其中 28 座城市获国家批准。计划至 2015 年前后规划建设 96 条轨道交通线路，建设线路总长 2 500 多公里。铁路客站综合体如何与城市轨道交通有机结合，充分发挥轨道交通的优势至关重要。

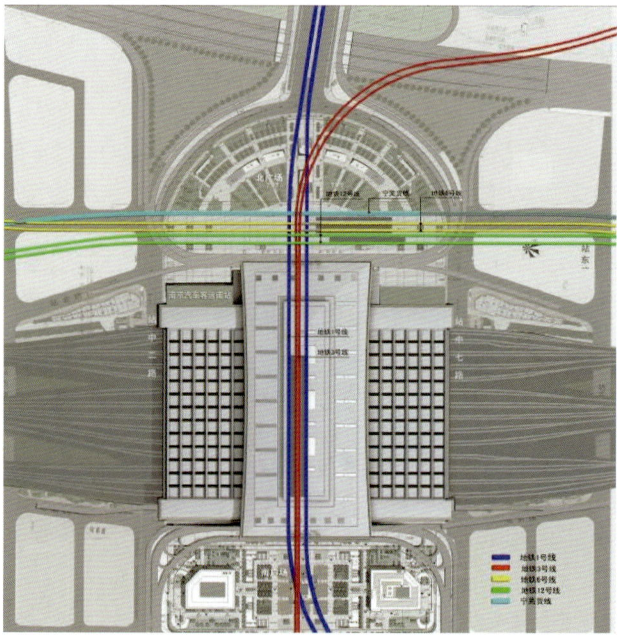

图 15　南京南站枢纽轨道交通布置示意图

根据预测，公共交通分担在 70% 以上。南京南站铁路综合体客流 70% ~80% 以及地区开发的 60% ~70% 通过公共交通疏解。南京南站枢纽综合体共有 4 条轨道交通线路（分别是轨道交通 1、3、6、12 号线）引入（图 15），其中轨道交通 1、3 号线垂直穿越铁路站场中部，在地下一、二层设站，与铁路站房主体同步实施，同步投入使用，建筑面积为 5.4 万 m^2；轨道交通 6、12 号线作为远期线路在北广场地下平行铁路站场紧邻铁路站房进行站位预留，与站房及 1、3 号线的换乘通道同步实施。

轨道交通 1、3 号线车站采用同向同站台换乘方式与铁路站房共柱紧密结合设置，地下一层为站厅层，地下二层为站台层，通过设置在铁路出站核心区的三个出入口方便铁路和轨道交通旅客之间的换乘，通过这种轨道交通与铁路紧密布局、立体换乘的模式极大地缩减了旅客的换乘距离，减少了旅客在出站层的停留时间，避免旅客流线的交叉。同时在站房南北两端各设置两个地铁出入口，方便南北广场方向的旅客与地铁的换乘，避免南北广场方向旅客进入地铁需从站房出站核心体进出带来的人流的叠加。

利用铁路桥梁架空区域，在地面层铁路核心出站区的西侧布置面积约 1.6 万 m^2 的公交车站，公交车旅客通过西换乘通道完成铁路与公交车的换乘（图 16）。

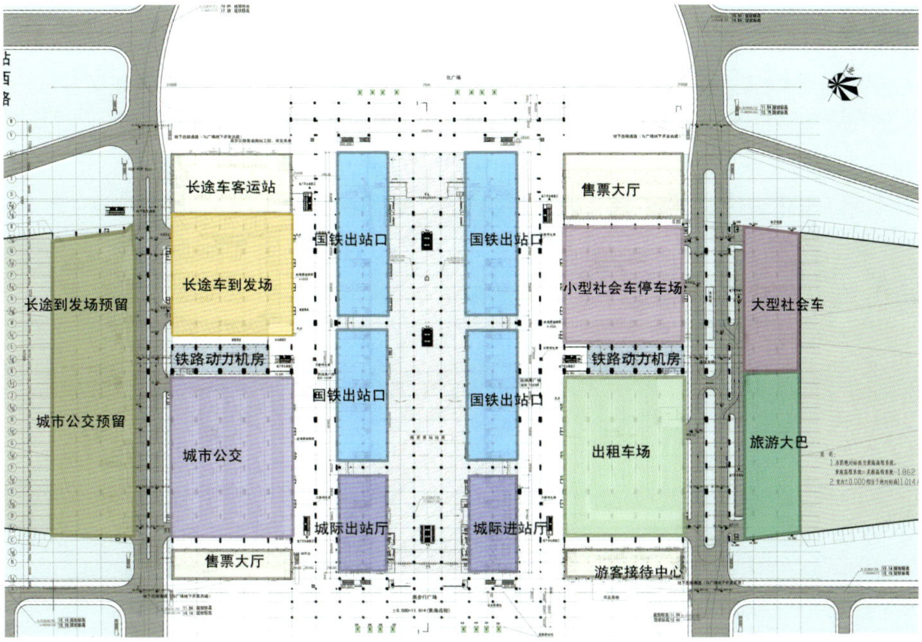

图 16　南京南站地面一层功能布局图

4.3.2　处理好与公路客运的关系，避免人流叠加，做到优势互补

按照以往铁路客运枢纽站的设计经验，公路客运枢纽与铁路客运枢纽宜分开设置且相对独立，两者之间如有换乘需要则采用城市连廊或通道进行沟通联系。但南京南站枢纽综合体创造性将公路客运设置于铁路综合体内，真正意义上实现了铁路客运与公路客运的便捷换乘、无缝对接。

按照南京市城市规划要求，南京南站综合枢纽内规划设计区域性的一级公路客运主枢纽站，预测日发送量 2 万人次（2015 年），以服务铁路南站枢纽换乘客流和板桥新城、东山新市区等南部地区区域客流为主，兼顾全市范围。针对公路客运与铁路客运客流相似的特点，我们将南京汽车客运南站布置在铁路桥梁架空区域的西北象限，与铁路站房紧密设置并相对独立。南京汽车客运南站由站务用房和到发场两部分组成，站务用房设置在西北角基本站台下方的区域，由地上两层、地下一层组成，建筑面积为 1.84 万 m^2；到发场紧邻站务用房南侧的地面一层布置，面积为 1.2 万 m^2。通过对枢纽内部的城市公共交通设施的合理整合和精心布局，公路客运与铁路客运共享城市公共交通设施且互不干扰。公路旅客与铁路旅客通过地面层西侧 42 m 宽的换乘通道进行快捷换乘，与轨道交通旅客直接在地下一层完成快捷换乘。

南京汽车客运南站与铁路站房旅客在这里能便捷换乘且避免相互之间人流叠加，实现了铁路客运和公路客运的优势互补和双赢的目的。

4.3.3　合理组织出租车和社会车场流线，适应社会发展

小汽车是城市公共交通的有益补充，随着社会经济的高速发展，人们的出行方式变得多样化，小汽车在人们出行中所占比重越来越大，如何规划和设计好小汽车的流线，设置足够的小汽车停车位，显得非常重要。

南京南站枢纽在铁路站房南北两侧设置小汽车高架落客平台，小汽车由外围城市快速路系统直接接引至站房南北两侧高架落客平台直接进站，充分利用桥梁架空区域的地面一层和地面二层设置社会车和出租车停车场，利用站内单循环道路系统组织小汽车出站流线，采用立体化的流线方式，实现小汽车的“快进快出”。目前枢纽体内所设置的社会车停车位约 800 个，出租车停车场面积约 1.6 万 m^2，满足近期枢纽对停车位的需求，远期利用南北广场的地下空间设置约 1 500 个停车位，在鼓励“公交出行”、“绿色出行”的同时，也应对社会车停车位的数量的设置应具有一定的前瞻性和预见性，满足社会发展需要。

4.4 地下空间开发利用

目前我国大型城市的土地均面临土地资源紧缺的现状，城市土地已是寸土寸金。对客站综合体区域地下空间进行合理组织开发具有重大意义，一方面节约城市土地资源，降低地面交通和人流的密度，缓解交通拥挤，有效地实现人车立体分流，提供步行优先的环境，改善交通安全性，另一方面可以增强基础设施（如大运量轨道交通系统）的服务功能及投资的效益，增加绿地，减少环境污染，改善城市生态。国内外对于铁路客站综合体进行地下空间开发的成功案例有日本名古屋“荣”交通枢纽地下空间开发、上海南站广场地下空间。

南京南站在铁路桥下的地下一层空间进行开发利用，结合地铁站厅层布置社会车停车场和约 2.2 万 m^2 的地下商业开发，通过地下安全通道连接地面各种交通设施和南北广场，使地铁换乘其他交通设施在地下完成，极大缩短了旅客的换乘距离，达到了人车分流的目的，解决了消防、人防方面存在的问题，丰富了城市空间形态（图 17）。

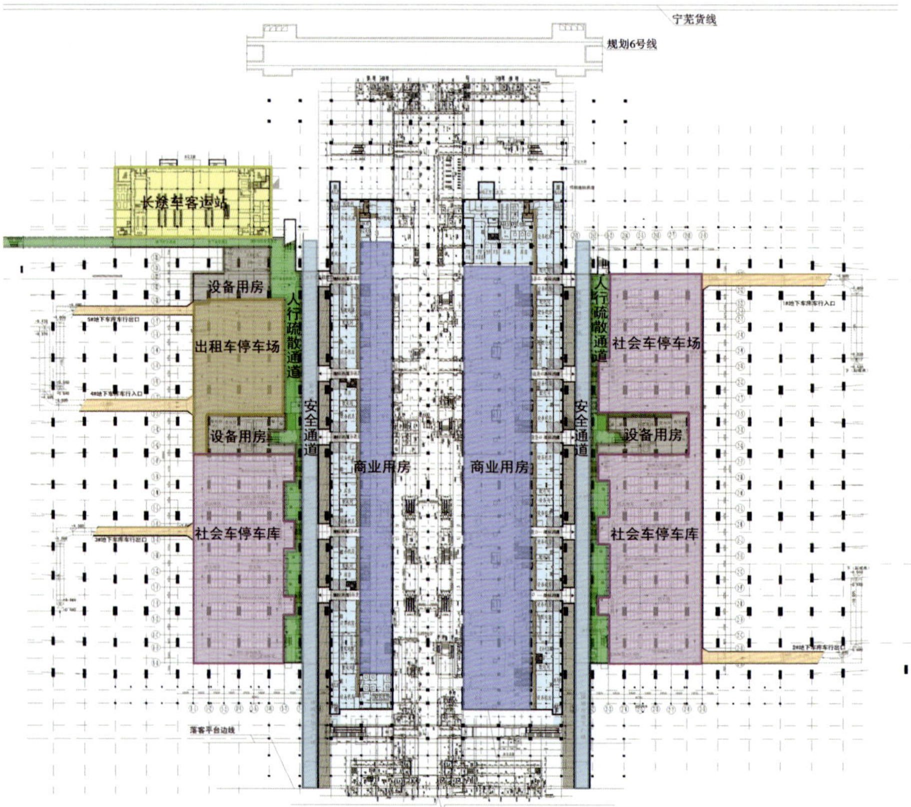

图 17 南京南站地下一层功能布局图

4.5 简洁、明确的标识指示系统是保证旅客快捷换乘的关键

现代化的铁路客站交通综合体内部功能非常复杂，一个好的交通综合体，除了有先进的硬件设施、良好的功能布局、合理交通流线组织等外，还应有简洁、明确的标识指示系统。标识指示系统犹如交通综合体的“大脑”，它帮助旅客在枢纽体内部在最短的时间内作出判断，然后作出选择到达所需要换乘的区域。简洁、明确的标识指示系统是保证旅客快捷换乘的关键。

南京南站交通枢纽综合体的标识系统由两部分组成，一部分为铁路的标识系统，另一部分为地方配套市政设施的标识系统。铁路和地方配套工程分别为两家不同的设计和施工单位，我们充分考虑到这些客观存在因素，将枢纽综合体作为一个完整的整体，进行反复的沟通和协调，尽量避免了因设计标准、投资主体、设计施工主体的不同对标识系统的完整性和准确性造成的影响。

4.6 商业、服务设施合理布置

新时代铁路客站综合体不是单一的交通综合体，在为旅客提供舒适、高效、便捷的交通服务的同时，还要考虑大量集结的人员在社会经济、文化、商业、休闲娱乐等方面的需求。完善和充实的文化、商业、休闲娱乐方面的设施一方面为旅客提供更好的服务，满足城市功能需求，另一方面也给自身带来较大的商机，增加自身的效益和竞争力，成为新的城市活力中心。

南京南站在旅客候车层、地面出站换乘层和地下一层分别布置和预留了较大的商业服务空间，通过对枢纽地区旅客需求群体的调查和商业空间整合，对商业形态进行整体策划，创造出了一个具有南京特色的，满足不同消费人群需求的餐饮、娱乐、休闲空间，为旅客的出行提供方便的同时，也增强了自身的吸引力和竞争力，满足了城市综合性功能的需求。

5 对大型铁路交通综合体建设的思考

5.1 铁路客站综合体的规模是否越大越好

纵观我国目前在建的或已建成的铁路客站枢纽综合体，规模越来越大，内部功能流线也越来越复杂，在国外很少有与我国铁路客站综合体规模相当的车站，但作为交通枢纽来说，规模并非越大越好，应控制在适当的范围内。过大的规模会给枢纽内部功能组织及城市的交通疏散带来极大的压力。我们应从如何提高枢纽换乘效率、服务管理水平等方面着手，研究出一个既满足我国日益增长的国民经济要求、又符合我国客流特点的铁路客站综合体规模，以实现铁路客运与社会经济的可持续发展。

5.2 铁路客站综合体的建设需建立一套铁路与地方建设部门的综合协调机制

铁路客站综合体是以铁路客运为核心的综合性交通枢纽，但同时也是融入城市的一部分，具有强烈的城市属性，最终服务于城市。铁路客站的建设是一个复杂的系统工程，其建设过程中存在着与地方政策制度、建设标准与规范等不一致的地方，需要与地方建设部门大量的沟通和协调，如何提高铁路与地方部门的协调效率，实现铁路建设与城市的双赢，需要我们认真研究，制定出一套铁路与地方建设部门的综合协调机制。

5.3 如何解决铁路客站综合体中铁路与城市配套市政设施建设的时序性不同步的问题

铁路客站综合体中需要城市配备大量的市政设施，一般情况下铁路客站的规划设计在前，而地方配套市政工程的规划设计相对滞后，如何达到铁路客站与地方配套市政设施的一体化规划设计、同步建设、同步投入使用，对铁路客站综合体能否起到预期的作用至关重要。造成这种时序性不同步的原因是多方面的，有路地双方管理体制的差异，也有各地区社会经济发展的差异，解决这个问题需要我们进行充分沟通和协调，考虑地区发展差异，超前谋划，预留今后发展余地，尽量避免留下遗憾。

5.4 公路客运枢纽与铁路客运枢纽的结合是否合理的问题

公路客运枢纽与铁路客运枢纽的客流存在一定的相似性，都属于外来交通，都有很大的客流量，将公路客运枢纽引入铁路客运综合体内部，综合体内部客流会形成一种叠加效应，对枢纽综合体内部客流的快速疏散带来极大的难度，同时也会增加枢纽体外围的城市交通疏散的压力。对于是否将公路客运枢纽与铁路客运枢纽紧密结合，需要我们审慎考虑。

5.5 铁路和地方标识系统的统一性问题

目前，我国铁路交通综合体一般由铁路站房和城市配套市政设施两部分组成，造成标识指示系统也是部分组成，如何将标识系统做成一个完整统一的整体，需要我们将整个交通综合体进行统一的策划和考虑的同时，还要制定出统一的标准，进行一体化设计和同步施工。

关于城际铁路地下车站建筑设计的思考与实践

刘　仑

（中铁第四勘察设计院集团有限公司，武汉　430063）

摘　要：本文指出城际铁路及城际铁路地下车站的现状，综合比较城际铁路与其他客运轨道交通的异同，从工程实例出发，探讨城际铁路地下车站建筑设计的若干标准，为以后的城际铁路地下车站的建筑设计提供参考。

关键词：设计、城际铁路；车站；地下；建筑

1　引　言

城际铁路是服务于通勤、商务、公务出行的一种运距短、时效性强且高密度运行的客运铁路，一般在人口稠密的都市圈或者城市带规划和修建。

全国铁路营业里程到 2010 年底已达到 9.1 万公里，里程长度居世界第二位，已基本形成“4 纵 4 横”的铁路快速客运通道。从目前国内铁路建设规划前景看，城际铁路作为一种新的铁路类型，在日后的铁路建设中将占据着重要的份额。地下车站作为城际铁路车站的重要站型，在以后的工程实践中将越来越多的出现。

本文以在建的长株潭城际铁路为例，尝试阐述城际铁路及其车站的特点，比较深入地探讨城际铁路地下车站的相关标准和一般设计原则，以期对日后城际铁路地下车站建筑设计提供借鉴和参考。

2　目前国内城际铁路地下车站的现状

城际铁路是都市圈或城市带之间的重要交通纽带，作为一种新兴铁路类型，其功能也在完善和扩大。城际铁路在提供城际客流运输的同时，还兼顾起城市客流运输的功能，目前越来越多的在建和拟建城际铁路穿越了城市中心地带和人口密集区，设站密度越来越大，铁路建设用地的需求和城市用地紧张的矛盾突显，由此能够疏缓和化解此类矛盾的地下线路和地下车站应运而生。在建的长株潭城际铁路是此类线站型的典型，它开创性的在长沙市区规划了约 25 km 的地下线路及连续 8 座地下车站，可以作为体现目前城际铁路地下车站建设水平的代表。

3　城际铁路地下车站的特点

3.1　客运轨道交通分类

客运轨道交通按适用范围、线路长度和运营管理方式等的不同主要分为城市轨道交通（地铁）、普速铁路、客运专线和城际铁路。

城市轨道交通是城市公共交通的骨干，特别适应于大中城市。城市轨道交通主要包含地铁、轻轨，还包括城市有轨电车、独轨交通、磁悬浮线路等各种形式。轨道交通服务于一座城市内部，常由若干条线路组成城市轨道交通网络，每条线路的长度一般在 20～40 km。

普速铁路是客货混跑的国家铁路，覆盖范围广，运行在城市之间，沿线可停靠县、乡等站点。线路长度一般为 500～4 000 km。

客运专线是以客运为主的高速铁路，运行在大城市之间。狭义上特指线路长度在 500 km 以上，跨省运营的高速客运铁路。

城际铁路是在人口稠密的都市圈或者城市带规划和修建的高速铁路客运专线系统，特点是相对

短距离、公交化。它服务于相邻的城市之间,线路长度一般在 100 ~ 500 km 之间。

3.2 城际铁路和其他客运轨道交通的区别

随着客运轨道交通的发展,各种类型的轨道交通系统出现了功能上的重叠,比如个别城市轨道交通线路也已连接城市,兼顾起城际铁路的作用,同时城际铁路也有担负城市客流运送功能的趋势;另外新类型的轨道交通系统也在出现,比如市域铁路。如此种种均是几类轨道交通系统的表现形式,城际铁路与其他客运轨道交通有较明显的特征性区别,见表 1。

表 1 主要客运轨道交通系统比较表

类　型	目标速度值	车站形式	站间距	选用车型	发车间隔	候车形式	经营主体
城市轨道交通	60 ~ 120 km/h	地面式、高架式以及地下式	市区内约 1 km,郊区约 1.5 km	A、B 型车	间隔小,远期高峰小时理论发车间隔可达 1.5 min	随到随走不设候车区	地方地铁公司
普速铁路	80 ~ 160 km/h	线侧式、线上式、线下式	单线约 8 ~ 10 km,双线约 20 km	内燃机车、电力机车	间隔大	候车旅客多,候车区域大	铁路部门
客运专线	200 ~ 350 km/h	线侧式、线上式、线下式	约 50 ~ 80 km	CRH 动车组	间隔较小	以"流"为主,候车区域较小	铁路部门
城际铁路	200 ~ 250 km/h	高架式、线侧式以及地下式	市区内约 5 km,郊区约 10 km	CRH 动车组	间隔较小	以"流"为主,候车区域较小	铁路部门

3.3 城际铁路地下车站的建筑特性

3.3.1 基本特点

城际铁路地下车站是城际铁路的一种重要车站形式,它一般出现在城际铁路的城市区间,线路设在地下隧道内。城际铁路穿越城市中心段,会更加有利有效地吸引客流,形成铁路公交化的运营模式。结合规划控制和城市发展要求,设于城市中心地带或人口密集区的地下车站的实施将兼顾减少对城市景观的影响和提升城市土地价值的效用。

城际铁路地下车站的建筑特性有:

(1)地下车站规模较大。结合线路要求,车站采用地下两层或三层的结构形式。

(2)车站一般采用地下线上式候车形式。车站的地下一层是站厅层,地下二层或三层是站台层。在站厅层设置旅客公共区,旅客在完成购票、安检、等候、验票等一系列程序后下至站台层公共区,进入列车。反之出站客流由列车沉降至站台层后,上至站厅层,验票出站。

(3)与城际铁路地上车站的乘车模式一致,在站厅层公共区设置候车区,设置座椅等候车设施。乘客流线以"流"为主,候车区域面积不需太大。

(4)车站采用屏蔽门(或安全门)系统。在保证旅客及行车安全的前提下,可有效节约能源。

(5)如与其他轨道交通线路交会,可形成节点换乘车站。

(6)与城市现状及规划联系紧密。车站设置在城市中心,车站主体及附属的布置与周边建筑物及城市规划有着密切联系,设计过程中要与地方管理部门和周边地块开发主体充分协调。

(7)交通道路疏解难度大。车站一般设置在城市主干道下,施工面广,施工过程中对交通的影响极大,要求在征得交通主管部门的前提下,完成合理高效的交通疏解工作,甚至交通导改会影响车站建筑布置、施工工法或工期。

(8)管线迁改难度大。车站所在的道路下往往有大量的市政管线,需在车站施工前临时改迁或采取相应的保护措施以保证市政管线的正常运行,在车站施工完成后应有足够的覆土深度满足部分改移管线的回迁及新管线的敷设。

(9)附属风亭的设置需满足卫生环保要求。风亭会产生废气、震动、噪声,会对周边建筑产生影响;同时风亭之间也有防止气流短路的距离设置要求。

(10)目前没有城际铁路地下车站适用的规范。比如地下车站消防设计不能完全套用《建筑设计防火规范》(GBJ 50016—2006)或《地铁设计规范》(GB 50157—2003),一般需做消防性能化设计。

3.3.2 城际铁路地下车站与其他类型车站的比较

表2从车站建筑、列车、旅客性质、运营模式等方面对普通国铁车站、地铁车站与城际铁路地下车站进行了比较。

表2 普通国铁车站、地铁车站与城际铁路地下车站比较表

项目		地铁车站	普通国铁车站	城际铁路地下车站
车站	布局	包括站厅层和站台层,站厅层公共区分付费区和非付费区	分候车区、检票区	同地铁车站,公共区设置安检区
	站台	有岛式站台或侧式站台形式,有效站台长度与列车编组有关,通常为 80~140 m	若干站台,有跨线设施,站台长度 450~550 m	通常为岛式站台,有效站台长度 200 m 以上
	候车室	不设	候车量大,设较大范围的候车区,按持票人群的不同,大型站房还分设软席候车室、母婴候车室、军人候车室等便利性区域	站厅层设有候车区和候车座椅,面积较小
	屏蔽门(安全门)设置	设	不设	设
	售票	自动售票为主	人工售票为主	自动售票为主,人工售票为辅
	消防设计	有专业规范	有专业规范	无专业规范
列车	运输量	按预测远期高峰小时客流量定	车站规模随高峰小时发送量和最高聚集人数而定	按预测运期高峰小时客流量定
	目标速度值	最高 120 km/h	最高 160 km/h	160 km/h(长株潭城际地下车站越行)
	发车频率	频密,最小可达 1.5 min	较大	远期高峰时段发车间隔小于 6min
	编组	4~8 节	16 节左右	8 节
	车辆类型	地铁 A 型或 B 型车	机车为电力机车或内燃机车	CRH 车
	单趟列车定员	A 型:每节 310 人,6 节 1 860 人;B 型:每节 240 人,6 节车厢定员 1 440 人	较大	668 人
	车厢出口	A 型每节车厢 5 个,B 型每节车厢 4 个,出口宽度约 2 m	每节车厢 2 个出口	一节车厢的侧 1 个或 2 个出口,出口宽度约 1.1 m
乘客及行李		一般为市内乘客,携带较少行李或没有行李	携带较多行李	包括城际、短途及长途乘客,携带较多行李
运营模式		地铁模式,无专门候车区域,乘客在站台层候车,不需要对号入座	国铁模式,需要按时按要求进站、候车、检票上车,对号入座	城际模式,旅客在站厅层候车,需要根据车次,按照车站的指示,在规定的时间内进入站台,且要对号入座

3.3.3 城际铁路地下车站的速度条件

(1)站间距对速度目标值的影响

城际铁路地下车站设在城市中心区域,站间距 3~5 km。较短的站间距对列车速度目标值影响较大,过高的速度目标值在此站间距内难以实现。

(2)轨行区轨顶以上截面积对速度目标值的影响。

轨行区截面积的大小影响到过站列车的速度,一定的速度要求适应的截面积来满足列车旅客舒适性和屏蔽门的安全性。

4 城际铁路地下车站相关标准探讨和实践

4.1 城际铁路地下车站旅客流线和公共区布局

地铁车站建设在国内已很成熟，而城际铁路地下车站是全新的车站型式，没有建成的实例可循。在长株潭城际铁路地下车站的建筑设计中参考了地铁车站成熟的模式。

以长株潭城际地下两层车站为例。地下一层为站厅层，中部布置公共区，两端布置设备区；地下二层为站台层及轨行区，中部区域同样为公共区，两端为设备区。车站公共区的布置要综合考虑付费区和非付费区，安检，候车空间等的有机接合，有如下几种方案：

方案一 中部区域为公共区，划分为非安检区和安检区。安检区内分非付费区和付费区，候车休息座椅设置在非付费区内。进站乘客通过检票口后进入付费区，经楼扶梯下至站台层后上车，出站乘客通过楼扶梯上至站厅层，通过检票口进入非付费区。

本方案中各区域划分合理，各通道设置宽度较大，楼扶梯的分布均匀，乘客进出站走行距离及紧急状况疏散距离都较均匀。

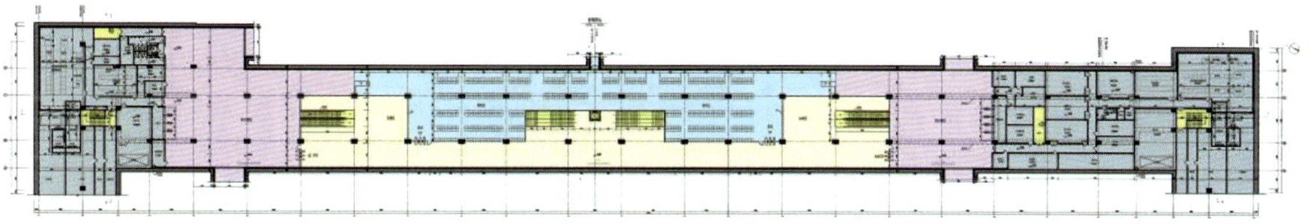

图1 站厅层平面示意图

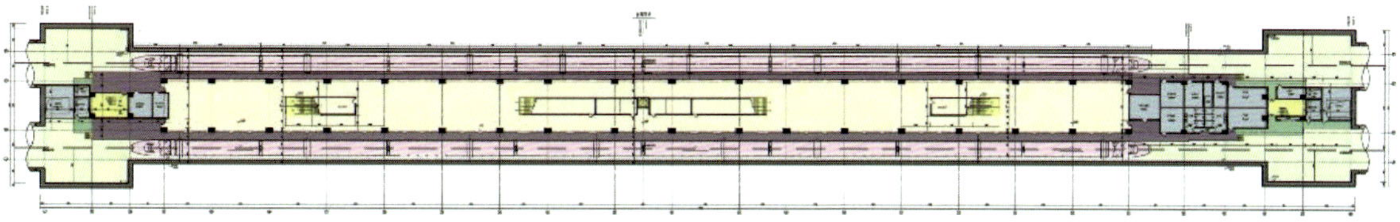

图2 站台层平面示意图

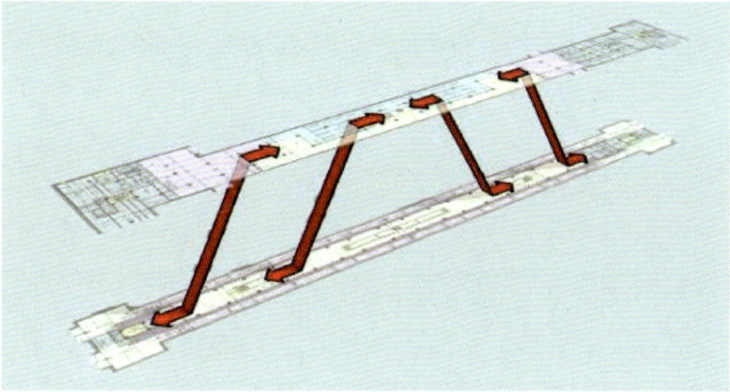

图3 乘客流线图

方案二 此方案为地铁车站普遍处理办法，与方案一的区别是此方案连通两端的非安检区，方便人员在车站内流动。在地铁车站内此种布置方式可以方便市民利用车站内部空间过街，使车站兼顾市政过街地道的功能，充分发挥其市政服务设施作用。城际铁路车站相比地铁车站有更高的安全要求，非安检区的连通增加了安全风险隐患和管理成本；又因城际铁路自身特点，需设置候车区，通道的设置将占用候车区的使用面积。

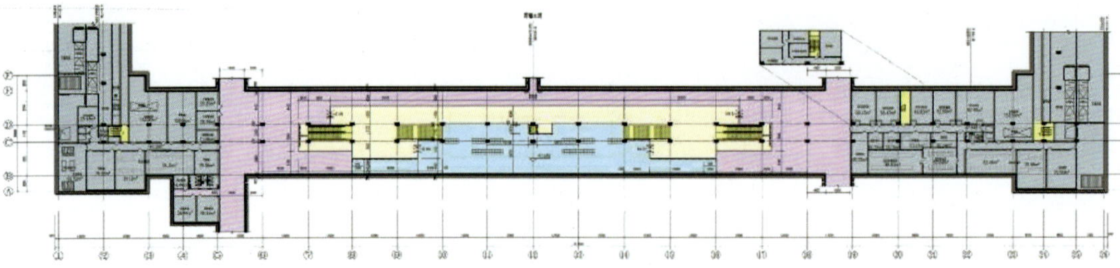

图4　站厅层平面示意图

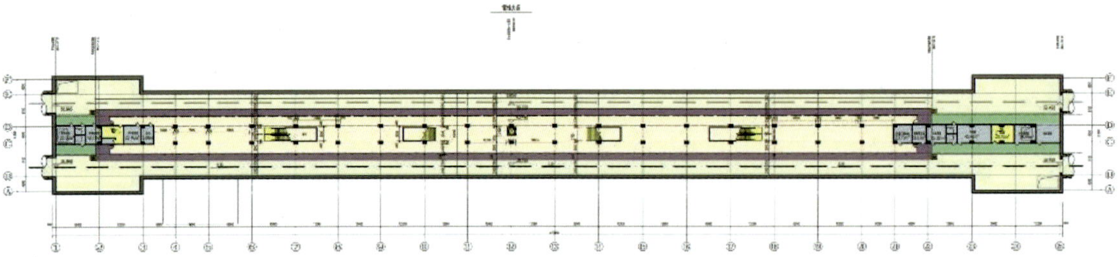

图5　站台层平面示意图

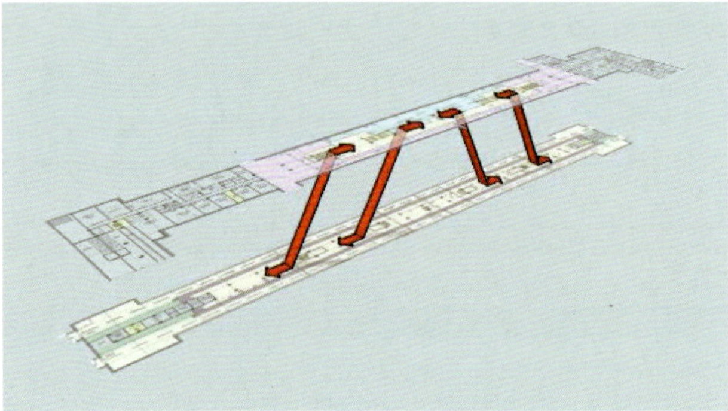

图6　乘客流线图

方案三　方案一和方案二的楼扶梯位置均设置在站台的中间，楼扶梯外边缘至柱边的距离均不小于2.5m。本方案是将楼扶梯设置在一侧，扩大另一侧楼扶梯边与柱边的距离，这样楼扶梯宽度设置较灵活，受站台宽度影响较小。但本方案设置的楼扶梯会阻挡部分车厢的乘客直接进出。

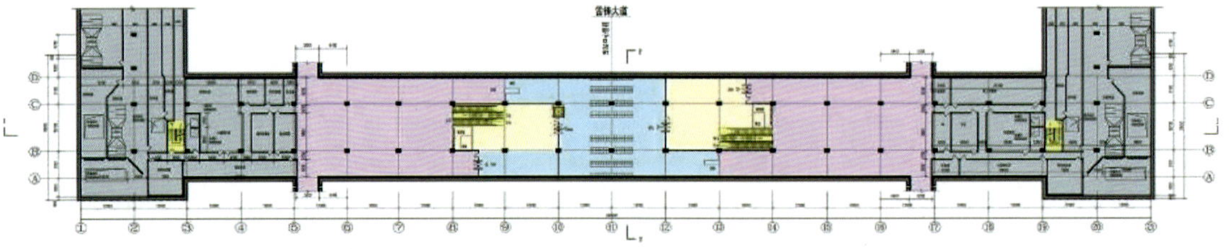

图7　站厅层平面示意图

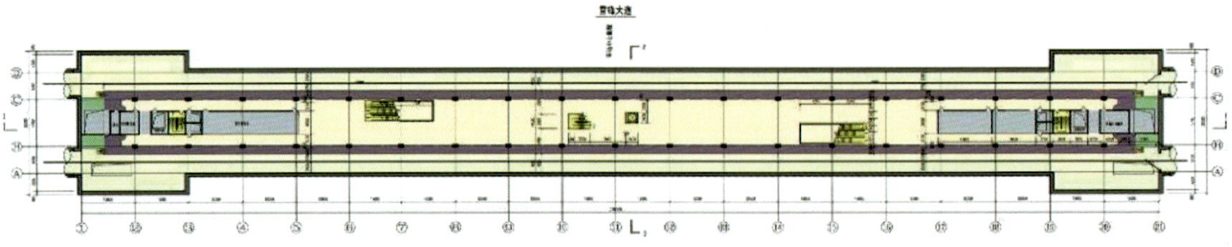

图8　站台层平面示意图

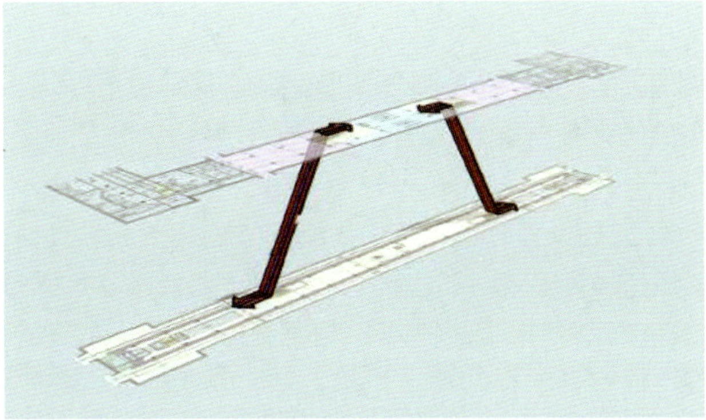

图 9　乘客流线图

综合比较以上诸方案，方案一的公共区分区明确、合理，乘客流线不交叉，楼扶梯设置均匀，疏散能力强，在长株潭城际铁路地下车站中作为实施方案。

4.2　城际铁路地下车站横向柱网的确定

综合考虑地下线路施工工法和安全保护的要求，长株潭城际铁路标准段线间距定为 18 m。受线间距和车辆限界的控制，车站轮廓横向总宽达 23 m 以上，车站有效站台宽度为 14.4 m。通过投资比较和施工难度比选，综合考虑建筑空间环境，车站采用双柱三跨的结构体系。

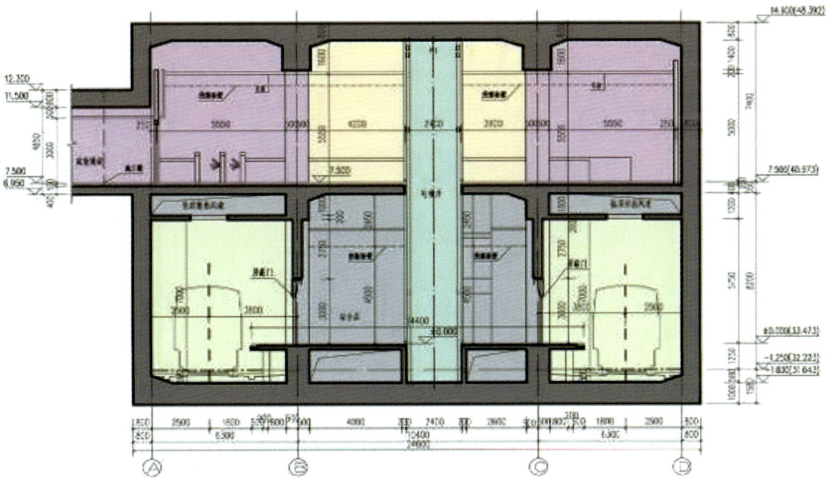

图 10　标准段横剖面

在横向立柱的布置上，我们考虑到司机操作停车会有误差，如果车站立柱设在站台边缘，带来的问题是停车位置不当时，个别车门被立柱挡住，乘客不能顺利上下车。立柱退站台边缘设立，得以解决在停车控制误差时，乘客也能正常上下车。立柱边缘距站台边不小于 1.5 m，可以保证两名旅客携行李箱（宽度不超过 60 mm）可以顺利地相向而行。通过立柱横向定位的数值计算，我们也认为 1.5 m 的距离满足各构件的尺寸要求和疏散安全性。

4.3　空气动力学效应对车站断面的影响

《铁路隧道设计规范》（TB 10003—2005）第 1.0.6 条规定："新建铁路隧道的内轮廓，... 对于旅客列车最高行车速度 160 km/h 新建铁路，隧道内轮廓尚应考虑机车类型、车辆密封性、旅客舒适度等因素确定，隧道轨面以上净空横断面面积，单线隧道不应小于 42 m^2..."

长株潭城际铁路运营组织中，地下区间范围内有限速 160 km/h 的越行列车通过车站。空气动力学效应决定的轨行区横断面面积是在车站设计中需要重点考虑的影响因素，其关系到车站断面轮廓和屏蔽门设置。

其一，在车站设计前期，我们对满足限界临界值，即横断面面积为 36 m^2 时，采用一维、非定常、可压缩流动模型和特征线方法，通过数值计算求解了列车通过隧道的压力变化情况，对列车上人员所感受到的瞬变压力进行了舒适度检算，认为会有部分乘客感受为不舒适。为保证旅客舒适性要求，车站按轨行区横断面面积按 42 m^2 进行设计，即在满足限界要求的前提下加大轨行区横断面面积。

其二，要考虑当轨行区横断面面积为 42 m^2 时，屏蔽门设备的安全性要求。当屏蔽门在车站立柱轴线间设置，外侧至站台边缘 2 m 时，根据地下车站通风模式计算出来的正负风压最大值可以适用屏蔽门的安全标准，屏蔽门生产技术上不存在制造困难，成本上也能得以控制。

4.4 消防设计

城际铁路地下车站是一种新的站型，在考虑旅客流线和车站布置的同时，也要考虑到防火和疏散设计。

目前，城际铁路地下车站还没有专门的防火规范。地下车站的建筑布局与通常设置在地上的国铁车站有较大差别，而且在通风采光条件、疏散设计等方面与地上站存在较大差异，这些都将影响消防设计。在《铁路工程设计防火规范》(TB 10063—2007)中，亦明确指出该规范不适用于地下车站等特殊建筑，因此，地下车站的消防设计难以完全参考普通地上国铁站的设计规范进行。城际铁路并不属于城市轨道交通，在运营车型、运营方式、旅客性质、运营速度等方面与城市轨道交通存在不同，车站的消防设计也不能完全按照地铁设计规范执行。

在如此背景下，长株潭城际铁路地下车站防火设计参照地铁设计规范，同时，地下车站开展了消防性能化设计工作，以确保地下车站的消防安全。

4.4.1 防火分区的划分

由于目前国内没有完全适用于城际铁路地下车站的设计和建设标准，因此需要参考和借鉴相关的技术标准，通过比较地下车站与地铁站的异同，分析地下车站的特点及其对消防设计的影响，并针对地下车站的设计难点，在设计依据方面进行研究，同时根据消防性能化研究成果来进行长株潭城际铁路地下车站的消防设计。

(1) 车站公共区

长株潭城际铁路的地下车站中，可燃物主要集中在设备区、候车区等相对有限的范围内。公共区大部分区域为交通区域，平均火灾荷载较小，可燃物被更广地分散开，即使发生火灾，大部分情况下火灾也只是在局部范围内缓慢的蔓延，不会导致严重后果。通过对车站公共区高火灾载荷区域进行重点保护，达到将火灾限制在局部区域的目的。同时，将可燃物分散、火灾风险低的站厅、站台层的公共区作为一个防火分区，既维持了较高的安全水平，也避免了设置防火卷帘、防火墙等实体分隔物，使火灾时人员能够无阻碍地疏散。

(2) 车站设备区

车站设备区(除站台层和站厅层两端的设备区外，还包括三层地下站的地下二层)的设备及管理用房将单独划分防火分区，防火分区(有人区)安全出口的数量不应少于 2 个，并应至少有 1 个独立的安全出口直通车站室外空间，与相邻防火分区连通的防火门可作为安全出口。设备区内的活塞风道、排风道和新风道等将划为一个防火分区，防火分区(无人区)应至少设置一个与相邻防火分区相通的防火门作为安全出口。

4.4.2 人员疏散

车站疏散路线应明确且有显著标志，通过消防性能化设计分析，长株潭城际铁路各地下车站，管理及设备用房区的疏散距离均应满足模拟场景疏散要求。

由于地下车站站台层的面积限制，地下车站公共区难以设置大量的封闭楼梯供人员向上疏散，参照地铁的疏散方式，采用开放楼梯和自动扶梯疏散，站台层公共区任一点距疏散楼梯和自动扶梯的疏散距离不大于 50 m。对于车站站厅层公共区，在建筑内人员可用疏散时间较长的情况下可以适当放宽疏散距离最大值的要求。地下二层站的站厅公共区内的疏散距离均能控制在 50 m 以内。

4.5 车站环控设计

长株潭城际铁路地下车站环境控制采用大小通风系统，车站通风空调大系统负责车站站厅站台公共区的通风空调及排烟，采用全空气定风量双风机一次回风系统。车站公共区大系统采用焓值控制，当空调季节室外新风焓值大于车站回风焓值时，采用空调小新风运行，新风机打开，全新风阀关闭，排风风阀关闭，回风风阀打开，回风与新风在混风室混合，经处理后送入公共区。当室外新风焓值小于车站回风混合点焓值，且其温度大于空调送风点温度时采用空调全新风运行，此时新风机关闭，全新风阀打开，回风风阀关闭，排风风阀打开，回风经回排风机直接排到排风道，室外新风经空调器处理后送至公共区。当室外新风温度小于空调送风点温度时，室外新风不经冷却处理，利用空调器直接送入车站公共区。

设备管理用房采用变制冷剂流量分体式空气调节系统 + 新风系统（小系统），空调新风系统设备采用全热交换新风机组，有人房间新风量按 30 $m^3/(h \cdot 人)$ 计算，弱电设备用房新风量按保持室内 5 ~ 10 Pa正压确定。

5 总 结

城际铁路地下车站是一种新的铁路车站形式，从无到有，需要我们根据其特点，研究和总结出完整的设计体系。表 3 整理了车站设计的重难点及相关应对策略，希望可以对以后的城际铁路地下车站建筑设计提供借鉴和参考。

表 3 车站设计重难点及对策

设计重难点	应对策略
站位确定	根据线路走向和周边用地适用条件合理确定
车站长度	根据有效站台长度及附属用房布置确定
车站宽度	根据线间距、列车限界及轨行区横断面面积确定
车站竖向规模	依据线路走向及换乘关系确定
公共区布置	依据客流特点、候车形式和疏散要求确定
无专用规范时的消防设计	消防性能化设计
地面附属布置	与地方规划部门及周边地块主体充分协调

参 考 文 献

[1] GB550157—2003 地铁设计规范[S]. 北京：中国计划出版社，2003.

[2] TB10621—2009 高速铁路设计规范(试行)[S]. 北京：中国铁道出版社，2009.

[3] Arup International Consultants (Shanghai) Co., Ltd. Shenzhen Branch. 湖南长株潭城际铁路地下车站消防性能化设计报告(正稿3)[R].

[4] GB 50091—2006 铁路车站及枢纽设计规范[S]. 北京：中国计划出版社，2006.

[5] 郑健，沈中伟，蔡申夫. 中国当代铁路客站设计理论探索[M]. 北京：人民交通出版社，2009.

[6] 郑健. 大型铁路客站的城市角色[J]. 时代建筑，2009，(5)：6-11.

[7] 沈中伟. 轨道交通枢纽综合体设计的核心问题[J]. 时代建筑，2009，(5)：27-29.

传承历史的时代巨构

——南京南站主站房建筑设计

吴 晨 苏 晨 王 亮

（北京市建筑设计研究院，北京 100045）

摘 要：通过对南京南站设计理念、创作过程的演进以及设计元素的分析和介绍，揭示了南京南站建筑方案对当地历史文化和地域特色的解读和传承，分析了巨构建筑物作为城市纪念物的历史层面意义，展现了铁路大型客站创作中通过现代材料的建构方法体现城市历史精神的探索途径。

关键词：纪念物；历史传承；异质同构

1 概 况

被誉为“亚洲最大铁路枢纽站”的京沪高铁南京南站，自 2006 年底由以北京市建筑设计研究院和铁道部第四勘察设计院联合体设计方案中标伊始，历经 5 年的设计、施工，伴随着设计最高时速350 km的京沪高铁的全线贯通，终于在 2011 年 7 月以完整的形象呈现在世人面前。南京南站建筑面积 45.8 万 m^2，其中主站房建筑面积 28.15 万 m^2，以其宏大的建筑规模和空间尺度，集合了铁路、地铁、公交、出租车、长途车等多种交通流线的无缝换乘，将成为南京古城的新的城市中心，也成为其城市新的时代标志。

2 设计理念

随着“十一五”期间高速铁路建设的飞速发展，各地省会城市掀起了新的城市交通枢纽型铁路客站的建设高潮。新客站以其复杂的交通流线，庞大的建设规模，宏伟的城市形廓，必将成为其所在城市新的纪念性巨构。已经建成的北京南站、广州南站、上海虹桥等特大型枢纽客站，都以自身独特的设计理念成为各自所在城市新的建筑经典。

自南京南站方案投标伊始，主创团队就深入分析了这座新车站建筑所应包含的城市文化底蕴和时代精神。在肯尼斯·弗兰普顿的《现代建筑：一部批判的历史》中，让我们重温一下关于纪念性的经典论述：纪念物是人造的里程碑，人们创造它们作为自己的思想、目标和行为的象征，使他们超越自己的时代，而成为传给后者的遗产。因之，它们成为过去和未来之间的纽带。纪念是人类最高文化需求的表现，它们必须能满足人把自己的集合力量转化为象征物的永久需要。人民要求有能够代表他们的社会和社团生活的建筑，而不仅是提供功能上的满足。

遵循着这样的原则和使命，我们在南京南站的设计中全方位地尝试融入更多的传统文化精髓和南京城市的地域特色，尝试从使用者，从每个“人”的角度体会超大体量的交通建筑可以带来的空间震撼和不同以往、超乎寻常的精神感受。

3 历史和城市传承

让我们追溯一下南京源远流长的历史，公元前 472 年，越王勾践命范蠡筑城于今中华门外，秦淮河畔长干里，至此开始了南京 2 470 余年的文化历史。自三国时期吴国在此建都之始，先后有十个朝代在此建都。历经风雨沧桑，在丰富的文化遗产中，既有体现皇家气质的中华门、明城墙和总统府等，也有体现秀美婉约的秦淮河和玄武湖，这些都为我们提供了丰富的设计灵感和设计素材。

3.1　中华门空间序列

到过南京中华门的人大都会对饱经沧桑的城墙、见识过无数金戈铁马的瓮城以及幽深重重的券洞留下极为深刻的印象。南京中华门位于南京城正南，明洪武二年至八年（1369～1375 年）于南唐都城和南宋建康府城南门旧址拓建而成，始称聚宝门，1931 年改称中华门。中华门规模宏大，气势雄伟，结构复杂，设计巧妙，是我国现存最大的古城堡。

中华门共建有三道瓮城，由四道拱门（券门）贯通。整个城堡南北长 128 m，东西宽 118.5 m，四道券门与三道瓮城形成了明暗相间的空间节奏，不仅强化了中轴序列的威仪，还恰到好处地限定了空间尺度，使人在这个巨大尺度的城堡里很容易辨别方位。在中轴序列上由远而近、自外向内的行进中，不断变幻的明暗光影和开阖有序的场所感受也为历经 600 多年沧桑的古堡增添了神奇而斑斓的色彩，令人为中华先人们的聪明智慧而叹服。

图 1　中华门

自南京南站方案投标伊始，项目组就敏锐地抓住了南京中华门所特有的“三重门”序列这一极富地域特色的空间组合形式，作为贯穿站房建筑设计始终的空间构成要素。

3.2　城市轴线的延续

新建铁路南京南站，位于南京市南部城区和江宁开发区、东山新区之间，地处与主城、河西三足鼎立的“南部新城”的核心区域，距市中心约 10.5 km。南京南站北接雨花台风景区，南临秦淮新河，西接牛首祖堂风景区，正好位于南京市南北城市发展主轴，即：“中华门—雨花台—南站—秦淮新河轴线”上，这既是一条连接人文名胜的景观轴线，也是城市向南部拓展的经济轴线（图 2）。南京南站的设计以方正、庄重的造型强化并发展了这一轴线，继承了传统建筑中轴对称的空间序列和延展层次，使站房建筑与城市轴线的发展结构充分契合。

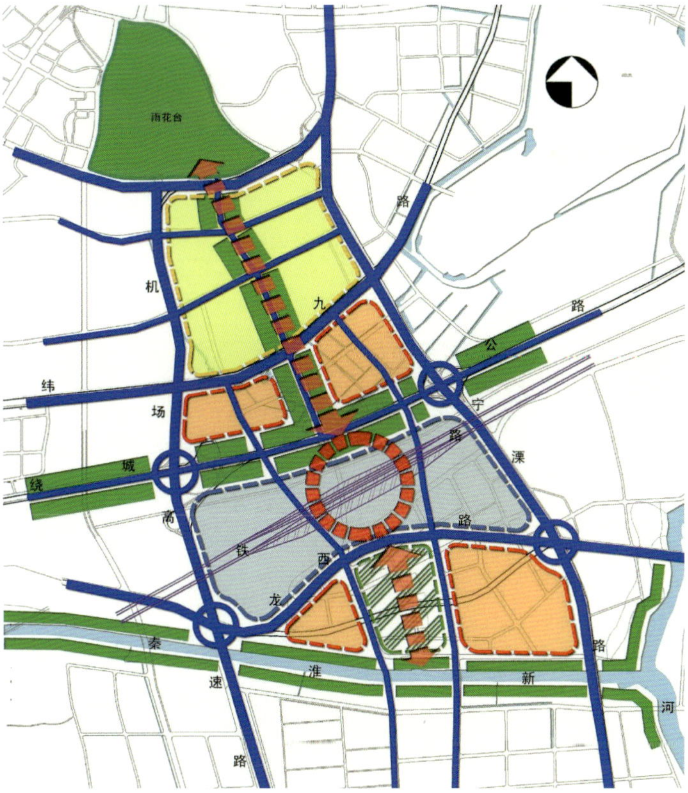

图 2　南京南站地理位置

4　设计元素的分析和逻辑演进

关于建筑形态的控制，无论是对历史和文化谦和的隐喻还是极致的张扬，我们都避免陷入任何手法主义的建筑修辞学的陈词滥调中，避免对传统的简单复制。我们努力撷取能代表这个城市气质的宏大叙事和婉约辞章，采用异质同构的设计策略，大胆采用具有鲜明时代特色的建筑材料和色彩,建构历史的形制元素。

4.1 重檐叠椽 列柱回廊

在中国建筑中,屋顶层次的复杂程度和尺度大小,决定了建筑的重要级别。因此,从方案设计初始至后期实施深化设计中,屋顶和檐廊空间一直是我们设计的重点。

在深化设计中,我们对中标方案中多层叠涩的屋面适当简化为目前的上下两层的重檐形式。上层屋顶结合高侧采光窗和室内采光藻井设置,下层屋顶出挑深远至 30 m,结合南北两侧室外列柱构成了庄重巍峨具有强烈仪式感的檐廊空间,屋顶东西两侧的檐口由于功能作用的减弱,以曲线的收束来减少出挑距离。出挑斜线的张力和收束曲线的柔美,使整个屋顶的形廓如翚斯飞,给城市留下了优美的天际线。

图 3 北立面夜景

在中国建筑的传统营造方法中,屋架体系的承重完全由横梁叠合而成。在这种叠合结构中,横梁与具有悬臂支撑结构作用的斗拱相结合,形成了中国木建筑艺术最富创造性和代表性的斗拱结构体系。在室外列柱与屋顶交接的柱头部位,我们还原了斗拱原始意象中最简朴概括的叠加悬臂的受力形式,通过对斗拱节点的力学分析和计算实验,采用钢结构的箱形梁,在钢骨混凝土柱和钢网架屋顶之间建构起层叠悬臂的钢结构传力构件,将木结构的受力构件形式演变为符合现代结构体系的受力构件,柱身的支撑力通过层叠的钢梁的传递均匀扩散至屋顶网架体系。柱头顶部镂空形成光井,锥形光顶泻下的天光透过柱头的层叠格构的隙缝,勾勒出斗拱清晰的结构层次,也给庄重的檐廊空间带来了神秘和愉悦。外幕墙与屋顶的交接以两层层叠的椽子作为结束处理,在形式逻辑上与层叠的斗拱一脉相承,构成一个完整的中国木构体系的形式意向。

图 4 檐廊空间

图 5 钢结构斗拱柱头

4.2 城砖肌理 窗花格构

南北主入口立面幕墙部分作为衬托前述形式元素的背景，也随着设计的深化不断演进。立面幕墙的隐喻来自于南京古城墙或深或浅的斑驳的城砖肌理，我们选取了两种赭黄色系的陶板和灰色Low-E反射膜玻璃作为立面构成的三种元素，在设计过程中，我们曾经做过十几种材质和颜色间陈跳跃的组合设计，最终定稿的是横向材质贯通的标准单元组合形式，或许少了些平面设计的趣味，但却更契合作为背景物的自身特征。强调中部车站主入口的透明玻璃幕墙中双面镶嵌的铜饰窗花，使具有宏大叙事手法的立面中兼具了婉约灵秀的江南气质。窗花作为中国历史悠久的建筑装饰，蕴含了丰富的民族智慧和情感，其寓意之丰富、形式之繁多，这也让我们在深化设计中煞费苦心，最终我们选择了象征南京城市精神的梅花作为窗花的主题。

重檐、列柱、叠椽、檐廊以及隐喻深刻的陶板幕墙和窗花，构成了一幅庄重典雅、气势恢宏的古城新站的立面图景。

图6 北立面主入口

4.3 三重门 室内空间和光的序列

一项建筑设计的完整性来自于设计师对设计理念和原则的贯穿始终的控制和把握。在南京南站高架候车厅的室内设计中，主创团队将室内外空间作为一个完整的语言体系来考虑。由于屋面采用了重檐的设计形式，造成了候车厅内高低两个不同尺度的室内空间，丰富了室内空间层次。在中标方案中，我们以南京中华门三道瓮城的空间序列为设计源头，提出了“三重门”的设计概念，在进深300 m的候车空间内设置了三座落地的光筒来强化中轴的空间序列。在设计深化中因功能的要求取消了光筒，但“三重门”的设计概念依然坚定的保留下来。在中国建筑中，惟尊贵重要部分才施“藻井”。我们决定用藻井这种传统形制来重新演绎“三重门”。最终我们在顶部结合采光天窗设计了3组边长30 m的方形采光藻井，采光藻井由简洁纯净的PTFE膜材和层叠向上收分的仿木梁架的形式构成，采光藻井之间以条形PTFE膜带强化中轴序列，吊顶的其余部分以均质排列的铝合金平板格栅板和蜂窝铝板作为藻井的背景衬托，上层屋面与下层屋面之间遮阳百叶的设计延续了与藻井相同的形式逻辑。

图7 “三重门”意象的高架候车厅室内空间

三组巨大的藻井在强调候车厅纵向空间序列的同时，也起到了标识站场区域和引导人流的作用，因为三组藻井所在的位置分别和南京南站的三大站场京沪场、沪汉蓉场和宁安场的主要进站口相呼应。以传承历史元素为主题的室内空间设计给这座大型交通建筑的候车空间带来了独特的空间感受，同时也给大型客站强调功能化的候车空间设计带来了不同视角的设计处理。

4.4 建筑色彩研究

在中国建筑中，建筑物的颜色一方面取决于各种象征意义的要求，另一方面则依据礼制或者官方表示的门第等级的规定。"黄者中和之色，自然之性，万世不易。皇帝始作制度，得其中和，万世长存，故称皇帝也。"因此"以黄为贵"是礼制中最为尊贵的颜色，在中标方案中，我们确定以香槟色作为室内外的主色调。后期色彩深化中，在室外部分，以室外檐口铝板的香槟色为基准色，确定陶板以赭黄色系为主，室外列柱及柱头、窗花以古铜色系为主。在室内方案中，兼顾了交通建筑的功能性，提出了弱金色加浅色系的室内色彩方案，藻井和室内外椽子以仿木色系为主，送风单元和顶部蜂窝铝板以弱金色为主，其余装饰均以白色和浅灰为主。但在方案的确定过程中，有关领导认为目前的大型客站中候车厅室内均以浅色系为主，弱金色过于冒险，建议不采用。最终应感谢站房指挥部的大力支持，由其委托中国美术学院在原色彩方案基础上对材质的颜色进行准确的定位分析。

从最终建成所呈现出的结果看，我们的色彩方案很好地完成了室内外的衔接和过渡，使整座车站的室内外空间融为一体。而且由于对香槟色系的准确把握和定位，使整个建筑避免了媚俗的风险，呈现出尊贵的气质。

图8　北立面日景

4.5 模数、材料和细部构造

依据站房柱网的间距，我们确立了南北向立面构件模数的基本单位为1 000 mm，东西向立面构件基本模数基本单位为1 075 mm，据此确定南北向幕墙单元和檐口蜂窝铝板单元宽度为2 000 mm，椽子构件和间距尺寸分别为400 mm和600mm，东西向幕墙单元和蜂窝铝板单元宽度为2 150 mm。基本模数单元一直延续至室内设计部分，例如东西向布置的吊顶铝平板格栅板的单元尺寸为2 150的五分之一。

模数网格的生成，增强了设计师对施工单位深化设计和施工过程的控制力。模数化的设计原则也造就了最多的标准化的材料单元，降低了造价，减少了材料加工周期和施工周期。

在南京南站的室内外材料选择中，我们一直遵循"异质同构"的设计策略，探讨使用那些特质与设计表达的主题相符的现代材料。在寻找能代表城砖肌理的材料时，我们认为陶板质朴浑厚的质地，大尺寸的材料规格与要求相符，而且赭黄色系也是陶板最经典、烧制最稳定的颜色。在陶板幕墙的室内立面设计中，经过多种材料的比较，我们最终选用与陶板单元尺寸和平面构成方式相同的两种颜色的彩釉玻璃的组成单元，来延续室外幕墙的模数和设计理念，其中白色彩釉玻璃对应外幕墙陶板，灰色镀膜彩釉对应外幕墙玻璃，在室内形成了对光线明暗编织的肌理。

对于藻井膜材的选用，一方面考虑了 PTFE 膜的遮阳效果，另一方面认为在交通建筑中由于需要保证长久的使用年限，建筑师必须大量使用石材、金属板等特别硬质的材料，这些材料强调了空间的物质感，但相应削弱了人性化的一面，因此膜材以及彩釉室内幕墙的表皮，由于可以对光线的投射进行过滤，弱化了本身的物质感，成为室内材料中相对柔软的部分，试图给使用者营造一种相对放松乃至愉悦的心理感受。

图 9　室外陶板幕墙及檐口色彩及细部

图 10　室内幕墙色彩及细部

4.6　生态节能设计措施

节能设计对于空间尺度巨大的交通建筑的日常运营有着深远的意义。候车大厅空间尽量利用自然光照明，通过自然光照明课题的计算数据，我们在两层屋面上根据候车区域合理设置了采光平天窗和高侧窗，同时又通过确定玻璃的透光系数、铝合金平板格栅板的间距以及高侧窗内百叶的角度来控制阳光的辐射。南北两侧屋顶巨大而深远的挑檐，为乘客遮风挡雨，也减少了阳光、辐射对室内能耗的影响，大大降低了由于太阳辐射造成的能源消耗。陶板双层幕墙的设置一方面减少了玻璃的面积，同时也提高了外墙的节能效果。

站房东西两侧无柱雨棚屋面设置了系统容量 10.67 兆瓦的太阳能光伏电站，和主站房同步运营。所发电可直接并网，并可作为站房的应急备用电源。

5　结　语

南京南站在实施过程中经历过数次重大的修改，但主创团队始终坚定自己对传统文化和地域特色的追求，也努力使它在这方面成为一个表达完整的高完成度作品。在长达 4 年的漫长设计过程中，设计组对每一个细节都进行多轮的设计方案比较，直至找到各方面满意的解决方案，即便是对配合单位的深化图纸所产生的变化，我们也在三维模型上认真推敲，数易其稿。在任何一次因主管部门意见产生的设计修改中，我们都不放弃对自己原创概念的据理力争。期间的艰辛，让每一位设计人员回首时都唏嘘感慨良多。我们肩负使命，希望给南京带来一座不朽的经典纪念物，也希望南京因为它而更加精彩。

参　考　文　献

[1]　李允鉌．华夏意匠：中国古典建筑设计原理分析[M]．天津：天津大学出版社，2005.
[2]　白虎通义·号篇．

南京南站屋面防灾设计概述

王呜呜　王　亮

（北京市建筑设计研究院，北京　100045）

摘　要：为保障大型站房金属屋面的使用维护安全、避免恶劣气候条件下存在的安全隐患，结合南京南站项目的情况针对屋面系统可能遭遇的恶劣雨雪气候，以及在恶劣雨雪气候条件下可能产生的安全隐患及其成因进行了分析，并与建筑使用、维护、检修阶段的安全措施和需要相结合，对现阶段各种可行的解决策略进行归纳分析。针对南京南站项目特点对屋面设计中采取的安全措施及考虑因素进行总结。

关键词：金属屋面；恶劣气候；防雪；安全

1　概　述

1.1　项目概况

新建铁路南京南站，位于南京市南部的主城区和江宁开发区、东山新区之间，由宁溧路、机场高速、绕城公路、秦淮新河等围合的区域，距南京市市中心约 10.5 km。南京南站车站建筑总面积278 809 m^2，其中主站房面积 261 409 m^2。主站房由地下二层、地上三层组成，局部设有不同标高的夹层空间。站房建筑最外轴线尺寸南北长 410.2 m，东西最大进深 156 m，无站台柱雨棚覆盖南北长 349 m，东西宽 456 m，建筑最高点距地面 58.300 m，檐口最高点距地面 48.376 m。站场按照 15 台 28 线布置，设有 3 个车场。分别是京沪场、沪汉蓉宁杭场、宁安场。站房按照最高聚集人数 8 000 人设计，为特大型站房规模。

本工程的屋面工程分金属屋面及四角办公楼混凝土结构屋面两类，金属屋面工程包括覆盖高架候车层的主屋面工程及站台的站台雨棚屋面工程，本文主要针对主站房金属屋面部分进行探讨。由于主站房屋面与站台雨棚屋面从使用功能上有所区别，故两类屋面在构造上略有不同。但屋面的防水等级均为一级；屋面板按顺坡方向布设；主站房屋面分下层（檐口标高 44.800）及上层（檐口标高 57.030），下层屋面东西侧设置 22 处条状采光天窗，南北斗拱柱头处设置 14 个采光锥，上层屋面屋脊中心线上设置 12 处条状采光天窗及 3 组采光玻璃屋面，上下两层屋面间网架侧向转折处设玻璃幕墙围护。

屋面主要技指标：屋面结构形式为空间网架，屋面结构耐久年限为 50 年，屋面建筑构造为直立锁边金属屋面，防水等级为一级，屋面排水系统为虹吸雨水排水系统，雨水系统设计重现期为 100 年，典型屋面建筑构造为直立锁边金属屋面（传热系数 $K=0.5$，防水等级一级，有降噪隔声层）。

（1）0.9 mm 厚铝镁锰合金屋面板（不燃烧体），直立锁边连接立边 65/板宽 400，氟碳喷涂饰面。

（2）防水透气隔热膜（厚度≤0.6 mm）。

（3）（50＋50）mm 厚二层玻璃棉错缝搭接（燃烧性能 A 级）。

（4）隔汽层（厚度≤0.6 mm）。

（5）9 mm 厚硅酸钙纤维板（不燃烧体）。

（6）屋面镀锌次檩条系统（不燃烧体）。

（7）50 mm 厚玻璃棉毡（室外侧带铝箔）（燃烧性能 A 级）。

（8）衬无纺布防尘层（每平方米铺设量不多于 100 g）。

（9）1 mm 厚彩色镀锌穿孔压型钢板，腹板穿孔（不燃烧体）。

（10）屋面结构网架。

图 1 屋面鸟瞰效果图

1.2 屋面设计中建筑专业需解决的问题

当前全球环境危机日益严重，全球气候在最近的几十年迅速变化，造成近年灾害频发的现象。建筑防灾是指针对自然灾害中的气象灾害和地质灾害采取预防措施。气象灾害大致有七大类，对建筑有影响的常见灾害有暴雨洪涝、热带气旋、雷电风雹、冷冻。地质灾害主要有地震、火山喷发等。本工程设计过程中主要考虑的自然灾害为地震、雷击、抗风、暴雨、冰雪冻结几类。

在南京南站的屋面设计过程中，建筑专业专门针对屋面系统在不同情况下所存在的安全问题主要进行了以下几项研究：降雪时屋面积雪消除及其他应对雨雪的安全措施进行归纳总结；针对屋面造型特点，对会因屋面积雪、结冰、坠冰引起的安全隐患进行考虑；针对屋面造型特点，对因屋面检修、积雪清扫、日常维护清洁时引起的安全隐患进行考虑。

2 建筑安全措施分析

2.1 冰雪灾害对建筑安全的危害及其应对方法

2008 年我国南方大面积出现了百年不遇的雪灾，对当地造成了巨大的经济财产损失与人员伤亡。在这次雪灾中出现了建筑在设计时对强自然灾害因素考虑不足的情况。南京南站设计最大聚集人数 8 000 人为特大型交通建筑，在常见自然灾害时能否保证正常工作；在恶劣自然灾害时可保证使用人员的生命安全；在罕见的自然灾害时可通过预测灾害强度来测定站房的安全性，并及时关系车站疏散人员，是在设计工作中必须遵守的原则。

2.1.1 冰雪影响建筑安全的主要因素

总结 2008 年雪灾中的经验教训，结合国内外工程中因雨雪因素引起的安全问题，我们总结出雨雪灾害对于建筑和人员安全产生的主要危害来自于两个方面。

(1) 雨雪荷载堆积

由于过强的降雨或降雪，使得屋面系统雨雪荷载逐渐增加无法有效排除，直至超出结构承受能力导致结构局部或整体破坏，引起人员财产损失。

(2) 屋面冰雪坠落

屋面冰雪融化后在檐口及其他出挑部位重新冻结产生冰凌，或屋面积雪和冻结的冰层逐渐堆积，因屋面坡度产生整体滑移，堆积坠落引起人员财产损失。

2.1.2 屋面雨雪堆积的解决策略

屋面雨雪积压压垮房屋的现象屡见不鲜，解决此类危害唯一的两条途径就是增加结构极限承载力和及时去除屋面的雨雪堆积。结构极限承载能力为结构专业设计范畴，不在本文中专门论述。解决屋面雨雪堆积只能通过机械搬运或者液体流动的途径，使屋面堆积的雨雪有组织地在预先设计的区域汇集，经过指定的通路移除。在本工程中已设计考虑屋面雨水系统以应对设计重现期为100年的降雨情况，如果能将屋面积雪融化为液态，可利用雨水系统汇集排出屋面积雪。如果要将积雪融化为可流动的液态，且必须避免雪水在屋面流动汇集排出的过程中不会冻结产生二次堆积，目前可采用的方法有电伴热系统和融雪剂两种方法解决。

2.1.3　屋面冰雪坠落的解决策略

由于屋面融化的雪水在滴落过程中二次冻结在檐口冻结产生冰凌，当冰凌增长至一定重量或受风或震动等外力影响就会坠落产生危险。为避免檐口挂冰，应考虑屋面边缘处冰雪融水的流向组织，将其引向天沟，以此杜绝檐口产生大块挂冰。在北欧等常年降雪的国家有在檐口设置电伴热融化冰凌的做法，但设置维护和使用成本均较高。为避免屋面大块冰雪滑移，应在屋面较低处设置天沟拦截堆积滑落的积雪，并考虑适当的缓冲距离避免积雪冲出天沟。

2.2　电伴热(带)

2.2.1　概　述

自1951年电伴热带投入应用以来，已经成为当今世界上最通用的电伴热类型。它们可以广泛地应用于液态物体在管道中输送和罐体的防冻保温、维持工艺温度、加热公路、坡道、人行横道、屋檐及地板等。现在普遍使用的电伴热带一般为自限温式电伴热带。这种电伴热带可以使敷设的电伴热带每一点随着温度变化而改变发热量。温度升高时，电伴热带可以自动降低发热量。温度降低时、电伴热带可以自动提高发热量。这种自控性可以随时补偿温度的变化，避免电伴热带过热或发热不足。

自限式电伴热带两根导电芯之间分布着起加热作用的半导体高分子材料，其外部由高分子内护套、合金屏蔽网和高分子外护套构成。当有电流通过时，随着电伴热带温度升高，电缆电阻同时升高。其结果是电伴热带的输出功率随着其温度的升高而降低。由于伴热功率随电伴热带上各处的温度变化，加热的半导体芯材表现为一个与加热温度高/低变化趋势相反的可变温度电阻。自限式电伴热带即使重叠也不会过热。无需特别的设计，自限式电伴热带可以在现场任意剪切其工作长度以精确对应管道的实际铺设长度。

2.2.2　电伴热在建筑中的应用情况

电伴热带最早应用在设备管道的保温、防冻措施，被引入建筑行业后被广泛地使用在路面、桥梁、坡道防冻方面。在土建施工时预先将电伴热带与混凝土内的钢筋网结合布置，待电伴热带和钢筋网敷设完毕后再浇表层的混凝土和表面做法，依靠均匀敷设的电伴热带和钢筋网的导热以达到将热量均匀传递到表层，融化敷设区域表面的冰雪，为人们提供更便捷和安全的道路环境。

建筑中另外一个广泛适用电伴热系统的方向就是屋檐及雨水管防冻方面。在降雪周期长，冬季温度低的地区，当降雪堆积在屋面以后，室内的热量经过屋面传递到屋顶积雪，使少量积雪融化，顺檐口坡度方向流动。冰雪融水汇集到眼檐口处时，因为出挑的檐口没有室内传热，导致冰雪融水在檐口部分再次冻结，形成不断增大的冰锥不时坠落，影响建筑正常使用和人员安全。在檐口和落水管敷设电伴热带后，通过伴热带均匀的发热，不断将檐口及雨水处的冰雪加热融化，随雨水系统排走。

2.2.3　电伴热的特点及功耗

电伴热系统具有一次敷设到位、使用便利的优点，可根据气候情况选择是否启用，能够彻底解决冰雪冻结的问题。不过冰雪融化吸热量大，每公斤固体的冰雪融化为同温度的液态水需要吸收335 kJ热量，加上散热造成的损耗，使得电伴热系统功耗极大。参照国内外主流产品的技术指标，为达到避免冰雪冻结的效果，当冬季最低平均温度为 -2℃、降雪量小于1.7 cm/h时，在桥梁道路表面敷设的电伴热带需要达到200 W/m^2 的输出功率。当室外气温降低至 -6℃、降雪量增加至1.7 ~ 2.0 cm/h时，输出功率要提高至250 ~ 300 W/m^2。如果要将主站房屋面近94 000 m^2 面积的积雪全部融化，需要23 500 kW/h的用电量，建设成本和使用成本过高。

2.2.4 小 结

电伴热带以其尺寸小巧，设置灵活，配套设施少的优势在管道防冻、设备加热、局部防冻方面具有明显的优势。但因其耗能过大，投资和使用成本高，维护检修复杂，平均使用寿命只有 10 ~ 15 年。在南方城市雪灾出现时间间隔长，系统使用频率极低，如果大面积使用，并不经济，因此本工程设计中并未在屋面系统中采取电伴热的除雪措施。但为保证冰雪气候条件下屋面排水系统正常工作，在屋面雨水斗处设置了小功率的雨水斗电伴热，防止雨水斗处冻结堵塞，雨水管从屋面下穿入高架候车层室内，利用室内较高的温度防止立管处冰雪融水冻结，形成了一条在各种气候条件下都可以通畅工作的排水路由。

2.3 融雪剂

2.3.1 融雪剂现状

随着城市规模的不断扩大和城市功能的繁复，冬季雪天对城市道路交通、城市生活造成的影响也越来越突出。长期以来世界各国清除积雪的方法主要有机械法和融雪剂法。当降雪量过大时仅靠人工和机械除雪已经远远不能满足除雪要求，而且机械除雪需要一定的设备和人员，清除出的积雪依然需要堆积等待溶化或再清除。因此融雪剂以其除雪成本低，无需大量人力、物力且清除速度快不必考虑搬运和处理积雪的优势，被越来越多的国家广泛采用在城市道路、交通系统的积雪清除上。但是，融雪剂在给生活和城市带来便利的同时，对城市环境和道路、建筑本身也产生了一定的危害。

国内外所使用的融雪剂主要成分是氯化钠、氯化镁、氯化钙为主的无机盐类，其中氯化钠由于来源广、价格低廉用量最大，使用最广泛。目前国外市场上也有新型的醋酸盐类环保有机物融雪剂，但价格过高影响了其大面积使用。

2.3.2 融雪剂融雪原理

无论是以往使用的融雪剂，还是新型的环保有机物融雪剂，其主要成分都是氯化钠、氯化镁、氯化钙、醋酸盐等盐类。融雪剂的融雪原理是通过盐类溶解于水以降低水的冰点来达到融雪的效果。融雪剂的融雪行为可概括为两步：一是吸热行为，每公斤固体的冰雪融化为同温度的液态水需要吸收 335 kJ 热量；二是溶解行为，根据稀溶液的依数性，融雪剂作为溶质溶于雪水中成为盐溶液，或浓溶液融雪后变为较稀溶液，从而使融化后的雪水冰点降低，在降低的温度下流走，不再冻结。

2.3.3 融雪剂的危害

融雪剂对建筑、市政设施、植物及环境方面均存在着一定的影响。表 1 给出了国外相关资料中常用的氯盐型融雪剂的性能与影响的评价。

表 1 常用氯盐型融雪剂的性能与影响评价表

名 称	冰点(℃)	损害与影响			
		基础设施	楼梯地面(户内)	植 物	环 境
氯化钠	-19.6	严重	轻微	严重	中等
氯化钙	-55	严重	严重	中等	轻微
氯化镁	-36	严重	严重	中等	轻微
氯化钾	-13.8	严重	轻微	中等	轻微

(1)对建筑物的腐蚀性

以美国为主的西方国家，20 世纪 50 ~ 60 年代开始大量使用融雪剂，到 70 ~ 80 年代，已经陆续出现桥梁钢筋腐蚀破坏和路面受损等问题，造成了严重的影响和巨大的经济损失。我国也出现了类似的问题。建筑中的钢混混凝土结构、设备管网、钢结构等均会受到融雪剂会引的腐蚀，影响建筑使用和结构安全。

氯化物融雪剂对钢筋混凝土造成孔蚀破坏，溶化的盐水从建筑和结构缝隙处渗透到钢筋混凝土或钢结构处,氯离子在钢材钝化膜薄弱处促进阳极半电池作用,使铁元素溶解在氯盐溶液中,成为铁离子释放出电子,使阴极半电池形成氢氧根离子,导致生成氢氧化铁,即铁锈。一般的钢筋锈蚀是一层一层由表及里向钢材内部锈蚀,但是氯离子是在钝化膜薄弱处开始,逐步深入促进钢材锈蚀的电化学作用,锈蚀在一点发展形成孔蚀,使得钢材局部断面缺损,造成应力集中,对结构的危害是严重的。如果混凝土中有活性骨料,则氯化钠中的氯离子将促进混凝土的碱骨料反应,数年后可能使混凝土膨胀开裂。此外,氯化物融雪剂对金属材料的破坏也是化学腐蚀和电化学腐蚀共同作用的结果。

(2)影响植物生长

2002 年 12 月 19 ~25 日北京遭遇了新中国成立以来持续时间最长的一场降雪,使用了 7 000 多吨的融雪剂。由于大范围使用融雪剂,造成了第二年春天北京有 4 000 多棵大树以及 4 万多株灌木死亡,直接经济损失达 1 500 万元。世界各国都曾报道过融雪剂对植物的影响。在加拿大的城市中,道路中的隔离带草坪,由于盐害而枯死,草坪每年必须补种一部分。

土壤中可溶性盐类种类过多导致土质的下降,对植物带来了很多不利的影响,其主要影响有:

生理干旱:一般植物在土壤盐分别超过 0. 2% ~0. 5% 时就会出现吸水困难,盐分高于 4% 时植物体内水分易外渗,生长速率显著下降,甚至导致植物死亡。

特殊离子的毒害:盐分过多的土壤环境的一个特点是某些离子浓度过高而毒害植物,某些盐类过多则排斥对另一些营养元素的吸收,这种不平衡吸收,不仅造成植物影响失调,抑制生长,同时还产生单盐毒害作用。

破坏正常代谢:由于盐胁迫影响了细胞膜的正常透性,引起一系列的代谢失调,导致植物的死亡。

(3)污染水体

地表和屋面散布的融雪剂,与路面排水和屋面排水一起向河流或湖泊水域排放后,由于其中的氯离子等有害离子含量过高,造成水体受到污染,使鱼类和水生植物受到影响。如果深入地下,也会对饮用水造成影响。

2. 3. 4 小 结

采用融雪剂进行融雪具有成本低,不需要大量的人力、物力且融雪速度较快的优点,近年来广泛在道路、桥梁除雪方面采用。但是经过几年的实践,发现融雪剂对建筑的腐蚀、植物破坏、水体污染等方面均存在很大的危害,并且造成了极大的经济损失,在国内外各大城市减少并限制使用融雪剂已经成为一种趋势。

从工作环境的角度考虑,融雪剂应用于道路时反复有车辆碾压,可以加快冰雪的融化速度,帮助加快融雪剂溶液的形成;而建筑屋面除从空气中和建筑内部吸热并无其他热量来源,依据到融雪剂的融雪原理,从融化到溶解为溶液需要吸收热量才能达成,因此实际应用时融雪效果并不理想,且盐溶液通过缝隙渗透,对屋面板和屋面钢结构均有很强的腐蚀性,极易产生孔蚀破坏结构安全性。

因以上几点,本项目屋面防雪化雪不采用融雪剂的方法。

2. 4 其他安全措施

2. 4. 1 人工清除可行性分析

在主站房屋面网架内设置了供专业人员通行的马道,在东西两侧各设 4 处屋面上人点,使得屋面具备上人清除积雪的条件。为探讨屋面上人清扫的可能性,根据市区道路人工清扫经验暂按每人每小时清除 70 m^2 积雪估算,即使降雪停止整个屋面近 1 400 人同时作业 1 小时才可能将屋面积雪全部清除。不仅如此,主站房东西两侧均为无柱雨棚,只有南北侧落客平台才有可能成为屋面清运积雪的路径,主站房屋面南北方向长度 456 m,清除的积雪需要经过 228 m 的运输较困难。屋面板为金属屋面,在雨雪天气时行走困难极易滑倒,伴随阵风更易引发安全事故,因此不具备在恶劣气候条件下安排人员在屋面行动清除积雪的可靠条件。

2. 4. 2 檐口断面轮廓优化

在原扩充初步设计阶段檐口最高点坡向室内一侧,使得主站房屋面天沟均成为内天沟,不具备自然溢水的条件，当屋面排水系统堵塞时或者遭遇罕遇暴雨时，会造成屋面积水隐患，只有改变屋顶截面形式，或在屋面虹吸排水系统基础上再增加一套溢水排水系统解决。根据结构形式和受力特点经过方案优化，施工图设计阶段将整个屋顶高度随悬挑距离逐渐减小，以减少结构自重。

综合考虑屋面排水组织，结构受力特点和屋面积雪堆积滑落情况，屋面采取四个方向向室外一侧设置单坡，在檐口周圈设边天沟，并增加天沟宽度至2 m以上。调整后檐口形式优点如下：降低结构自重减少用钢量；屋面形式可自然溢水，提高屋面在极端降雨情况下的安全性；加宽边天沟给屋面滑落的积雪提供了一个缓冲和储存的空间，使得屋面冰雪不易滑下坠落，积雪滑入天沟后缓慢融化从屋面雨水系统排出；建筑立面檐口造型更加轻薄、深远、大气。

2.4.3 防冰雪滑移、坠落措施

屋面三道天沟相互间距较大均在30～40 m，屋面冰雪顺坡面滑移速度和冲击力都逐渐增大，可能出现大块冰雪顺坡度方向滑移。在国内外以往建成的大型公建中，屡屡发生屋面大块冰雪滑移坠落造成的安全危害。南京南站属于人员密集的车站，屋面冰雪一旦出现冰雪滑移坠落，将造成严重的安全事故，因此防止冰雪滑移应当给予极高的重视。

针对屋面造型特点和屋面坡度形式，在直立锁边金属屋面上设置挡雪杆挡雪措施，采用肋顶夹将挡雪杆固定于金属屋面立边之上。屋面三道天沟在室内一侧均设置了连续的挡雪杆，挡雪杆可阻挡上侧快速冲落的冰雪，将较大的冰雪快拦截分割，还可防止相邻冰雪滑动。同时肋顶夹的构造本身还可加强金属屋面立边咬合，增强屋面板与卡件的连接强度和抗风能力部位，挡雪杆本身还可作为屋面上人检修的安全系统的一部分连接点。

3 结 语

在南京南站主站房屋面设计过程中，我们针对雨雪灾害时屋面系统所面临的工况和可能产生的安全问题进行了归纳，对起因进行了分析，并对可采取的措施归纳比较。因本工程形态特点、钢结构网架结构形式以及建筑规模的特点，电伴热、融雪剂等化雪措施均不宜采用，上人清运也缺乏可实施性。最终设计考虑以预防檐口冰雪坠落为立足点，采取优化檐口断面，加宽边天沟、设置挡雪杆的建筑措施消除坠冰隐患，同时优化檐口截面以解决暴雨时屋面内天沟积水问题并减少结构用钢量。积雪安全主要考虑在屋面结构设计中结合未来天气变化趋势适当增加设计荷载考虑，同时作为屋面结构的安全储备。

本项目在屋面系统设计过程中采取的主要安全措施归纳如下：

经过对屋面积雪消除措施逐项分析，大规模采用电伴热系统和融雪剂都不具备可行性，恶劣气候条件下屋面湿滑也不具备上人清运的可能性。屋面结构需要考虑在极端气候条件下承受雪荷载的可能。

根据对未来气候变化趋势分析，南京区域未来可能再次出现罕见降雪，屋面积雪可能达到800 mm，荷载达到1.2 kN/m^2，建筑无法设置有效的措施及时清除积雪，为确保结构安全，将极限荷载取值适当提高。

建议主站房屋面排水组织采取四向单坡的形式，避免出现内天沟的布置。为提高恶劣降雪条件下屋面雨水排水系统的安全性，在雨水斗处设置单斗电伴热系统，防止雨水斗冻结。

建议在主站房屋面外端设置天沟并增加宽度至2 m，作为屋面积雪滑移的缓冲堆积区。在金属屋面部分设置环状挡雪杆避免冰雪滑移。

为便于使用维护以及恶劣气候条件下对屋面系统的安全进行观察，主站房屋面考虑上人措施，并应与屋面下马道系统结合联通，上人点均匀分布于东西两侧屋面侧窗。并结合人员在屋面的活动情况设置检修安全索，检修安全索与屋面挡雪杆结合考虑以控制成本。

每年进入降雪季前，要求使用单位对主站房雨水斗电伴热系统进行检查，以确认系统工作正常。

每两年要求使用单位对主站房直立锁边金属屋面进行检查，确保直立锁边系统相互连接、肋顶夹、挡雪杆、螺栓卡件的连接牢靠,对发生松动部位及时维修更换。

网架内检修马道均匀布置以满足网架结构巡视检查的需求。

随着国内经济的飞速发展,大型公共建筑层出不穷,金属屋面系统正被越来越多的项目所采用。但作为一种较新的建筑构造,近几年在各种恶劣气候条件下所产生的问题也不容忽视。南京南站的屋面工程规模极大,其建筑形式和造型特点在国内外相似工程中都比较少见。本文既是对南京南站主站房屋面建筑设计中所考虑的问题进行总结,也希望能起到抛砖引玉的作用,与各位从业者共同交流,将国内公建屋面系统的设计水平推向新的高度。

参 考 文 献

[1] 高学杰,赵宗慈,丁一汇,等,2003b. 温室效应引起的中国区域气候变化的数值模拟　第一部分:模式对中国气候模拟能力的检验[J]. 气象学报,61(1):20-28.

[2] 高学杰,赵宗慈,丁一汇,等,2003c. 温室效应引起的中国区域气候变化的数值模拟　第二部分:中国区域气候的可能变化[J]. 气象学报,61(1):29-38.

[3] 王绍武,董光荣. 中国西部环境演变评估(第一卷)[M]. 北京:科学出版社,2002:53-60.

[4] 高学杰,林一骤,赵宗慈,等. 温室效应对我国长江中下游地区气候影响的数值模拟[J]. 自然灾害学报,2004,13(1):38-43.

[5] Zhao Zongci, Akimasa Sumi, Chikako Harada, Toru Nozawa, 2003. *Detectionand Projections of Extreme Climate 20th and 21st Centuries by the CCSR/NIES2 with SRES Scenarios.* IUGG2003, Sapporo, Japan.

[6] 韩洪军,王卓艺,等. 北方地区使用融雪剂存在的问题及对策.

[7] 张颂. 融雪剂环境影响及保护对策.

[8] 英国 BS EN 765-1997. *Protection Against Falls Form a Height-Anchor Devices-Requirements and Testing.*

[9] 中华人民共和国国家标准. 坠落防护　带刚性导轨的自锁器(报批稿).

[10] 中华人民共和国国家标准. 坠落防护　安全绳(报批稿).

虹桥枢纽基坑、基础与上部结构一体化设计与施工

徐向辉

（铁道第三勘察设计院集团有限公司，天津　300251）

摘　要：基坑、基础与结构作为工程的主要元素，三者之间关联性很强，存在内在的必然联系，但由于三者专业性很强，目前国内土木行业专业分工常将基坑、基础与结构分开考虑，设计过程中对三者内在联系没有充分重视，因此工程总体性有待加强，体系不够合理，工程实施安全度和效率有待提高，经济指标有很大优化空间。本文以虹桥枢纽工程为背景，从使用功能要求、结构体系合理性、工程安全性、有效控制工程投资等方面出发，充分研究枢纽内基坑、基础与结构的内在必然联系，提出基坑、基础与结构一体化进行设计的新思路和理念，并围绕该理念对地下工程涉及关键技术进行深入研究并给出具体技术措施。

关键词：基坑；基础；结构；一体化；设计理念；关键技术；安全措施

1　虹桥综合交通枢纽工程概况

1.1　枢纽总体布局

虹桥综合交通枢纽规划范围东起外环线、西至华翔路、北起北翟路、南至沪青平公路，规划用地约 26.26 km^2。枢纽内引入了核心区的概念，枢纽核心区内各交通主体的平面布局由东向西依次为：航站楼、东交通中心、磁浮、高铁、西交通中心，详见图 1。下设 5 条地铁线。

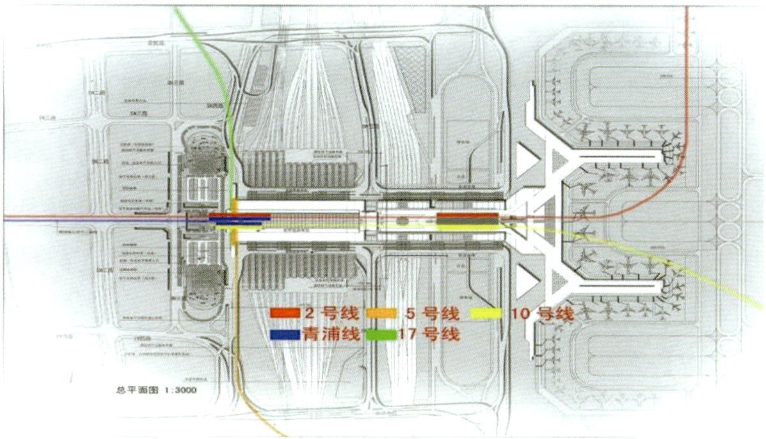

图 1　虹桥综合交通枢纽核心区总平面图

京沪高铁站房暨地铁西站地下三层、地上两层，地面总高度为 40 m。总建筑面积约 40 万 m^2。地下三层为南北走向地铁 5 号、17 号线站台；地下二层为 2 号线、10 号线及青浦线站台层；地下一层为京沪高铁上海虹桥站的地下出站厅、地铁付费区及联系东西节点的大通道，实现高铁、地铁、公交、磁浮等多种交通方式的进出站及换乘；地面层为京沪高铁的站台及轨道层；地上二层为高铁高架候车厅。典型剖面见图 2。

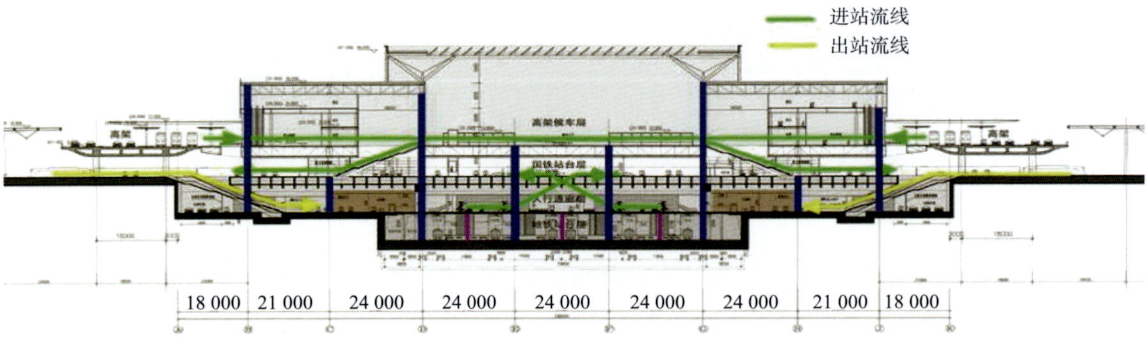

图 2　国铁站房与地铁西站等布局关系图

1.2　工程地质与水文地质

枢纽工程穿越地层从上至下依次为:①填土、②-1 褐黄色～灰黄色黏土、②-3 灰色黏质粉土、③灰色淤泥质粉质黏土、④灰色淤泥质黏土、⑤-1 灰色黏土、⑤-2 灰色砂质粉土、⑤-3 灰色粉质黏土、⑤-4 暗绿色粉质黏土、⑦灰色粉砂,车站桩基取⑨层粉细砂为持力层。

沿线场地揭示的微承压水分布于⑤-2 层中,水头埋深约为地表下 4.0～7.0 m,承压水分布于⑦层中,水头埋深为 6 m。

1.3　基坑工程概况

1.3.1　基坑规模

该枢纽范围内基坑平面很不规则,单体工程很多,深度变化很大。其中:一级基坑由国铁地下站房、西交通广场、地铁西站西段区间配线上部空间部分,基坑深 11.5 m,总长 861.47 m,国铁部分基坑长 447 m,宽 281.8 m;地铁西站西延伸段部分长 207.8 m,宽 194.26 m;西交通广场长 680 m,宽240.77 m。一级基坑总基坑面积约 28.88 万 m^2,其中西交通广场约 12.75 万 m^2,国铁与地铁西站部分约 16.13 万 m^2。二级基坑由地铁西站 10 号线、青浦线和 2 号线站台层与相邻区间以及 5 号、17 号线站厅层组成,基坑深 21.12 m,基坑总长 804.47 m,标准段宽度 86.86～103.16 m。三级基坑由地铁西站 5 号、17 号站台层与区间及跨线风道组成,基坑深度 29.06～30.76 m,其中最长段长 432.5 m,最宽段宽 41.4 m。

1.3.2　基坑支护方案

根据本基坑工程的特点、难点及工期要求,本基坑采用组合式基坑支护方案:"第一级基坑为两级放坡＋水泥土重力式挡墙,第二级基坑为地下连续墙＋两道钢或钢筋混凝土内支撑,第三级基坑采用地下连续墙＋钢管或钢筋混凝土内支撑"的设计方案。并且为了施工安全与方便,设计了完整的栈桥系统。具体设计方案如图 3。

1.4　结构工程概况

地铁虹桥西站与其上方的 SN5 路连接体、虹桥铁路客站主站房、南北辅楼、西公交广场及西延伸段共同组成了虹桥综合交通枢纽西节点工程,其中地下三层为南北走向的 5 号线与 17 号线的站台层及三个下穿式风道,结构标高为 －29.11 m(以高铁站台面标高为 ±0.000,相当于吴淞高程 7.35 m,下同);地下二层为东西走向的青浦线、2 号线、10 号线的站台层、区间、2 号线站后折返线及 5 号线、17 号线站厅层,结构标高为 －20.67 m;地下一层为与虹桥铁路客站及公交枢纽共用的进出站大厅及大通道。结构标高为 －11.700 m。

整个西节点工程按上部建筑物的不同可以分为 SN5 路连接体、国铁南北辅楼、国铁主站房、西交通广场及西延伸段间等六个区。这六个区在地下一层及以上部分以变形缝分割,地下一层底板及以下部分连为一整体,如图 4 所示。

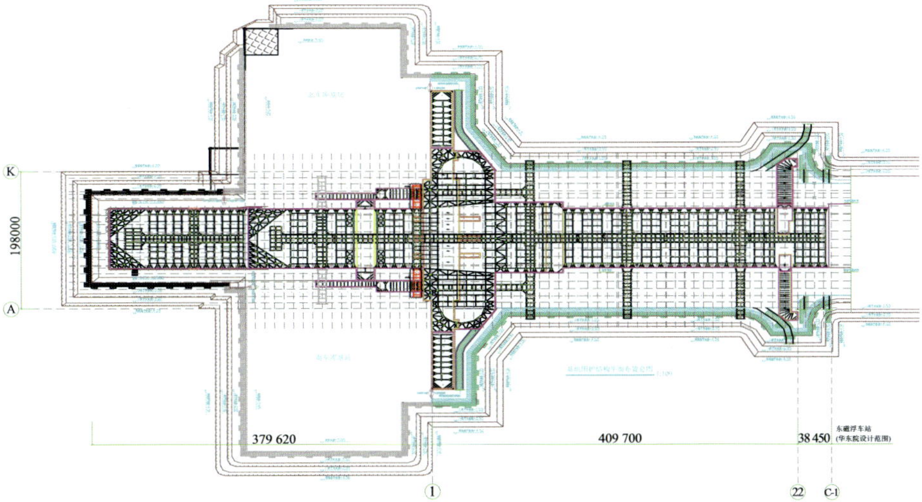

图 3　西节点工程基坑总平面图

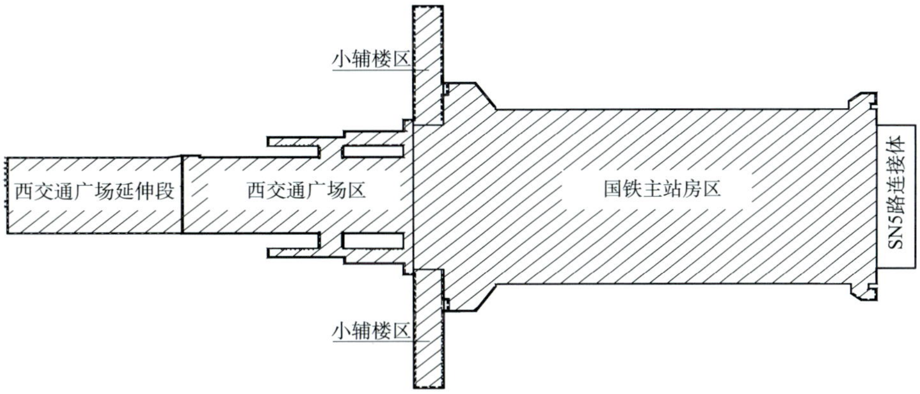

图 4　上部建筑分区图

1.5　基础工程概况

由于使用功能与柱网布置的特点使得负二层及负三层柱底反力及不均匀，大的达到了 58 000 kN，小的只有 10 00 kN。零层为国铁轨道层，负二层及负三层为地铁，对沉降要求均较为严格，为控制最大沉降及差异沉降，基础采用桩筏基础，桩型采用 ϕ850 mm 钻孔灌注桩。抗压直桩持力层选择⑨层粉细砂夹中粗砂，扩底抗拔桩持力层选择第⑦-2 粉细砂。根据基桩受力特点，在柱下设置抗压直桩，ϕ850 mm；在负二层南北向 24 m 跨中设置抗拔扩底桩，ϕ850 mm，扩大头 1 500 mm。

2　上部结构与下部结构一体化设计

2.1　上部结构与下部结构总体布局

2.1.1　平面布局

以建筑功能最优为目标，考虑结构受立合理性与建造可实施性。根据建筑功能需求，东西向地下二层平行设置三条地铁线，构成枢纽东西轴线，在国铁站房西厅地下三层设置南北走向两条地铁线，地下工程范围与布局在满足功能同时，考虑上下结构结合与可实施性。

2.1.2　竖向布局

(1)采用房桥体系，合理利用结构压重。枢纽建筑普遍存在上部结构层数少，基础为超补偿，地下水浮力大的特点，因此，充分利用上部结构压重，上下结构一体化布置十分重要。

(2)采用主柱网与辅柱网结合布置方法,使结构体系受力合理,增加安全性,节约投资。在虹桥枢纽设计中,上部建筑采用大跨度,地下空间分层加密柱网。

(3)地下结构在满足其自身使用功能的同时,作为上部结构基础和传力构件,要考虑受力合理性和工程可实施性。在国铁区域,地下空间局部外放,提供上部结构主柱基础承台空间;在西交通中心范围,地下连续墙作为上部结构柱基础;在地铁渡线上方,结构设置转换梁。

2.2 上下结构整体分析计算

虹桥枢纽将上下结构整体建模进行抗震分析计算,并采用 MIDAS 和 ANSYS 两个程序进行对比分析(图 5)。

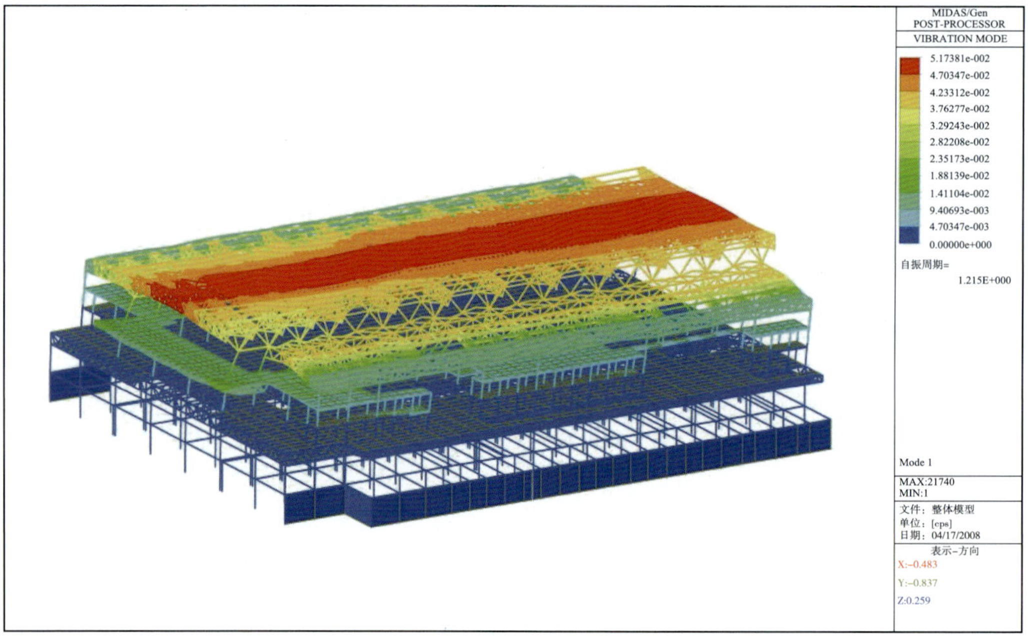

图 5 1~13 轴整体分析第一振型

3 基坑工程与结构工程一体化设计

主体结构与基坑围护结构进行一体化设计的理念就是:在永久性的主体结构设计中利用作为临时措施的围护结构,在围护体系结构的设计中利用主体结构,并在设计与施工中充分考虑两者间的影响关系,做到永临结合。

围护结构与主体结构主要有三种结合要素:基坑围护体(墙)与地下结构内衬墙相结合;水平支撑系统与主体结构设计相结合;临时立柱桩与工程桩的结合。

3.1 基坑围护体(墙)与地下结构内衬墙相结合

在设计与施工中采用叠合墙体系可以使连续墙的性能得以充分发挥,有效地节约资源,并增强施工过程的安全性。其主要优点如下:采用叠合墙可以减少支撑倒换,确保工程安全;采用叠合墙体系可以减小主体结构内衬墙的厚度;采用叠合墙体系可以充分利用连续墙的承载能力,作为抗浮构件或基础使用。

3.1.1 基于增量法的设计计算

施作地下连续墙后按如下开挖、回筑步骤进行增量法分析计算,共分 9 个步序。其中步序 1 ~ 步序 6 为基坑开挖与加撑阶段,采用理正基坑软件进行计算,步序 7 ~ 步序 9 采用 MIDAS/GEN 有限元程序计算,计算结果见图 6。

(1)关键步序时的弯矩

第 9 步时的弯矩如图 6 所示。

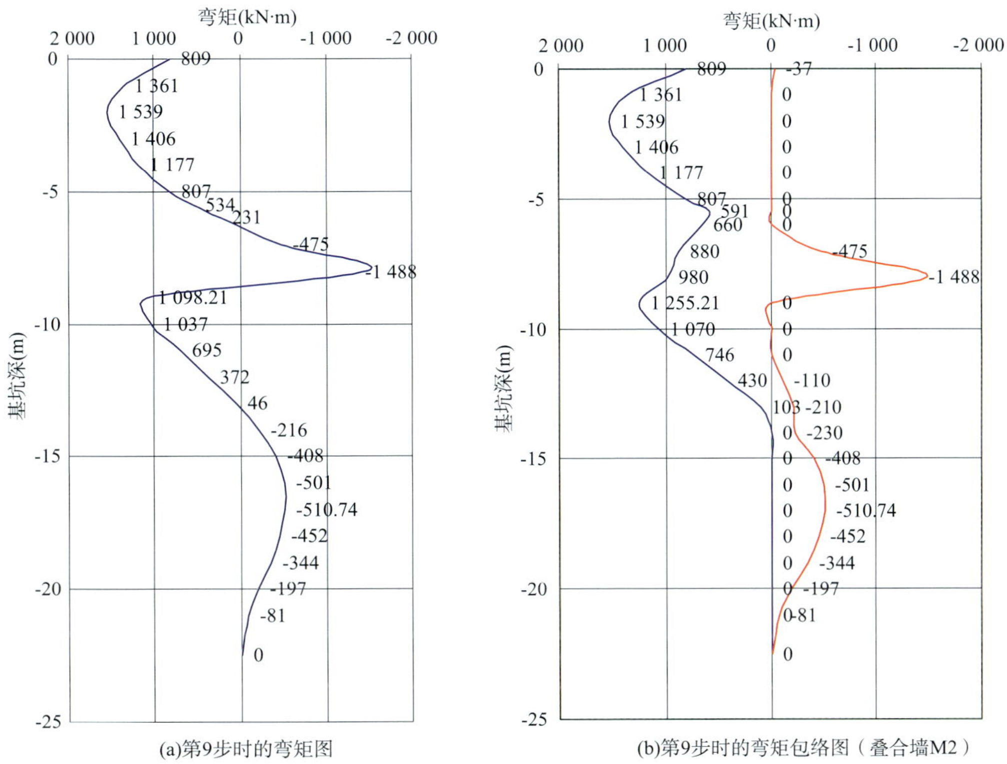

图 6　增量法关键步序计算结果

(2)基于全量法的计算与分析

为便于比较增量法与全量法的区别与科学性，对本工程进行了全量法的计算与分析。按照主体结构完成后一次加载的全量法计算的叠合墙的弯矩如图 7 所示。

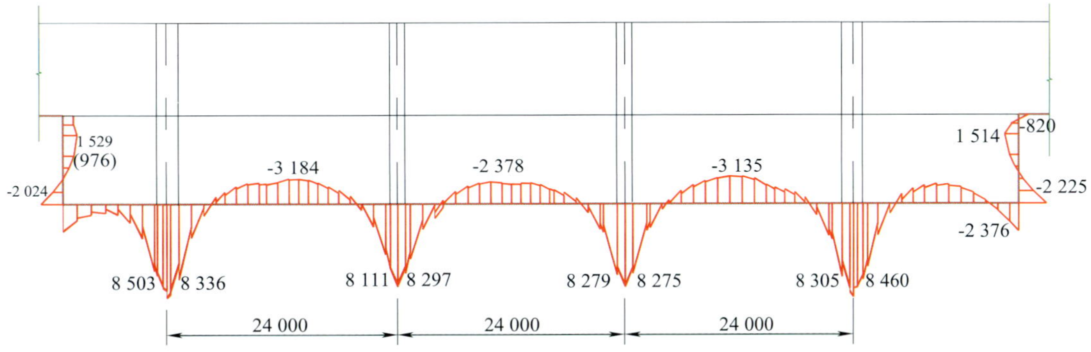

负二层南北向柱下弯矩图（标准组合）

图 7　全量法计算的弯矩图

(3)全量法与增量法的分析与比较

增量法计算的墙体的最大负弯矩为 1 448 kN · m，最大正弯矩为 1 539 kN · m；全量法计算的墙体的最大负弯矩为 2 225 kN · m，最大正弯矩为 1 529 kN · m。对与本工程而言，增量法与全量法计算的墙体正弯矩比较接近，而增量法计算的墙体负弯矩比全量法计算的弯矩小 777 kN · m，约占全量弯矩的 35%。比较得知，全量法计算的墙体最后的内力计算值与实际内力相比有较大的出入，且不能反映结构内力随施工阶段不同的变化过程。通过研究发现，这种差别的产生主要是由于全量法是假定墙体刚度一次形成的，因此刚度较大，分担了较大的负弯矩；而增量法墙体刚度是分步形成的，因此分配刚度较小。因此，对与采用叠合墙体系的结构来说，应采用增量法进行内力及变形的有限元分析，简单的采用全量法分析存在较大理论缺陷，甚至产生错误结论。

3.2 主体结构与支撑系统相结合的设计与施工

本工程二级基坑采用了两道钢筋混凝土支撑的支撑系统。其中第一道支撑在结构楼板的下面。为节约工程投资并增加施工的安全性，设计中采用了在第一道支撑上楼板结构施工完毕并达到强度后拆除的方案，并使钢筋混凝土冠梁成为主体结构的一部分，避免了支撑倒换，在节点构造上采用了逆作法施工的元素（图8）。

为保证节点处混凝土的密实度及防水效果，采取了埋设止水胶、留设排气孔、预埋注浆管等构造措施，并取得了良好的效果。

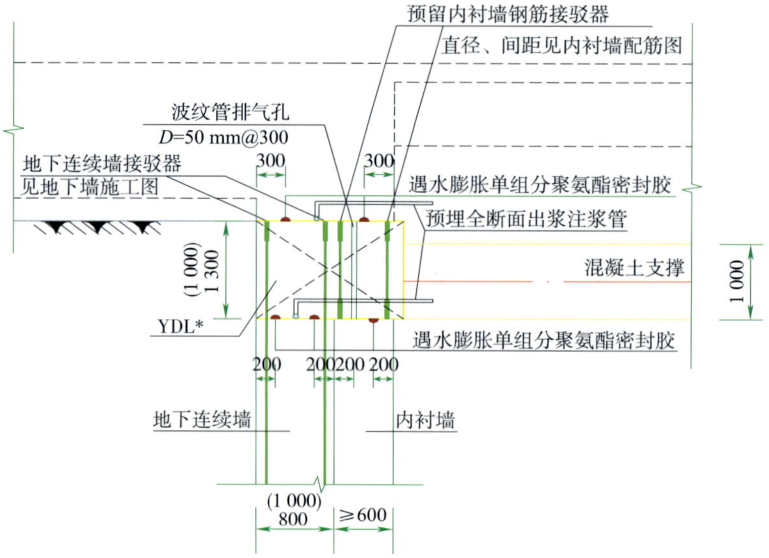

图8 叠合墙与钢筋混凝土冠梁相结合的设计简图

3.3 临时立柱桩与工程桩相结合的设计与施工

由于支撑系统的宽度较大，为保证支撑系统的的稳定与承载能力必须设置大量的临时立柱桩，且临立柱下必须设置桩基础。另外，本工程对结构的沉降控制极为严格，设置了大量工程桩。

根据基础工程与基坑工程的实际情况，设计过程中进行合理整合，使工程桩与临时立柱桩做到了充分的结合（图9）。

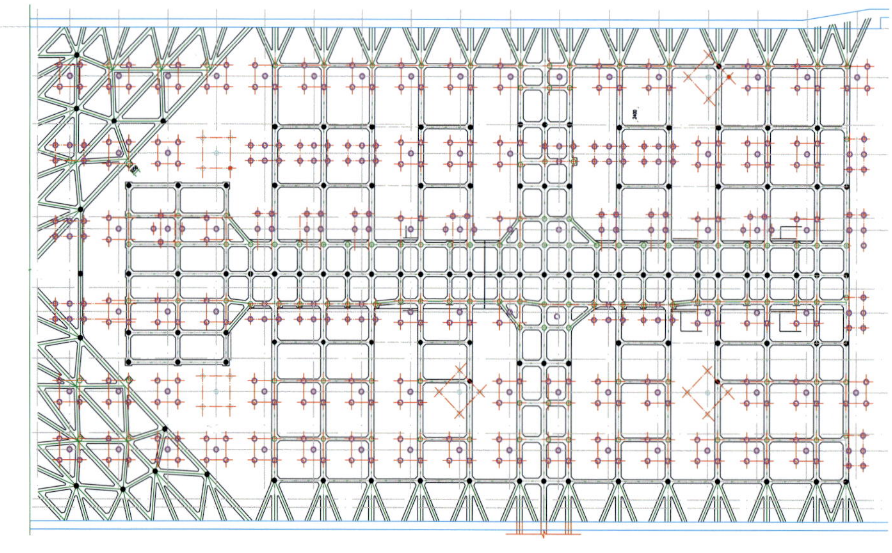

图9 工程桩与临时立柱桩结合布置图

通过以上调整,本工程支撑系统的1485根立柱桩中有815根与工程桩进行了结合,结合率达到了54.9%,节省投资2000多万元。

3.4 结合钢筋混凝土支撑体系布置了完整的栈桥运输系统

根据施工需求配置栈桥体系:一纵、六横、两辅助,如图10所示,栈桥体系把A、B、C、D各区与坑外道路合理的联系起来。

设置栈桥时充分利用了支撑体系。第一道钢筋混凝土支撑的对撑桁架(断面1 m×1 m)可作为施工栈桥的主梁,中部的纵向联系支撑截面加大后(加大后断面为0.8 m×0.9 m)也作为施工栈桥的主梁,施工机械可在栈桥上通行,解决了整个超大基坑的施工通道问题。

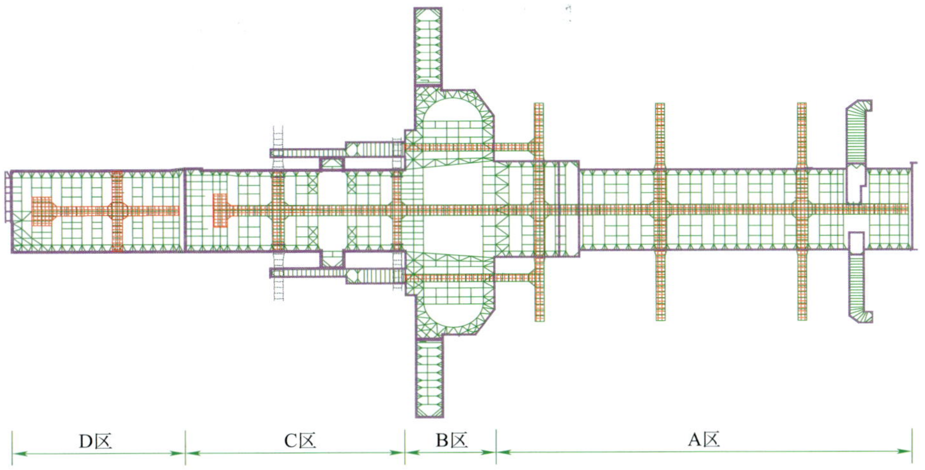

图10　施工栈桥与支撑体系结合布置图

4　基础与上部结构的一体化设计

上部结构、基础与地基是一个统一的有机整体。传统的设计方法假设基础是刚性的,计算上部结构时,柱底按固接处理,不考虑基础变形对上部结构的影响;然后把上部结构求得的支座反力作用于基础上,用材料力学的方法求得地基反力,地基反力是线性分布的,从而得到基础的内力和变形;然后再把地基反力作用于地基或者桩上来设计桩数或校核地基强度和变形。这对于上部结构刚度较好、柱底荷载及柱间距变化不大的情况是适用的。但实际工程中,基础是有差异沉降的,通过工程实践检验,发现上部结构实际内力往往与常规设计理论值有较大差距,底层梁柱和边跨梁柱尤为明显,甚至出现严重开裂。

4.1 基础与上部结构影响分析

模型范围选取:选取A区标准断段进行计算。针对本工程关心的筏板基础变形对负二层梁板及零层板的影响,将高架层结构荷载施加于零层板顶,建立包括零层板、地下一层结构、地下二层结构、筏板及桩整体模型(见图11)。

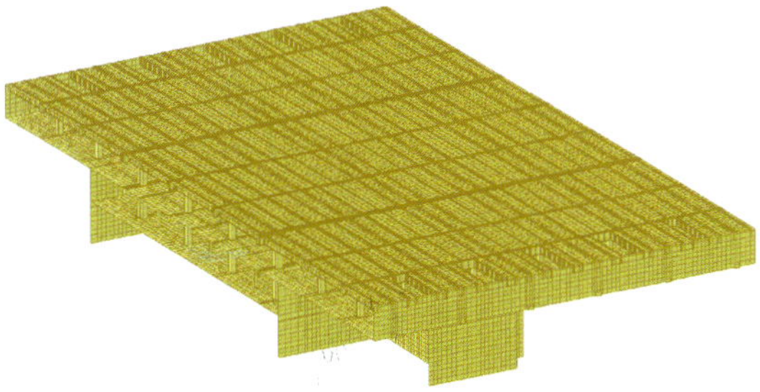

图11　A区整体模型

4.2 桩弹簧刚度取值

传统的有限单元法和边界元法需要对桩进行单元划分,需要建立很大的桩土刚度矩阵,因此不适用于实际工程中大规模的桩筏基础分析。本工程中,认为在桩基受力达到抗压及抗拔承载力特征值之前,桩顶受力—变形为线性变化的,将桩单元简化为压、拔刚度不同的线性弹簧。

根据桩基静荷载报告，抗压桩的 $Q—S$ 曲线，12 000 kN 荷载对应桩顶位移平均为 20 mm，桩单元的压弹簧刚度取 600 000 kN/m，抗拔桩的 $Q—S$ 曲线，7 200 kN 荷载对应桩顶位移平均为 20 mm，抗拔刚度取 360 000 kN/m；墙底弹簧线刚度根据与桩单元刚度进行比较进行选取，刚度比值取连续墙和桩计算承载力比值相同；坑底以下墙侧向面弹簧取水平向基床系数。

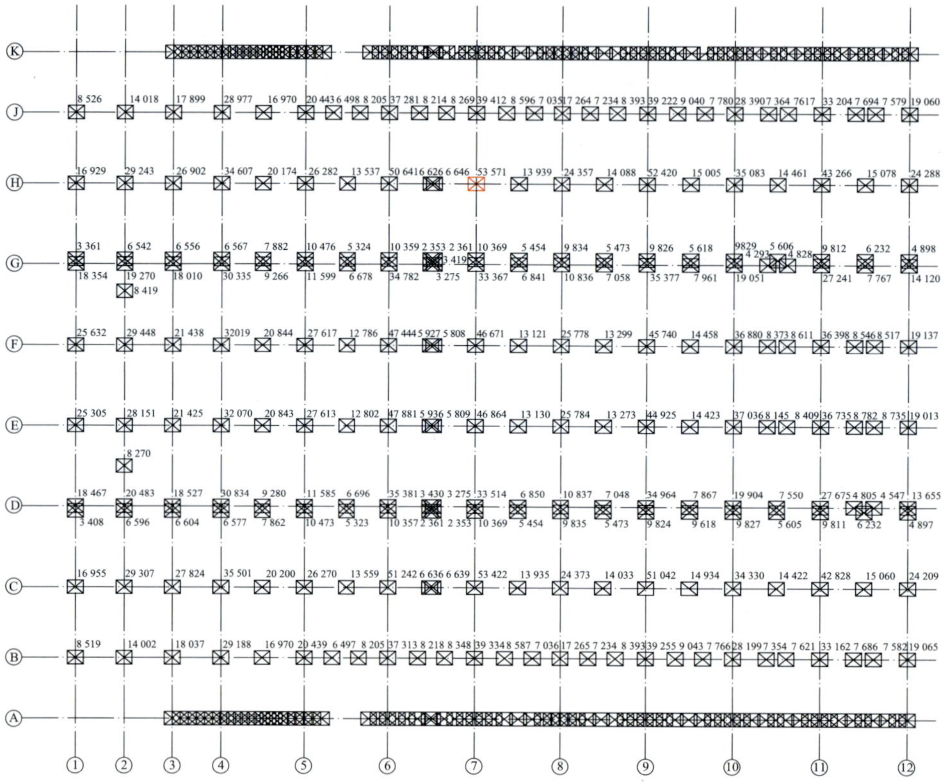

图 12　国铁站房左侧柱底反力示意图

4.3　分析内容与结论

4.3.1　不同筏板厚度对上部结构影响

筏板厚度对上部结构的影响分析是一个新课题，通过分别选取 1 m、2 m、3 m、4 m、5 m 筏板厚度，从具有代表性的横向和纵向两个方向分别计算负二层梁受力及变形，形成筏板厚度对上部结构影响的规律性认识，通过对比分析，确定筏板合理的厚度。举例如图 12 所示。

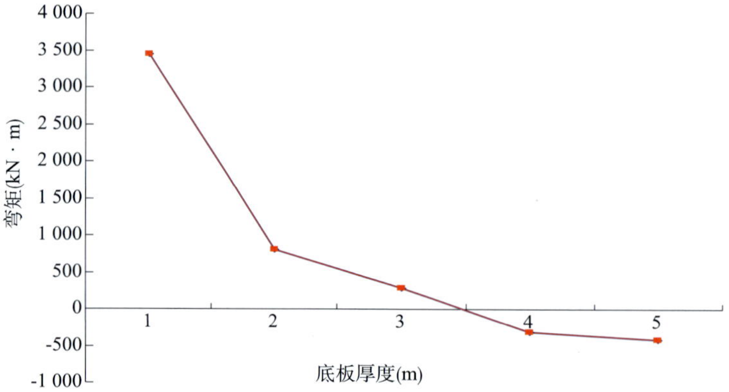

图 13　F 轴梁右支座弯矩随板厚变化曲线图

4.3.2　考虑基础、结构共同作用与传统方法对筏板计算结构的影响

传统的计算基础方法，是将上部结构柱底固接，将上部结构计算的柱底反力施加于基础上，按倒楼盖法或者倒梁法计算基础；或者将上部结构施加于基础，地基按弹性地基处理。

考虑基础、结构共同作用，就是将地基、基础和上部结构作为一个整体，考虑三者的变形协调。两种方法对比分析见表1。

表1　共同作用法与倒楼盖法剪力统计表

轴线号 \ 计算方法		共同作用法(kN·m)	倒楼盖法(kN·m)	比　值
G	左支座	-3628	-2479	146.3%
	右支座	4086	847	482.4%
F	左支座	-3675	-1869	196.6%
	右支座	3695	976	378.6%
E	左支座	-4729	-1749	270.4%
	右支座	4578	1250	366.2%
D	左支座	-3822	-1036	368.9%
	右支座	3436	1425	241.1%

通过分析结论如下：

(1)对于结构柱网不均匀，结构柱荷载很不均匀的情况下，基础筏板厚度对上部结构影响很大，结构计算应进行整体建模分析，并考虑基础变形影响。按传统基础模型假定进行结构分析不能满足工程要求。

(2)通过对结构的横向与纵向分析发现：上部结构(本文取负一层结构梁为研究对象)对基础筏板的变化十分敏感。以本工程为例，结构梁支座弯矩与剪力这两个技术在筏板厚度由1 m变化到3 m时变化，变化更为显著——横向梁支座弯矩变幅达10倍，纵向梁支座剪力变幅达两倍，在3 m以后趋于平稳。从计算结果发现，在基础结构一体化概念进行结构分析的情况下，结构基础存在最佳厚度的概念，本工程底板采用3 m厚是合理的。

(3)采用结构与基础一体化概念和采用传统基础概念进行结构计算对比分析：共同作用法计算的弯矩最大为倒楼盖法的473.2%，平均约为200%，用传统方法计算的筏板弯矩和按共同作用计算结果相差很大。由此可见，对于柱网受力很不均匀的情况下，采用倒楼盖法的传统基础概念会产生很大的计算误差，甚至错误，必须采用一体化的理念进行基础与结构设计。

(4)结构沉降控制采用隆沉综合控制的方法。抗浮桩兼作承压桩，在大柱下配置大直径桩以⑨层作为持力层，小柱下抗浮桩同时满足沉降控制要求。地下一层部分基础的最大沉降量为5.8 mm，地下二层的最大沉降量为25.6 mm，最小沉降量为7.7 mm。计算结果表明，基础沉降满足建筑物地基允许沉降小于150 mm的要求；满足时速200 km铁路桥梁工后总沉降小于50 mm，相邻墩台沉降差小于20 mm的要求；同时基础沉降也满足了地铁工程的要求。

5　结　论

基坑、基础与结构作为土木工程的三个有机组成部分存在内在的必然联系，应该采用系统工程的研究方法，充分发掘其内在联系，并找出其规律性认识，应用于工程实际，将三者独立研究是不合理的。

基坑、基础与结构一体化的概念包括理论方面的创新，如各系统的集成方法、上下结构整体分析的方法、叠合墙体系分析方法、桩土作用的分析方法、基础与结构整体分析方法等设计理念和技术创新；同时包括工程实施方面的创新，如提出整体明挖节点逆作的基坑实施方案、利用支撑体系兼作施

工栈桥系统、临时立柱兼作工程桩等;一体化概念不仅能够显著提高工程实施的安全性、提高施工效率,同时大幅节约工程投资,虹桥枢纽一体化设计与施工节约投资 1.43 亿元。总之,一体化的概念不仅具有理论先进性、经济性,同时具有很强的实践性,是值得广泛推广的设计理念和工程建设方法。

参 考 文 献

[1] 徐向辉. 虹桥综合交通枢纽深大基坑关键技术研究[J]. 铁道工程学报,2009,(6).

[2] 徐向辉,孙俊岭,张万忠,薛清鹏,等. 大型地下工程与结构一体化研究[R]. 天津:铁道第三勘察设计院集团有限公司.

[3] 赵锡宏,李蓓,杨国祥,李侃,等. 大型超深基坑工程实践与理论[M]. 北京:人民交通出版社,2005.

[4] 刘建航,侯学渊. 基坑工程手册[M]. 北京:中国建筑工业出版社,1997.

[5] 夏明耀,曾进伦. 地下工程设计施工手册[M]. 北京:中国建筑工业出版社,1999.

[6] 石礼安,韩秋官,陆忠良,等. 上海地铁 1 号线工程[M]. 上海:上海科学技术出版社,1998.

北戴河站扩建雨棚结构设计与切割滑移施工

董卫国[1]　郭　明[2]　温四清[1]　王　新[1]　曾乐飞[1]

（1. 武汉市建筑设计院，武汉　430014；2. 铁道部工程设计鉴定中心，北京　100038）

摘　要:北戴河站既有雨棚通过主桁架结构中部截断、整体滑移扩展、中部吊装桁架补空的方法，顺利完成雨棚扩建。本文对北戴河站扩建雨棚设计施工的思路和措施进行了总结，概括了北戴河站在雨棚检测鉴定、结构计算分析、加固方法、整体滑移施工、安全防护、施工使用阶段监测等全过程的设计研究工作。通过合理的扩建改造设计及整体滑移施工方法的运用，北戴河站雨棚扩建顺利建成通车，进一步改善了站台旅客候车条件及保证营运安全。

关键词:北戴河站；扩建雨棚；空间钢桁架；改造加固；整体滑移

1　工程概况

1.1　既有站台雨棚结构概况

北戴河站原站台雨棚为拱形钢结构桁架，跨度68.6 m，拱顶高度19.5 m，长度545 m。雨棚结构采用正放三角形的拱形格构式桁架，桁架柱边长约2.5 m，拱形三角形桁架跨中高4.5 m。沿长度方向主桁架共26榀，桁架榀距一般为22 m，原有进站天桥处榀距为28 m，原伸缩缝榀距为10 m。既有雨棚于2006年8月建成，其结构模型如图1。

1.2　既有雨棚改扩建方案

原基本站台净宽为10.5 m，因不满足使用要求，基本站台净宽需扩宽为17.0 m，扩建后桁架跨度为75.3 m。扩建构想：雨棚桁架从中部截断，南边桁架向外整体滑移6.7 m，再中部吊装桁架补空，对部分杆件采用外包钢管加固。扩建后整体模型见图2。站房及雨棚平面见图3。

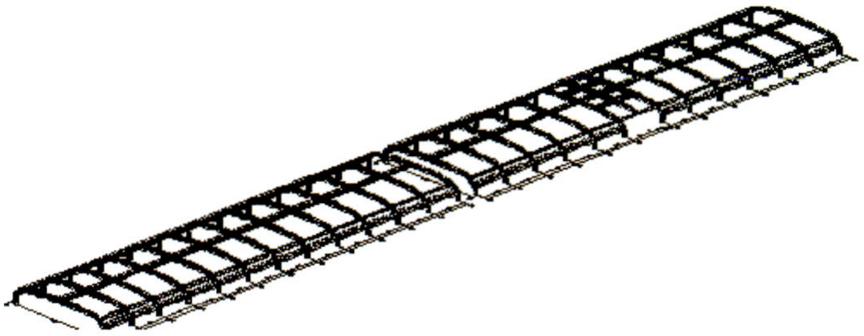

图1　既有雨棚结构模型图

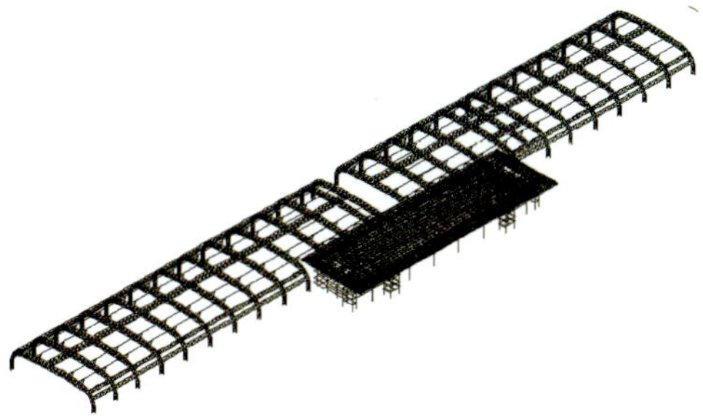

图2　改造后雨棚整体模型图

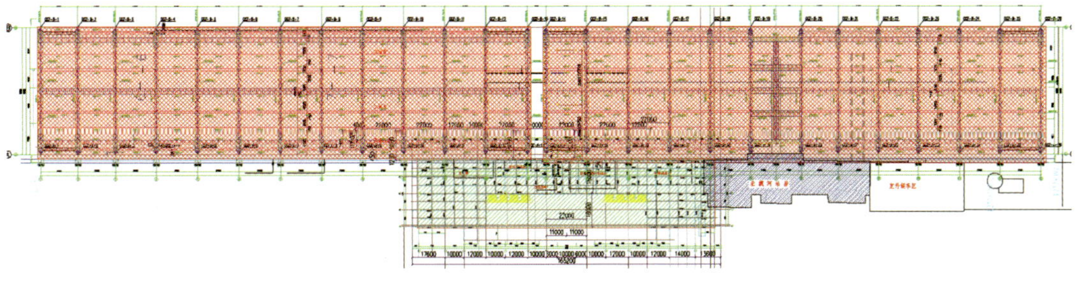

图3　站房雨棚结构平面图

扩建后雨棚钢桁架有两种形式。第一种为新建站房范围内桁架，一端是落地格构柱支承，一端支承在新建站房框架的牛腿上，与站房框架柱牛腿铰接连接，如图 4 所示。第二种为站房范围以外的桁架，为两端落地的 75.3 m 跨拱形格构桁架，如图 5 所示。

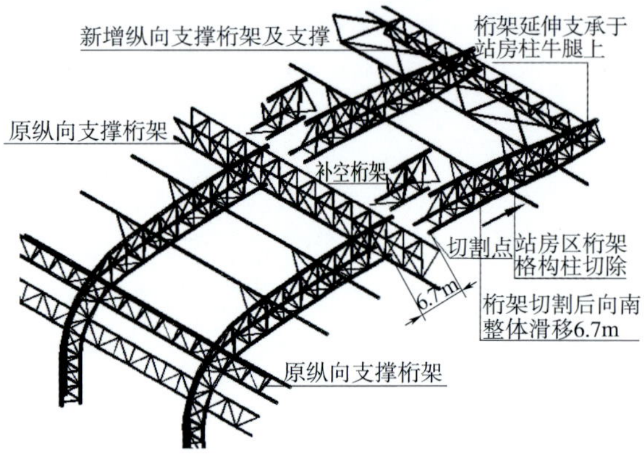

图 4　第一种雨棚结构体系构成图

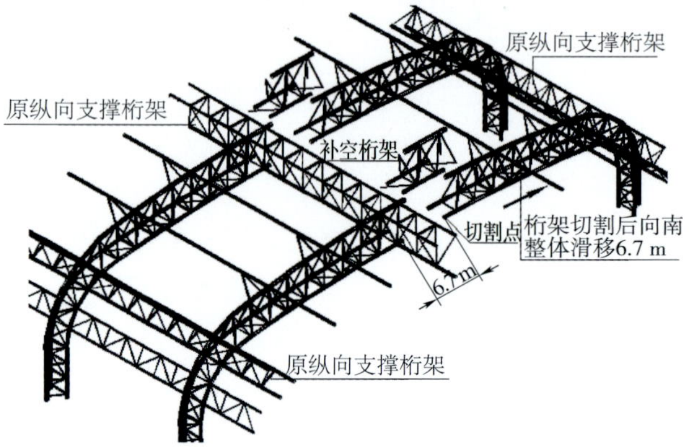

图 5　第二种雨棚结构体系构成图

1.3　既有雨棚扩建改造基本原则及设计过程总结

北戴河车站是津秦客运专线的重要枢纽，改造施工期间京哈正线列车正常运行。根据工程特点，为确保北戴河站改造顺利实施，制定了既有雨棚改造基本原则：结构整体安全稳定，有较好的抗风、抗震性能；改造施工方案可行，便于制作施工检查，确保正线列车正常运行；尽量充分利用原有雨棚钢结构，节能利旧，避免钢结构大量拆除，降低成本；改造后雨棚建筑造型要美观。

在铁道部工程设计鉴定中心指导下，确定了既有雨棚改造站执行流程：设计院拿出初步设计方案→组织专家论证→现场检测鉴定→设计单位深化设计→制定施工方案→施工方案专家论证→施工安全准备→现场切割、滑移、合龙→其他施工→竣工验收。建设单位、设计、施工及监理单位通力合作、密切配合、反复论证，确保了设计施工安全，最终实现了北戴河站既有线雨棚扩建改造设计、整体滑移这一重大技术创新。

2　既有雨棚钢结构的检测鉴定

建设单位委托国家建筑工程质量监督检验中心对钢雨棚桁架进行了结构检测，以对改造设计提供依据。检测范围及内容：桁架支撑规格尺寸检测；焊缝质量检测；桁架涂装质量检测；桁架支撑锈蚀情况检测；桁架挠度检测；变形检测；屋盖围护结构普查及构件连接情况检测；对结构改造工程提出科学合理建议。

经过检测，钢雨棚主要存在以下问题：轴桁架个别节点杆件焊接中心不重合；少量钢桁架支管规格尺寸不满足设计要求；超声探伤检测结果表明钢桁架对接焊缝满足一级焊缝要求，主支管相贯焊缝焊脚尺寸基本满足设计要求；抽检桁架涂层厚度不满足设计要求；主桁架对接焊缝处锈蚀严重，横向各榀桁架局部有 B 级锈蚀焊缝，纵向桁架较横向桁架锈蚀严重；雨棚吊顶局部区域有脱落现象。针对检测问题提出了处理建议，主要为：对杆件焊接中心不重合处进行验算复核；改造设计应考虑部分杆件壁厚不满足要求及锈蚀影响，对桁架结构进行重新计算；桁架构件涂装层应全部打磨干净，并对锈蚀杆件及焊接连接处进行防锈处理，重新设计涂装，加强对外露桁架结构的保护；吊顶应结合改造设计，重新铺设，防止吊顶脱落。

结构设计中，根据检测结果对结构进行了复核验算，对钢桁架进行了全面的除锈与防腐涂装处理。

3　雨棚改扩建结构计算分析

3.1　计算模型及主要设计参数

北戴河站雨棚采用 3D3S V10.0 及 MIDAS/Gen V7.80 程序建立三维空间模型进行计算，计算模型完全根据雨棚竣工图建立。雨棚建筑结构安全等级为二级，设计使用年限 50 年，抗震设防类别为丙类,抗震设防烈度为7度(0.10g,第二组,场地类别为Ⅱ类),基本风压0.5 kN/m²(100年一遇),地面粗糙度为B类。基本雪压0.4 kN/m²(100年一遇),屋面活载0.50 kN/m²,屋面围护体系(不含檩条)0.4 kN/m²,设备吊挂(不含静态标识)0.4 kN/m²。环境温度 -10℃ ~30℃,桁架合龙温度10℃ ~15℃,温度作用取 ±25℃。

3.2 风洞试验

雨棚桁架结构及屋面系统的抗风性能关系到雨棚在大风条件下是否安全可靠,对站台雨棚的安全性、适用性及铁路运营安全影响重大。委托武汉大学结构风工程研究所进行了风洞实验。通过风洞试验得到了北戴河站在各风向角下结构的表面风压,通过数据处理与计算分析得到了结构在设计风压作用下的变形、内力、应力和等效风荷载。由标准方法得到的100年重现期各点在24个风向角下的极值风压最大值为2.05 kPa,极值风压最小值为 -1.39 kPa。由规范方法得到的100年重现期各点在24个风向角下的极值风压最大值为1.86 kPa,极值风压最小值为 -1.46 kPa。雨棚风压的分布规律大致为,上下表面风压都以负压为主,在个别风向角,屋盖表面边缘和中间位置也有正压出现,屋盖上下表面边缘部分的负值压力比较大。

3.3 雨棚结构计算分析

建立了雨棚A区、B区单独的计算模型及雨棚与站房连成整体的计算模型,并分别进行动力静力分析、整体稳定性分析。雨棚改扩建后,新建站房区8榀钢桁架一端将支承在新建站房框架的牛腿上,站房框架结构和雨棚桁架结构连成一体,3个结构单元连接形成复杂的结构体系。8榀钢桁架的支座连接形式对桁架内力及变形、杆件超限情况及加固用钢量、置于站房柱端支座反力的大小影响很大。通过不同桁架支座连接形式的比较,确定支座采用上弦滚轴支座(竖向约束)、下弦铰接连接(水平约束)、顺轨方向可滑动(释放温度应力)的抗震球型支座的连接形式。采用此种连接形式,桁架弦杆少量加固,腹杆少量需加固,整体变形满足要求。

3.3.1 扩建雨棚内力、应力及变形

扩建雨棚桁架结构内力变形、应力比及新旧雨棚内力比较如表1 ~表5所示。

跨度扩大后桁架弦杆、腹杆内力增大。第一种桁架下弦为原雨棚的2.65倍,上弦为1.8倍;第二种桁架上下弦杆均为原雨棚的1.2倍。上弦杆为压弯构件,以受压为主,截面强度验算不满足。两种类型桁架的个别腹杆稳定验算不满足。

表1 扩建雨棚桁架内力及新旧雨棚杆件内力比较

	部　位	内　力	最大内力	原雨棚最大内力	比　值
第一种类型桁架	桁架跨中上弦	轴力(kN)	-6991	-3903	1.8
		弯矩(kN·m)	146	74	1.94
		剪力(kN)	27	14	1.92
	桁架跨中下弦	轴力(kN)	3450	1300	2.65
		弯矩(kN·m)	64	32	2
		剪力(kN)	34.6	36	0.96
第二种类型桁架	桁架跨中上弦	轴力(kN)	-4599	-3903	1.18
		弯矩(kN·m)	98	74	1.32
		剪力(kN)	27	14	1.93
	桁架跨中下弦	轴力(kN)	1562	1300	1.2
		弯矩(kN·m)	51	32	1.6
		剪力(kN)	33	36	0.62

表 2 扩建雨棚柱内力及新旧雨棚杆件内力比较

	部 位	最大内力		原雨棚最大内力	比 值
第一种类型桁架	外柱柱脚	轴力(kN)	-4 700	-4 500	1.04
		弯矩(kN·m)	265	704	0.37
		剪力(kN)	136	311	0.43
	内柱柱脚	轴力(kN)	3 760	2 284	1.64
		弯矩(kN·m)	286	550	0.52
		剪力(kN)	293	565	0.51
第二种类型桁架	外柱柱脚	轴力(kN)	-4 993	-4 500	1.11
		弯矩(kN·m)	810	704	1.15
		剪力(kN)	357	311	1.15
	内柱柱脚	轴力(kN)	2 458	2 284	1.07
		弯矩(kN·m)	640	550	1.16
		剪力(kN)	655	565	1.16

表 3 扩建雨棚与原雨棚弦杆应力比比较(杆件规格同原有雨棚杆件)

	部 位	扩建雨棚应力比	原雨棚应力比
第一种类型桁架	桁架跨中上弦	1.097(稳定应力)	0.63
	桁架跨中下弦	0.72	0.27
	外柱(钢管柱)	0.53	0.41
	内柱(钢管柱)	0.34	0.63
第二种类型桁架	桁架跨中上弦	0.72	0.63
	桁架跨中下弦	0.3	0.27
	外柱(钢管柱)	0.47	0.41
	内柱(钢管柱)	0.27	0.63

表 4 桁架最大位移表

	部 位	1.0 恒载 + 1.0 活载	跨 度	最大挠跨比
第一种类型桁架	桁架跨中	145 + 35 = 180	73 100	1/406
第二种类型桁架	桁架跨中	135 + 29 = 129	75 300	1/584

表 5 柱最大位移表

	部 位	荷 载	位移(mm)	柱顶高度	最大层间位移
第一种类型桁架	柱 顶	1.0 风荷载(桁架面内)	25.4	9 960	1/392
		地震作用(桁架面内)	6.0		1/1 660
		地震作用(桁架面外)	3.0		1/3 320
第二种类型桁架	柱 顶	1.0 风荷载(桁架面内)	5.4	9 960	1/1 844
		地震作用(桁架面内)	3.6		1/2 766
		地震作用(桁架面外)	3.0		1/3 320

第一种桁架一端支承于站房柱牛腿上,跨中变形较大,采取上弦滚轴支座、下弦铰接支座连接的方式,可以有效地减少桁架跨中变形,挠跨比 1/406。如采用上弦或下弦铰支承的方式,跨中变形大,挠跨比为 1/301。

扩建雨棚杆件最大长细比：最大长细比为142，为纵向支撑桁架斜腹杆杆件。

3.3.2 整体结构动力特性

对整体结构进行动力分析，得到整体结构的动力特性，前6阶振型和周期如图6及表6所示。从振型看出，3个结构单元连接形成复杂的结构体系，结构刚度分布不均，结构有扭转效应。站房区第一种桁架屋盖局部刚度较弱，通过在站房范围内桁架间设置纵向支撑桁架加强。两种类型桁架相邻跨间设置支撑，但连接相对弱化，减小两种类型桁架相互影响。站房支承雨棚桁架的框架柱设计时考虑雨棚影响产生的剪力增大，加强配筋构造，框架柱及牛腿按中震弹性设计，保证桁架支座安全可靠。

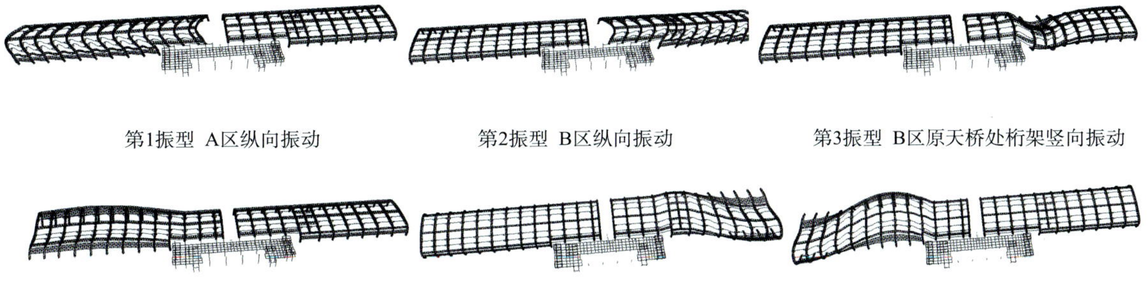

第1振型 A区纵向振动　第2振型 B区纵向振动　第3振型 B区原天桥处桁架竖向振动

第4振型 A区桁架竖向振动　第5振型 B区桁架扭转振动　第6振型 A区桁架扭转振动

图6 整体结构前6阶振型

表6 整体结构前6阶振型周期

振型号	1	2	3	4	5	6
周期(s)	1.354	1.281	1.203	1.182	0.999	0.965

3.4 屈曲分析

采用MIDAS对雨棚结构进行特征值屈曲分析和非线性屈曲分析。特征值屈曲分析时材料本构关系为线弹性模型，由于檩条对桁架的侧向约束作用不明确，验算中不考虑檩条作为侧向支撑构件的作用。特征值屈曲分析中分别考虑三种荷载工况（见表7），获得结构的特征值屈曲模态。通过特征值屈曲分析，结构的低阶屈曲主要为桁架两侧面的纵向平面支撑桁架的局部失稳。工况1的A区第33阶、B区第36阶；工况2的A区第32阶、B区第74阶；工况3的A区第76阶、B区第72阶才出现主桁架参与的整体失稳模态。A区工况1第一阶屈曲系数为8.134，工况2第一阶屈曲系数为10.05，工况3第一阶屈曲系数为12.61；B区工况1第一阶屈曲系数为6.47，工况2第一阶屈曲系数为9.87，工况3第一阶屈曲系数为11.66。有主桁架参与的整体屈曲模态见图7，稳定系数见表7。

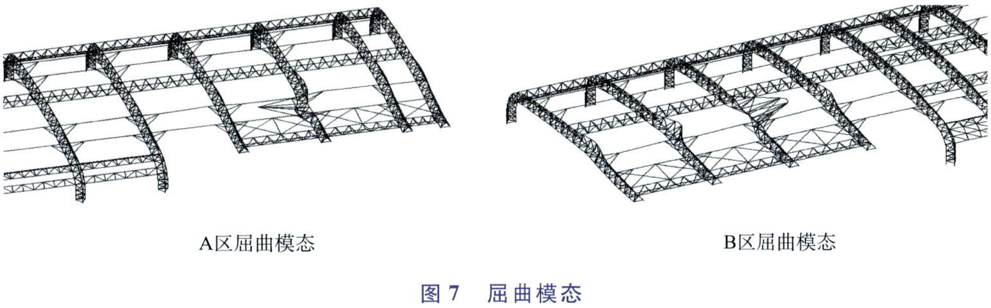

A区屈曲模态　B区屈曲模态

图7 屈曲模态

非线性屈曲分析仅考虑结构几何非线性，采用1/300跨度作为结构的初始缺陷，初始缺陷分布形式同相应的线性屈曲模态。非线性屈曲分析计算方法为位移控制法。通过屈曲分析，结构的低阶屈曲主要以区域为主。在考虑几何初始缺陷的情况下，最小屈曲系数为8.34，可以判断结构具有良好的稳定性，北戴河站扩建雨棚钢桁架的整体稳定性满足要求。

表 7　屈曲分析稳定系数

工　况		分　区	线性屈曲系数	非线性屈曲系数	失稳形式
工况 1	恒载 + 满跨活载	A 区	12.68	8.50	桁架上弦局部面外弯曲失稳
		B 区	14.77	8.34	桁架上弦局部面外弯曲失稳
工况 2	恒载 + 活载 + 左风	A 区	14.63	10.49	桁架整体面外弯曲扭转失稳
		B 区	18.30	10.59	桁架上弦局部面外弯曲失稳
工况 3	恒载 + 活载 + 右风	A 区	53.59	33.74	桁架整体面外弯曲扭转失稳
		B 区	51.79	33.72	桁架整体面外弯曲扭转失稳

4　杆件加固方法及关键节点

经结构体系调整，杆件加固范围仅限于桁架部分腹杆。在整体结构计算复核时，所有构件的控制应力比不大于 0.8，以确保结构安全，应力比超过 0.8 则进行加固。杆件加固办法有两种：外包钢加固和杆件更换。采用外包钢加固，即截面加大法加固，操作简单，但节点相贯连接处不好处理，焊缝质量处理不好将影响承载力和外观质量；采用更换杆件方法施工复杂，需将原相贯节点处腹杆切割和清除，如操作不当会损伤母材，但清理后能做到杆件相贯焊，外观较好。

经过多次研究讨论，并现场试验及外观质量评定，采用外包钢管加固的方法进行加固。首先将钢管从中切开成两片，再扣在加固杆件上后焊接，连接焊缝采用对接焊缝，外包钢管与弦杆连接采用相贯焊。由于原结构安装时存在误差，需要对杆件的实体进行实测放样，然后根据实测数据下料。圆管割开后会产生变形，在变形处采用火焰烘烤进行校正。坡口打磨好后涂刷底漆。桁架加固前先将被加固杆件上的防火涂料用铲刀铲除，然后用钢刷和砂纸将杆件表面清理干净后再进行加固，加固时先点焊牢固，符合要求后再进行施焊。为了消减焊缝产生的焊接应力、应变，外包杆件焊接时采用先焊纵缝，然后焊一端的相贯焊缝，再后焊接另一端的相贯焊缝。

桁架弦杆和格构柱对位焊接是确保桁架满足设计要求的关键，弦杆和格构柱接口在对位准确后采用全熔透坡口对接焊缝，内加衬管，焊缝质量等级为一级。既有雨棚钢管采用现场机械坡口并进行坡口及内外表面清理，清理污物、毛刺、加工损伤和熔渣等。补空桁架吊装就位后，在拼接口处焊接装配连接板，调整钢管精确对位后用安装螺栓固定，再进行焊接。焊缝检验合格后用火焰切除并沿受力方向修磨平整。钢管的对接焊缝采用超声波探伤，抽检率 100% 。

补空桁架详图如图 8 所示；支承于站房框架牛腿上桁架支座详图如图 9 所示；桁架柱脚采用刚性连接如图 10 所示。

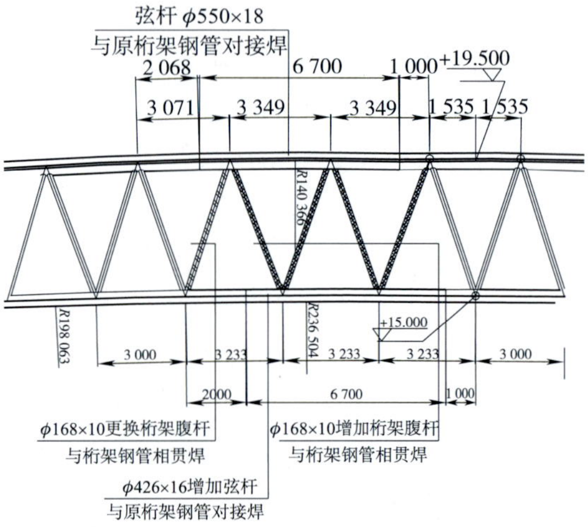

图 8　补空桁架详图

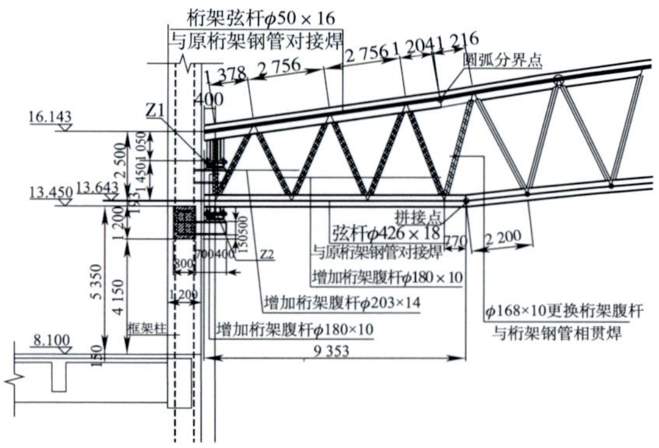

图 9　桁架支座详图

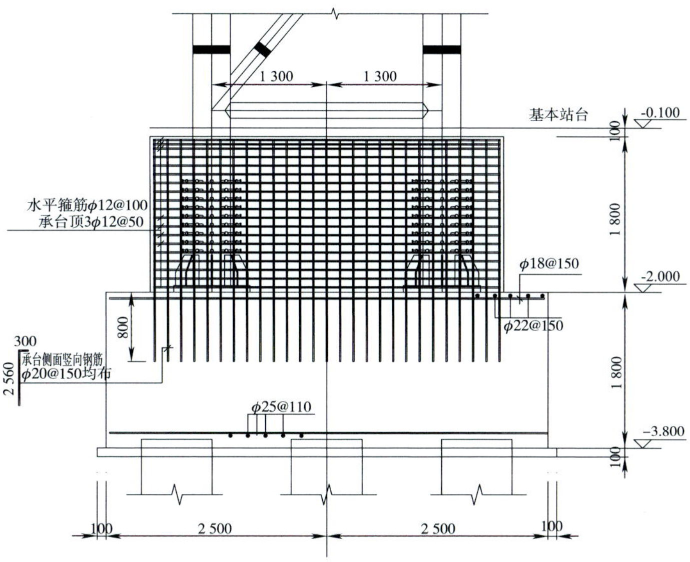

图 10　桁架柱脚详图

5　扩建雨棚的切割滑移施工

5.1　扩建雨棚切割滑移

北戴河车站既有雨棚扩展施工方案采用支撑塔架卸载、主结构中部截断、整体滑移、中部吊装补空的施工技术方法。雨棚分 A、B 两个区进行滑移，每个区域有 13 榀桁架。滑移时每榀桁架在中部被切割成二段，一段为固定段，另一段为滑移活动段。每榀桁架下设置支撑架，其中固定段在切断点一端下设一个支撑架，滑移活动段在切断一端下部沿桁架方向并列设置二至三个支撑架，支撑架通过水平撑杆和斜撑连成整体，确保支撑架整体稳定性。支撑及滑移轨道布置如图 11、图 12 所示。

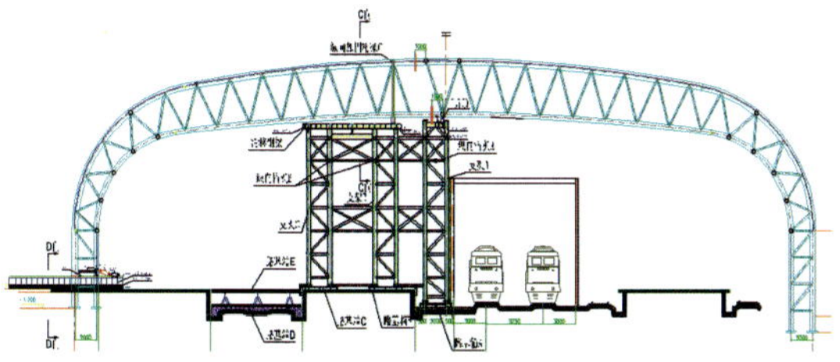

图 11　站房区以外桁架立面图

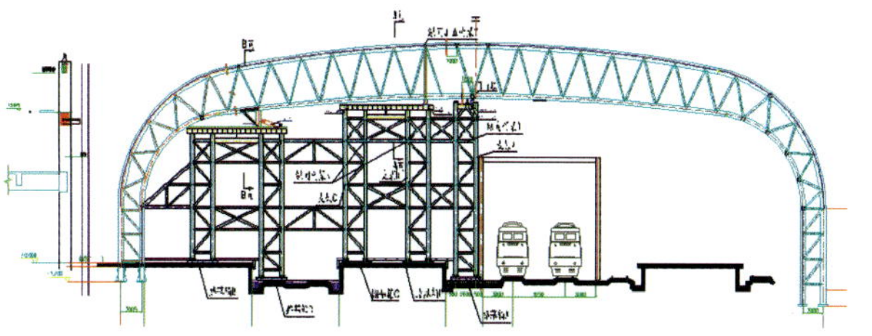

图 12　站房区桁架立面图

桁架带荷切割方法、切割顺序安排合理是保证施工安全的关键。根据计算桁架跨中顶升 30 mm 时外侧柱脚内力最小，先用 50 t 千斤顶将跨中桁架向上顶升 30 mm，将桁架部分荷载转移到支撑架上，再按如下顺序切割：用磁力切割机将外侧柱脚弦杆及柱脚腹杆切割；切割跨中上弦杆及腹杆；切割跨中两根下弦杆及腹杆，将跨中桁架荷载转移到下部支撑架上；切割内侧柱脚弦杆（两根）。桁架切割完毕，桁架自重全部安全转移到下部支撑架及滑移钢梁上。雨棚南侧的格构柱截断点在距地 800 mm 处。在柱脚安装好滑道及液压爬行器，利用液压爬行器将桁架整体推移距离 6.7 m。活动段推移到指定位置后，再与新做的柱脚对接焊接。在滑移施工现场布置有 3 台监控设备，其中主控制台通过液压油泵监控液压爬行器工作运转情况，其他监控设施通过分布在雨棚钢结构上的监测仪器控制移动过程中钢构的稳定性、同步性、位移偏差及应力应变参数，以有效控制整体滑移过程，实现推移的同步和负载的均衡，控制钢结构变形，确保整体滑移安全。柱脚轨道及液压爬行器如图 13 所示，桁架滑移轨道如图 14 所示。

图 13　柱脚轨道及液压爬行器区

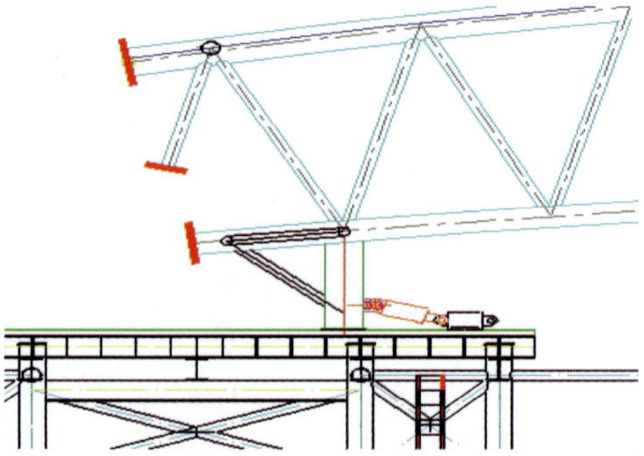

图 14　桁架滑移轨道

5.2　正线防护棚

北戴河站施工期间京哈正线列车正常运行，为确保列车运行安全、雨棚施工安全，对正线搭设安全防护棚进行保护。防护棚采用 ϕ325×12 钢管作为立柱，间距 4.0 m，立柱顶部横梁 HN400×200，纵向钢梁 I20a，间距 1.5 m 布置，棚架顶铺脚手板后再铺 0.75 mm 厚镀锌钢板，防护棚架侧面采用 ϕ4 钢护网。防护棚架剖面如图 15 所示，立面图如图 16 所示。

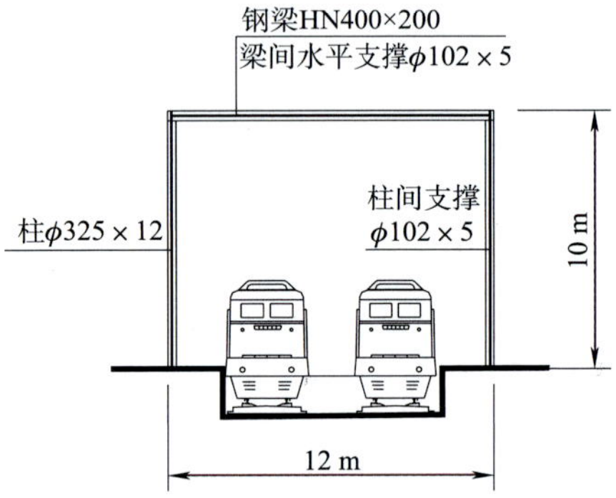

图 15　防护棚架剖面图

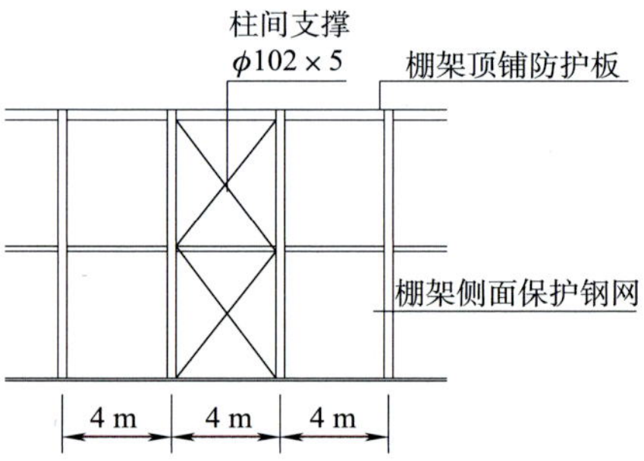

图 16　防护棚架立面图

6　扩建雨棚钢桁架施工使用阶段监测

北戴河站大跨度钢桁架进行切割、移动、再焊接，过程极为复杂，内力及变形的发展与施工工艺密切相关。在施工阶段、卸载阶段及使用后一段时间内，监测了钢桁架的整体位移、扭转角值及主要杆件、支座的应力值，以获取钢桁架的工作性能，确保结构安全和正常使用。根据施工进度、加载阶段及运营情况，监测工作分为两个阶段：施工监测和竣工满载后监测。施工监测的时间为 2011 年 4 月 6 日至 2011 年 6 月 1 日，竣工满载后监测的时间为 2011 年 6 月 1 日至 2011 年 8 月底。监测结论如下：(1)施工阶段构件应力最大值为 49 MPa(理论值为 47 MPa)，实测变形最大值 8 mm(理论值为 50 mm)。应力及变形均很小，表明滑移施工中各榀桁架滑移同步性较好，桁架结构未出现任何异常现象，滑移施工中所施加的外荷载对结构主体的影响很小，桁架整体滑移施工过程安全合理。(2)竣工满载后，设计恒载已加载完毕，在监测的近两个月时间内，钢杆件应力发展相对稳定，振荡减小，钢杆件最大应力值为 42 MPa(理论值为 152 MPa)。说明结构竣工后雨棚钢结构在恒载作用下保持稳定，前期施工及后期车站正常运营对整体结构安全未见有明显影响。变形幅值较施工起始阶段相对平稳，构件变形在 X、Y 与 Z 三个方向仍有小幅振荡，振动幅值在 4 mm 以内(理论上绝对变形为 140 mm)，且构件变形振荡在逐渐减小，并逐渐趋于稳定。说明构件变形在竣工满载后变化较小，未见有明显变形。

7 结 语

北戴河站在正线列车正常运行条件下，通过采用主桁架结构中部截断、整体滑移扩展、中部吊装桁架补空的方法，顺利完成既有雨棚扩建，满足了拓宽基本站台的要求。施工高效安全，雨棚扩建改造尽量合理利用原有钢结构，减少拆除量，节省了投资。

北戴河站设计、加工制作及安装的难度前所未有，具有较大的挑战性，结构设计采用了大量的新技术、新材料及新工艺，进行了许多专项研究工作及技术创新。根据雨棚结构受力特点，综合考虑工程的重要性、施工方法及工程造价等多种因素进行结构设计，确保结构安全可靠。确定了合理支座约束形式，提出了雨棚结构加固加强方法、站房结构提高抗震性能的措施、雨棚整体切割滑移的施工措施、安全防护措施及检测监测等维护管理措施等。

北戴河站于 2011 年 5 月底顺利完工，建成通车，雨棚扩建完成后，结构安全合理，建筑造型美观效果良好。雨棚屋面坚固、防水、美观，进一步改善了站台旅客候车条件及保证营运安全。

参 考 文 献

[1] GB 50017—2003 钢结构设计规范[S]. 北京：中国建筑工业出版社，2003.

[2] GB 50011—2001 建筑抗震设计规范(2008 年版)[S]. 北京：中国建筑工业出版社，2008.

[3] YB 9082—2006 钢骨混凝土结构技术规程[S]. 北京：冶金工业出版社，2008.

[4] 董石麟，罗尧治，赵阳，等. 新型空间结构分析、设计与施工[M]. 北京：人民交通出版社，2006.

[5] 杨惠东. 北戴河站无柱雨棚钢管桁架结构的整体稳定分析[J]. 四川建筑科学研究，33(1)：24-27.

站台雨棚抗台风的研究设计

安玉成

（中铁二院工程集团有限责任公司，成都　610031）

摘　要: 研究台风地区的站台雨棚能否抵抗台风的作用力。用风洞试验进行模拟,通过对风向角、雨棚曲面上各点的体型系数分布状态的研究,揭示雨棚在台风中的受力特点,验证台风中的雨棚不会发生驰振和颤振效应,提出站台雨棚抗台风设计应采用多级设防标准,建议采用“三水准设防和两阶段设计”进行抗台风设计,确保结构安全。

关键词: 台风地区;雨棚抗风;机理分析;三水准设防

1　概　述

是自然灾害中影响最大的一种,它发生频次高、次生灾害大,影响范围广,常常给人类生命财产带来巨大损失。随风灾着生产和建设的发展,全球气候的变化,风灾损失与其他自然灾害损失一样,呈逐年递增的趋势,2011年在我国海南省相隔 3 天遭遇两次强台风袭击,遭受了巨大的经济损失,如图 1 所示。

图 1　台风造成的破坏

风灾中量大面广的建筑物及构筑物的毁坏或倒塌及其带来的人员伤亡是造成风灾损失巨大的主要原因。2011 年 17 号台风“纳沙”使海南全省 18 个县 205 个乡镇受灾,受灾人口达 377.23 万人,紧急转移 45 万余人,农作物受灾面积 164 967 公顷,倒塌房屋 1 350 间,造成经济损失 58 亿元。仅隔 3 天 19 号台风“尼格”于 10 月 4 日在海南万宁登陆,12 个县 124 个乡镇受灾,受灾人口达 100 多万人,紧急转移 15 万人,农作物受灾面积39 954公顷,倒塌房屋 330 多间。两次台风均使陆、海、空交通瘫痪,粤海铁路旅客列车全部停运,造成巨大的经济损失。在台风登陆的文昌、万宁站,钢结构雨棚都遭到不同程度的损坏,特别是文昌站无柱雨棚,端部屋面板被吹落,如图 2 所示。

图 2　台风造成的雨棚屋面板破坏

可见,开展建筑物及构筑物的风荷载研究具有十分重要的现实意义。台风地区的铁路站台雨棚,由于采用大量形式新颖、质量轻、柔性大的结构形式,一旦出现问题便是行车及人员安全的大事故,应引起高度重视。本文将用站台雨棚的模型风洞试验数据来分析影响雨棚抗台风设计的因素。

2　站台雨棚的风载特性

通过风洞试验,研究雨棚风荷载特性,分析典型雨棚的表面风压分布规律;,验证规范提供的面体型系数能否覆盖试验得出的“点”体型系数,确保雨棚计算的安全性。

雨棚在风荷载作用下的安全性主要取决于两个方面:一是雨棚在总体上受到的荷载大小是否得

到了准确的估计,它决定了结构整体的安全性;二是雨棚在局部受到的荷载大小是否得到了准确的估计,它决定了局部构件的安全性。

2.1 站台雨棚体型系数的特性分析

$$w_k = \beta_z \mu_s \mu_z w_0$$

风荷载公式中的 β_z 和 μ_z 参数均能给出理论上的结果,μ_s 则不能,一般均应由试验确定,w_0 是一个重现期为 50 年的统计数据。

从上面可以看出,确定雨棚在总体上受到的风荷载的大小关键在于确定其各个面上的风荷载体型系数 μ_s 的大小(或面平均风压系数的大小)和基本风压的取值。

2.2 站台雨棚局部风压的特性分析

大量的现场实测和风洞模型试验资料证明:低层构筑物在各个表面的连接处附近,即在屋檐、屋脊转角、山墙边缘等附近往往会形成一个局部的压力(吸力)峰值区域,该区域的面平均风压系数通常远高于该面的平均风压系数,从而形成较大的局部风荷载,在极端台风气候条件下,极易导致相应部位的局部构件失效,进而引发结构整体的破坏。通过风洞试验研究雨棚表面上的局部压力(吸力)峰值的分布规律及大小,得出结论。

2.3 站台雨棚驰振和颤振的分析

风灾调查显示,低层构筑物的破坏往往是从屋盖体系的破坏开始的,由于低层房屋的刚度一般较大,在风荷载作用下产生共振的可能性较小,因此结构主体的抗风强度不是主要问题。但钢结构雨棚为轻柔屋面且均为悬臂结构,在强风作用下可能发生空气动力失稳,因此,研究受台风影响的沿海铁路站台雨棚在强风作用下是否会出现空气动力失稳,是非常必要的。本文对铁路车站典型站台雨棚进行风洞试验及气动稳定性分析,以确定雨棚在台风作用下是否会发生驰振和颤振。

图 3　台风造成的雨棚端部板破坏

2.4 站台雨棚基本风压 w_0 的分析

基本风压 w_0 在台风地区的取值是一个非常重要的问题,很大程度上决定了对建筑物抗风设防的标准。它在建筑物设计基准期内的超越概率的大小,实际上反映了抗风设防的标准的高低,或者说结构安全度的大小。在海南文昌登陆的台风“纳沙”,把文昌站雨棚的端部板吹落,如图 3 所示。根据当地气象部门实测数据显示,台风中心附近最大风压及阵风风压都超过了设计风压,所以在台风地区特别是台风登陆处基本风压 w_0 的取值是雨棚抗台风设计的关键所在。

3 模型设计、制作和试验

综合考虑雨棚几何尺寸、风洞试验段尺寸及需要模拟的特征地形地貌,雨棚测压和测力模型的几何缩尺比均取为 1∶15,模型在风洞中的阻塞比小于 5%,满足风洞试验要求。模型根据建筑设计图纸,按几何外形相似要求制作。测力模型主要考虑雨棚自身的受力及攻角的影响,仅制作雨棚本身。

典型站台雨棚一共有如图 4 所示的四种形式。

首先比较前三种雨棚形式,双柱雨棚(c)较单柱雨棚(a)、(b)而言,在风力作用下,受力更为合理,稳定性也更高。再比较雨棚(a)、(b),显然,同等条件下,柱子直径较大的雨棚(b)更为稳定,因此在前三种雨棚中,将最危险的雨棚(a)选为典型截面进行试验。而单柱雨棚(d)造型独特、悬挑部分跨度较大且不对称，受力形式较为复杂，所以将其选为典型截面进行试验，最终确定两种雨棚形式进行风洞试验研究。

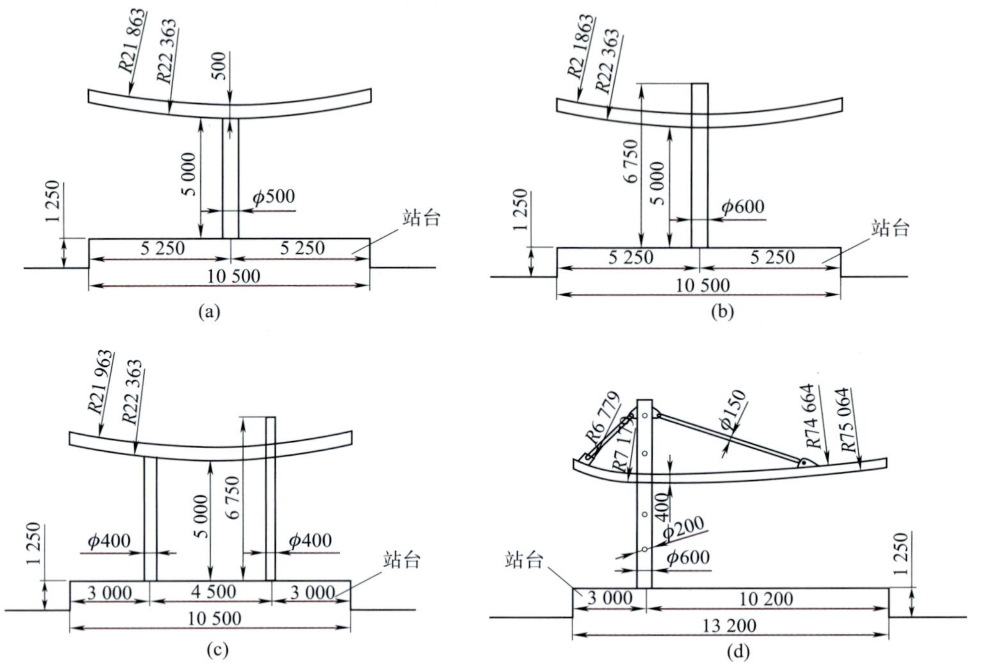

图 4　典型站台雨棚形式

3.1　测压试验

试验的重点是测量火车站雨棚曲面上的风压系数，两个模型布点数相同：54 个测点布置在雨棚曲面上、下表面区域，即每个模型布置 108 个测点，两个模型共布置测点 216 个。试验风向按 16 个罗盘方向设置，定义 $\beta=0°$。转盘逆时针转动为正，每隔 22.5°设置一个试验风向。试验名义风速为 10 m/s，每风向重复测量 2 次。

试验结果和分析结果以图表形式给出。每种站台分为两种情况，第一种为只测雨棚曲面上表面压力，进而得体型系数；第二种为只测雨棚曲面下表面压力，进而得体型系数。根据雨棚上、下表面各分区体型系数，分别得到雨棚结构（构架）设计、檩条设计、面板和紧固件设计采用的风载体型系数。

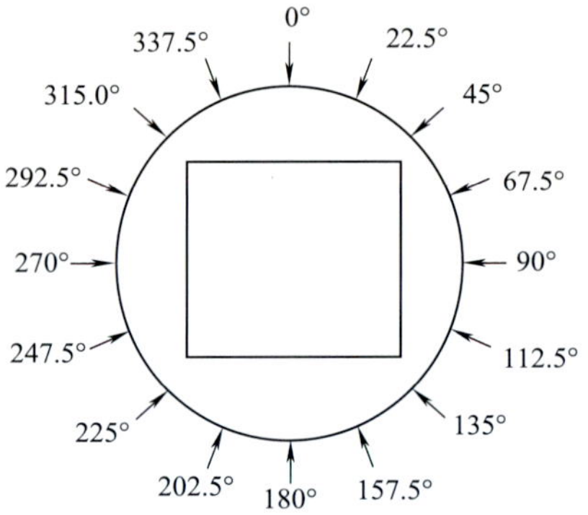

图 5　悬挑雨棚试验风向示意图

3.1.1　对称雨棚的风载体型系数

对称雨棚如图 6 所示，其风载体型系数见表 1。

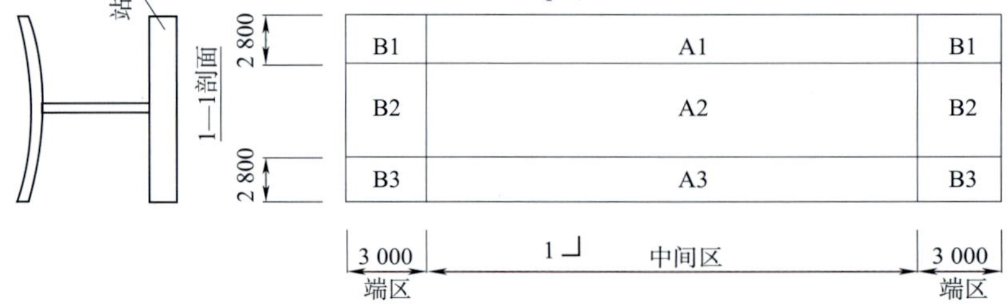

图 6　对称雨棚示意

表 1 对称雨棚风载体型系数

计算部位	分区					
	端区			中间区		
	B1	B2	B3	A1	A2	A3
结构	-0.269	0.5192	0.4891	-0.2652	0.6643	0.452
檩条	-0.516	0.0610	0.0810	-0.5323	0.1578	0.0824
上面板及紧固件	-0.516	0.0640	0.0805	-0.5323	0.1578	0.0824
下面板及紧固件	-0.2479	-0.5312	-0.3986	-0.2682	-0.5065	-0.3664

3.1.2 非对称雨棚的风载体型系数

非对称雨棚如图 7 所示，其风载体型系数见表 2。

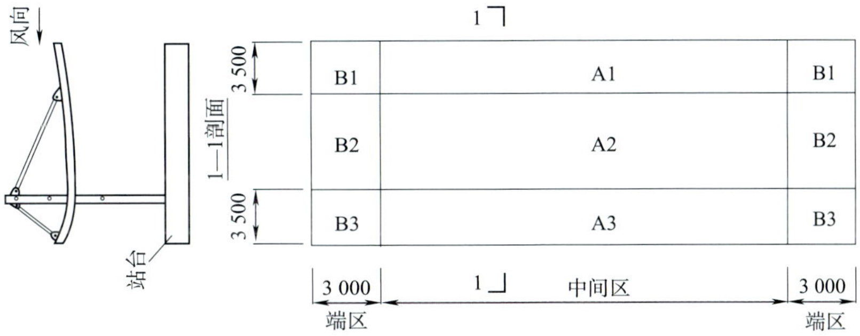

图 7 非对称大悬臂方向来风雨棚示意

表 2 非对称雨棚风载体型系数(大悬臂方向来风)

计算部位	分区					
	端区			中间区		
	B1	B2	B3	A1	A2	A3
结构	-0.5347	0.2785	0.4730	-0.5645	0.4152	0.5009
檩条	-0.6354	0.1254	0.0517	-0.6125	0.1157	-0.1280
上面板及紧固件	-0.6354	0.1254	0.0517	-0.6125	0.1157	-0.1280
下面板及紧固件	-0.1008	-0.1555	-0.4214	-0.078	-0.2995	-0.6289

注:(1)表中所列檩条和面板及紧固件体型系数是指雨棚为上、下两层面板时取用;当上、下面板共用一根檩条时,檩条体型系数按结构计算体型系数采用。
(2)当为单层面板时,计算檩条和面板及紧固件时,采用结构计算时的体型系数。

4 雨棚模型风洞试验数据分析研究

4.1 风向角对雨棚体型系数的影响

我们在结构设计时,计算风荷载时仅考虑左风、右风,即在我们的试验中 0°和 180°角方向,那么取这两个方向的风载体型系数能否控制计算结果呢? 试验中风向按 16 个罗盘方向布置(如图 5),雨棚上、下表面各 216 个点上的体型系数详见文献[1]表 5-1 和表 5-2,从表中可以看出,无论是对称的还是非对称雨棚,0°、180°方向的体型系数基本上是最大的,所以按荷载规范取左风、右风这两个方向进行风载控制计算,结构上是安全的。

4.2 体型系数 μ_s 在雨棚曲面上的分布特点及取值

荷载规范中所取的体型系数是构筑物某一面上的均值。从文献[1]表 5-1 和表 5-2 可以看出,216 个点上的体型系数几乎没有重复,甚至板面相邻两点的风压都是反向的。那么雨棚体型系数取值按荷载规范续表 7. 3. 1 第 29 项次单坡及双坡顶盖选取是否安全？严格地讲，文中两种雨棚的形式与荷载规范上的外形要求是有区别的。对于对称雨棚，详见表 1，风压的压力与吸力基本相当，正压力起控制作用，正负体型系数均在 1 ~ 0. 7 之间变化，按荷载规范 29 项次（C）取值，μ_s 均能被覆盖；对于非对称雨棚，详见表 2，风载负压起控制作用，体型系数也在 -1 ~ -0. 7 之间，与对称雨棚的体型系数取值要求相同，不同的是局部风压体型系数比对称雨棚的要大，但局部风压体型系数依然在规范 μ_{s1} 要求范围内。因此可见，计算风压按荷载规范续表 7. 3. 1 第 29 项次（C）取雨棚曲面的平均体型系数计算，能满足结构设计安全要求。

4. 3 雨棚的驰振与颤振分析

4. 3. 1 驰 振

驰振是流速较高的气流流过非圆形截面的建（构）筑物时所引起的一种自激振动，驰振时振动频率与建（构）筑物的固有频率接近。当建（构）筑物在来流作用下作横向振动时，假设来流相对建（构）筑物的速度为 V_r，迎角为 α，则作用在建（构）筑物截面单位高度上的相对于速度 V_r 方向的升力和阻力分别可表示为

$$L = \frac{1}{2}\rho V_r^2 BC_L$$

$$D = \frac{1}{2}\rho V_r^2 BC_D$$

式中 B——特征长度。

这时，作用在建（构）筑物截面上的横风向（y 方向）合力为

$$F_y = L\cos\alpha + D\sin\alpha$$

或

$$F_y = \frac{1}{2}\rho V^2 BC_{F_y}$$

由以上两式得

$$C_{F_y} = \frac{V_r^2}{V^2}(C_L\cos\alpha + C_D\sin\alpha)$$

式中

$$V_r^2 = V^2 + \dot{y}^2 \approx V^2$$

$$\alpha = \arctan\left(-\frac{\dot{y}}{V}\right) \approx -\frac{\dot{y}}{V}$$

将 C_{F_y} 在 $\alpha = 0°$ 处作泰勒展开，并略去高阶分量后，则得

$$C_{F_y} = C_{F_y}\Big|_{\alpha=0} + \alpha \cdot \frac{\mathrm{d}C_{F_y}}{\mathrm{d}\alpha}\Big|_{\alpha=0}$$

式中

$$C_{F_y}\big|_{\alpha=0} = C_L\big|_{\alpha=0}$$

$$\frac{\mathrm{d}C_{F_y}}{\mathrm{d}\alpha}\Big|_{\alpha=0} = \left[\frac{\mathrm{d}C_L}{\mathrm{d}\alpha}\cos\alpha + C_L\sin\alpha + \frac{\mathrm{d}C_D}{\mathrm{d}\alpha}\sin\alpha + C_D\cos\alpha\right]_{\alpha=0} = \left(\frac{\mathrm{d}C_L}{\mathrm{d}\alpha} + C_D\right)$$

由于 $C_L\big|_{\alpha=0}$ 为一常量，因此，在系统稳定性分析时可不考虑。这样，系统的运动方程可表示为

$$m\ddot{y} + 2m\zeta_y\omega_y\dot{y} + mw_y^2 y = \frac{1}{2}\rho V^2 B\left(\frac{\mathrm{d}C_L}{\mathrm{d}\alpha} + C_D\right)\left(-\frac{\dot{y}}{V}\right)$$

将空气动力项移到方程左边，则系统的阻尼项可表示为

$$2m\zeta_y\omega_y + \frac{1}{2}\rho V^2 B\left(\frac{\mathrm{d}C_L}{\mathrm{d}\alpha} + C_D\right)$$

如果阻尼项大于0，即 $\frac{dC_L}{d\alpha}+C_D>0$ 时，则结构系统趋于振荡稳定；如果阻尼项小于0，即 $\frac{dC_L}{d\alpha}+C_D<0$ 时，则系统趋于振荡不稳定。对于一些非圆形截面的建（构）筑物，在一定风向角下，$\frac{dC_L}{d\alpha}+C_D<0$，这时就可能出现振动失稳的情况，即驰振。

从试验结果可以看出：升力系数零攻角附近的斜率 $\left(\frac{dC_L}{d\alpha}\right)$ 均为正值。根据 Den Hartog 驰振判据，结构发生驰振的必要条件是：

$$\left.\frac{dC_L}{d\alpha}\right|_{\alpha=0}+C_D<0$$

因此，非对称悬挑雨棚和对称悬挑雨棚不会发生驰振失稳。

4.3.2　颤　振

颤振是一种在一定风速下发生的结构动力失稳现象。颤振是由气流和结构相互作用产生的自激力引起的。结构通过气流的反馈作用不断地从气流中吸收能量，当该能量大于结构自身阻尼所能消耗的能量时，就会导致结构的发散性自激振动，从而对结构产生破坏。结构的颤振涉及系统的弹性力、惯性力、阻尼力和自激空气动力的综合作用，是十分复杂的空气动力失稳问题。

根据抗风设计规范，有经验公式可估算颤振临界风速：

$$V_{cr}=\eta_s\cdot\eta_a\cdot V_{co}$$

式中　V_{cr}——结构颤振临界风速；

V_{co}——平板颤振临界风速；

η_s——形状系数，据雨棚式样和阻尼比可取为0.6；

η_a——攻角效应系数，雨棚式样可取为0.7。

V_{co} 可由下式计算：

$$V_{co}=2.5\sqrt{\mu\cdot\frac{r}{b}}\cdot f_t\cdot B$$

式中　μ——断面质量与空气密度比，$\mu=\frac{m}{\pi\rho b^2}$；

r——惯性半径，$r=\sqrt{\frac{I_m}{m}}$；

f_t——扭转基频；

B——断面全宽。

把动力特性计算得出的数据和两种雨棚基本数据代入上述公式，可得出颤振临界风速，如表3所示。从表3中可以看出，两者的颤振临界风速均比较高，当用仪器可测量时，十七级风在离地面10 m高处相当风速为56～61 m/s。所以在台风下，是不可能发生颤振的。

表3　颤振临界风速

	断面全宽 B(m)	扭转基频 f_t(Hz)	惯性半径(m)	密度比	形状系数	攻角效应系数	颤振临界风速(m/s)
非对称悬挑雨棚	13.20	2.39	3.84	177.99	0.60	0.70	336.52
对称悬挑雨棚	10.50	1.81	3.05	187.37	0.60	0.70	208.72

5　局部的峰值压力或吸力的是否会导致局部构件的失效

从风洞试验表1和表2中能清楚看到，檩条、上下面板及紧固件在边缘处，体型系数剧增，远远大于相邻区板，但体型系数未超出荷载规范给出的 μ_{s1}，按规范取 μ_{s1} 进行局部构件连接计算能满足设计安全要求。值得指出的是，无论屋面平均风压系数还是局部平均最大风压系数均不能完全反映屋面实际的风荷载。由于尾迹扰流和房屋的气动干扰的影响，房屋表面的风压力始终处于波动状态，其压力峰值随时间和空间的改变而不同。尤其在气流分离点附近这种波动状态更为明显。因此局部构件在对设计风荷载取值时尚需考虑压力峰值因素的影响。海东线的万宁站雨棚，结构形式如风洞试验的典型雨棚(4)，“纳沙”台风登陆文昌后阵风最大风力达 15 ~ 17 级，瞬间风速达 46.8 m/s，换算成基本风压为 1.368 9 kN/m²，该雨棚设计按百年风荷载取值，基本风压为 0.9 kN/m²。可见瞬时风压远超出设计风压。由此可见，在极端气候条件风载下，雨棚的局部构件受力很大且复杂，用平均风压值进行局部构件计算，不能保证端部边缘局部构件的安全与稳定。

6 基本风压 w_0 取值不能采用单一标准

台风对结构物的作用如同地震作用一样，属于偶然作用，即在设计基准期内不一定出现，而一旦出现其量值很大且持续时间很短的作用。2011 年强台风“纳沙”在海南省文昌市登陆，登陆时中心附近最大平均风压达：$w_0 = 1.1(\text{kN/m}^2)$，登陆时阵风平均风压达：$w_0 = 1.37(\text{kN/m}^2)$，实际风压已超过了设计风压 0.9 kN/m²，台风过后，主体安全无恙，但端部雨棚被吹落，见图 2 和图 3。这就给我们提出了一个对台风地区基本风压 w_0 如何取值的问题。这实际上牵涉台风设防标准，定得太高会造成不必要的浪费，定得太低就有可能造成重大的台风灾害损失。

如何确定建筑物的抗台风设防标准，建议借鉴建筑物抗震设计中的三水准设计思路，即规定在设计基准期内超越概率为 63.2% 的基本风压为“常遇风压”记为 w_1，超越概率为 10% 的基本风压为“偶遇风压”记为 w_2，超越概率为 2% ~3% 的基本风压为“罕遇风压”记为 w_3。w_1、w_2、w_3 与现行规范中的基本风压关系为

$$w_1、w_2、w_3 = m(q \times y)w_0$$

$$q = 1 - e^{-yp}$$

$$P = 1/T$$

$$m = 0.363\lg[-y/\ln(1-q)] + 0.463$$

式中 m——重现期调整系数；

y——结构设计基准期(50 年)；

T——重现期；

q——基准期内的超越概率；

p——年超越概率。

将 $y = 50$ 年，$T = 50$ 年，$q = 0.632$、0.1、0.02 代入上式分别求得 w_1、w_2、w_3 为

$$w_1 = w_0(q = 63.2\%)$$

$$w_2 = 1.32w_0(q = 10\%)$$

$$w_3 = 1.57w_0(q = 2\%)$$

这样我们就将抗震设计采用的三水准设防原则沿用到建筑物的抗台风设计中，概括为：“常遇风压不坏，偶遇风压可修，罕遇风压不倒”的三水准抗风设防原则。

常遇风压不坏，即要求建筑物在其设计基准期内，对遭遇频率较高，强度较低的台风时，不损坏，不需修理，结构主体应处于弹性状态，根据基本风压 w_1 计算风荷载，按承载力要求进行截面设计。

偶遇风压可修，即允许建筑物在偶遇风压的作用下，结构主体可以产生较大的变形，维护结构可发生局部破坏，依靠结构的塑性耗能能力，使结构得以保持稳定，经过修复可使用，此时结构的抗风设计应按变形要求进行。

罕遇风压不倒，即房屋在预先估计到的罕见强烈台风作用下，结构主体进入弹塑性大变形状态，但主体结构不能整体倒塌，避免危及生命安全，此时结构应考虑防倒塌设计。

上述三水准抗台风设计的思想具体可通过二阶段设计的方法来加以实施，即通过二阶段设计中第一阶段对构件截面承载力验算和第二阶段对弹塑性变形验算，并与抗台风概念设计和构造措施相结合，从而实现三水准抗台风设防原则。具体抗台风设计原则可按以下执行：

第一阶段设计：对于多台风地区的低层构筑物及雨棚，首先应满足第一、第二水准的抗台风要求，为此，首先应按常遇风压（即第一水准风压）w_1 计算结构在弹性状态下的风荷载，然后与地震、重力等其他荷载效应组合，进行构件截面设计，使其满足常遇风压下的要求；其次采用偶遇风压（即第二水准风压）w_2 计算结构的变形、裂缝宽度，使其不超过规范所规定的限值；同时，通过概念设计的方法，优化结构截面尺寸和形状，确定合理的结构布置和构造措施，保证结构具有足够的变形能力，使其满足偶遇风压下的变形要求。

这一阶段设计对所有处于多台风的低层房屋及构筑物结构都应进行。

第二阶段设计：采用第三水准风压即罕遇风压 w_3 计算结构各部位连接处（如雨棚彩板与檩条、檩条与屋架等处的连接）的强度，并计算结构主体的变形、裂缝宽度，使其离结构倒塌时的临界限值有一段距离，保证主体结构的弹塑性被控制在允许范围内，使其满足在罕遇风压下不倒的要求。

这一阶段设计可对抗风能力较弱的低层房屋及构筑物进行，或只对罕遇风压较大，有可能引起房屋及雨棚倒塌的台风地区进行。

按此三水准抗台风设防原则分析强台风"纳沙"登陆海南的基本风压。登陆时中心附近最大风速达42 m/s，换算成基本风压为：$w_0 = 1.1(\text{kN/m}^2)$，登陆时瞬时风速为46.8 m/s，换算成基本风压为 $w_0 = 1.37(\text{kN/m}^2)$，文昌站雨棚设计时采用基本风压为 $0.9(\text{kN/m}^2)$，按变形控制设计，应按第二水准风压取值：$w_2 = 1.32$，$w_0 = 1.188\ \text{kN/m}^2$，大于台风中心风压 $1.1\ \text{kN/m}^2$，按三水准进行连接件强度设计 $w_3 = 1.57$，$w_0 = 1.413\ \text{kN/m}^2$，大于阵风瞬时风压 $1.37\ \text{kN/m}^2$，可见按三水准基本风压取值，能保证该雨棚结构安全（施工因素除外）。那么原设计雨棚基本风压小于实际风压，为什么雨棚没有被吹跨呢？主要是由于该设计风载取百年基本风压，结构安全等级为一级，修正系数取1.1，这样修正后基本风压可达 $1.2 \times 1.1 \times 0.9 = 1.188\ \text{kN/m}^2$，恰与台风登陆时的附近最大风压相同，但小于瞬时风压，所以雨棚屋面局部损坏，瞬时基本风压的取值偏小应是局部构件损坏的主要原因，若大部分局部构件失效，也将会引起主体结构倒塌。

7 结 论

对两种典型雨棚模型表面风压分布的风洞试验研究，可以得到以下几点结论：

（1）雨棚在台风地区不会发生弛振和颤振。

（2）0°和180°的来风是计算风荷载最不利的风向角，设计时应按此角度计算风荷载标准值。

（3）荷载规范提供的体型系数 μ_s、μ_{s1} 对雨棚的风压计算是可靠的，台风地区的雨棚体型系数可以按荷载规范的体型系数取值。但雨棚的局部构件，特别是边缘构件受力最大且比较复杂，在设计局部构件的联结时，应考虑压力峰值的波动影响，应按第三水准风压进行计算，对端部边缘构件，构造措施十分重要，必须高度重视。

本文通过对风灾现场的实地调查及现行荷载规范风荷载的计算方法等方面，分析了影响站台雨棚抗台风性能的主要因素，得出以下主要结论：

（1）现行荷载规范对台风地区的风荷载设计方法未能充分反映站台雨棚的风荷载特性，对台风地区的基本风压取值偏低，从而影响雨棚的抗台风能力。

（2）台风和地震一样是一种自然灾害，为此站台雨棚的抗台风设计应和抗震设计一样采用多级设防标准，以取代目前建筑抗风设计的单一标准。站台雨棚的抗台风设计应采用"三水准设防和二阶段设计"，应满足不同安全度条件的多级抗风设防标准以及相应的设计方法，使站台雨棚的抗台风设计更加合理而又安全。

参 考 文 献

[1] 西南交通大学. 火车站雨棚模型风洞试验研究报告[R]. 成都:2008,10.

[2] 西南交通大学. 海口火车站测压数据处理结果[R]. 成都:2009,05.

西宁站风雨棚结构整体稳定分析

黄永安　张贵海　王可峰　孙建龙

（中铁第一勘察设计院集团城建院，西安　710043）

摘　要：西宁站无站台柱风雨棚采用钢管混凝土柱＋单层柱面钢网壳结构，结构最大跨度24.3m。单层网壳结构是一种对初始缺陷比较敏感的结构，其稳定承载能力往往由屈曲后性能决定。而传统的特征值分析法往往会过高估计结构的稳定承载能力，也无法了解结构的后屈曲性能。本文针对西宁站风雨棚结构采用考虑几何非线性有限元分析方法，对其整体稳定分析进行介绍。

关键词：单层网壳；整体稳定；几何非线性屈曲分析

1　工程概况

西宁站无站台柱风雨棚采用钢管混凝土柱＋单层柱面钢网壳结构。横向（顺轨向）柱距分别为18 m和16 m，纵向（垂轨向）柱距分别为21.5 m和24.3 m。风雨棚柱顶标高9.5 m，屋面拱顶标高14.5 m，拱矢高5 m。站房及风雨棚鸟瞰图见图1。

图1　站房及风雨棚鸟瞰图

西宁站风雨棚垂直股道方向为三个拱形结构单元，分别为二连拱、三连拱、四连拱；三个拱形结构单元之间（11.5 m轴线距离范围内）通过截面为□456×300×12×12钢梁连接，以平衡拱形结构的水平推力。风雨棚平行股道方向以高架站房为中心对称分布。风雨棚透视图见图3。

所有中间跨柱均采用截面900×20的钢管混凝土柱，边跨钢柱采用截面1 200×30的钢管混凝土柱，钢管柱采用Q345直缝焊接圆钢管，柱内灌C40混凝土，总钢柱数量为240根。屋面钢网壳网格节间宽度3 m，主要受力构件采用焊接H型钢和焊接□型钢管。主要截面H300×250×6×8、H377×200×8×12、H422×300×12×16、□377×300×12×12、□422×300×12×16。网壳水平桁架采用□456×300×12×12截面。钢材牌号采用Q345C。网壳与钢管混凝土柱顶之间连接采用铸钢节点连接。铸钢节点牌号采用G20Mn5N。屋面采用的冷弯薄壁C型檩条，间距1.5 m。风雨棚结构空间模型见图3。

图 2　风雨棚透视图

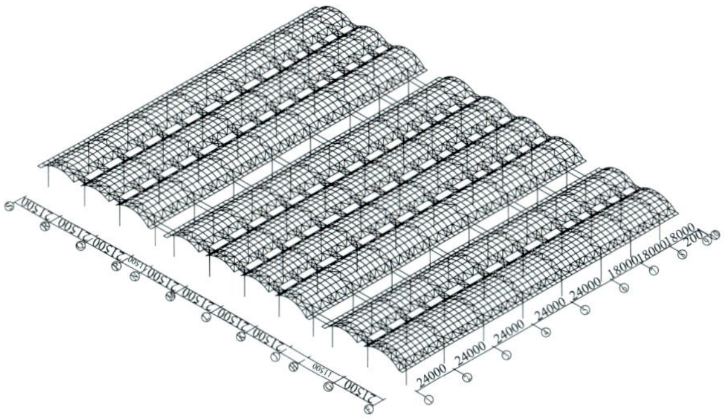

图 3　风雨棚结构空间模型

2　荷载作用

2.1　荷载取值

结构分析中主要考虑了恒荷载、活荷载和风荷载。

2.1.1　恒荷载

(1)钢结构自重由软件自动计算。

(2)屋面系统荷载:0.75 kN/m²。

(3)天沟积水荷载:1.2 kN/m。

(4)灯具和显示屏集中荷载取 1.0 kN,按在最不利位置处进行验算。

2.1.2　活荷载

0.35 kN/m²,并且考虑半跨不利分布[3]。

2.1.3　风荷载

基本风压 0.40 kN/m²(按 100 年一遇取值),并根据《西宁站站房及风雨棚风洞测压试验报告》和《西宁站站房及风雨棚风致振动分析报告》确定结构设计的风荷载标准值[5,6]。

雨棚表面主要是上吸风作用。但同一风向下,雨棚表面部分区域存在着下压风的情况,最大风荷载标准值为 270°风向下,局部风荷载值会达到 -0.69 kN/m²。

2.1.4　温度作用

根据《西宁站站房及雨棚工程岩土工程勘察报告》中西宁市气象资料汇总表,西宁市极端最低气温 -24.9℃,极端最高气温 36.5℃。设计要求钢结构合龙温度为 15℃ ±5℃,故结构单元温差取为 +16℃ 和 -35℃。

2.2　荷载组合

根据以上 4 种荷载作用,按照《建筑结构荷载规范》进行荷载组合,共考虑 24 组荷载组合。本文列出 6 种与结构整体稳定计算相关的典型荷载组合,见表 1。

表 1　典型荷载组合

序　号	1	2	3	4	5	6
荷载工况	恒载 + 活载	恒载 + 半跨活载	恒载 + 风载(左向)	恒载 + 风载(右向)	恒载 + 活载 + 温度(升温)	恒载 + 活载 + 温度(降温)

3　结构分析

根据《网壳结构技术规程》(JGJ 61—2003)第 4.3.1 条"单层的球面网壳、圆柱面网壳和椭圆抛物面网壳应进行稳定分析",网壳结构稳定分析方法中,传统的特征值分析往往会过高估计结构的稳定承载能力，也无法了解结构的后屈曲性能。而结构的后屈曲性能与其初始缺陷敏感性密切相关，对单层网壳结构这样对初始缺陷比较敏感的结构，其稳定承载能力往往由屈曲后性能决定。因此考虑非线性效应的全过程分析，即跟踪其非线性平衡路径是十分必要的[4]。结构的非线性效应包括材料非线性和几何非线性，但对于单层网壳结构，杆件中的应力水平较低，通常认为几何非线性是主要因素，所以本结构稳定分析仅考虑几何非线性有限元分析方法，分析中假定材料保持线弹性。

3.1 整体结构的强度和刚度计算

3.1.1 计算模型建立和基本假设

计算软件：采用三维通用有限元分析设计程序结构 SAP2000 V14.1.0 校核结构整体稳定。

单元模拟：所有构件均采用空间梁单元，考虑轴力和弯矩效应，屋面系统采用板单元。

加载方式：为了模拟结构的实际受力情况和施加风荷载的准确性，计算时考虑屋面系统与结构共同作用，但忽略其刚度贡献，仅起导荷作用。

求解方式：进行空间线性有限元分析，保持所有构件均处于弹性阶段。在振型求解时，采用空间迭代法，求解结构振型。

3.1.2 整体结构的静力分析

对结构进行24组荷载组合下的内力分析。结构最大竖向位移仅为跨度的1/705，表明整体结构具有很好的刚度，各类构件的应力水平都很低，局部杆件最大应力比能达到0.81，因此结构的强度、刚度均能满足规范要求，下面分析其稳定问题。

3.2 整体结构的特征值屈曲分析

尽管特征值屈曲分析难以准确反映结构的稳定承载能力，但该方法概念清楚、计算简便，有助于初步了解结构的整体稳定能，并且我国的网壳规程中推荐，结构的初始缺陷按照最低阶屈曲模态分布，求的稳定承载力是可能的最不利值。因此在进行整体结构的非线性稳定分析之前，有必要进行特征值屈曲分析。

建立特征值方程：

$$(K_0+\lambda K_\sigma)\psi=0$$

式中 K_0——结构总体线性刚度矩阵；

K_σ——结构总体几何刚度矩阵；

ψ——特征矢量，即结构的屈曲模态；

λ——特征值，即给定荷载模式的比例因子，也称屈曲因子。

对表1中的6组荷载组合工况进行特征值屈曲分析，这6组工况是内力分析中较为不利的6组工况，得到的前6阶特征值屈曲因子见表2和第1阶屈曲模态见图4。

表2 特征值屈曲因子表

序号	荷载工况	1阶	2阶	3阶	4阶	5阶	6阶
1	恒载+活载	12.69	14.01	14.31	15.63	15.81	16.00
2	恒载+半跨活载	13.65	15.04	15.44	16.79	17.03	17.22
3	恒载+风载(左向)	17.95	19.66	20.69	22.06	22.69	23.02
4	恒载+风载(右向)	17.99	19.69	20.69	22.11	22.69	23.00
5	恒载+活载+温度(升温)	14.84	16.34	16.72	18.25	18.44	18.73
6	恒载+活载+温度(降温)	14.76	16.23	16.62	18.18	18.29	18.66

由分析结果得知，工况1~工况6的1阶屈曲模态比较相似，均以中间四跨的平面外屈曲为主。工况1的1阶特征值屈曲因子12.69，为最低阶屈曲因子。因此，通过特征值屈曲分析，比较一致地反

映出了结构最低阶屈曲模态振型，并且恒载＋活载工况的1阶特征值屈曲因子最小，将此工况的第1阶屈曲模态分布作为结构的初始缺陷。

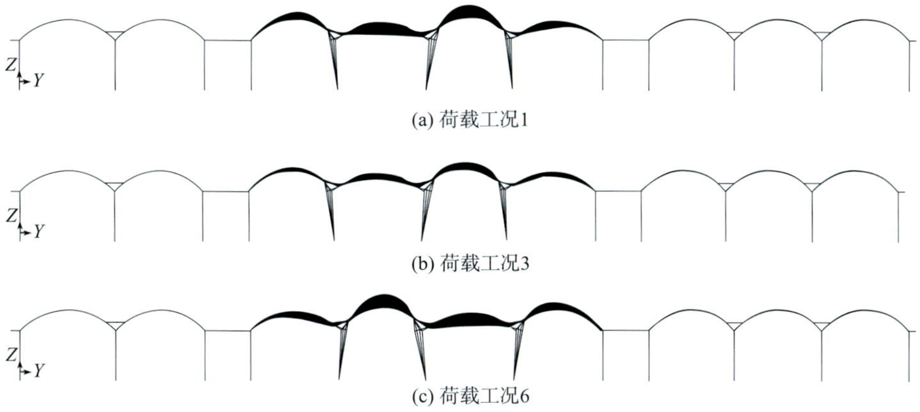

图4　整体结构第1阶屈曲模态

3.3　整体结构的几何非线性分析

全过程分析采用的迭代方程为

$$k_t \Delta U^{(1)} = F_{t+\Delta t} - N_{t+\Delta t}^{(i-1)}$$

式中　k_t ——t 时刻结构的切线刚度矩阵；

$\Delta U^{(1)}$ ——当前位移的迭代增量；

$F_{t+\Delta t}$ ——$t+\Delta t$ 时刻外部所施加的节点荷载向量；

$N_{t+\Delta t}^{(i-1)}$ ——$t+\Delta t$ 时刻相应的杆件节点内力向量。

在特征值屈曲分析的基础上，利用恒载＋活载工况作为考虑初始缺陷的几何非线性分析工况，对结构进行非线性荷载—位移全过程跟踪。其中以第一阶屈曲模态作为初始缺陷的最不利分布，缺陷幅值分别取15.8 mm、29 mm、79 mm（分别约为跨度的1/1 500、1/800、1/300）。在同一荷载水平下，初始缺陷幅值的增大导致结构位移增大，极限荷载有所降低，详见表3。可见网壳结构是对初始缺陷较敏感的结构。按照《网壳结构技术规程》（JGJ 61—2003），建议缺陷取值为网壳跨度的1/300[1]。结构的荷载—位移曲线见图5。

表3　极限稳定荷载系数对照表

缺陷幅值	$L\times1/1\,500$	$L\times1/800$	$L\times1/300$
极限稳定荷载系数	9.1	8.6	7.5

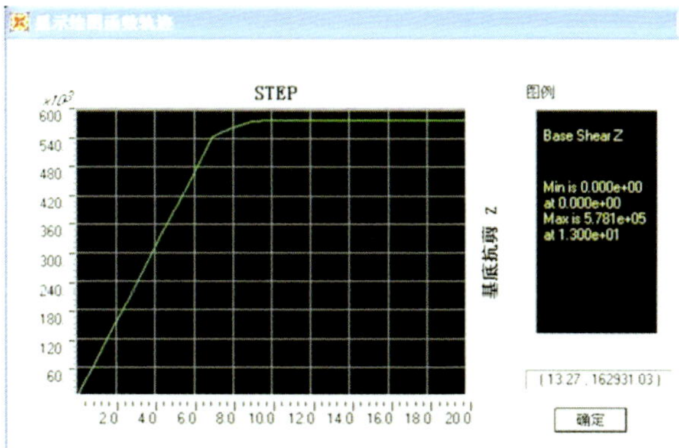

图5　荷载—位移曲线

4 结 论

利用通用有限元软件 SAP2000 V14.1.0，对西宁站风雨棚单层柱面钢网壳结构进行的静力分析和整体稳定分析，得到结论如下：

(1)西宁站风雨棚的杆件强度、刚度、结构整体稳定性能均满足规范要求。

(2)通过对结构进行考虑初始缺陷的几何非线性分析，此结构整体稳定控制工况为恒载 + 活载组合工况，此工况下结构的极限稳定荷载系数为 7.5，满足《网壳结构技术规程》(JGJ 61—2003)中网壳稳定安全系数应大于 5 的要求。

(3)通过对结构取不同的初始缺陷幅值进行几何非线性分析，所得的结构荷载—位移曲线中，初始缺陷幅值越大，稳定承载力越小。因此，单层柱面网壳结构是对初始缺陷较为敏感的结构体系。

(4)与特征值屈曲分析进行对比，考虑初始缺陷的几何非线性分析得出的结构整体稳定承载力更加准确，因此对于大跨度壳体结构，进行考虑初始缺陷的几何非线性分析很有必要。

参 考 文 献

[1] JGJ 61—2003 网壳结构技术规程[S]. 北京：中国建筑工业出版社，2006.

[2] GB 50009—2001(2006 年版) 建筑结构荷载规范[S]. 北京：中国建筑工业出版社，2006.

[3] 沈世钊，陈昕. 网架结构稳定性[M]. 北京：科学出版社，1999.

[4] 西宁站站房及风雨棚风洞测压试验报告[R]. 北京：中国建筑科学研究院，2011.

[5] 西宁站站房及风雨棚风致振动分析报告[R]. 北京：中国建筑科学研究院，2011.

沈阳站主体站房结构设计与分析

蔡玉军　孙建龙　张　海

（中铁第一勘察设计院集团有限公司，西安　710043）

摘　要：沈阳站主站房采用“建桥合一”的大跨预应力混凝土框架结构体系，地下1层，地上2层。针对“地下通道桩基与下部地铁盾构的相互影响”进行了专项论证；站台层列车正线处设置双柱与到发线分离，形成连续刚构桥，有效地减小高速列车通过对上部候车厅层舒适度的影响；17.0 m商业夹层局部采用大跨钢桁架楼盖，对其竖向加速度对旅客舒适度的影响进行了分析，应用TMD减振技术有效地缓解了结构竖向加速度峰值。24.0 m屋盖采用67.0 m跨桁架拱结构，以实现结构与建筑的完美结合。

关键词：建桥合一；地铁盾构；刚构桥；舒适度；TMD；桁架拱

1　工程概况

沈阳站位于沈阳市和平区和铁西区交汇处，共有10站台19股道，是哈大线上重要的交通枢纽和旅客中转站。沈阳站站房在既有站房的基础上进行改、扩建，地下一层为地下出站层，上部结构分为站台层、候车层和商业夹层。新建主站房平面投影为T字形，无站台柱雨棚位于站房两侧。

地下出站通道位于站房中心，地面标高为 -11.50 m，宽55 m（其中31.0 m为市政联系通道）；站台层地面标高为 ±0.00 m，站台、进站广厅、售票厅、贵宾室设在该层；候车层楼面标高为9.00 m，设有候车厅和餐饮区；商业夹层楼面标高为17.00 m，由商业和设备用房组成；屋面分为普通混凝土屋面、钢结构拱形屋面及网架屋面。

地下通道正下方设有地铁盾构区间，地铁盾构区间为左右双线，左右线的中心距由15 m到12 m缓和过渡，盾构区间走向为东高西低。站房施工期间，下方地铁已开通运营。

沈阳站效果图见图1，站房横剖面示意图见图2。

图1　沈阳站建筑效果图

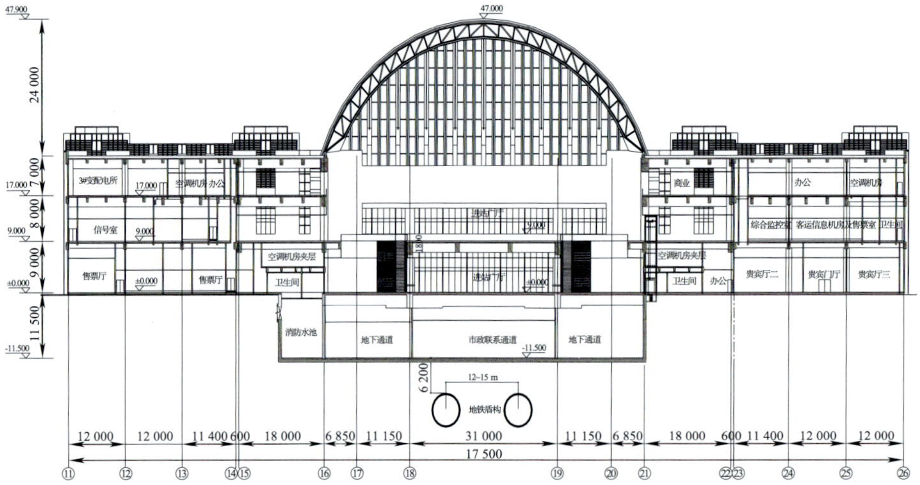

图 2 沈阳站横剖面示意图

2 主要技术标准

主体站房建筑结构的设计使用年限为 50 年,其耐久性设计满足 100 年的要求;设计中采取了以下标准:基本风压和基本雪压均按 100 年一遇取值。建筑结构的安全等级为一级,结构重要性系数为 1.1。所采用的混凝土最低强度等级、配合比及相关参数、钢筋的保护层厚度均按耐久性 100 年确定。沈阳市的抗震设防烈度为 7 度,设计基本地震加速度为 0.10g,设计地震分组为第一组,地震动反应谱特征周期为 0.35 s。主站房的抗震设防类别为重点设防类(乙类建筑),按设防烈度 7 度进行抗震计算,按设防烈度 8 度采取抗震措施;主站房钢筋混凝土框架结构的抗震等级为一级。

3 结构分析及计算

结构分析主要采用以下有限元软件:

(1)采用空间通用有限元软件 SAP2000、MIDAS 建立站房整体模型,对结构进行整体计算,合理确定混凝土构件的截面尺寸和内力,并对钢结构构件进行设计。

(2)在 PKPM 程序中建立主体混凝土结构模型,等效模拟钢桁架、拱桁架构件。运用 SATWE 及 PREC 等软件进行混凝土构件的设计和预应力筋的设计。

(3)网架结构采用浙江大学编制的 MST2008 进行设计,同时采用 SAP2000 进行校核。

分析过程中,各软件模型的荷载取值、杆件截面、构件布置应保证统一,各构件的边界条件尽量相同。

4 荷载与作用取值

4.1 恒、活载

混凝土楼盖恒载根据建筑面层做法确定,活荷载根据《建筑结构荷载规范》(BG 50009—2001)(2006 年版)选取,对于设备用房的活载根据相关专业资料确定。

4.2 轨行区列车荷载

列车竖向静活载采用 ZK 活荷载,对客货共线的区域采用“中—活载”,并考虑动力系数。列车走行部分的横向摇摆作为集中水平荷载垂直作用于钢轨顶面,并按最不利位置布置;列车制动力(牵引力)、长钢轨伸缩力、挠曲力及断轨力等按照文献[1]及国家现行钢筋混凝土桥梁规范的要求进行选取。

4.3 风荷载

沈阳站基本风压为 0.60 kN/m^2(100 年一遇),地面粗糙度类别为 B 类。由于站房体型复杂,建筑受风面的体型系数和风振系数已无法按《建筑结构荷载规范》(BG50009—2001)(2006 年版)进行选取。因此,设计中风荷载根据风洞试验报告进行取值,并按多风向角进行加载。

4.4 雪荷载

沈阳站基本雪压为 0.55 kN/m^2(100 年一遇)。考虑东北地区融雪的影响,设计中按照沈阳市城乡建设委员会《关于加强轻钢结构建筑设计施工管理的通知》(沈建发〔2007〕40 号)的规定,将屋面积雪分布系数提高 1.5 倍采用。

4.5 温度作用

沈阳市属于受季风影响的北温带半湿润大陆性气候,夏季最高气温达 35℃以上,冬季最低气温达 -26℃以下。全年最热月平均温度 22.3℃,最冷月平均温度 -9.1℃,极端温差较大。设计中钢结构构件温差取年最高和最低温度与合龙温度的差值;考虑到混凝土构件对温度的传导存在滞后效应,故对混凝土构件的温差取月平均最高和最低温度与合龙温度的差值。

4.6 底板浮力及侧墙土压力

沈阳站 ±0.000 m 相当于绝对高程 46.295 m,地下通道底板底标高 31.795 m。其稳定地下水为 36.00 ~ 38.00 m,底板抗浮设计水位为 42.00 m。因此,底板按正常水位和抗浮水位分别进行验算。

4.7 荷载组合

荷载组合时,计入了恒荷载、活荷载、风荷载、雪荷载、温度作用、底板抗浮力、水平地震作用及竖向地震作用。底板浮力及侧墙土压按正常水位和抗浮水位分别按永久荷载和可变荷载考虑;温度作用分项系数取 1.4,组合系数取 0.7。

5 主站房结构设计

5.1 基础设计

主站房柱下基础均采用直径为 1.0 m 的钻孔灌注桩,并采用桩端、桩侧复合注浆技术,桩端持力层为泥质砾岩,有效桩长不小于 40 m,单桩承载力特征值 7 500 kN;基础梁下抗拔桩根据结构布置直径分别为 1.0 m、0.8 m,为了减少注浆体对地铁盾构的影响,均采用桩端注浆,有效桩长 28.0 m。

由于上部结构为超长结构,温度作用效应导致柱下弯矩和剪力均有所增大,给基础设计带来较大的困难;特别是考虑施工过程中地下通道结构底板的温度效应时更是如此,因通常计算模型中将承台顶面作为竖向构件的嵌固端,导致柱底弯矩和剪力巨大。若按此反力进行桩基设计,会造成桩数众多,很不经济,也与实际情况不符。竖向构件在较大水平力和弯矩作用下,承台和桩将产生相应的水平位移和转动,即使是微小的位移和转动也会有效地释放温度作用产生的剪力和弯矩,一定程度上也可降低竖向荷载作用下竖向构件的柱底反力。因此,借鉴桥梁基础设计方法,考虑桩土共同作用,地下通道结构柱采用弹性嵌固约束,以模拟土体对承台和桩的弹性支承作用,更真实地反映实际受力情况。由于弹性嵌固约束的刚度受承台尺寸、桩数、桩距和桩位的影响,在满足弹性支座变形的要求下,需进行反复迭代验算。

5.2 地下通道底板结构

地下通道为出站厅层,结构底板面的标高为 -11.8 m,顺轨方向柱距为(12 +31 +12)m,其中 31 m

为市政联系通道，如图 3 所示。

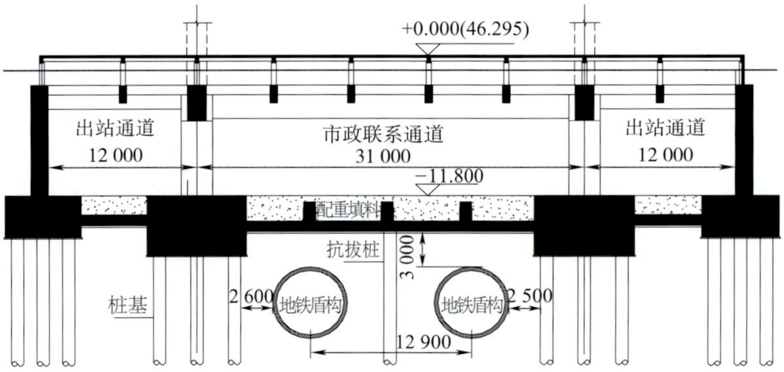

图 3　地铁盾构与地下通道的剖面关系图

地下通道底板抗浮设计水位为 42.00 m，底板所受浮力 102 kN/m^2。由于受地下地铁盾构区间的影响，中间跨无法布置常规抗拔桩，因此底板抗浮设计中采用级配砂石作为配重平衡部分浮力，仅地铁盾构环中心位置设置一排抗拔桩作为 31.0m 跨抗浮梁的弹性支承。在整体建模计算过程中底板下设置合理的面弹簧刚度，以分担底板自重及其上部配重荷载。弹簧刚度的取值根据地质报告中相关土层的技术参数确定，同时要求底板下地基承压力小于 100 kPa（持力层承载力特征值为 450 kPa），以防止地基承担过大的荷载和竖向压缩变形。

地铁盾构区间位于 31.0 m 通道正下方，桩基到盾构管片的最小水平距离为 2.5 m（小于 3.0 m 的安全距离），结构底板底到盾构管片的最小竖向距离仅 3.0 m。为了保证施工过程中地铁的安全运行，设计中参考国内外类似工程经验提出了以下几点要求：①基坑开挖至设计标高以上 0.5 m 范围内的土体不得采用机械开挖，待铺垫层前再由人工挖至设计标高，一方面保证了机械施工对底板底土体的干扰；另一方面减轻对地铁运行的不利影响。②基坑降水需降至盾构环顶，对因承台二次开挖造成局部地段覆土不足时，应及时人工增加临时覆土，防止土体的开挖引起盾构管片的上浮或漏气。③施工距盾构管片距离小于 3.0 m 的基桩时，应采取跳钻方案。桩基施工时，应严格控制桩的定位及垂直度，以减小因施工误差引起的不利影响。④地下结构施工过程中应加强对围岩及隧道的观察，如发现异常，需根据实际情况改变施工方法或采取加固围岩等措施。

施工前，针对“沈阳站地下通道桩基与地铁盾构区间的相互影响”进行了专项论证，经专家组讨论确定方案可行，并一致通过。且在沈阳站地下通道桩基的施工期间，下部地铁运营正常，未受任何影响。

5.3　站台层（轨道层）结构

站台层结构平面尺寸为 55 m（平行于轨道方向）× 220 m（垂直于轨道方向）。柱网尺寸：平行于轨道方向为（12 + 31 + 12）m，垂直于轨道方向为（20.5 + 21.75 + 21.5 × 2 + 21.75 × 3 + 22.0 + 27.5 + 20.0）m。站台层采用预应力混凝土框架结构体系，为了提高站台层框架柱的抗震延性，钢筋混凝土柱内配置芯柱。

轨道层正线处设置双柱将正线和到发线分离，在正线处形成连续刚构桥，以有效地减小高速列车通过对上部候车厅层舒适度的影响；到发线部分结构与主体站房共建形成“建桥一体化”结构体系，列车荷载直接传给站房结构，轨道层局部结构布置及剖面图见图 4。对于刚构桥部分采用桥规进行设计，“建桥一体化”部分综合考虑建、桥两种不同的规范，按照规范要求从严进行荷载取值及结果控制。

5.4　高架候车层结构

高架层为旅客候车厅层，平面尺寸为 103 m（平行于轨道方向）× 220 m（垂直于轨道方向），其典型

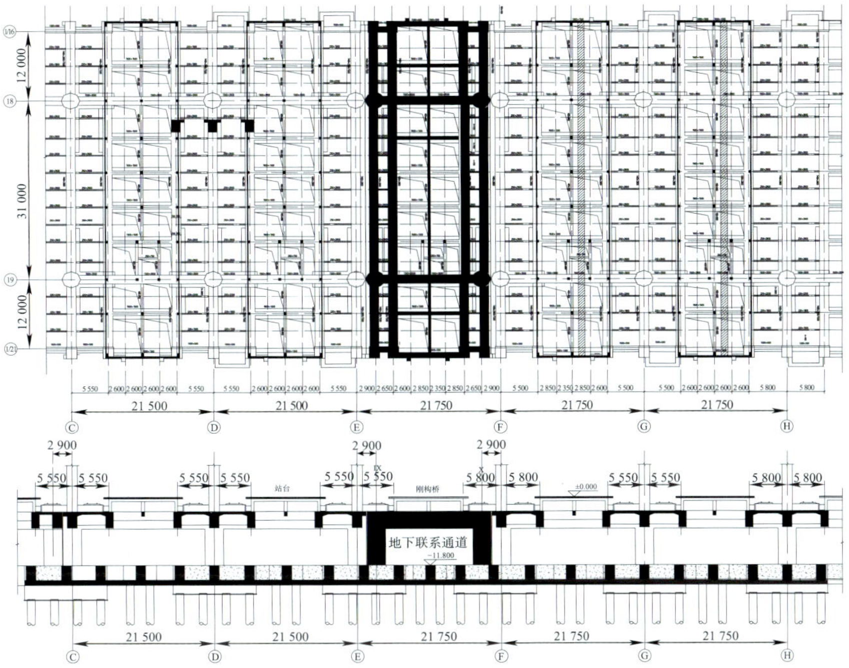

图 4　轨道层结构布置及剖面图(局部)

柱距为(18、31、18)m(垂直于轨道方向)×(20.5、21.5)m(平行于轨道方向)。

结构采用预应力框架体系，结构布置见图 5。为了降低温度效应对超长钢筋混凝土结构的不利影响，主站房垂直于轨道方向设置一道伸缩缝(抗震缝)。

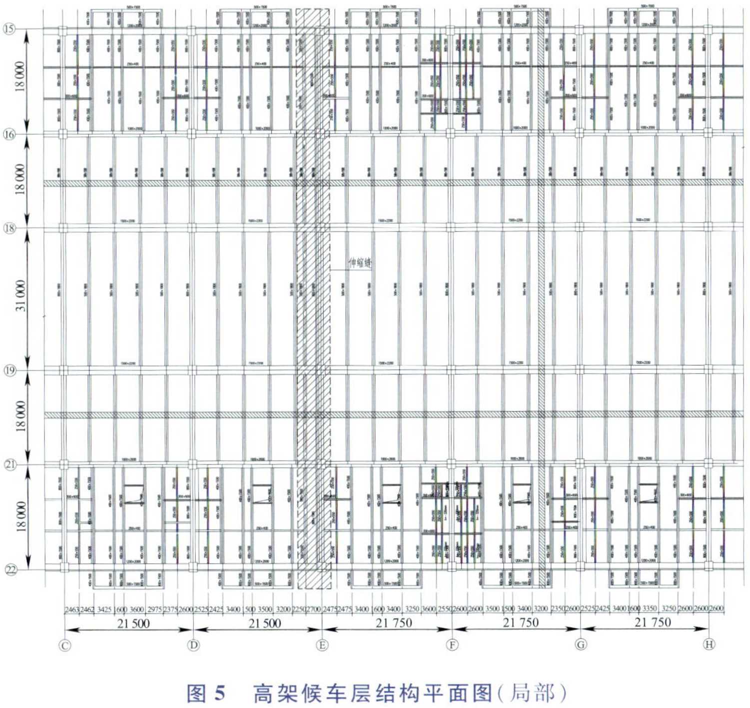

图 5　高架候车层结构平面图(局部)

分缝后的高架候车层楼面结构单元长 103 m(平行于铁轨方向)，宽 135 m(垂直于铁轨方向)，仍属于双向超长钢筋混凝土结构，设计中采取以下措施解决混凝土的收缩和温度应力问题：①纵、横两个方向的框架梁及大跨度次梁均为预应力梁，由于预应力梁中预应力的扩散作用，板中存在一定的预压应力，预压应力可有效减少及限制混凝土构件的裂缝。②沿纵、横两个方向每隔一定间距设置施工后浇带，将大平面结构在施工过程中划分成几块平面尺寸相对较小的子结构，并在各个子结构中添加适量的混凝土微膨胀剂，以减少混凝土在施工养护过程中产生的收缩裂缝。后浇带间距通常为 30 ~ 40 m，若按此间距设置，会导致很多预应力梁不能及时张拉，故设计中将部分后浇带用膨胀加强带取代，这样可使大部分预应力梁及时张拉，只留少部分预应力梁待后浇带混凝土达到强度后再张拉。③设计中现浇板板面均设置有通长钢筋，并适当加强中间部位板和梁的配筋以及两端框架梁、柱的配筋以抵抗温度作用产生的附加内力。

5.5 钢桁架商业夹层

进站 17 m 标高商业夹层采用钢桁架结构体系，楼板为压型钢板与混凝土组合楼板。受建筑立面效果及内部功能的限制，纵横向主桁架分别与四根平面位置呈梯形布置的框架柱相连。设计过程中将 Q 轴处桁架高度取为 7.8 m，跨高比为 7，作为垂直方向主桁架的弹性支承点（如图 6、图 7 所示）。由于此处楼盖跨度大，阻尼小，在人行荷载作用下存在竖向振动舒适度的问题，因此针对此处商业夹层的大跨楼盖的振动舒适度进行了分析。

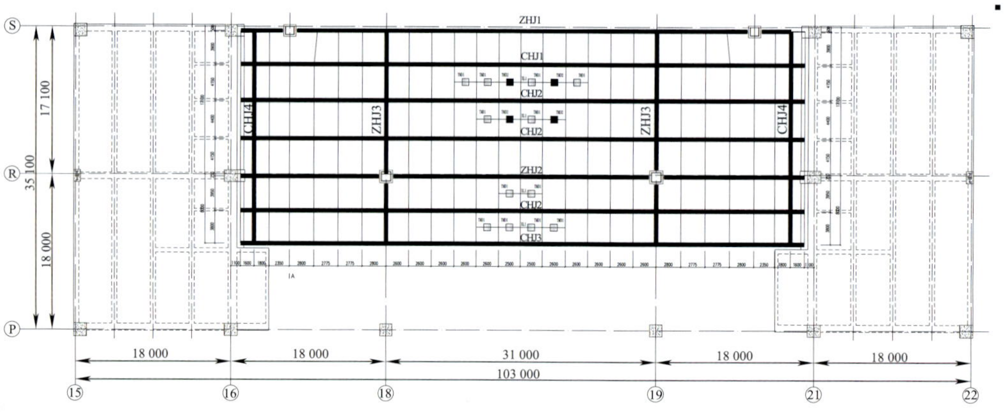

图 6　钢桁架楼盖平面布置图

对 6 种人行荷载工况进行了分析，通过结构动力特性分析及反复试算，制定了 16 套 TMD 布置方案并确定其参数。结果表明，通过在楼盖上弦设置 TMD 可以有效地抑制楼板在人行荷载激励下的振动，分析结果如下：

(1)对于 A 类工况（人行荷载），步行频率为 2.3 Hz 和 2.8 Hz 时加速度峰值较小，小于人体舒适度限值；步行频率为 3.0 Hz 和 3.2 Hz 时加速度峰值较大，最大达到 0.24 m/s^2，故需对楼盖进行减振设计。

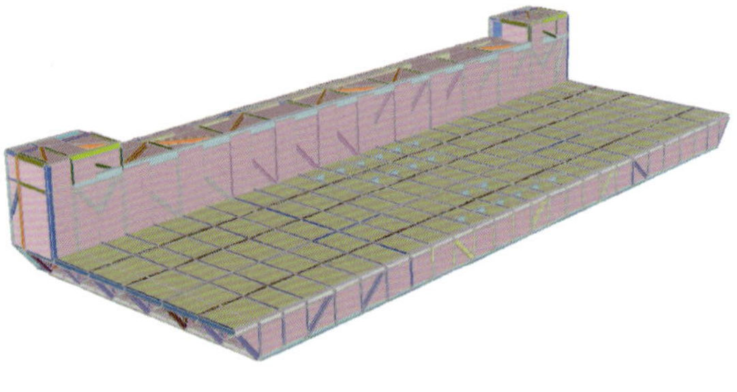

图 7　钢桁架楼盖有限元模型图（局部）

(2)增加 16 套减振系统后对结构的竖向动力特性影响较小。

(3)对于 A 类工况，减振效果可达 20% ~45%，平均减振效果达 30% 以上。

(4)对于 B 类工况（20 人跳跃），最大减振效果亦可达 35%。

(5)按此减振方案，人行荷载工况下，楼盖最大加速度峰值仅为 0.143 m/s^2，符合 ATC Design Guide 相应条款规定的要求。

5.6 屋盖结构

根据建筑形态、柱网布置及结构经济性要求，站房屋盖采用桁架拱结构，较好实现了结构和建筑的完美结合（图 8 所示）。桁架拱跨 67 m，拱高 23.2 m，拱顶标高 47.2 m，拱脚通过销轴支座支承于两侧混凝土结构梁顶，每榀拱桁架截面为正方形，边长 2.4 m，杆件截面为无缝圆管，最大截面为 $\phi 325 \times 12$。

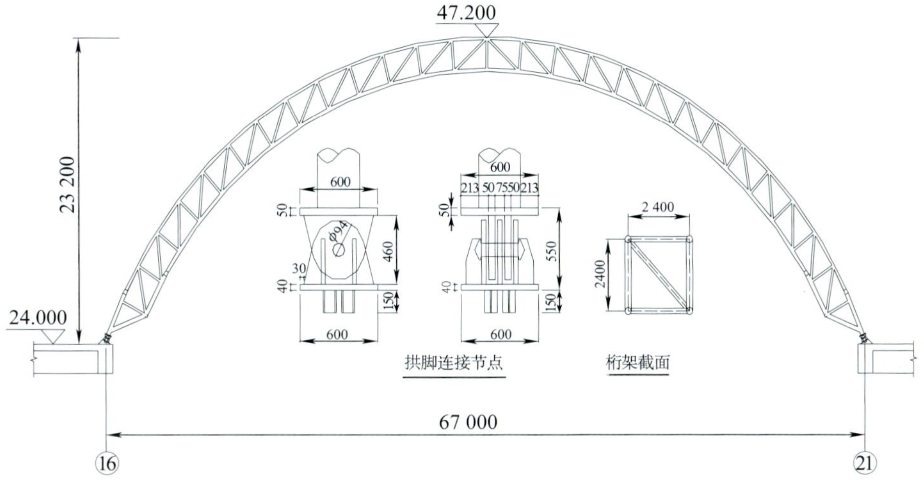

图 8　拱桁架及销轴拱脚

根据理论和软件分析，沿拱跨方向结构对温度作用并不敏感，因此拱脚采用固定销轴铰支座，以平衡拱桁架产生的水平推力。由于拱桁架平面内刚度较弱，对于不均匀荷载分布较为敏感，因此屋盖分别按积雪全跨均匀分布、不均匀分布以及半跨均匀分布的情况进行强度及稳定分析。

屋面风荷载按 100 年一遇基本风压进行计算，同时根据风洞测压试验报告进行取值，以确保结构的安全和经济合理。建模过程中按多风向角进行加载，以获得最不利风向角。

6　结　语

沈阳站站房主体结构采用大跨预应力混凝土结构体系，较好地满足了建筑功能、空间以及造型的需求。同时在保证结构安全和满足建筑功能的前提下，力求结构设计的先进性和经济性。设计过程中针对工程特点和难点进行了分析：

(1)针对地下通道基坑开挖及桩基对地下盾构区间的影响，通过及时配重、合理降水、实时观测等措施，保证了施工期间下方地铁的正常运营安全。

(2)通过正线处设置刚构桥，将正线和到发线分别设置于不同的结构层，有效地降低了正线列车高速通过时，列车振动对上部高架候车层旅客舒适度的影响。

(3)对大跨度桁架商业夹层楼盖竖向舒适度进行了研究，分析了旅客活动对楼盖舒适度的影响，并采用 TMD 减振技术，使楼盖竖向振动加速度满足旅客舒适度的要求。

(4)对大跨拱形屋面及围护体系，通过风洞试验进一步确保结构的安全和经济合理，为类似工程的受风特征提供参考。

参　考　文　献

[1] 新建时速 300 ~ 350 公里客运专线铁路设计暂行规定(上、下)[S]. 北京：中国铁道出版社，2007.

[2] 建研科技股份有限公司. 沈阳站风洞测压试验报告[R].

[3] 中铁第一勘察设计院集团有限公司. 沈阳站新建西站房及高架候车楼岩土工程勘察报告[R].

[4] JGJ94—2008　建筑桩基技术规范[S]. 北京：中国建筑工业出版社，2008

[5] JTGD63—2007　公路桥涵地基与基础设计规范[S]. 北京：人民交通出版社，2007.

[6] GB50157—2003　地铁设计规范[S]. 北京：中国计划出版社，2003.

[7] 李茂生. 建桥一体化系统车站结构研究及其应用[D].

青岛北站主站房结构缩尺模型试验研究

杨惠东[1]　冉鹏飞[2]　牟在根[2]　张相勇[3]

（1. 中铁二院工程集团有限责任公司，成都　610031；2. 北京科技大学，北京　100083；
3. 北京市建筑设计研究院，北京　100045）

摘　要：空间立体拱架结构是一种复杂的空间结构体系。为了进一步研究这种结构体系的力学性能，结合实际工程，对青岛北站主站房屋盖结构进行了 1∶20 缩尺模型的竖向静载试验，并利用有限元软件 Midas/Gen 对试验模型进行了数值分析。模型试验与理论分析结果的对比分析表明，这种立体拱架结构的整体受力性能良好，验证了该结构的可靠性及设计计算模型的适用性，为青岛北站实际工程的设计提供了有益的参考。

关键词：立体拱架；承载力；稳定性；缩尺模型

1　工程概况

青岛北站设在青岛市李沧区，位于胶济线现有的沧口站西南侧，基地西侧为胶州湾及胶州湾高速公路，西南为跨海大桥——青岛海湾大桥的起点，北距青岛流亭国际机场约 13 km。主站房地上二层、地下三层，局部设置夹层，其站房效果图见图 1。

图 1　站房效果图

青岛北站主站房结构体系复杂，主要由大型拱形空间钢结构站房和站台无柱雨棚组成。主站房和站台无柱雨棚是完全脱开的两个独立系统。在站房结构中，屋盖结构与候车厅结构也完全独立。青岛北站屋盖的建筑造型独特，结构采用立体拱架的形式予以实现。每榀立体拱架由一榀拱、两根横梁、6 对 V 型撑、16 根交叉索以及两根横梁间的纵向檩条组成。整个屋盖结构体系在各种不同荷载组合作用下，分别由拱与结构两端的 V 型支撑杆件将荷载传至下部结构。该结构体系造型新颖美观，而且可以充分体现建筑师的设计意图。

2　试验研究的主要目的

结构在设计荷载下的反应分析。试验模型的荷载通过配重块施加，整个结构的荷载通过受荷托盘传递到节点上，进而考察结构在设计荷载作用下的受力性能。

结构模型的稳定性能分析。在结构加载阶段，若出现位移增长过大而应力增长滞后的情况，应对试验模型进行必要的加强，以便找到其他影响稳定性的因素。若结构在加载过程中表现出良好的稳定能力，则加大荷载，直至结构破坏，从而找到结构的薄弱环节，若薄弱环节处于关键部位，对整体结构影响较大，或结构的整体富余量不大，应对设计进行修正。

3 试验概况

3.1 试验模型

模型缩尺比例采用1∶20，模型尺寸为8 m(长)×3.3 m(宽)×2 m(高)。为充分保证焊接节点的强度，避免由于焊接损伤造成构件强度的削弱，对于此类小管径薄壁钢管的焊接采用氩弧焊。

3.2 相似关系

大型空间结构试验模型的确定和设计，实际上是对原型结构设计的一次再分析，使试验模型能在各主要方面比较准确地反映原型结构的工作性能。试验模型一般应满足几何相似、物理相似和物理过程相似等要求。

根据原结构设计资料及结构试验设备尺寸，按1∶20的缩尺比例设计了主站房屋盖结构整体模型。实际工程用钢为Q345钢材，试验模型所用钢材为Q235。

本实验中，模拟关系为

$$c_l = \frac{l_p}{l_m} = 20\ ,\ c_\sigma = \frac{\sigma_p}{\sigma_m} = \frac{345}{235} = 0.681\ ,\ c_E = \frac{E_p}{E_m} = 1$$

3.3 试验模型设计

本试验取主站房整体模型中间三榀进行试验，按刚度等效原则和强度等效原则，对取出后的模型进行一定的简化，去掉次要构件(檩条和悬挑端)。最终制作的试验模型见图2。

图2　缩尺试验模型图

试验模型设计时，结构按刚度和强度等效原则进行了部分简化，主要包括两个方面：

(1)按刚度等效的原则，横梁的异形截面简化为箱型截面，屋脊和V型撑简化为圆管截面；

(2)按强度等效的原则，拱的异形截面简化为箱型截面；檩条构件也简化为箱型截面。

3.4 试验加载方案及量测方案

(1)加载方案

本试验加载采用节点荷载，在模型上弦所有节点上均施加节点荷载。模型上弦节点编号如图3

所示。由于模型对称，故只在半边编号。对各节点进行分级加载，各点的荷载增量如表1所示。

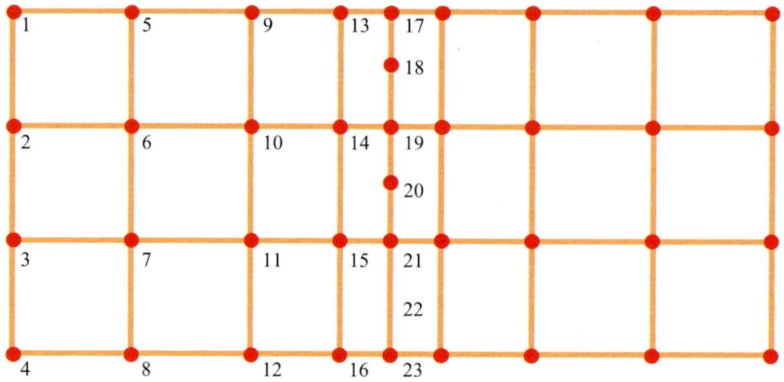

图3　模型上弦节点编号

(2)量测方案

通过在结构的主要受力构件两端、中部位置贴应变片，在结构的关键节点处设置位移计，用来测量结构主要受力构件的应变及结构的位移，见图4。

表1　各点荷载增量

加载点	荷载数值(kN)
1,4	0.5
2,3,5,8	1.0
6,7	2.0
9,12	0.9
10,11	1.7
13,16	0.6
14,15	1.2
17,23	0.4
19,21	0.8

3.5　试验加载过程

加载分六级进行。在加载的过程中为了防止偏心，每级加载的配重块都沿节点板中心均匀布置。在前四级较安全的情况下，由工作人员直接向节点板上添加配重块。随着加载级数的增加，考虑到加载的安全性和准确性，改用人员站在吊车上对节点板继续添加配重块。图5为第六级加载过程。

图4　结构模型贴片图

图5　第六级加载过程图

4 试验结果分析

4.1 位移结果

位移测试结果按荷载级数分六个阶段给出，见表 2。钢屋盖模型在 3.33 倍设计荷载(四级)作用下，模型的节点竖向位移始终保持线性变化。当加载到 4.16 倍设计荷载(五级)时，结构的拉索全部被拉断，竖向位移增长加快。当加载到 5 倍设计荷载(六级)时，结构主拱开始屈曲，节点竖向位移急剧增加。

表 2 各节点竖向位移(mm)

级数 \ 节点	3	8	11	12	16	18	19	23
一级荷载	0.32	1.53	0.46	1.74	1.48	0.59	0.78	1.75
二级荷载	0.51	2.37	1.82	3.95	3.27	0.94	1.43	2.61
三级荷载	0.82	4.37	2.66	5.93	4.77	1.45	2.12	3.63
四级荷载	1.34	7.56	4.93	8.52	6.07	1.81	2.55	4.38
五级荷载	2.06	12.39	9.74	12.95	8.61	2.14	3.47	5.47
六级荷载	4.73	33.67	25.29	31.75	16.49	2.44	5.38	6.01

4.2 结构破坏形态

当加载至 3.33 倍设计荷载(四级)时，结构竖向位移、应变都无明显异常。当加载至 4.16 倍设计荷载(五级)时，结构的拉索全部被拉断，但并未影响到整体结构的承载能力，但从应变测试结果来看，已有部分杆件超过弹性极限，进入塑性阶段。当加载到 5 倍设计荷载(六级)时，结构的主拱开始屈曲，结构整体下移。当加载到相当于 6 倍设计荷载时，结构主拱完全屈曲，如图 6 所示，整体结构失去承载能力，宣告破坏，如图 7 所示。在结构破坏过程中，拉索的断裂和结构主拱的屈曲并没有立即导致整体结构的垮塌，从而可以看出该结构体系具有出良好的延性。

图 6 结构主拱拱脚屈曲图

图 7 结构整体坍塌图

5 试验结果与理论分析结果对比

利用 Midas/Gen 对试验模型进行数值分析，对试验数据和有限元分析计算的结果进行了对比。

5.1 位移结果对比

图 8 给出了节点 8 在荷载作用下的对比位移曲线。由图 8 可知，当荷载从第一级加载到第四级的过程中，试验结果与有索模型的有限元结果较为吻合，位移曲线呈线性增长；从第四级到第六级过

程中，试验结果与无索模型的有限元结果接近。理论分析挠度最大点，挠度为 30.42 mm，实测结果为 33.67 mm，实测结果与理论结果吻合较好。

5.2 拱脚应变对比

图 9 给出了在荷载作用下拱脚的应变对比曲线。由图 9 可知，荷载级数从第一级到第四级的过程中，单元的应变量逐渐增大，曲线大致呈线性增长。第五级时由于拉索的全部拉断，导致拱脚处的应变量进一步增大。拱脚处的应变实测值略小于理论值。当加载到第六级时，拱脚开始屈曲，结构尚未破坏。当加载到相当于 6 倍设计荷载时，拱脚完全屈曲，结构破坏。

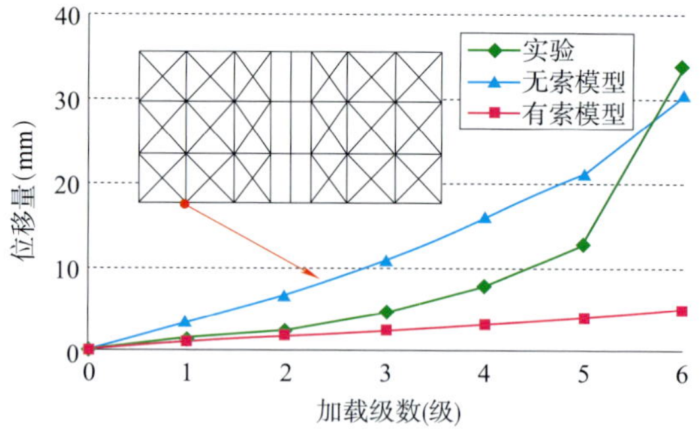

图 8　节点 8 位移对比曲线

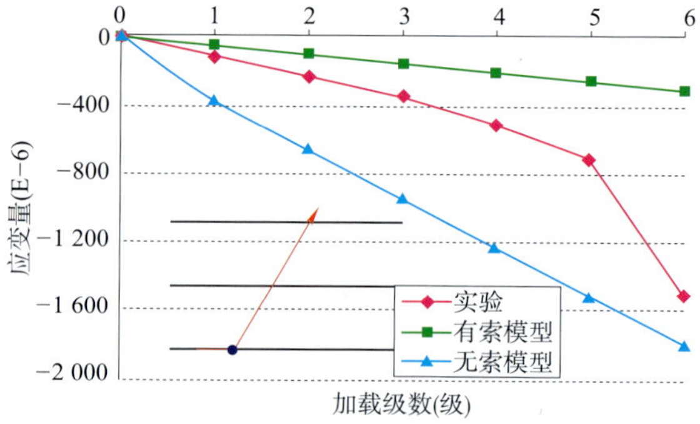

图 9　拱脚应变对比曲线

6　结　论

本文对青岛北站主站房进行了 1∶20 缩尺模型试验和大量数据分析，通过试验和理论分析，得到如下主要结论：

（1）模型设计过程中对原结构进行了合理的简化，试验数据结果表明，试验模型与原结构相似关系较好，模型的设计与制作是成功的。

（2）试验结果及其与线性理论分析的对比表明，两者所得的数据基本吻合。在荷载作用下，结构反应基本是线性的，所以采用线性分析方法进行结构分析和设计是可行的。

（3）该结构体系中，拱为主要的受力构件。体系明确的传力途径使得结构受力均匀，满足承载力条件，整体变形符合要求，能够充分利用各构件和材料的性能。

（4）当荷载加到 5 倍设计荷载时，拉索被拉断，此时结构并没有破坏，依然具有一定的抵抗变形能力，随着荷载的继续增大，结构拱脚处发生破坏，拱脚处的破坏导致结构整体倒塌，而且整个结构具有良好的延性。

（5）该结构体系的受力性能良好，局部次要杆件的破坏对整体结构的受力性能影响不大。局部拉索的松弛或断裂并没有明显影响结构的整体承载能力。由于结构的超静定次数较多，局部破坏后会产生新的力的平衡，可以避免连续倒塌。

参　考　文　献

[1] 姚振纲，刘祖华．建筑结构试验[M]．上海：同济大学出版社，1996.

[2] 沈祖炎，赵宪忠，陈以一，等．大跨空间结构整体模型静力试验的若干关键技术[J]．土木工程学报，2001，34(4)：102-106.

[3] 沈祖炎，陈扬骥，等．上海东方明珠国际会议中心单层球网壳整体模型试验研究[J]．建筑结构学报，2000，21(3)：16-22.

[4] 唐伟伟．大跨度钢屋盖整体模型试验[J]．山西建筑，2007，33(35)：82-83.

国际铁路 EPC 工程中风荷载规范的研究

林　寒

（中铁二院工程集团有限责任公司，成都　610031）

摘　要：美国规范是国际通用的主流规范之一，随着近年来涉外铁路工程的增加，频繁出现在工程设计要求中。因此，深入了解并掌握国内外规范的异同，正确使用其进行工程设计，成为迫切需要。本文试图通过对中国《建筑结构荷载规范》[（GB 50009—2001）2006 年版]、美国 *Minimum Design Loads for Buildings and Other Structures*（ASCE/SEI 7-05）中关于风荷载的理论以及规定分别予以介绍，讨论和比较，找出两者的异同，为国际铁路 EPC 项目提供设计参考。

关键词：风荷载；规范研究；基本风压；体型系数

近年来，随着我国铁路工程"走出去"战略的实施，越来越多的中国工程承包商进入国际工程承包市场，按国外标准完成的铁路 EPC 项目也越来越多。美国规范是国际通用的主流规范之一，随着近年来涉外工程的增加，频繁出现在工程设计要求中。很大一部分涉外工程的技术说明，要求采用美国规范作为其设计标准，即便可以采用中国规范设计，业主提供的包括风荷载在内的输入条件，也有很多是基于美国规范的。

众所周知，中国相关建筑结构设计规范，参考了包括前苏联、美国、日本、加拿大等国的标准及试验结果。我们采用的设计理论也是世界通用的以概率理论为基础的极限状态设计法。但是，在实际的工程设计中，仍暴露了一些设计上的分歧。特别关于风载作用的计算更是引起了广泛的关注。因此，深入了解并掌握美国规范及其与中国规范的异同，正确使用其进行工程设计，成为迫切需要。

本文试图通过对中国《建筑结构荷载规范》[（GB 50009—2001）2006 年版]、美国 *Minimum Design Loads for Buildings and Other Structures*（ASCE/SEI 7-05）中关于风荷载的理论以及规定分别予以介绍、讨论和比较，找出两者的异同，为国际铁路 EPC 项目提供设计参考。

1　计算公式

中国《建筑结构荷载规范》（GB 50009—2001）（2006 年版）对垂直作用于主要抗风体系表面的风荷载标准值计算为

$$W_k = \beta_z \mu_s \mu_z W_0$$

式中　W_k ——风荷载标准值（kN/m^2）；

β_z—— 高度 z 处的风振系数；

μ_s—— 风荷载体型系数；

μ_z—— 风压高度变化系数；

W_0—— 基本风压（kN/m^2）。

美国规范 *Minimum Design Loads for Buildings and Other Structures*（ASCE/SEI 7-05）对作用于主要抗风体系表面的净设计风压 p 或设计风荷载 F 的计算如下

对刚性建筑

$$p = qGC_p - q_i(GC_{pi})$$

对柔性建筑物

$$p = qG_fC_p - q_i(GC_{pi})$$

对低矮建筑物

$$p = q_h[(GC_{pf}) - (GC_{pi})]$$

对开敞式建筑和其他结构

$$F = q_z GC_f A_f$$

式中 q_i——不同高度处的风速压力，psf(1 psf = 47.800 26 Pa)；

G, G_f——阵风影响系数；

GC_p, GC_{pf}——外部风压系数；

GC_{pi}——内部风压系数。

2 计算原理

一般情况下，顺向风在对结构所产生的效应中起主要作用；若建筑物在横向风作用下，产生跨临界范围(雷诺数 $Re \geqslant 3.5 \times 10^6$)的共振响应，或者由于建筑物截面形状产生空气动力失稳情况时，则需考虑横向风效应。

对于任何结构体系，在风作用下都会产生振动。将脉动风作为输入，按随机理论对结构直接进行动力响应分析是最准确的方法；但因其过于烦琐，只是在特殊结构形式或对动态风激励敏感的建筑物中才采用。工程实际中，通常采用等效静力荷载法来考虑脉动风对结构的风振影响，各国风荷载标准值表达方式通常有两种：一种为平均风压乘以风振系数；另一种为平均风压加上由脉动风引起的结构风振的等效风压。

在结构的风振计算中，往往是第一振型起主要作用。我国规范与大多数国家相同，采用的是第一种表达方式——平均风压乘以风振系数。风振系数 β_z 是考虑了结构在风荷载作用下动力响应的综合系数，$\beta_z = 1 + \xi\upsilon\varphi_z/\mu_z$ 中的 $\xi\upsilon\varphi_z/\mu_z$ 就是脉动风部分的等效系数。美国规范风荷载表达方式采用的也是这种表达方式，其阵风影响系数 G 和 G_f 就是考虑风动力效应的综合系数。

3 相关荷载组合

ASCE/SEI 7－05 中有极限状态设计法及容许应力设计法，相应的荷载组合也不相同。考虑到极限状态设计法在国内工程从业人员中认知度较高，本文仅讨论极限状态设计法。ASCE/SEI 7－05 中与之相应的荷载组合如下：

①$1.4(D+F)$

②$1.2(D+F+T)+1.6(L+H)+0.5(L_r \text{ or } S \text{ or } R)$

③$1.2D+1.6(Lr \text{ or } S \text{ or } R)+(L \text{ or } 0.8W)$

④$1.2D+1.6W+L+0.5(L_r \text{ or } S \text{ or } R)$

⑤$1.2D+1.0E+L+0.2S$

⑥$0.9D+1.6W+1.6H$

⑦$0.9D+1.0E+1.6H$

其中，D 为恒载；L 为活载；L_r 为屋面活载；F 为具有稳定的压力及高度的流体产生的荷载；H 为土体，地下水，或散料产生侧压力；E 为地震荷载；S 为雪荷载；W 为风荷载；R 为降雨荷载；T 为自身应力产生的荷载。

可见，ASCE/SEI 7-05 中对于风荷载的荷载分项系数为 1.6，组合值系数为 0.8，比 GB 50009—2001 对应的风荷载的荷载分项系数 1.4，组合值系数 0.6 高。

4 风速与风压

两国规范中对基本风速的规定。ASCE/SEI 7-05 中规定的基本风速为 C 类场地 10 m 高度处 3 s 阵风风速，这与我国的标准 10 min 平均风速有较大差异，也是影响设计结果的关键。可见两国规范的区别主要在于平均风速时距的取值，时距太短，易突出风的脉动峰值作用；时距太长，势必把较多的小风平均进去,致使最大风速值偏低。

我国的基本风速取值小于美国规范中的基本风速,而我国风压高度变化系数的取值相对来说偏于保守。两国规范中关于体型系数的理论基础是一致的,且均通过风洞试验来进行测定。就具体规定而言,美国的规范规定更为详细。

进行国外项目设计时,应搞清楚业主提供的现场最大设计风速的两个指标:

(1)所给风速的时距取值,该值可能是 3 s 阵风风速或 10 min 平均风速;

(2)确定所给风速的重现期,一般设计所采用的均为 50 年重现期风速,如果获取的场地风速不是 50 年重现期,应根据 GB 50009—2001 D. 3. 4 换算为 50 年重现期的基本风速。

ASCE/SEI 7-05 中规定,场地类别,即地表粗糙度类别划分:

B 类:城区,郊区,有树木的地区,或有密集单个家庭或两个家庭居住房屋分布的地区;

C 类:稀疏分布高度小于 9. 1 m 的低矮障碍物的空旷地区;

D 类:平坦,没有障碍物的地区,以及飓风区以外的海面,也包括泥地,盐地或未破坏的冰面。

中国的荷载规范中,地面粗糙度可分为 A、B、C、D 四类:

A 类:指近海海面和海岛、海岸、湖岸及沙漠地区;

B 类:指田野、乡村、丛木、丘陵以及房屋比较稀疏的乡镇和城市郊区;

C 类:指有密集建筑群的城市市区;

D 类:指有密集建筑群且房屋较高的城市市区。

中、美规范地面粗糙度分类对比见表 1。

表 1 中、美规范地面粗糙度分类对比

类别	GB 50009—2001(2006 年版)	ASCE/SEI 7-05
A 类	近海海面和海岛、海岸、湖岸及沙漠地区	已取消
B 类	田野、乡村、丛林、丘陵以及房屋比较稀疏的乡镇和城市郊区	城市和郊区,树木茂盛区,有较多障碍物或密集建筑物
C 类	有密集建筑群的城市市区	开放地形,有低矮的稀疏障碍物(不超过 9. 1m 高),乡村,草地
D 类	有密集建筑群且房屋较高的城市市区	平坦无障碍区,光滑地面,水面,近海海面

可见,ASCE/SEI 7-05 场地类别划分与 GB 50009—2001 基本一致,ASCE/SEI 7-05 的 D 类场地相当于 GB 50009—2001 的 A 类,ASCE 的 C 类场地相当于 GB 50009—2001 的 B 类,ASCE 的 B 类场地相当于 GB 50009—2001 的 C 类。

这里需要说明的是,之前的 ASCE 7-95 版对 A 类粗糙度有详细定义及描述,与我国 D 类相似。从 ASCE 7 - 02 规范开始认为,大量密集建筑的城市区域,接近高大建筑物,存在复杂的局部风隧效应和尾流颤振效应等,很多情况超越了分析法能够解决的范畴,推荐在时间和经费允许的情况下,采用风洞试验法。

5 体型系数与风压系数

结构体型的不同,直接影响到作用于建筑物不同表面的风荷载大小。相同风速的情况下,不同建筑物外形和相同建筑物不同表面产生的风压有很大的差别。

中国规范风载体型系数 μ_s 是风在建筑物表面引起的实际压力与来流风压的比值。美国规范与之对应的是风压系数 C_p。

为了得到各种建筑物表面风压实际大小及分布情况,一般有两种方法:一是在实际建筑物上测定表面压力分布;二是缩小比例模型进行风洞试验。

由于气流分离的影响,结构表面上各点的风压并不相等,因此在规定体型系数时应当考虑结构同一表面不同位置的体型系数大小的不同。我国规范为了简化计算,常取各面上的平均值或整体的平均值来表示该面或整体的体型系数,每一个受风面或受风个体的体型系数采用相同的值。美国规范则考虑了气流分离的影响,结构同一表面上的体型系数根据位置的不同而有所变化。

中国的风载体型系数经过了一个不断完善的过程，并参考了国外的资料，得出了现在规范中的风荷载体型系数表。美国规范现阶段的风压系数，也是在边界层风洞试验基础上，结合之前的研究总结而来。事实上，中国规范列出的体型系数，大部分根据国外规范整理而成，其中就包括美国规范。从体型系数和风压系数比较也可看出，两者大致基本相同，最大的不同主要体现在以下几个方面：

(1)美国规范风压系数与建筑物的外形比例相关，并随设计时考虑的风向变化。

(2)美国规范各受风面(包括屋面和侧墙)细分为若干风压区，不同分区采用不同的风压系数。这样更接近于真实情况，对于构件和围护结构尤其如此。

(3)美国风荷载规范考虑了建筑物内部风压，引入了内部风压系数，对有孔洞、门窗和开敞式建筑产生的内部风压作了详细的分析和规定。中国规范仅在验算围护构件及强度时，出于安全考虑，参照国外规范，规定了 ±0.2 的内表面局部风压体型系数。

6 结 语

(1)美国规范对刚性结构、柔性结构、动力敏感结构的脉动风载作用下的不同影响，采用不同公式加以计算，对于低矮建筑也采用了专门的规定；中国规范没有加以特别区分。某些特殊情况的计算存在一定出入。

(2)中国规范中，对很多常见的建筑外形都明确地标明了体型系数，使得在设计中应用比较方便；相比之下，美国规范对风荷载的规定较为繁琐，对于很多复杂外形情况，则必须根据经验，将几种原则进行组合来确定，这样，给工程设计人员带来一些不便。

(3)美国规范中，对于非封闭建筑物和存在孔洞的封闭建筑，其内部风压有着详细的计算规定；而中国规范仅在验算围护构件及强度时，规定了 ±0.2 的内表面局部风压体型系数。

(4)美国规范的风荷载定义了不同的风压分区，各分区的风压系数不同，这一点，更加接近于实际情况，比之中国规范简化为单一的值，显得更加准确。

(5)对风载敏感或特别复杂的结构，两种规范都指出，应该通过风洞试验来确定体型系数或风压系数。对于 A 类密集高层建筑物的大城市区，考虑到复杂的局部风隧效应和尾流颤振效应，美国规范取消了该地面粗糙度规定，建议采用风洞试验确定。

(6)美国风荷载规范，就设计原理上与中国规范基本相同，根据常规外形建筑物的简单比较来看，风荷载的计算结果差别不大。

参 考 文 献

[1] GB 50009—2001 建筑结构荷载规范(2006 年版)[S]. 北京：中国建筑工业出版社，2001.

[2] ASCE/SEI 7-05. *Minimum Design Loads for Buildings and Other Structures* (*Including Supplement No.* 1)[S].

[3] 刘刚. 中国与英国规范风荷载计算分析比较[J]. 钢结构，2008，23(2)：57-60.

[4] 黄凯，黄云峰. 浅议中美风荷载规范之差[J]. 科技传播，2010，(4)：79-80.

[5] 高岩，徐超颖. 中美规范风荷载的换算关系[J]. 科协论坛，2011，(3)：139-140.

[6] 黄韬颖. 中美澳三国风荷载规范的比较[D]. 北京：北方交通大学.

天津西站站房主体结构设计

刘 明 董 城 史月珍 张 松
（铁道第三勘察设计院集团有限公司，天津 300271）

摘 要：天津西站为“房桥”合一的铁路枢纽站房，主站房结构自下到上为轨道层结构、高架层结构、高架层结构及拱形屋面结构。轨道层采用钢管混凝土柱＋型钢混凝土梁的框架结构体系，高架层采用钢管混凝土柱＋钢桁架（实腹钢梁）的钢框架结构体系，高架夹层采用钢框架，屋面为跨度114 m的联方网格单层网壳结构形式。本文主要介绍了天津西站主站房结构选型及伸缩缝设置、屋面单层网壳的稳定性分析、结构抗震性能等内容，结果表明天津西站主站房结构合理、满足预定的抗震性能指标，具有良好的抗震性能。

关键词：“房桥”合一；钢管混凝土柱；型钢混凝土梁；钢桁架；单层网壳；抗震性能指标

1 天津西站主站房工程概况

天津西站京沪高速铁路天津西站站房位于天津市红桥区，车站规模为最高聚集人数5 000人，本工程总建筑面积229 291 m^2，其中站房104 481 m^2，雨篷投影面积75 515 m^2，站房部分地下层32 053 m^2，高架层49 540 m^2。站房鸟瞰图见图1。天津西站站房主体由下到上为轨道层结构、高架层结构、高架夹层结构及拱形屋面结构，共五层，为“房桥”合一站房。站房顺轨向剖面图见图2。层高自下而上分别为9.5 m、12.5 m、5 m、5 m、36.5 m，总高度68.5 m。轨道层采用钢管混凝土柱和型钢混凝土梁组成的框架结构体系；高架层采用钢管混凝土柱和钢结构桁架（局部实腹工字钢转换梁）组成的框架结构体系；高架夹层采用钢结构框架体系；拱形屋面为联方网格型单层网壳。

图1 鸟瞰图

2 主站房结构体系

2.1 设计标准

天津西站主站房结构站房主体结构设计基准期为50年，耐久性年限100年，结构安全等级一级。站房的抗震设防烈度为7度，设计基本加速度为0.15g，设计分组为第一组[1]，建筑场地类别为Ⅲ类，

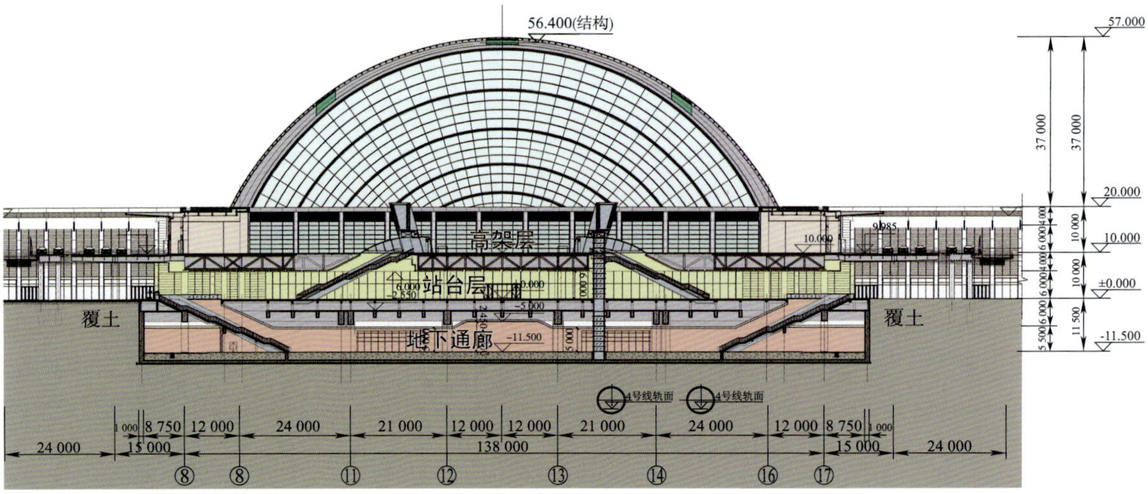

图 2　顺轨向剖面图

抗震设防类别为重点设防，抗震等级为一级。承受列车动力荷载作用的轨道层结构静力分析遵循按《铁路桥涵设计基本规范》[2]。正线列车最大通过速度 100 km/h。

2.2　轨道层结构

2.2.1　轨道层结构选型

轨道层基本柱网为(21.5×24)m、(21.5×21)m。站房高架层和屋面结构选型均是钢结构体系，其中屋面单层网壳结构的单向长度为 365.5 m，大于 300 m，属于超限大跨度空间结构。为保证整体结构体系的完整性，并实现站房较高的抗震性能设防目标，综合了造价、工期等其他因素，轨道层结构采用型钢混凝土框架结构体系。框架柱采用钢管混凝土柱内灌自密实 C50 混凝土。框架梁及顺轨向轨道梁采用型钢混凝土梁，此方案优点为梁柱构件截面小，抗震性能好，梁柱节点连接构造简单，施工周期短，结构承载力高；缺点为造价偏高。轨道层Ⅱ区结构平面布置图见图 3，典型框架柱截面直径为 2 000 mm，壁厚 60 mm，钢材牌号为 Q345GJZD。典型型钢混凝土框架梁截面汇总表见表 1。

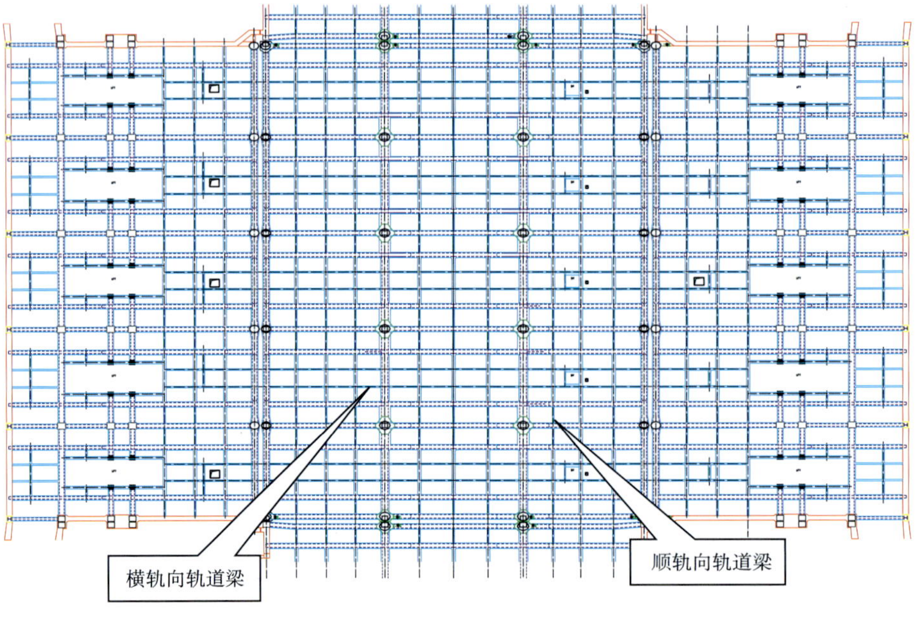

图 3　Ⅱ区轨道层结构布置图

表 1　轨道层型钢混凝土框架梁截面汇总表

构件名称	截面尺寸(mm×mm)	型钢截面	材料强度
顺轨向型钢混凝土梁(框架梁)	1 200×2 300 竖向加腋 Y2 700×700	H2 700×800×30×60～H2 000×800×25×45	Q345GJZD C35
顺轨向型钢混凝土梁(非框架梁)	1 200×2 300 竖向加腋 Y2 700×700	H2 700×800×25×45～H2 000×800×25×45	Q345GJZD C35
横轨向型钢混凝土梁(框架梁)	2 000×3 000～1 500×3 000 水平加腋	H2 700×1 200×30×60～2 700×1 000×30×50	Q345GJZD C35

2.2.2　轨道层结构伸缩缝设置

轨道层结构东西向(顺轨道方向)157.5 m,南北向(垂直轨道方向)381.65 m,属于超长结构,应该考虑温度作用的影响。此外《铁路桥涵设计基本规范》规定需要考虑混凝土收缩的影响,按规范 4.4.5 条该影响可按降低温度的方法考虑,对于分段浇筑的相当于降低温度 10℃。在轨道层结构设计中分别进行了温度作用下结构不分缝、分缝两种情况的内力计算,升降温计算中温度取值:结构合龙温度按 8℃～15℃考虑,升温 20℃,降温 20℃。横轨向型钢混凝土梁降温作用下轴力最大值分别见图 4 和图 5。

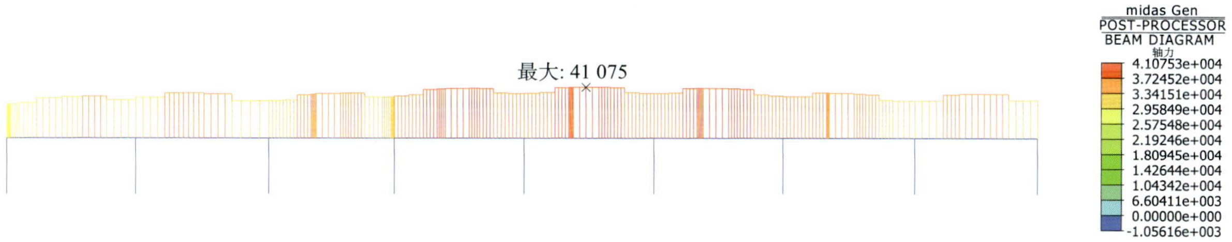

图 4　不设缝横轨向型钢混凝土梁在降温作用下轴力图(仅表示出 8 跨)

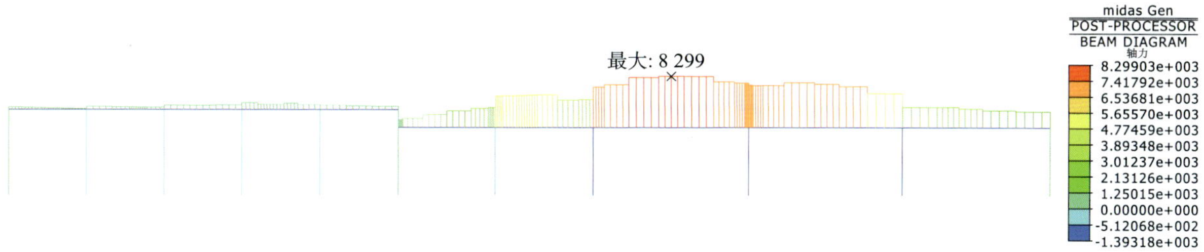

图 5　设缝后Ⅲ区横轨向型钢混凝土梁在降温作用下轴力图

由图 4 可以看出,在轨道层不设缝下,结构弹性计算在降温作用下垂直轨道方向轨道梁最大拉力为 41 075 kN,考虑混凝土刚度折减[3],计算型钢梁在温度作用产生的拉力下最大拉应力达 130 N/mm^2,而按照《铁路桥梁钢结构设计规范》(TB 10002.2—2005),钢材容许拉应力为 200 N/mm^2。仅有温度作用一项应力比即达到了 0.65。设置伸缩缝后,图 5 表明型钢混凝土梁在降温作用下轴力大幅降低。此外混凝土收缩按降温考虑,该项对结构的影响也相应地会大幅度减少。

站房轨道层结构梁柱由于承受列车动力荷载并按照铁路桥涵设计规范进行截面设计,构件尺度及结构刚度都是比较大的,对于温度及混凝土收缩作用效应也是比较显著。因此轨道层的温度区段不宜过大,在采取有效减小温度变化、混凝土收缩以及施加预应力等有效措施前提下,建议伸缩缝最大间距不超 80 m。

本设计中轨道层平面布置中将轨道层结构顺轨向设置两道伸缩缝,横轨向设置两道伸缩缝,分为五个温度区段,分别为Ⅰ区、Ⅱ-1 区、Ⅱ-2 区、Ⅱ-3 区、Ⅲ区。轨道层分区图见图 6。

图 6　轨道层分区图

2.3 高架层结构及夹层结构

高架层结构南北向 381.65 m，东西向一般区域宽 138 m，东西向含落客区宽度 188 m。基本柱网为(21.5×24)m、(21.5×21)m、(26.875×24)m，层高 12.5 m。

根据整体结构体系、结构抗震性能、设备使用功能、施工工期等因素，经过多方案分析比较，高架层结构采用了"矩形钢管混凝土柱+钢桁架梁(局部实腹梁)+钢次梁"的结构形式，见图 7。高架层楼板位于钢桁架上弦处，采用钢筋桁架楼承板。设备层楼板位于钢桁架下弦，采用花纹钢板做设备层楼板及通道。风机等大型设备位于此层楼板上，其对应的风管等管线可自由穿行于钢桁架梁腹杆之间，便于人员穿行检修。故楼盖钢桁架梁上下弦的中心距为 2.88 m。高架层典型桁架梁及实腹转换梁截面汇总表见表 2。

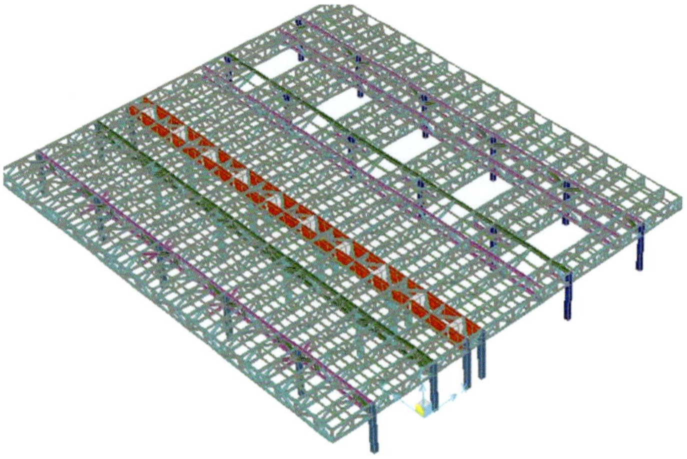

图 7 高架层结构局部轴测图

表 2 高架层典型桁架梁及实腹转换梁截面汇总表

构 件	截 面	材 质
转换实腹梁	H3300×800×40×60	Q345GJZC
桁架梁上、下弦	HW 400×400×13×21	Q345C
腹 杆	HP 350×350×12×19	Q345C
腹 杆	HW 400×400×13×21	Q345C

高架夹层结构为钢框架结构，由框架柱及斜柱、框架梁组成，见图 8。高架夹层基本柱网(10.5×10.75)mm，南北向 381.65 m。

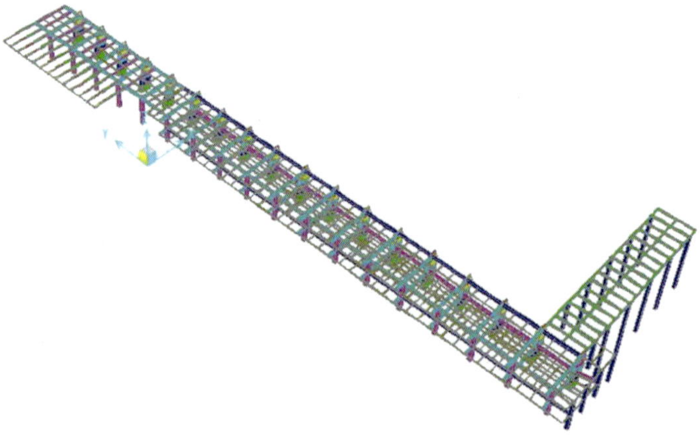

图 8 高架夹层结构局部轴测图

高架层、高架夹层顺轨向均设置两道伸缩缝将结构分为三个温度区段。伸缩缝位置与轨道层位置对应。

2.4 高架转换构件

结合站场轨道设施布置，高架层横轨向轴网均为21.5 m。根据高架夹层房屋使用功能及屋面结构网壳分格模数要求，高架夹层横轨向轴网及屋面拱形结构拱脚间距均为10.75 m。站房横轨向局部剖面图见图9。

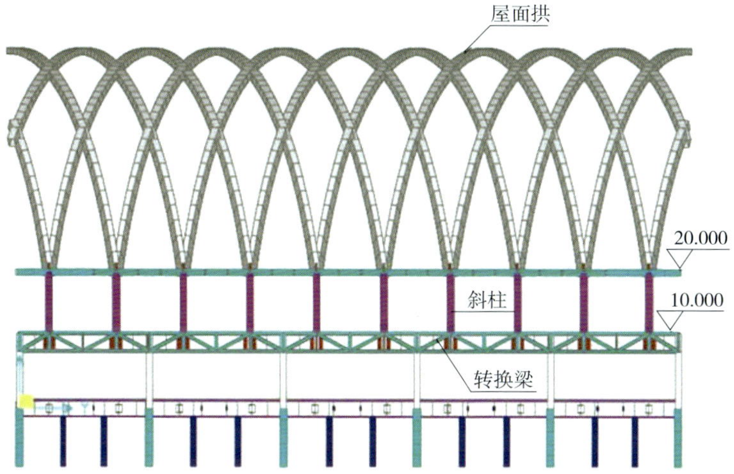

图9 局部横轨向结构剖面图

由于高架层与上部高架夹层柱网不一致，导致支撑高架夹层及屋面结构的高架层楼面梁为转换构件。顺轨向结构上下关系见图10。高架夹层斜柱支承15 m及20 m楼面(屋面)结构，同时是将屋面拱结构的竖向、水平反力传递给高架层楼面结构的重要传力构件。为了保证拱形屋面的特性，斜柱本身必须具有一定的抗侧刚度。斜柱为变截面箱型柱，其根部截面高度达3 800 mm，宽度1 200 mm，壁厚25～30 mm。为保证高架层转换梁及斜柱的水平刚度及竖向刚度，在斜柱根部设置两榀实腹转换钢梁，间距3 800 mm，并在高架层及轨道层对应设置双肢框架柱，柱间距3 800 mm。在两榀转换钢梁之间的上下翼缘分别设置了上下弦水平支撑以提高转换梁的水平刚度。实腹转换梁截面为H3 300×800×40×60。转换结构传力路径见图11。整个天津西站主站房结构的传力路径自上而下为：屋面拱结构→拱脚→斜柱→高架层两榀实腹转换梁(转换桁架)→高架层转换梁下的双肢框架柱→轨道层结构双肢框架柱→基础，其中斜柱、高架层的转换梁在整个传递路径中起着尤为关键的作用。

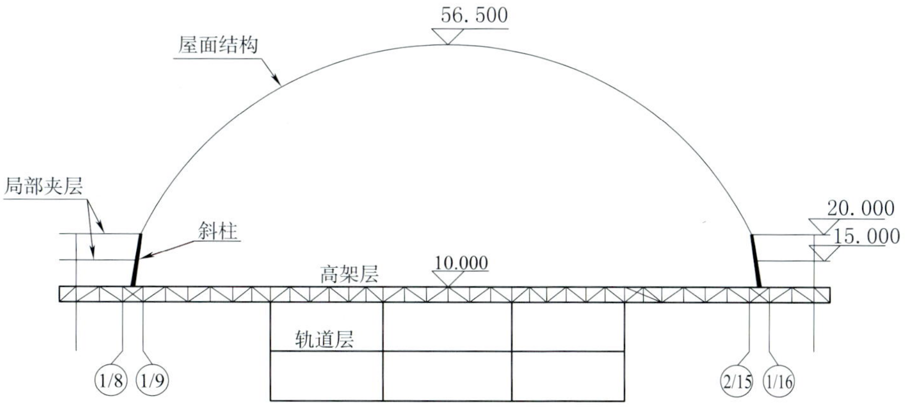

图10 顺轨向结构剖面图(单线图)

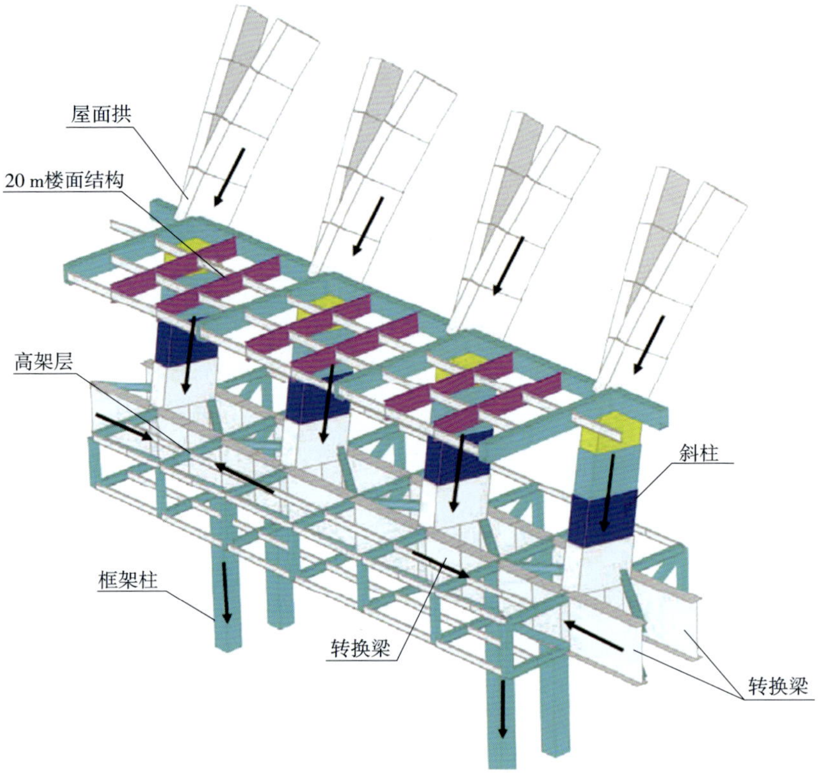

图 11　转换结构传力路径图

2.5　屋面结构

2.5.1　屋面结构选型

天津西站屋面的建筑造型为标准的圆柱面筒壳，跨度 114 m，矢高 35.9 m，长度约 400 m，展开面积 55 000 m^2。出于建筑效果，建筑对结构提出的要求是：

(1)建筑造型最大限度地利用结构予以实现；

(2)结构的主骨架以箱型截面为主要元素；

(3)结构骨架之间的连接应顺滑，与建筑的完成面融为一体。

(4)为了节省建筑空间及考虑到遮阳的效果，要求骨架的翼缘为下窄上宽。

同时为了配合壳体的变厚度，结构箱梁的高度为下大上小。

配合建筑效果，天津西站的屋面结构最终选用单层圆柱面网壳结构形式，见图 12。网格形式为联方网格，具有以下特点：

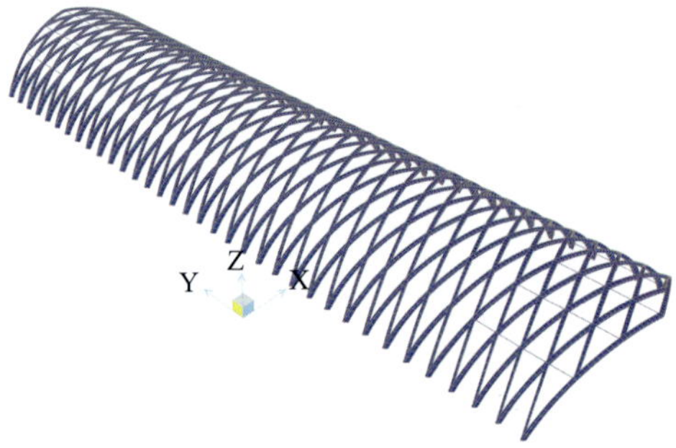

图 12　屋面结构轴测图

(1)网壳构件采用双向变截面箱梁，拱脚处梁高约 3 000 mm，翼缘宽 800 mm；拱顶处梁高约 1 000 mm，翼缘宽 2 000 mm；

(2)结构的支承形式为两纵向边支承,支座间距 10.75 m,支座位于斜柱柱顶;

(3)箱型梁的上翼缘、下翼缘与筒壳的上表面、下表面完全重合。

2.5.2　屋面结构超长研究

屋面结构南北向长约 400 m(含悬挑部分),属于超长结构,由于属于交叉拱,设缝具有一定的难度。为此进行了屋面结构在温度作用下的内力计算。温度作用按升降温各 30℃计算。计算结果发现虽然屋面结构超长,但在温度作用下,屋面结构构件的内力并不大,在单独的升温和降温工况下,构件最大应力仅为 17 N/mm^2。究其原因为交叉拱的特性在温度作用下具有良好的变形适应性。故屋面结构没有设置伸缩缝,很好地满足了建筑高架候车厅的建筑效果。此外,屋面维护结构以交叉拱形成的每个菱形为温度区段(长度 15 m 左右),即在每个菱形温度区段的檩条均是一端固定、另一端滑动设置,从维护结构构造上尽可能消除温度效应的影响。

2.5.3　屋面单层网壳稳定性分析

网壳结构的稳定性是网壳、特别是单层网壳分析设计中的一个关键问题,以非线性有限元分析为基础的结构荷载—位移全过程曲线可以完整地了解结构的稳定性能。进行网壳全过程分析时应考虑初始曲面形状的安装偏差的影响;可采用结构的最低阶屈曲模态作为初始缺陷分布模态,其最大计算值可按网壳跨度的 1/300 取值;第 4.3.4 条的规定,仅考虑几何非线性时,进行网壳结构全过程分析求得的第一个临界点处的荷载值,可作为该网壳的极限承载力。将极限承载力除以系 数 K 后,即为按网壳稳定性确定的容许承载力(标准值),系数 K 可以取为 5[4]。对于大型和形状复杂的网壳结构宜采用考虑材料弹塑性的全过程分析。按照《空间网格结构技术规程》(报批稿)第 4.3.5 条的规定,按弹塑性全过程分析求得的极限承载力,上述 K 可以取为 2。

屋面网壳结构的线性屈曲分析的控制工况为恒 + 活工况,首阶屈曲模态为较为标准的反对称屈曲模态,第一阶模态对应的屈曲系数为 20.9,第二阶模态对应的屈曲系数为 23.1。由于荷载组合较多,设计中仅对特征值屈曲分析中屈曲系数较低的几种荷载组合进行了弹塑性荷载—位移全过程分析。分析中按 1/300 初始缺陷考虑,天津西站的跨度为 114 m,初始缺陷按竖向最大位移为 0.38 m 考虑。分析软件采用 ABAQUS。为了慎重起见,考虑了两种初始缺陷,分别对应结构特征值屈曲分析中的第一阶及第二阶模态[5]。

分析中选取了两个典型节点,分别为悬挑端节点(边拱中节点)及边拱的 1/4 跨节点。这两个节点弹塑性荷载—位移全过程分析得到的荷载—位移曲线见图 13、图 14。

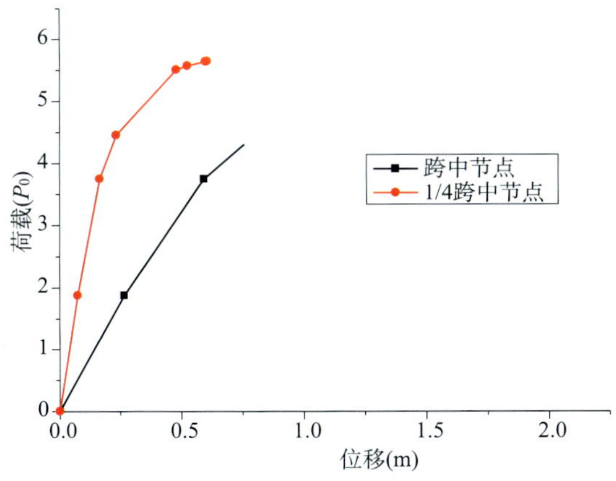

图 13　典型节点的荷载—位移曲线(第一种初始缺陷)

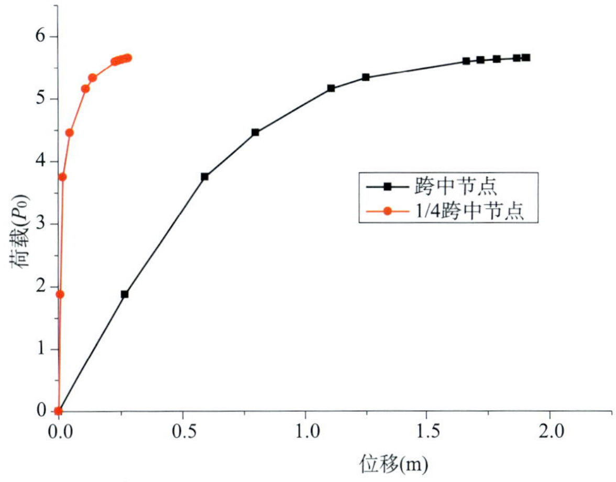

图 14　典型节点的荷载—位移曲线(第二种初始缺陷)

从图 13、图 14 可以得出以下结论:

(1)随着荷载的增加,结构的刚度也逐渐变小。

(2)在荷载加至荷载标准值的 3.75 倍后,刚度出现明显的退化。

(3)结构的极限荷载可达荷载标准值的 5.6 倍,满足 $K>2$ 的要求。

3 主站房结构抗震设计

3.1 分析软件及计算模型

天津西站主站房结构较为复杂,为"房桥"合一站房,轨道层直接承受列车动荷载,高架层为结构受力转换层,屋面结构为大跨度单层网壳拱形屋面,因而设计中分别用 MIDAS/Gen V7.3.0 和 SAP2000 建立整体模型进行结构分析(图 15)。通过结构振型、杆件内力、节点位移等分析结果对比,两种软件的计算结果基本一致。

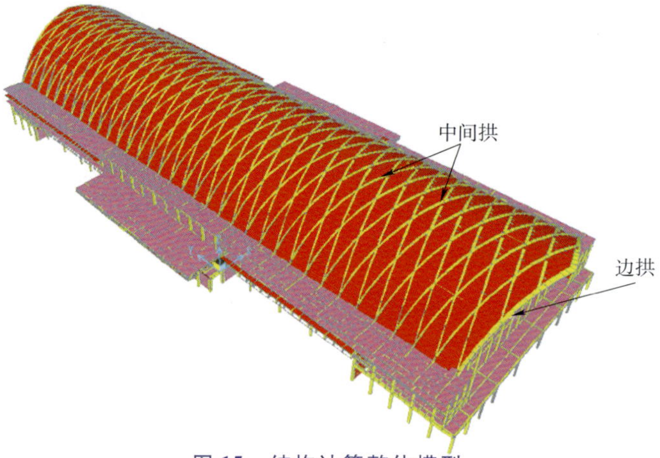

图 15 结构计算整体模型

3.2 周期及振型

周期计算结构对比见表 3,前五阶振型如图 16 所示。

表 3 周期计算结构对比

软 件	第 1 周期	第 2 周期	第 3 周期	第 4 周期	第 5 周期
MIDAS	1.4519	1.3577	1.1552	0.9925	0.9317
SAP2000	1.493	1.378	1.157	0.967	0.864

第一阶

第二阶

第三阶

第四阶

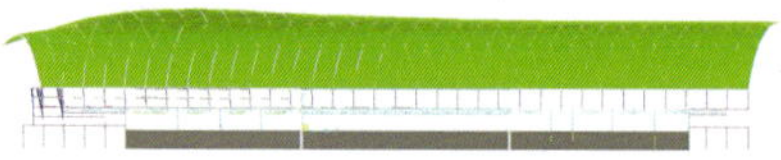

第五阶

图 16 前五阶振型

4　主站房超限设计

4.1　超限类别

天津西站的建筑造形独特，结构形式复杂，属《超限高层建筑工程抗震设防专项审查技术要点》（建质〔2006〕220号）所列的超限结构类型。具体超限情况见表4。

表4　天津西站的超限情况

不规则类型	本工程对应的情形
高位转换	屋面支承结构座落在高架层的转换梁上
特殊类型高层建筑	本工程属于特殊形式的大型公共建筑
超限大跨空间结构	不计悬挑，屋面结构的单向长度为365.5 m，大于300 m

4.2　结构的抗震设防目标

根据本工程的实际情况，结合《建筑抗震设计规范》（GB 50011—2001）等规范的要求，本工程的抗震设防目标如下：

（1）小震作用下，结构完好、无损伤，一般不需修理即可继续使用——性能水准1；

（2）中震作用下，结构关键部位的构件完好、无损伤；其他部位的构件可以出现损坏，但经一般修理后可继续使用——性能水准2；

（3）大震作用下，构件发生损伤但尚不危及生命安全，修复后可继续使用——性能水准3～4之间。

4.3　加强措施及计算分析

考虑到天津西站特殊的地位及超限的情形，结构设计时采取了以下加强措施：

（1）结构体系：轨道层采用了钢管混凝土柱及型钢混凝土梁组成的框架结构，高架层采用了钢管混凝土柱及钢桁架（转换梁为实腹梁）的框架结构。

（2）高架层在拱支座斜柱下位置设置两榀实腹转换钢梁，并设置双肢框架柱支撑转换梁，使传力路径明确。

（3）保证轨道层满足中震弹性，高架层转换梁及转换桁架及相应的支撑框架柱等重要构件满足中震弹性。转换梁在重力荷载代表值与三条中震地震波平均值的组合下最大应力比控制为0.65。

（4）对主要构件及节点提出了较高的抗震性能水准。

（5）采用MIDAS及SAP2000分别建立三维空间模型进行整体内力、位移计算，并对结果进行对比分析。

（6）进行了小震、中震下的反应谱分析，并采用三条地震波（两条天然波，一条人工波）进行了时程分析，对二者结果进行了对比。

（7）采用ABAQUS进行了动力弹塑性分析，根据构件的塑性发展情况，使用FEMA356提供的塑性变形判定标准，对构件的塑性发展阶段进行判定。

（8）采用ABAQUS进行了同时考虑材料非线性和几何非线性的双非线性屈曲分析。

（9）针对建筑的特殊性，对结构进行了防止连续倒塌研究。

（10）对拱脚等重要节点进行了专门的有限元分析。

（11）进行了西站屋面拱形整体结构缩尺模型载荷试验。

（12）进行了缩尺拱脚节点模型载荷试验。

5　结　论

天津西站主站房结构体系受力合理、结构形式新颖，与建筑效果完美结合，在保证结构安全的前提下，很好地满足了建筑功能和平面、立面、空间及造型的要求。

（1）天津西站采取了合理的结构体系；在结构布置上，设置了合理的温度区段，各部分的总体刚度适当，变形特征合理；

（2）结构的传力路径明确，由于建筑布置产生的转换结构，能够有效地将屋面结构与楼面结构联系起来；

（3）在考虑多种初始缺陷的情况下，不论是仅计及几何非线性还是同时考虑材料非线性与几何非线性，大跨结构的稳定性均能得到保证；

（4）明确了结构整体和局部的预期性能目标，针对超限采取了专门应对措施；保证了结构具有很好的抗震性能。

参考文献

[1] GB50011—2001 建筑抗震设计规范[S]. 北京：中国建筑工业出版社，2008.

[2] TB 10002.1—2005 铁路桥涵设计基本规范[S]. 北京：中国铁道出版社，2005.

[3] 徐培福，傅学怡，王翠坤，肖从真. 复杂高层建筑结构设计[M]. 北京：中国建筑工业出版社，2005.

[4] JGJ 61—2003 网壳结构技术规程[S]. 北京：中国建筑工业出版社，2003.

[5] 铁三院，中国建筑科学研究院. 天津西站结构超限设计可行性论证报告[R]，2009.

滨海站地下工程基坑围护设计关键技术研究

孙　毅
（铁道第三勘察设计院集团有限公司，天津　300251）

摘　要：津秦客运专线滨海站站房地下工程具有体量大、开挖深、关联性强、设计接口众多、工程风险大等诸多特点。在建场地处于软土地区，表层淤泥质土体较厚，潜水位高，水体腐蚀性强等不利因素。本文结合工程实例，着重介绍基坑方案的设计思路、设计方法、技术应用等方面的内容。对软土地区多级放坡开挖、连续墙施工、支护结构体系计算、基坑开挖对周边路基影响等一系列问题进行探讨和研究。

关键词：软土地区；基坑工程；支护结构；环境保护

1　天津滨海地域地层特性及基坑工程难点

基坑工程往往具有很强的整体性和技术综合性，是一类复杂的系统工程。它涉及岩土工程、结构工程、渗流以及水文地质等众多学科。同时，基坑工程又具有明显的地域性和个性，不同地区的地质条件和施工习惯等均不相同，因而基坑的方案选取及设计分析也仅能针对某一具体工程或某一类工程进行[1]。

天津市滨海新区属软土地区，但其地质构成及地层特点与上海等软土地区相比有很大区别。天津海岸带成陆晚，属淤进型海退淤泥质平原海岸。尤其上层 20 m 内由淤泥质海相层和新近沉积土层构成，具有饱水、高孔隙率和土性不均的特征，易产生地基变形过大、不均沉陷及砂土液化，使地基失效。沿海地区地层总体特点为区内地下水位高、土层孔隙率高、含水量高和盐渍严重[2]。目前国内对上海地区基坑支护技术的研究成果较多，相对而言国内外针对滨海新区进行的有关基坑支护、开挖及周边影响专题研究的成果较少，没有形成系统，因此有必要研究适用于滨海地区软弱土层、高地下水位等特点的基坑设计方法。

针对本工程国铁与市政先后期施工接口、淤泥层导墙施作、内支撑倒换、国铁施工环境对基坑影响、基坑监测等一系列工程问题提出了针对性较强的实施方案。

2　工程概况及周边环境

2.1　工程概况

滨海站综合交通枢纽工程由铁路滨海站房工程和市政配套工程共同组成，其中铁路站房工程主要包括南北站房、连接南北站房的高架候车厅及地下一层的南北联系通道等工程。市政配套工程主要包括与联系通道相接的地下一层市政南、北广场和地下二层的地铁 B2、B3 和 Z2 线等工程，地铁 B2、B3 和 Z2 线与其他交通方式换乘区设置在市政南广场。另外，在市政南北广场局部范围还有垂直地铁线路方向地下三层，为地铁风道。

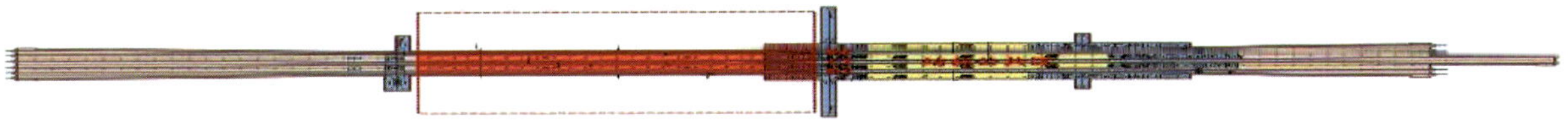

图 1　地下二层本期与后期施工范围关系图

2.2 工程接口问题

由于目前铁路工程与市政工程设计阶段不匹配,计划先实施铁路投影范围内的地下工程,即 B ~ V 轴间地下一层南北联系通道及地下二层的地铁区间工程,其他与之配套的市政及地铁工程后期实施。在这一背景下,本次基坑方案设计范围为站房投影下 B ~ V 轴,并预留后期市政工程基坑施工的衔接条件。

2.3 周边环境

场地空旷,分布有大量坑塘,周边无建(构)筑物,也无市政管线通过。实地踏勘时场地仅部分地段经填垫平整,正在进行铁路路基施工,基坑设计时需考虑开挖及降水过程中对已完成路基管桩及路基垫层的影响。

3 基坑围护方案

3.1 整体设计方案

软土地区、周边环境良好的深大基坑可以考虑多级放坡开挖结合地下连续墙围护体系、钢筋混凝土内支撑方案。本工程场地条件较好,具备一定放坡开挖条件,因此基坑围护方案选择为两级放坡结合地下连续墙 + 钢筋混凝土内支撑的支护形式。

基坑支护方案设计要与结构体系有机结合,做到永临结合,节约投资,如本次范围内设计临时立柱桩 52 根,工程桩 582 根,其中工程桩兼作临时立柱桩 61 根,节约桩基工程量 8.7% 。

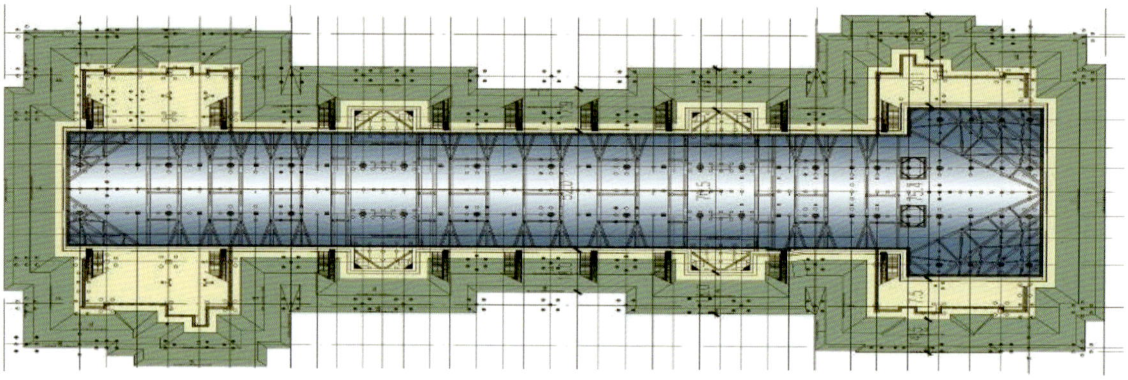

图 2 基坑平面布置图

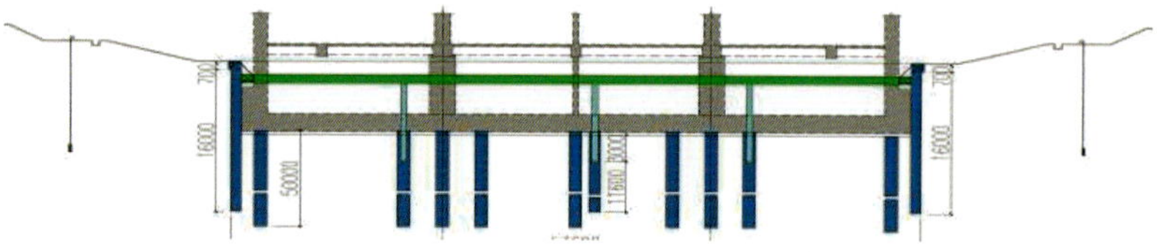

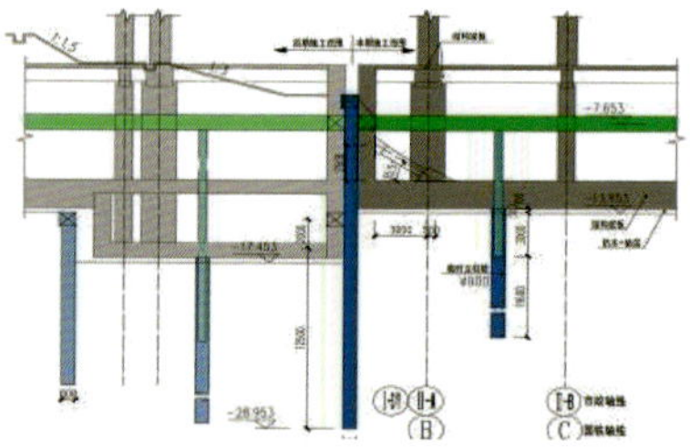

图 3 基坑典型剖面图、与后期施工界面关系剖面图

由于各子项工程开工时间及建设周期的不同,铁路工程基坑先期实施,市政工程基坑后期分段实施。这些子项工程基坑既相对独立又相互关联、相互制约,整个交通枢纽基坑工程具有开挖范围大,开挖深度呈梯度变化,接口多,衔接复杂,后开工基坑开挖及降水对先期完成工程保护难度大等特点。设计时考虑先期施工部分主体结构施工进度对后期基坑开挖工况的影响,取最不利工况进行设计,并

对后期施工界面预留条件和接口。

3.2 数值模拟计算分析

同时，受施工场地影响，考虑支撑体系兼作施工场地；基坑支撑体系设计在考虑水土压力的同时，考虑施工荷载和支撑立柱降沉因素；按等效刚度概念计混凝土支撑平面刚度，并以此为依据进行围护结构内力与位移计算；考虑温度应力对大面积钢筋混凝土支撑系统的影响。

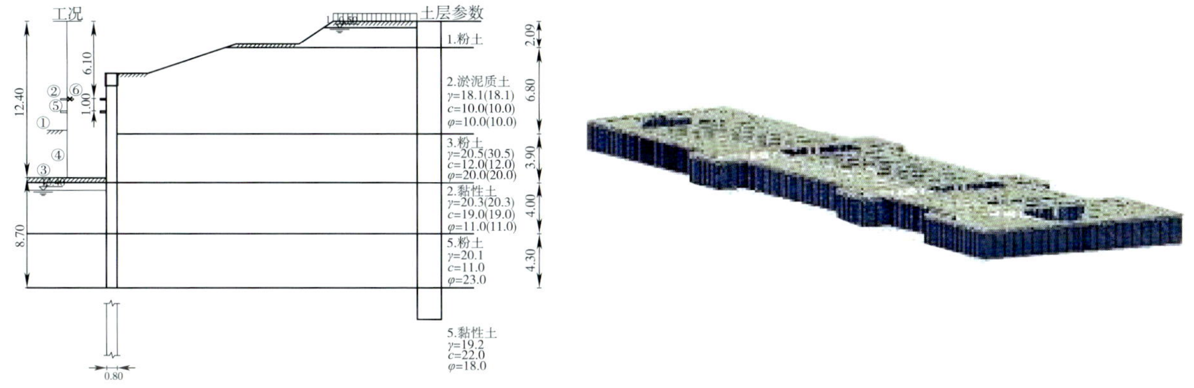

图 4　围护结构平面模型、整体模型（单位：m）

计算主要结果整理如下：

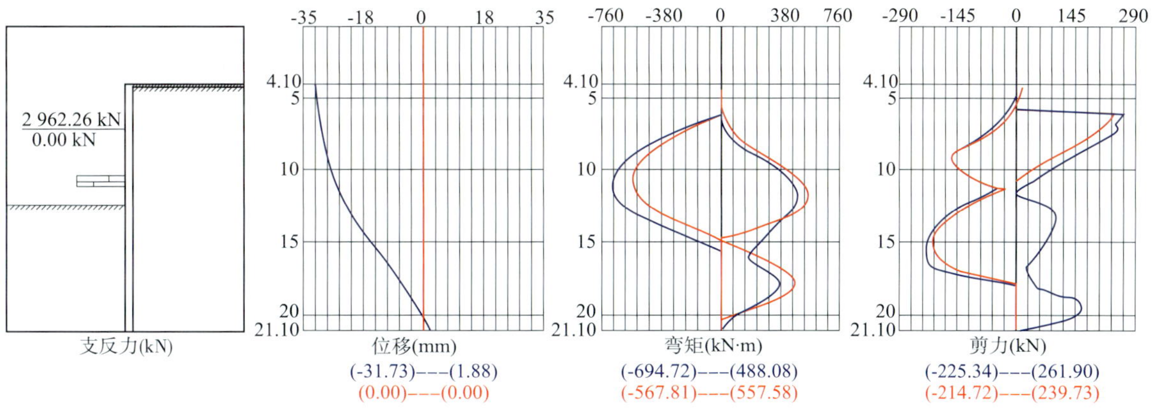

（a）水平位移、内力包络图

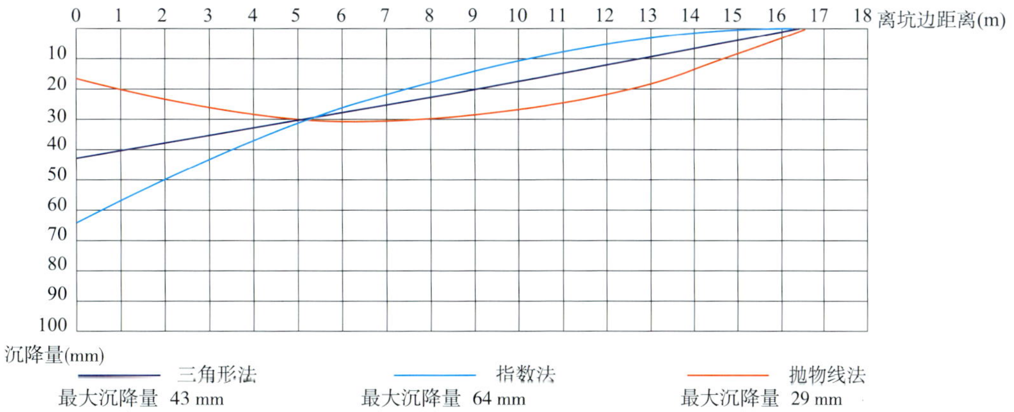

（b）竖向沉降量

图 5　典型剖面平面模型计算结果

表 1　典型断面弯矩及剪力值

支撑编号	YDL	YL	ZC1	ZC2	ZC3	ZC4	ZC5
截面尺寸(mm)	1 000 × 1 000	1 000 × 1 000	1 000 × 1 000	800 × 800	600 × 600	1 200 × 1 000	1 500 × 1 000
控制工况	升温工况	升温工况	基本工况	升温工况	基本工况	基本工况	基本工况
弯矩(kN)	930	1 748	1 418	556	412	1 296	2 167
剪力(kN · m)	1 750	2 550	390	167. 8	153	378	596

表 2　支撑轴力预警值及报警值(kN)

支撑编号	ZC1		ZC2		ZC3		ZC4		ZC5	
截面尺寸(mm)	1 000 × 1 000		800 × 800		600 × 600		1 200 × 1 000		1 500 × 1 000	
支撑轴力	预警值	报警值	预警值	报警值	预警值	报警值	预警值	报警值	预警值	报警值
升温工况	5 200	6 500	2 000	2 500	1 120	1 400	6 900	8 600	14 960	18 700
基本工况	4 640	5 800	1 520	1 900	920	1 150	2 000	2 500	1 200	1 500

注:升温工况需配合监测施工期间温度,计算时考虑温升 20℃。

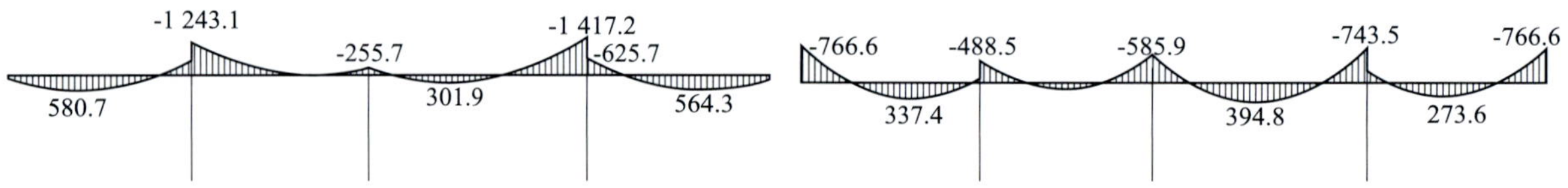

(a)基本工况　　(b)升温工况

图 6　标准段各工况弯矩图(kN · m)

3.3　导墙施工工艺

由于本地表层有淤泥质土层且有一定的深度,导墙断面采用 C 型导墙[3],底部外伸扩大支承面积,对于槽端开挖起到了较好的效果。

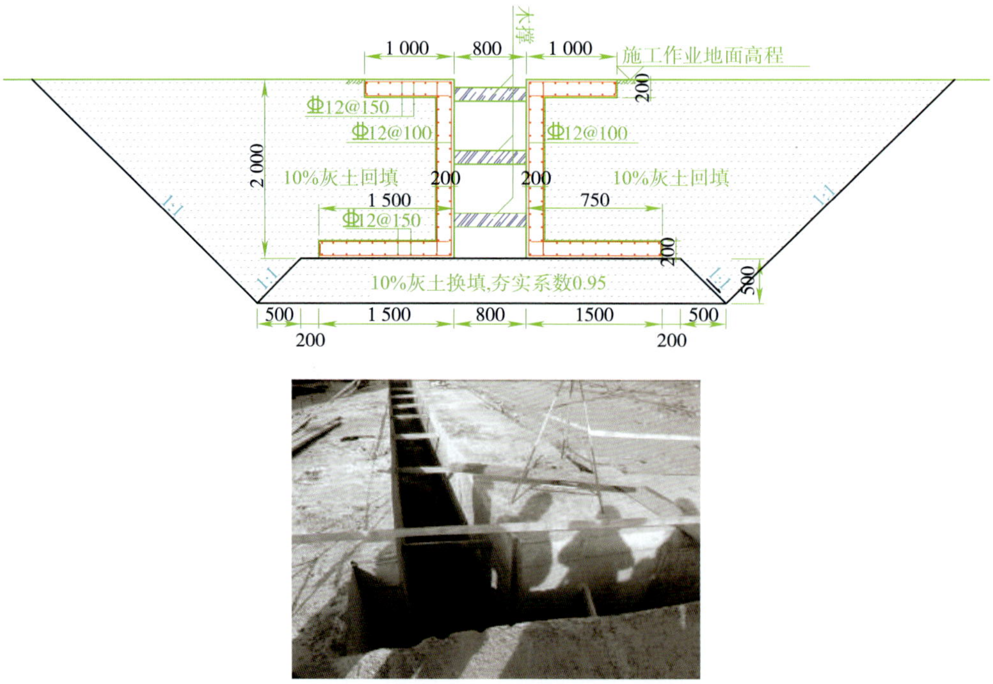

图 7　C 型导墙

常见的 L 型、倒 L 型常用于土质较好的场地，对于淤泥质土层，采用 C 型导墙并回填土密实，防止地面水从导墙背后渗入槽内，以及被泥浆淘刷后发生槽段坍塌。

3.4 外墙局部加厚替代倒撑

为加快施工进度，降低工程风险，本工程采用主体结构外墙局部加厚的措施替代倒撑，这一工法国内外尚无先例，结合本工程的内力及位移监测数据与数值模拟分析结果进行对照分析。

通过计算对比，(方案二)局部加厚侧墙，较(方案一)先施作主体结构完成梁板后拆除支撑，最大水平变形增加 10.4%，但拆撑工期缩短，并很好避免了(方案一)拆撑补墙和防水卷材的难题。

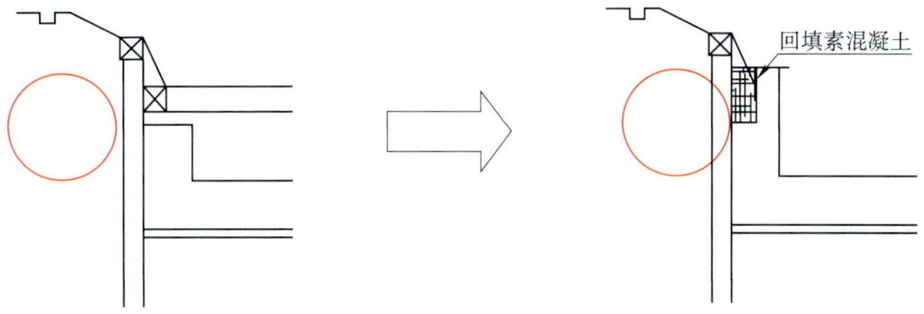

(a)施作底板及局部加厚侧墙至支撑下　　(b)拆除支撑继续施作主体结构

图 8　主体结构外墙局部加厚的措施替代倒撑

4 基坑开挖对路基预压的影响分析

路基预压地基高度 7 m，路基边距地连墙迎土侧 40 m；路基与基坑关系如图 9 所示。

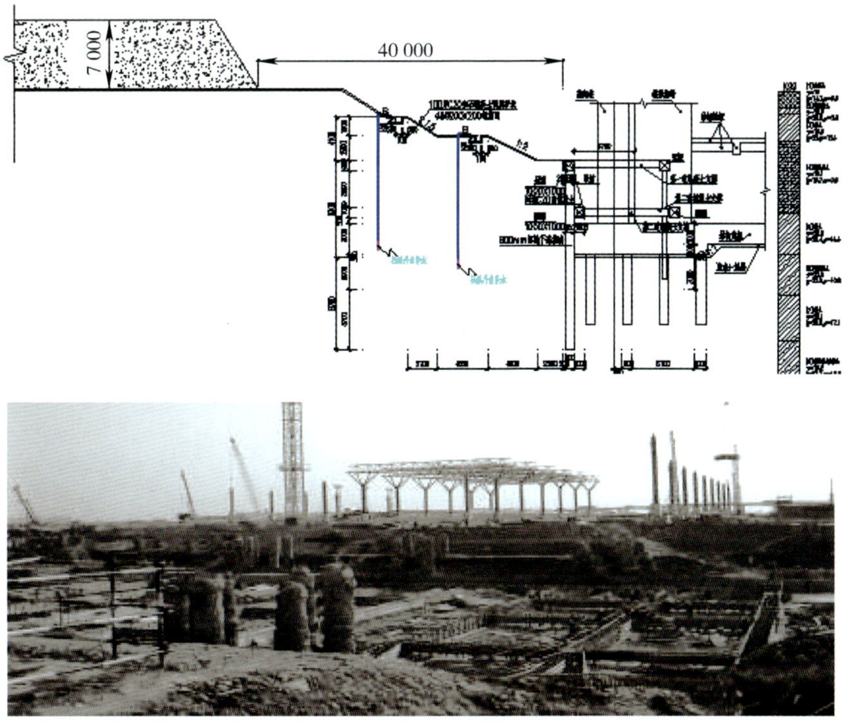

图 9　预压路基与开挖基坑距离示意图

4.1 计算模型

采用 plaxis 岩土有限元软件计算，分别采用施工堆载模型(不考虑预压路基)和平面单元模型(考虑预压路基）模拟预压路基，分步开挖基坑，考虑空间尺寸效应，综合分析基坑开挖过程和预压路基的变形相互影响，并以此作为依据选取安全并兼顾工期时间和经济效益的合理安全距离，为施工组织提供参考。

4.2 结果数据对比

表 3 有、无预压路基数值模型结果对比

模型 / 数据对比	最大水平位移（mm）	地连墙水平位移（mm）	地连墙弯矩（kN·m）	稳定安全系数
模型一	100	53	908.1	2.167
模型二	163	67	1170	3.165
差值百分比	63%	26.4%	28.9%	46%

从数据对比来看，7 m 路基预压土距连续墙 40 m，对基坑影响范围有限，影响最大为二级边坡处的水平位移，增幅 63%。连续墙变形和弯矩增加幅度均小于 30%。

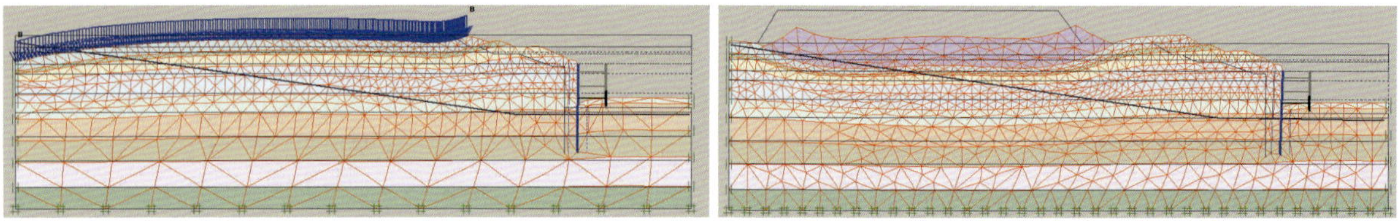

（a）模型一　　（b）模型二

图 10 整体变形

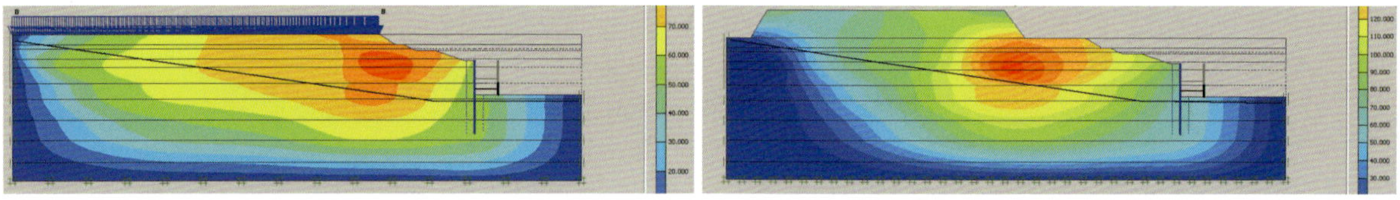

（a）模型一　　（b）模型二

图 11 水平位移云图

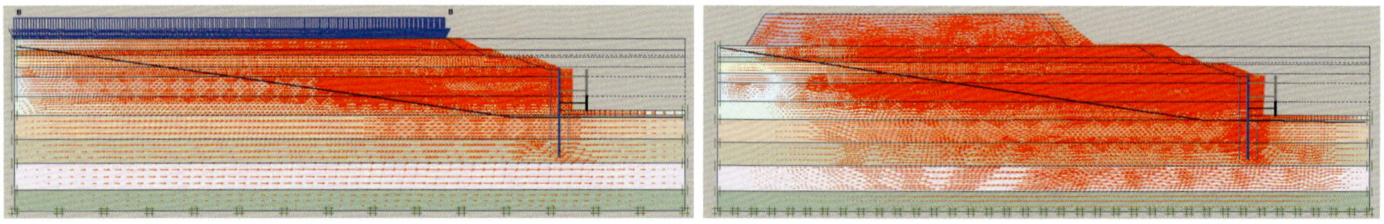

（a）模型一　　（b）模型二

图 12 水平位移矢量图

5 基坑监测

5.1 监测目的及监测项目

基坑施工监测的目的就是及时掌握降水、基坑开挖及施工过程中支护结构的实际状态及周边环境的变化情况，为基坑施工和周边环境的安全与稳定提供监控数据；另外通过施工监测的结果，可以指导现场施工,确定和优化施工参数,进行信息化施工[4]。

基坑施工监测主要项目包括:地下连续墙顶部水平位移;深层水平位移;支护结构应力监测、支护结构变形监测。

另外,对于采用放坡开挖的基坑,为防止由于下软卧层淤泥质土层在上层土层的自重荷载下产生滑移和隆起而导致的基坑内侧工程桩的挤压位移,为此在土方开挖过程中,尚应对放坡开挖影响范围内的工程桩进行桩顶位移、放坡坡顶位移和基坑内土体隆起(反弹)进行监测。

5.2 监测结果与数值计算比较

5.2.1 地连墙顶部水平位移监测

第一阶段:基坑开挖阶段,由于开挖速度较快因此,H22 点出现了较大变形,累计位移达到 -17.8 mm,本阶段变形速率为 -2.972 mm/d。

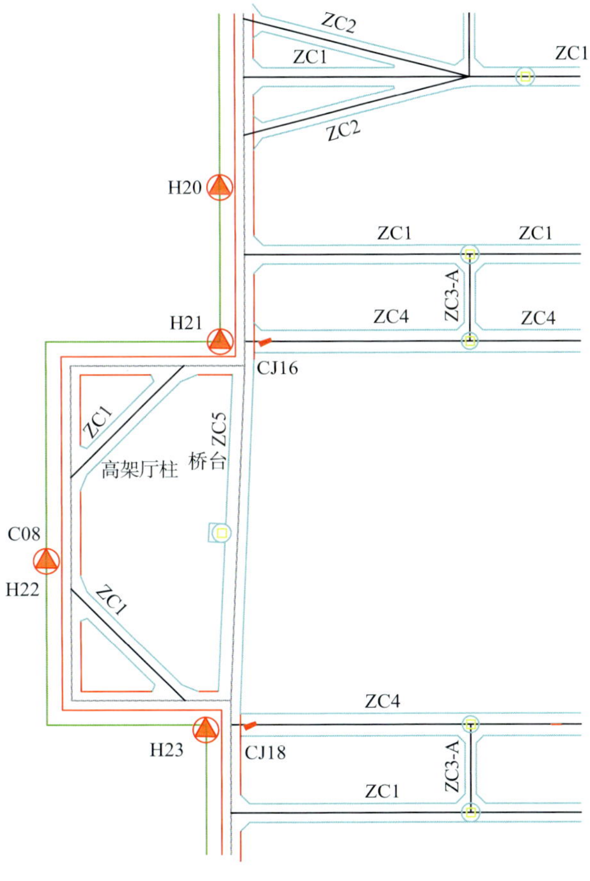

图 13 深基坑支撑体系国铁西侧局部区域测点布置示意图

第二阶段:施作基坑局部第二道支撑、垫层及底板施工阶段,累计位移达到 -23 mm,本阶段位移增加 -5.2 mm,本阶段变形速率为 -0.273 mm/d。

累计位移接近连续墙顶部水平位移预警值 24 mm,进一步观测每天变化速率在 0.2 mm/d 范围以内,并且增量值出现正负摆动,累计值没有进一步增加。

5.2.2 地连墙深层水平位移监测

对应图 15 中的测点 C08,在 9.0 m 深度上下,累计深层水平位移最大值 23.54 mm,超过预警值22 mm,但小于设计值 27 mm。图 14 为部分深度深层水平位移累计变化曲线图以及随开挖步深层位移变化图。

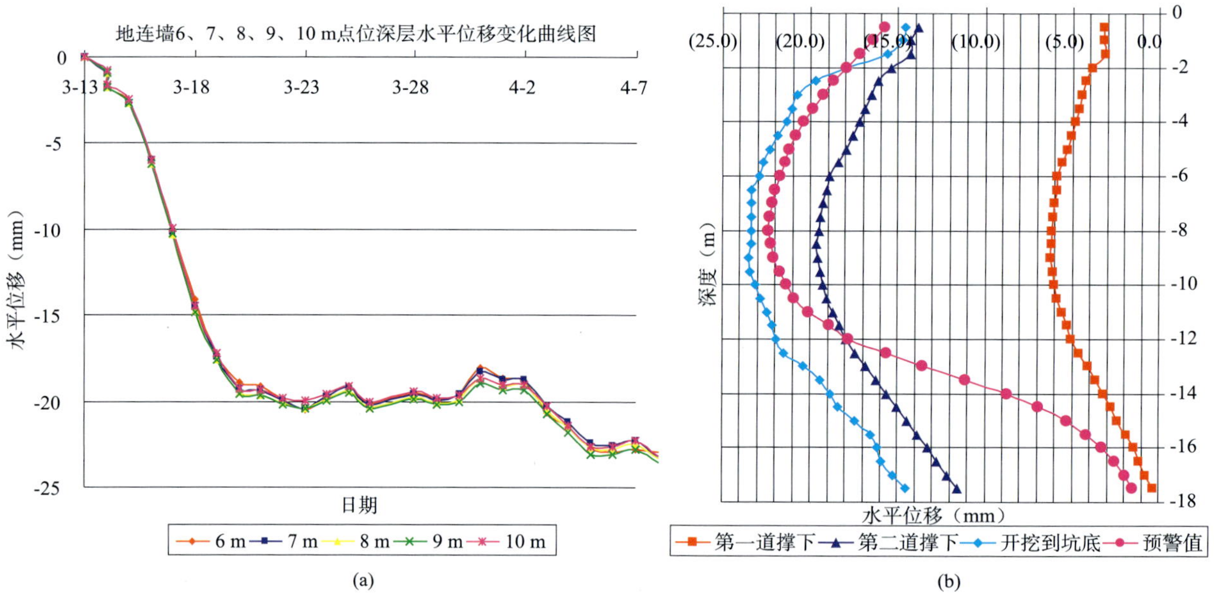

图 14　地连墙深层水平位移变化曲线图

6　总　结

由于本工程场地属软土地区、设计接口众多、分期施工界面复杂、临近铁路路基等诸多限制因素，基坑方案存在风险和难点。因此考虑“源头控制、路径隔断、对象保护”的综合控制理念[1]，全盘考虑、总体筹划、因地制宜、化深为浅等一系列设计理念和思路就显得尤为重要[5]。

（1）对于软土地区深大基坑开挖深度大、涉及范围广、暴露时间长等特点，经综合分析和计算后，提出了两级放坡结合地下连续墙＋钢筋混凝土内支撑的支护形式。实践证明，通过降水控制，淤泥质土层放坡稳定可行，针对本工程地表淤泥质土层特性，采用 C 型导墙，控制护壁泥浆配比，有效控制了塌陷和缩孔的情况发生。

（2）考虑基坑开挖对周边环境的影响，采用通用有限元计算软件 Plaxis 模拟铁路预压路基与开挖基坑之间的相互影响，预测各施工工况时基坑的变形和发展趋势。严格控制预压路基与基坑之间的安全距离，以避免相互影响产生的超大变形。

（3）软土地区深基坑变形控制应贯穿于围护结构施工和开挖支护全过程。从监测数据分析，开挖初期因施工速度较快，导致变化速率和累计变形量均较大，当开挖到坑底时，累计变形量在设计控制范围内，施作底板、侧墙等主体结构后，变形增量得到有效控制。

参　考　文　献

[1] 丁勇春．软土地区深基坑施工引起的变形及控制研究[D]．上海：上海交通大学，2009.

[2] 邢恩桥，等．天津沿海地层工程地质性质统计特征[J]．海岸工程，2005，24(1)：49-52.

[3] 刘国彬，王卫东，等．基坑工程手册[M]．北京：中国建筑工业出版社，2009.

[4] 信强．滨海地区基坑支护、降水及土方开挖技术的研究与应用[J]．建设科技，2011，(15)：78-81.

[5] 徐向辉，孙俊岭，等．软土地区深大基坑关键技术研究[R]．天津：铁道第三勘察设计院集团有限公司，2009.

福田站基坑设计与监测结果研究分析

陈远洲　沈学军　余　行

（中铁第四勘察设计院集团有限公司，武汉　430063）

摘　要：本文对广深港客运专线深圳福田站基坑围护结构采用荷载—结构法和连续介质法进行计算，并对计算结果与监测结果进行了比较分析。结果表明，连续介质法计算结果接近实际监测结果。经典的荷载—结构计算模式不能很好地模拟周边建筑的影响，对复杂基坑应采用有限元连续介质计算方法进行分析。

关键词：基坑；盖挖逆作法；荷载—结构法；连续介质法

基坑工程根据其工程特点发展形成了多种各具特点的计算分析方法，每一种计算方法均带有一些假定和适用范围，采用多种计算方法分析，可避免过分依赖某一种计算方法所造成的工程风险。本文以深圳福田站为背景，采用基于荷载—结构模式的一维计算方法[1]和基于连续介质力学理论有限元法的二维计算方法对基坑围护结构设计进行了计算分析，并对两种算法得到的结果及监测结果进行对比分析。

1　工程概况

广深港客运专线深圳福田站位于深圳市福田中心区，采用地下方案，由地下三层组成。车站总长1 023 m，车站最宽处达78.86 m，底板埋深约32 m，顶板上覆土约3 m。车站为地下三层箱形框架结构，采用ϕ1 600 mm钢管混凝土柱和型钢混凝土纵横梁体系。车站范围内管线多且复杂；车站两侧高层及超高层建筑众多，高楼最近离基坑仅13 m左右。

车站岩土工程性状取自地质详堪报告，自上而下依次分布素填土、淤泥、淤泥质土、粉质黏土、全风化花岗岩、强风化花岗岩、弱风化花岗岩等土层，详细岩土参数见表1。车站范围内地下水类型及主要含水层按其赋存介质不同主要有：赋存在人工填土中的上层滞水，其透水性中等；赋存于冲洪积砂土层、圆砾、卵石层中的孔隙水，其透水性强；强风化、弱风化基岩中的裂隙水，其透水性受裂隙发育控制，分布不均匀。

表1　岩土物理力学指标

岩　层	重度（kN/m³）	φ（°）	c（kPa）	静止土压力系数	基床系数	
					水　平	竖　向
（1）2 素填土	18	10	10	0.58	1.7	3.2
（2）1-2 粉质黏土	19	15	20	0.53	2	4
（2）2 淤泥质黏土	18	10	15	0.7	1.8	3.5
（2）3 淤泥	18	8	10	0.75	1.5	3
（2）4-1 淤泥质细砂	19	22		0.8	3	4
（2）4-2 细砂	19	25		0.45	3	4.8
（2）5 中砂	19	28		0.4	4	5.5
（2）6 粗砂	20	30		0.4	4	7
（2）7 砾砂	20	32		0.35	5	10
（3）1-1 粉质黏土	18.5	20	25	0.4	4	6
（8）1-1 花岗岩	19	23	30	0.35	5	8
（8）1-2 花岗岩	25	26	35		14	20
（8）1-3 花岗岩	25	48	100			800

2 基坑围护结构设计

免税大厦距离基坑最近，选取免税大厦处的基坑作分析比较，根据围护结构方案比选结果，围护结构采用1 500 mm连续墙，盖挖逆作法施工[2]。免税大厦由地上40层的塔楼和5层裙楼组成，高162 m，地下3层，基础采用大孔径桩，桩基水平间距5 m，桩径3 m，全现浇钢筋混凝土框架－筒体结构。

2.1 围护结构计算模型

地下车站基坑支护工程计算常用计算模型有荷载—结构模型和连续介质模型。荷载—结构计算模型利用各种土力学理论的简化方法，具有简单、受力清晰等优点，在地下工程支护结构设计中最为常用。

连续介质模型将土和结构共同建模，是考虑其共同变形和作用的计算模型。连续介质模型不仅可以计算结构的位移和内力，还可以得到土体的相关位移和内力，可以评价基坑开挖对周边环境的影响，特别是在分析一些内力情况较为复杂的工程时有其特殊的优势。

本文综合采用基于荷载—结构模型的同济大学启明星FRWS 2006软件[3]和基于连续介质模型的Plaxis有限元软件对基坑支护结构进行计算。

2.2 荷载—结构计算模型

采用荷载—结构计算模型，根据实际的盖挖逆作法施工方法，计算简图见图1。

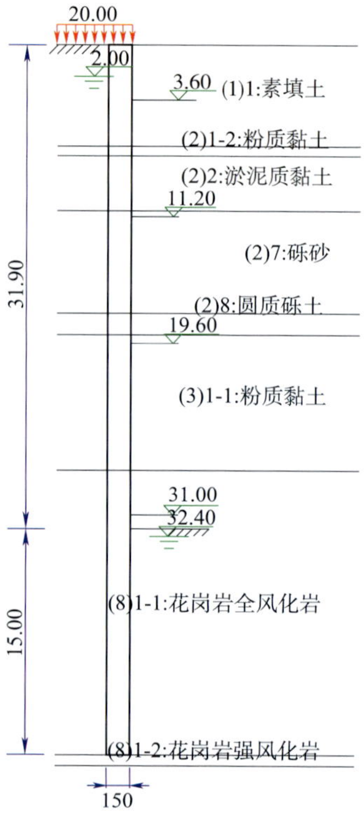

图1 全盖挖逆作法计算简图

2.3 荷载—结构模型计算结果

计算结果如图2所示。

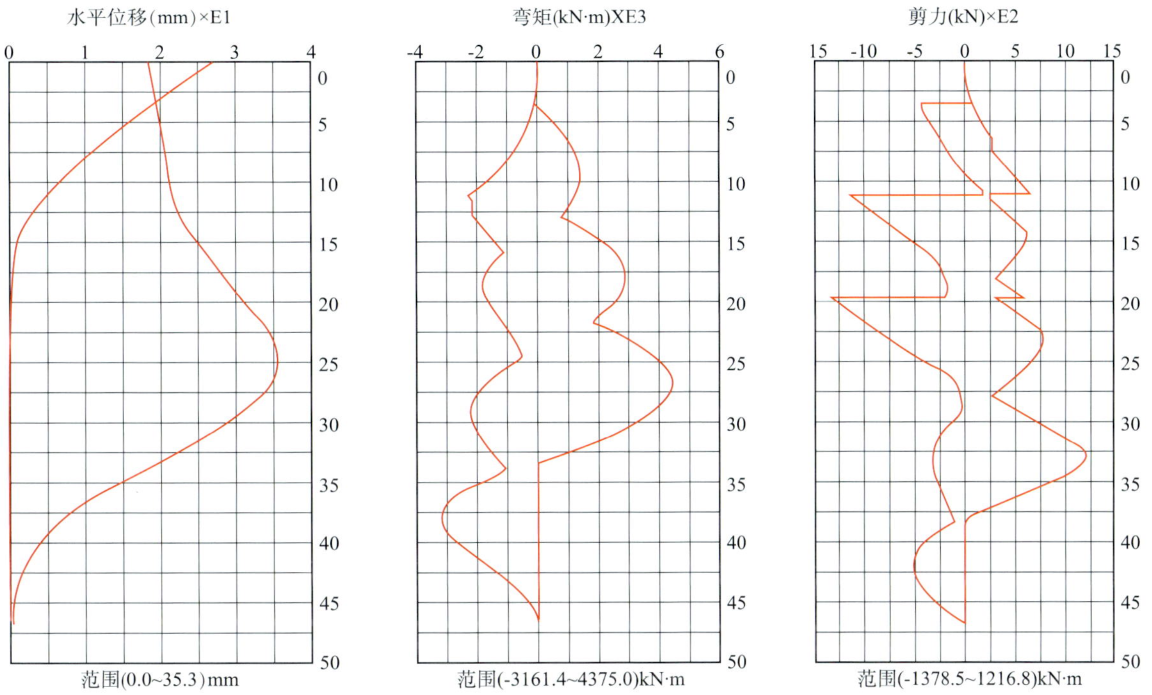

图 2　围护结构位移、内力图

基坑最大水平位移为 35.3 mm，位于地下三层中部；围护结构连续墙最大弯矩为 4 375.0 kN · m，位于地下三层中下部；最大剪力为 1 378.5 kN。

经过计算，围护结构和相应的支撑体系能满足要求。

2.4　连续介质计算模型

基于连续介质计算模型的 Plaxis 软件中的 Hardening Soil（HS）模型可模拟包括软土和硬土在内的不同类型的土体行为的弹塑性模型，是硬化类型的本构模型，更适合于复杂基坑开挖的分析。

根据《福田站地质勘查报告》、早期钻孔资料及深圳地区相关地层参数经验，H-S 模型计算参数取值见表 2。

表 2　土体 H—S 模型计算参数

参　数	层厚（m）	重度（kN/m^3）	c（kPa）	ϕ（°）	Ψ（°）	E_{50}^{ref}（kPa）	E_{oed}^{ref}（kPa）	m	E_{ur}^{ref}（kPa）	ν_{ur}	p^{ref}（kPa）	K_{0nc}
素填土	3.48	18	10	10	0	16 200	16 200	0.65	48 600	0.2	100	0.826
中、细砂	3.05	19	0	27.4	0	23 700	23 700	0.8	71 100	0.2	100	0.658
粗砂	1.85	20	0	30	0	27 000	27 000	0.95	81 000	0.2	100	0.658
粉质黏土	1.5	19	20	15	0	19 500	19 500	0.9	58 500	0.2	100	0.658
砾砂	6.5	20	0	32	0	30 000	30 000	0.6	90 000	0.2	100	0.5
全风化花岗岩	31	19	30	23	0	39 000	39 000	0.8	117 000	0.2	100	0.426
强风化花岗岩	3.4	25	35	26	0	60 000	60 000	0.8	180 000	0.2	100	0.426
弱风化花岗岩	10.3	25	35	30	0	75 000	75 000	0.8	255 000	0.2	100	0.426

其中 $E_{50} = E^{ref}$，在参考应力水平 $P_{ref} = 100$ kPa 推导得来：

$$E_{50} = E_{50}^{ref}\left(\frac{c \cdot \cos\varphi - \sigma_s{}' \cdot \sin\varphi}{c \cdot \cos\varphi + P^{ref} \cdot \sin\varphi}\right)，假设 E_{oed}^{ref} = E_{50}，E_{ur}^{ref} = 3E_{50}^{ref}$$

根据免税大厦高层地下桩基布置情况，作平面简化处理：以每层 8.5 kN 的均布荷载确定，超载取为 42 ×8.5 = 357 kN/m。高层地下室在微扰动施工控制下基本不发生结构性破坏,其刚度取值较大,所有板状单元取厚度为 1 m,其轴向抗压及抗弯刚度分别为 3×10^7 kN、2.5×10^6 kN · m^2。高层与基坑间地面超载取 20 kN/m。基坑围护结构地下连续墙厚度 1.5 m,取免税大厦纵向 1 延米按半结构建立平面模型进行计算。

Plaxis H-S 计算模型计算简图见图 3 所示。

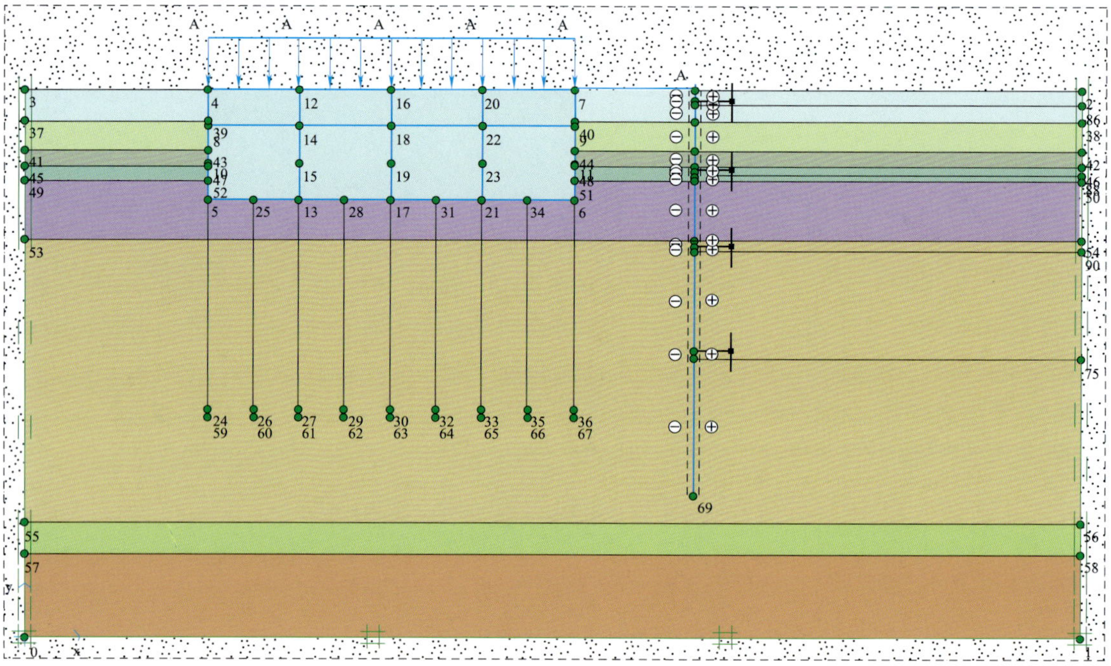

图 3　基坑计算模型断面图

2.5　连续介质模型计算结果

经过实际盖挖逆作法施工工法计算,得 H-S 计算模型下,围护结构内力,如图 4、图 5 所示。

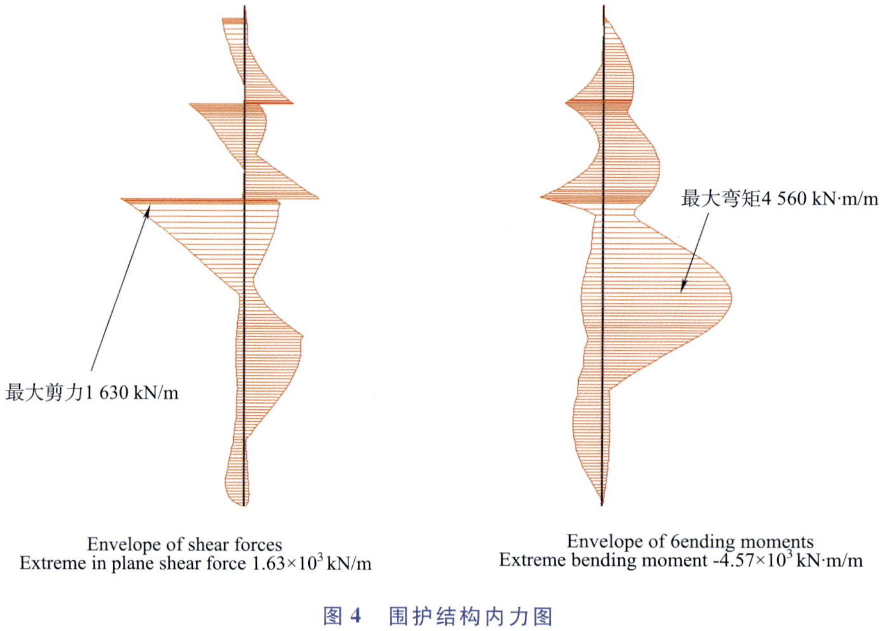

图 4　围护结构内力图

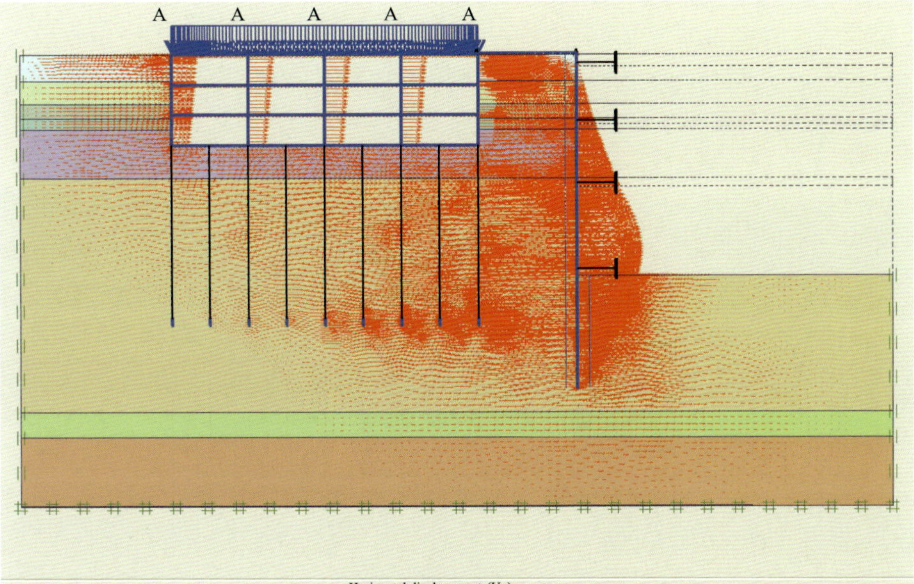

图 5　最终步水平位移矢量图

根据 H-S 模型计算结果，地下连续墙最大剪力 1 630 kN · m，最大弯矩 4 560 kN · m/m，最大水平位移为 43.11 mm，靠近基坑底部。基坑外侧最大竖向沉降为 24.70 mm，地下连续墙墙顶位移为 0.5 mm。基坑开挖引起的高层倾斜率为(0.024 700 − 0.006 508)/40 = 0.45‰ < 2‰，免税商务大厦倾斜率满足要求，基坑开挖带来的影响可控制在安全的范围之内。

2.6　两种计算模型结果比较

通过上两种计算模型计算结果，经验算和对比分析，支护结构和相应的支撑体系均能满足受力及稳定性要求，相关结果见表 3。

表 3　两种计算模型计算结果

计算模型	荷载—结构模型	连续介质模型
最大弯矩(kN · m)	4 375	4 560
最大剪力(kN)	1 378.5	1 630

3　基坑监测

深基坑开挖至基底时，现场监测围护结构变形如图 6 所示。

施工阶段现场监测情况与围护计算位移对比见表 4。

表 4　计算结果与监测结果比较表

项　目	荷载—结构模型	连续介质模型	监测结果
连续墙深层水平位移(mm)	35.3	43.11	35.4
建筑物最大沉降(mm)	—	24.7	15.86
建筑物不均匀沉降(mm)	—	18.2	8.8

支护结构变形监测结果与计算结果基本吻合，与计算结果略有差异。

连续墙最大深层水平位移监测结果为 35.4mm，位于深度 28m 处，靠近基坑地下三层中下部，位置与连续介质模型计算的最大深层水平位移位置比较接近，而荷载—结构模型计算的深层水平位移位置接近于基坑中部。连续墙深层水平位移变形曲线连续介质模型与监测结果比较一致。

连续介质模型由于考虑了周边建筑物的影响，连续墙最大深层水平位移计算结果为 43.11mm，比荷载—结构模型计算结果略大。可以看出，周边建筑物对基坑的影响较大，对周边环境复杂的工程，不可忽略周边建筑物的影响。

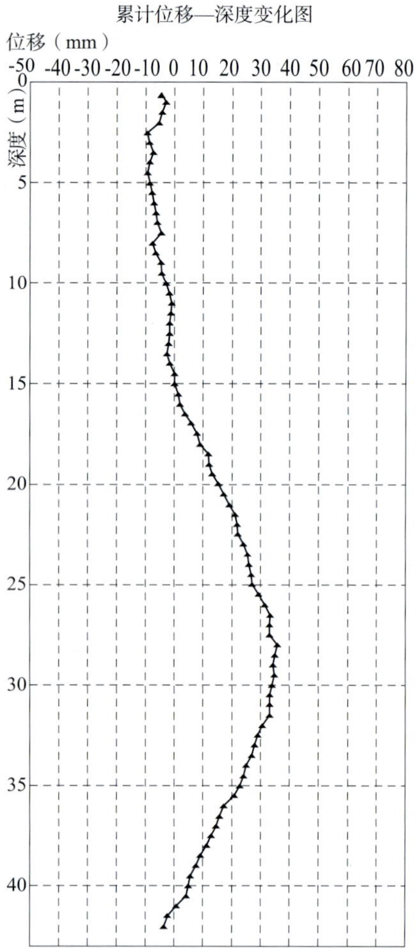

深度(m)	累计位移(mm)
22.5	21.1
23	22.8
23.5	24.5
24	25.1
24.5	25.6
25	26.3
25.5	28.3
26	30.6
26.5	32.5
27	32.4
27.5	32.5
28	35.4
28.5	34.5
29	33.9
29.5	34.3
30	33.7
30.5	33.0
31	32.6
31.5	33.0
32	30.2

图 6　连续墙体水平位移监测结果

连续介质模型连续墙最大深层水平位移计算结果监测值略大，由于模拟计算时对模型进行了不同程度的简化，在完全理想的状态下得到的，与实际有些差异，但可以按安全因素考虑到实际工程中去。

荷载—结构模型计算是采用基于荷载—结构概念的简化计算方法，是采用杆系有限元法解一个竖向的弹性地基梁问题，采用的是简单的应力—应变关系，不能把握岩土行为的本质特征，只能作出近似的简化计算，不能考虑桩土的共同作用，适用于周边环境简单的工程。连续介质模型可提供丰富的材料本构关系，能模拟支撑—围护桩—土体的共同作用和变形协调，对支护结构的变形做出较好的预测，适用于周边环境复杂的工程。

4　结　语

（1）每一种计算方法均带有一些假定和适用范围，对于复杂的基坑工程往往要同时进行多种设计方法的比较，以作出较为经济合理的设计。

（2）数值计算与实测结果基本吻合，但由于影响内力及位移因素的复杂性，假定的计算条件与实际条件存在的差异性及施工过程及岩土参数的差异性等原因，使得计算值与实测值存在一定的差别。

（3）经典的荷载—结构计算模式不能很好地模拟周边建筑的影响，无法计算得出周围建筑的变形，对于各类复杂边界条件和变形严格控制的基坑应采用有限元连续介质计算方法进行分析。

（4）由于深基坑工程的复杂性和不确定性，应加强现场基坑监测，实现信息化施工，通过对监测数据的分析，可以对基坑施工过程中的安全状态加以评价，并通过监测数据的变化规律预测下一步开挖过程中围护结构的变形和稳定，不仅可以确保基坑顺利开挖，而且可以取得良好的经济效益。

参 考 文 献

[1] 铁道第四勘察设计院城建院．车站结构设计指引（第一版），2005.

[2] 徐至钧，赵锡宏．逆作法设计与施工[M]．北京：机械工业出版社，2002.

[3] JGJ 120—99 建筑基坑支护技术规程[S]．北京：中国建筑工业出版社，1999.

[4] PLAXIS 2D 手册．

[5] 罗金生，魏丽敏．深基坑支护结构设计、施工的方案优化[J]．建筑结构，2005，(12).

京沪高铁苏锡常镇桥式高架站雨棚结构设计探讨

尹国高

（中铁第四勘察设计院集团有限公司，武汉　430063）

摘　要：京沪高铁苏锡常镇四个桥式高架站雨棚采用四种不同的结构形式，分别介绍四种不同的结构形式的设计情况，分析各结构形式采用的出发点及优劣，就结构安全、经济、美观等各方面探讨各自的优缺点，为以后的设计做参考。

关键词：京沪高铁；桥式高架站；雨棚；结构设计

苏州北站、无锡东站、常州北站和镇江西站为京沪高速铁路江苏省境内的四个桥式高架站。其雨棚跨越整个站场、落在两侧桥梁墩台上，根据建筑造型的需要采用了四种不同的结构形式。由于桥式高架站是雨棚落在桥梁墩台上，纵向柱距受桥梁墩台间距控制。京沪高铁苏锡常镇四个桥式高架站的桥墩间距均为32.7 m，跨度大，若雨棚纵向柱距采用32.7 m，则要求结构杆件尺寸很大，很不经济。因此，在桥墩中间增加了1到2榀桁架以减少纵向跨度达到降低桁架截面和节约投资。设计中根据四种不同的结构形式采用了不同的转换托架体系解决雨棚结构与桥梁体系的连接。

1　雨棚设计情况

1.1　整体概况

苏州北站（图1）雨棚钢结构总覆盖面积为28 668 m²，其中站房雨棚覆盖面积14 252 m²，站台雨棚覆盖面积14 416 m²。站房主体高度14.051 m（站场面至站台面），雨棚最高点高度30.019 m。

无锡东站（图2）雨棚钢结构总覆盖面积为43 311 m²，其中站房雨棚钢结构覆盖面积24 935 m²，两侧站台雨棚钢结构覆盖面积18 376 m²。站房主体高度12.646 m（高架桥地面至站台面），雨棚最高点高度35.800 m。雨棚纵向长度425.1 m。

图1　苏州北站鸟瞰图

图2　无锡东站鸟瞰图

常州北站（图3）雨棚钢结构总覆盖面积为31 026 m²，其中站房雨棚覆盖面积12 977 m²，站台雨棚覆盖面积18 049 m²。站房主体高度13.965 m（室外地面至站台面），雨棚最高点高度33.100 m，纵向长430.34 m。

镇江西站（图4）雨棚钢结构总覆盖面积30 417 m²，其中站房雨棚覆盖面积8 074 m²，站台雨棚覆盖面积22 343 m²。雨棚最高点高度33.850 m，纵向长413.5 m。

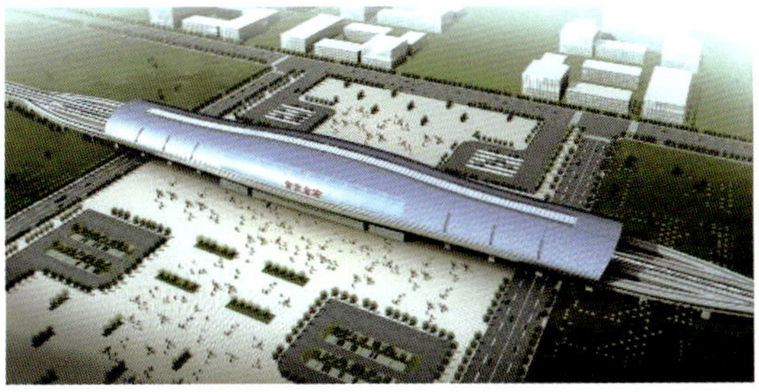

图 3　常州北站鸟瞰图

图 4　镇江西站鸟瞰图

1.2　设计概况

苏州北站、无锡东站、常州北站和镇江西站的设计基本情况均比较类似,略有不同,具体如下:

四个站的主体结构设计使用年限均为 50 年,结构安全等级为二级,结构重要性系数 1.0,建筑抗震设防分类为丙类。苏州北站、无锡东站抗震设防烈度为 6 度,设计基本地震加速度值为 0.05g;常州北站和镇江西抗震设防烈度为 7 度,设计基本地震加速度值为 0.10g;四个站的设计地震分组均为第一组;无锡东站建筑场地类别为Ⅱ类,其余三站建筑场地类别为Ⅲ类。

主要恒荷载标准值:四个站的主体结构自重均由软件自行计算,苏州北站屋面做法(不含檩条)为 0.2 kN/m,屋面配重 1.5 kN/m(作用在檩条上);无锡东站屋面板、吊顶及管线(含檩条)分两种,双层屋面系统 + 檩条为 0.75 kN/m^2、单层屋面系统 + 檩条为 0.55 kN/m^2;常州北站屋面板、吊顶及管线(含檩条)为 0.80 kN/m^2;镇江西站屋面板、吊顶及管线(含檩条)为 1.00 kN/m^2。

主要活荷载标准值四个站取值均一致:雨棚屋面活荷载 0.5 kN/m^2,施工或检修集中荷载(人和小工具的自重)取 1.0 kN(按在最不利位置处进行验算),天沟积水荷载:2.9 kN/m。四个站的基本雪压均为 0.40 kN/m^2,基本风压 0.45 kN/m^2,地面粗糙度为 B 类。温度荷载:常州北站考虑正负温差 ±30℃,其余三站温度荷载考虑正负温差 ±25℃。

由于雨棚高度较高,高速动车通过的正线距雨棚下方吊顶距离均达到 12 m 以上,且正线上方雨棚跨中均设置有镂空百叶。根据京沪高速铁路暂行规范及查找到的有关方面的科研论文,结合当地的气象资料,设计可以不考虑列车风对雨棚的影响。

无锡东站整体计算分析程序采用同济大学 3D3S 软件 Ver 9.0 网络版,并用 SAP2000 Ver11.04 进行校对。其余三站整体计算分析程序采用 MIDAS/Gen. Ver. 730 网络版,并用有限元分析软件 Ansys 9.0 补充校核。

2　结构形式

2.1　苏州北站

苏州北站雨棚采用了整个横向体系为排架结构体系,采用变截面钢柱与张弦梁连接而成(图 5)。其柱网尺寸为(32.7 × 58.88)m,柱采用 V 型箱形变截面钢柱,梁采用张弦梁结构,V 型柱顶通过纵向钢箱梁连接成一个纵向框架,张弦梁与 V 型钢柱柱顶采用盆式橡胶支座连接。张弦梁间距以 16.1 m 和 16.6 m 为一组,与桥梁跨度 32.7 m 吻合。上弦采用双肢方钢管 700 × 350 × 14 × 18,张拉索采用 1 670 级 ϕ5 × 253 高强钢丝束。

V 型钢柱基本柱距 32.7 m,落在桥梁墩柱上(图 6),钢柱底与桥梁墩柱锚栓刚接连接。V 型钢柱采用箱形变截面,其典型截面尺寸为(800 ~ 1 200) × (600 ~ 900) × 22 × 22,上小下大,底部做成铸钢,保证其整体强度(图 7)。

图 5　苏州北站无站台柱雨棚

图 6　V 型钢柱

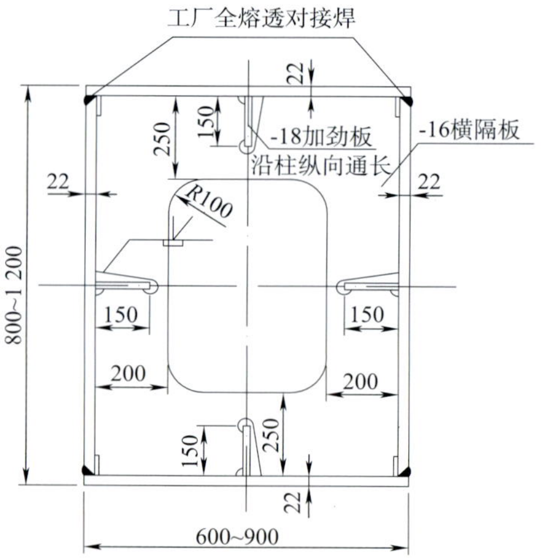

图 7　V 型钢柱箱型截面

2.2　无锡东站

无锡东站雨棚结构采用倒三角形桁架拱壳，拱壳结构是指横向采用桁架拱，纵向基本不采用或只有在柱顶设置很少的纵向桁架，纵向支撑体系由屋面檩条承担，形成很薄的网壳结构。

两侧站台雨棚采用一跨钢管桁架拱结构，桁架两端支撑于桥墩顶部或两桥墩之间所设置的顺轨道方向的钢箱梁托架结构上（图 8、图 9），桁架最大跨度为 58.7 m，每榀桁架的间距为 16.35 m。桁架高度 2.1 m，上弦间距 2 m。上弦杆采用 $\phi299\times12$，下弦杆采用 $\phi351\times16$。为进一步保证纵向刚度，在雨棚中间漏空部分和两端拱顶部分设置了纵向钢梁。

图 8　无锡东站无站台柱雨棚

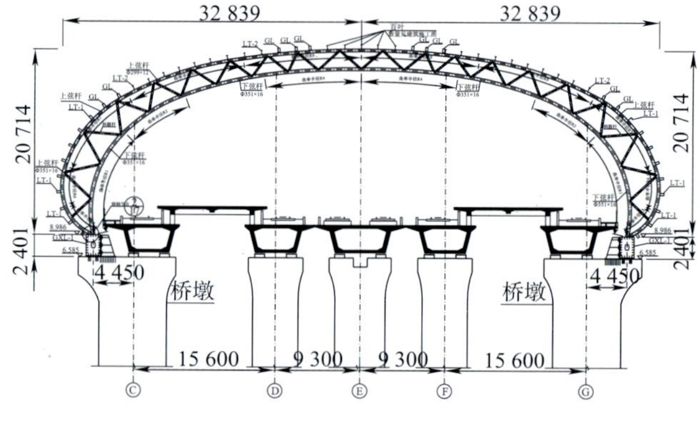

图 9　无锡东站无站台柱雨棚剖面图

中间站房雨棚横向三跨（34.65 + 58.7 + 34.65）m 组成一大拱形状，覆盖整个站台及两侧落客平台。大拱中间在桥墩上设置 $\phi1\,000\times30$ 的钢管混凝土柱，柱顶设 4 个伞状的斜向支撑连接，拱两端落在市政工程落客平台的钢筋混凝土箱型梁上，支座设计成铰支座以释放其弯曲应力。桁架高度 2.5 m，上弦间距 2.5 m。上弦杆采用 ϕ299 × 12（中部）、ϕ351 × 16（端部），下弦杆采用 ϕ351 × 16。

2.3 常州北站

常州北站雨棚结构（图 10）采用拱形钢箱梁结构，拱形钢架横向最大跨度为 64.5 m，每榀钢架之间的距离为 16.35 m。在桥墩之间设置了预应力梁作为托架转换层。钢箱梁截面采用变截面，端部截面尺寸最小处为 800 × 800 × 12 × 22，最大处为 2 000 × 1 000 × 30 × 36，跨中截面为 1 400 × 1 000 × 12 × 22，如图 11 所示。

图 10 常州北站雨棚

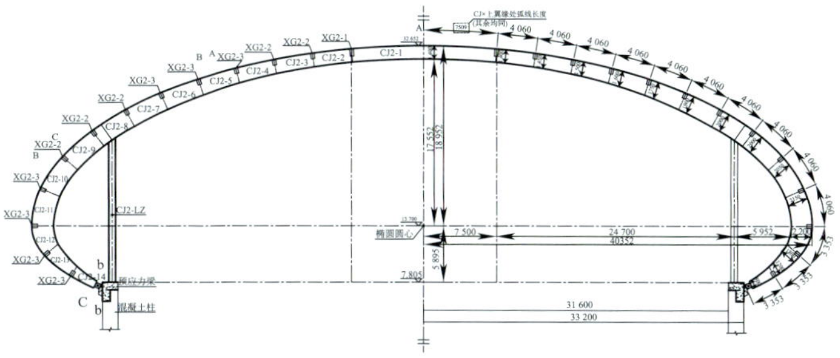

图 11 常州北站柱雨棚剖面图

在桥墩顶或预应力梁上设置了顺轨道方向的斜向撑杆作为纵向受力体系以抵抗纵向风荷载及地震作用。纵向设置了方钢管系杆兼作檩条，系杆间距 4 m 左右。

2.4 镇江西站

镇江西站站台雨棚主体结构采用空间桁架结构，横向为倒三角钢管桁架拱形结构（图 12），端部纵向桁架为跨中增加的两道横向桁架的托架。垂直轨道方向主跨度为 58.0 m，纵向为多边形桁架托架，顺轨道方向桥梁墩柱最大间距 32.7 m。横向主桁架结构两端与桥梁墩柱连接，采用三个支座节点分别与桥墩锚固，桥梁跨度 32.7 m 中间增加两榀次桁架，横向主桁架之间采用纵向钢管桁架托架结构联系，以支撑增加的两道次桁架。主桁架高 2.7 m，上弦间距 2.4 m，上弦杆中部 ϕ245 × 12，端部 ϕ299 × 20，下弦杆中部 ϕ325 × 12，端部 ϕ450 × 20，次桁架高 2.7 m，上弦间距 1.8 m，上弦杆 ϕ219 × 10，下弦杆 ϕ245 × 12。

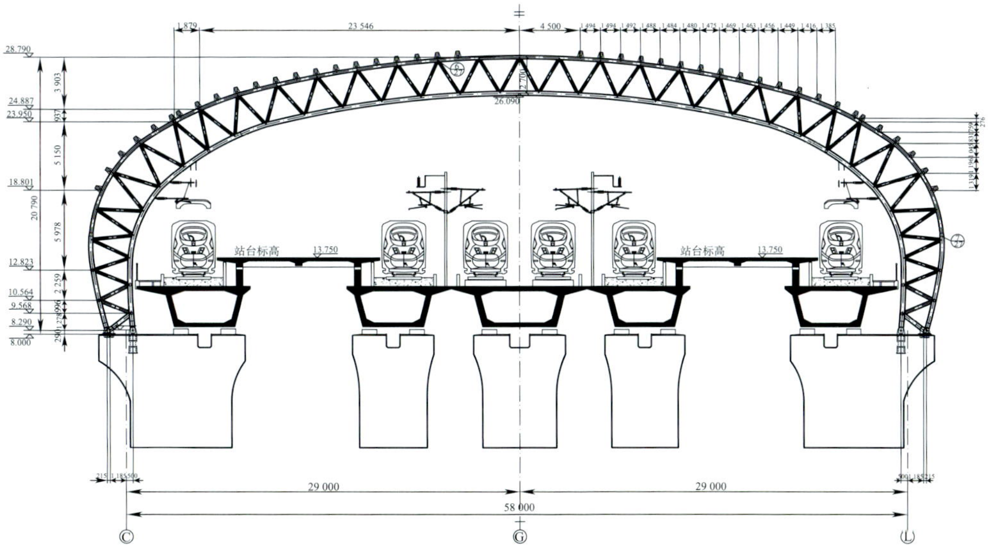

图 12 镇江西站无站台柱雨棚剖面图

2.5 结构形式比较

为了与建筑造型紧密结合，苏锡常镇四站主体结构采用了不同的结构形式，其中苏州北站整个横向体系为排架结构，排架柱采用 V 型钢柱，梁为张弦梁；无锡东站和镇江西站采用大跨度倒三角形桁架拱；常州北站采用大跨度钢箱梁拱。其中苏州北站和无锡东站上部结构整体效果较轻盈，常州北站显得厚重。

3 托架体系

3.1 苏州北站

苏州北站由于采用了 V 型柱，柱底落在桥墩上，使得上部张弦梁柱距基本上小于 20 m。因此可以不设纵向转换托架，由于建筑立面要求，雨棚两端为墙体，在柱底桥梁顶设置了纵向连梁以支撑墙面体系。

3.2 无锡东站

无锡东站站台雨棚采用钢箱梁作为托架转换结构体系，将横向桁架间距由 32.7 m 缩短成 16.35 m，大大减少了纵向檩条的跨度，保证了纵向拱形板壳的整体刚度。钢箱梁托架转换结构在桥墩顶顺轨道方向设置，每两跨为一组，其两端及中部与桥墩顶连接，跨度为 32.7 m，单根钢箱梁长度 65.6 m。每榀雨棚上部钢管桁架拱形结构的两端与钢箱梁刚性连接（图 13）。钢箱梁承受桁架拱传来的竖向力、水平推力以及水平推力产生的扭矩。钢箱梁截面尺寸为 2 300 × 1 600 × 20 × 25，纵向加劲肋通长布置，横向加劲肋间距为 2 870 mm（图 14）。

图 13 钢箱梁托架结构

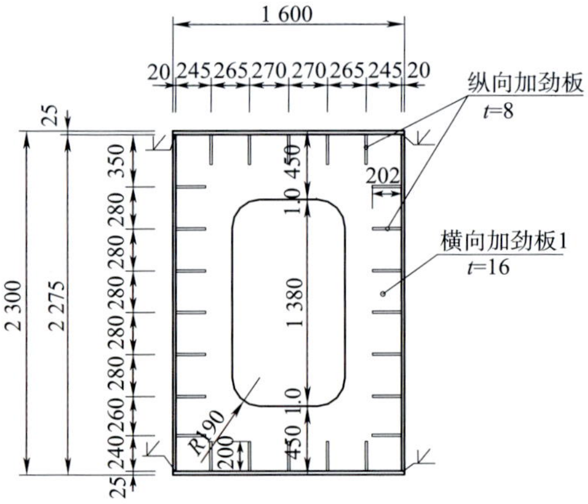

图 14 钢箱梁典型横截面

3.3 常州北站

常州北站雨棚结构在顺轨道方向设置预应力钢筋混凝土梁的托架结构体系，每跨跨度为 32.7 m，根据建筑造型需要成折线型布置。预应力钢筋混凝土梁采用 T 型截面（图 16），截面尺寸为 2 000 × 1 600 × 800 × 800，混凝土材料强度等级为 C40。

图 15 预应力钢筋混凝土梁托架结构

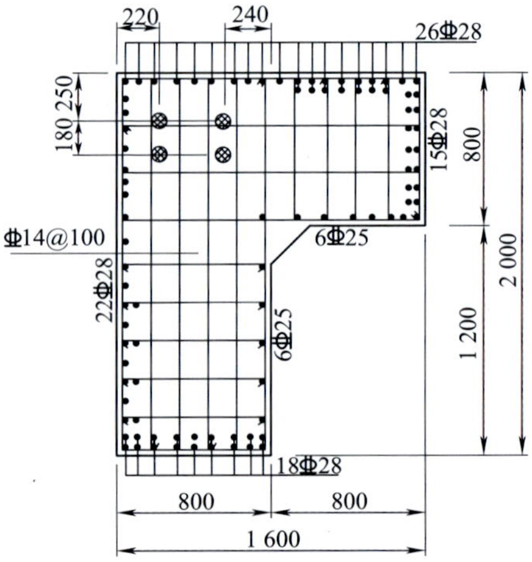

图 16 预应力钢筋混凝土梁典型截面

3.4 镇江西站

镇江西站雨棚托架采用多层钢管桁架体系，站台雨棚上部纵向托架为三角形桁架，上弦杆件为 $\phi245\times12$，下弦杆为 $\phi299\times14$，端部纵向托架桁架为双层或三层桁架，上弦杆件为 $\phi299\times14$，下弦杆为 $\phi325\times12$（图 17）。

图 17　钢管桁架托架结构

3.5 托架结构比较

苏州北站采用 V 型柱有效结合了桥梁的大跨度要求，同时结合了外墙立面整体造型要求，但 V 型柱影响了立面窗的布置分割。无锡东站采用了钢箱梁作为托架，保证了雨棚柱脚的整体刚度，立面上也切合建筑外观，唯一的缺点是用钢量大。常州北站采用预应力混凝土倒 L 型梁，保证了上部结构的柱脚整体刚度，但同时由于托架自身重量大，给桥墩及基础增加了荷载。镇江西站采用桁架作为托架，可大大节省托架的用钢量，但同时由于桁架杆件纵多，影响建筑美观。

4 节点设计

4.1 苏州北站

苏州北站张弦梁与 V 型柱顶采用盆式支座连接，为了保证张拉变形对支座的影响最小，固定支座和活动支座间隔设置。V 型柱底与桥墩顶采用外包式固定连接方式（图 18），在设计和施工上均较为简单。

4.2 无锡东站

无锡东站雨棚上部钢管桁架结构与钢箱梁托架结构采用铸钢节点焊接连接，钢箱梁与桥梁墩柱采用盆式橡胶支座连接，为保证钢箱梁扭矩传递到桥梁上，在桥墩顶钢箱梁内侧设置了钢结构挡块（图 19），较为复杂。

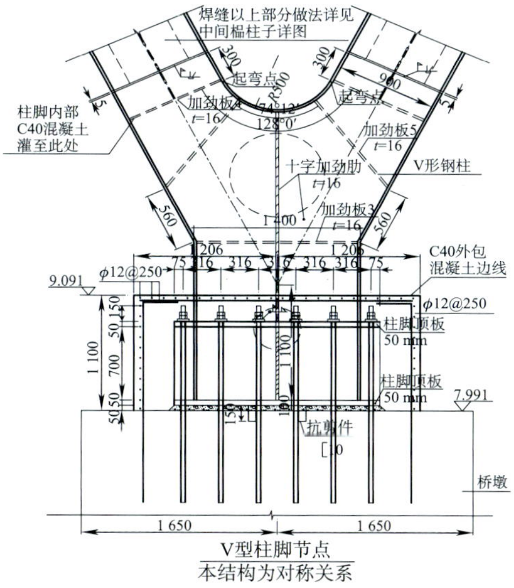

图 18　苏州北站 V 型柱脚锚固节点

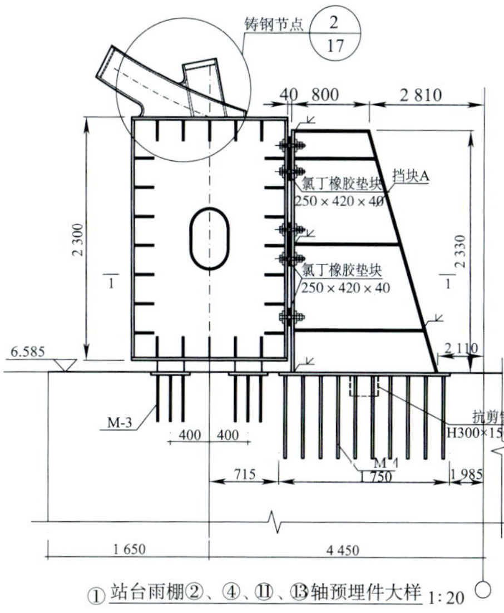

图 19　无锡东站钢箱梁支座连接节点

4.3 常州北站

常州北站雨棚拱形钢架的两端与预应力钢筋混凝土梁托架结构采用销轴支座连接，预应力钢筋混凝土梁托架结构与桥梁墩柱的连接则采用了球型支座（图 20），较为复杂。

4.4 镇江西站

镇江西站小雨棚拱形柱脚没有汇成一点，形成三个支点单独与桥墩采用插销铰接，使得整个拱形柱脚能抵抗纵横双向的轴力和剪力外，亦能抵抗弯矩，相当于固结连接，施工量相对于单柱脚略大（图 21）。

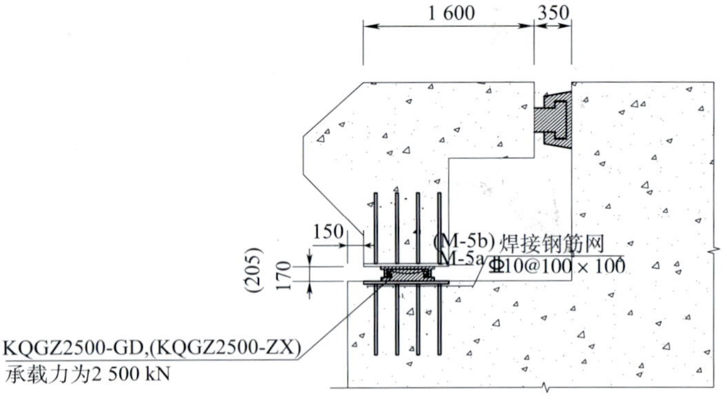

图 20 常州北站球型支座连接

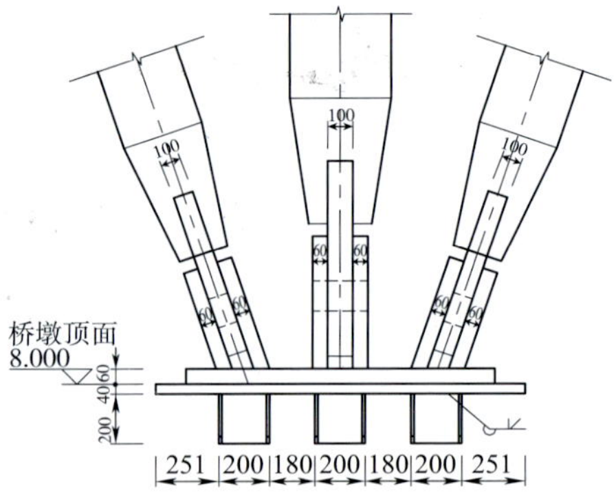

图 21 镇江西站钢管桁架柱脚节点

4.5 节点比较

苏州北站 V 型柱底与桥墩顶采用外包式固定连接方式，设计以及加工制造上比较简单。无锡东站钢箱梁与桥梁墩柱采用盆式橡胶支座连接，并设置了钢结构挡块，较为复杂。常州北站雨棚拱形钢架的两端与托架结构采用销轴支座连接，托架结构与桥梁墩柱之间采用了球型支座，较为复杂。镇江西站三个支点单独与桥墩采用插销铰接，施工量略大。

5 经济与美观性

5.1 经济性

苏锡常镇四站雨棚用钢量统计见表 1 和表 2，可以看出常州北站雨棚在四站中用钢量指标最大，说明实腹钢箱梁结构在大跨度结构中不太经济。苏州北站、无锡东站、镇江西站三站的用钢量基本上差不多，无锡东和镇江西均为桁架结构，主体用钢量相当来说都较小，无锡东主体结构用钢量最省，镇江西采用纵横桁架，用钢量也较少。苏州北站采用张弦梁结构，其结构自身用钢量少，较节省。

表 1 各站主体结构用钢量统计

站名	站房雨棚		站台雨棚		雨棚合计	
	用钢量（t）	面积指标（kg/m²）	用钢量（t）	面积指标（kg/m²）	用钢量（t）	面积指标（kg/m²）
苏州北站	1 125	79	1 254	87	2 379	83
无锡东站	1 248	50	1 839	100	3 087	71
常州北站	1 575	121	2 489	138	4 064	131
镇江西站	726	90	2151	96	2 877	95

注：本表仅为主要桁架、钢箱梁主体结构用钢量。

表 2　各站总用钢量统计表

站　名	站房雨棚		站台雨棚		雨棚合计	
	用钢量(t)	面积指标(kg/m^2)	用钢量(t)	面积指标(kg/m^2)	用钢量(t)	面积指标(kg/m^2)
苏州北站	2 069	145	2 094	145	4 163	145
无锡东站	2 557	103	2 986	162	5 543	128
常州北站	2 289	176	3 445	191	5 734	185
镇江西站	1 019	126	3 049	136	4 068	134

注:本表为全部总的用钢量,含主要桁架、钢箱梁、檩条、托架、节点等用钢量。

5.2　美观性

无锡东站现场完成的效果反映出其轻盈简洁的结构特征,美观性较好。由于常州北站选择了实腹钢箱梁的建筑效果,现场施工完成的建筑效果也很好,说明经济上的投入获得了建筑上的收益。镇江西采用纵横桁架,但由于纵横桁架受力不同,杆件大小有些差异,同时在屋面下部露出吊顶板面,建筑效果不尽如人意。苏州北站为直线型立面,给人干练劲爽的感觉,建筑效果也不错。

6　结束语

京沪高铁苏锡常镇四个桥式高架站雨棚采用四种不同的结构形式,其在结构形式、托架形式、节点形式以及经济、美观等各方面的优缺点如表 3 所示。可以看出,苏州北站的 V 型柱与张弦梁的排架结构与无锡东站的倒三角形桁架拱结构相对较好。

表 3　苏锡常镇四站雨棚对照表

	苏州北站	无锡东站	常州北站	镇江西站
结构形式	V 型柱与张弦梁的排架结构	倒三角形桁架拱	钢箱梁拱	空间三角形桁架拱
托架形式	无托架	钢箱梁	预应力梁	钢桁架
柱脚连接	较简单	较复杂	较复杂	较复杂
经济性	较好	较好	较差	较好
美观性	较好	较好	较好	较差

桥式高架站在铁路的站房设计中越来越多被采用,随着科技的进步,各种新技术、新工艺不断被采用,同时适应时代潮流的变化,建筑造型和效果越来越受到重视,要求结构形式不断变化以适应建筑需要。京沪高速铁路的房建设计也正是基于此理念,特别是在站房雨棚中表现更加突出,本文通过介绍苏锡常镇四个站雨棚的结构设计,向大家展现了各种结构在高铁站中的应用情况,希望能给以后的设计带来借鉴和帮助。现在在京沪高铁上穿梭的人们可以在高铁上就能感受到新技术、新工艺、新时代的气息。

参　考　文　献

[1] GB 500017—2003　钢结构设计规范[S]. 北京:中国计划出版社,2003.

[2] GB 50009—2001　建筑结构荷载规范(2006 年版)[S].

[3] GB 50011—2001　建筑抗震设计规范(2008 年版)[S].

[4] GB 50010—2002　混凝土结构设计规范[S].

[5] 张永立,柳兴勇,雷先华. 高速列车驶过无柱雨棚车站时的气流流态及雨棚受力分析.

南京南站主站房复杂结构设计

李伟政[1]　袁立朴[1]　李志东[1]　甘　明[1]
高　巍[1]　李华峰[1]　尹国高[2]　雷素敏[2]
（1. 北京市建筑设计研究院，北京　100045；
2. 中铁第四勘察设计院集团有限公司，武汉　430063）

摘　要：南京南站采用建桥合一高架站房复杂框架结构，列车从站房中间通过、停靠。本文简要介绍站房结构的复杂性及相关对策，包括列车及相关荷载参与整体结构分析的方法、站房结构在罕遇地震下的性能及多点多维分析结果对整体结构计算的修正、列车振动对站房舒适度的影响、影响屋面设计的荷载参数取值及在超越雪荷载下屋面结构的极限承载能力、斗拱节点的数值分析与设计等。

关键词：建桥合一；高架站房；列车荷载；列车振动；斗拱节点

1　工程概况

南京南站（图 1、图 2）是新建京沪高速铁路的特大型枢纽车站，由中铁第四勘察设计院集团有限公司与北京市建筑设计研究院组成的联合体共同完成；南京南站由京沪站场、沪汉蓉宁杭站场及宁安城际站场组成，共计 15 台 28 线；采用上进下出的进出站模式，站台位于 12.4 m，最高聚集人数为 8 000 人/h；站房地下二层为南京市地铁 1#、3#线站台层，地下一层为地铁站厅层、预留商业用房和设备用房，层高 9.6 m，首层为车站出站厅、换乘厅，层高 12.4 m，层 2 南北两端为车站站房，中间为高架站台，主要用于火车停靠及旅客上下车使用，层高 10 m，层 3 为候车大厅，层高 27.600 m，其中东、西两侧设置 6 m 高商业夹层，站房总建筑面积约 28 万 m^2，檐口高度为 48.376 m，屋面最高点标高为 58.30 m。

图 1　南京南站站房效果图

图 2　南京南站南立面效果图

2　结构体系

南京南站主站房与东西两侧无站台柱雨棚采用防震缝完全脱开。主站房基础采用钢筋混凝土钻孔灌注桩，桩端持力层为弱风化泥质粉砂岩及泥质砂岩；地下室东西向 156 m，南北向约 350 m，采用钢筋混凝土框架剪力墙结构，基础底板、外墙未设永久结构缝；地下室顶板在正线桥附近预留部分结构缝，地下室外墙在对应地下室顶板留缝处 -4 m 以上布置诱导缝，整个楼板在地铁区域完全连通（见图 3）。

主站房首层采用钢筋混凝土框架结构，其中部分框架梁及承轨次梁（直接承托火车荷载）内增加钢骨，结合功能要求将首层顶板分成七块，最大块为（198 × 83.06）m，承轨部分最大块为（156 × 47.44）m（见图 4、图 5）。

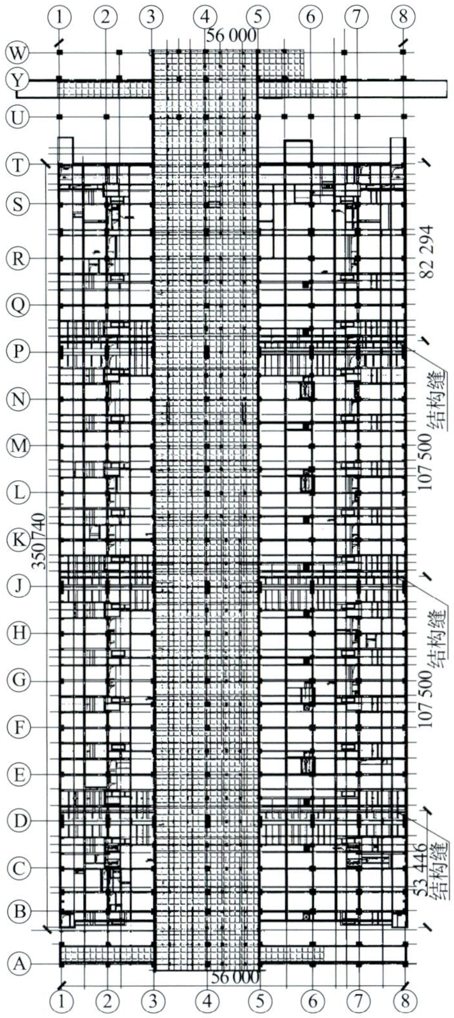

图 3 地下一层顶板平面

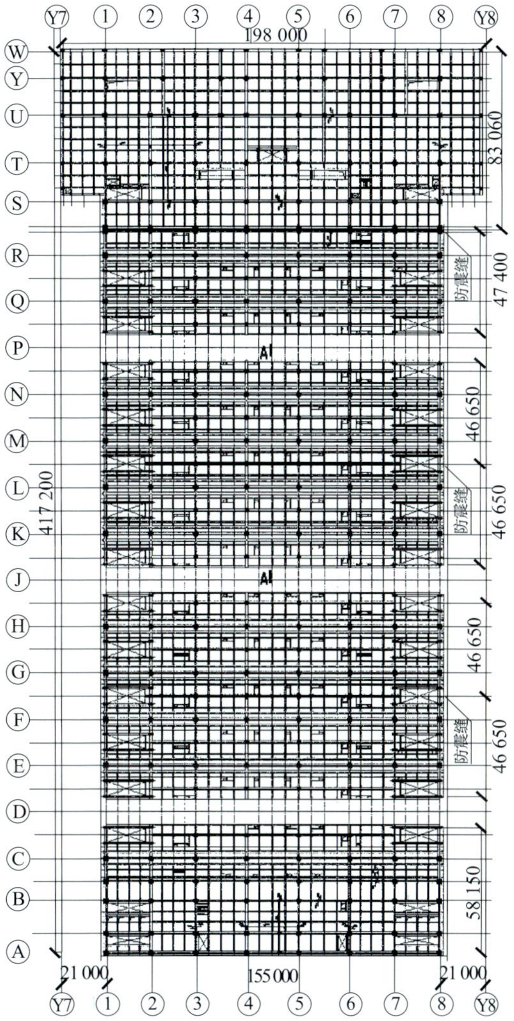

图 4 首层顶板结构

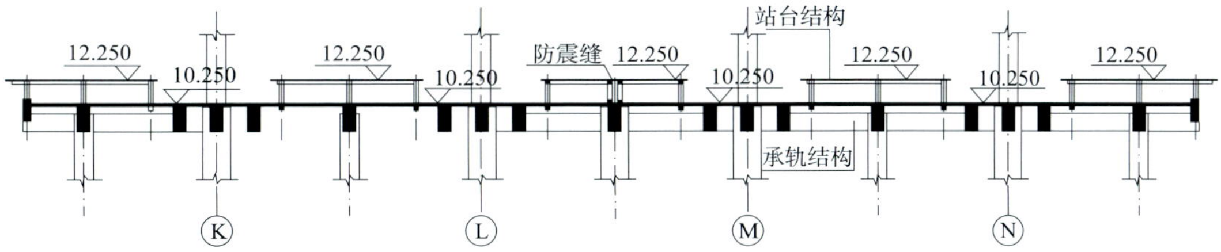

图 5 A—A 剖面

层 2（站台层）采用钢管混凝土柱与钢桁架、钢梁及混凝土组合楼板组成的结构体系，鉴于本层楼板平面尺寸达到（396 × 156）m，采用桁架侧加牛腿及限位滑动支座方式，将楼面分成三块，分别为（132.75 × 156）m、（107.5 × 156）m、（155.75 × 156）m（见图 6）。

层 3（候车层）采用钢管混凝土柱，屋顶采用两向正交正放钢网架结构，网架高度 6 m，节点采用焊接球，屋面为一个完整结构体，屋面投影尺寸为（451 × 210.65）m。候车层内商业夹层采用钢框架结构，部分框架柱生根于钢桁架上。

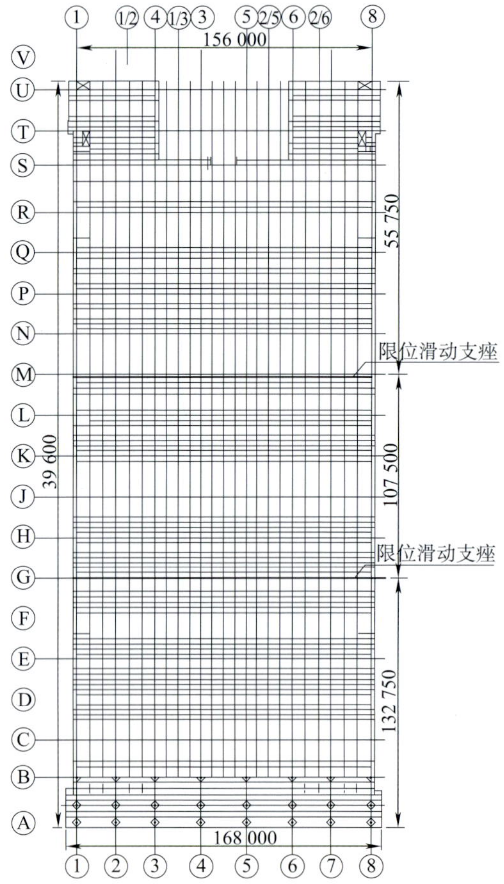

图 6　站台层顶板结构平面

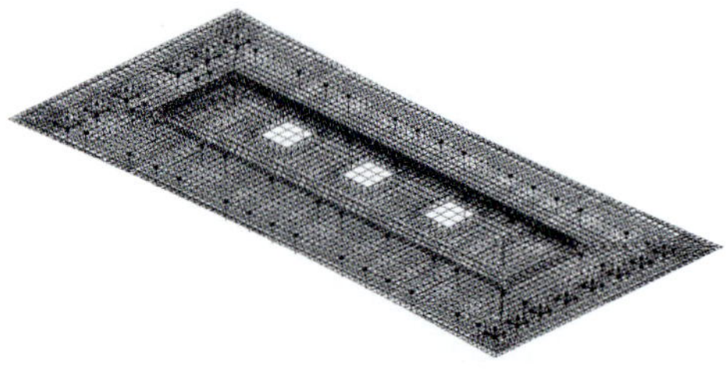

图 7　屋盖结构

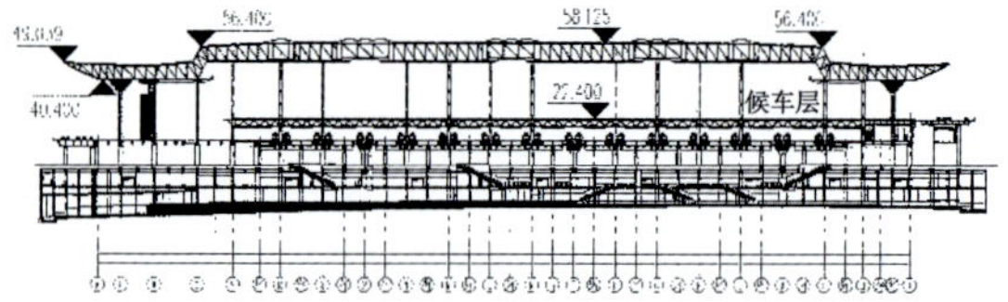

图 8　南北向剖面

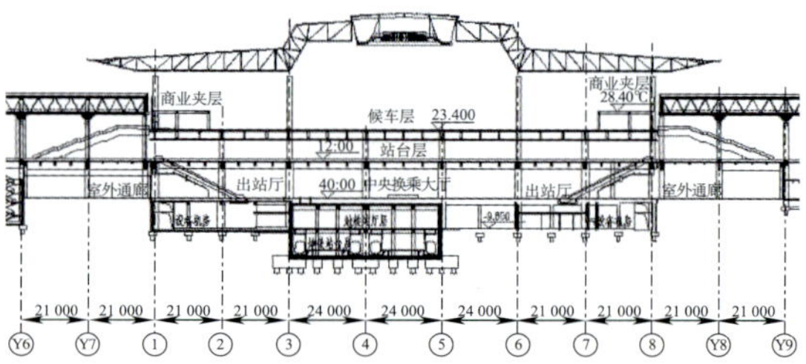

图 9　东西向剖面

3　设计参数

南京南站主站房设计使用年限为 50 年,混凝土耐久性为 100 年,首层框架为承托列车的主要结构,根据《铁路桥涵设计基本规范》[1]第 1.0.5 条中规定,设计使用年限为 100 年;主站房结构安全等级为一级,结构重要性系数取 1.1;建筑抗震设防类别为乙类;抗震设防烈度为 7 度,设计基本地震加速度值为 0.10g;设计地震分组为第一组;建筑场地类别为Ⅱ类,地下室剪力墙抗震等级为三级,地下一层、首层钢筋混凝土框架抗震等级为一级;根据《南京南站工程场地地震安全性评价报告》提供 50 年超越概率 63%、10% 和 2% 三个概率水准下及 100 年超越概率 63%、10% 和 3% 三个概率水准下,本工程场地地表地震动水平向峰值加速度值及场地地表加速度反应谱参数并与《建筑抗震设计规范》所规定的数值进行对比,取不利值进行抗震计算。

4　结构特点

4.1　南京南站站房为建桥合一高架站房框架结构体系

南京南站采用建桥合一高架站房框架结构体系,承托列车的首层结构采用整体现浇框架结构,首层框架柱与上部站房柱结合在一起,结构整体性强,是将铁路桥梁功能和民用建筑完美结合的一种结构体系,现有的铁路桥梁相关设计规范和民用建筑相关设计规范都未提及该种体系的设计,目前也无成熟的设计经验供借鉴,因此,该层结构的设计是本站房结构设计的难点。

4.2 南京南站站房为承受超重荷载和大悬挑的大跨度结构

南京南站首层为出站层，*X* 方向（顺轨道方向）结构跨度为 21 m、24 m，*Y* 方向（垂直于轨道方向）为 10.75 m；站台层为列车停靠及旅客上下车区域，*X* 方向结构跨度为 21 m、24 m，*Y* 方向结构跨度为 21.5 m 和 43 m；候车层为旅客等待候车的场所，属人员高度聚集区域，*X* 方向结构跨度为 42 m、72 m，Y 方向结构跨度为 21.5 m 和 43 m，同时，屋盖结构四边均为大悬挑结构，*Y* 方向最大挑出长度为 30 m，角部最大挑出长度达 38.8 m。

由于列车从站房内穿过，首层顶板需要承托列车传来的竖向荷载和水平荷载。根据中华人民共和国铁道部颁布的《新建时速 200～250 公里客运专线铁路设计暂行规定》要求，列车竖向活载采用 ZK 活载，ZK 标准活载见图 10，ZK 特种活载见图 11。

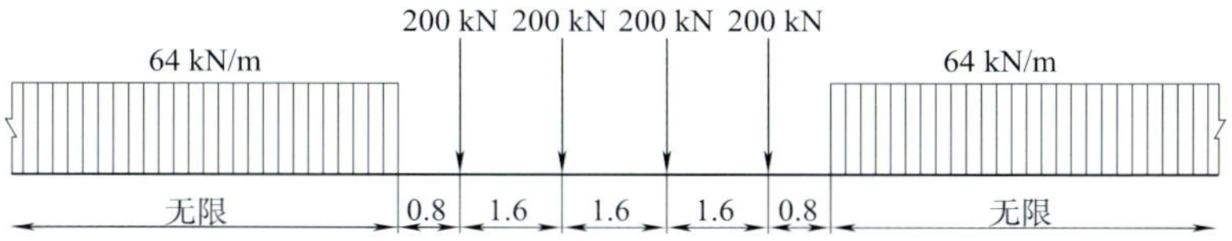

图 10　ZK 标准荷载图

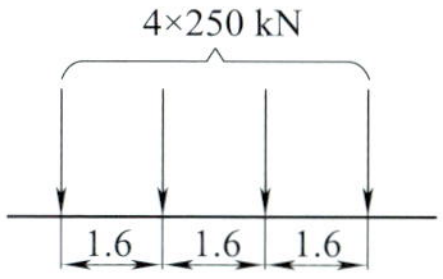

图 11　ZK 特种荷载图

从图中可以看出，列车竖向荷载远大于普通民用建筑荷载。

站台层顶板采用双向钢桁架结构形式，桁架上弦所承托的楼板为候车层建筑地面，桁架下弦所承托的楼板为设备夹层地面。此外，候车层东西两侧布置 6 m 层高商业夹层，其荷载通过桁架上方的结构钢柱也传递给桁架层，桁架结构承托两层结构楼面荷载，局部跨间承托三层楼面荷载。根据计算，桁架结构承托的楼面静载为 20.1 kN/m^2，楼面活载为 13.5 kN/m^2，远大于普通楼面建筑荷载。

可以说，南京南站站房结构首层、二层为承托超重荷载的大跨度结构，屋面为大跨度大悬挑结构。

4.3 南京南站站房是复杂空间结构体系

由于温度变化和混凝土收缩的影响，各层结构都会产生伸长和收缩变形，其中首层顶板（承轨结构层）在垂直于轨道方向温度引起的位移变化，直接影响轨道的平顺性。为满足轨道专业的要求，减少主站房首层楼板在垂直于轨道方向上的温度变形，结合列车正线桥与到发站脱离的因素，在平行于轨道方向将首层楼板分成七部分，即首层为七个独立的结构体（见图 4）。

二层为站台层，由于车站使用功能的要求，首层柱只能部分升至二层，首层顶板的结构缝也不能延续至二层顶。二层顶承托的候车室平面尺寸达（396 × 156）m，温度变化产生的温度应力必须通过设置适当的温度缝加以释放。由于本层为站台层，只能采取在柱一侧设置带限位滑动支座的温度缝（共两条），且该缝与下部结构缝之间互不对应（见图 6）。

三层候车室为大空间旅客聚集区，仅结构外边柱及部分中柱可作为网架的支撑柱，柱间距最大为 72 m，屋盖采用正交正放钢网架形式，由于屋面平面尺寸达（451 × 210.65）m，在温度作用下屋面变形较大，在网架与柱顶处分别采用了万向铰钢支座、单向滑动钢支座和双向滑动钢支座。为保证屋面的整体刚度，整个屋面没有设置温度缝。

综上所述，南京南站主站房首层为七个独立的结构体，二层为三个通过单向滑动支座联系在一体的结构体，三层为屋盖与柱铰接的一个结构体，同层之间、各层之间各结构体既相互独立又相互影响，是复杂的空间结构。

4.4 南京南站需要评估列车振动对结构的影响

南京南站采用了桥建合一高架站房框架结构体系，高速客车从南京南站的站房中快速通过、停靠进站及启动出站。一方面，车辆通过及制动、启动会对所通过的结构产生动力冲击作用，使结构发生振动，直接影响其工作状态和使用寿命;另一方面,结构的振动又会对运行车辆的平稳性和安全性产生影响。

同时,列车振动引发的结构振动加速度值超过一定限度时,会引起候车乘客的不舒适感,因此站房设计还必须满足舒适性要求。对于南京南站主站房而言,分析高速列车通过、停靠对站房结构的安全性、舒适性的影响,对于完善列车从站房中间通过的同类型站房设计具有重要指导意义。

4.5 造型新颖的斗拱节点

南京南火车站站房为体现南京古都风貌,在南、北立面采用中国古建筑斗拱形式,由纵横向梁错层叠退,自柱顶至屋顶形成斗拱;同时,斗拱上部采用透空形式,光线从屋顶直接穿透下来。

斗拱结构作为将屋面荷载传递给结构柱的重要载体,应明确竖向荷载的传力途径,研究斗拱在地震作用、风荷载及温度荷载作用下的传力机制,了解斗拱节点在地震作用下的耗能能力,确保斗拱节点在各种工况下的安全(图 12、图 13)。

图 12 斗拱节点效果

图 13 斗拱节点建筑效果图

5 结构对策

5.1 站台层荷载取值及组合

鉴于站台层的使用功能与桥梁结构相同,因此,该层荷载依据《铁路桥涵设计基本规范》中的设计荷载并考虑南京南站的站场布置,参与计算的荷载见下表 1。

表 1 荷载分类表

荷载分类		荷载名称	荷载分类	荷载名称
主力	恒载	结构构件及附属设备自重 混凝土收缩和徐变的影响 基础变位的影响	附加力	制动力或牵引力 风力 温度变化的作用
	活载	列车竖向静活载 列车竖向动力作用 长钢轨纵向水平力(伸缩力和挠曲力) 横向摇摆力 人行道人行荷载	特殊荷载	列车脱轨荷载 施工临时荷载 地震力 长钢轨断轨力

考虑到站台层是主站房的一部分,站台层的荷载直接作用在首层顶板上,首层顶板设计方法应与主站房其他层相一致。首层顶板除承受结构自重和施工荷载及人行荷载外,还有关于列车的相关荷载,包括列车竖向静荷载、列车竖向动力作用、牵引力和制动力、轨道伸缩力、断轨力等,这些荷载在《建筑结构荷载规范》(GB 50009—2001)[2]中均没有涉及;在《建筑结构荷载规范》中,结构设计采用极限状态设计法,荷载组合考虑了永久荷载与可变荷载的分项系数的影响,通过抗力与荷载效应的比较进行设计。因此,首层也应采用《建筑结构荷载规范》中所规定的荷载组合方式,进行构件的承载能力极限状态设计和正常使用极限状态设计。

在首层顶板荷载组合过程中,将列车竖向静荷载、列车竖向动力作用、牵引力和制动力、轨道伸缩力、断轨力等看做是可变荷载，其标准值取自《铁路桥涵设计基本规范》和其他相关规范提供的数值，其组合值系数、频遇值系数和准永久系数采用了与《建筑结构荷载规范》汽车库中汽车可变荷载相同的系数。表2为站台层各种荷载所对应的分项系数、组合值系数、频遇值系数和准永久系数取值。

表2　站台层荷载系数汇总表

荷载名称	荷载类型	分项系数	组合值系数	频遇值系数	准永久值系数
结构自重及附属设备	永久荷载	1.2或1.35			
混凝土收缩和徐变的影响	永久荷载	1.2			
基础变位的影响	永久荷载	1.2			
列车竖向静活载	可变荷载	1.3	0.7	0.7	0.6
列车竖向动力作用	可变荷载	1.3	0.7	0.7	0.6
制动力或牵引力	可变荷载	1.3	0.7	0.7	0.6
长钢轨纵向水平力（伸缩力和挠曲力）	可变荷载	1.3	0.7	0.7	0.6
人行道人行荷载	可变荷载	1.3	0.7	0.6	0.5
风　　力	可变荷载	1.4	0.6	0.4	0
温度作用	可变荷载	1.4	0.6	0.5	0
长钢轨断轨力	可变荷载	1.3	0.7	0.7	0.6
地震作用	可变荷载	1.3			
横向摇摆力	可变荷载	1.3	0.7	0.7	0.6

根据中华人民共和国铁道部颁布的《新建时速200～250公里客运专线铁路设计暂行规定》[3]要求，列车竖向活载采用ZK活载（包括ZK标准荷载和ZK特种荷载）。ZK荷载可以在线路上移动和分段布置，在站房结构整体分析时，必须对列车竖向荷载进行适当简化。为此，在顺轨向布置承轨次梁承托列车竖向荷载，并采用影响线方法确定承轨次梁的最大弯矩、最大剪力及支座反力。整体计算时，将承轨次梁在列车荷载作用下的支座反力作为列车荷载施加在主框架梁上代替列车荷载，同时用该支座反力代替不同线路列车位置以分析垂直于轨道方向框架梁在列车处于不同位置时的内力变化。

5.2　整体抗震分析

采用MIDAS/Gen（Ver7.30）和SAP2000对站房进行结构计算，列车荷载按等效荷载输入。由于二层为钢管混凝土柱＋钢桁架组合楼板，楼板与桁架弦杆共同作用会导致弦杆的内力偏小，形成内力失真，因此，在模型输入中，针对不同的计算要求，将该层楼板分别定义为弹性楼板模型、斜撑楼盖模型、无斜撑楼盖模型三种情况，用于结构整体计算、构件抗震计算和整体温度计算等工况（图14）。

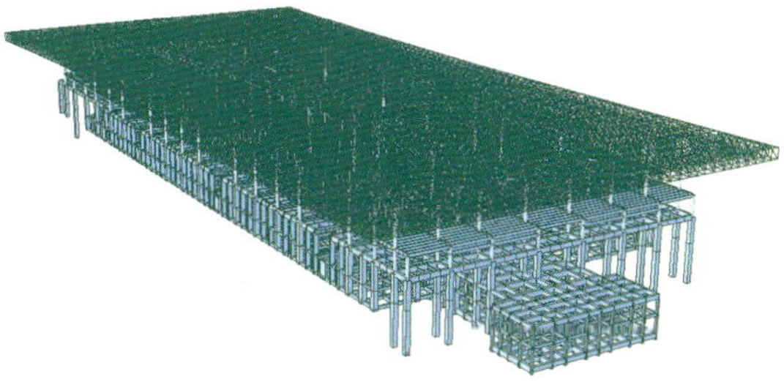

图14　整体计算模型简图

站房设计遵循《建筑抗震设计规范》[4]提出的抗震设防三个水准目标，即“小震不坏，中震可修、大震不倒”,按照两阶段设计,进行了多遇地震下的弹性计算(包括反应谱计算和弹性时程分析)满足承载力和变形要求,保证小震不坏;采用必要的抗震措施保证在设防烈度下中震可修目标的实现;同时进行罕遇地震下的弹塑性时程分析,验算在大震下结构的变形符合规范的要求,实现大震不倒的目标。

根据站房结构罕遇地震下的弹塑性时程分析结果,在大震作用下,下部结构钢筋混凝土梁和柱均出现了塑性铰,柱单元塑性铰出现较多,个别构件受到显著破坏但尚能确保生命安全,可修复继续使用但修复并不一定经济;大部分梁单元也出现了塑性铰,构件受到一定破坏,地震过后进行一定修复即可继续使用。桁架单元出现的塑性铰很少,构件只受到轻微破坏,地震过后不需修复即可继续使用。

由最大变形分析结果可知结构在大震作用下,柱子最大位移比为1/64,满足位移比限值要求。

现有研究成果表明,对于超长型结构有必要进行多点输入地震反应分析。南京南站下部混凝土结构长417.2 m、宽156 m,上部钢屋盖长451 m、宽210.65 m,属于超长型结构,且上部钢结构和下部混凝土结构分缝不对应,应对结构进行多点输入地震反应分析。

根据对南京南站主站房多点地震输入地震反应计算结果的统计,结论如下:

(1)采用水平双向多点输入,由于地震动输入存在相位差,结构扭转效应有较明显增大趋势,该趋势将对结构的安全性产生一定的影响。

(2)对竖向构件而言,多点输入与一致输入相比,剪力有大有小,影响因子比较大的单元一般出现在混凝土结构的周边和角部。

(3)对竖向构件而言,水平双向多点输入地震反应分析对其扭矩有一定影响,但由于扭矩基数较小,其绝对影响有限,可忽略水平双向多点输入地震反应分析对其扭矩的影响。

(4)根据竖向构件在水平双向多点地震作用下柱端剪力的变化,考虑水平构件的内力变化,设计时可以根据柱内力的调整情况适当考虑多点输入对水平构件的影响。

根据多点地震输入地震反应分析的结论,对主站房框架柱水平剪力进行调整:站房各层角柱和南北两侧边柱地震剪力放大1.1倍。

5.3 列车振动对站房结构的影响

在南京南站主站房设计过程中,除了按照《铁路桥涵设计基本规范》(TB 10002.1—2005)所规定的荷载类型、组合方式及《建筑结构荷载规范》(GB 50009—2001)所规定的组合方式对承轨层结构构件进行设计,使之满足强度、变形、裂缝限值及自振频率等诸方面的要求,并委托建研科技股份有限公司进行了高速列车振动对站房结构和无柱雨棚影响的专题研究(见《南京南站高速列车对建筑结构振动影响研究报告》[5])。报告根据南京南站主站房各部位结构布置及实际尺寸,考虑了不同站场列车通过、停靠对首层结构的不利影响,把站房结构的刚度、质量作用通过静力凝聚的方式凝聚到桥梁构件节点上,形成一个新的车辆—等效桥梁结构系统;利用现有的车辆—桥梁结构动力相互作用的研究成果,对车辆—等效桥梁结构系统进行动力相互作用计算,并进行桥梁—站房结构的动力时程计算,得到桥梁—站房结构各部分的反应。通过对构件的内力、变形极值和自振频率的分析,表明现有结构满足《铁路桥涵设计基本规范》等相关规范的要求,且不存在构件疲劳问题;通过对楼层竖向加速度极值、速度极值和振动级的分析表明,现有站房结构在列车振动影响下,不会产生人员舒适度问题。

5.4 屋盖结构的分析

南京南站主站房屋面作为长悬挑、大跨度、超长平屋面网架结构,风、雪荷载及温度场的分布是影响屋面设计的重要因素。根据建研科技股份有限公司提供的《南京南站站房风洞试验研究报告》确定屋面的体型系数,通过对屋盖结构进行风致振动分析,求得屋面各部位的风振系数,从而得到屋面各点的风荷载,并以此为依据进行屋面设计;根据南京地区的气候变化,考虑屋面做法和室内环境对网架工作环境温度的影响,采用CFD技术进行数值模拟,求出网架结构在极值条件下的温度场分布,为合理确定屋面的合龙温度和温度梯度提供依据;2008 年初,我国南方许多地区经历了雨雪冰冻灾害,经调查分析,许多屋面实际承受的荷载已经超过《建筑结构荷载规范》规定的雪荷载数值。南京南站作为大型公共建筑,如何避免在超越《建筑结构荷载规范》的雪荷载下屋面结构的倒塌是屋盖结构设计必须解决的问题,为此,设计单位搜集近年来南京地区气候变化的有关资料,评估气候变暖对雪荷载变化的影响,并对屋面结构进行了在超越雪荷载下非线性极限承载力分析,分析中考虑了几何非线性的影响,结果表明:在超越雪荷载 1.6 kN/m^2 作用下(《建筑结构荷载规范》规定南京地区 100 年雪压为 0.75 kN/m^2),屋盖结构部分杆件进入屈服,整体结构不会发生倒塌。

5.5 斗拱节点的设计

南京南站主站房南北两侧十四个斗拱节点柱,是南京南站古都风貌建筑风格的重要组成部分,同时又是屋面结构的重要支撑构件,屋面结构的竖向荷载、滑动支座水平摩擦力及大震下钢管混凝土的剪力效应均要通过斗拱进行传递,传力较为复杂。

基于该处节点在结构受力体系中的重要性和复杂性,采用了有限元分析结合节点模型试验的方法对其进行设计。模型试验由清华大学土木工程系完成,并提供最终试验报告。根据斗拱节点的受力分析,进行了轴心受压、偏心受压和压剪试验,试验结果与采用有限元数值分析结果比较吻合,验证了数值分析方法的正确性;同时,试验结果揭示了斗拱节点的破坏机理,为有针对性地改进斗拱节点的薄弱环节提供依据;数值分析结果表明,斗拱节点冗余度高,某些构件屈服后,节点的承载力尚能继续增加,当承载力达到峰值后,力—位移关系曲线基本不下降或下降很少,斗拱节点具有良好的延性和变形能力。

根据斗拱试验的结果和数值模拟分析的结论,依据各斗拱的实际受力状态,对斗拱节点进行了优化,包括调整构件的厚度、增加斗拱的种类、考虑施工焊接因素的局部加强等。此外,斗拱节点设计时还考虑了施工过程中斗拱节点不均匀受力等极端工况的影响。

6 结　论

(1)建桥合一高架站房采用整体框架结构体系,能够消除由于桥梁结构和站房结构互为边界各自独立计算而产生的系统误差,站台层横轨向刚度较桥梁结构明显加强,是值得推广的一种结构体系。

(2)通过给定荷载系数将列车及相关荷载按照《建筑结构荷载规范》的组合方式参与到整体结构计算中,并与《铁路桥涵设计基本规范》所要求的组合方式进行对比,分别进行构件计算,取包络值作为承托列车实际构件配筋。

(3)建桥合一站房设计应考虑列车通过、停靠对站房结构的影响,特别是要考虑振动引起的各层楼盖竖向加速度对人员的舒适度影响。

(4)风、雪荷载和温度变化是屋盖结构设计的重要条件,必要时应进行数值模拟予以确定,应考虑超越规范的雪荷载对屋盖结构的影响,避免屋盖结构坍塌。

(5)钢斗拱节点整体受力性能良好,具有较大的冗余度和应力重分布能力,能够保证传力通畅、结构安全。

参　考　文　献

[1] TB 10002.1—2005　铁路桥涵设计基本规范[S]. 北京:中国铁道出版社,2005.
[2] GB 50009—2001(2006 年版)　建筑结构荷载规范[S]. 北京:中国建筑工业出版社,2002.
[3] 铁建设[2005]140 号　新建时速 200~250 公里客运专线铁路设计暂行规定[S]. 北京:中国铁道出版社,2005.
[4] GB 50011—2001(2008 年版)　建筑抗震设计规范[S]. 北京:中国建筑工业出版社,2008.
[5] 建研科技股份有限公司. 南京南站高速列车对建筑结构振动影响研究报告[R]. 2009.

昆明南站综合节能技术应用研究

郭旭晖　田利伟

（中铁第四勘察设计院集团有限公司，武汉　430063）

摘　要：针对昆明南站所处的气候特征，进行站房综合节能技术应用研究，通过对高架候车厅天然采光和围护结构、通风系统的优化设计，使建筑能耗得到降低；对室内热环境进行深入分析和研究，提出采用自然通风结合机械通风的方式，以改善人员活动区热舒适性，为其综合节能设计提供理论依据和数据支撑。

关键词：综合节能；热工性能；自然通风；天然采光；数值模拟

1　工程概况

昆明南站设计总规模为 30 个站台面，建筑高度 41.8 m（至西广场地面），建筑主体东西向，屋盖南北宽 179.4 ~ 184 m，东西长 415 m，总建筑面积约 11.95 万 m^2，包括地下出站层（ - 10.50 m）、站台层（ ±0.00 m）及高架候车层（ + 9.50 m）。由铁路旅客站房的候车厅、集散厅、售票厅、商业服务用房及其他配套的辅助生产、生活用房构成，另有地下公共交通设施及其辅助用房等，建筑效果如图 1 所示。

图 1　昆明南站建筑效果

本文主要考虑出站层、站台层和高架候车层的建筑节能设计和室内热环境分析，包括围护结构优化设计、全年室内热湿环境和冷负荷预测、自然通风设计、天然采光分析、人员活动区域的热舒适性分析研究和候车层空气品质（IAQ）分析。

2　围护结构优化设计

昆明南站地处温和地区，目前《公共建筑节能设计标准》（GB 50189—2005）没有对该区建筑围护结构热工性能给出规定性节能指标。本文根据昆明地区的逐时气象参数，通过模拟计算和优化设计，确定适合该地区的围护结构热工性能指标。

2.1　昆明地区气候特征

对昆明地区全年气候特征进行统计分析，该地区一年四季气候变化不大，年平均气温为 15.4℃，最热月平均气温 20.1℃，最冷月平均气温 8.4℃。全年室外温度超过 28.0℃ 的小时数为 15h，室外相对湿度超过 70% 时刻占全年的 58.0%，主要集中于夏季。全年气候特征统计结果如图 2 和图 3 所示。

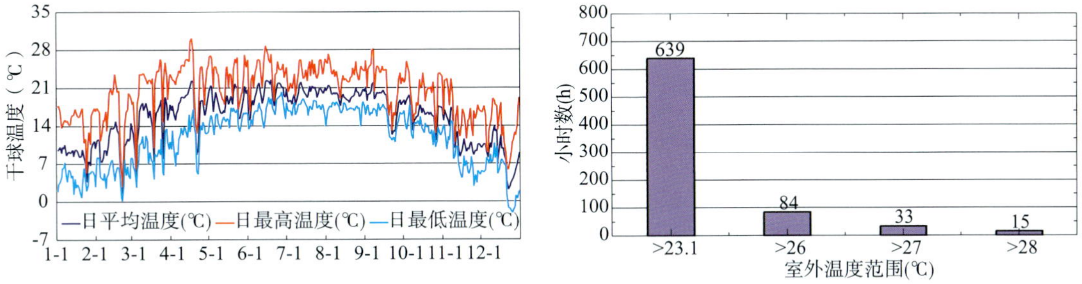

（a）全年逐时干球温度　　（b）各级温度梯度小时数

图 2　全年温度统计

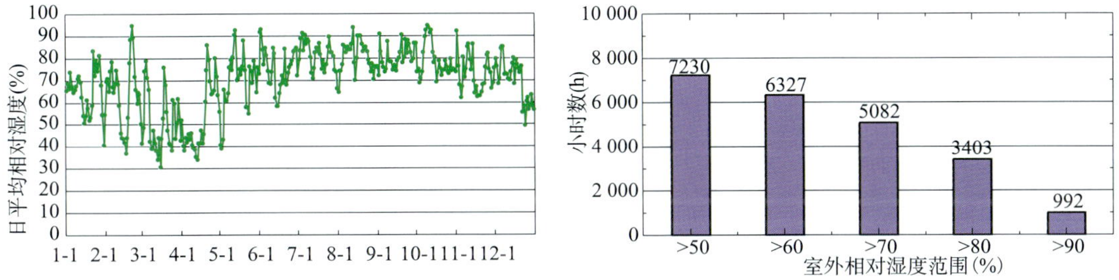

（a）全年逐时相对湿度　　（b）各级相对湿度小时数

图 3　全年相对湿度统计

2.2　围护结构优化设计模拟分析

2.2.1　建筑 DeST 模型的建立与简化

采用清华大学开发的能耗模拟软件 DeST 建立如图 4 所示模型，模型分为出站层、站台层和高架候车层。根据建筑设计和模拟计算需要，在 DeST 输入中对模型做了相应简化处理，但不会影响热传导的计算结果。房间主要功能、房间人员密度、人均新风量以及室内热扰参照《铁路旅客车站建筑设计规范》（GB 50226—2007）[1]进行设定，火车站公共区域夏季室内控制温度为 26℃ ~28℃，热舒适相对湿度为 30% ~70%。

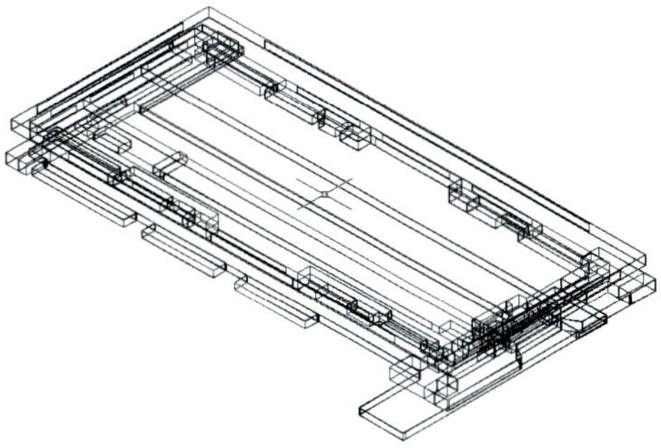

图 4　昆明南站建筑 DeST 模型

2.2.2　围护结构优化设计分析

对昆明站建筑围护结构进行优化设计时，首先设置一套围护结构基础方案，如图 4 所示，进而对非透明围护结构的传热系数，透明围护结构的传热系数和遮阳系数进行以 K 值优化、SC 值优化及综合优化为出发点的方案综合对比分析，从而明确优化设计的方向。

表 1　基础方案设计参数

外　墙 W/(m²·K)	屋　顶 W/(m²·K)	外　窗		屋顶透明部分			
		东、南、西向	北　向				
		W/(m²·K)	SC	W/(m²·K)	SC	W/(m²·K)	SC
1	0.7	2.5	0.4	2.5	0.5	3	0.4

昆明南站外围护结构四周具有进深较大的外挑屋檐，其作用于玻璃幕墙的遮阳效果无法通过常规的经验公式计算，在此采用 Ecotect 采光模拟软件分别计算有遮阳构件和无遮阳构件时建筑表面的全年累计太阳辐射得热量，近似认为两者的比值等于外窗遮阳构建的遮阳系数，模拟结果如图 5 所示。

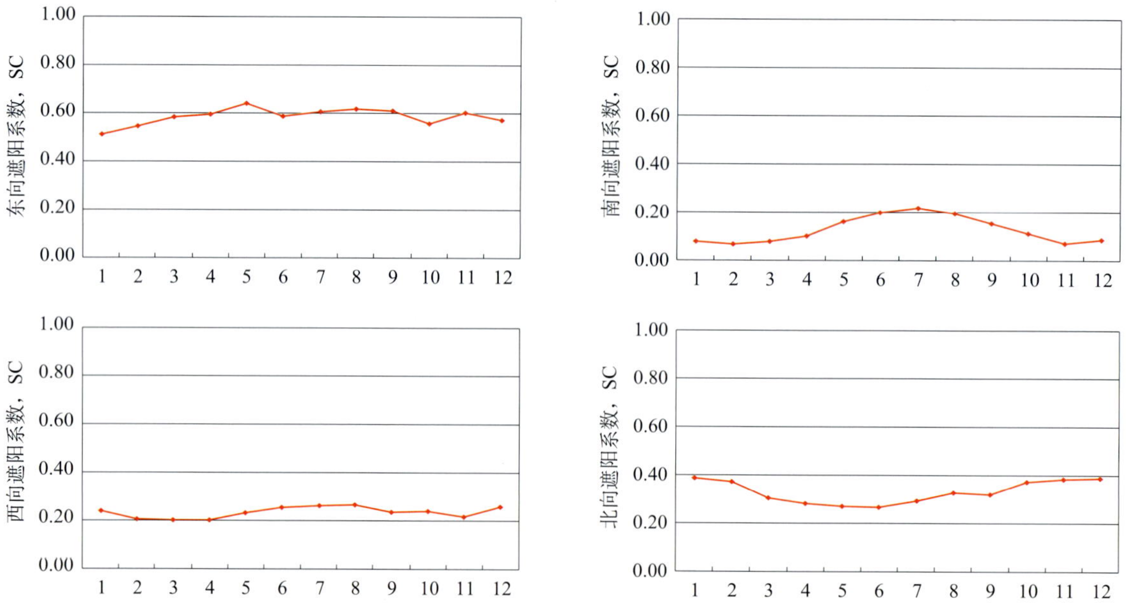

图 5　各朝向逐月外遮阳系数计算结果

模拟结果表明，外挑屋檐对各立面形成很好的自遮阳效果，南向、西向和北向的等效遮阳系数全年均在 0.4 以下，外挑屋檐对东向玻璃幕墙的等效遮阳系数偏高，夏季达到了 0.6 以上。将模拟结果带入 DeST 模型，对不同方案的建筑负荷进行模拟计算，结果如表 2 所示。

表 2　不同方案模拟计算结果

设计方案	措　施	总冷负荷 (MWh)	最大冷负荷 (kW)	冷负荷指标 (W/m²)	节能率
基础方案	—	9 374.6	6 215.48	50.06	0.00%
外墙方案 1	$K=1.5$	9 061.3	6 077.44	48.95	3.34%
外墙方案 2	$K=0.5$	9 653.4	6 243.92	50.29	-2.97%
屋顶方案 1	$K=1.0$	9 195.7	6 127.15	49.35	1.91%
屋顶方案 2	$K=0.4$	9 595.0	6 299.31	50.73	-2.35%
天窗方案 1	$K=1.9$	9 501.6	6 244.23	50.29	-1.35%
天窗方案 2	SC = 0.1	7 891.5	5077.53	40.89	15.82%
幕墙方案 1	$K=1.9$	9 609.2	6 234.01	50.21	-2.50%
幕墙方案 2	$K=3.1$	9 048.0	6 199.78	49.93	3.48%
幕墙方案 3	SC = 0.8	8 523.1	5 831.88	46.97	9.08%
幕墙方案 4	SC = 0.5	8 089.2	5 622.88	45.29	13.71%

续上表

设计方案	措　施	总冷负荷（MWh）	最大冷负荷（kW）	冷负荷指标（W/m^2）	节能率
幕墙方案5	SC = 0.3	7 886.5	5 525.62	44.50	15.87%
幕墙方案6	K = 3.1，SC = 0.8	8 320.0	5 817.41	46.85	11.25%
幕墙方案7	K = 3.1，SC = 0.5	7 904.4	5 609.54	45.18	15.68%
幕墙方案8	K = 3.1，SC = 0.3	7708.0	5512.16	44.39	17.78%

分析各方案的建筑冷负荷模拟计算结果，可得到建筑围护结构节能优化设计的方向：

（1）不透明围护结构外墙的传热系数由1 $W/(m^2 \cdot K)$增大到1.5 $W/(m^2 \cdot K)$时，建筑冷负荷可降低3.34%，这是由于昆明地区夏季空调室外计算干球温度较低，只有26.3℃，适当增大外墙的传热系数，有利于室内热量通过围护结构传到室外，降低建筑室内冷负荷；

（2）不透明围护结构屋顶的传热系数由0.7 $W/(m^2 \cdot K)$增大到1.0 $W/(m^2 \cdot K)$时，建筑冷负荷可降低1.91%，因此屋顶的传热系数也可以适当增大，以利于室内热量通过围护结构传到室外，降低建筑室内冷负荷；

（3）由于建筑外挑屋檐对玻璃幕墙形成了很好的自遮阳效果，使得玻璃幕墙的综合遮阳系数大幅降低，当玻璃幕墙的遮阳系数增大到0.8时，建筑冷负荷仍可降低9.08%，因此玻璃幕墙材料自身的遮阳系数SC可适当增大，采用普通的钢化夹胶玻璃即可；

（4）屋顶采光天窗的遮阳系数SC对建筑冷负荷有较大影响，采光天窗的遮阳系数由0.4降至0.1，室内冷负荷可降低15.82%，因此建议天窗采用低透Low-E玻璃并采取遮阳措施，以减少进入室内的太阳辐射量。

3　通风系统优化设计

火车站大空间公共区域的人员流动性较大，对室内环境的要求相对较低，可接受的温度范围相对较大，目前相关的调查研究成果表明：夏热冬冷地区（长沙、上海）火车站候车室的热舒适中性温度为27℃[2]；环境参数处于舒适的范围内时，相对湿度在30%～70%之间变化，对热舒适的影响不显著；当环境温度高于28℃，且相对湿度在70%以上时，空气相对湿度会对热感觉和热舒适会明显的影响[4]。根据赵奕[4]等的研究结论，火车站公共区域的热舒适中性温度控制在26℃～28℃，热舒适相对湿度控制在30%～70%。为避免昆明南站建筑室内出现高温高湿的情况，将通风室内最高温度设定为28℃，最高相对湿度设定为70%。

3.1　出站层通风系统设计

乘客在出站层只做短暂停留，室内热舒适度要求不高，应尽量采用通风的方式来满足人员热舒适性要求，分别对采用自然通风和不同机械通风次换气次数下出站层室温的全面波动进行模拟计算和统计。

结果表明，出站大厅机械通风换气量达到3次/h时，室内不同功能区域的舒适温度小时数大幅增加，基本维持在28℃以下，因此采用机械通风3次换气次数即可满足出站层的热舒适性要求，模拟结果如图6所示。

3.2　高架候车厅自然通风优化设计

3.2.1　自然通风开口的设置

由于高架候车层下部可开启外门面积较少，因此在四周玻璃幕墙下侧四周设置了自然通风百叶进风口，同时在建筑南北两侧设置了幕墙高侧窗和屋顶高侧窗，以形成有效的自然通风路径。图7的红色区域为各自然通风开口位置，其面积统计如表3所示。

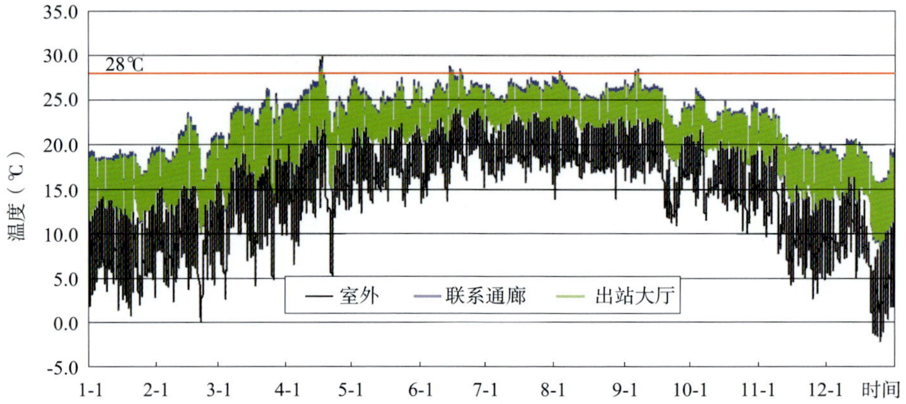

图 6　出站大厅机械通风室温全年波动

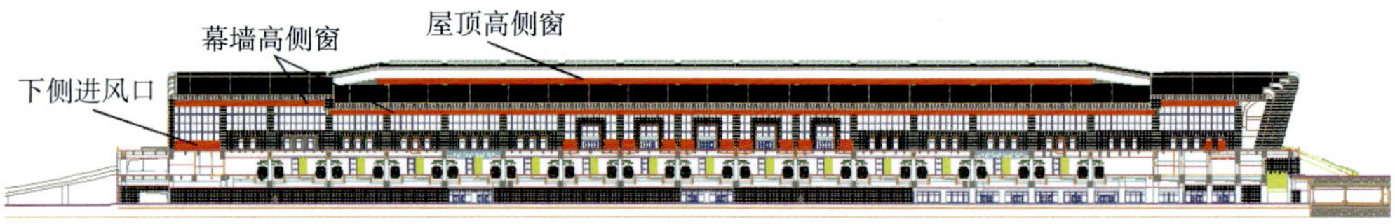

（a）南北两侧自然通风百叶风口

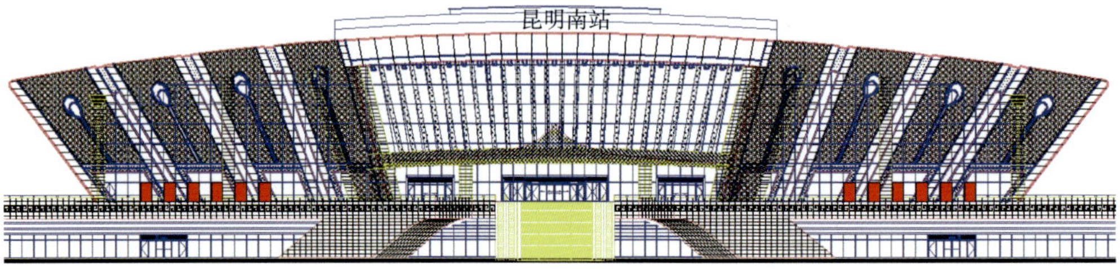

（b）西侧自然通风百叶风口

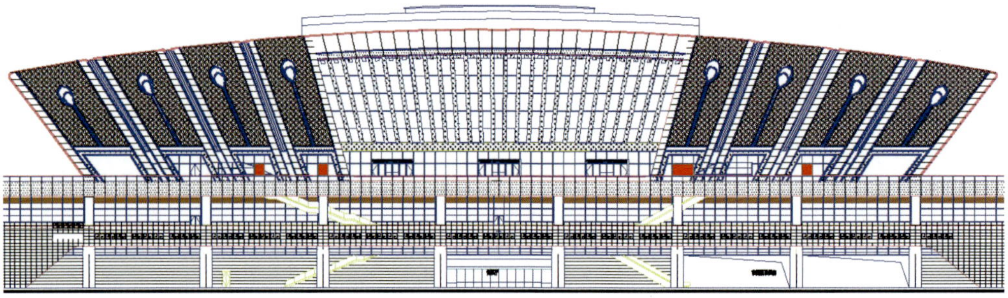

（c）东侧自然通风百叶风口

图 7　高架候车层自然通风设计开口位置

表 3　设计方案各开口面积

开口部位	开口尺寸（m×m）	开口类型	面积修正系数	有效开口面积（m^2）
东侧玻璃幕墙底部	1.92×3.26，共 5 扇	百叶风口	0.7	21.9
西侧玻璃幕墙底部	1.92×3.26，共 12 扇	百叶风口	0.7	52.6
南北玻璃幕墙底部	2.15×3.30，共 55 扇 2.15×3.00，共 8 扇	百叶风口	0.7	309.3
南北幕墙高侧窗（对称）	2.15×1.80，共 72 扇 2.15×1.45，共 254 扇	百叶窗	0.7	749.0
南北屋顶高侧窗（对称）	2.15×2.00，共 168 扇 2.65×2.00，共 40 扇 2.35×2.00，共 8 扇	百叶窗	0.7	680.0

3.2.2 自然通风 CONTAM 模拟分析

(1)模型的建立

采用多区域网络模拟软件 CONTAM 建立如图 8 所示自然通风模型,通过通风模型与模拟模型的耦合,实现对室内热源固定的复杂建筑进行自然通风量和室温的模拟计算。

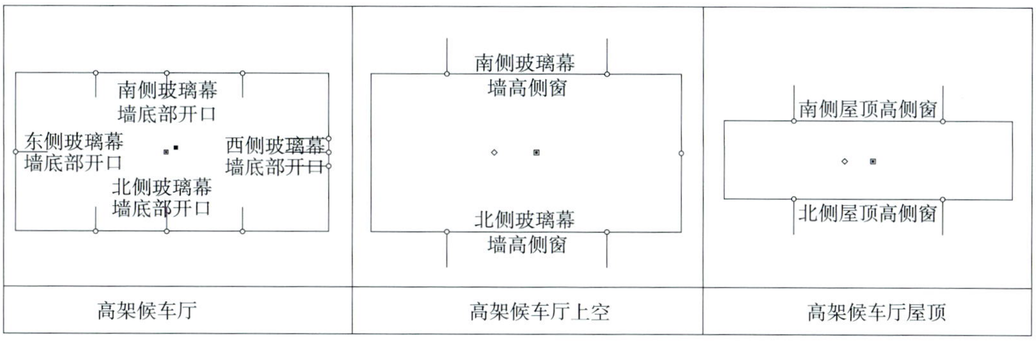

图 8 自然通风区域网络计算 CONTAM 模型

由于热压比较稳定、可靠,而风压变化较大,因此设计中主要考虑热压作用的结果,风压仅作为实际使用中的安全因素,设计时不予考虑。

(2)自然通风模拟结果与分析

仅考虑热压通风时,室外空气由高架候车层四周玻璃幕墙下侧的自然通风进风口和幕墙高侧窗进入室内,通过屋顶高侧窗排到室外。高架候车层各开口的自然通风量模拟结果如表 4 所示。

表 4 自然通风各开口的风量

开口位置	有效开口面积(m^2)	路　径	室内外压差 ΔP(Pa)	风量(万 m^3/h)
东侧百叶风口	21.9	进风口	1.9	9.1
西侧百叶风口	52.6	进风口	1.9	21.7
南侧百叶风口	309.3	进风口	1.9	63.8
北侧百叶风口		进风口	1.9	63.8
幕墙高侧窗	749.0	进风口	0.2	88.6
屋顶高侧窗	680.0	排风口	-1.5	246.9

此时,自然通风量为 246.9 万 m^3/h,对应高架候车厅的换气次数为 1.9 次/h,室内外温差为 4.7℃,即当室外温度低于 23.3℃,可完全通过自然通风带走室内余热,保持室内平均温度在 28.0℃以下。

3.2.3 自然通风 Airpak 模拟分析

(1)模型的建立

由于 CONTAM 仅从宏观角度给出了自然通风室内的平均温度与自然通风量,无法给出室内温度的空间分布,在此利用三维数值模拟软件 Airpak 对自然通风室内不同区域的温度分布做进一步研究。由于高架候车厅平面对称布置,为了提高模拟的精确度,取建筑 1/4 面积,建立如图 9 所示模型进行模拟计算。

(2)模拟结果与分析

模拟结果如图 10 所示,候车大厅 1.5 m 高度范围以下的平均室内温度为 27.2 ℃,能够满足室内热舒适性的要求,与 CONTAM 模拟结果基本保持一致。但由于候车厅进深较大,自然通风动力不足,候车厅中央走廊部分区域温度超过 28℃,因此需要加大自然通风量或采取机械通风辅助系统,以增强该区域的通风量。

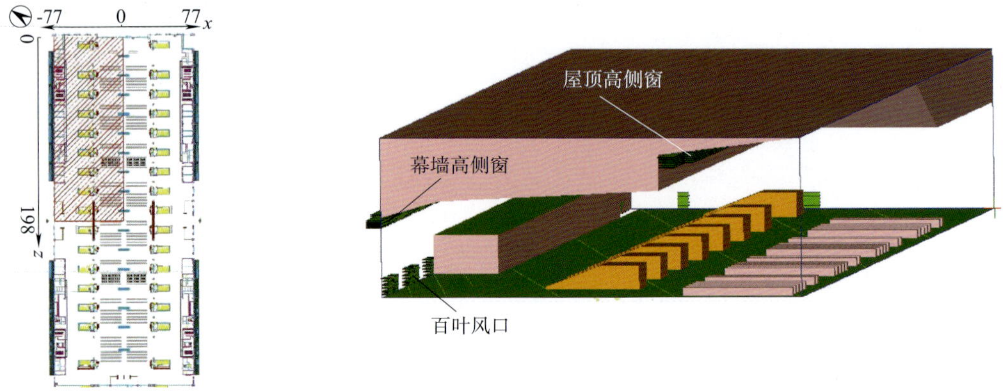

（a）模拟区域　　（b）CFD模型

图 9　高架候车层典型区域 CFD 计算模型

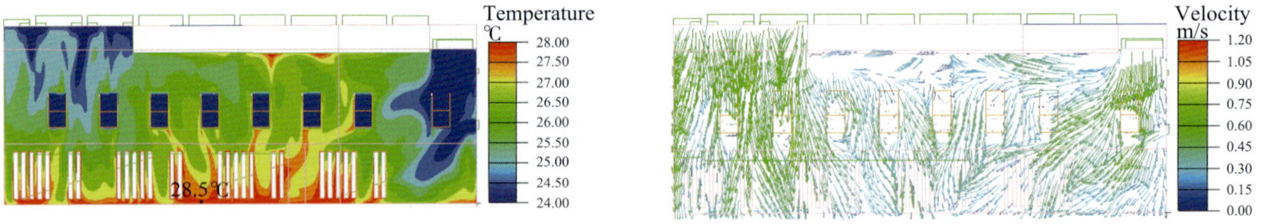

（a）1.5 m高处温度分布　　（b）1.5 m高处流场分布

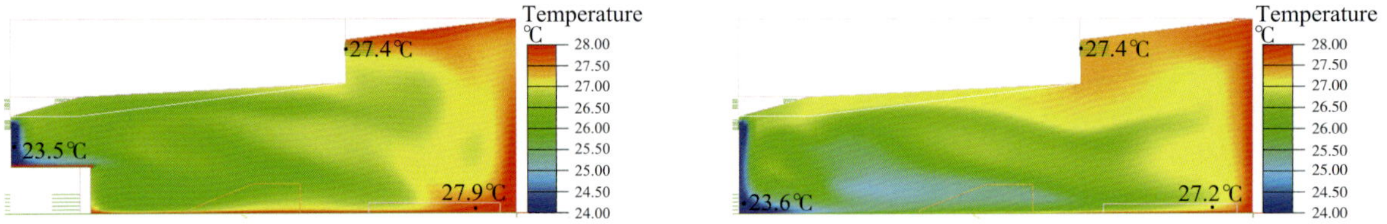

（c）售票厅处温度场剖面　　（d）集散厅处温度场剖面

图 10　高架候车厅 1.5 m 高处流场分布

3.2.4　自然通风潜力分析

根据模拟计算结果，自然通风可实现 4.7℃温差的降温效果，当室外温度低于 23.3℃时，高架候车厅可完全采用自然通风来带走室内余热，此时全年累计冷负荷可降低 1 473 MW·h，相当于高架候车厅人员活动区域全年累计冷负荷的 72.5%，如图 11 所示；当室外温度在 23.3℃～28.0℃之间时，需加大自然通风或辅助以机械通风带走室内余热。

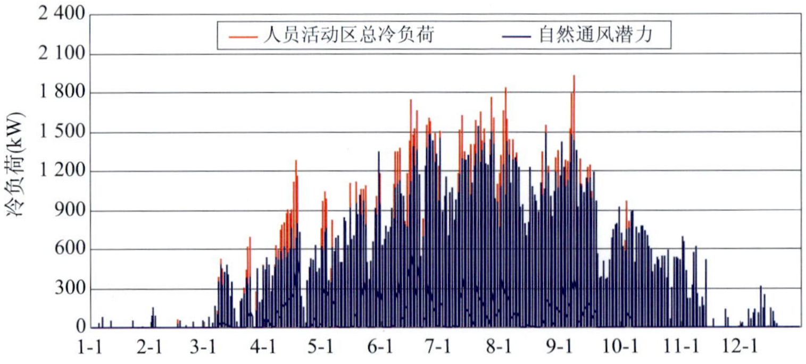

图 11　高架候车厅自然通风潜力

3.3 高架候车厅自然通风室内热湿环境模拟分析

3.3.1 自然通风室内全年温度分布

图 12 为采用自然通风方案后室内的全年温度分布,夏季高架候车厅室内全年逐时温度基本维持在 28℃以下,平均温度超过 28.0℃的小时数为 27 h,因此人员活动区域夏季能够满足热舒适性要求;冬季高架候车厅室内温度偏低,其中室温低于 10.0℃的小时数为 615 h,因此建议冬季时段关闭部分自然通风开口,减少进入高架候车厅室内的自然通风量。

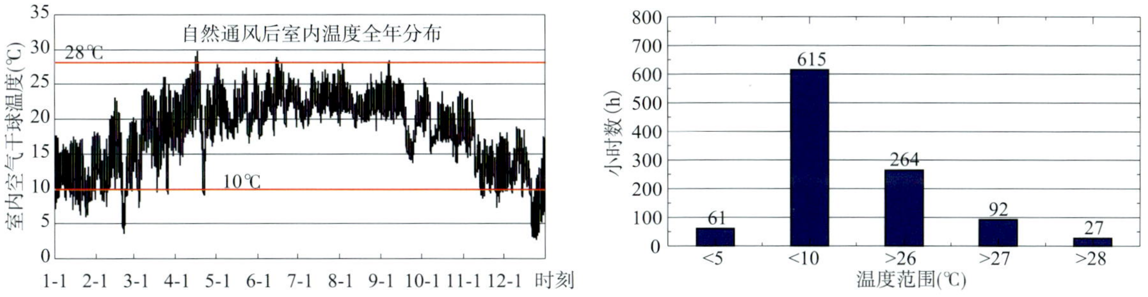

(a)全年温度分布　　(b)不同温度区间分布

图 12　自然通风室内温度分布

3.3.2 自然通风室内全年相对湿度分布

夏季时段高架候车厅采用自然通风后,室内相对湿度普遍偏高,40% 左右的时刻室内相对湿度高于 70%,如图 13 所示。由于此时候车厅中央走廊部分区域温度超过 28℃,根据文献[3]可知,建筑室内无法满足人员的热舒适性要求,应对高架候车厅内人员活动区域的室内空气进行除湿处理。

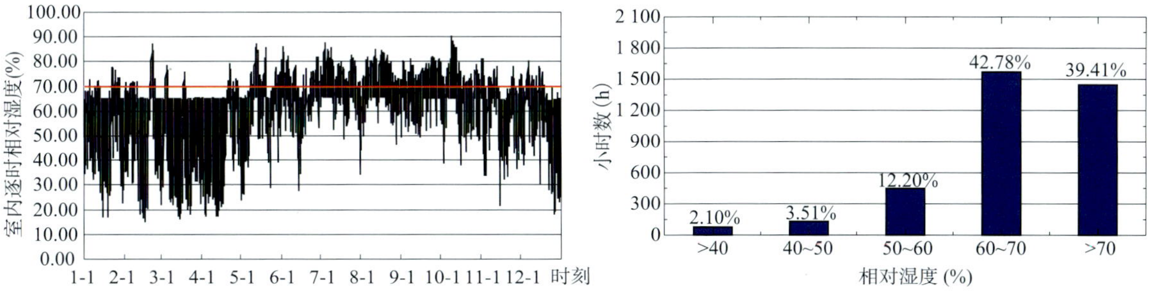

(a)全年相对湿度分布　　(b)6~9月相对湿度分布

图 13　自然通风室内相对湿度分布

3.4 高架候车厅送风系统优化设计分析

针对候车区域自然通风动力不足和相对湿度较高的问题,对高架候车厅通风系统进行节能优化设计,由于高架候车层下部自然通风口无法加大,推荐采用机械送风 + 溶液调湿系统,在通往站台层的检票楼梯口上部设置机械送风条形喷口,两侧商业夹层处设置溶液调湿新风机组。采用 Airpak 对室内温度分布重新进行三维稳态模拟计算。

3.4.1 模型的建立

建立的典型区域模型如图 14 所示,计算采用 RNG 模型,对空气流动及温度分布情况进行三维稳态模拟计算。

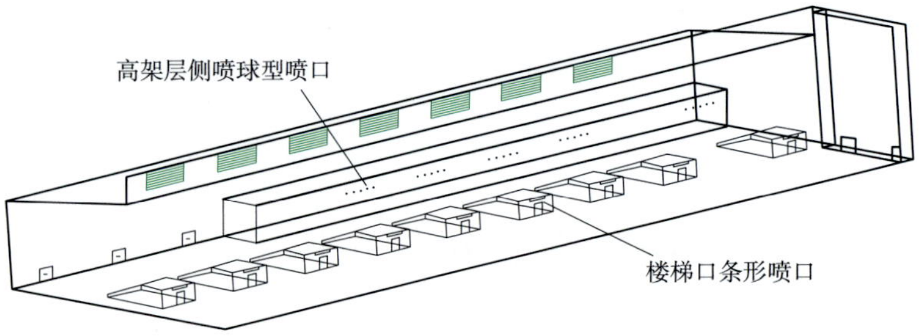

图 14　典型区域 Airpak 计算模型

模拟工况采用昆明地区夏季空调室外计算干球温度 26.3℃，同时开启自然通风与机械送风系统，通往站台层的检票楼梯口上部设置机械送风条形风口，送风量为 33.6 万 m^3/h，风口速度为 3.4 m/s，直接将室外新风送入室内；商业夹层处的溶液调湿新风机组采用球形喷口送风，送风量为 21.6 万 m^3/h，送风温度为 18℃，风口速度为 16.8 m/s。

3.4.2　送风方案模拟分析及优化

高架候车厅送风方案优化模拟结果如图 15 所示，设置送风系统后中央走廊的温度得到明显降低，人员活动区域的室温基本保持在 28℃以下，能够保证室内人员的热舒适性要求。

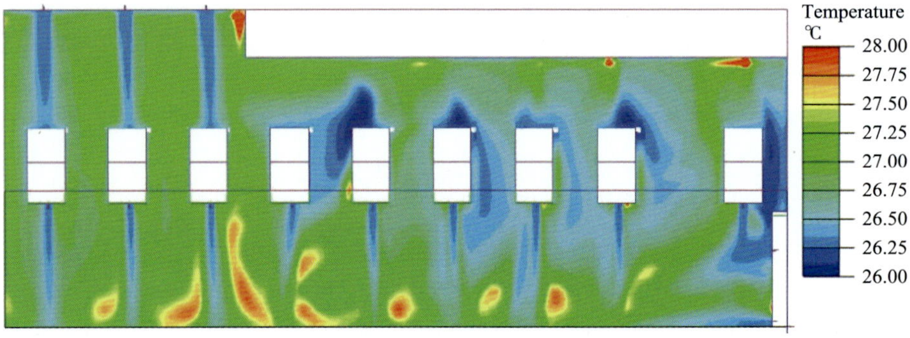

图 15　人员活动区域 1.5 m 高处温度场分布

4　天然采光模拟分析

4.1　天然采光设计标准

根据我国现行采光设计标准《建筑采光设计标准》(GB/T 50033—2001)[5]对天然采光的室内采光系数有明确规定，为确保室内采光质量，确定高架候车层需要满足“一般作业精确度”，即室内天然光照度应高于 75 lx。

4.2　采光模型的建立

昆明南站天然采光的主要研究区域为高架候车厅，采光模型如图 16 所示，根据透光材料的性能，对各透光部件的材料属性进行设定。其中，天空背景照度设置为 CIE(Overcast Sky Distribution)全云天模式。模拟工况包括夏至日和冬至日无直射光全阴天情况下的室内照度分布以及夏至日有太阳直射情况下室内照度分布。

4.3　天然采光模拟结果分析

高架候车层室内照度分布如图 17 所示，模拟结果统计如表 5 所示。

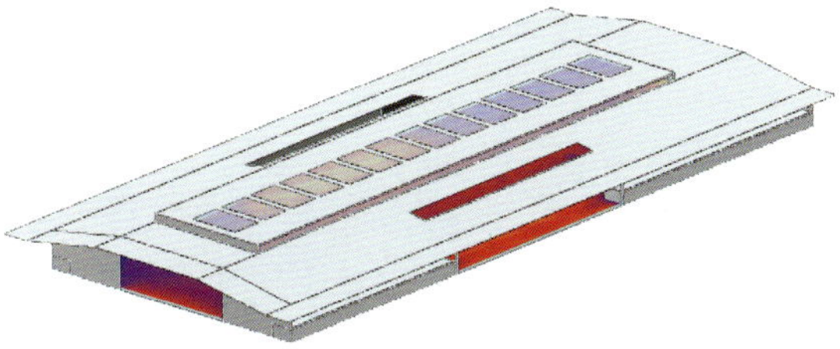

图 16　高架候车层采光模型

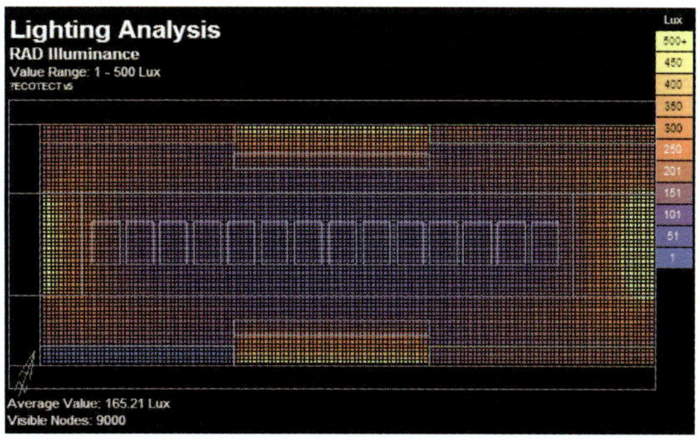

图 17　冬至日 14:00 室内照度分布值(阴天)

表 5　高架候车厅室内照度

时　　　间		高架候车层平均照度(lx)
夏至日(阴天)	8:00	325
	12:00	401
	14:00	308
	17:00	63
冬至日(阴天)	8:00	190
	12:00	262
	14:00	165
	17:00	0.05
夏至日(晴天)	14:00	778

分析可知:

(1)室内采光主要通过屋顶中央屋脊的透明材料、屋顶侧高窗和四个朝向的玻璃幕墙实现天然采光;

(2)全云天模式下,候车层四周区域照度较高,冬至日 14:00 时也高于 100 lx;中央走廊区域的照度低于周边区域,但冬至日 14:00 时也保持在 75 lx 以上。

因此,高架候车厅的室内照度能够满足《建筑采光设计标准》中关于候车室照度大于 75 lx 的要求。

5　空气品质与新风系统

高架候车层通风系统从玻璃幕墙下部和站台层顶部区域取风,为保证取得的新风质量不受站台层列车和高架车道等污染源的影响,通过 CFD 模拟分析各新风口处污染物浓度分布,由于站台层无明显的污染源,本文主要研究高架车道汽车尾气对候车厅空气品质的影响。

5.1　模型的建立

采用 Airpak 建立高架车道计算模型如图 18 所示,计算采用 RNG 模型,进行三维稳态模拟计算,以 CO 作为空气品质的评价指标,分析其空间分布。

5.2　参数的设定

根据当地的交通流量研究报告,高架车道出租车辆为 756 辆/h,社会车辆 440 辆,计算得高架候车层四周机动车道 CO 总排放量为 5.36 g/s。模拟工况如下:

图 18　高架车道污染物扩散模型

主导风工况:西南风,10 m 高风速为 1.8 m/s;

静风工况:考虑车辆行驶引起的气流流动,风向沿车辆沿行驶方向,

10 m 高风速为 0.5 m/s。

5.3 模拟结果及分析

主要分析高架候车层玻璃幕墙底部自然通风百叶风口和商业夹层新风取风口位置处 CO 的浓度分布。

(1)主导风工况

模拟结果如图 19 所示，高架车道北侧区域 1.5 m 高处 CO 浓度较高，自然通风百叶进风口附近最高浓度为 6.25 mg/m^3(5ppm)，8 m 高处新风取风口位置的 CO 最高浓度为 5 mg/m^3(4ppm)；南侧区域自然通风进风口附近 CO 浓度基本保持在 2.5 mg/m^3(2ppm)以下，8 m 高处新风取风口位置处 CO 最高浓度在 0.63 mg/m^3(0.5ppm)左右。

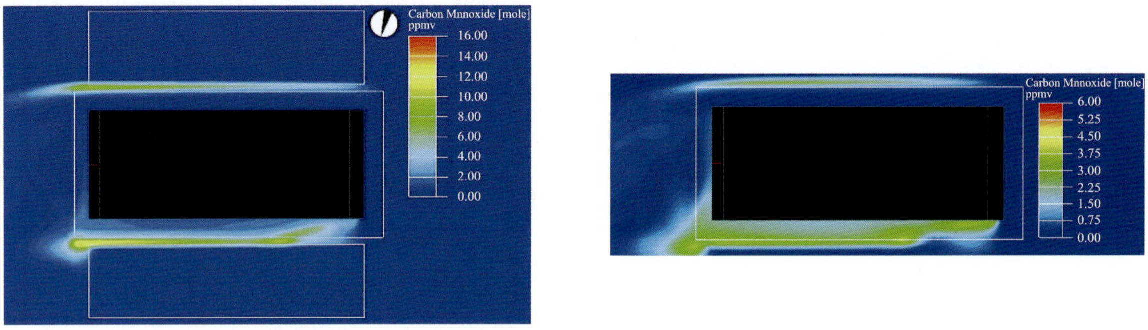

(a) 1.5 m高处　　(b) y=8 m高处CO

图 19　主导风工况下新风口位置 CO 浓度分布

(2)静风工况

对于静风工况，高架候车层两侧车流近似一致，故选择其中一侧进行模拟计算，模拟结果如图 20 所示。此时，高架车道两侧 CO 浓度有所升高，自然通风进风口处 CO 浓度最高可达 7.5 mg/m^3(6ppm)以下，8 m 高处新风取风口位置的 CO 浓度保持在 3.13 mg/m^3(2.5ppm)左右(图 20)。

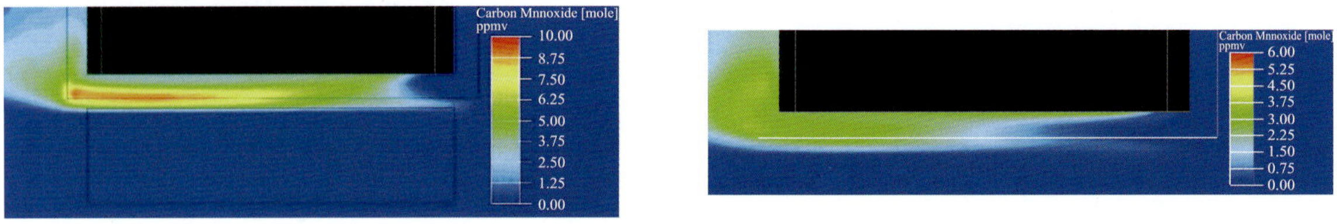

(a) 1.5 m高处　　(b) y=8 m高处CO

图 20　静风工况下新风口位置 CO 浓度分布

两工况模拟结果表明，高架候车层各新风取风口处空气中 CO 浓度均保持在 7.5 mg/m^3 以下，由于候车厅室内没有 CO 污染源，根据质平衡方程可知，室内 CO 浓度最高不超过 7.5 mg/m^3，满足《公共交通等候室卫生标准》(GB 9672—1996)[6] 中最高浓度不超过 10 mg/m^3 的规定。

6　结　论

通过对昆明南站进行建筑综合节能技术应用研究，获得如下结论和建议：

(1)建筑外挑檐对玻璃幕墙具有很好的自遮阳效果，可适当提高其遮阳系数；非透明围护结构外墙和屋顶的传热系数可适当增大，以利于室内热量散到室外；采光天窗应采取遮阳措施，以降低其遮阳系数，减少进入室内的太阳辐射得热量。

(2)通过自然通风优化设计，可有效降低高架候车厅夏季室内温度，但由于自然通风动力不足，中央走廊部分区域温度超过了 28℃，需加大自然通风量或辅助机械送风系统。

（3）由于自然通风时段室内相对湿度较长时刻超过70%，因此夏季需采取除湿手段，以降低室内相对湿度，满足人员活动区域的热舒适性要求。

（4）高架候车厅采用自然通风、溶液调湿与机械通风系统联合运行方案，室内环境可得到明显改善，候车厅各区域的室内温度保持在28℃以下。

（5）高架候车厅夏至日和冬至日的室内照度在75 lx以上，满足了国家相关规范的要求。

（6）高架车道对候车厅新风造成一定程度的污染，但候车厅空气质量满足国家相关卫生标准的要求。

参 考 文 献

[1] 铁道第三勘察设计院集团有限公司. GB 50226—2007 铁路旅客车站建筑设计规范[S]. 北京:中国计划出版社,2007.

[2] 马卫武,孙政,周谦,等. 夏热冬冷地区客车站候车室夏季热舒适性[J]. 土木建筑与环境工程,2009,31(5).

[3] 田元媛,许为全. 热湿环境下人体热反应的实验研究[J]. 暖通空调,2003,33(4):27-30.

[4] 赵奕,毛红卫,卢仲炜,等. 严寒地区火车站大空间公共区域夏季环境挖制方案研究[J]. 暖通空调,2010,40(7):67-71.

[5] 中国建筑科学研究院. GB/T 50033—2001 建筑采光设计标准[S].

[6] 铁道部卫生保护司,交通部卫生处,民航局卫生处. GB 9672—1996 公共交通等侯室卫生标准[S].

南京南站节能设计与建筑室内环境分析

庄炜茜　田利伟
（中铁第四勘察设计院集团有限公司，武汉　430063）

摘　要：综合采用多种数值模拟软件，对南京南站进行了建筑节能优化设计研究，包括围护结构优化设计、无组织渗风与空调系统优化、通风系统模拟分析与自然通风优化设计以及空气品质与新风系统等，使该建筑的综合能耗得到降低，同时改善了人员活动区域的室内环境，为南京南站综合节能设计提供数据支撑。

关键词：空调系统；气流组织；数值模拟；优化设计

1　工程概况

南京南火车站总建筑面积约 38 万 m^2，主站房空调区域面积达 15 万 m^2，站房主体檐口高度 48.4 m，屋顶最高处 58.3 m。该建筑一层为出站层，二层为站台层，三层为高架候车层，地下层包括地铁车站、设备用房及地下商业等。

本文主要考虑出站层、站台层和高架候车层的建筑节能设计和室内环境分析，包括围护结构优化设计无组织渗风与空调系统优化、通风系统模拟分析与自然通风优化设计以及候车层空气品质与新风系统布置等。根据以上研究结论，为降低建筑的综合能耗和改善室内环境提出了一系列的建议和改进措施。

2　围护结构优化设计

2.1　建筑 DeST 模型的建立与简化

采用清华大学建筑学院研究开发的能耗模拟软件 DeST 建立如图 1 所示模型，该模型分为出站层、站台层和高架候车层，其中站台层与室外连通。对火车站全年逐时负荷进行模拟时，根据实际情况和经验，在 DeST 输入中对模型进行了简化处理，但不会影响热传导的计算结果。房间主要功能、房间人员密度、人均新风量以及室内热扰参照《铁路旅客车站建筑设计规范》(GB 50226—2007)[1]进行设定。

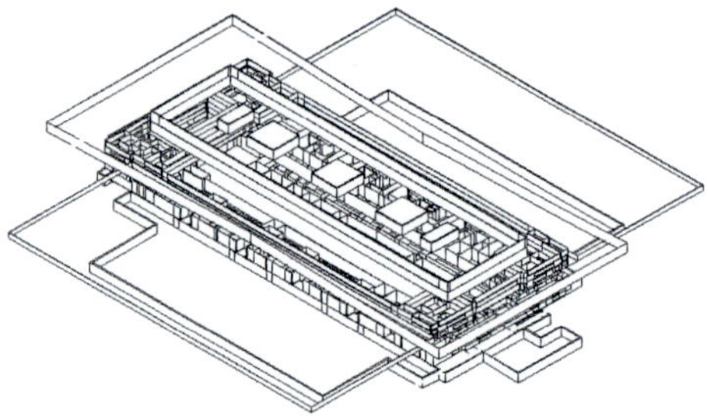

图 1　南京南火车站建筑 DeST 模型

2.2　围护结构优化分析

对南京南站围护结构进行节能优化设计时，首先建立一套满足《公共建筑节能设计标准》(GB 50189—20058)[2]要求的围护结构基础方案，进而以外墙、外窗、屋顶和天窗的热工性能为出发点，建立不同的围护结构方案，进行综合对比，确定围护结构优化设计的方向。

表 1 给出了不同方案的模拟计算结果，通过对比不同围护结构热工性能时的建筑总负荷节能率可知：

(1)外墙传热系数 K 值由 1.0 降低至 0.8W/(m^2·K)时，节能率仅为 0.07%，因此外墙部分保温效果不明显；

(2)屋顶传热系数 K 值由 0.7 降低至 0.5 W/(m^2·K)时，节能率为 0.83%，因此屋顶可适当增厚保温层以提高建筑整体节能率；

(3)在整个空调季，外挑檐的遮阳系数在 0.2 左右，对建筑立面起到很好的自遮阳作用，因此可适当提高幕墙玻璃的遮阳系数；

(4)采用遮阳系数较低的低透 Low-E 镀膜玻璃和双银 Low-E 镀膜玻璃，建筑总负荷可分别降低 1.06% 和 0.65%。

表 1　不同方案模拟计算结果

方案	措　　施	采暖季累计热负荷	空调季累计冷负荷	总负荷节能率	冷负荷节能率
		MWh	MWh	(%)	(%)
基础方案	参照《公共建筑节能设计标准》	4039.41	22339.52	—	—
外墙方案 1	增加保温至 0.8 W/(m^2·K)	4005.07	22355.88	0.07%	-0.07%
外墙方案 2	降低保温至 1.2 W/(m^2·K)	4075.97	22322.44	-0.01%	0.08%
屋顶方案 1	增加保温至 0.5 W/(m^2·K)	3836.49	22323.44	0.83%	0.07%
屋顶方案 2	降低保温至 0.9 W/(m^2·K)	4231.70	22355.46	-0.79%	-0.07%
幕墙方案 1	普通中空玻璃(6+12A+6)	4931.65	20330.37	4.23%	8.99%
幕墙方案 2	低透 Low-E 镀膜玻璃	4430.47	20260.06	6.40%	9.31%
幕墙方案 3	高透 Low-E 镀膜玻璃	4404.29	20410.35	5.93%	8.64%
幕墙方案 4	双银 Low-E 镀膜玻璃	4323.16	20309.17	6.62%	9.09%
天窗方案 1	普通中空玻璃(6+12A+6)	3868.94	22900.81	-1.48%	-2.51%
天窗方案 2	低透 Low-E 镀膜玻璃	3972.91	22125.56	1.06%	0.96%
天窗方案 3	高透 Low-E 镀膜玻璃	3839.50	22585.67	-0.18%	-1.10%
天窗方案 4	双银 Low-E 镀膜玻璃	3838.73	22368.19	0.65%	-0.13%

因此，本建筑的围护结构优化设计方向为：

(1)适当增加屋顶保温层厚度，以降低其传热系数，提高建筑整体节能率；

(2)建筑外挑檐对立面起到很好的自遮阳作用，可适当提高幕墙玻璃的遮阳系数；

(3)天窗部分需采用具有较好遮阳功能的玻璃，以有效降低建筑负荷。

2.3　实际建筑围护结构方案

根据给出的围护结构优化设计方向和建筑设计的需求，确定本建筑的围护结构热工参数如表 2 所示。

表 2　实际建筑围护结构方案热工参数

热　工　参　数	朝　　向				
	东	南	西	北	屋顶
外墙传热系数[W/(m^2·℃)]	0.465(12.4 m 以上陶土板幕墙)				0.316(直立锁边金属屋面)
	0.4(0.00～12.4m 非透明石材幕墙)				0.513(钢筋混凝土平屋面)
窗　墙　比	77%	43%	77%	60%	19%
外窗传热系数[W/(m^2·℃)]	2.0	2.0	2.0	2.0	2.0
遮阳系数 SC	0.24	0.27	0.24	0.29	0.4

2.4 围护结构权衡判断

实际建筑的不透明围护结构传热系数，透明围护结构传热系数和遮阳系数均满足《公共建筑节能设计标准》要求，但是实际建筑东、西向窗墙比超标，需要进行权衡判断。权衡判断结果如表 3 所示。

表 3　权衡判断计算结果

项　目　统　计	单　　位	参　考　建　筑	实　际　建　筑
全年累计热负荷	MWh	4039.41	4430.51
全年累计冷负荷	MWh	22339.52	20130.38
全年累计负荷	MWh	26378.93	24560.89

实际建筑的全年累计负荷低于参考建筑，因此，实际建筑围护结构方案通过权衡判断。

3　无组织渗风与空调系统优化

3.1　建筑无组织渗风量分析

采用 CFD 数值模拟软件和多区域室内通风模拟软件 CONTAMW 进行渗透风量计算，首先利用 CFD 软件计算不同风向条件下建筑表面各开口的风压系数，然后采用 CONTAMW 建模，并将风压系数输入模型，计算不同室外风速、风向和温度条件下，受风压和热压驱动进入建筑各空间的渗透风量，经过 2000 多个工况的模拟，将各种典型工况的模拟结果进行拟合，得到建筑各空间的渗透风量计算公式。根据南京地区的逐时室外气象参数，可计算得到出站层和候车层全年逐时渗透风量，如图 2 和图 3 所示。

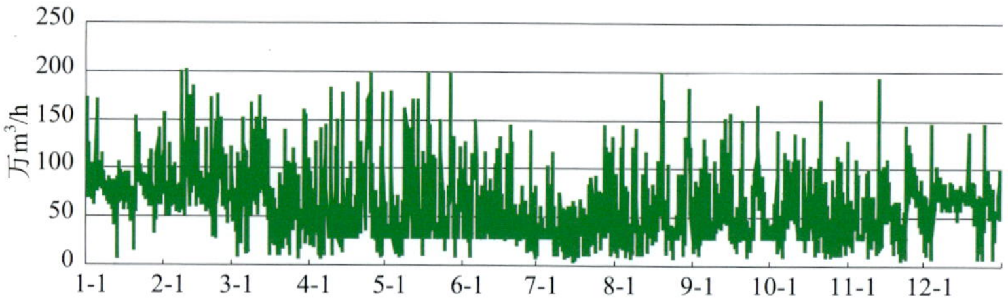

图 2　出站层渗透风量计算结果

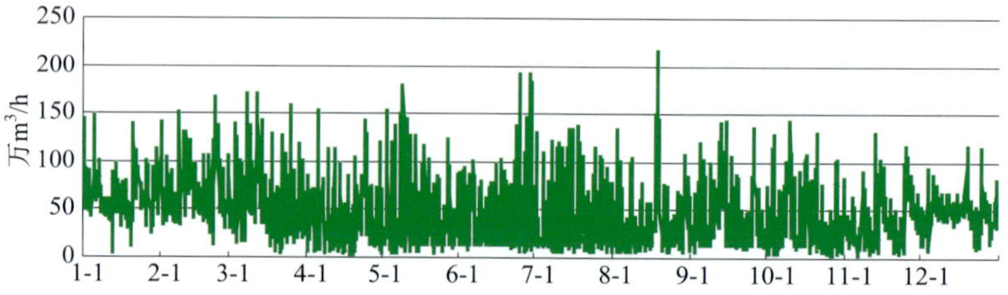

图 3　候车层渗透风量计算结果

3.2　无组织渗风对房间负荷的影响

将出站层和候车层的渗透风量计算结果作为 DeST 的输入条件，模拟得到不同区域的全年逐时负荷如表 4 所示。

表 4　主站大厅和候车大厅的全年负荷统计

区　域	面积(m^2)		最大值(W/m^2)	不保证 50 h(W/m^2)	
				总负荷	渗风和新风负荷
出站大厅	35024	热负荷	162	112	150
		冷负荷	272	204	124

续上表

区域	面积(m^2)		最大值(W/m^2)	不保证 50 h(W/m^2)	
				总负荷	渗风和新风负荷
候车大厅	48 825	热负荷	130	87	82
		冷负荷	235	182	135

结果表明,在空调采暖季,无组织渗风会导致建筑尖峰负荷增大,增加主机装机容量,室内热舒适下降等不利影响,但也一定程度上增加了新风量,有利于室内空气品质,空调系统设计时可考虑减少新风量或者新风量可调节等节能措施。同时过渡季节或空调系统不开启时间段,增大渗透风,甚至是有组织的通风,可有效改善室内热环境。

3.3 高架候车层空调气流组织及热舒适性优化分析

高架候车层空调系统采用了散流器顶送、喷口侧送和“多功能集成模块”单元送风三种末端形式,其中大厅东西两侧闸口区域以及商业、售票以及贵宾等层高较低区域为散流器顶送,东西侧候车区域为喷口侧送,中央通道区域为多功能集成模块单元。

3.3.1 模型的建立

模拟分析采用 CFD 数值模拟软件 Phoenics 3.5.1 完成,计算选用 K－ε RNG 模型,混合差分格式 HYBRID 对空气流动及温度分布情况进行三维稳态模拟计算。由于空调末端的布置基本呈对称分布,故选择了其中一处典型区域进行计算,建立如图 4 所示模型。

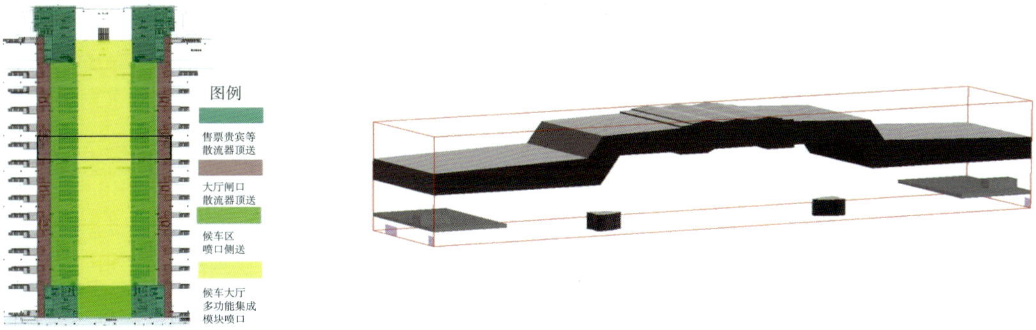

候车层空调分区示意图　　　　CFD模型图

图 4　高架候车层典型区域 Phoenics 计算模型

根据设计和负荷计算结果,得到候车大厅 CFD 数值模拟计算的输入边界条件,如表 5 所示。

表 5　CFD 数值模拟边界条件

空调区域	夏季			冬季		
	冷负荷(W/m^2)	设计温度(℃)	渗风量(m^3/h)	热负荷(W/m^2)	设计温度(℃)	渗风量(m^3/h)
候车区	135.3	26	66.9 万	120	16	89.6 万
中央通道区	83.2	26		80	16	

3.3.2 送风方案模拟分析及优化

分别对夏季和冬季不同风口角度时室内的温度分布进行模拟分析,各区域送风参数如表 6 所示。

表 6 各区域送风参数

	空调区域	风口	送风速度(m/s)	风口角度	总风量(万 m^3/h)
夏季	中央通道	上层	17.50	与水平方向夹角 0°、15°、30°	9.6
		下层	13.60		
	候车区	喷口	10.00		9.0
	大厅闸口区	散流器	0.54	向下	6.0
	22.8 m 高度	喷口	14.80	水平	5.0
冬季	中央通道区	上层	13	与水平方向夹角 15°、0°、-15°	1.45
		下层	5.8		
	候车区	喷口	9.9		2.65

模拟结果表明,夏季送风角度为水平向上 15°时,候车厅大部分区域温度满足设计要求,且温度分布比较均匀,因此采用水平向上 15°的送风方式;冬季风口送风角度为 0°时,候车厅温度分布最均匀,因此采用水平方向的送风方式。此时,室内温度分布如图 5 和图 6 所示。

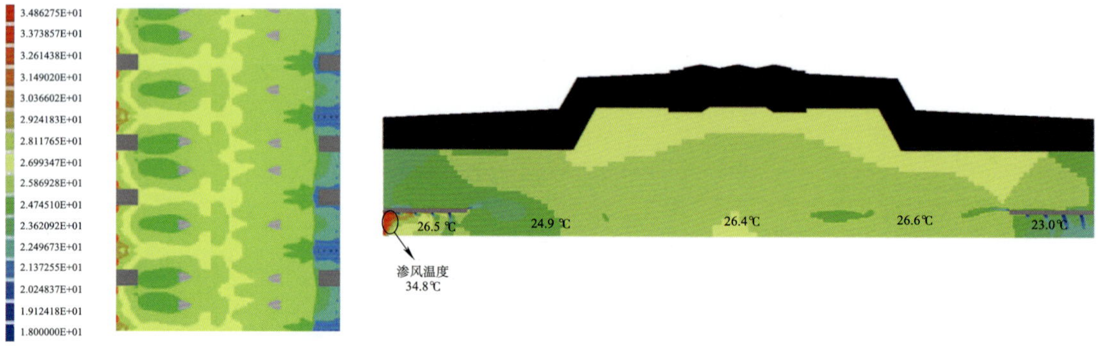

(a) 1.5 m高度处温度分布　　(b) 垂直温度分布

图 5 夏季工况模拟结果

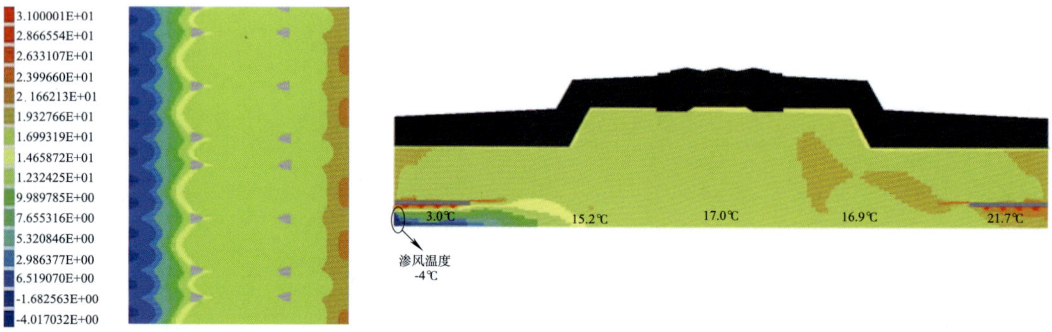

(a) 1.5 m高度处温度分布　　(b) 垂直温度分布

图 6 冬季工况模拟结果

由于候车层为半开敞空间,渗风对室内热环境的影响较大,为减小渗风对室内温度的影响,需在入口处设置空气幕。

3.3.3 热舒适性优化分析

高架候车厅内部分区域受到太阳辐射的影响,存在偏离舒适区较远的情况,因此选用适用范围更大的 SET* 指标对高架候车厅太阳辐射最强时刻的热舒适状况进行分析评价,太阳辐射最强时刻取 6

月 25 日的上午 10 时、正午 12 时和下午 15 时三个时刻。由于影响 SET* 的首要因素为天窗玻璃的 SC 值，在此对天窗的 SC 值进行优化分析，对 SC 值分别取 0.2、0.3 和 0.4 三种工况，模拟结果表明，SC 取 0.2 时天窗正下部区域温度保持在 30℃以下，既可满足室内照度要求，又能保证室内热舒适性，此时室内 SET* 分布如图 7 所示。

(a) 上午10时　(b) 正午12时　(c) 下午15时

图 7　大厅内 SET 分布(SC = 0.2)

根据模拟结果，建议室内天窗综合 SC 值取值范围在 0.2 ~ 0.3 之间，当 SC 值高于 0.3 时室内辐射热舒适性无法保证，当 SC 值低于 0.2 时，天窗的采光效果在全阴天的情况下会有比较大的衰减。

4　通风系统模拟分析与自然通风优化设计

4.1　出站大厅通风模拟分析

出站大厅受层高所限，缺少形成大规模热压通风的条件，自然通风以风压通风为主，缺乏稳定性，因此有必要设置机械通风系统，来满足过渡季节的室内热舒适性(过渡季时间为 3 月 1 日 ~ 5 月 31 日和 10 月 1 日 ~ 10 月 31 日)。

对过渡季节不同风量时的室内温度进行全年逐时模拟计算，从而确定合理的机械通风量。模拟结果表明，机械通风量为 90 万 m^3/h 时，出站大厅各部分区域室内温度基本保持在 29℃以下，继续加大机械通风量则提升效果不再明显。建议机械通风量取 90 万 m^3/h，此时出站大厅室温统计结果如图 8 所示。

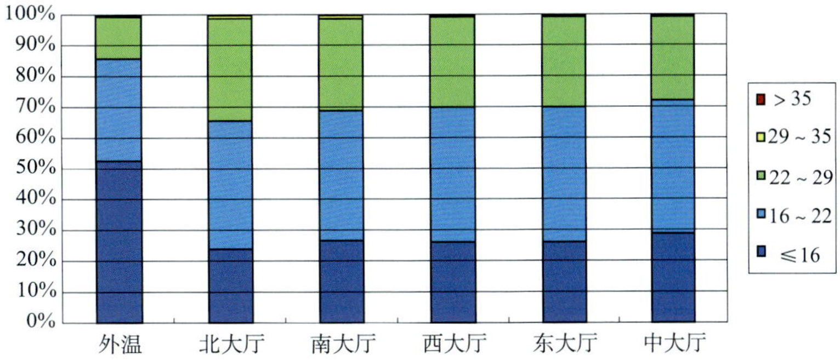

图 8　过渡季节机械通风室内温度统计分布

4.2　高架候车厅自然通风优化设计

自然通风是建筑节能设计的重要组成部分，采用多区域网络法模拟工具，对南京南站高架候车厅进行自然通风优化设计。

4.2.1　自然通风模型的建立

通过 ContamW 与 DeST 耦合计算，对不同开口方案下的自然通风风量和室内外控制温差进行模拟，自然通风模型如图 9 所示，建模过程对模型进行如下简化：只考虑房间内热源的发热量和太阳辐射得热量，不考虑围护结构蓄热和放热量；所有的外门均开启参与自然通风，通往站台层的检票口按照 30% 的开启率进行自然通风设计；研究区域为候车大厅以及与候车大厅有通风支路相连接的一层进站厅与二层北侧进站厅。

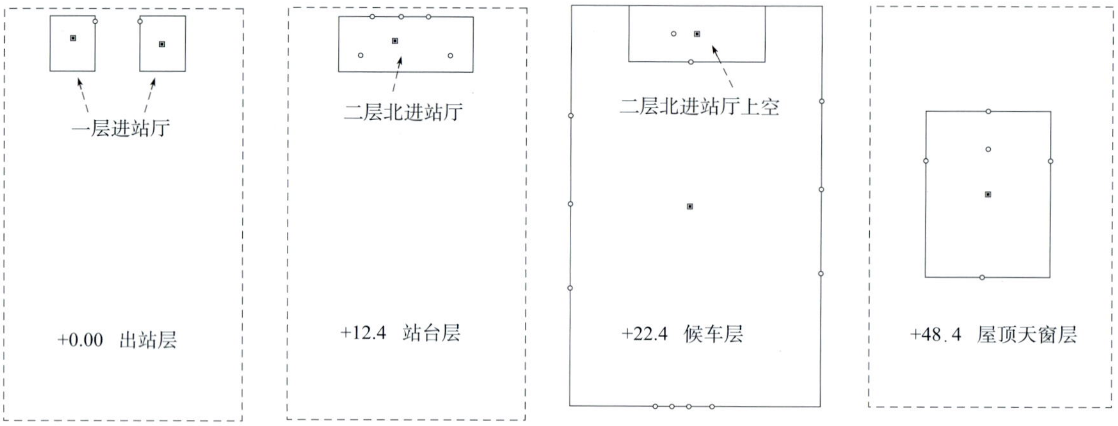

图 9　自然通风模型

4.2.2　自然通风开口方案

可利用的自然通风开口主要位于高架候车厅下部，为形成效果良好的热压通风，在候车大厅顶部位置设置可开启窗的高侧窗，同时幕墙底部一些区域安装可开启上悬窗。表 7 列出了各通风口位置及尺寸。

表 7　新增通风口位置及尺寸

	位置		开口尺寸(cm×cm)	数量
开口 1	高侧窗	顶层高侧南天窗，上悬 30°	6 000×200	1
		顶层高侧北天窗，上悬 30°	6 000×200	1
		顶层高侧东天窗，上悬 30°	30 000×200	1
		顶层高侧西天窗，上悬 30°	30 000×200	1
开口 2	东西幕墙上悬窗	候车层东侧，上悬窗 30°	200×100	150
		候车层西侧，上悬窗 30°	200×100	150

针对上述自然通风开口设置，得到如表 8 所示的自然通风方案。

表 8　四种方案的开口情况统计

	开启扇		候车层检票口全敞开	进风口总面积	出风口总面积	22.4 m 以上外墙开口率
	开口 1	开口 2				
方案 1	√			240.60	1440	4.86%
方案 2	√		√	553.00	1440	5.77%

4.2.3　自然通风模拟结果分析

对两种自然通风方案进行模拟计算，模拟结果如表 9 所示。

表 9 自然通风模拟结果

	开启扇				检票口全敞开	进风口总面积	出风口总面积	过渡季室内外温差	候车大厅换气次数
	开口 1	开口 2	开口 3	开口 4					
方案 1	√					240.6	1 440	4.96	1.52
方案 2	√				√	553	1 440	3.30	2.25

对于方案 1,室外温度低于 22.04℃时,可完全采用自然通风来带走候车厅内的余热;对于方案 2,室外温度低于 23.7℃时,自然通风即可满足候车厅室内环境的热舒适性要求,但需要保持候车层检票口处于敞开状态。

4.2.4 自然通风节能分析

设定建筑空调季节为 5 月 1 日 ~9 月 31 日,则方案 1 与方案 2 的自然通风小时数为分别为 755 h 与 1 114 h,占整个空调运行时间的 24.7% 与 36.4%,分别降低候车层全年空调负荷的 7.73% 和 14.5%,如图 10 所示。

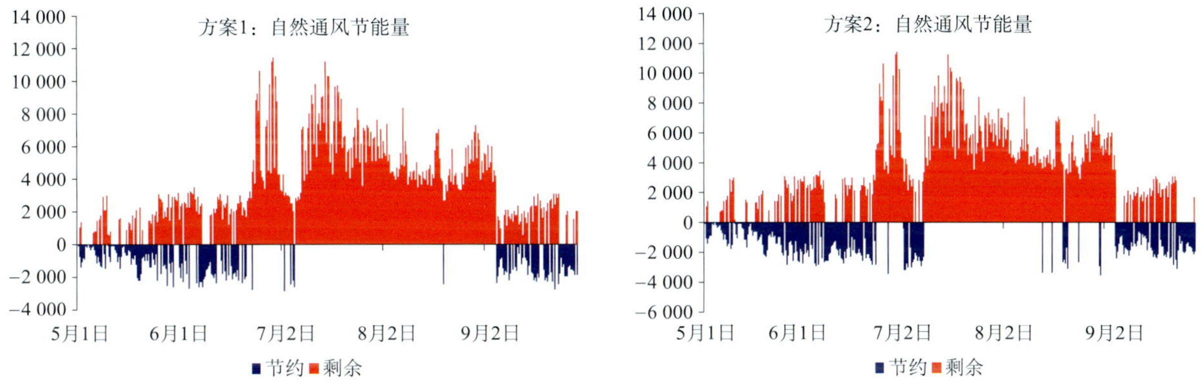

图 10 自然通风节能统计

5 空气品质与新风系统

高架候车层的新风系统从站台层顶部区域取新风,为保证该区域新风质量不受站台层列车和人员等污染源的影响,通过 CFD 数值模拟方法对站台层和候车层设计新风口位置的 CO_2 浓度增量进行模拟分析。

5.1 模型的建立

利用 CFD 数值模拟软件 Phoenics 建立南京南站建筑整体模型,如图 11 所示,计算采用湍流 K-ε 模型,按照 Simple 算法,进行三维稳态模拟计算。

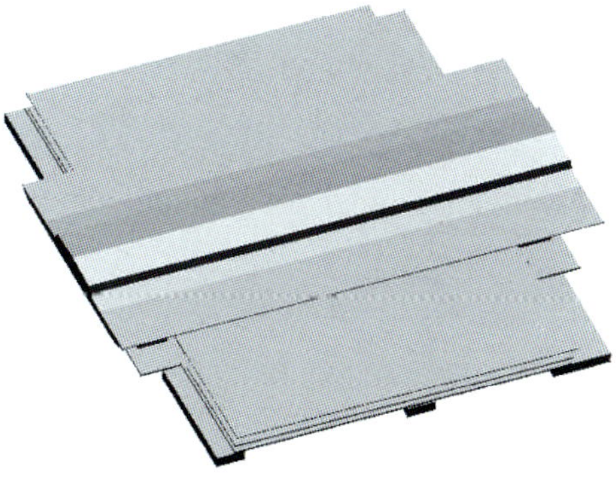

图 11 建筑整体模型

5.2 参数的设定

模拟主要考虑人员对站台层空气品质的影响，以 CO_2 浓度作为空气品质的评价指标。各区域 CO_2 发生量如表 10 所示。

表 10　空气品质模拟计算参数设置

功能区域	人员数量	人均 CO_2 发生量	总 CO_2 发生量	人均新风量
站台层	2 967 人	0.01 g/(s·人)	29.67 g/s	室　外
候车厅	20 000 人	0.01 g/(s·人)	200.00 g/s	20m^3/h

考虑夏季、冬季主导风及静风对新风取风浓度的影响，分四种工况进行计算：

(1)工况 1(夏季主导风)：东南偏南风，10 m 高风速为 2.6 m/s；

(2)工况 2(夏季静风)：东南偏南风，10 m 高风速为 0.5 m/s；

(3)工况 3(冬季主导风)：东北偏北风，10 m 高风速为 2.6 m/s；

(4)工况 4(冬季静风)：东北偏北风，10 m 高风速为 0.5 m/s。

5.3 模拟结果及分析

5.3.1 夏季工况计算结果

夏季工况下新风取风口设在不同位置时，候车厅室内 CO_2 平均浓度分布模拟结果如图 12 所示。

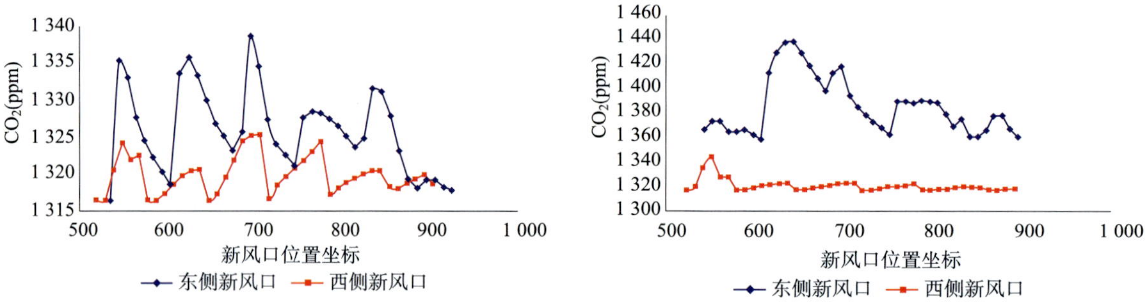

(a) 主导风工况　　(b) 静风工况

图 12　新风口位置与室内 CO_2 浓度对应关系

结果表明，新风取风口布置在任何位置，主导风工况时室内 CO_2 平均浓度均保持在 1 340 ppm 以下，静风工况时室内 CO_2 平均浓度均保持在 1 440 ppm 以下，均能满足《公共交通等候室卫生标准》(GB 9672—1996)室内 CO_2 浓度日平均值小于 1 500 ppm 的卫生标准要求。

5.3.2 冬季工况计算结果

冬季工况下新风取风口设在不同位置时，候车厅室内 CO_2 平均浓度分布模拟结果如图 13 所示。

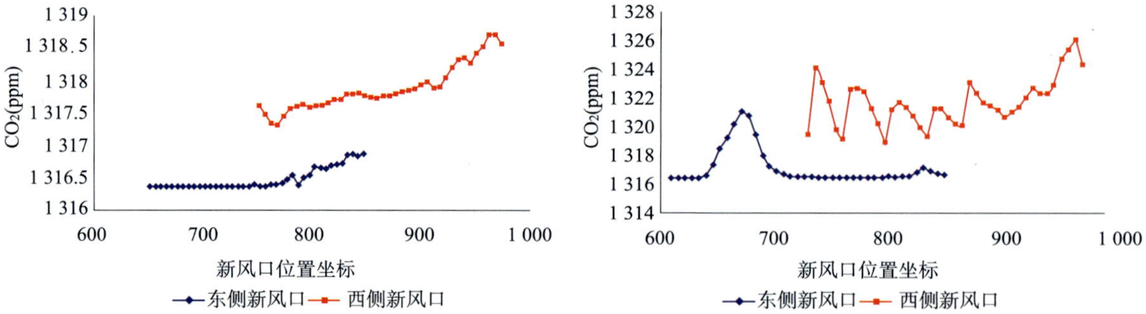

(a) 主导风工况　　(b) 静风工况

图 13　新风口位置与室内 CO_2 浓度对应关系

结果表明,新风取风口布置在任何位置,主导风工况时室内 CO_2 平均浓度保持在 1 319 ppm 以下,静风工况时室内 CO_2 平均浓度保持在 1 328 ppm 以下,均满足室内 CO_2 浓度日平均值小于 1 500 ppm 的卫生标准要求。

6 结　论

本文通过对南京南站进行建筑节能设计与室内环境研究,主要结论和建议如下:

(1)降低天窗的遮阳系数,可有效降低建筑全年负荷;由于建筑外挑檐对立面具有很好的自遮阳效果,因此可适当提高幕墙玻璃的遮阳系数。

(2)高架候车层无组织渗风量较大,建议减少空调系统新风量或者采用新风可调等节能措施;综合考虑室内热舒适性与采光,建议天窗遮阳系数取值范围在 0.2 ~0.3 之间。

(3)出站大厅机械通风量为 90 万 m^3/h 时,可满足过渡季节的热舒适性要求;高架候车厅进行自然通风优化设计后,空调运行时间最大可缩短 36.4% ,空调负荷最高可降低 14.5% 。

(4)站台污染源、出站层楼梯口渗透风及候车层排风对新风取风口位置污染较小,新风口布置任何位置,室内 CO_2 平均浓度均满足卫生标准要求。

参　考　文　献

[1] 铁道第三勘察设计院集团有限公司. GB 50226—2007　铁路旅客车站建筑设计规范[S]. 北京:中国计划出版社,2007.

[2] 中国建筑科学研究院,中国建筑业协会建筑节能专业委员会. GB 50189—2005　公共建筑节能设计标准[S]. 北京:中国建筑工业出版社,2005.

[3] 铁道部卫生保护司,交通部卫生处,民航局卫生处. GB 9672—1996　公共交通等候室卫生标准[S].

天津西站玻璃穹顶高大空间室内热环境模拟分析

李国富[1]　邹志胜[1]　朱建章[1]　高　辉[1]　凌继红[2]
（1. 铁道第三勘察设计院集团有限公司，天津　300251；2. 天津大学环境学院，天津　300251）

摘　要：天津西站高架候车室采用了大面积玻璃穹顶，由于太阳辐射的存在，通过玻璃直射到人体上，会大幅增加人体的热感觉，这给室内热环境控制带来了较大困难，本文从空调系统的设置、CFD 模拟及人体热舒适性三个方面进行了简要简绍。

关键词：天津西站；太阳辐射；人体热舒适性；CFD 模拟

1　工程概况

天津西站高架候车室屋面采用跨度达 114 m，长 394 m，高 37 m 的编织网拱形结构体系，候车室单层建筑面积约 4 万 m^2，屋面展开建筑面积约 5.6 万 m^2，钢结构面积约 1.3 万 m^2，透明玻璃屋顶面积约 3 万 m^2，三角形檩条面积约 1.3 万 m^2，最高聚集人数为约 5 000 人。候车室整体效果见图 1。

图 1　天津西站高架候车效果图

2　候车室内热环境模拟计算

2.1　围护结构热工参数和室内计算参数

2.1.1　围护结构的热工参数

屋顶玻璃传热系数：2 W/(m^2·K)；

屋顶钢结构部分传热系数：0.5 W/(m^2·K)；

地面传热系数：0.5 W/(m^2·K)。

2.1.2　室内设计参数及基本条件

室内设计温度：26℃；

设计相对湿度取：55%；

室内人员密度：0.3 p/m^2；

室内照明功率（白天不开灯）10 W/m^2；

室内设备安装功率:15 W/m^2;

室内人员新风量标准:20 m^3/(p·h)。

2.2 候车室空调系统设置形式

高架候车厅采用全空气分层空调系统,并结合地板辐射供冷负责室内温湿度控制。高架地板供冷设计能力为 40 W/m^2、同时选用 86 台组合空调机组,其中 16 台送风量 2 万 m^3/h、48 台送风量 2.5 万m^3/h、14 台送风量 3 万 m^3/h 布置在高架设备层,设备层结构采用桁架形式,方便了设备检修和管线布置。另外 4 台送风量 2.5 万 m^3/h、4 台送风量 3.5 万 m^3/h 布置在高架夹层空调机房内。

高架候车厅中央区域结合进站楼梯口,在顶部四周设置鼓形喷口,在底部设置集中回风口,在两侧附属房屋吊顶内设置球形喷口,负责中央 68 m 范围内的温湿度控制。风口布置见图 2。

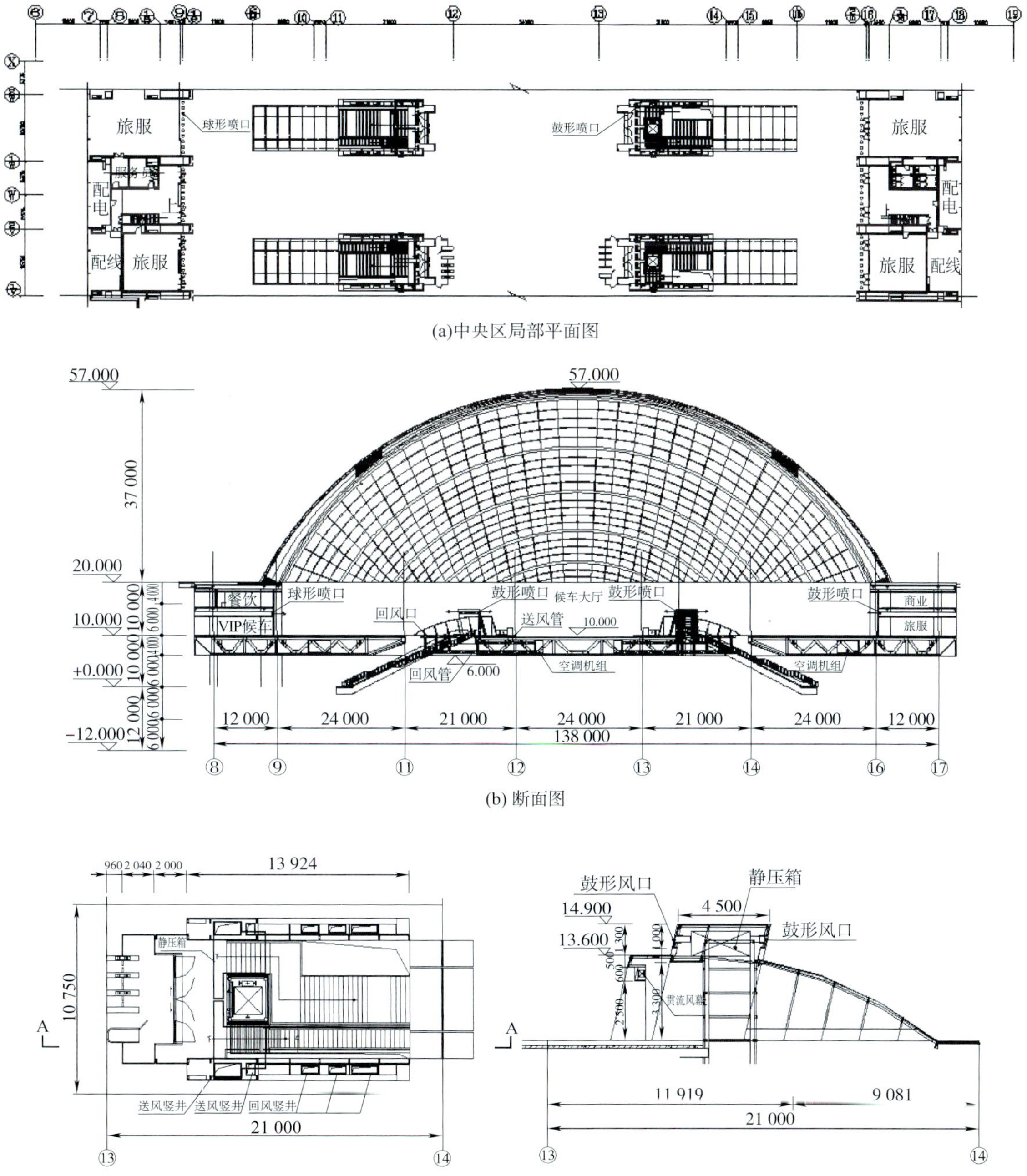

(a)中央区局部平面图

(b) 断面图

(c) 中央区楼梯局部平面图

(d) A-A部面图

图 2　风口布置图

2.3 候车室气流组织模拟

2.3.1 物理模型

计算区域选取 2 个站台,地面尺寸长 × 宽 = 43 m × 57 m,具体物理模型见图 3,风口具体尺寸见表 1。

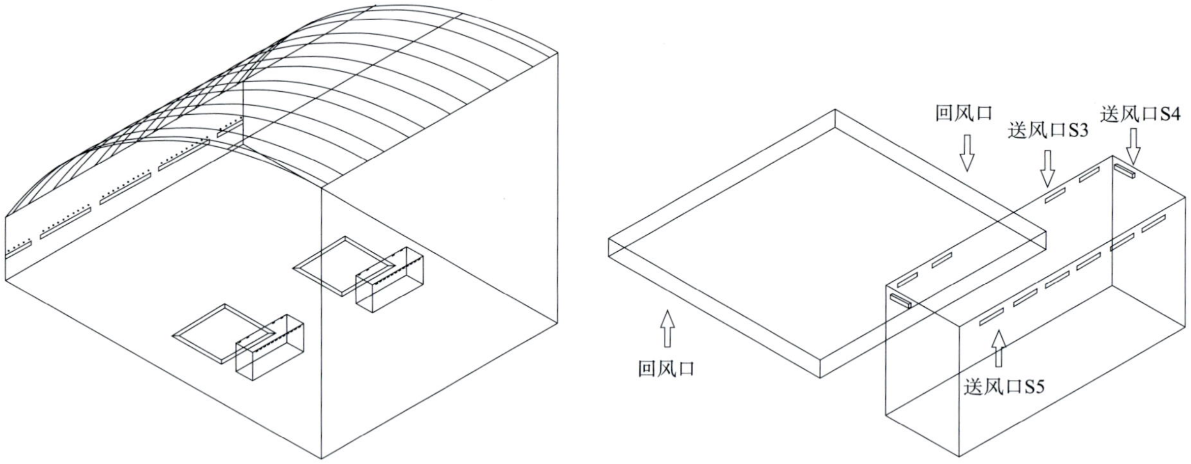

图 3 计算区域的物理模型

表 1 各风口参数表

风口名称	风口类型	风口尺寸(mm)	送风速度(m/s)	送风温度(℃)	风口数量
S1	球形喷口	ϕ400	6	16	40
S2	鼓形喷口	750 × 250	8.3	16	8
S3	鼓形喷口	750 × 250	8.3	16	4
S4	鼓形喷口	900 × 250	8.3	16	12

候车大厅人员密度为 0.3 人/m^2,模型中地面尺寸为 57 m × 43 m = 2 451 m^2,所以模型中候车大厅人员为 0.3 × 2 451 = 736 人。其中车站内有一部分人站着候车属于轻度劳动,人数为 118 人;另一部分人由于等候时间较长,坐着候车属于静坐,计算时按照座椅满座来计算坐着候车的人数,为 618 人。

2.3.2 计算结果及分析

图 4 ~ 图 9 为天津西站设计工况下的模拟计算结果。从图中可以看出,1.1 m 高度的温度分布基本均匀,总体看温度基本在 23℃ ~ 26℃之间,平均温度为 25.1℃。相对湿度总体在 40% ~ 60% 之间,平均相对湿度为 52% 。大部分区域风速在 0.6 m/s 以下,平均风速为 0.42 m/s。地面温度约 22℃。

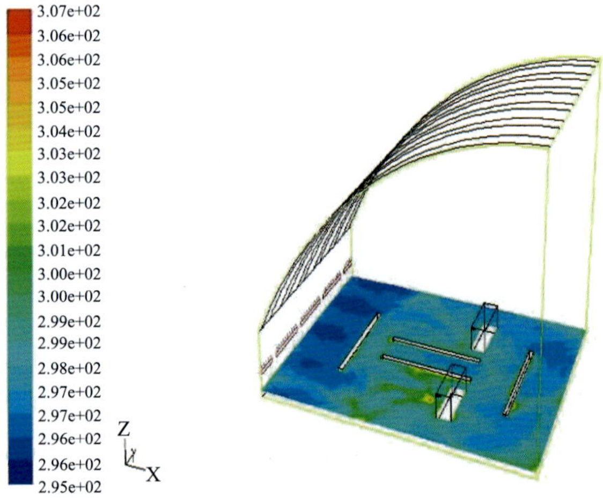

图 4 大厅 1.1 m 高度室内温度场图

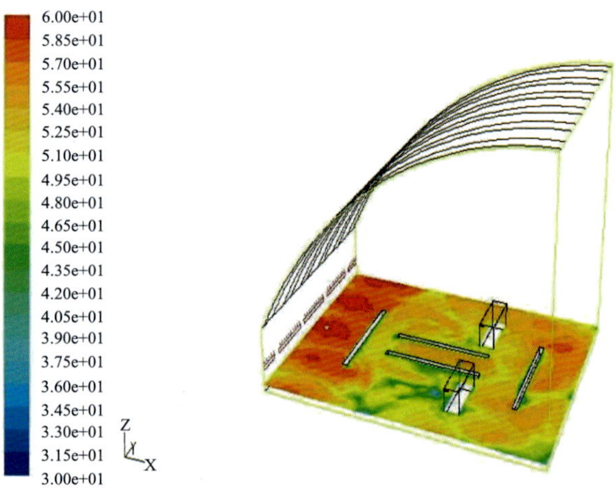

图 5 大厅 1.1 m 高度室内相对湿度场

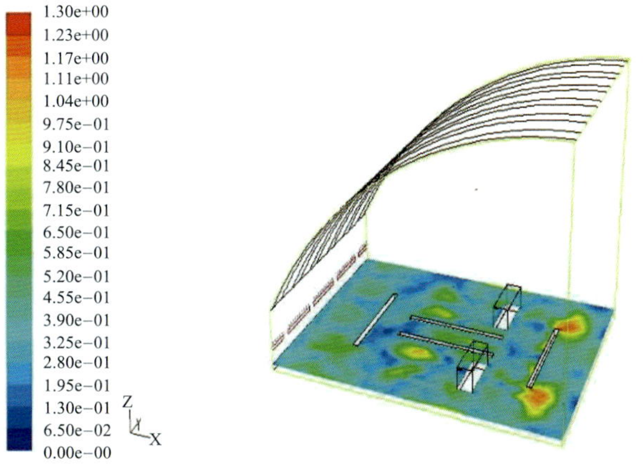

图 6　大厅 1.1 m 高度室内速度场

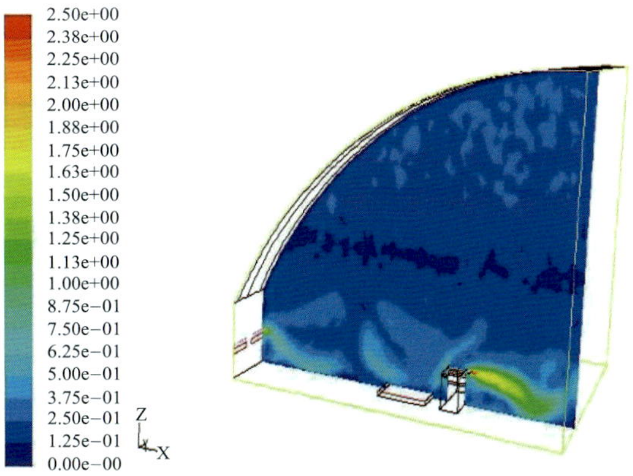

图 7　大厅通过喷口截面的速度分布

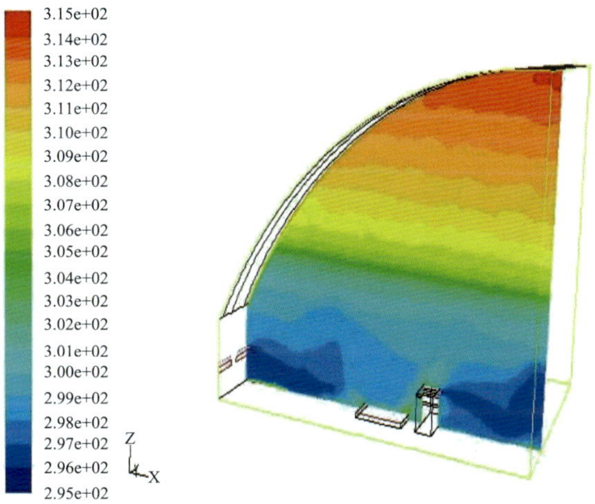

图 8　大厅通过喷口截面的温度分布

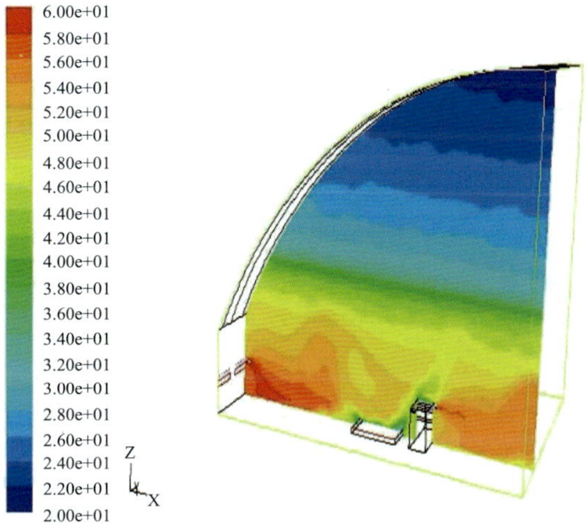

图 9　大厅通过喷口截面的相对湿度分布

从模拟结果看，候车室温湿度满足舒适性空气调节室内计算参数温度要求 22℃ ~28℃，相对湿度要求 40% ~65%，但风速超过规范要求的 0.3 m/s，同时由于太阳辐射的存在，会增加人体的吸热，导致人体蓄热量增加，从而体温升高，导致人体的热不舒适性，因此，需针对该室内热环境进行人体热舒适性的计算分析，以确定合理的室内和维护结构设计参数。

2.4　人体热舒适性计算分析

目前国内舒适度的研究主要应用于两个方面：一方面用于建筑室内舒适度的研究；另一方面主要用于室外气象舒适度预报的研究。前者采用丹麦 Fanger 教授提出 PMV-PPD 作为人体热舒适性的评价标准，后者主要采用美国科学家提出的实感温度作为人体舒适性的评价标准。本次研究分别采用两种方法进行对比计算，确保研究的正确性。

2.4.1　PMV-PPD 计算研究

在假定人体处于热平衡状态、人体具有最佳的排汗率的前提下，综合考虑了人体代谢率、室内温度、人体周围水蒸气分压力、房间平均辐射温度、衣服热阻和空气流速等六个影响人体热舒适性的变量，但由于该研究理论没有涉及太阳辐射，依据其计算原理，对计算公式进行调整，将太阳辐射纳入到计算公式中，建立了如下人体热舒适计算方程：

$$\mathrm{PMV} = [0.303\exp(-0.036M) + 0.0275] \times \{M - W - 3.05[5.733 -$$
$$0.007(M - W) - P_a] - 0.42(M - W - 58.15) - 0.00173 \times M(5.867 - P_a)$$

$$-0.0014M(34-t_a)-R_1+R_2-f_{cl}h_c(t_{cl}-t_a)\}$$

$$\mathrm{PPD}=100-95\exp[-(0.03353\mathrm{PMV}^4+0.2179\mathrm{PMV}^4)]$$

式中 M——人体能量代谢率，决定于人体的活动量大小，W/m^2；

W——人体所做的机械功，W/m^2；

h_c——对流换热系数，$W/(m^2\cdot K)$；

t_{cl}——衣服外表面温度，℃；

t_a——人体周围空气温度，℃；

f_{cl}——服装的面积系数，为人体着装后的实际外表面积与人体裸身表面积之比；

R_1——人体与周围壁面的长波辐射换热量；

R_2——人体对太阳辐射的吸收热；

P_a——人体周围水蒸气分压力，kPa。

当PMV=0时，人体感觉适中，约5%的人感觉不满意；当PMV=1时，人体感觉微暖，有27%的人感觉不满意；当PMV=2时，人体感觉暖和，约80%的人感觉不满意。

2.4.2 实感温度计算研究

利用生物气象模型，从人体热量平衡的角度研究人体对冷热的具体感受程度，建立有效实感温度AT值分析模型。有效实感温度是基于热平衡原理推导，具有普适性，是一个人体对实时综合环境热感觉表示的生物气象指标，它反映了温度、湿度、风速及太阳辐射对人体舒适度的综合影响，参考相关文献，当气温$T>21$℃时，热舒适指标AT值可以用以下简化计算公式计算：

$$\mathrm{AT}=-0.417+0.967T+0.187e+0.058Q_g-0.159V$$

其中，T、e、Q_g、V分别为空气干球温度、水汽压、人体吸收的净辐射、风速。

目前国内很多城市、学者都进行了实感温度的计算研究，并通过对各个地区的人群进行问卷调查，得到各地实感温度与人体热舒适性的关系，依据相关资料，中等舒适区的AT值为15℃～28℃。

3 结　论

通过对玻璃穹顶高大空间室内热环境CFD模拟和人体热舒适性研究分析，得出以下几点建议或结论，以供今后类似项目设计参考。

首先，华北以南地区，最优方式建议采用电动遮阳的方式，夏季根据太阳辐射强度开启遮阳措施，其余时期可关闭遮阳措施，以达到最佳节能效果。

其次，当不采用电动遮阳时，为使人体达到中等热舒适性的要求，建议通过如下方式解决：

(1)为满足国内公共建筑节能要求限制的最低温度，建议室内设计温度为26℃，相对湿度低于55%。

(2)在北方有采暖需求的高大空间，建议增加地板辐射供冷系统，以抵消部分太阳辐射对人体热舒适性的影响。

(3)在太阳辐射下，适当提高室内风速标准，增加人体散热能力，可抵消部分太阳辐射对人体热舒适性影响，不会对人体造成冷风感觉。

(4)在以上三个条件下，在华北地区或等同日辐射强度地区，玻璃屋顶太阳能透射率宜小于10%，遮阳系数宜小于等于0.25。

参 考 文 献

[1] GB 50019—2003 采暖通风及空气调节设计规范[S].

[2] 陆耀庆，等．实用供热空调设计手册(第二版)[M]．北京：中国建筑工业出版社，2008.

铁路地下车站通风空调模式分析

张建刚　巩　云　姚景生

（中铁二院工程集团有限责任公司，成都　610031）

摘　要：本文根据工程实际，对铁路地下车站通风空调系统的系统制式、系统组成、节能及安全等方面进行阐述；针对具体工程，对铁路地下车站屏蔽门设置、自然通风利用及安全运营保障措施等方面进行重点分析，并对类似工程提出设计建议。

关键词：地铁车站；通风空调模式；系统制式；屏蔽门；自然通风；安全运营；设计建议

1　引　言

近年来，随着我国城际客运专线及市域快速铁路的迅速发展，前后出现一批铁路地下车站，它通常设置在城市中心区或城市综合体地下以便于城市地面景观、交通等功能的实施。目前我国尚无针对铁路地下车站的国家规范、行业设计标准，仅有《地铁设计规范》[1]及《城市轨道交通技术规范》[2]可供参考。

但铁路地下车站和地铁车站在车站规模、功能布局及管理运营等方面存在诸多差异，主要是：

(1)候车模式的差异：铁路车站是先候车再检票，在候车室候车；地铁车站则是先检票再候车，在站台层候车。

(2)发车间隔的差异：铁路车站发车时间间隔不固定，发车间隔较地铁长；地铁车站发车间隔短，高峰时段可达 2 min 一列；

(3)旅客客流的差异：铁路车站的日客流没有明显的高低峰现象；地铁车站的日客流有明显的早高峰和晚高峰现象。

(4)列车车型的差异：铁路同一条线路车型较多，存在各种车型混跑模式；而同一条地铁车型仅有一种。

(5)列车车速的差异：铁路列车车速一般较地铁列车车速高，活塞风效应更强，通过车的车速高达 200～250 km/h，而地铁车速仅为 80 ～100 km/h。

以上差异使得铁路地下车站和地铁车站的通风空调系统的设计不具可比性，因此铁路地下车站的通风空调系统设计不能照搬地铁模式，需要设计人员根据铁路的特点并结合已有的地铁设计经验进行分析，总结铁路地下车站的通风空调设计特点，提出相应的设计原则及建议。

笔者作为主要设计人员先后参与了几个铁路地下车站的通风空调系统设计，工程概况详表 1 所示。其中美兰机场站是国内第一个建成并运营的地下铁路车站，其他几个项目均在实施中。

下面笔者结合地铁车站的设计模式，对铁路地下车站的通风空调设计进行分析。

表 1　铁路地下车站工程概况

序号	项目名称	站　　名	建筑层数	主体建筑面积(m^2)	备　　注
1	新建海南东环铁路	美兰机场站	地下二层	26 951	已投入运营
2	新建成都至都江堰铁路离堆公园支线	迎宾路站、李冰广场站、离堆公园站	地下一层	9 454 + 8 546 + 9 409	共三个站
3	成绵乐城际客专	双流机场站	地下二层	79 249	—
4	贵阳枢纽	龙洞堡机场站	地下二层	18 964	站厅、站台高差 33.5 m

2 公共区设计标准

2.1 室外气象参数

由于城区内上下班的原因，地铁车站的日客流存在早高峰、晚高峰现象，据北京、上海、广州的地铁资料统计，晚高峰客流负荷高于12～14时的客流负荷的50%～70%，为避免空调负荷的峰值叠加，地铁车站夏季空调的室外计算干球温度采用近20年夏季地铁晚高峰负荷时平均每年不保证30 h的干球温度。但铁路地下车站的日客流没有明显的早高峰、晚高峰现象，客流较为平均，笔者认为应参照地面建筑采用历年平均不保证50 h的干球温度作为铁路地下车站夏季空调室外计算干球温度。

2.2 车站公共区设计参数

铁路地下车站一般采取先候车再检票模式，乘客一般在站厅层候车，站厅层停留时间较长，在站台层停留时间短，仅为从候车室至列车车厢的行走时间，基本上在站台层不做停留，笔者把这段行走时间定义为“过渡性时间”，这段空间定义为“过渡性空间”，乘客在该“过渡性空间”内对环境舒适度的要求不高，参照旅客在铁路地上车站的上车及行走情况，笔者认为对于该“过渡性空间”通风空调系统的设计原则是保证不低于该地区室外的空间环境即可。

而对于铁路地下车站的候车室，由于旅客候车时间较长，对环境舒适度的要求较高，应按照《铁路旅客车站建筑设计规范》相关条款执行。

3 空调系统制式分析及选取

3.1 屏蔽门系统

列车进站停车过程中，由于制动原因，列车会释放大量的热量到轨行区，为减少热量散入站台层，从而减少站台层的空调负荷，那么在车站站台上设置与列车车门联动启闭的全高屏蔽门系统是最为有效的方式，该系统将站台空间与轨行区的空间完全隔绝，同时屏蔽门具有安全性、舒适性等特点，因此在地铁系统内得到广泛使用，近年由于铁路地下车站的大量修建，屏蔽门系统也开始被引入。

3.2 开/闭式系统

开式系统是指列车利用车站出入口、区间两端洞口等与室外大气相通进行通风换气，排除列车运行产生的热量。

闭式系统是指在空调季节车站和区间隧道内的空气除空调机引进少量新风外，系统与外界基本处于一种不相通的形式。区间隧道借助于列车行驶的活塞风效应将车站内的空调冷风引入隧道，吸收列车发热量，并在车站站台层的两端设置迂回风道，以满足列车进站活塞风泄压要求。

3.3 系统比较及选取

设有屏蔽门系统的车站，其优点在于：车站内的通风空调系统相对独立运行。空调季节，车站通风空调系统为小新风状态运行，车站轨行区的排热系统排除列车空调外置冷凝器散发的热量，区间隧道通风系统处于开式运行状态。列车在正常运行时，区间隧道借助列车行驶的活塞风效应将室外新风引入隧道，吸收区间隧道内的列车发热量，再通过活塞效应排至室外。由于屏蔽门的作用，活塞风对车站内部的影响很小。非空调季节，车站空调为通风工况运行，区间隧道通风方式同空调季节。

笔者参与的离堆支线及美兰机场站均设有屏蔽门系统。其中，离堆支线为3站3区间，美兰机场站为海南东环铁路唯一的地下车站，车站前后的区间隧道总长4.6 km（含车站长度）。

以上车站的通风空调系统由隧道通风系统、轨行区排热通风系统及车站通风空调系统组成。其中，隧道通风系统主要解决列车在区间隧道火灾或阻塞时排烟及通风要求，轨行区排热通风系统主要是将列车制动产生的热量及时排走，使轨行区隧道温度不超过 40℃，保证车载空调器的正常运行，同时兼顾轨行区火灾排烟系统。

其实，铁路地下车站的屏蔽门安装位置与地铁车站不尽相同，由于一条地铁线路的车型是固定的，其车门的位置和数量也是固定的，设计可以保证列车门与屏蔽门的滑动门（PSD）一一对应开启和关闭，所以一般地铁车站的屏蔽门靠站台边缘安装；而铁路地下车站的屏蔽门需要离开站台边缘一定距离安装，其主要原因在于铁路线路存在多种车型混跑的形式，各种车型列车门的位置不尽相同，难以保证列车门与屏蔽门的滑动门（PSD）一一对应，因此，为保证旅客下车后能顺利通过屏蔽门需要将屏蔽门退后安装，如美兰机场站屏蔽门距离站台边缘 1.4 m 进行安装。离堆支线的 3 个地下车站是在路局各单位统一约定该线路仅通行 CRH_1 型车后，采用屏蔽门靠站台边缘进行安装的方案。

通过以上的设计分析可以发现：虽然屏蔽门系统具有良好的节能性、安全性及舒适性等优点，但对铁路地下车站的适应性较差，主要存在两个问题：

（1）为满足列车门与屏蔽门的滑动门（PSD）一一对应开启和关闭，需要固定上线运行的列车车型，而该种情形只适合在类似离堆支线性质的地下车站，但对于其余长大干线的地下铁路车站是不可行的。

（2）如果不能固定上线运行的列车车型，为保证旅客安全疏散，顺利通过屏蔽门需要将屏蔽门退后一定的距离进行安装，但屏蔽门退后安装后占用了较大的站台面积，对工程造成的浪费较大。这对于工程建设也是不允许的。

3.4 设计原则及措施

通过对以上的工程实践总结，笔者在随后设计的龙洞堡机场站及双流机场站采用了开/闭式系统，解决了以上存在的车型限制和屏蔽门安装距离问题。但随后出现了新的问题，即由于轨行区与站台连通，站台层的环境受到了轨行区列车散热的影响，如何保证站台“过渡性空间”环境要求，笔者提出了以下的设计原则及措施：

设计原则：通风空调系统的设计至少应保证站台“过渡性空间”环境不能比室外环境恶劣，也即保证夏季站台“过渡性空间”的空气温度不高于室外空气温度。

设计措施：为保证有效排除轨行区的列车制动散热和车载空调冷凝器散热，仍然需要设置轨行区排热系统；为保证站台“过渡性空间”环境要求，排除窜入站台“过渡性空间”的列车制动散热和车载空调冷凝器散热、广告散热、照明散热等热量，采取吊顶上方设置下吹型风机盘管的空调方案；站台“过渡性空间”旅客新风量的需求则通过列车活塞风解决；为保证火灾时烟气的及时有效排除，在站台上方也应设置排烟系统，同时，为防止轨行区和站台两个空间烟气互窜，在两个空间的上部靠近顶板的分隔处设置固定型挡烟垂壁。

3.5 小　结

虽然屏蔽门系统以其安全、舒适及节能性在地铁内得到了广泛应用。但由于铁路运营的特殊性，导致该系统在铁路地下车站的应用受到极大地限制。经过对比分析之后，笔者在之后的双流机场站、龙洞堡机场站设计中空调制式均采用开/闭式系统。

4 铁路地下车站站台层采用自然通风的可行性分析

4.1 自然通风利用必要性分析

自然通风是依靠热压或风压为动力，将室外冷空气引入室内换热后排至室外。但对于地下车站来说利用风压形成自然通风是不行的，因此铁路地下车站若要利用自然通风解决站台层的环境问题则应依靠热压来解决。理论上说，当室外通风温度 t_{wf} 小于室内工作地点温度 t_n 时，就可能形成自然通风。

4.2 自然通风合理性分析

当室外通风温度 t_{wf} < 室内工作地点温度 t_n 时，通过连通室外的开口部位，可产生自然通风。铁路地下车站前后两端区间隧道可作为冷空气进风口，与室外连通的候车厅的大门及出地面可开启窗可作为热空气排风口。

现以龙洞堡机场站为例，其所处地贵阳市夏季气候较为凉爽，最热月（7 月）干球温度变化如图 1 所示[6]。

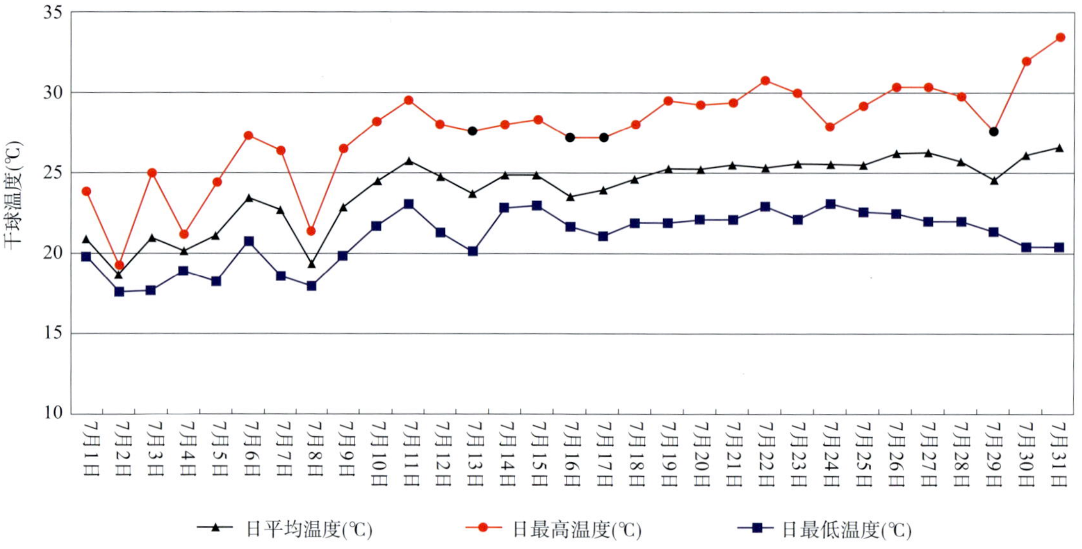

图 1　贵阳 7 月室外干球温度变化图

自然通风的计算公为

$$G = \frac{mQ}{\alpha C_p(t_n - t_{wf})}$$

式中，G 为通风量（kg/h）；Q 为散至室内的全部显热量（W）；α 为单位换算系数，取 0.28；C_p 为空气定压比热〔kJ/（kg·℃）〕，取 1；t_n 为室内工作地点温度（℃）；t_{wf}夏季通风室外计算温度，取 28.4℃；m 为散热量有效系数。通过计算，最热月排除室内湿热需要自然通风的风量达 200 万 m^3/h 多，如此大的风量使得风管截面较大，难以在车站内布置，所以该工程如果在夏季仅仅利用自然通风来排除室内余热不可能的。

但当室外空气温度小于空调送风温度（19℃～21℃）时，可利用自然通风解决部分室内负荷。我们以贵阳过渡季节 5 月为例，其室外干球温度变化见图 2[6]。由图 2 可知室外温度低于空调送风温度的时间比例较大。因此我们拟以自然通风与机械通风结合的形式来排除余热，以满足室内热环境要求。考虑到安全性，我们拟在站厅侧壁设置若干可开启窗，实现热压排风，进风则通过埋深超过 40 m 的区间隧道两端洞口。室外新风借助活塞风效应由两端洞口进入区间隧道，由于埋深较大，室外新风在土壤热库的作用下被冷却后进入站厅，由于进风温度低使得自然通风中和面位置较低，有利于自然通风的形成，排风通过可开启窗排至室外，带走室内热量。

之后，通过 CFD 模拟计算表明：龙洞堡机场站过渡季节采用自然通风与机械通风结合的形式能满足室内环境的要求。

但对于地下区间埋深较浅的车站，自然通风量有限。因此，对于不同形式的车站应进行针对性分析，而且应通过 CFD 模拟计算验证自然通风的可行性，在设计上为自然通风创造更好的条件。

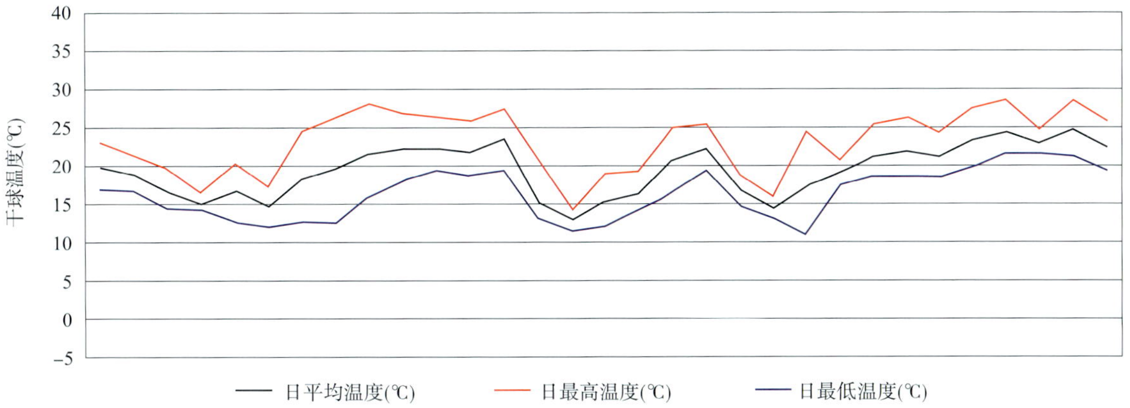

图 2 贵阳 5 月室外干球温度变化图

5 安全性分析

2011 年发生的“7.23”动车特大事故,给正在如火如荼进行的铁路建设敲响了警钟。目前在铁路系统掀起了安全大检查、大反思的高潮,安全运营已成为铁路建设的根本出发点与首要任务。本文就通风空调系统阐述安全运营方面应采取的相关策略。

5.1 行车安全策略

(1)无论是开/闭式系统还是屏蔽门系统,铁路车站同地铁车站一样均设有轨行区排热兼排烟系统,即在轨行区线路上部设置土建风道,风道两端与风机相连,风道底部对应车载冷凝器位置开设若干风口。一般在地铁车站里面,对应每节编组的车载冷凝器均匀设置若干风口,在风口上设置插板风阀,通过调节插板风阀实现均匀排风。由于铁路列车速度较快,根据运营需要存在过站列车,以美兰机场为例,列车过站时的速度减为 120 km/h 时,仍会产生约 700 Pa 的活塞风压,对靠近轨道侧的设备及管线提出了更高的结构强度要求。为防止插板风阀坠入轨道,我们取消美兰机场站的插板风阀以消除隐患,随后在双流机场站我们做了改进,在取消插板风阀的同时将轨顶风道风口改为非均匀设置来保证均匀排风。

(2)同样因为活塞风压的原因,离堆支线设置的区间射流风机需要壁龛式安装,避免设于线路正上方,且对射流风机设置抱箍通过钢索与隧道侧壁连接,以免射流风机坠入轨行区造成行车安全事故。

(3)在有条件的车站,可在站台上设置与列车车门联动启闭的半高安全门,站台公共区与隧道通过安全门顶部与结构板底空间连通。该系统具备屏蔽门系统安全性特点,可以防止旅客误入轨行区,以免造成事故,同时可以保证旅客及工作人员的视野开阔,预防事故的发生。

5.2 消防安全策略

《地铁设计规范》及《城市轨道交通技术规范》规定当车站站台发生火灾时,应保证站厅到站台的楼梯和扶梯口处具有能够有效阻止烟气向站厅蔓延的向下气流,且气流速度不应小于 1.5 m/s。铁路车站火灾时,疏散人数更多,疏散距离更长,为有效阻止烟气向站厅蔓延而为乘客提供安全疏散环境,我们采取可靠措施保证站厅到站台疏散梯口处具有 1.5 m/s 的向下风速。

(1)美兰机场站:通往站厅层的开敞楼梯四面设置挡烟垂壁,站台火灾时,开启站台侧屏蔽门,同时启动站台层排烟及轨行区排烟系统,以保证站台至站厅楼梯口部 1.5 m/s 的向下风速。

(2)双流机场站:与美兰机场站不同的是,其楼梯口部尺寸较大,为有效形成 1.5 m/s 的向下风速,进一步确保站台层烟气控制的有效性,通往站厅层的开敞楼梯三面通过玻璃隔断隔开,以减少通风面积，加强站台疏散梯口处的向下气流（图 3）。

图 3　双流机场站站台楼梯效果图

6　结　语

通过以上分析，笔者就铁路地下车站通风空调设计提出以下设计建议：

（1）应充分认识到铁路地下车站与地铁车站的差异，铁路地下车站不能完全参照《地铁设计规范》进行设计，只能对两者相同的部分慎重使用部分条款。

（2）铁路地下车站不推荐采用屏蔽门系统。

（3）旅客候车公共区及站台的室外气象参数应参照地面建筑采用历年平均不保证 50 h 的干球温度。

（4）站台采用风机盘管系统，以排除站台设备及照明散热。

（5）对于埋深较大的地下车站过渡季节应充分利用自然通风排除室内余热。

（6）站台火灾时，应开启轨行区排热风机和站台层排烟风机，并将楼梯进行三面围合。

（7）轨行区排热系统风道上不应设置活动的插板风阀，且应采用土建风道。

（8）轨行区与站台空间的上部应采用挡烟垂壁进行分隔。

参　考　文　献

[1] GB 50157—2003　地铁设计规范[S].

[2] GB 50490—2009　城市轨道交通技术规范[S]

[3] TB 10063—2007　铁路工程设计防火规范[S]

[4] TB 10068—2000　铁路隧道运营通风设计规范[S].

[5] 陈绍章. 地下铁道站台屏蔽门系统[M]. 北京：科学出版社，2005.

[6] 中国气象局气象信息中心气象资料室，清华大学建筑技术科学系. 中国建筑热环境分析专用气象数据集[M]. 北京：中国建筑工业出版社，2005.

[7] GB 50019—2003　采暖通风与空气调节设计规范[S].

铁路客站暖通空调系统运行控制方式研究

於仲义　陈焰华　陈　超　周敏锐

（武汉市建筑设计院，武汉　430014）

摘　要：针对铁路客站暖通空调系统运行现状，在对5个建筑气候分区的9个不同规模客站进行实地调研测试的基础上，总结和归纳了客站控制方式、控制管理以及用能现状与特点，分析了不同建筑气候分区、不同规模客站在3种控制方式下的节能潜力，在此基础上采用多层次分析法对控制技术的适宜性进行综合评价，为客站的节能运行控制设计提供技术参考。

关键词：铁路客站；暖通空调；控制方式；多层次分析

近年来，铁路作为一种快捷的陆地交通工具迅猛发展，取得了令人瞩目的建设成就。根据国家《中长期铁路网建设规划》，已建和在建的铁路客站接近1 000余座。为保障旅客在候车时有舒适的乘车环境，铁路客站基本设置了分散式或集中式暖通空调系统。但客站具有空间高大、室内外贯通、客流量大、流动性强等特点，这使得暖通空调系统设备容量配置较大、运行能耗偏高。因此，在为旅客提供舒适候车环境的同时，如何做好铁路客站暖通空调系统运行控制，降低暖通空调设备用能是当前客站节能亟待解决的课题之一。

暖通空调系统的设置和运行控制方式的选取一般是结合客站气候环境、空间结构和功能需求进行的。马友才、朱建章等分别针对不同铁路客站使用特点及冷热源形式、空调形式的选取等进行了总结和分析，并指出了存在的问题[1,2]。赵奕等针对严寒地区哈尔滨西站气候特点，基于公共空间舒适性要求及设备运行费用分析了候车大厅采用“通风＋必要时新风除湿”方案的可行性[3]。盛晖等针对铁路客站聚集人数多变的情况，提出在保证人体舒适性的前提下通过运行控制调节室内温度的可行性，有利于客站的节能运行和管理[4]。贾坚萍等在分析火车站建筑特点的基础上，指出智能化的楼宇控制是解决能耗问题的核心手段之一，并结合某铁路客站提出了具体的节能技术设计方案[5]。已有研究主要针对适用空调技术、设备的选取和设计，以达到暖通空调系统的合理优化配置，但与建筑使用要求和室内环境结合的运行控制策略涉及很少，基本停留在对设计和安装的研究，缺乏实际运行和现场调研测试的基础数据作为节能运行的技术支撑。

结合铁道部铁路客站采暖空调关键技术课题的研究，对包含5个建筑气候区的9个不同规模客站进行了实地调研和相关测试，旨在通过现场调研获取的实际情况，分析铁路客站暖通空调系统运行状况，并研究铁路客站适宜的暖通空调系统优化控制技术和运营策略。

1　客站暖通空调系统运行调研

1.1　客站控制方式

铁路客站暖通空调系统因建设年代和使用需求的不同，采用的暖通空调控制系统差异较大，有些是手动调节控制，有些是局部采用了一些控制技术，有些是对暖通空调系统进行整体集成控制。根据调研情况基本可归结为三种控制方式，即控制方式C1：“DDC（或UC）＋PID调节的现场控制”，控制方式C2：“PLC＋PID调节＋变频调速的简易变频控制”，控制方式C3：“工业控制计算机＋智能模糊控制＋变频调速的智能模糊控制”，其分布如图1所示。

以建筑气候分区而言，控制方式C1一般应用于位于严寒、寒冷以及温和等地区以采暖负荷为主或采暖制冷需求较少的客站暖通空调系统中，控制方式C2主要应用在寒冷、夏热冬冷等既有采暖负荷也有制冷负荷的客站暖通空调系统中，控制方式 C3 则主要使用在寒冷、夏热冬冷、夏热冬暖等采暖制冷负荷均有或仅有制冷负荷的客站暖通空调系统中。就暖通空调系统形式而言，控制方式 C1 以分散式空调制冷系统或集中式采暖系统为主，控制方式 C2、C3 则应用在集中的制冷和采暖系统中。从建设期而言，早期建设的客站暖通空调系统以控制方式 C1 为主，新建铁路客站暖通空调系统以控制方式 C2、C3 为主，其中新建的铁路客运专线更加注重控制方式 C3 的技术应用。

1.2 客站用能现状

调研客站暖通空调用能包括水、电、天然气、市政热源、汽油、柴油等分项，其中用电能耗占据总能耗的绝大部分。旅客主要活动区采用集中空调系统的客站，如 HK 站、CS 站、PT 站和 LM 站，其空调用电能耗约占总电耗的 40% ~60%；而 HT、LY 站主要活动区域没有设置集中空调系统，仅在办公室、信息机房等功能性房间设置多联机或分体机，其空调系统电耗占据总电耗的 5% ~15%。在采暖方面，HT 站、LY、LM 站采用城市热源，HK 站采用天然气锅炉，LB 站、CS 站采用地源热泵系统，而 PT 站、KM 站冬季不设采暖。

与一般公共建筑相比，客站单位面积用能远大于一般公共建筑，如图 2 所示的客站暖通空调系统夏季单位面积耗电量指标分布情况，耗电量变化范围为 32 ~ 134 kWh/(a · m^2)，按照该指标可将 9 个客站用能划分为三类。一是地处寒冷地区或严寒地区的 HT、LY 客站，主要活动区域无集中空调系统，设置分体空调、多联机空调或者不设空调，通常很少开启，其夏季单位面积耗电量较小，约为 32 ~ 57 kWh/(a · m^2)；二是地处夏热冬冷或夏热冬暖地区的 WC、HK、CS、PT 客站，主要活动区采用集中空调系统控制室内温湿度，其夏季单位面积能耗值在 92 ~ 134 Wh/(a · m^2)；三是地处温和地区的 KM 站，夏季空调开启时间短，其电耗指标为 60 Wh/(a · m^2)。不同铁路客站暖通空调系统单位面积年耗电量以及占铁路客站总电耗比例差异较大，除围护结构、气候条件等因素的影响外，还与客站主要活动区域夏季是否设置空调、冬季是否设置采暖以及空调采暖方式、暖通空调系统控制运营策略有明显的关联性，这些成为影响铁路客站暖通空调负荷和运行能耗的主要因素。

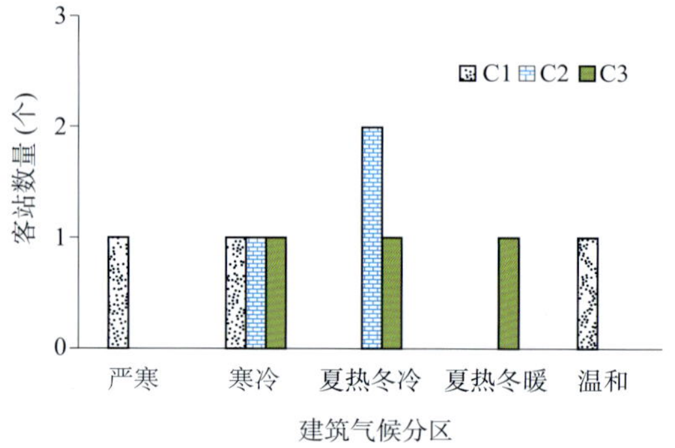

图 1 调研客站暖通空调控制方式分布图

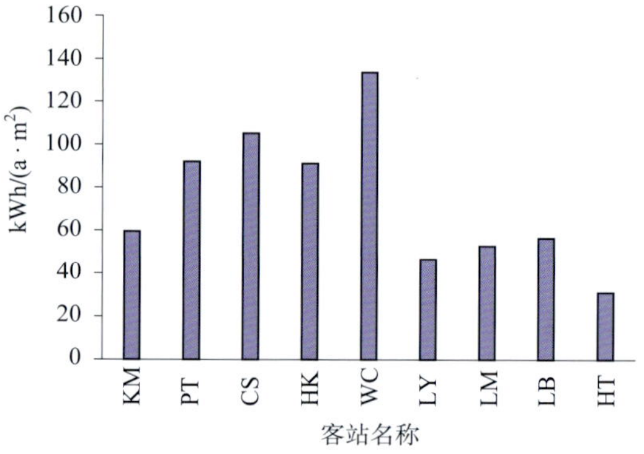

图 2 客站夏季供冷单位面积耗电量

1.3 客站运行控制管理

除了运营多年的大中型客站或已全面运营的新建大型客站针对暖通空调系统运行设置了专门或兼职管理人员，大部分新建处于部分运营的客站，特别是开始运营 1 年左右的暖通空调系统所采用的 C2、C3 控制方式对专业技术要求相对较高，客站没有配备相应的专职运营人员，多是由施工单位或设备供应单位在托管。大多数客站工作人员仅能根据使用需要开启和关闭暖通空调系统，无法协调和管理整个系统各部件的运行，没有建立暖通空调系统的运营数据库、操作规程和运营管理制度，暖通空调系统运营节能潜力无法得到充分发挥。

2 客站控制技术节能潜力分析

客站采用控制技术作为暖通空调系统节能的手段之一，其节能性是选取控制标准的重要组成部分。根据客站集中暖通空调系统构成，参照文献[6]中控制模型和设备运行能耗模型，以运行费用、初投资、控制效益比、净收益率和减排量等主要参数作为评价指标，在客站所在地气候条件和对应的负荷条件的基础上分析 C2、C3 控制方式相对于 C1 控制方式在暖通空调系统全年运行下的节能经济性，如表 1 所示。

表 1　客站暖通空调系统控制技术节能性

客站控制方案		年节省运行费用(万元)	系统总投资(万元)	控制效益比	项目年净收益(万元)	年碳减排量(t)
PT	C2	62.5	83.3	0.8	57.0	665.4
	C3	91.0	225.5	0.4	75.9	968.5
CS	C2	254.8	224.5	1.1	239.8	2 712.2
	C3	372.0	634.5	0.6	329.7	3 960.3
HK	C2	152.8	112.7	1.4	145.3	1626.5
	C3	249.1	366.4	0.7	224.6	2 651.4
LM	C2	89.5	41.4	2.2	86.7	952.6
	C3	136.0	179.0	0.8	124.1	1 447.8
LB	C2	16.6	9.7	1.7	16.0	177.1
	C3	22.2	77.3	0.3	17.1	59.4

由表 1 可知，暖通空调系统运行过程中客站采用控制方式 C2、C3 相对于 C1 能够及时根据客站室外气候条件和室内热环境变化而改变运行设备状态和对应运行参数，虽在一定程度上增加初投资，但整体的节能效益得到提高，控制方式 C3 表现更加明显，节能效果更好，二氧化碳减排量也较高。对于同一种控制方式，在不同规模客站暖通空调系统的运行过程中节能性表现出不同的特点，诸如控制效益比、投资回收期差异较大。客站规模从大到小的 CS 站、HK 站、LM 站、PT 站和 LB 站在模式三下投资回收期分别为 1.7、1.5、1.3、2.5、3.5，控制效益比分别为 0.6、0.7、0.8、0.4、0.3。可见，客站规模越大、暖通空调系统运行时间越长，节能量越大，控制效果较好的系统投资回收期也相对较短，控制效益比也较高。

当然，铁路客站暖通空调系统控制技术的选取也与客站舒适性定位、管理人员专业技术水平、维修成本等有关。因此，选取何种控制方式，应根据暖通空调系统控制技术的经济性、功能性、重点控制部位、可管理操作性等多方面因素综合考虑。

3 铁路客站暖通空调控制技术适宜性区划

铁路客站暖通空调系统控制技术的应用，涉及客站级别、建设功能与定位、建筑气候等诸多模糊、复杂的层次关系和影响因素，属于多目标、多准则的复杂决策系统。基于文献[7]多层次分析法，以空调系统、采暖系统运行为重点，选取初投资/B11、运行成本/B12、维护成本/B13、控制精度/B14、安全保护/B15、状态监控/B16、控制效益比/B17、专业技术水平要求/B18、控制可靠性/B19、维护方便程度/B20、改善管理程度/B21 作为指标，依据现场调研情况和工程设计经验对客站暖通空调系统控制技术进行综合评价，分析不同建筑分区、不同规模铁路客站暖通空调控制技术的适用性，如表 2 所示。

表 2　客站各评价指标属性测度和权重

客站控制方式			评价指标										
			B11	B12	B13	B14	B15	B16	B17	B18	B19	B20	B21
小型客站属性测度	采暖	C1	0.800	0.400	0.750	0.429	0.385	0.400	0.667	0.667	0.385	0.667	0.364
		C2	0.500	0.500	0.500	0.429	0.462	0.500	0.556	0.444	0.462	0.500	0.545
		C3	0.200	0.600	0.250	0.571	0.615	0.600	0.333	0.333	0.615	0.333	0.636
	空调	C1	0.800	0.364	0.750	0.429	0.308	0.333	0.750	0.667	0.385	0.667	0.364
		C2	0.500	0.545	0.500	0.500	0.462	0.417	0.417	0.444	0.462	0.500	0.545
		C3	0.200	0.636	0.250	0.571	0.692	0.667	0.250	0.333	0.615	0.333	0.636
中型客站属性测度	采暖	C1	0.700	0.300	0.714	0.429	0.333	0.333	0.727	0.636	0.385	0.636	0.417
		C2	0.500	0.500	0.571	0.429	0.583	0.417	0.455	0.545	0.462	0.455	0.500
		C3	0.300	0.700	0.286	0.571	0.667	0.667	0.273	0.364	0.615	0.364	0.583
	空调	C1	0.700	0.273	0.714	0.429	0.333	0.333	0.727	0.727	0.385	0.636	0.364
		C2	0.500	0.545	0.571	0.500	0.583	0.417	0.455	0.545	0.462	0.455	0.545
		C3	0.300	0.727	0.286	0.571	0.667	0.667	0.273	0.273	0.615	0.364	0.636
大型客站属性测度	采暖	C1	0.636	0.300	0.625	0.462	0.333	0.308	0.818	0.727	0.333	0.636	0.333
		C2	0.545	0.500	0.500	0.462	0.583	0.385	0.364	0.545	0.500	0.545	0.556
		C3	0.364	0.700	0.375	0.538	0.667	0.692	0.182	0.273	0.667	0.364	0.667
	空调	C1	0.636	0.200	0.750	0.429	0.333	0.308	0.800	0.727	0.308	0.636	0.273
		C2	0.545	0.500	0.500	0.500	0.583	0.385	0.400	0.545	0.462	0.455	0.545
		C3	0.364	0.800	0.250	0.571	0.667	0.692	0.200	0.273	0.692	0.364	0.727
指标权重			0.200	0.110	0.061	0.156	0.141	0.064	0.070	0.087	0.066	0.024	0.023

从表 2 中权重分布情况可知，暖通空调系统控制技术应用既要注重初投资和控制精度，也需要考虑到控制效果，选取适宜的控制技术和系统。

对于采暖系统而言，小型客站控制技术 C1、C2、C3 综合值分别为 0.550、0.481、0.450，C1 的评价综合值最高，即为该类型客站最适用的控制技术是 DDC（或 UC）+ PID 调节的现场控制。中型客站控制技术 C1、C2、C3 综合值分别为 0.507、0.497、0.493，C1 的评价综合值最高，即为该类型客站最适用的控制技术是 DDC（或 UC）+ PID 调节的现场控制。大型客站控制技术 C1、C2、C3 综合值分别为 0.502、0.504、0.498，C2 的评价综合值最高，即为该类型客站最适用的控制技术是 PLC + PID 调节 + 变频调速的简易变流量控制。

对于空调系统而言，小型客站控制技术 C1、C2、C3 综合值分别为 0.537、0.482、0.463，C1 的评价综合值最高，即为该类型客站最适用的控制技术是 DDC（或 UC）+ PID 调节的现场控制。中型客站控制技术 C1、C2、C3 综合值分别为 0.511、0.514、0.489，C2 的评价综合值最高，即为该类型客站最适用的控制技术是 PLC + PID 调节 + 变频调速的简易变流量控制。大型客站控制技术 C1、C2、C3 综合值分别为 0.489、0.508、0.511，C3 的评价综合值最高，即为该类型客站最适用的控制技术是工业控制计算机 + 智能模糊控制 + 变频调速的智能模糊控制。

考虑到暖通空调系统设置具备不同侧重点和经济性要求，基于建筑气候分区和客站规模选择控制技术一般按以下原则进行：①严寒地区和寒冷地区以供暖系统控制为主，夏热冬冷地区和部分寒冷地区既有供暖也有供冷系统的控制，夏热冬暖地区以供冷系统为主，温和地区则以通风为主。②末端系统耗能相对于制冷主机或锅炉、水泵、风机等比较小，控制技术的选取以制冷主机或锅炉、水泵、风机等为主；通风耗能相对于采暖空调系统较小，可不考虑。③供暖系统和制冷系统同时存在但相对独立设置的情况下以运行时间考虑适用的控制技术。根据上述原则对铁路客站暖通空调控制技术进行适宜性划分,其结果图 3 所示。

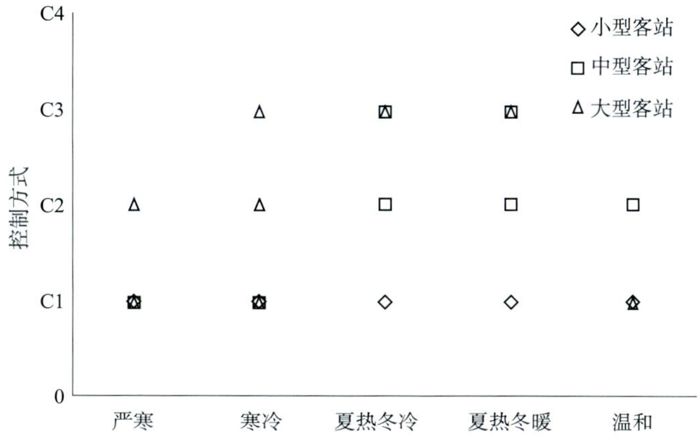

图 3　铁路客站暖通空调控制技术适宜性

4　结　语

(1)客站暖通空调系统控制方式基本可归结为三种基本控制方式,即“DDC(或 UC) + PID 调节的现场控制”、“PLC + PID 调节 + 变频调速的简易变频控制”、“工业控制计算机 + 智能模糊控制 + 变频调速的智能模糊控制”,具体应用选取需从建筑规模、使用要求和功能定位等方面综合考虑。

(2)客站由于站房空间高大通透、出入口多、运营时间也较长、人流变化大,暖通空调系统用能远大于一般公共建筑,受地域特性、需求变化、人员变化、控制技术与运营策略影响,夏季单位面积耗电量可达 32 ~ 134 kWh/(a · m^2),节约空调用能是客站节能的重点。

(3)从节能性角度而言,客站采用 C2、C3 相对于 C1 而言,初投资成本虽然较高,但整体的节能效益较为明显,社会经济效益也较高,C3 表现更加显著。对于规模较大的客站,暖通空调系统运行时间长,采用效果较好的控制技术节能量更大,投资回收期也相对较短。

(4)以空调系统、采暖系统运行为重点,依据现场调研情况和工程设计经验对客站暖通空调系统控制技术相关指标进行多层次分析综合评价,提出了不同建筑气候分区、不同规模铁路客站暖通空调控制技术的适宜性区划。

(5)客站暖通空调采用控制技术仅是节能手段,而节能性的体现关键在于运营管理。针对目前客站运营管理人员技术水平的不足,应加强管理人员的节能运行技术培训,制定科学、合理的节能运行操作规程,实现集采暖中空调系统高质量、高效率地运行。

参　考　文　献

[1] 马友才,张银安,刘华斌,等. 新建铁路客运站房暖通空调设计综述[J]. 暖通空调,2009,39(3):1-4.

[2] 朱建章,黄保民,孙兆军,等. 铁路建筑暖通空调设计综述[J]. 暖通空调,2010,40(5):1-8.

[3] 赵奕,毛红卫,卢仲炜,等. 严寒地区火车站大空间公共区域夏季环境控制方案研究[J]. 暖通空调,2010,40(7):67-71.

[4] 盛晖,李传成,等. 绿色铁路旅客站建筑设计探讨[J]. 铁道经济研究,2010,(1):24-30.

[5] 贾坚萍,程大章,孙靖,等. 铁路车站建筑的楼宇自控系统与节能技术探讨[J]. 智能建筑与城市信息,2011,(1):56-60.

[6] 武汉市建筑设计院. 铁路客站暖通空调系统运行与控制策略调研报告[R]// 铁道部科技研究开发计划项目,2010.

[7] 赵奕,于世平,陈焰华,等. 基于层次分析法的铁路客站暖通空调系统控制技术适用性综合评价[J]. 暖通空调,2011,41(09):87-90.

铁路站房防雷接地与安全的设计研究

廖　宇

（中铁二院工程集团有限责任公司，成都　610031）

摘　要：全面分析铁路站房雷电防护措施和影响，提出铁路站房的防雷设计原则和要求，指出等电位联结是综合站房防雷、接地与安全的关键措施，论述接地电阻中，工频接地电阻、冲击接地电阻、高频低阻抗的各自特性和要求。

关键词：铁路客站；防雷；接地；雷击电磁脉冲；设计

1　引　言

雷电是发生在地球大气中一种猛烈的放电现象，是自然界存在的自然现象，自古以来雷电灾害给人身安全和经济带来的损失是很严重的。据保守估计，我国每年因雷电灾害造成的直接经济损失达数亿元，而由此造成的间接经济损失则难以估计，其产生的社会影响也越来越大。

1.1　雷电灾害的特点

由于现代建筑物中建筑材料的多样化、建筑物智能化程度的提高、计算机与通讯信息系统及电子控制系统的广泛应用，使雷电对建筑物的破坏，尤其是雷击电磁脉冲对微电子控制系统损坏的事件时有发生，灾害造成的损失逐年扩大。国家防灾减灾部门对 1998 ~ 2008 年全国雷电灾害进行了时间、空间、行业分布、经济损失等统计分析，结果表明我国近 11 年雷电灾害总体上呈增长趋势。

图 1 给出的是全国 1998 ~ 2008 年雷灾事故月际变化特征。雷电灾害主要集中在每年的 4 ~ 9 月，占全年雷灾总数的 97.24%；其中每年的 6 ~ 8 月为我国雷灾高发期，占全年雷灾总数的 65.6%。在此期间以 7 月雷电灾害次数最多。

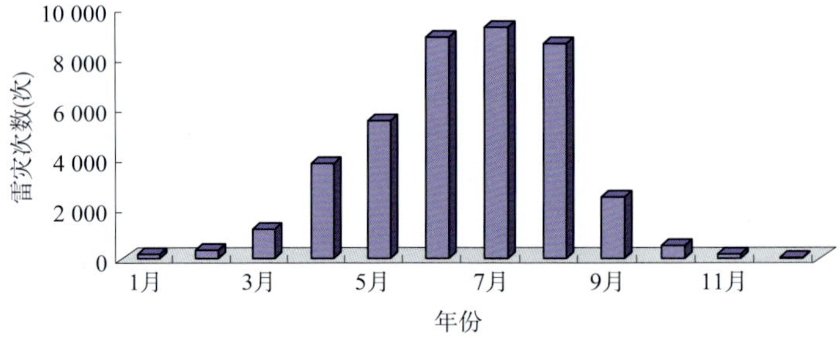

图 1　我国雷灾月际变化特征

根据气候特征全国可划分为 8 个区域，各个区域的雷灾分布如图 2 所示，雷灾分布最广的前三个区域分别为华南沿海地区、华东沿海地区、西南地区，其雷电灾害情况占全国雷灾情况的比例依次为 40%、23%、11%，西北地区和东北地区是我国雷灾分布较少的地区，其雷灾总数仅占全国雷灾总数的 2% 和 5%。

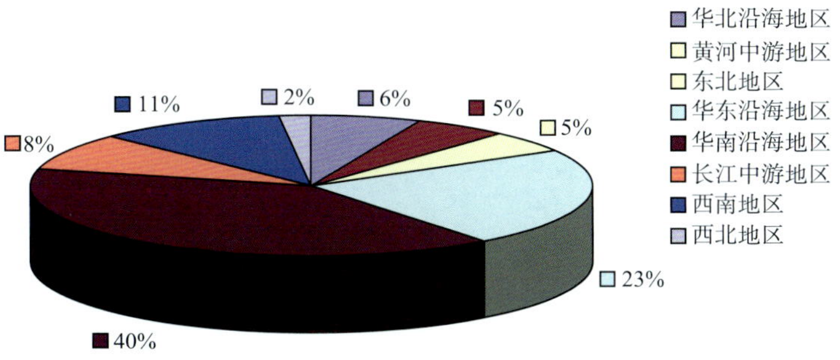

图 2　全国雷灾区域分布图

1.2　雷电灾害的成因

雷电的破坏主要是由于云层间或云和大地之间以及云和空气间的电位差达到一定程度(25～30 kV/cm)时,所发生的猛烈放电现象。通常雷击有直击雷、感应雷两种形式。

直击雷是带电的云层与大地上某一点之间发生迅猛的放电现象。当雷电直接击在建筑物上,强大的雷电流使建(构)筑物水分受热汽化膨胀,从而产生很大的机械力,导致建筑物燃烧或爆炸。另外,当雷电击中建筑物接闪器,电流沿引下线向大地泻放,这时对地电位升高,有可能向临近的物体跳击,称为雷电"反击",从而造成火灾或人身伤亡。

感应雷(雷击电磁脉冲)也称为二次破坏,是当直击雷发生以后,由于雷电流变化梯度很大,会产生强大的交变磁场,使得周围的金属构件产生感应电流,发生高电压,这种电流可能向周围物体放电,而感应到正在联机的导线上就会对设备产生强烈的破坏性。

2　铁路综合站房的特点

铁路综合站房作为广大旅客候车和集散的空间,有大量人员滞留。为了给旅客创造舒适和安全的候车环境,站房设置电气系统和建筑智能化系统。

站房电气系统有 10 kV 变配电所和 10 kV 电力运动间,站房变电所 10 kV 采用不接地系统;为高速铁路信号、通信设备供电的 10 kV 电力远动间,贯通线为 10 kV 电缆,采用小电阻接地系统。

站房建筑智能化系统有:消防报警系统、机电设备监控系统、电扶梯控制系统、广播系统、疏散引导、公共信息发布等弱电系统。

同时综合站房又作为列车管理调度的场所,设置有大量的通信、信号、信息化、售检票等列车运营管理系统。通信、信号等电子系统与铁路行车安全直接相关,根据《建筑物电子信息系统防雷技术规范》(GB 50343—2004)规定,属 A 级雷电防护等级。通信、信号的大量线缆出入综合站房,增加了雷击电磁脉冲的防护难度。

为了防止直击雷电危害,保证旅客的人身及财产的安全;防止雷击电磁脉冲引发的电气和电子信息系统的损坏,铁路综合站房需要构建有效的雷电防护系统。

铁路综合站房的雷电防护包含外部防雷系统和内部防雷系统。外部防雷系统是防止直击雷造成的危害。内部防雷系统是在外部防雷系统的基础上,为建筑物内的电气和电子设备提供雷击电磁脉冲防护。

3　站房直击雷的防护

3.1　接闪器的设置

根据防雷规范,特大型、大型火车站属于二类防雷建筑物。铁路综合站房和雨棚多采用金属屋顶,设计中应对结构专业提出金属屋面板的厚度要求,以便把金属屋面作为接闪器。对屋顶的外露可导电部分,如屋顶的风机、室外照明灯具等均应与接闪器可靠相连。

对于采用钢筋混凝土屋顶的站房,应在女儿墙和钢筋混凝土的屋面明敷设扁钢,作为接闪器,不宜利用混凝土屋面内的钢筋作为接闪器。因为在雷击时,可能导致女儿墙上钢筋上的混凝土脱落,掉下来砸伤地面人员。

3.2 引下线的要求

铁路综合站房引下线应解决引下线的间距问题。2010 版《建筑物防雷设计规范》要求,第一类、第二类、第三类防雷建筑的引下线的间距不得大于 12 m、18 m、25 m。第一类防雷建筑为炸药库等危险品建筑,铁路上很少用到;特大型、大型站房为第二类防雷建筑,通过计算小型站房一般为第三类防雷建筑。其中,第二类、第三类防雷建筑引下线的间距,规范要求是黑体字,即强制性条款,必须满足。上述强制性条款是参照 IEC62305 防雷标准,第一类、第二类、第三类防雷建筑物引下线的间距应为 10 m、15 m、25 m 制定的。

建筑物防雷引下线的传统做法是利用建筑物的柱内钢筋作为引下线。对于中小型站房而言,其柱间距不大,且第三类防雷建筑物的引下线间距 25 m,易满足规范要求。

特大型、大型站房空间大,柱间距大,例如成都东客站柱间距 24 m;合肥南站房最大柱间距 42 m;青岛站房最大柱间距 45 m。利用常规柱内主筋做引下线的已不能满足规范要求。通过实例及分析可知,站房四周必须有墙体对内部空间进行围合,大柱距围合墙体主要为两种,玻璃幕墙和干挂石材的实体墙。玻璃幕墙和干挂石材均有二次钢结构支撑,防雷引下线应充分利用二次钢结构的金属构件作为引下线。

防雷规范要求引下线,圆钢最小直径 8 mm,钢绞线最小截面 50 mm^2(每股线直径 1.7 mm)。由于玻璃幕墙是透明的玻璃体,无法增设圆钢等引下线,必须利用钢拉索作为引下线,幕墙钢索直径从 8 mm至 40 mm 均有,直径 10 mm 及以上就能满足建筑物引下线需要。对于干挂石材的墙面,既可以利用支撑石材的钢桁架作为引下线,又可以在石材和墙体间隔内敷设接地引下线。

上述做法需要注意接口问题,墙体装修图(含二次结构图)经常滞后于防雷接地施工图。为此,在防雷接地施工图中,需预先在屋面或屋顶横梁处按照接地引下线的间距要求预留引下线连接板,一层地面对应预留接地连接板。同时,向装修专业提出防雷接地的要求和示意图。待墙面装修方案稳定后,对外墙面二次结构涉及接地引下线部分图纸,电力专业进行会签。中铁二院在青岛站房设计中,由于结构柱间距达到 45 m,施工设计中利用玻璃幕墙的钢索作为引下线。

3.3 接　地

应将引下线与站房的接地装置可靠相连。为了防止雷击或无柱雨棚旁的 25kV 接触网断线,将高压沿钢柱引入建筑物内,出现接触电压差可能引起人身触电伤亡。在钢柱附近的地面应设置均压环,或将楼板钢筋与结构钢柱进行等电位联结。

对于不作为引下线的幕墙玻璃及干挂石材二次钢结构,设计中应预留接地连接板,以便在二次装修时,将接地连接板与幕墙玻璃及干挂石材的金属支架相连,纳入防雷接地的保护系统。

4 雷击电磁脉冲的防护

雷击电磁脉冲是危害电子信息系统最主要的原因。雷击电磁脉冲的传播途径主要有导线传输和辐射传输两大类。导线传输是雷电流感应的电磁脉冲通过电力线路、信号线、天馈线以及水管等各种长金属导体的传输;辐射传输是通过空间以电磁场的形式耦合到电子设备以及电子设备的传输线缆。实际上,雷击电磁脉冲的危害是以导线传输、辐射传输的复合传输的方式产生。

4.1 雷电防护分区

建筑物雷电防护分区详见图 3。通常对于具有相当高的抗雷击电磁能力的电子设备及强电设备,将其置于 LPZ1 区;对于抗干扰能力相对较低的电子设备,可将其至于 LPZ2 区,该区域是设有屏蔽网的房间;对于抗干扰能力非常弱的设备可置于 LPZ3 区,如机柜内。

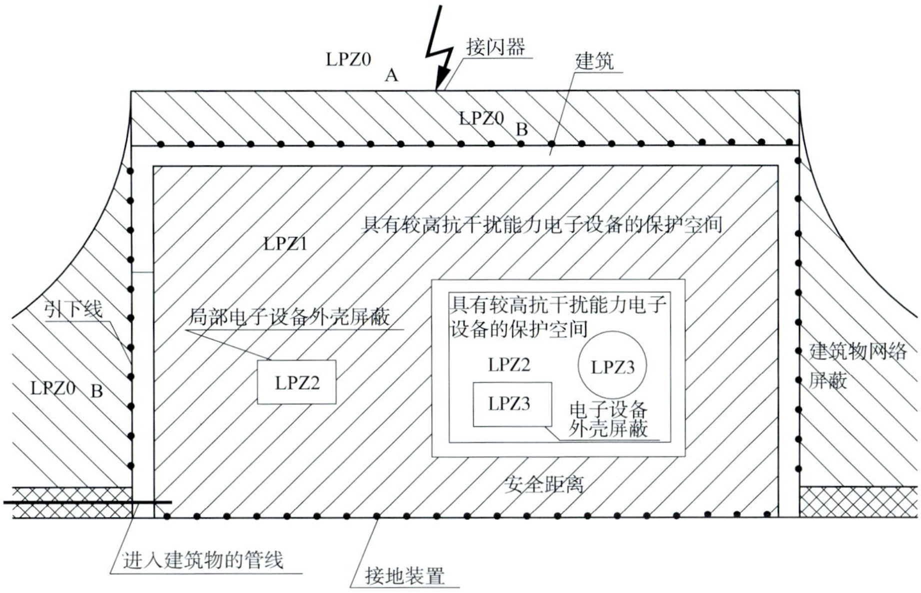

图 3　建筑物雷电防护分区示意图

4.2　屏　蔽

建筑物的金属框架、钢筋等自然部件构成了外部防雷系统的空间屏蔽,同时形成 LPZ1 区。雷电流经过建筑物的自然金属构件并传至接地装置,起到外部防雷的作用。同时由建筑物自然部件构成的典型屏蔽网络,起到空间屏蔽的作用。但是,屏蔽的效果由网格的尺寸决定,例如立柱,其尺寸一般在几米甚至几十米的范围内,被屏蔽和保护的空间内雷电磁场经过少量衰减,其值仍然较大。

对于关系到铁路列车运行安全的信号设备,根据《建筑物电子信息系统防雷技术规范》(GB 50343—2004)规定,属于 A 级雷电防护等级,应该将其置于 LPZ2 区内。

LPZ2 区设计方法如下:根据信号电子设备的频率和波长,在信号机房的四周墙体以及楼顶板和地面上,敷设 40 mm × 40 mm 的镀锌金属丝网,镀锌金属丝直径 1.2 ~ 1.5 mm。先将镀锌金属丝固定在墙体上,用氩弧焊接方式将镀锌金属丝网进行拼接,并与室内的接地线进行联结,所有焊口应作防腐处理。金属丝网敷设完毕后,在其上抹灰,保证平整。在窗户上应安装同样规格的不锈钢网。屏蔽金属网施工复杂,现在亦有屏蔽金属漆,但造价高。

4.3　浪涌保护器

任何进入内部防雷区的线路和电缆都要通过限制和滤波元件(浪涌保护器)加以控制。保护元件靠近区域入口处安装。对于弱电的电磁屏蔽电缆,某种场合下,只需将其屏蔽层接至内部防雷区的屏蔽体或接地体即可,不需加装浪涌保护器。

从 LPZ0 区进入 LPZ1 区的线路和电缆,应在 LPZ1 区的入口处安装电压型浪涌保护器,以释放来自 LPZ0 区的雷电感应过电压和电流;进入 LPZ2 区的线路和电缆在入口处亦需安装浪涌保护器,对由 LPZ1 区内感应的过电压和电流进行限制。

5　等电位联结

在站房内必须进行等电位联结,一方面是人身安全防护需要,减少跨步电位差(接触电压差);另一方面也是强弱电设备雷击电磁脉冲防护的需要,减少电气和电子系统中产生暂态电位差;由于

10 kV小电阻接地系统引入站房，为了避免 10 kV 单相接地故障电流大，影响人身安全，亦应强调设置等电位联结。即在整个站房特别是 10kV 远动间内设置铜接地线的等电位联结。

5.1 等电位的理念

等电位联结是将建筑物中各电气装置和其他装置外露的金属及可导电部分与人工或自然接地体用导体连接起来，以达到减少电位差。等电位联结有总等电位联结、局部等电位联结和辅助等电位联结之分。

总等电位联结是将建筑物内的下列导电部分汇接到进线配电箱（变电所）近旁的接地母排（总接地端子板）上而互相联结，详见图 4。

——进线配电箱的 PE（PEN）母排；

——自接地极引来的接地干线（如需要）；

——建筑物内的公用设施金属管道，如煤气管道、上下水管道，以及暖气、空调等的干管；

——建筑物的金属结构；

——钢筋混凝土内的钢筋网。

局部等电位联结是在建筑物内的局部范围内按总等电位联结的要求再做一次等电位联结。

辅助等电位联结则是在伸臂范围内有可能出现危险电位差的可同时接触的电气设备之间或电气设备与装置外可导电部分（如金属管道、金属结构件）之间直接用导体作联结。

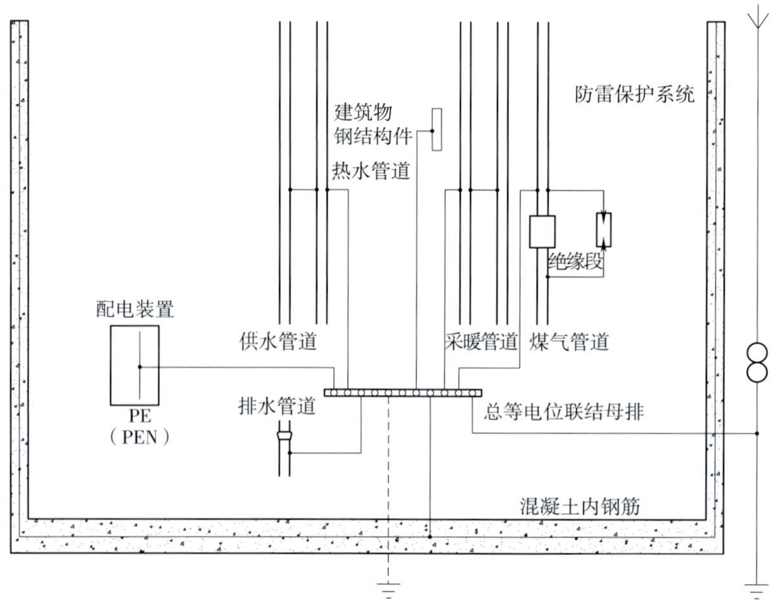

图 4　总等电位联结示意

5.2 等电位联结作用

5.2.1 降低预期接触电压

由于在总等电位联结范围内，电气装置外露可导电部分和装置外可导电部分都和接地母排相连通，其电位基本处于同一电位上，人体接触这些导电部分时，没有接触不同电位，不存在电击危险的。

5.2.2 消除自建筑物外沿 PE 线或 PEN 线窜入的危险故障电压

TN 系统内因绝缘损坏发生接地故障，即使 PE 线或 PEN 线上存在危险故障电压，但由于 PEN 线或 PE 线在建筑物内均已等电位联结，在等电位联结范围内人体同时可触及的电气装置内、外露可导电部分基本上处于同一电位，火灾及人身电击自然不会产生。

5.2.3　减少保护装置拒动带来的危害

等电位联结可以降低故障回路阻抗，缩短保护装置的动作时间，降低接触电压。《低压配电设计规范》(GB 50054—95)第4.4.4条明确规定，采用接地故障保护时，应做等电位联结，此条也符合IEC标准，将等电位联结规定为自动切断故障电路防电击的措施之一。

5.2.4　等电位联结是雷击电磁脉冲防护的主要措施之一

(1)有利于消除雷击电磁脉冲干扰

等电位联结减小建筑物内各金属部件和各系统之间的电位差。穿过各防雷区界面的金属物和系统，以及在一个防雷区内部的金属物及系统均应在界面处做符合要求的等电位联结。

(2)电子设备的电磁兼容

电子设备可能因为在设备中或互连的设备间感应产生的电流或电压而出错。干扰的原因包括雷电或负载的通断、静电放电、工频地电位差、磁场和射频场等导致的在电源和接地导体中带来的瞬变电涌。

6　接地电阻

为了保证人身和电气设备的安全，我国和世界各国一样，都要求在建筑物内的所有电气设备和电子信息系统必须共用一个接地装置，以避免发生电气故障或雷击时各设备间或各系统间出现危险的电位差引发事故。因此供配电系统、防雷接地、信息系统共用接地装置。

综合站房的接地电阻有三个概念，工频接地电阻用于变配电系统，冲击接地电阻用于防雷系统，高频低阻抗用于电子信息设备系统。

6.1　冲击接地电阻与工频接地电阻的区别

10/0.4 kV变电所要求的系统接地电阻为4 Ω，即工频接地电阻。我们用接地电阻仪表所测得的电阻是工频接地电阻。

对于防雷来说，应该采用闪电的冲击电流或雷电流通过导体流向大地，此时接地体显示的电阻称为冲击接地电阻。《建筑物防雷接地设计规范》(GB 50057—2010)中所说的电阻即是冲击接地电阻。

两者关系的分析：

(1)雷电流的幅值大，提高了地中的电场强度，当地中电场强度超过土壤击穿场强时，会发生局部火花放电，对于同一接地装置，冲击电阻小于工频接地电阻。

(2)雷电流的等值频率较高，会使接地体出现明显的电感作用，阻碍电流向接地体远端流动，此时，冲击电阻大于工频接地电阻。

一般来说，接地体的工频接地电阻随土壤电阻率的增加呈线性增加；冲击接地电阻随土壤电阻率非线性增加，即土壤电阻率较小时，冲击接地电阻随土壤电阻率的增加而加速增加，当土壤电阻率较大时，增加的速度减小。基于上述原因，同一接地装置具有不同的冲击接地电阻和工频接地电阻，两者比值称为冲击系数。冲击系数通常靠实验确定。

根据《建筑物防雷设计规范》(GB 50057—2010)附录C，"接地装置冲击接地电阻与工频接地电阻的换算"可知，敷设在小于等于100 Ωm的土壤中的接地体，其工频接地电阻与冲击接地电阻相等；接地体敷设于砂砾、碎石、多岩山地环境时(高电阻率)，其工频接地电阻是冲击接地电阻的2～3倍。

GB 50057—2010规范中，二、三类防雷建筑物已取消冲击接地电阻值的要求。采用根据土壤电阻率的不同，设置不同包围面积的环形接地体，辅以不同长度的垂直接地体和水平接地体，共同构成接地装置释放雷电流。

从上述分析可知，面对工频接地电阻和冲击接地电阻的要求，不必一味追求1 Ω的接地电阻，盲目要求增加人工接地极或采用降阻剂达到小电阻的目的。

6.2 电子信息系统的接地电阻

电子信息系统设备工作频率远高于变配电设备的频率，也高于雷电等效频率，因此在讨论接地电阻时不能忽视电感的作用。

每台电子信息设备均有两个接地要求，一个是为保证人身安全，将金属外壳与 PE 线联结的保护性接地；另一个是电子信息设备需要的高频信号接地，这是设备正常工作必须的，属于功能性接地。它要求在高频条件下的接地阻抗尽可能的小，以求各个电子信息设备间有一个均衡稳定的参考电位。

在 TN-S 系统中，由于已实现总等电位联结，电子信息系统的保护接地是有保证的。至于电子信息系统的高频信号，要求在高频条件下接地阻抗越小越好，以此均衡各电子信息系统的参考电位。通常做法是在电子信息系统的机房内实施等电位联结，以代替大地电位作为参考电位。这样做的原因是由于大地的接地系统高频阻抗太大，无法作为信号接地的参考电位。

《低压电气装置的设计安装和检验》(第二版)中举例说明，电子信息系统不做等电位联结，只接大地，以大地电位作为参考电位。如果接地线长 10 m，单位电感值为 1 μH/m，接地电阻 1 Ω，信息设备工作频率 10 MHz。

此时接地线的感抗：

$$X_L = 2\pi fL = 2 \times 3.14 \times 10 \times 10 = 628\ \Omega$$

接地线的阻抗：

$$\begin{aligned} Z &= \sqrt{R^2 + X_L^2} \\ &= \sqrt{1^2 + 628^2} \\ &= 628\ \Omega \end{aligned}$$

由此可见，再小的接地电阻也无法改变阻抗的大小，既然如此，信息系统的接地没有必要追求 1 Ω。

《电子信息系统机房设计规范》(GB 50174—2008)之 8.3.4 条以黑体字(强制性要求)规定："电子信息系统机房内所有设备的金属外壳、各类金属管道、金属线槽、建筑物金属结构等必须进行等电位联结并接地。"对防雷接地的要求在 8.4.4 条做了规定："电子信息系统机房内的电子信息设备应进行等电位联结。"

需要说明的是，不论供配电系统，还是防雷系统、或是信息系统(含静电防护)，他们的等电位联结系统均应与大地导通接地，为工频故障电流、雷电流、静电电流提供通路。

7 结 语

铁路综合站房的雷电防护应采用外部防雷和内部防雷相结合的手段。采用接闪器、引下线、接地装置构成外部防雷系统。通过设置浪涌保护器、屏蔽系统、等电位联结构成内部防雷系统。只有采用综合防雷的手段，才能最大限度防止雷电危害。

等电位联结是所有防雷措施中最为关键的一条，是设计师必须高度重视的。例如，面对每天数千架飞行在天空中飞机，遭遇雷击的概率很大。飞机无法接地，机上成员的人身安全完全依靠等电位联结提供保护。同时，现代飞机上的电子设备非常多，其防雷击电磁脉冲和电磁兼容的手段依靠等电位联结和飞机机体的金属屏蔽实现。

通过本文的分析，铁路综合站房应该采用综合接地，采用等电位联结，减小各接地系统的电位差。对于土壤电阻率较高的地区，从建筑物防雷的角度上来说，不必强调 1 欧的接地要求。但由于电力远动间 10 kV 采用小电阻接地系统，为了防止 10 kV 单相接地电流对人身安全的危害，应该强调综合接地电阻 1 Ω 要求。

参 考 文 献

[1] 王厚余. 低压电气装置的安装和检验[M]. 北京:中国电力出版社,2003.
[2] 刘佼,肖稳安,陈红兵. 全国雷电灾害分析及雷灾经济损失预测[J]. 气象与环境科学,2010,(4).
[3] GB 50057—2010 建筑物防雷设计规范[S].
[4] GB 50174—2008 电子信息系统机房设计规范[S].
[5] GB 50343—2004 建筑物电子信息系统防雷技术规范[S].

铁路站房低压配电设计的特点及解决方案

李树庭　熊　江

（中南建筑设计院股份有限公司，武汉市　430071）

摘　要：本文着眼于铁路站房项目低压配电的供电距离长、配合环节多等特点，通过对配电线路压降校验、热稳定校验及接地故障保护计算方法的分析，给出了满足压降、接地故障保护最大半径的计算结果图表及其换算方法，可供工程设计参考。并针对铁路站房低压配电现状，对低压断路器的选择和整定进行了相应的论述，旨在为铁路站房的配电设计提供一些帮助和借鉴。

关键词：铁路客运站房；低压配电；压降校验；热稳定校验；整定计算

1　引　言

根据铁道部提出的"系统性、功能性、先进性、文化性和经济性"的"五性"原则。铁路客站定位从单一的客运作业场所和"城市大门"向"综合交通换乘枢纽"转化，并与所在城市或区域的交通规划融为一体。大型铁路客站功能复杂，并且具有24小时运营的特点。因此铁路客站尤其是大型铁路客站，对供电可靠性、安全性、自动化水平的要求正日益提高。

由于低压配电设计的核心是把电能安全、经济、可靠地传输到用电设备上，从而使其完成预定的工作要求，这些内容转化到设计图上就是电缆电线的选择及保护电器的选择。

尽管站房变配电系统及动力照明系统基本设计理念与民用建筑相同，但站房配电设计也具有不少特点、难点。

2　站房低压配电现状及特点

新时代的铁路站房建筑规模大，又不可能设置过多的变配电房，必然导致每个站房变配电房的低压供电距离长。

如某枢纽站房，站房建筑面积343 300 m^2，站台雨棚建筑面积73 952 m^2。共设4个配电房，变配电房至第一级配电箱的低压供电最远距离约为280 m，此配电箱至末端用电设备最远距离约为190 m，从变压器到末端有470 m；某市级站房，站房建筑面积183 952 m^2，站台雨棚建筑面积70 550 m^2。设两个配电房，变配电房至第一级配电箱的低压供电最远距离约为300 m，此配电箱至末端用电设备最远距离约为175 m，从变压器到末端也有475 m。

可见，由于低压配电距离均较远，超出了常规的经验数据的范围，低压配电保护所需的各类参数的计算和校验是必不可少的。

3　接地故障保护及其校验

3.1　短路保护灵敏性的要求

按《低压配电设计规范》(GB 50054—95)第4.2.3条"短路电流不应小于低压断路器瞬时或短延时过电流脱扣器整定电流的1.3倍"的要求。

由于长距离电缆配电，造成电缆线路末端短路电流过小，普通的热磁脱扣器不适用这类线路的保护。如某冷却塔风机供电回路，设备功率为15 kW，供电电缆长度为160 m，拟采用的热磁脱扣器 I_n =

40 A，瞬时脱扣为 $10I_n = 400$ A。首先选择 YJV-5 ×10 电缆，经过计算得出其末端压降为 6.4%，末端单相短路电流为 261 A，校验保护灵敏度 261 A < 400 A × 1.3 = 520 A，即热磁短路保护不满足末端短路的灵敏性要求。

因此，放大一级电缆截面选用 YJV-5 ×16 电缆，经校验其线路压降为 4.03%，满足压降要求。但由于末端单相短路电流为 417 A，显然 417 A < 400 A × 1.3 = 520 A，即再放大一级截面的情况下，此时热磁短路保护仍然不满足末端短路的灵敏性要求。针对此情况，将该回路保护设备改为电子脱扣器，并设短延时保护，$I_s = 7I_n = 280$ A，满足了短路保护灵敏性的要求。

可见，针对此问题，一个方法是通过电子脱扣器设置短延时脱扣进行处理。另外一种方法是放大导体截面 2～3 级以提高线路末端短路电流的方式，但由于经济性较差，一般不予考虑。

3.2 接地故障保护方式的选择

在《低压配电设计规范》(GB 50054—95) 第 4.1.1 条规定"配电线路应装设短路保护、过负载保护和接地故障保护"。接地故障保护是以防止人身间接电击、电气火灾及线路损坏为目的的一种保护，因而也是必须保证的。在《低压配电设计规范》(GB 50054—95) 第 4.4.1 至 4.4.22 条中也分别说明了接地故障保护的三种方式及相应条件。

3.2.1 利用零序电流来实现接地故障保护

依据基尔霍夫定律，流入电路中任意节点的复电流的代数和为零，所以三相电流的矢量和，即零序电流在 $I_0 = I_a + I_b + I_c$ 在三相负荷完全平衡时(无接地故障、未考虑线路及设备的正常泄露电流情况下) I_0 为零。当三相负荷不平衡时，$I_0 = I_n$，此时零序电流为不平衡电流 I_n。当某一相发生接地故障时必然要产生一个单相接地故障电流 I_d，此时的零序电流 $I_0 = I_n + I_d$，即三相不平衡电流与单相接地故障电流的矢量和，所以利用零序电流来实现接地故障保护时其动作电流应大于三相不平衡电流。

3.2.2 利用剩余电流实现接地故障保护

配电线路在没有发生接地故障时，三相负荷电流与中性线电流的矢量和始终为零，即 $I_0 = I_a + I_b + I_c + I_n = 0$。当某一相发生单相接地故障时，故障电流通过 PE 线与大地构成通路，此时 $I_0 = I_a + I_b + I_c + I_n \neq 0$，其电流为接地故障电流加上配电线路及电器设备的正常泄露电流，即剩余电流。

3.2.3 采用过电流保护兼作接地故障保护

《低压配电设计规范》(GB 50054—95) 第 4.4.10 条"当过电流保护能满足本规范第 4.4.7 条要求时，宜采用过电流保护兼作接地故障保护"，突出了宜首先考虑采用过电流保护的方式。

利用配电线路所设置的过电流保护兼作接地故障保护。这种方式利用了线路断路器，在不增设其他装置的情况下就可以实现接地故障保护功能，因此方便易行。

对于普通热磁脱扣型断路器，瞬时分断由电磁脱扣器完成，短延时和长延时分断由热脱扣器来完成。因此低压电缆供电距离长，接地短路电流较小的回路，使用普通热磁脱扣型断路器可能产生无法满足规范所要求的在发生接地故障时断路器切断故障电流的允许时间的情况。对于这些回路，经过计算校验后可采用电子脱扣器以保证保护的灵敏度。

对于 TN 接地系统的低压网络，单相接地短路电流 $I_{d(1)}$ 可用下式计算[2]：

$$I_{d(1)} = \frac{U_\phi}{\sqrt{R_{\phi p}^2 + X_{\phi p}^2}} \ (\text{kA})$$

式中 U_ϕ——网络标称相电压，对于 220/380 V 网络即为 220 V；

$R_{\phi p}$，$X_{\phi p}$——短路电路的相保电阻、相保电抗(mΩ)。

在工程设计中，出线接地故障采用零序电流、漏电流保护方式时，一般不需验算末端接地短路电流，而采用过电流保护方式时，需根据出线电缆、变压器及其低压侧母线等参数验算电缆末端接地短路电流 I_{min}，判断过电流保护是否可靠分断，满足要求。

为了在设计中快速选择接地故障保护的方式及进行保护电器整定，并减少验算时间，笔者为此推算 TN 系统出线电缆接地故障采用热磁脱扣器进行过电流保护时最大供电半径的计算方法，并计算出部分结果，供工程设计参考。（其中瞬动倍数按 10 倍取值，对于其他倍数相应修改计算程序[1]中瞬时整定值即可。其中 PE 截面的大小按照 IEC60364-543.1.2 表 54F，即《低压配电设计规范》第 2.2.9 条选择）

图 1 为使用电缆校验计算程序得出的（电缆截面与脱扣器取典型配合时）满足上述要求的最大半径典型值。分 PE 为相线半截面及 PE 线为相线等截面两个情况分别列出。

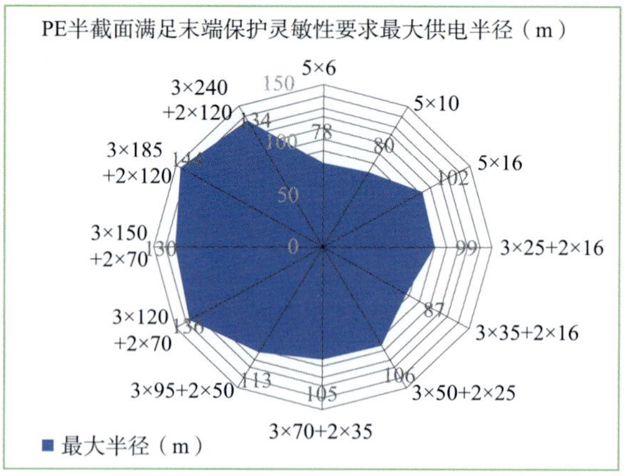

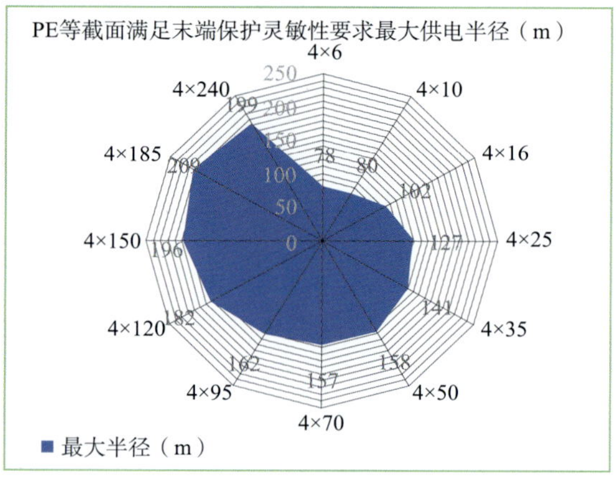

变压器容量	截面(mm²)	末端三相短路电流(A)	末端单相短路电流(A)	满足灵敏性1.3最小短路电流（A）	电源侧断路器整定(A)		灵敏度上限（m）
					额定	瞬时	瞬时
1 600kVA	5*6	1 027	328	325	25	250	78
1 600kVA	5*10	1 632	522	520	40	400	80
1 600kVA	5*16	2 038	654	650	50	500	102
1 600kVA	3*25 +2*16	3 243	821	819	63	630	99
1 600kVA	3*35 +2*16	5 058	1 052	1 040	80	800	87
1 600kVA	3*50 +2*25	5 766	1 304	1 300	100	1 000	106
1 600kVA	3*70 +2*35	7 684	1 835	1 820	140	1 400	105
1 600kVA	3*95 +2*50	8 954	2 359	2 340	180	1 800	113
1 600kVA	3*120 +2*70	8 945	2 620	2 600	200	2 000	136
1 600kVA	3*150 +2*70	10 460	2 943	2 925	225	2 250	130
1 600kVA	3*185 +2*120	10 562	3 346	3 250	250	2 500	144
1 600kVA	3*240 +2*120	12 055	3 909	3 900	300	3 000	134

变压器容量	截面(mm²)	末端三相短路电流(A)	末端单相短路电流(A)	满足灵敏性1.3最小短路电流（A）	电源侧断路器整定(A)		灵敏度上限(m)
					额定	瞬时	瞬时
1 600kVA	4*6	1027	328	325	25	250	78
1 600kVA	4*10	1632	522	520	40	400	80
1 600kVA	4*16	2038	654	650	50	500	102
1 600kVA	4*25	2537	820	819	63	630	127
1 600kVA	4*35	3 163	1 032	1 040	80	800	141
1 600kVA	4*50	3 935	1 308	1 300	100	1 000	158
1 600kVA	4*70	5 296	1 822	1 820	140	1 400	157
1 600kVA	4*95	6 501	2 353	2 340	180	1 800	162
1 600kVA	4*120	6 937	2 607	2 600	200	2 000	182
1 600kVA	4*150	7 413	2 935	2 925	225	2 250	196
1 600kVA	4*185	7 784	3 259	3 250	250	2 500	209
1 600kVA	4*240	8 877	3 916	3 900	300	3 000	199

图 1　PE 半截面及等截面满足末端短路保护灵敏性要求的最大供电半径

3.3　图表的使用方法

图 1 中列出了针对 TN-S 系统 PE 线为相线半截面电缆情况下满足接地故障保护采用热磁脱扣器要求的最大供电半径和针对 TN-C-S 系统 PE 线为相线等截面情况下最大半径值的情况。

可见当电缆截面大于 16 mm² 时，在变压器容量、热磁脱扣器及出线电缆截面相同的情况下，TN-C-S 系统采用四芯等截面电缆相比 TN-S 系统对应的最大供电半径大。

同时，由于随着变压器容量的减小，变压器及相应母线的计算阻抗随之增大。因此在脱扣器额定电流、电缆截面均相同的情况下，最大半径随变压器容量的减小而减小。

3.4　针对不同使用情况的换算

由于所采用计算公式的线性特点。在图中，当出线电缆截面不变（阻抗不变），而上级断路器额定电流增大或减小（为 I_2）时，相应的出线电缆最大供电半径 $R_{2\max}$ 进行如下换算即可：

$$R_{2max}=\frac{R_{1max}\times I_1}{I_2}$$

如图 1 中 5×10 电缆对应 40 A(断路器额定电流)的最大供电半径为 80 m,则由上式可简单计算出 5×10 电缆对应 32 A(断路器额定电流)的最大供电半径为

$$R_{2max}=\frac{80\times 40}{32}=100(\mathrm{m})$$

4 站房大容量变压器的小回路馈线热稳定的校核

4.1 热稳定校验与短路保护设备的选择

《低压配电设计规范》(GB 50054—95)第 4.2.1 条"配电线路的短路保护,应在短路电流对导体和连接件产生的热作用和机械作用造成危害之前切断短路电流",即按最大短路电流来校验低压断路器的分断能力。

对于站房工程来说,其配电变压器容量普遍较大,由低压柜配出线路的短路电流自然也较大。同时,对于其下级(距离短、导体截面大)的配电断路器分断能力要求也随之提高,上下级的保护配合、下级断路器的选择也是低压配电设计中普遍面临的问题。

4.1.1 断路器级联方式

断路器级联是利用断路器的限流技术,在下级给定点允许安装低分断能力的断路器,因而降低成本。其原理是上一级的断路器对短路电流相当于一阻挡物。因而允许下级断路器的分断能力可低于预期短路电流。这一原理在 GB 14048.2 附录 A 中被称为后备保护。

4.1.2 断路器级联方式的局限性

由于级联只能由实验室试验来检验,并且可能的组合只能由断路器制造商来规定。针对设计来说和设备选型及最终选购关系密切。因此断路器级联方式并不是通用的。

同时断路器级联在提高断路器的分断指标的同时,牺牲了保护的选择性。随着产品技术的不断发展,断路器额定极限短路分断能力有了很大提高,低压配电系统的结构也日趋复杂,保护电器之间的配合日益重要,这些情况都使得(利用限流作用来提高下级断路器分断能力为目的)断路器级联应用有一定的局限性。

4.2 低压电缆热稳定校验的必要性

由于短路电流较大,出线电缆的热稳定校验也十分重要。

此部分规定见《电力工程电缆设计规范》(GB 50217—2007)第 3.7.7 条"对非熔断器保护的回路,应按满足短路热稳定条件确定电缆导体允许最小截面",以及第 3.7.8 条"短路点应选取在通过电缆回路最大短路电流可能发生处"。因此,为满足以上规范要求,对大容量变压器低压侧母线馈出线的电缆最小截面需按出线电缆首端短路的最恶劣情况进行计算。

4.3 采用普通断路器时热稳定校验所面临的问题

如某项目(变压器 SCB10、6%、2 000 kVA),低压屏出线的三相短路电流可达 48 kA。此时从低压屏直接引出的小容量馈线(如所用电)电缆截面则不宜选择过小。

按导体热稳定计算如下(选择 YJV 电缆,C 取 137;断路器短路开断时间取 0.02 s):

$$S=\frac{48\times 1\,000\times\sqrt{0.02}}{143}=47.5(\mathrm{mm}^2)$$

因此,针对"变压器低压侧出线截面的选择",考虑到短路时的热稳定要求,变压器低压侧出线电缆截面的选择不能仅以负荷电流为依据。

但同时上面的计算由于没有考虑塑壳断路器快速开断具有的限流作用,忽略变压器二次侧短路电

流计算中低元件的接触电阻、线圈电抗的影响，使计算截面偏大。对于低压柜直接馈出的小容量回路，如所用电，照明箱等回路来说，满足以上热稳定校验计算所选择的电缆截面较大，存在经济性较差的问题。

4.4 考虑断路器限流作用下的热稳定校验

由于目前国内外生产的断路器多是具有快速开断并具有限流作用的。断路器的限流特性主要体现在限制尖峰电流（kA 峰值）和限制通过能量 $I^2\mathrm{d}t$ 两个方面。

下面以某系列具限流特性的断路器为例进行热稳定校验。并给出考虑限流特性情况下热稳定校验结果的情况。该断路器的限流特性见图 2“热应力限制曲线”。

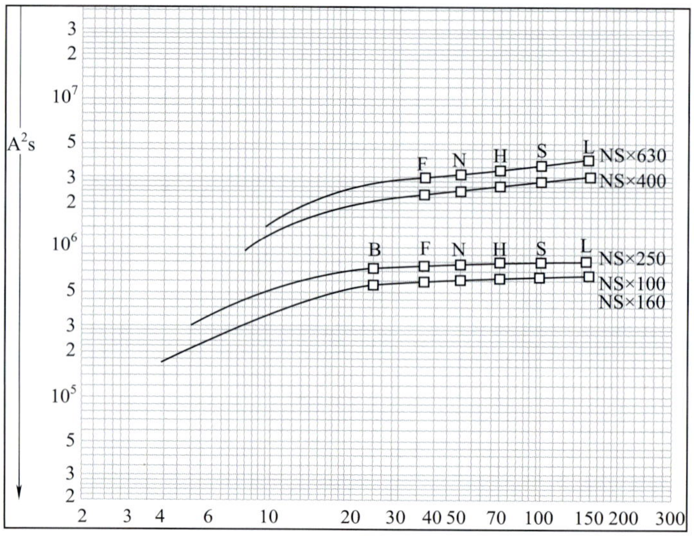

图 2 热应力限制曲线

4.4.1 校验方法

校验公式为

$$K^2S^2 > I^2t$$

即

$$S > \frac{\sqrt{I^2t}}{K}$$

即导体的 K^2S^2 热承受能力应大于短路防护电器切断电源前通过的包括非周期分量在内的短路电流的热效应 I^2t 值，而此 I^2t 无法由电气设计人员计算获得，只能由开关制造商提供。

4.4.2 校验结果

以某型断路器的技术参数为例，通过热应力限制曲线查到，$I_d = 50$ kA 处 $I^2t < 7 \times 10^5$（A^2s）；取 YJV 电缆的 K 值为 143，计算如下：

$$S > \frac{\sqrt{7 \times 10^5}}{143} = 5.4(\mathrm{mm}^2)$$

即对于 YJV 电缆，截面 $S > 5.4\ \mathrm{mm}^2$ 即满足热稳定计算要求。

据此，YJV-0.6/1kV-5 × 6 mm^2 的电缆，按照开关制造商所给的数据计算，在采用该型断路器的情况下，电缆热稳定完全满足要求。

同时，笔者针对该产品的限流特性计算的其他各种情况热稳定情况来看，在一般情况下，所用电、变电所照明箱等馈线电缆及断路器按照载流量选择配合的常规情况下，采用限流型断路器热稳定校验一般均能保证满足热稳定要求。

4.5 解决大变压器小回路馈线电缆截面选择的几点思路

首先，由上面的校验过程可以看出，在考虑限流型断路器的限流、限能特性情况下，电缆热稳定截面相比采用普通断路器计算得出的热稳定截面基础上可大幅度减小。因此采用限流断路器能在满足规范要求的基础上，使低压配电导体更具经济型。

其次，由于校验计算的适用性与具体产品的参数密切相关。因此，笔者认为针对此情况，从保证导体热稳定性的方面和扩大末端短路保护灵敏性要求的最大半径的角度综合考虑，选择熔断器始终是使线路保护简单化，保证线路热稳定的实用之选。

最后，大变压器小回路馈线电缆截面的选择是现在低压配电设计中经常面临的问题，此问题的产生与低压配电系统的整体设计思路密切相关。笔者认为，在设计初期做好整体的把握，在满足规范要求的前提下，尽可能减少或消除由变压器低压侧直接供出的小回路数量，是最有效、直接的方法。

5　电动机线路压降校验

5.1　不应升高变压器二次侧电压来降低压降

在《供配电系统设计规范》(GB 50052—2009)第5.0.4条的规定中，对电动机、照明等用电设备端子处正负电压偏差允许值均提出了要求。

合理选择变压器电压分接头抬高变压器二次侧电压可以使最大负荷引起的电压负偏差与最小负荷引起的电压正偏差得到调整，使之保持在各自的合理范围之内，但这种方法不能缩小正负偏差之间的范围。

也就是说，在电缆截面及用电负荷确定后，抬高变压器二次侧电压提高末端设备端子处电压绝对值的方式，虽然能满足末端负荷的运行要求，但同时必然造成靠近(变压器一般设于负荷中心)变压器附近的设备电压偏高；在供电线路末端在轻载和空载时，压降减少(空载时趋近零)使末端电压抬高，这两种情况都会造成供电电压超过用电设备的额定最高电压，同样不符合规范要求，因此并不能依靠抬高变压器二次侧电压的方式来扩大满足压降要求的最大供电半径。

5.2　常用电动机回路满足压降及载流量最大供电半径计算

由于铁路站房项目供电距离长的特点，针对电动机供电电缆及保护设备的选择在设计中反复出现的问题。为提高设计人员的效率，避免重复计算，下面给出电缆出线电动机回路满足载流量(非防爆环境)及压降($\Delta U=5\%$)情况下最大半径的计算结果，供工程设计参考，见图3、图4(此计算采用电缆校验计算程序[1]计算得出。其中电动机的额定容量、额定电流、起动电流取自《工厂常用电气设备手册》中Y系列普通型电机)

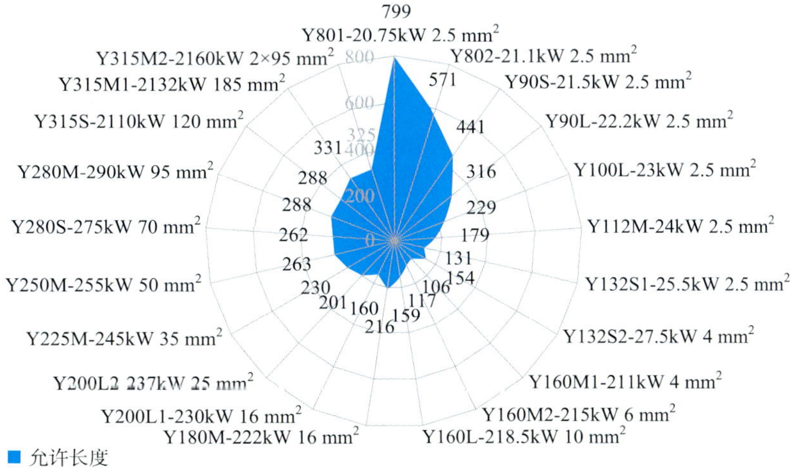

图3　常用电动机回路满足压降/载流量最大供电半径(m)—载流量校正系数0.8

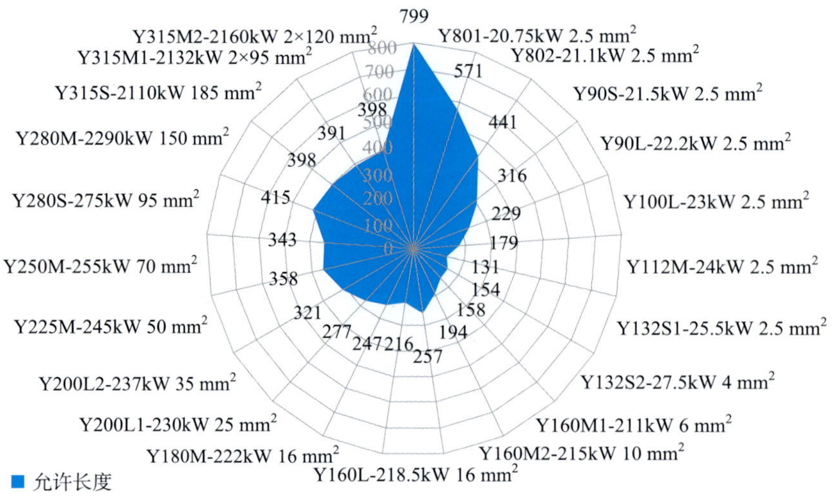

图 4　常用电动机回路满足压降/载流量最大供电半径(m)—载流量校正系数 0.65

6　站房消防负荷过载保护方式及配电设备的选择

6.1　消防设备过载保护方式的设置

6.1.1　规范要求

GB 50054—95 第 4.3.5 条规定："突然断电比过负载造成的损失更大的线路，其过负载保护应作用于信号而不应作用于切断电路。"尽管此条并不局限于消防设备配电，但其针对消防设备的过载保护提出了要求。

同时，GB 50054—95 第 4.1.3 条还规定："对电动机、电焊机等用电设备的配电线路的保护，除应符合本章要求外，尚应符合现行国家标准《通用用电设备配电设计规范》(GB 50055—93)的规定。"GB 50055—93 第 2.4.6 条相关的内容为："额定功率大于 3 kW 的连续运行电动机宜装设过载保护；但断电导致损失比过载更大时，不宜装设过载保护，或使过载保护动作于信号。"

2008 版《民用建筑电气设计规范》在此基础上更进一步，第 9.2.3 取消了 3 kW 的限定，即一般情况下，电机都应装过载保护。

6.1.2　消防负荷过载保护作用于信号和作用于动作的讨论

根据 GB 50055—93 第 2.4.6 条，消防设备在过载时仍应该继续工作。

针对消防负荷配电设计，设计人员在明确执行此条规定的同时，往往出现即使消防设备有备用时，设计图纸也不加区分地要求过载时所有热继电器都动作于信号的情况。

其实，GB 50055—93 第 2.4.6 条的条文说明特别提到："某些场合下断电的后果比过载运行更严重，如没有备用机组的消防水泵，应在过载情况下坚持工作。"这里重点强调了"没有备用"这个前提条件。

对于风机、水泵而言，其输出流量与其转速成正比，输出扬程或者风压与其转速的平方成正比，输出的轴功率与其转速的立方成正比。显然，随着水泵和风机转速的升高，此类设备很容易过载从而烧毁电动机。由于烧毁电动机的事故中大部分的电动机是由过负荷造成的。因此，对于消防水泵、防排烟风机等容易过载的消防设备，应根据具体情况设置作用于切断电路或只报警的过载保护。单纯的使过载保护作用于信号，甚至取消消防负荷的过载保护的方法值得斟酌。

在通常情况下，消火栓泵、喷淋泵、稳压泵等消防设备都是两台一组，一用一备，互为备用，当其中一台处于工作状态时，另外一台则处于备用状态。当工作泵过负荷时切断主回路，备用泵自动投入。既保证了对设备过载的充分保护，又利用消防负荷一用一备、互为备用的特点保证了消防设备运行的可靠性和持续性。

因此,笔者建议当消防设备无备用时,当其过载,热继电器应动作于信号而不应动作于跳闸;当消防设备有备用时,当其过载,热继电器应分断主回路并切换到备用设备,而备用泵又发生过负荷时,此时过载保护则应作用于信号,不应切断主回路。

6.2 消防负荷配电设备的选择

6.2.1 采用单磁脱扣器加仪表报警方式的可行性

《低压配电设计规范》第 4.1.1 条:"配电线路应装设短路保护、过负载保护和接地故障保护,作用于切断供电电源或发出报警信号。"

因此,针对低压柜出线的消防回路,根据 2.5.2 条分析,仅采用常规的单磁脱扣断路器,而完全没有过负荷保护功能是不安全的,应结合断路器采用相应的过负荷保护措施。笔者认为,有两类方法可以实现:(1)辅助回路加入热继,通过热继过载仅作用于信号的方式,这种方式使主回路、控制回路接线、安装十分复杂,热损耗也大,在低压配电柜内难以实施。(2)在低压柜处选择单磁脱扣器做短路保护,并结合低压配电柜设置的多功能远传表计,设置过载保护限值,并发出报警信号。

如某站房配电设计,低压配电系统通过 PLC 收集各馈电回路的电气参数监测表计数据,并能够更精确地实现对各线路运行情况的实时监控、统计、声光报警。因此针对该低压配电系统的特点,通过采用单磁脱扣加仪表报警的方式实现消防负荷回路的保护。

6.2.2 消防负荷专用断路器的应用

如何实现线路过载保护作用于信号而不作用于切断电路,是设计中首先需要考虑的问题。

传统意义的 MCCB/MCB 采用热磁脱扣器,也就是复式脱扣器。当过载时,如果不跳闸,MCCB/MCB 就不会发出报警信号。

常规的热磁和电子脱扣器的断路器是不具备这个功能的,其热保护功能既不可能关掉,也不可能动作后不切断主回路,而很多设计人员则往往忽视这个问题。因此,如果在图纸上标注消防设备配电回路 MCCB/MCB 过负荷仅报警,就必须了解所选择的断路器系列是否具有此功能。

随着断路器产品系列的细化、对消防负荷的重视,一些断路器制造商推出了专用于消防负荷具有过载报警不脱扣的新型塑壳断路器。在使用此类 MCCB 时,消防负荷的供电保护就能更加简单、直观。

6.2.3 末端消防负荷采用 CPS 产品的探讨

CPS(控制与保护开关电器)是低压电器中的新型产品,在单一结构形式的产品上实现集成化,其在电动机保护配合设计上具有一定的优势,并能使电动机主回路和控制回路更加简单、可靠。

为满足消防设备在过负荷时继续工作的要求,目前已经有此类 CPS 产品可供选用。在末端消防负荷回路的控制保护中使用消防专用 CPS 在设计、接线、安装的简化和可靠性方面均有一定的优势。

参考文献

[1] 熊江,李树庭,魏素军. 低压配电线路设计的造价统计及校验优化软件[J]. 建筑电气. 2009,(2):10-16.
[2] 中国航空工业规划设计研究院工业与民用配电设计手册(第三版)[M]. 北京:中国电力出版社,2005:162-172.
[3] 王厚余. 等电位联结与低压接地故障保护[J]. 电气工程应用. 1990,(2).
[4] 吴伟光. 消防用电设备过负荷保护的探讨[J]. 建筑电气, 2007,25(6): 42-45.

成都东客站现代管理集成平台研究

杨　捷　郑　毅　严　瑾
（中铁二院工程集团有限责任公司，成都　610031）

摘　要：为改变大型客站旅客服务信息系统与其他机电系统独立控制的现状，以成都东客站为例研究设置大型客站现代管理集成平台，深度集成车站相关信息系统和机电设备系统，将车站 BAS、FAS、直饮水系统、机房环境监测系统、旅客服务信息系统等纳入平台统一管理，与客票系统互联，并提供与地铁、公交、长途、航空等其他交通信息系统的接口，实现系统融合、数据共享、联合操控，从而达到节能减排、减员增效、统一管理、应急联动的目的。

关键词：大型客站；现代管理集成平台；联动；信息共享

1　前　言

目前新建的大型客运车站旅客服务信息系统集成了综合显示、广播、监控、求助、寄存等子系统，实现了对各子系统的集中监控、信息共享和功能联动。但车站楼宇自动化系统（BAS）、火灾报警系统（FAS）、直饮水系统、机房环境监测系统等机电设备系统均是独立运行，与旅客服务信息系统没有关联。因此在运营管理过程中面临着一系列的问题：例如资源浪费：能耗水平增加，车站内的管理人员较多；信息孤岛：站内旅客服务信息系统与上述机电设备系统没有关联，信息资源不能共享；管控分割：各系统的独立运行导致车站生产业务不能统一有效地管理。

随着高速铁路的迅猛发展，铁路客站的建设正如火如荼。如何提升服务质量、有效整合信息、有效降低能耗、实现应急联动等问题成为铁路客站特别是大型客站未来发展必须研究的重要课题。因此建设一个支持业务集成和信息互联、符合现代化车站运营管理与客运服务需求的智能型平台是非常必要的。

中铁二院结合成都东客站的需求分析，与成都铁路局客站指挥部和易程科技股份公司一起开展了成都东客站现代管理集成平台的研究工作。

2　研究目标

2.1　成都东客站简介

成都东客站站房总建筑面积 108 363 m^2，车场 14 台 26 线。车站建筑部分为地上二层、地下三层，局部设置夹层。该客站是集铁路客运、长途及旅游客运、城市轨道交通、城市公交、出租及社会停车等功能于一体的综合性交通枢纽。设置了旅客服务信息系统（包括综合显示、客运广播、信息查询、视频监视、入侵报警、安检设施、时钟、门禁、求助等）、客票系统、车站楼宇自动化系统、火灾报警系统、直饮水系统和机房环境监测系统等。

2.2　研究目标

以信息自动采集为基础，对客运车站照明、电梯、空调、给排水、变配电、直饮水、CCTV、引导屏、广播系统、闸机等设备进行统一监控和管理，提供对设备的在线监控、远程维护、节能管理等功能，预设各类设备应急预案；

根据列车到发情况、售票情况、闸机检票情况、照度情况和各设备状态情况，系统自动生成设备控制计划，实现减少车站管理人员、降低车站能耗的目的；

通过无线网络技术和智能手持设备，将设备管理与维护、客运作业、突发事件处理等工作集中到作业人员的掌上设备中；

与地铁、公交、长途客运等其他交通信息系统互联，及时向旅客发送广播和引导信息。

3 铁路客站现代集成管理平台研究

3.1 集成及联动关系

根据运营管理需求分析、设备维护管理需求分析和旅客服务需求分析等，提出了铁路客站现代管理集成平台的架构和功能如图 1 所示。

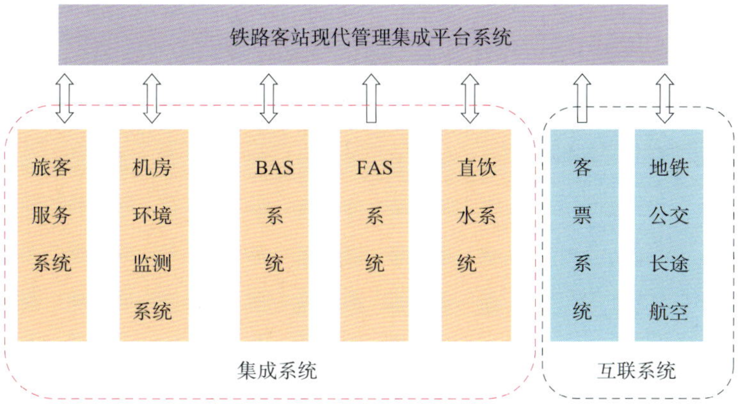

图 1 集成和互联系统关系图

3.2 集成及联动业务流程

3.2.1 BAS 系统

BAS 系统负责对车站内的机电设备包括通风空调、给排水设备、照明、自动扶梯、变配电系统等进行集中自动化监控管理，并能够采集新能源发电信息（如太阳能），实现对各类应用系统的协同调配，实现用电调整等功能。

BAS 系统与列车到发信息、客票信息及车站内照度信息进行联动，实现节能减排降耗，更有效地利用各种能源。

(1) 与列车到发信息联动

该平台接收旅客服务信息系统三天内的列车到发信息，更新到发信息数据后，根据事先配置好的相应策略模板，自动控制站台照明设备，如图 2 所示。

(2) 与客票信息联动

根据客票系统每天售票信息，对候车厅内的客流密度进行监控。当期间内客流量统计数据达到预设的参数信息时，自动控制相关照明设备的开关，自动调节空调的参数和状态，如图 3 所示。

(3) 与车站内照度信息联动

通过对照度分析实现与照明系统智能联动控制，在东站二层实现按需照明，以达到节能降耗的目的，如图 4 所示。

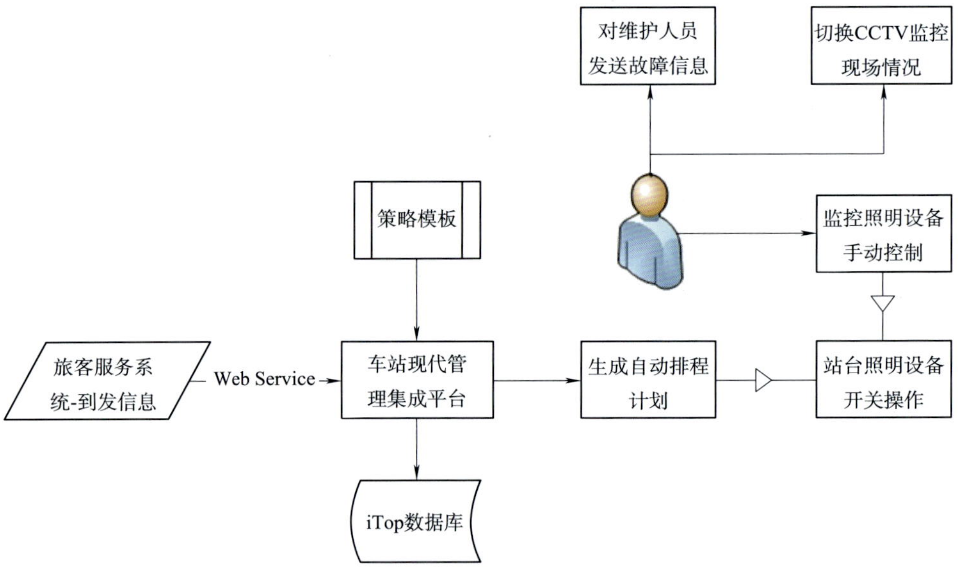

图 2　与列车到发信息联动流程图

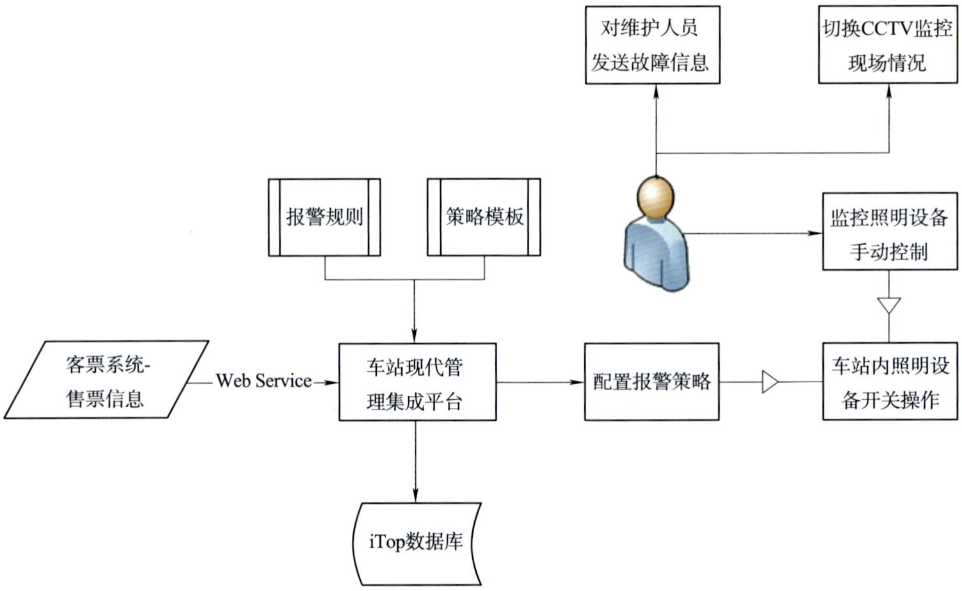

图 3　与客票系统信息联动流程图

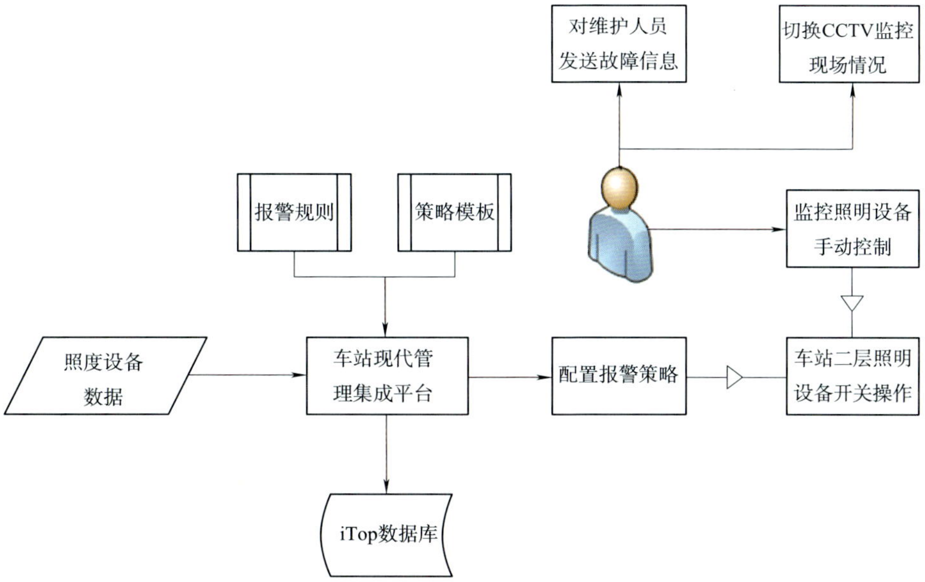

图 4　与车站内照度信息分析联动流程图

3.2.2　FAS 系统

当车站发生火灾报警时，FAS 系统报警信息上传到铁路客站现代管理集成平台，系统根据火灾策略模板生成相应的引导显示指令传送到旅客服务系统集成管理平台与 BAS 平台，通过显示系统发布疏散和引导信息，通过广播系统进行疏散和引导广播等，如图 5 所示。

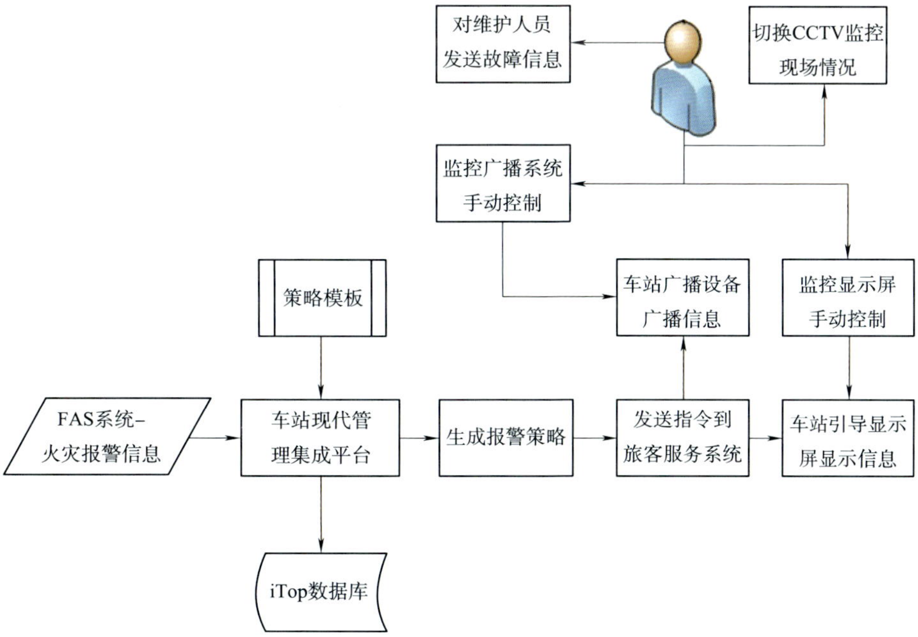

图 5　与 FAS 系统联动流程图

3.2.3　求助系统

当收到旅客服务信息系统发来的求助信息时，该平台发出求助报警，给视频监视系统发出控制信息，控制求助位置的摄像头定位，通过 CCTV 进行监控，通知客运人员，如图 6 所示。

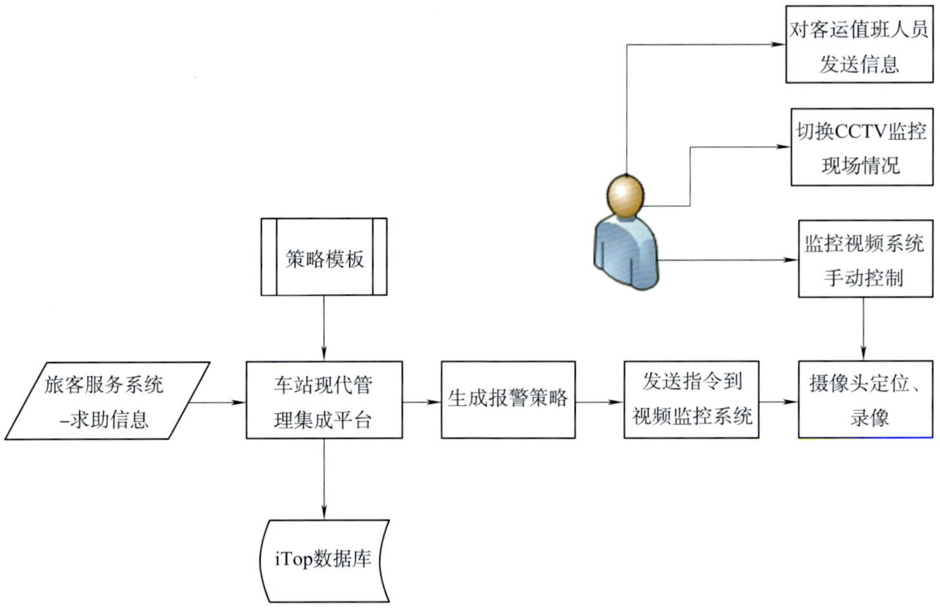

图 6　与求助设备与视频监视系统联动流程图

3.2.4　直饮水系统

根据每天售票信息，对候车厅内的客流密度进行监控。当期间内客流量统计数据达到预设的参数信息时，结合饮水箱液位分析，系统自动控制直饮水系统的设备开关，如图 7 所示。

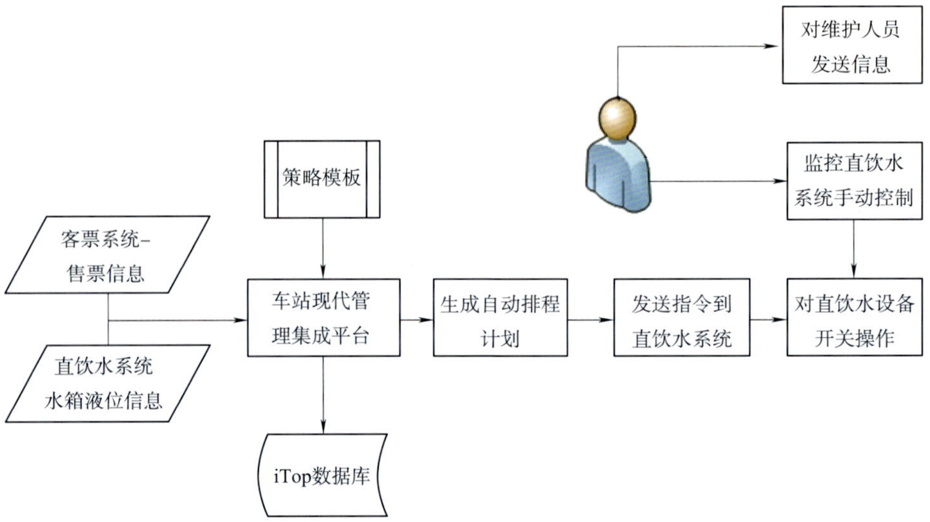

图 7　与直饮水系统联动流程图

3.2.5　机房环境监测系统

根据预先设定的报警策略，启动机房视频监视并对机房空调设备同时监控，给维护人员发送现场维护信息指令，如图 8 所示。

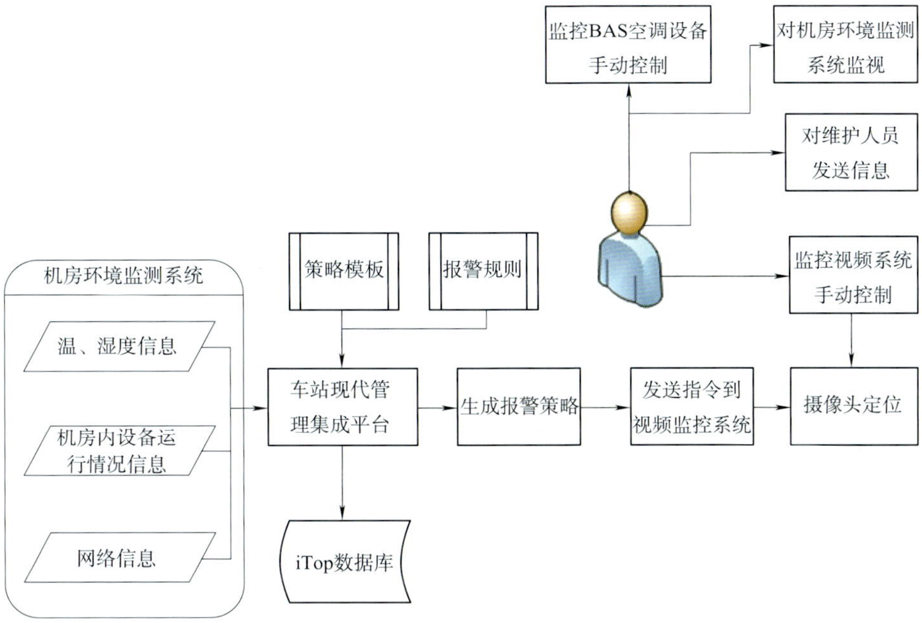

图 8　与机房环境监测系统联动流程图

3.2.6　客票系统

根据客票系统每天车次售票信息，对车站候车厅内的客流密度进行监控，当期间内客流量统计数据达到预测及预设的参数信息时，启动突发事件处理预案。当有大客流时，启动大客流预案，系统根据预案的具体内容控制相应的设备：例如客运广播的引导、大屏的引导、照明开启、空调的调整等，如图 9 所示。

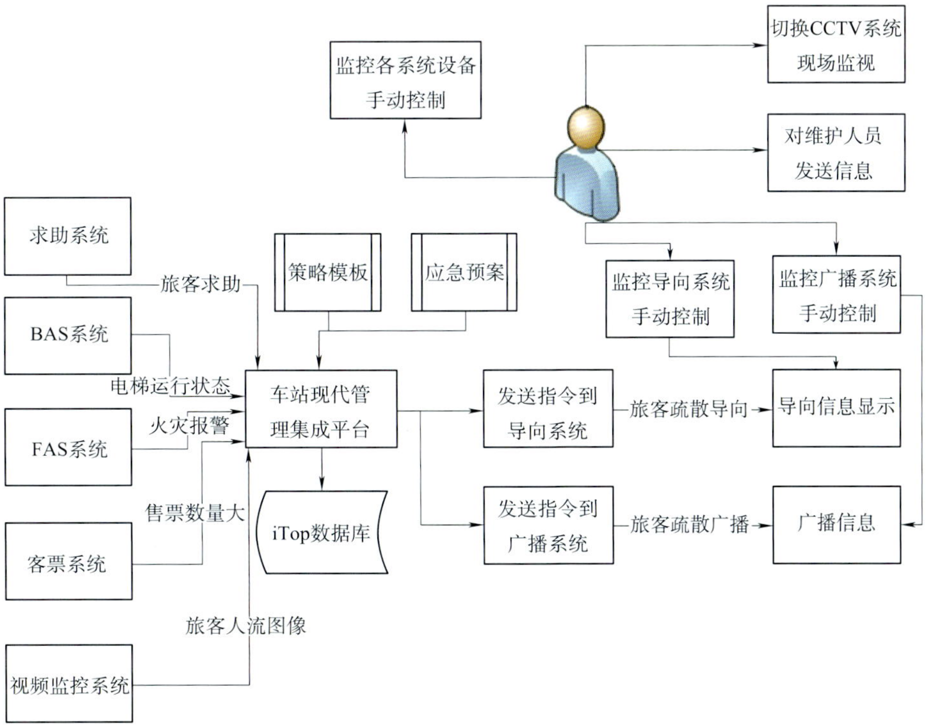

图 9　与客票系统联动流程图

3.2.7　地铁、公交、航空等外部系统

客站现代管理集成平台提供与地铁、公交、航空等外部系统的接口，通过接口平台各系统之间能够进行信息交互，包括各种交通方式运营计划、实时运营状态信息、道路状态信息、旅客量数据、通知信息、紧急疏散信息、车站商业信息等，并通过客运广播、综合显示向旅客提供内容丰富、多样化的信息和服务，并能在紧急情况下提供快速和清晰的处理预案和流程服务。

3.3　软件结构

该平台主要包括数据采集服务系统 DA Server、业务逻辑处理系统 OSGi Server、数据展示客户端和浏览器端，以基于 Http 协议为基础的 Hessian 协议为通讯协议，各部分间进行无缝数据传输，并支持 Wi－Fi 无线网络技术和智能手持设备进行现场信息与平台信息的交互，对铁路 BAS、FAS 和旅客服务系统等各系统接口的数据集成和设备信息统一管理，如图 10 所示。

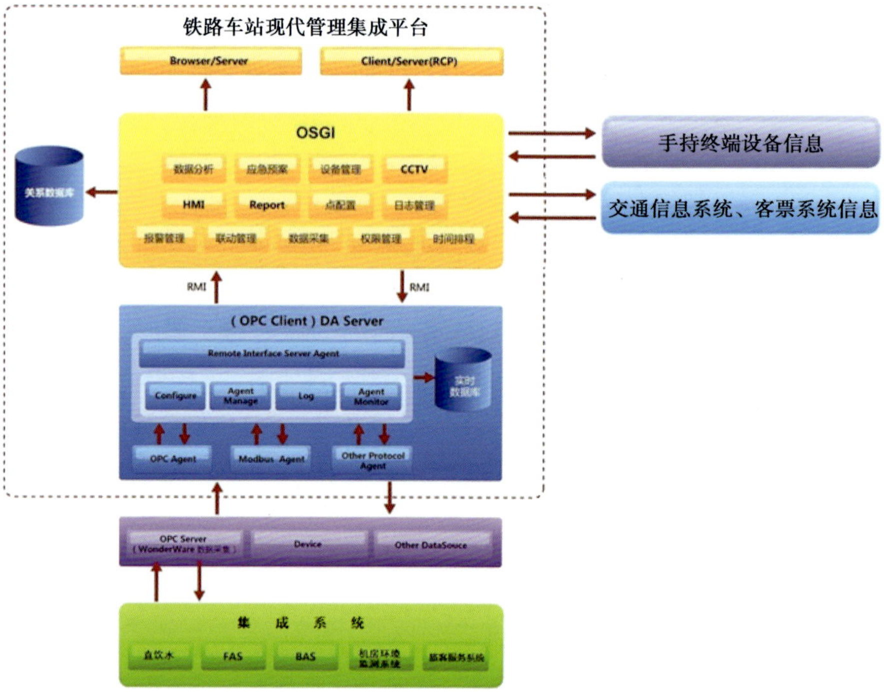

图 10　铁路客站现代管理集成平台软件架构图

4　现代集成管理平台在成都东客站的应用

铁路客站现代管理集成平台在成都东站进行应用，在理念、架构和应用方面体现了创新性。

4.1　理念创新

铁路客站现代管理集成平台以自动采集、集约管理、实时监控、事前防患为设计理念，实现成都东客站的一体化管理。

平台实现了对相关信息系统和机电设备系统等各类信息的自动采集；实现了对车站各设备、各业务的集中管理，有效地降低管理成本和能源消耗；实现了对旅客服务流程中的信息监控；实现了流动值班人员利用手持终端随时随地完成相关维护、管理、应急处理等作业，提高了管理效率；实现了紧急情况下各类设备应急预案的预设功能。

4.2 架构创新

铁路客站现代管理集成平台在构架上提出一种标准化的基于SOA的分布式铁路客站现代管理集成平台架构。以OSGi技术为核心基础的适应管、控、营特点的应用集成平台，进行分布式部署，以基于Http协议为基础的Hessian协议为通讯协议，各部分间可进行无缝数据传输。DA Server作为平台数据采集源，整个通讯采用RMI通讯方式进行，支持B/S和C/S架构。业务逻辑处理系统OSGi Server根据收集的设备信息，提供有效的数据供数据展示界面展现客户端和浏览器显示，支持个性化界面。数据展现客户端和浏览器端运用先进的报表组态工具，通过很短的时间即可定制生成车站需要的报表。

4.3 应用创新

铁路客站现代管理集成平台在应用方面的创新主要体现在节能降耗方面。即通过按照列车到发信息安排车站内灯光、对站内照度信息分析进行节能；通过按照夏季和冬季两种模式进行空调使用节能；通过分析站内主要设备历史能耗数据、采取合理的节能措施节能。

利用无线网络技术和智能手持设备，可将车站设备的管理与维护、客运业务的运营、突发事件的处理，全部集成在站内工作人员的掌上设备中，使监控工作可以随时随地进行，极大提高管理效率。

通过该平台的统一管理、业务联动，成都东站的定员也相应减少，降低了车站人员成本。

5 结束语

铁路客站现代管理集成平台的应用减少站内人员，节约管理费用，提高工作效率；动态管理站内现场控制情况，实行自动统计和分析，实现各种系统设备统一控制，统一管理；提供高度共享的信息资源，实现数据共享、一点盯控、全盘掌握、迅速指挥、准确调度，提高服务水平；智能控制楼内设备，高效节能；实现应急预案的预设功能，提高车站安全管理性能。

铁路客站现代管理集成平台推动了铁路客站节能减排和高效运营管理，实现了车站一体化管理，为铁路客站特别是大型铁路客站更好地运营管理提供了有力的保障。随着成都东客站现代管理集成平台的逐步实施，将使成都东客站建成全国第一个高集成化的智能客站，为西南乃至全国的铁路客站建设提供有益的经验借鉴。

参 考 文 献

[1] 叶年发．铁路客运站智能化集成平台系统研究// 2007年中国铁路客站技术国际交流会论文集[C].

[2] 张孟彬．铁路客运服务信息集成系统研究[J]．铁道通信信号，2007,43(6):38-40.

[3] 中铁二院．成都东客站客服信息系统施工图．2011.

[4] 中铁二院．铁路客站现代管理集成平台研究报告[R].2011.

浅析客运专线旅客服务信息系统集中管控方案

樊　艳

（铁道第三勘察设计院集团有限公司，天津　300251）

摘　要：介绍了客运专线铁路旅客服务信息系统总体规划及相关工程概况，对旅客服务信息系统集中管控需求、集中管控方案进行了分析说明，阐述了旅客服务信息系统业务模型、系统构成方案及功能部署方案。

关键词：客运专线；旅客服务信息系统；集中管控

随着客运专线铁路的建设、运营，为满足客服集中化、智能化管理的要求，客运专线铁路旅客服务信息系统在遵循《铁路客运专线客运服务系统（PDSS）总体技术方案（暂行）》的基础上进行了完善和优化：从京津城际铁路的站控模式，发展到沪宁城际铁路的大站（中心站）代管小站模式，升级到京沪高速铁路的路局中心管控方案。目前，京沪高速铁路已实现了对旅客服务信息系统进行区域化、集中化的管控，提升了客服调度、客运值班员的工作效率和管理水平。

1　客运专线铁路旅客服务信息系统概况

1.1　客运专线旅客服务信息系统总体规划

根据《铁路客运专线客运服务系统（PDSS）总体技术方案（暂行）》（铁集成〔2008〕41 号），旅客服务信息系统总体采用两级架构，分别部署在区域中心和车站，区域中心与车站通过集成管理平台实现信息共享和功能联动。

区域中心旅客服务系统以集成管理平台为核心，集成导向揭示、广播、监控系统，连接数据平台和运营调度等系统，实现所辖区域内旅客服务系统的集中监视和控制，公共音视频数据的制作、发布和转发，完成系统间信息共享和功能联动。

车站旅客服务系统以车站级集成管理平台为核心，集成导向揭示、广播、监控、时钟、投诉、查询、求助、站台票发售、无线、呼叫中心座席、寄存子系统，连接数据平台、火灾报警和楼宇自控等外部系统，实现对车站旅客服务系统的集中监视和控制，完成系统间信息共享和功能联动。以科学合理的布局配置服务终端设备，为旅客提供导向、广播、查询、求助、呼叫、站台票发售、寄存、无线上网、人工服务等多样服务。

1.2　京津城际铁路旅客服务信息系统

京津城际铁路于 2008 年 8 月 1 日开通运营，首次实施客服系统集成方案。京津城际铁路旅客服务信息系统采用车站独立管控模式，在各车站设置旅服集成管理平台，由数据库服务器、应用服务器、接口服务器、网络及安全设备构成，实现对综合显示、广播、监控、时钟、查询、求助、站台票发售、寄存、安检子系统的集中管理；在各车站设置客服综合监控室，配置 DLP 拼接显示墙及操作终端，实现对本站旅客服务信息系统的集中管控。

1.3　沪宁城际铁路旅客服务信息系统

沪宁城际铁路于 2010 年 7 月 1 日开通运营，根据上海铁路局的要求，旅客服务信息系统第一次提出并实现了大站代管小站模式。在大站（中心站）设置集成管理平台，小站设置应急服务器及接口服务器；大站（中心站）设置客服综合监控室，配置 DLP 拼接显示墙及操作终端，实现对本站及代管小站旅客服务信息系统的集中管控;在小站客运值班室设置简化业务操作终端,实现应急模式下对本站旅客服务信息系统的管控。

1.4 京沪高速铁路旅客服务信息系统

京沪高速铁路于2011年7月1日开通运营,旅客服务信息系统首次采用路局中心集中管控模式。在北京局、济南局、上海局设置铁路局级旅客服务信息系统集成管理平台,实现了与调度系统共享平台、区域中心客票系统(TRS)、路局级自动售检票管理系统、综合视频监控系统等的统一接口;在天津西、济南西、南京南站设置车站级集成管理平台,在各中间站设置旅客服务信息系统应急服务器及接口服务器;天津西、济南西、南京南站设置客服综合监控室,配置LCD拼接大屏及操作终端,通过铁路局级旅客服务信息系统集成管理平台、本站业务操作终端实现对本站客专场部分旅客服务信息系统的集中管控,根据路局客运管理需求,可通过本站集成管理平台及业务操作终端实现对普速场部分旅客服务信息系统的管控;由北京局、济南局、上海局客调台实现对所管辖区域中间站旅客服务信息系统的集中管控;当区域中心旅客服务信息系统集成管理平台、区域中心与车站之间的数据通信网络分别失效或同时失效工作状态,启用车站级应急管理平台,实现对车站级旅客服务信息系统的管控。

2 旅客服务信息系统集中管控需求分析

随着客运专线铁路的快速发展,为了提高客服管理水平和工作效率,提升整体客服水平,对旅客服务信息系统管控模式提出了新的需求。

客调台集中管控需求:集中、实时监视管辖范围内车站客流情况,监督列车运行到发及早晚点状态,对车站重点部位进行视频监视,统一发布各种旅客服务信息等;

车站管控需求:掌握本站旅客服务信息系统运行情况;因各种原因路局中心/区域中心/中心站旅服集成管理平台失效情况下,实现对本站旅客服务信息系统的管控;

集中运维需求:集中、高效管理中心及车站级旅客服务信息系统,确保旅客服务信息系统构建的高可靠性、高可用性、高可维护性。

综合上述,客运专线铁路旅客服务信息系统集中管控方案必须满足客调台集中管控需求、车站管控需求及集中运维需求,构建集成方案优化、系统架构合理、系统接口统一的旅客服务信息系统。

3 旅客服务信息系统集中管控方案比选

旅客服务信息系统集中管控方案有以下两个方案。

方案一:区域中心集中、车站应急方案

该方案为京沪高速铁路旅客服务信息系统集中管控方案,详见1.4有关内容(图1)。

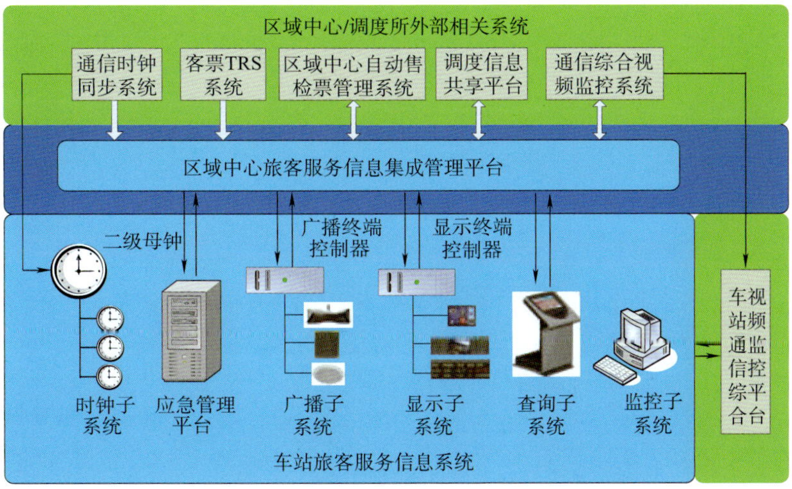

图1 “区域中心集中、车站应急”方案构成示意图

方案二:主用+灾备区域中心方案

在路局集中设置主用区域中心旅服集成管理平台,在某一大站设置灾备区域中心旅服集成管理平台,各站仅设置旅客服务信息系统终端控制器及各类终端设备。正常工作模式下由主用区域中心实现对管辖范围内车站旅客服务信息系统的集中管控,主用区域中心、广域网故障失效情况下,启用灾备中心,由灾备中心实现对各站旅客服务信息系统的集中管控(图2)。

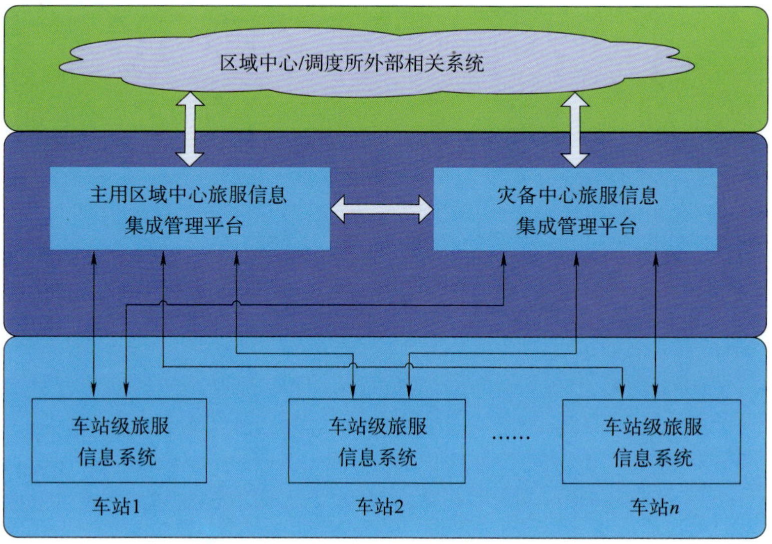

图2 "主用+灾备区域中心"方案构成示意图

方案比选分析如下:

方案一采用正常工作模式集中管控、应急模式车站站控模式,应用部署高效、系统架构简洁、配置优化,应用(仅需对本站进行管控)、维护灵活,性价比较高。

方案二采用双中心方案,正常工作模式、灾备模式均为集中管控模式,应用部署、系统架构复杂,灾备应用要求高(需对管辖范围内所有车站进行集中管控),灾备运维要求及成本高(需要定期进行灾备演练),双中心投资成本较高。

根据以上的分析、比较,客运专线铁路旅客服务信息系统集中管控方案应选择"方案一:区域中心集中、车站应急方案"。

4 旅客服务信息系统集中管控技术方案

4.1 业务模型分析

客运专线铁路旅客服务信息系统采用"区域中心集中、车站应急方案"有正常工作模式、应急工作模式两种业务模型。

4.1.1 正常工作模式

正常工作模式是指区域中心旅客服务信息系统集成管理平台、车站级旅客服务信息系统及其间的数据通信网络均为正常工作状态。正常工作模式下的业务模型为(详见图1):区域中心通过与外部相关信息系统的接口,获取列车运行信息及售票信息;生成和调整客运组织计划和流程,进行业务组织和管理;通过车站级旅客服务信息系统终端控制器管控各站旅客服务信息系统终端设备,并自动采集旅客服务信息系统设备运行状态。

4.1.2 应急工作模式

应急工作模式是指区域中心旅客服务信息系统集成管理平台、区域中心与车站旅客服务信息系统之间的数据通信网络分别失效或同时失效工作状态。该工作模式下启动车站应急工作模式,车站级旅客服务信息系统应急管理服务器由备用工作状态转为应急工作状态。应急工作模式下的业务模型为：各车站客运值班员手动启动车站级应急管理平台；人工维护外部相关信息系统信息；由应急管理平台接管本站旅客服务信息系统管控功能。

在数据网络正常，区域中心旅客服务信息系统接口服务器正常工作、数据库/应用服务器失效工作状态下，区域中心远程启动车站应急管理平台，通过接口服务器实时采集外部相关系统信息，下发至管辖范围内各站应急管理平台处理，由应急管理平台接管本站旅客服务信息系统管控功能。

4.2 系统构成方案

集中管控方案旅客服务信息系统由区域中心旅客服务信息系统、车站级旅客服务信息系统、系统网络构成。

4.2.1 区域中心系统构成

区域中心旅客服务信息系统主要由数据库服务器、应用服务器、负载均衡器、接口服务器、管理服务器、存储系统、录音服务器、广播信源设备、二级母钟系统、NTP 服务器、业务操作终端、系统维护终端、打印机、网络交换机、防火墙、网闸等构成(图 3)，并可根据需要配置拼接显示墙系统、视频解码器等设备。

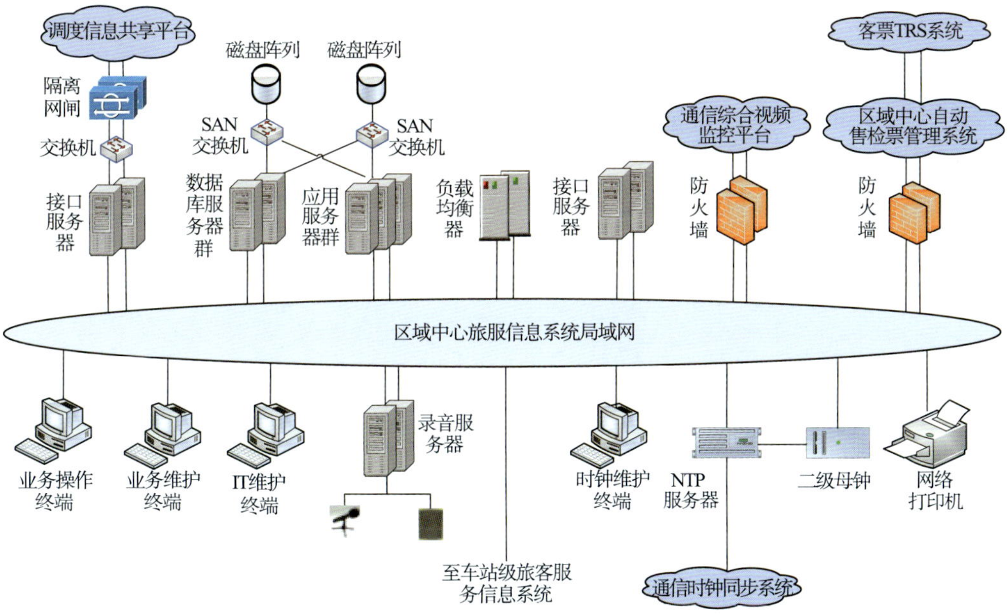

图 3　区域中心旅客服务信息系统构成示意图

数据库服务器是区域中心集成管理平台的数据存储和处理核心，为综合到发模块、广播模块、综合显示模块、查询模块和其他子系统模块提供数据处理和数据存储。数据库服务器配置两台或以上高性能服务器，采用集群技术，确保信息处理的实时性和可靠性。数据库服务器选型应具备一定的可扩展性，以满足按线建设、接入区域中心的系统扩展需求。

应用服务器是集成管理平台实现信息共享、协同作业和实时处理的基础，用于旅客服务信息系统核心业务和核心运算的处理，并集成了广播、显示等系统的核心业务和运算。根据所管辖车站旅客服务信息系统终端数量，配置不少于 3 台以上的高性能服务器配置为多机集群，实现区域中心的业务处理，完成对区域中心及下辖车站系统业务流、数据流、控制流的配置和处理，实现对应用服务的虚拟化管理。应用服务器宜选用刀片服务器并采用虚拟技术，以实现应用服务器资源利用率的最大化，满足按线建设、接入区域中心的系统扩展需求。

配置一定数量的接口服务器，实现区域中心旅客服务信息系统集成管理平台与调度系统信息共享平台、客票TRS系统、区域中心自动售检票管理系统、综合视频监控系统之间实现系统接口，进行相关的信息交互。

配置两台管理服务器，采用域管理策略实现对区域中心旅客服务信息系统的用户身份认证和计算机资源的集中管理。

配置录音服务器及广播信源设备（话筒、MP3播放器等），为客调台/客运值班员提供语音广播条件。

配置二级母钟，用于接收调度所级通信时钟同步系统提供的标准时间信号；通过NTP服务器为区域中心、车站级旅客服务系统网络、网络终端设备提供网络定时同步信号。

4.2.2　车站级系统构成

车站级旅客服务信息系统包括应急管理平台及各功能子系统。应急管理平台主要由应急管理服务器、接口服务器、存储系统、业务操作终端、系统维护终端、打印机、网络交换机、防火墙等设备。各功能子系统主要由广播控制器、广播信源设备、广播输入输出及切换控制设备（数字或模拟广播）、广播功放设备、广播扬声器、噪感器等，综合显示系统控制器（LED屏同步控制器、LED屏异步控制器、PDP/LCD控制器）、各类显示终端（LED屏、PDP/LCD终端、计算机终端），二级母钟系统、指针式子钟等，查询终端，门禁系统，求助系统等构成，并可根据车站规模，在大型及以上车站设置综合监控室，配置拼接显示墙系统、视频解码器等设备。

车站级旅客服务信息系统通过干接点接口实现与火灾自动报警系统（FAS系统）的连接；通过RS422接口实现与通信时钟同步系统的接口；通过部署接口服务器及防火墙，实现与车站级通信综合视频监控系统、机电设备监控系统（BAS系统）及其他生产、管理系统的接口。

4.2.3　系统网络构成

采用“区域中心集中、车站应急方案”，为保障正常工作模式下区域中心、车站级旅客服务信息系统的正常运行、数据的上传、下达，对区域中心旅客服务信息系统、车站级旅客服务信息系统之间的系统网络有了更高的要求；该网络应为冗余网络，应具备高安全可靠性。

（1）利用数据通信网组网方案

目前开通的客运专线铁路旅客服务信息系统均采用数据通信网组网。数据通信网由接入层路由器、汇聚层路由器、核心层路由器构成（图4）；接入节点路由器一般采用单台配置，汇聚及核心节点路由器一般采用双台配置；若干个接入节点路由器与汇聚路由器之间构成环形网络，汇聚节点路由器与核心节点路由器之间构成双星型网络。

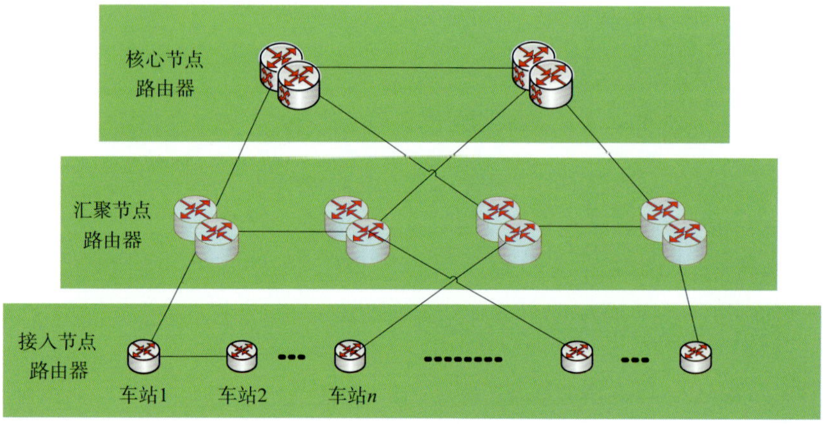

图4　客运专线铁路数据通信网构成示意图

车站级旅客服务信息系统、区域中心旅客服务信息系统配置双核心交换机、双防火墙，分别通过防火墙接至数据通信网接入节点的单台路由器上，并通过数据通信网的汇聚节点、核心节点实现车站级、区域中心旅客服务信息系统网络的互联（图5）。

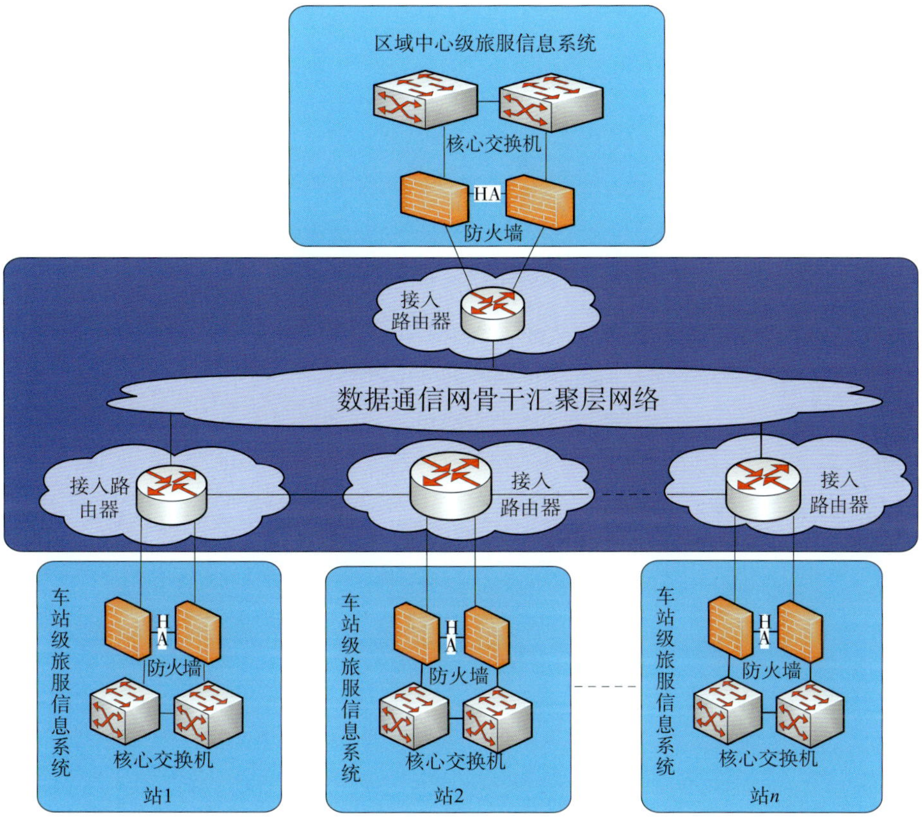

图5　旅服信息系统"利用数据通信网"组网示意图

该旅服系统网络因数据通信网接入节点单路由器存在单设备故障隐患:一旦数据通信网接入节点单路由器故障,车站级至区域中心级旅客服务信息系统网络将中断,车站级系统将立即启动应急工作模式。

(2)优化组网方案

为提高车站级至区域中心级旅客服务信息系统网络的可靠性,有以下三个优化方案。

方案一:优化数据通信网接入层组网方案

在基于数据通信网传输方案的条件下,将接入节点单路由器调整为双台路由器,与汇聚路由器之间构成双环形网络。

方案二:旅客服务信息系统构建备用广域网方案

利用数据通信网作为车站级、区域中心级系统的主用广域网承载平台;车站级旅客服务信息系统增设一台车站级接入路由器,区域中心级旅客服务信息系统增设一台核心路由器,其间通过通信传输系统专用通道互联,构成旅客服务信息系统备用广域网(图6)。

方案三:旅客服务信息系统构建专用广域网方案

在车站设置旅服系统专用双接入层路由器,在区域中心设置旅服系统专用双核心路由器,根据接入站点数量,采用双星型组网方案或双环形组网方案(图7)。

方案比选分析如下:

方案一将直接影响数据通信网的设计及建设标准,另外,数据通信网接入层路由器一般配置为中档以上路由器,如将数据通信网单接入节点设备调整为双台路由器,将大幅增加数据通信网工程投资。

方案二在不影响数据通信网架构的情况下,选用中低端设备构建旅客服务信息系统专用的备用广域网,能够有效地提高旅客服务信息系统的网络可靠性。

方案三设置旅服系统专用主备用广域网,安全可靠性高,便于维护管理,但专用通道占用较多传输资源,工程投资较方案二高。

根据以上分析,结合工程具体情况,集中管控方案旅客服务信息系统组网方案建议采用方案二或方案三。

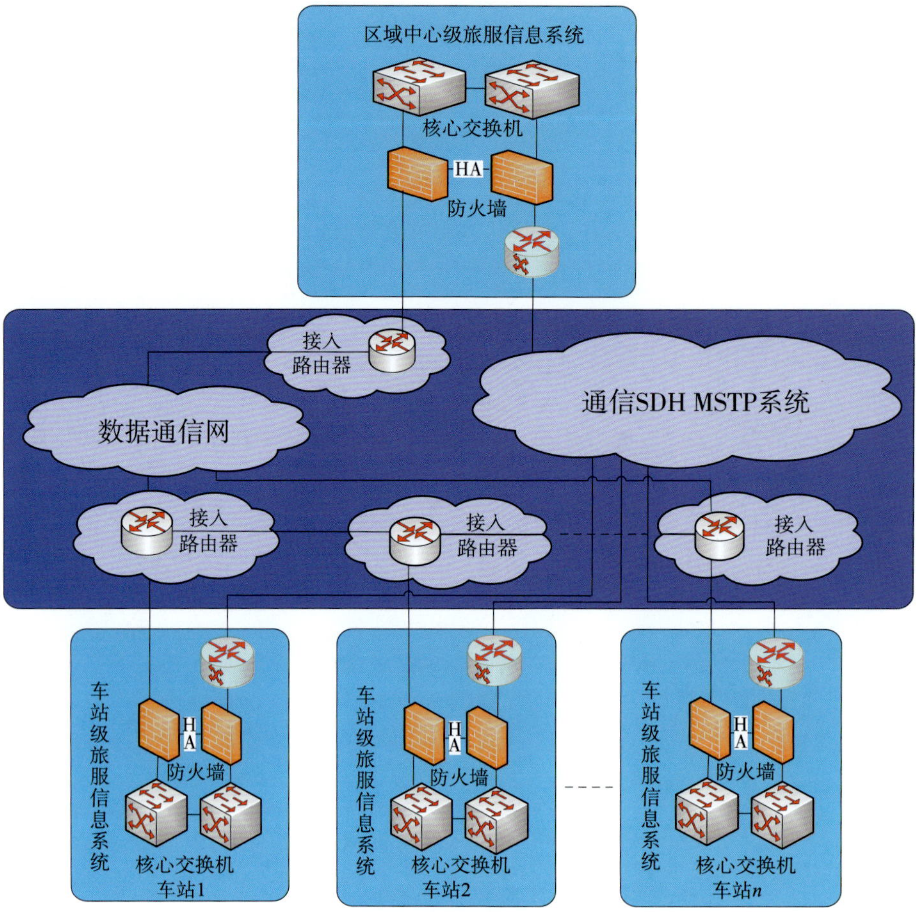

图 6　旅客服务信息系统构建备用广域网方案示意图

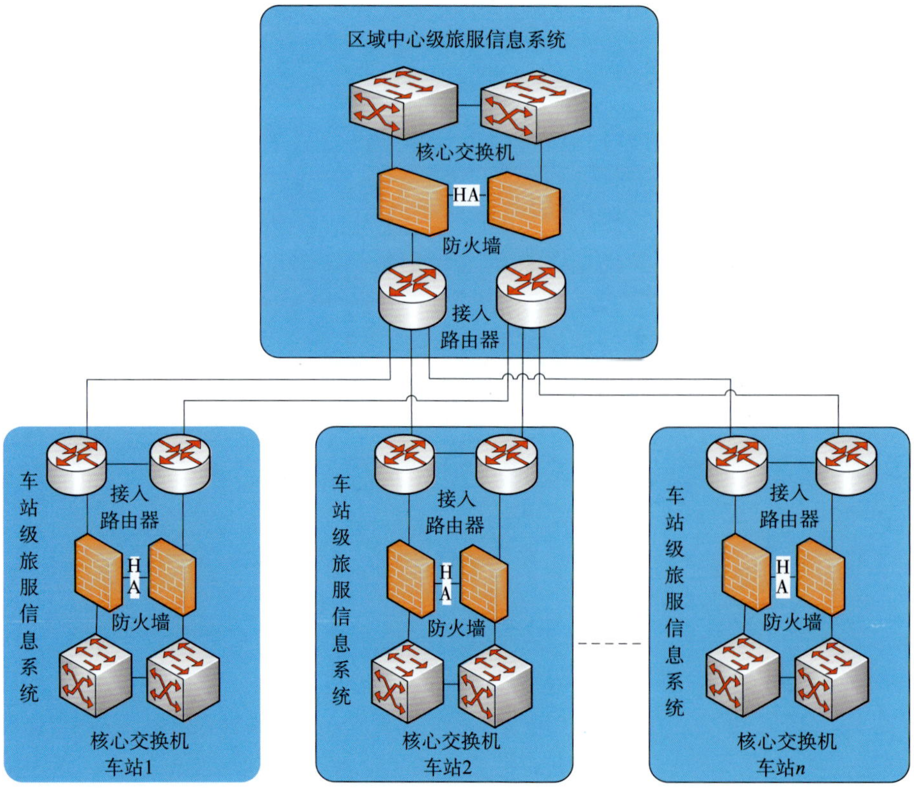

图 7　旅客服务信息系统构建专用广域网方案示意图

4.3 系统功能部署

4.3.1 区域中心旅客服务信息系统功能

正常工作模式下，区域中心旅客服务信息系统集成管理平台具体功能如下：

区域中心旅客服务信息系统集成管理平台通过统一与调度系统共享平台系统接口，实时采集列车运行计划信息及列车运行实际信息（到发及早晚点）等信息；

区域中心旅客服务信息系统集成管理平台通过统一与区域中心客票系统（TRS）系统接口，实时采集列车基本计划和余票信息；通过统一与区域中心自动售检票管理系统接口，实时向检票系统发送客运组织计划，实现按计划开停检自动检票信息；

区域中心旅客服务信息系统集成管理平台通过统一与调度所级通信时钟同步系统接口，实时采集时钟同步信息，为区域中心及车站级旅客服务信息系统提供NTP时钟同步信号；通过统一与调度所级通信综合视频监控系统接口，为区域中心客调台及路局客服值班员提供车站客运视频监控图像；

区域中心旅客服务信息系统集成管理平台根据采集的列车运行信息、余票信息，生成和调整客运组织计划和流程，进行客服业务组织和管理，为区域中心客调台及路局客服值班员提供对车站旅客服务信息系统的集中管控；

区域中心旅客服务信息系统集成管理平台将区域中心客调台及路局客服值班员的管控指令下发至各相关车站的相关旅客服务信息系统终端控制器，实现对车站相关旅服子系统终端设备的管控；或接收车站级查询终端等的查询请求，返回查询结果；

各站旅服终端控制器自动采集各站旅服系统终端设备状态，并上传至区域中心旅客服务信息系统集成管理平台；

采用数据同步机制，实现区域中心集成管理平台和各站应急管理平台的实时信息同步。

4.3.2 车站级旅客服务信息系统功能

正常工作模式下，车站级旅客服务信息系统应急管理服务器、存储设备仅完成与区域中心集成管理平台的数据同步功能。车站级各功能子系统终端控制器根据区域中心的管控指令实现对本站广播、显示及查询等相关子系统终端设备的管控，具体功能为：

车站级旅客服务系统广播控制器接收区域中心操作终端下发的广播语音信号及控制命令，与车站广播设备建立数据连接，实现对相关广播分区的广播；广播控制器同时采集广播设备的运行状态信息上传。小区广播、消防广播等广播由车站广播系统控制，不纳入区域中心管控范围。

车站级旅客服务系统显示终端控制器接收区域中心操作终端下发播控命令，车站显示终端控制器与LED屏、LCD屏、PDP屏等终端设备建立数据连接，实现对相关显示终端设备的显示控制；显示终端控制器同时采用规范的设备接口协议采集各显示终端设备的运行状态信息，控制终端设备开关，并发送显示图像和显示数据至区域中心操作终端。

车站级查询终端向区域中心旅客服务信息系统集成管理平台发送查询请求，并返回查询结果，向区域中心旅客服务信息系统发送运行状态信息。

车站级二级母钟系统向各子钟提供标准时间同步信号，向区域中心旅客服务信息系统发送运行状态信息。

通过部署接口服务器及防火墙，实现与车站级通信综合视频监控系统的互联，为本站视频监控终端（包括拼接显示屏系统）提供视频监控图像。该功能不纳入区域中心管控范围。

通过部署接口服务器及防火墙，实现与车站机电设备监控系统（BAS系统）的互联，为车站机电设备监控系统提供客运组织计划；机电设备监控系统据此实现对相关区域照明、空调的模式控制。该功能不纳入区域中心管控范围。

车站级旅客服务信息系统应急管理平台在应急工作模式下启用，实现该模式下对外部相关信息的人工采集，以及广播、显示等业务系统的车站级集成应用。区域中心旅客服务信息系统集成管理平

台、数据通信网络分别失效或同时失效工作状态,车站级旅客服务信息系统具体功能为:

车站客运值班员手动启动车站应急管理平台;

车站客运值班员通过电话等通信手段,在应急操作终端上人工操作、维护到发信息的发布及播控计划的调整;

通过应急管理平台实现对本站旅客服务信息系统的管控、维护、管理;

当区域中心系统、数据网络恢复正常时,在区域中心远程恢复对各站旅服信息系统的管控、停止各站应急管理平台的工作;将各站应急工作模式下的业务数据及维护管理数据上传至区域中心。

5 结 论

客运专线铁路旅客服务信息系统集中管控是客运管理、调度的需要,是提高客运管理水平的重要技术手段;

客运专线铁路旅客服务信息系统集中管控系统构建及实施应确保其高安全可靠性;

应根据客运专线铁路旅客服务信息系统集中管控实施及运行情况,尽快确定相关系统技术标准及设计规范,为后续客运专线铁路的建设提供依据。

参 考 文 献

[1] 铁集成〔2008〕41 号 铁路客运专线客运服务系统(PDSS)总体技术方案(暂行)[S].

现代综合客运枢纽信息化解决方案

邵晓风　刘君杰　张皓琨　孙宝平
（易程科技股份有限公司，北京　100083）

摘　要：本文基于虹桥交通枢纽信息化建设经验，在深入分析现代综合客运枢纽信息化建设中存在的问题基础上，面向单体综合客运枢纽运营、城市综合客运枢纽群管理、区域综合客运枢纽群协同三个发展阶段，从生产运营管理、旅客信息服务、综合交通协同等角度提出了涵盖现代综合客运枢纽生产、运营、服务全过程的信息化综合解决方案。旨在通过信息化方式实现各种交通方式高效的协同运营，从而提高各交通方式的生产效率、提升旅客的出行体验。

关键词：综合客运枢纽；枢纽群；集成；协同；生产运营服务

1　引　言

交通部《交通运输“十二五”发展规划》中明确提出：“建成100个左右铁路、公路、城市交通有效衔接的综合客运枢纽的建设。”标志着我国交通发展进入了新阶段，从独立交通运营主体建设向推进综合运输体系建设和促进多种运输方式信息的共享和协同方向发展。

在上海虹桥交通枢纽建设之前，我国还没有大型的城市综合客运枢纽，原有的枢纽在规模上和信息化建设上与国外发达城市的先进枢纽仍有较大的距离。随着上海虹桥综合客运枢纽成功投入运营并服务于2010年上海世博会，其客流管理平台承担着50万人次/日以上的客运量，实现全面监控客流、统一调度指挥、综合信息发布等工作，形成了标准统一、功能齐全、性能优良的综合交通信息一体化管理平台。平台不仅可全面满足旅客在枢纽内无处不在的综合信息服务需求，还可使综合客运枢纽管理中心全面掌控各交通方式客流、车流等情况，并在此基础上进行协调调度、应急管理等工作，为今后的综合客运枢纽信息化建设提供了宝贵经验。

虹桥综合交通枢纽是集高速铁路、磁悬浮、城际铁路、高速公路客运、城市轨道交通、公共交通、民用航空等多种运输方式于一体的国际化超大型综合客运枢纽，其软硬件配置水平、基础设施选型和项目建设规模等方面都是走高端路线，建设周期和投资成本较高，而国内其他区域客运枢纽往往无法达到相关硬件条件，因此虹桥枢纽解决方案尚不具大规模普及应用推广能力。本文在虹桥枢纽的信息化建设经验基础上，对综合客运枢纽信息化管理现状和发展趋势进行分析，提炼出可定制、易裁剪并满足现代交通发展目标：“协同、便捷、安全、经济、高效”的综合客运枢纽协同管理解决方案。本方案依托物联网、云计算、智能管理等现代信息技术，实现信息高度集成、多交通方式协同运营、设备设施一体化管理、节能管理、商业运营、综合信息多渠道发布、延伸旅客服务等多项智能化信息服务功能。

2　国内发展现状及趋势分析

2.1　枢纽现状及问题

随着我国经济的快速发展和城市化进程的加速，主要大中型城市的人口持续增长，人们出行的频率也在不断增加，给公共交通带来巨大的压力。综合客运枢纽工程应运而生，它集多种交通方式及换乘功能于一身，使大客流可在短时间内实现有序、高效的集散。

国内现有的城市综合客运枢纽是在某一范围内汇集了公交电汽车、城市轻轨、地下轨道、机场快轨、出租车、自行车等几种或多种交通方式，囊括多个交通运输运营管理主体，实现公共交通、自驾车、自行车以及步行等的公众出行方式的一站式换乘，是城市内部客流和车流的关键节点。传统综合客运枢纽在给出行者带来出行和换乘便利的同时，也暴露了一些问题：

(1)客流集散管理有待加强。多种交通出行方式集中在一定范围内，将产生显著的客流聚集效应。枢纽内汇聚庞大的进出客流量，极易造成客流拥堵，一旦发生突发事件，较易产生挤伤、踩踏等各类安全事故，存在一定的安全隐患，为枢纽的应急响应和紧急疏散管理带来巨大挑战。

(2)旅客换乘效率有待提高。部分枢纽连接了民航、铁路、城市公交、长途客运等交通方式，枢纽内换乘关系复杂，引导标识体系不够完善，极易使初次进出枢纽的乘客在进出枢纽和换乘过程中感到茫然和不知所措，容易造成旅客换乘困难，增加客流拥堵现象。

(3)部分枢纽建设规划不够合理。部分客运枢纽内部各交通方式之间站点布局不尽合理，旅客换乘距离过长；部分设立于城市中心的客运枢纽给周边区域道路造成巨大交通压力。除客运枢纽功能外，枢纽内商区、公寓、酒店密布，庞大的客流进出枢纽也势必带来进出车流的聚集，给周边区域停车场和道路交通产生巨大压力。

(4)枢纽内综合协同运营管理能力不足。枢纽内多种交通方式汇集，各种交通方式间不能实现协同运营和应急联动管理，难以实现客运枢纽的整体高效运营。

2.2 信息化管理现状

(1)旅客信息服务方面。

目前部分客运枢纽尚无相关信息发布系统，部分客运枢纽虽具备公交信息发布系统、地铁及轻轨信息发布系统、枢纽静态标识标牌系统等，但是在信息内容方面并没有集成其他相关的交通方式和枢纽运营信息，仅可为公众提供单一的交通信息，缺乏多元化、多层次、多渠道的信息服务，无法面向出行者提供更有效的诱导信息。

(2)多种交通方式协同运营方面。

枢纽内的运营主体采用条状管理模式，运营单位之间各自为政，造成了枢纽内各运营主体的信息系统相对独立，各自仅采集和发布管辖范围内的数据信息，从而形成多个“信息孤岛”，无法实现多交通方式的协同运营。

2.3 综合客运枢纽发展趋势

自虹桥综合枢纽建设起，国内多个城市开始规划/建设综合客运枢纽工程，当前已建设的多是单体综合客运枢纽，一般是以铁路车站、机场或长途客运站等为核心，综合多种交通方式，实现旅客在指定区域内的快捷换乘；之后，随着城市内多个单体综合客运枢纽的建成，可进一步通过市内轨道交通、公交、出租等交通方式将单体综合客运枢纽连接起来形成了城市内客运枢纽群，其服务范围可辐射城市大部分地区，对内是连接中心城各区域，对外是城市与城市之间的重要纽带；多个城市综合客运枢纽群还可通过民航、铁路、长途等交通方式连接其他城市的客运枢纽(群)，最终形成服务范围扩大至城市群所在的地理区域的区域综合客运枢纽群。

在综合客运枢纽发展趋势下，枢纽信息化解决方案需在信息高度集成的基础上实现相关系统的融合，包括与枢纽相关的民航、铁路、公路、水运等各交通运营单位信息系统以及城市交通系统等。为枢纽内多交通运营单位提供协同运营服务，为旅客提供更加丰富、多元化的综合交通运输信息服务。

3 综合解决方案

为满足不同规模、不同建设及管理模式，同时考虑枢纽群业务增长及协同运营需求、考虑未来建设成本及实施便利等因素，本解决方案利用云计算技术构建一个开放的综合客运枢纽云平台，以满足各交通方式、各枢纽的存储和计算等需求，并易于多样化应用的聚集。在此基础上通过云际协同技术实现多个枢纽云平台的信息交互和协同运营，使综合客运枢纽的管理模式从单体综合客运枢纽管理上升到综合客运枢纽群一体化协同管理的高度，为各枢纽运营主体提供安全、便捷的协同运营服务，为旅客提供更加全面、一站式的信息服务。

3.1 系统总体层次结构

系统总体架构可分为数据感知层、基础支撑层、软件支撑层、数据资源层、综合应用层及展现层等，如图 1 所示。

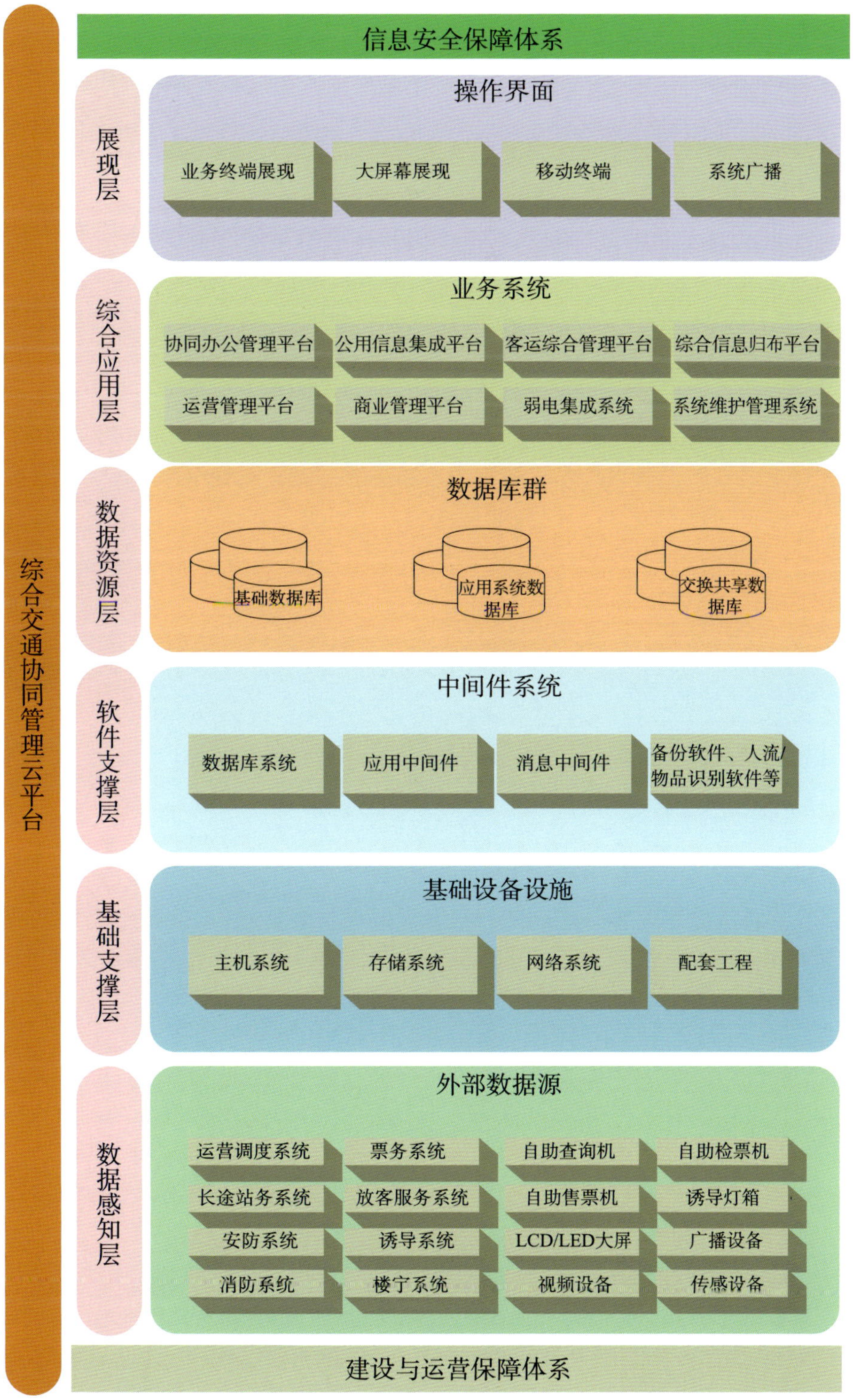

图 1　系统总体架构

本解决方案融合了民航、铁路、长途客运、公交以及城市道路交通系统等相关信息系统，结合物联网、云计算、智能识别等信息技术，实现旅行位置可标记，信息服务可定制，安全隐患可辨识，满足对交通信息的动态性、差异性、位置相关性和互动性等需求；面对综合客运枢纽工作人员提供多运营单位协同运营管理、智能交通融合、一体化监控、商业配套管理等服务；面对旅客提供综合信息服务和丰富的电子商务等服务，实现满足“交通信息高度共享、枢纽生产协同运营、旅客信息智能服务、紧急事件安全响应”的智能化综合客运枢纽解决方案。

系统采用云计算技术为用户提供服务，可按需提供存储及计算等资源；系统综合应用层提供标准的公共服务接口，为业务快速扩展和集成其他行业应用提供了良好的基础；所有子系统的架构和数据库采用统一设计，系统中枢纽系统与各交通方式内部系统可形成有机整体，既可适应枢纽系统统一实施，也可适应某些系统单独实施。

3.2 应用信息采集与集成

采用物联网中间件技术和消息中间件技术采集异构应用系统信息，进行安全高效的信息整合，建设一体化综合信息集成平台。平台内的数据依托异源异构融合、抽取聚合检索以及智能推荐等技术进行数据的整合和挖掘，实现智能辅助决策，从而可面向不同的用户群体提供更加智能的信息服务。

3.3 多运营单位协同运营

面对单体客运枢纽内各交通方式和枢纽群内各单体客运枢纽的统一管理、协同运营等业务需求，本平台以智能协同管理为核心理念，采用深度集成的方式实现对各类信息的集中管控，实时掌握枢纽运行态势，加强各交通运营单位之间对事件的联动响应能力，并通过便携终端实现移动协同，达到客运枢纽群之间协同运营的目标。

3.4 综合信息服务

通过多种手段，如多功能自助查询机、门户网站、广播、手机、电台、电视、服务热线等，为旅客提供综合动静态交通信息服务，包括多交通方式运营信息、票务信息、枢纽周边及城市路况信息、行程规划及换乘信息、应急疏散信息等枢纽相关信息。

3.5 智能交通融合

由城市内多个单体综合客运枢纽组成的城市综合客运枢纽群，群中各客运枢纽之间通过轻轨、公交以及出租车等交通方式连接。面向枢纽群及枢纽群辐射区域，为充分实现各交通方式的协同管理和高效运营，通过智能交通融合系统的建设，可将包括城市交通管理系统、公交运营调度系统等多个交通系统进行有机整合，满足不同枢纽间多种交通运营单位的协同运营需求，实现城市内智能交通系统功能，同时为旅客提供更加丰富、多元化的智能交通信息服务。

3.6 运营管理支持

为提高设备、设施的运行效率，保证运行质量，提高枢纽效益，系统在对交通运营信息分析的基础上，对设备的使用状态实现智能监控并进行节能控制，在保障设备安全同时实现节能减排。同时对事故预案的制定和执行、事故原因的分析和处理、能源供需的合理调配均具备重要意义。

为减少资产维护成本，系统基于知识库、数据采集与智能分析等手段对设备、设施等资产提供远程维修维护管理平台，面向工作人员提供资产及备件管理、决策支持服务、移动协同办公服务、应急管理服务、故障流程管理服务以及安全预防服务等，实现了资产全生命周期管理，有效降低设备故障几率，缩短维护维修周期。

3.7 运行一体化监控

将不同运营单位的相关信息系统、同一运营单位下的不同专业系统以及相关智能设备运行状态等信息有机的集成在一起,通过统一的人机界面展示给管理者,使管理者能够站在更高的管理层面上对枢纽群内各交通方式运营状态、各信息系统运行状态、设备运行状态、道路交通运行状态、能源消耗管理状态等各种状态信息全面掌控,实现枢纽运行的一体化监控。

3.8 商业配套管理

一般客运枢纽内都拥有巨大客流,这对枢纽内及周边商业产生积极的带动作用。系统面向枢纽内的广告经营,构建将广告销售、业务处理、账务处理、决策分析为一体的广告管理解决方案;面向枢纽内的商铺租赁,系统提供完善的物业管理系统可对门店、客户、合同以及核算方式等进行智能管理。

基于客运枢纽的信息集成,考虑到旅客旅行过程中在购票及综合换乘等问题,系统建设统一的电子商务平台,实现网络化、远程式的网络购票、电话购票、手机短信购票等多种票务服务,并为旅客提供智能规划、快捷换乘的行程规划及引导服务。

4 结 论

本方案为综合客运枢纽及其辐射区域内多种交通运营实体提供协同运营、安全监测及应急联动处置等功能;为旅客提供智能的个性化综合交通信息服务。根据枢纽功能及区域定位可支持多类综合客运枢纽,如文中提及的单体综合客运枢纽、城市综合客运枢纽群和区域综合客运枢纽群,系统架构具有灵活性和前瞻性,可在未来的综合客运交枢纽信息化建设中发挥积极作用。

参 考 文 献

[1] 张岩峥. 城市综合交通枢纽一体化设计研究与实践[D]. 大连. 大连理工大学,2010.

[2] 余红明. 铁路与城市轨道交通换乘问题研究[D]. 成都:西南交通大学, 2010.

[3] 范璐. 综合客运枢纽交通组织研究[D]. 西安:长安大学, 2010.

[4] 刘瑶,徐瑞华. 基于综合交通枢纽的现代服务业集聚区建设的系统分析[J]. 城市轨道交通研究,2007,(1).

[5] 徐竞琪,滕靖,刘好德,陶媛. 城市交通枢纽运行可靠度模型研究//2007 第三届中国智能交通年会论文集[C], 2007.

[6] 周正柱. 长三角综合交通体系发展现状与策略探讨[J]. 交通企业管理, 2007,(4).

施 工 监 理

大型铁路站房施工质量控制要点

中铁建工集团

摘　要:结合工程实例对铁路客站易出现的质量问题进行了分析,提出了解决措施和建议,总结了大型铁路客站施工质量控制的要点。

关键词:铁路;站房;质量;控制

1　大型铁路站房的特点

大型铁路站房通常由站房、雨棚、附属用房等几部分组成,一般采用高架候车形式——“站桥合一”结构。站房位于轨道桥的上方,雨棚位于站房两侧,大型车站通常有地铁穿过,城市高架桥接驳高架站房。由于功能及空间布局的要求,大型铁路站房轨道层以下通常为钢-钢筋混凝土组合结构,轨道层以上通常为钢结构高架层及大跨度钢结构屋盖。

大型铁路站房作为综合交通枢纽,建筑规模宏大,与常规公用建筑的施工有很多不同之处:①工程规模大,构件截面尺寸大,层高高,大跨度钢结构应用多,技术标准高,施工难度大;因此会使用大吨位吊装设备、大量垂直运输设备群体作业、运用顶升、提升、滑移等多种特殊工艺;②新结构、新工艺、新材料、新技术应用多,涉及专业多,专业接口多;尤其是智能化程度高的安装工程施工与调试难度大,因此预留施工调试时间要比常规建筑预留时间要长很多;③玻璃幕墙、石材幕墙、吊顶龙骨等二次结构以及多个专业的安装工程要依附于主体钢结构工程之上,施工中受钢结构工程变形影响较大,质量和观感也会受影响;④运营后列车通行产生的风荷载及振动荷载会影响到站房结构、装饰装修及安装工程的质量,严重时可以危及行车安全。

2　大型铁路站房质量控制要点

2.1　施工组织设计编制

施工单位必须编制切实可行的具有指导意义的实施性施工组织设计。

通过对施工图纸、周边环境条件、工期要求、质量创优目标的分析,对整个站房工程进行施工组织总策划,从组织机构、人员劳动力组织、机械设备配备、材料物资供应、质量安全保证体系等多方面进行部署,明确工程的重难点及质量控制关键工序,并编制关键工序施工方案,明确质量标准,使工程得以合理有序可控的进行,避免不必要的抢工、窝工情况,从而确保分部分项工程质量。

2.2　深化设计,样板先行

施工单位应就设计中的关键工序和节点进行深化设计(优化设计),例如钢结构深化设计、预应力深化设计、屋面工程深化设计、钢筋混凝土工程复杂节点深化设计、幕墙工程深化设计、装修工程深化设计等,为保证工程质量创造条件。

同时在大面积施工前要进行施工技术交底、质量控制作业要点交底,将施工规范、验收标准等融入技术交底和作业控制要点中,并就关键部位关键工序做出实物样板,预先发现问题,确定标准。

图 1 施工现场样板区

图 2 梁柱节点深化设计

2.3 专家论证会制度

对于初次应用的新结构、新工艺、新材料、新技术在实施前组织专家论证会、专家咨询会,确定施工方案及验收标准,对工程质量起到预控作用。

2.4 计算机施工模拟、仿真计算

利用先进的计算机辅助设计和软件,进行复杂结构的受力分析、工况模拟、重点节点分析,解决施工中可能遇到的难题,并采用可靠的解决措施。

对于大型钢结构,由于安装阶段所涉及的工况与设计最终工况受力可能不完全一致,需进行计算机仿真计算,模拟整个施工安装阶段的工况,进行验算,采取临时加固措施,保证结构施工安全及安装精度。

2.5 大型铁路站房施工测量管理

(1)铁路工程与地方配套工程采用不同的坐标系统,因此务必测设在一张总图上核对。

(2)站房与线路施工、地铁及周边配套工程接口多,测量放线需要多方复核。

(3)钢结构构件空间定位要求高,影响因素多,难度大,需要根据软件计算的结果多次校核,并且考虑施工时点的温度、变形、沉降等因素来综合确定。

2.6 严格过程控制,确保工序质量

施工过程中施工单位、监理单位、设计、检测单位要通过过程中的检查、检测确保工序质量的实现。特别是对于某些高空作业的工序质量控制如雨棚钢结构安装焊接、屋顶次结构的连接质量、吊顶吊杆的固定等工序及部位,施工中应为技术人员检查和验收创造便利条件,确保监督到位。

图 3 混凝土结构实物

关键工序要全程盯控,并保留影像资料。如防水工程、预应力工程、钢管混凝土柱泵送顶升、屋面工程、卫生间闭水、安装调试等均要全程盯控。

2.7 以专业化、机械化、工厂化、信息化为施工手段,促进质量控制

专业化:具有相应专业分包资质及劳务资质的单位进行专业分包工程施工。

机械化:多采用机械化生产,减少手工作业。

工厂化:尽可能减少现场作业量,减少发生质量缺陷的可能性。

信息化:利用先进的信息化手段提高质量管理。例如钢结构提升、卸载时的数据采集、分析和监

控;预应力张拉时,进行各项检测数据分析等。

2.8 结合工程实际,推行技术创新(以郑州东站为例)

(1)模板系统

根据不同项目的特点,进行专项模板体系设计,做到既安全可靠、经济实用,又有利于保证工程质量。

(2)钢管混凝土

钢管混凝土常用浇筑工艺有三种:一是高抛免振;二是高处布料内部振捣;三是根部顶升。对于钢管混凝土密实性的检测目前还没有可靠的方法,采用敲击判别法不足以判断内部混凝土的密实性;超声波法对不易密实的隔板节点区判定也不明确。根部顶升可以有效地保证钢管内部混凝土的密实。郑州东站采用泵送顶升施工工艺,工程实施前进行了足尺浇筑工艺试验(图4)。

图4 混凝土浇筑

(3)复杂节点钢筋工程与安装工程优化

采用三维模拟法预先模拟施工实况,解决钢筋、预应力筋穿插难题;通过专用软件进行复杂区域管线综合布设难题(图5、图6)。

(4)特殊节点设计

①水落口设计:倒置屋面中,屋面落水口、通气孔的做法只有条文规定,郑州东站在实施前补充了节点做法(图7)。

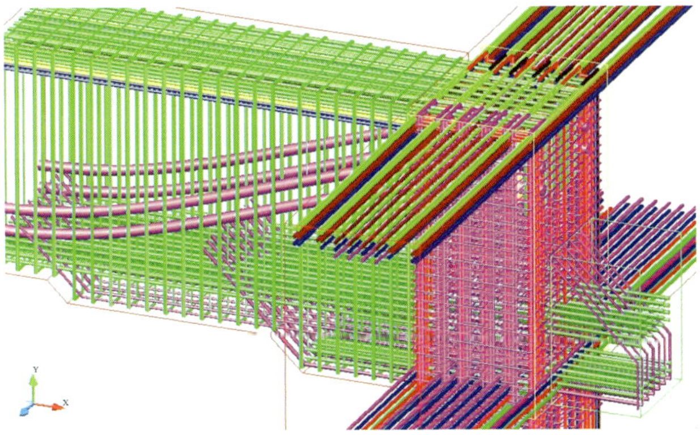

图5 复杂钢筋节点三维模拟图

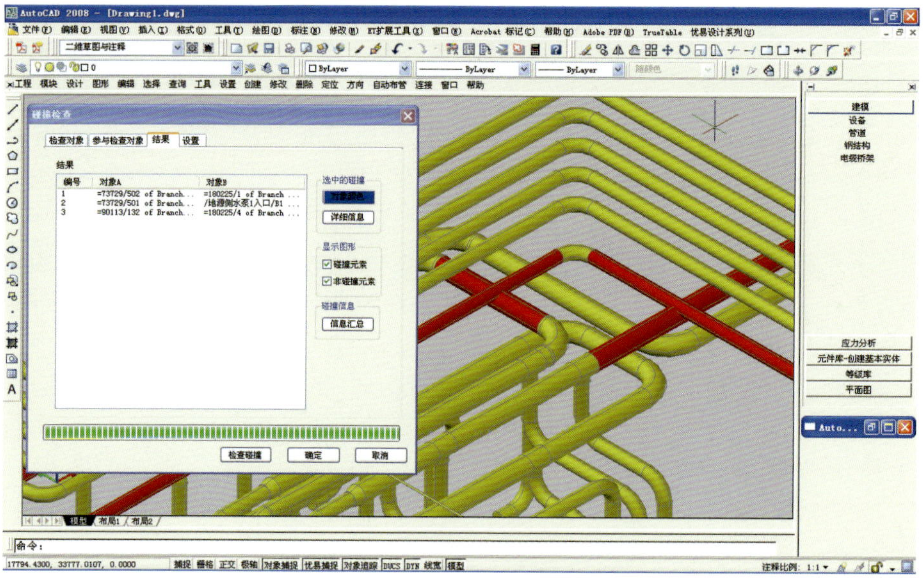

图 6　计算机三维模拟管线排布图

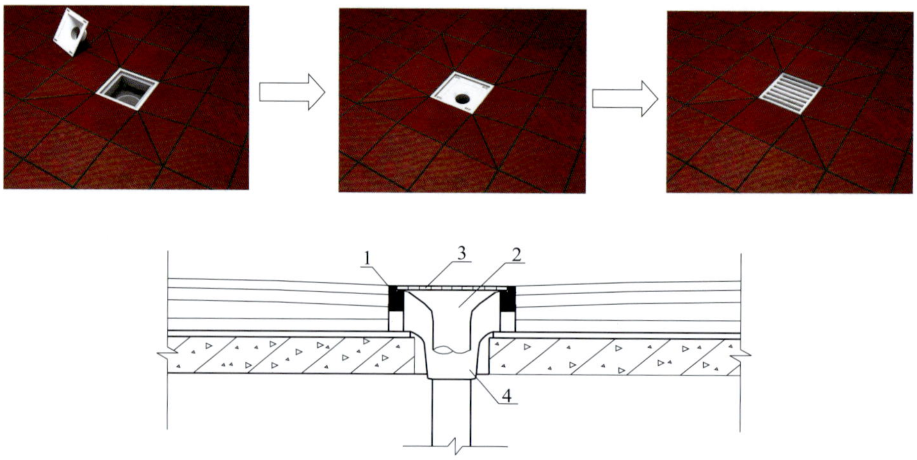

图 7　倒置屋面雨水螺口做法图

1—落水箱;2—落水漏斗;3—落水篦子;4—落水管

②变形缝设计:屋面工程因面积大,主体钢结构工程温度变形大,对此要进行专项节点设计(图 8、图 9)。

轨道层桥梁变形缝在设计图纸中要求参考厂家图集,厂家图集中也没有安装施工图,郑州东站在实施前结合房建工程施工做法,补充完善了变形缝安装详图(图 10)。

钢结构工程结构变形量远远大于混凝土工程结构变形量,因此高架层地面、幕墙、雨棚等变形缝要专项设计,并经过原结构设计审定,以满足结构变形的要求。

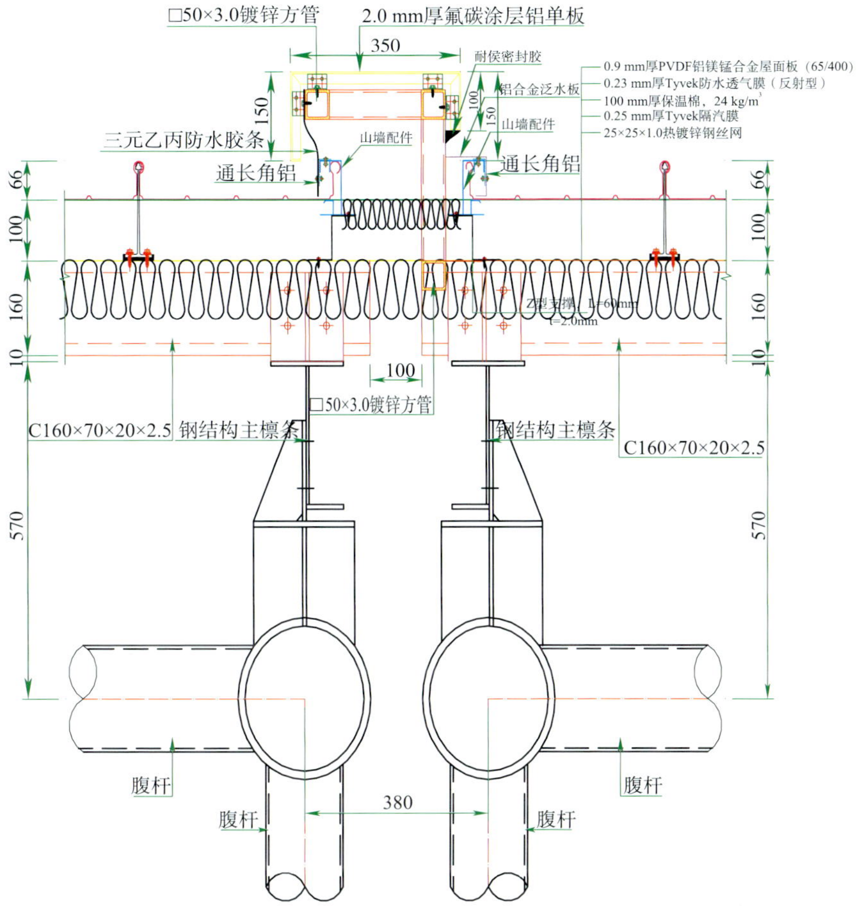

图 8　金属屋面变形缝

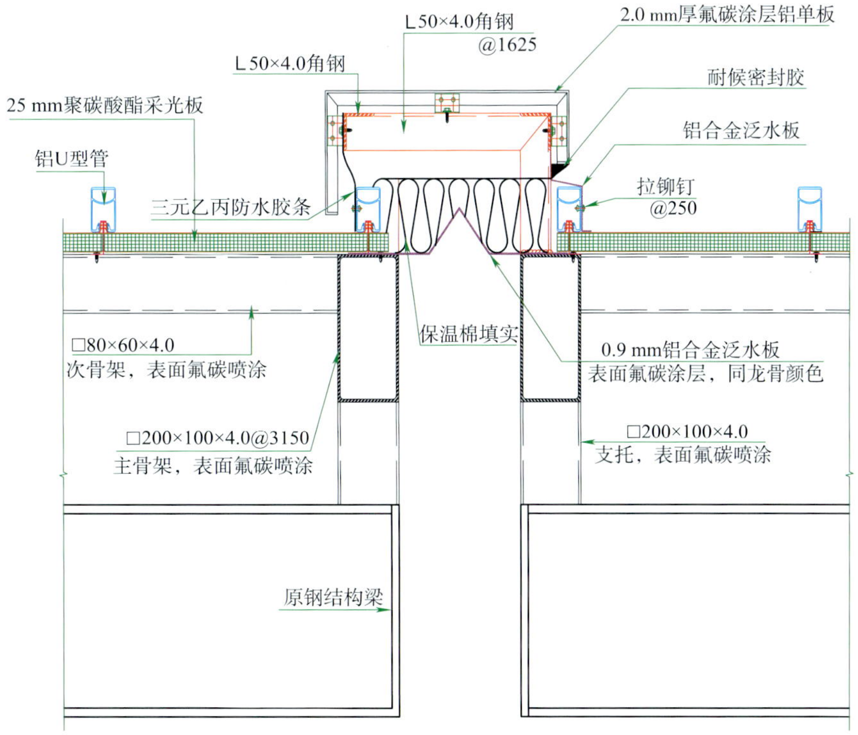

图 9　阳光板屋面变形缝

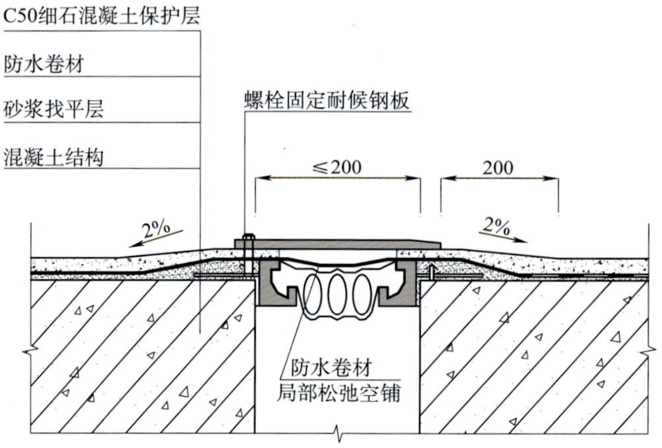

图 10　轨道层变形缝

3　铁路站房几个常见质量问题及预防措施

3.1　回填土

站房结构施工阶段的基坑回填土质量填筑不密实，会引起站房周围地面沉降；路基与站房桥建结构的过渡段回填土不密实，会造成站台面沉降开裂，同时路基沉降会直接影响到行车安全；另外还会影响到基础坐落在回填区域的一些结构工程的质量，如楼梯结构等。

改进措施：一是使用机械分层碾压密实；二是填筑料的选择宜采用保证质量的级配砂石、灰土或混凝土等（图 11）。

图 11　改进措施

3.2　电梯、扶梯基坑、地下通道渗漏水

有不少站房投入使用后出现电梯、扶梯基坑渗漏水现象，影响设备的正常运转及使用寿命，且设备已经投入使用，整改难度大，究其原因主要是施工过程中结构工程自防水与建筑防水工程质量管控不到位。

预防措施及建议：一是施工过程中严格保证结构与建筑防水工程的质量，并在全部回填完成后设备安装前检查是否存在渗漏现象，采取针对性措施（注浆堵漏等）进行根治。简单工序宜忽视而造成难处理之后果。二是电梯扶梯基坑设计时底面宜找坡并增设集水坑，坑内配置自启动潜水泵，以防地面清洗及其他情况下进入设备基坑的明水排除（图 12）。

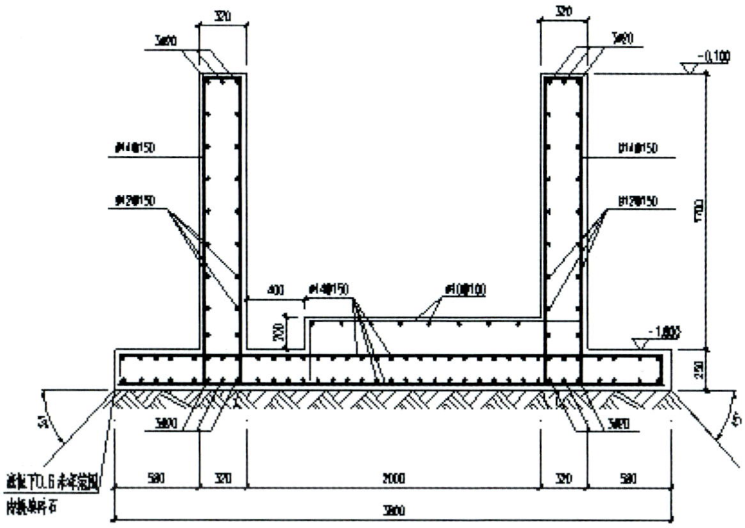

图 12　电梯集水坑示意图

3.3　站台层渗漏水

站台层渗漏水主要发生在线路区域站房与雨棚变形缝部位、桥梁结构与站房结构的接缝处等。基于该部位结构的特性,除了结构自身的变形外,还有受动荷载影响产生的形变,该区域的变形缝处理不好往往产生渗漏,影响到出站层的使用。

采取主要措施:一是对变形缝进行专项设计,出详细节点大样图;二是站房与站台雨棚区域分界处要做好止水措施,防止站台雨棚区域的雨水流入站房区域;三是站场区域的排水沟设计应有足够的排水断面尺寸,避免在大雨时遇堵塞雨水溢出流入电缆沟、室内等。且南北方地区宜根据具体情况设计。

3.4　屋面构造与渗漏水

铁路站房工程大多采用金属屋面和采光天窗屋面形式。

(1)采光屋面渗漏

采光屋面一般采用阳光板。这是基于该材料在节能、安全、强度高、重量轻、隔声等诸多方面与玻璃比较具有优越性,但是该材料具有两项缺欠:一是硬度比玻璃差;二是热膨胀系数大,易于变形,且接缝处理没有特殊措施,受外界温度影响易于变形可能造成屋面渗漏。

(2)金属屋面渗漏

金属屋面渗漏的原因主要是节点处理不好、出屋面构件多,接缝处理不合理,尤其是直立锁边屋面在端部的节点处理不合理,遇到急雨造成雨水倒灌漏水(一般厂家的做法是把铝镁锰板卷起几公分,用泡沫板堵头,接缝打胶。本身做法不能保证要求)。

采取措施:一是设计上尽可能将屋面的排水坡度加大;二是铝镁锰屋面与出屋面构件的接缝处处理专门做节点设计;三是阳光板接缝处节点处理,采用咬合、加边框等措施;四是设计增加防水层,在国内外很多类似建筑是设计有防水层的。

3.5　结构变形缝设置

大型铁路站房考虑使用功能和旅客舒适度要求,均采用大跨度空间结构,高架候车层结构钢桁架跨度很大,在安装施工以及钢结构完成后结构的变形非常大,以致影响到站房装修层和安装工程的某些构件,严重的造成破坏。

预防措施:一是设计上尽可能地要将变形缝的宽度加大一些;二是安装过程中适当加大钢结构桁架的起拱值;三是采用变形能力较强的柔性变形缝材料及构造措施。

3.6 附属钢结构焊接质量控制

主体钢结构的质量受到各方关注,钢结构的尺寸偏差控制较好,焊接质量易得到保证,但是个别部位和次要结构(装饰装修和安装工程的吊杆等)的焊接质量则存在着重视程度不够的问题,存在焊缝不饱满、不平顺观感不好,缺少安全核算,防火和防腐涂料涂刷缺漏等。

主要措施:一是要求附属结构必须有安全计算书,编制技术方案,进场材料检验等;二是为旁站监督监理和检测试验创造条件,搭设马道、爬梯等,确保监控到位。

3.7 金属压型屋面板抗风问题

铁路站房及雨棚屋面采用金属屋面系统,对于压型金属板屋面系统目前尚无国家标准。随着近年来极端天气发生频率的增大,部分站房金属屋面出现质量问题,最为严重的是屋面板被掀开、剥落,危及线路运营(图 13)。

图 13　屋面板掀开

主要措施:

(1)屋面系统主次檩条的设置、连接与紧固件的选择要经过设计计算确定,以满足受力性能的要求。

(2)配件材料选择要与屋面板的材质一致。

(3)按照国标《金属压型板应用技术规范》(征求意见稿)的规定,压型金属屋面系统应经抗风揭试验验证其整体抗风能力满足设计要求。目前国内尚无相关试验方法和标准,可以参照美国 FM 方法和标准。

(4)檐口等容易产生正压风力的部位须进行专项设计,必要时可采取增设防风夹等措施。

施工中对檩条与主结构的连接质量、连接件与檩条的连接质量、金属板间的咬合质量重点管控,严格每道工序的检查验收。

(5)对于屋面的检查维修应设计永久的施工通道或爬梯。

3.8 钢化玻璃自爆问题

铁路站房工程钢化玻璃自爆现象多有出现,主要存在于玻璃幕墙、玻璃采光屋面、进站天桥玻璃栏板等部位(图 14)。

钢化玻璃自爆的主要原因是由于玻璃中硫化镍(NiS)相变引起的体积膨胀(4% 左右)所致。自爆率一般在 2% 左右。

此问题较普遍,属国际难题,可采取以下措施减少自爆。

(1)均质处理:公认的能大幅度降低自爆率的有效方法,均质炉加热 290℃,恒温 2 h。

图 14　玻璃自爆

(2)早订货,早生产,静置时间长。

(3)在不影响外观效果的前提下尽可能缩小玻璃块材的尺寸。

(4)为站房使用后玻璃的清洗、更换和维修创造条件,如马道、爬梯、挂钩等。

3.9　活完料净场地清

每个工地都有要求,但是实际与要求差距很大,往往是吊顶内、干挂石材内、围护结构内、变形缝内等总会有垃圾存在,从而对建筑的使用造成一定隐患,严重的有可能掉下触碰接触网影响行车(图 15)。

图 15　工地垃圾

措施:一是专人负责清理干净;二是加大培训教育惩罚力度,引起高度重视。

4　结　语

大型铁路站房建设,质量管理方面既有与普通公用建筑施工相同之处,也有其自身的特点、难点。施工单位要按照人员配备、管理制度、过程控制、现场管理四个标准化的要求进行管理,充分发挥人员的主观能动性,创造性地解决问题,注重质量管理的事前策划、事中控制;充分吸取其他工程建设经验教训,全面管理,重点监控,才可能建设好铁路客站工程。

精品铁路客站装饰施工组织与管理

吴永红　武利平

（中铁建设集团有限公司，北京　100040）

摘　要：结合工程实例分析了站房装饰工程的施工特点，指出了精品站房装饰施工组织要点和从装饰施工角度实现客站精品的途径。

关键词：精品客站；装饰施工；组织；管理

1　三亚、博鳌站工程概况

三亚站（图1）位于海南省三亚市鸭仔塘国家粮库南侧，距三亚市中心约 4.7 km。站房工程为 4 台 8 线、线侧式，站房高峰小时聚集人数 800 人。主站房建筑面积 14 991 m^2，无站台柱雨棚 47 679 m^2，进站天桥 1 379 m^2，出站地道 1 589 m^2。主站房共 2 层，檐口最大高度 27.2 m。

图 1　三亚站效果图

博鳌站（图2）位于琼海市中原镇，站房建筑面积 4 025.4 m^2，站台建筑面积 4 275.4m^2，结构形式为钢结构及混凝土结构；分为贵宾区、主站房、四电用房区三个区。

图 2　博鳌站效果图

2　三亚、博鳌站的装饰施工特点

2.1　定位高，要建成“国际一流”铁路客站

三亚和博鳌站建设之时，正是国务院推进建设海南“国际旅游岛”定策之际，铁道部和海南省相关

领导现场办公，共同提出三亚站建设“国际一流车站”的目标。

2.2　设计新，要实现站房装饰造型、材料、工艺的完美结合

以三亚站为例，三亚站的建筑设计兼顾海洋文化和海南传统建筑风格，设计新颖；造型上最大的特点是波浪形屋顶形式，材料上最大的特色是仿花梨木铝材的应用。为达到设计效果，采用了6 m超长超宽凹凸齿形木纹铝板柱面（一般铝板长度不超过4 m）和木纹铝板包弧形梁工艺，施工难度大。

2.3　组织难，要克服海岛施工资源稀缺的难点

海南岛内建材业很不发达，所需装饰材料除砂、石外均需从大陆经车、船运入，运输周期长；岛内装饰制品加工的市场配套能力也较差，连类似售票窗口钢化夹胶玻璃这样的材料都不能加工；施工作业人员全部由大陆调遣、交通不便；材料和劳动力资源组织难度大。

3　精品站房的装饰施工组织

3.1　精品站房装饰施工组织的两个切入点和三个关键点

两个切入点：一是装饰施工组织要适应高级装饰施工作业的新模式，即“工厂定制加工＋现场精细化安装”；二是适应站房装饰施工的特点和工程建设组织机构的特殊性。

三个关键点：一是组织与团队建设；二是深化设计与施工策划；三是资源配置（包括材料供应与劳动力）。

3.2　施工组织机构建设

集团公司为适应铁路站房施工需要，成立了铁路工程总指挥部，全权处理站房施工相关组织协调、资源保障等事宜；在三亚和博鳌站装饰施工中，集团公司组织内部装饰分公司相关技术、设计和管理人员进驻项目部成立装饰工程部，承担与装饰相关的技术、经济、资源配置和协调管理任务；而且是较早组建（在基础施工的时候，装饰工程部便组建，开始工作）（图3）。

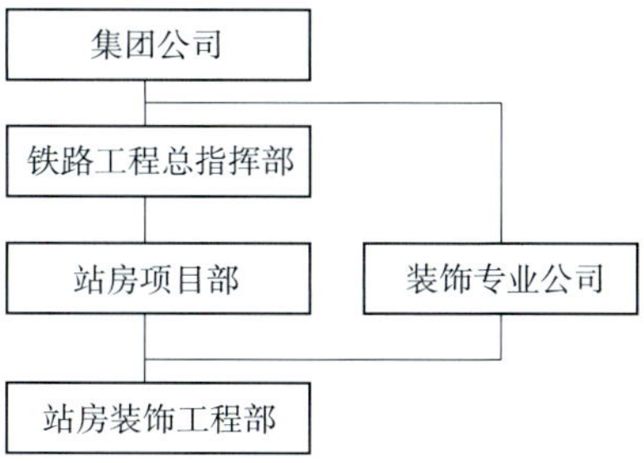

图3　站房装饰施工组织机构图

3.3　装饰工程部团队建设及其基本工作任务

3.3.1　装饰工程部的团队建设

为更专业的做好站房装饰工程，装饰工程部配置了装饰总负责、装饰设计、装饰技术、装饰施工、装饰质检、装饰材料、装饰预算和安全管理等项目管理所需的全套人员。

3.3.2　装饰工程部的基本任务

（1）装饰施工策划。

（2）深化设计。

(3)装饰施工资源组织与配置。

(4)装饰施工过程管理与控制。

3.4 装饰施工资源组织与配置

巧妇难为无米之炊,要出精品工程,要靠精细化管理,也要配优质材料和高素质工人。

3.4.1 材料商的选择

首先重点把握的是石材和铝板供应商的选择,其次是门窗、木雕、石雕、地毯、金属与玻璃制品等;合格供应商必须满足的条件包括:近两年参与高铁站房的业绩丰富,了解站房施工特点;产品质量过关、熟知站房质量要求;专业化品牌公司、实力雄厚、社会商誉好;与公司有过良好的合作关系(图4)。

(a)石雕　　(b)木雕

图4　专业公司加工制作的贵宾室石雕和老榆木雕花

3.4.2 装饰架子队的选择

装饰架子队的选择标准和条件:队伍实力雄厚、管理和技术素质高;较丰富的站房施工业绩,熟知质量标准和要求;有较丰富的高端装饰(如星级酒店)业绩,掌握高端装饰标准;会自我管理、自我要求高,自觉性强,班组和工人素质高。

4 精品站房装饰施工的管理要点

4.1 精细化施工策划

施工策划是在施工前围绕项目进度、质量、成本和安全文明施工目标,结合工程实施的各种条件,所进行的包括团队建设、资源配置、技术和管理措施等一系列的内业畴划和预演活动。针对三亚和博鳌站精品站房的建设目标,根据以往工程经验(尤其是站房装饰工程施工经验),未雨绸缪,全面进行精品策划,并对可能出现的问题做出预案,重点策划项目如下:

(1)组织人员精细化——装饰工程部建设和人员配置,重点是设计人员和技术人员的配置,站房施工经验和高级装饰施工经验很重要;

(2)资源配置精细化——材料和劳动力资源的选择,重点看专业化水平和站房业绩;

(3)工艺方案精细化——全面沙盘预演,从工艺角度制定精品创优计划,既保大面效果,更注重细部作法,每个细部作法不仅有文字描述,更有形象的配图;

(4)深化设计精细化——深化和优化设计,在满足设计总体效果的前提下,以安全、品质、便于精品施工为原则,深化和优化节点作法,直达施工深度;

(5)技术管理精细化——优化施工方案,围绕"工厂定制加工+现场精细化安装"的作业模式进行施工排版和现场放样;

(6)过程控制精细化——贯彻"装饰施工,从结构开始"的理念,尤其是门窗洞口的尺寸和位置,装饰要及早确定并及时交底。

4.2　深化和优化设计

组建装饰设计小组，全程跟踪和参与设计工作，包括参加设计方案汇报、控制性装饰施工图设计、施工图设计深化和现场排版与节点深化、材料加工图、竣工图绘制等工作。在全面掌握设计动态信息的同时，进行必要的设计参与，以使设计图纸更好地与施工和现场情况相结合，确保精品装饰的效果和可实施性（图5～图10）。

（1）主动协助设计院完善方案设计，进行施工图详细节点设计，加快设计进度。

（2）对设计中的不完善和不交圈部分，现场主动解决、带着合理化答案找设计。

（3）施工排版和材料加工图制作，其目标是“现场的每一条线、每一装饰板块与内业排版图纸和加工清单图样相对应”。深化设计精细化是管理精细化的第一要务。

图5　三亚站进站厅方案优化过程和最终竣工实景图

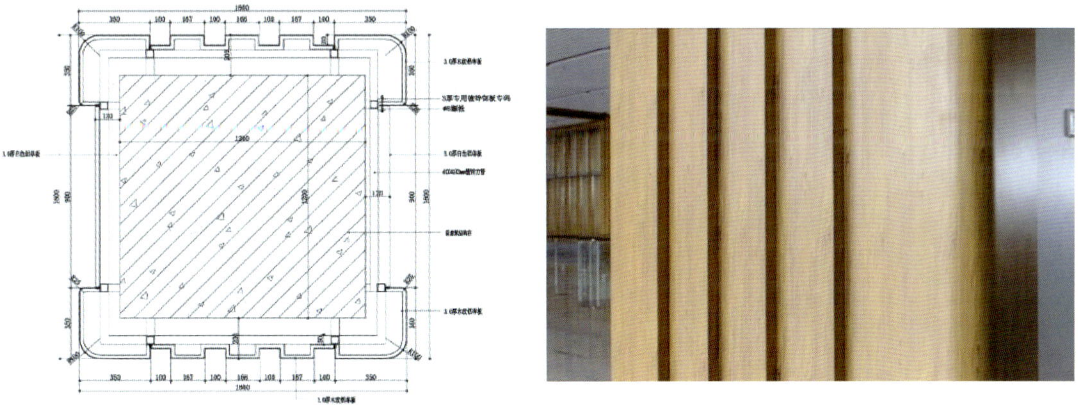

图6　主动深化设计的柱面造型

图7　出站厅等空间墙面现场建议的木纹板装饰腰线方案

图8　深化的博鳌站小便器对缝方案

图 9　VIP 候车天窗弧形铝板百叶遮阳方案

图 10　三亚贵宾室前厅的整体效果和材料选配

4.3　装饰施工过程控制

4.3.1　装饰施工安全性控制

品质保证是外美和内实的统一,行业内外过去较少关注装饰工程的安全性;尤其是新材料新工艺的不断涌现,在丰富装饰效果、满足多样需求的同时,在实践中常出现缺乏施工技术标准依据的情况。实践中因为装饰质量而引起的装饰石材脱落和幕墙玻璃脱落等安全事件也时有发生。因此,装饰施工过程中有规范、标准的,严格执行规范;没有规范标准的,要进行严格计算和论证,必要时进行相关试验,以确保构造合理和安全。

在施工策划阶段,结合装饰工程中普遍存在的质量通病问题和站房工程使用过程所反映出的问题,对需要控制的通病和装饰安全影响因素进行预先识别,在海东站房中,主要进行了如下关键技术的研究:

(1)台风地区站房室外雨棚吊顶抗风压和耐久性技术。

(2)站房高空大面积吊顶反作法施工技术。

(3)室内墙面石材干挂相关技术研究,包括执行标准、安全性计算、施工和维护等内容。

(4)湿贴玻化砖墙面质量通病的防治和工艺改进技术。

图 11　三亚站台雨棚铝条板吊顶(历经多次台风无任何变形)

图 12　博鳌候车厅水平干挂采取安全措施

4.3.2　装饰测量放线和放样工作

测量放线是将图纸设计、材料加工和现场安装联系起来的唯一途径,没有规矩不成方圆。测量放线的内容包括控制线测设和施工放线。测设控制线主要是为排版图提供现场尺寸,施工放线是依据排版图进行放出的现场墙面、顶棚、地面面层完成面线和各种洞口位置线和设备点位线等。测量放线、放样与排版设计密切交叉,互为依据,全方位覆盖,包括站台设备井位等,在结构施工时井位就要满足装饰精度的要求。

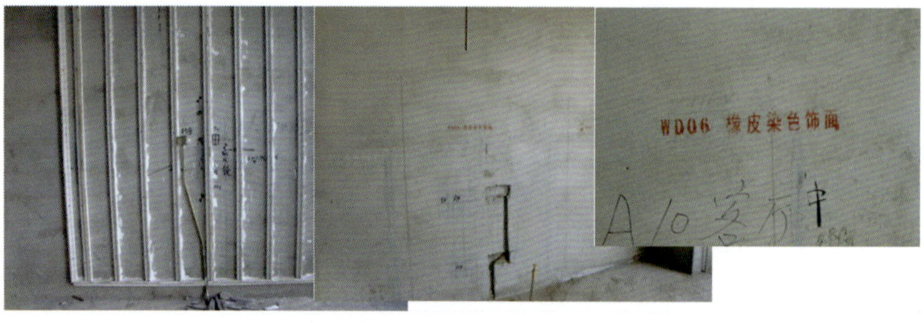

图 13　墙面放线与标识

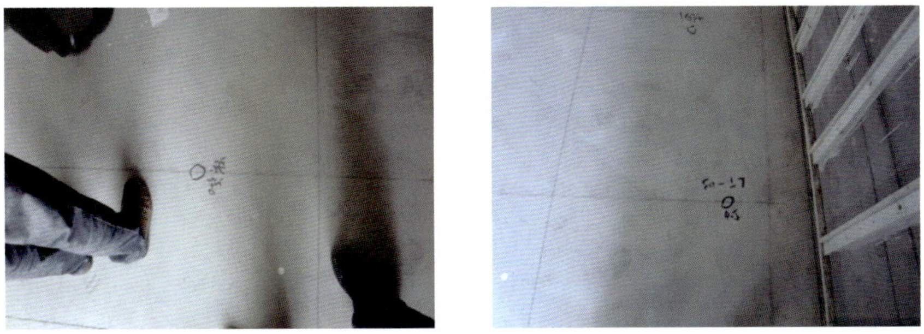

图 14　地面放线与标识

图 15　站台井盖测量定位

4.3.3　严格执行加工图和加工单的材料制作制度

(1)事先要做好各种部位和不同材料作法处界面的处理和衔接,实行会商制度,规定好尺寸关系,执行“制单编号、设计复核、技术复核、负责人复核签发”流程,避免出错。

(2)实现专项工程师负责制,执行“下单、跟单、进货按单按号验收、按部位按号发料、按部位按号施工”流程。

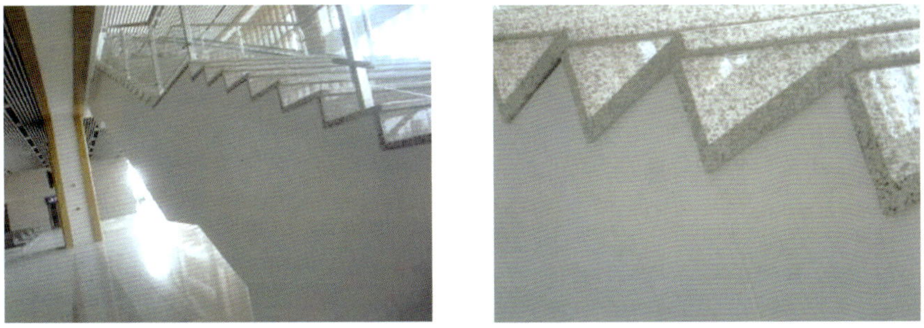

图 16　三亚楼梯踏步(石材和侧面铝板一体深化)

1	浅灰麻火烧水洗面	(1 400 × 600 × 20) mm	块	6	行李坡道石材，长边单边见光 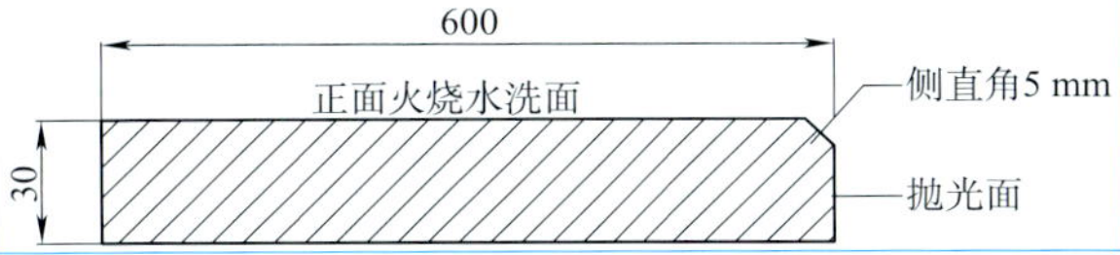
2		(1 001 × 600 × 20) mm	块	20	
3		(1 200 × 600 × 20) mm	块	4	行李坡道石材
4	浅灰麻石材光面	(402 × 195 × 20) mm	块	100	楼梯行李坡道三角板 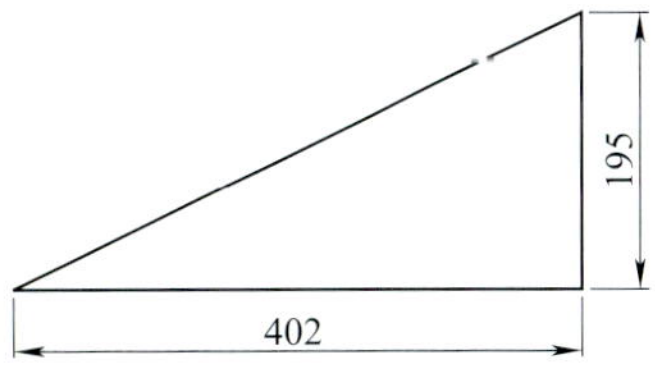

续上表

5	浅灰麻石材光面	(1 800 × 340 × 30) mm	块	98	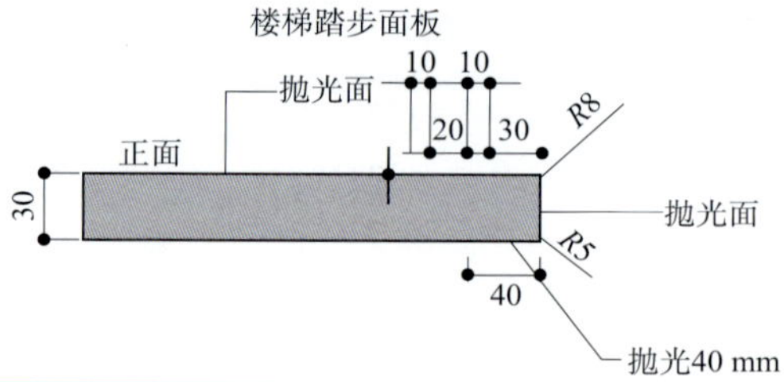
6		(1 200 × 340 × 30) mm	块	196	
7		(1 800 × 770 × 30) mm	块	4	
8		(1 200 × 770 × 30) mm	块	8	
9		(900 × 180 × 30) mm	块	36	站台挡水台盖板，长边双边背倒留 10 mm
10		(1 200 × 180 × 30) mm	块	12	
11		(1 420 × 180 × 30) mm	块	4	

图 17　石材加工材料计划单局部图

里外门套木门(表式 QMS0207B5)材料计划			编号			
编制单位	中铁建设集团有限公司海南铁路站房项目装饰工程部	工程名称	新建海南东环铁路三亚站站房及相关工程	填报日期	2010-7-30	
序号	材料名称	木门外框加工尺寸及墙厚(宽 * 高 * 墙厚)(mm)	单位	计划用量	开启和安装图示	使用部位及说明
1	里外门套木门	960 * 2 370 * 250	樘	3	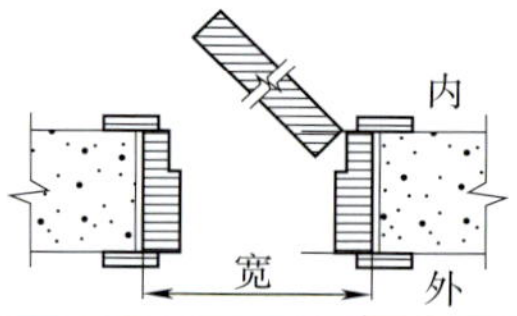	一层 11-12 轴/B-D 轴办公室、二层 11-12 轴 B-C 轴办公室：里外门套；单独配备的五金件有(锁具、合页、地式门吸一扇一套；锁孔由厂家开孔；门贴脸宽 60 mm
2	里外门套木门	960 * 2 370 * 240	樘	5	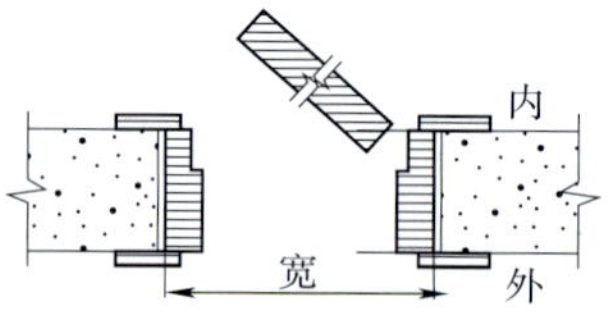	一层 10-11 轴/B-C 轴休息室、一层 9-10 轴/C-D 轴服务员直、4 200 m 夹层 10-11 轴/B-C 轴办公室、一层 10-11 轴/C-D 轴服务、二层 11-12 轴/C-D 轴办公室：里外门套：单独配备的五金件有(锁具、合页、地式门吸一扇一套)；锁孔由厂家开孔；门贴脸宽 60 mm
到货时间		项目经理	成本经理	物资主管	专业工程师	制　表　人
		—	—	—	—	—

图 18　木门加工材料计划单

4.3.4　现场施工质量精细化控制

(1)落实意识、管理和投入三位一体精细化施工体系，项目部管理人员和施工人员统一思想，精益求精，对追求完美的要求要不厌其烦，做好、做精自己的工作。

(2)落实各项精细化施工管理措施和管理制度，如深化设计、方案和技术交底制度、样板制度、测量放线、定制材料加工计划和全程管理、过程检查验收制度、专业综合排布和专业协调协商制度等。

图 19　贵宾室木门(装饰架子队工人现场精制)

图 20　木纹铝板柱梁、柱地细部(一气呵成、无需打胶等额外处理)

图 21　卫生间地漏

图 22　柱面消防水炮

图 23　石材暗门及其内部装饰

(3)工程精细化施工,不仅覆盖站房候车厅、售票厅、出站厅、站台、贵宾室等关注度高的区域部位,而且覆盖办公区、四电用房等普通区域,不仅要求大面美观,更注重细节的处理,粗粮细作也要出精品,把工艺做到极致。

图 24 售票室、办公室楼梯(综合排布规整,工艺精细)

5 结 语

铁路站房是铁路建设的窗口,是万里铁路线上的一颗颗璀璨明珠,展现在人民群众面前的不应仅仅是乘降车的便捷和舒适,更应是具有鲜明时代特征的、经得起考验的建筑艺术和精品工程,创精品工程是建设者的社会责任。

要建好无愧于时代的精品站房工程,必须以建筑装饰施工新的组织模式和站房工程施工组织的特殊性为施工组织的切入点、以"工厂定制加工和现场精细安装"为施工实现途径、以建设专业的施工管理团队和优化施工资源配置为保障,有效落实精细化深化设计和精细化过程管理的各项措施。

精品工程的诞生是施工单位质量意识、技术能力与经济投入三位一体的结果;是高效组织与正确管理的结果;是与优质资源和谐合作、施工人员精耕细作的结果。相信随着高铁建设的深入推进,更多的客站精品工程会不断涌现,参建施工单位的技术和管理水平上也会不断得到提高。

图 25 三亚站竣工照

图 26 博鳌站竣工照

参 考 文 献

[1] 郑健,徐尚奎,赵奕,谭月仁,等. 铁路旅客车站细部设计[M]. 北京. 人民交通出版社,2010.

技术攻关打造精品站房工程确保安全和提高工程质量的实践

——南京南站依靠技术创新破解施工技术难点

唐建华　戴耀军　黄　海　范余华　梁　涛　唐　潮　郭小栋

（中建股份南京南站站房工程项目经理部，南京南站建设指挥部）

摘　要：南京南站站房工程设计理念新、工艺要求高、建设工期紧、协调难度大，对施工质量安全管理水平提出了新的挑战。历经两年多的建设过程，本工程的施工质量安全管理目标基本实现，从中也总结出了一些大型站房建设的施工质量安全管理经验。

关键词：工程质量管理；清水混凝土；高大空间；吊顶

1　前　言

南京南站是京沪高铁五大枢纽站之一，号称"亚洲第一站"。在这里，京沪线连接南北，沪汉蓉线贯通东西，加上宁安线、宁杭线以及已经开通运营的沪宁城际高铁，多条高速线路造就了南京南站高铁特大枢纽站的地位。站房将铁路、地铁、公路客运、公交、轻轨五大交通体系连接在一起，是一座"建桥合一"、"零换乘"理念的现代化大型高速铁路站房工程。

站房主体长 416 m，宽 156 m，总建筑面积 38.73 万 m^2，建筑总高 57.97 m；总设计 28 台 28 线，地下二层、地上三层。站房于 2009 年 4 月 1 日开工，2011 年 6 月 30 日开通运营，2011 年 8 月底竣工。

面对本工程体量大、结构复杂、科技含量高、设计标准高、质量要求高、工期紧、施工难度大等特点，施工中充分发挥中建股份科技优势，遵循"质量、安全、工期、投资、环保、技术创新"六位一体的建设理念，以《铁路站房工程标准化管理文件》为指导，积极开展技术攻关，大量采用新技术、新工艺、新材料、新设备。破解了大直径钢筋连接、高强厚钢板室外低温焊接、劲性清水混凝土梁柱施工、超长建桥合一框架结构裂缝控制及变形监测、钢结构承力斗拱研究及制作、大跨度高空网架结构滑移综合技术、高大空间无脚手架吊顶施工、通车条件下大型建筑施工组织等难题。确保了安全、工期和提高了工程质量，实现了打造精品站房工程的目标。也为铁路建设增加了技术储备。

本文以劲性清水混凝土结构、高大空间无脚手架吊顶施工两项技术为例，介绍南京南站项目部攻克技术难关，开展技术创新，打造精品工程的实践情况。

2　劲性框架结构清水混凝土施工技术

2.1　概　况

南京南站站房承轨层采用"建桥合一"高架框架结构体系，为劲性混凝土组合结构，梁柱装饰设计为清水混凝土。结构高度 10.75 ~ 12.89 m，跨度 21 ~ 24 m 不等。柱截面尺寸主要有以下几种：2 200 mm × 2 200 mm、900 mm × 2 200 mm、1 600 mm × 1 600 mm，对应的钢骨为圆管柱 ϕ1 500-50、十字柱卍1 500 × 500 × 20 × 50、H 型钢柱 H1500 × 500 × 25 × 50 等尺寸，主要断面见图 1 所示。

梁截面尺寸主要有 1 200 mm × 2 740 mm、1 200 mm × 3 000 mm、1 200 mm × 4 490 mm 等尺寸，钢骨宽

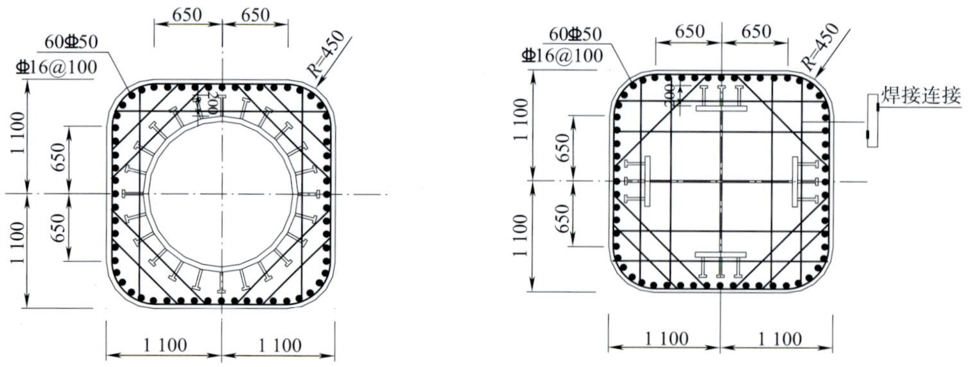

图 1　劲性柱断面示意图

度 400 ~ 600 mm，钢骨高度 1 900 ~ 3 990 mm，其中数量最多的梁尺寸为 1 200 mm × 2 400 mm，钢骨采用 H1900 × 500 × 20 × 60 型钢，断面如图 2 所示。

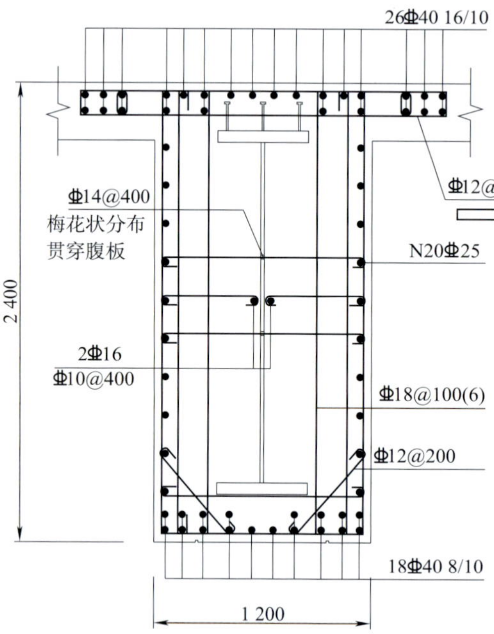

图 2　梁断面示意图

2.2　施工特点及难点

（1）劲性柱、劲性梁主筋为 $\phi40$、$\phi50$，钢筋骨架的高度大、配筋密，绑扎成型难度大。

（2）结构高度大、截面尺寸大、跨度大、荷载大，清水混凝土对高支模的安全稳定性、变形控制、模板几何尺寸、模板刚度、模板平整度及拼缝等要求高，施工难度大。

（3）钢骨柱、钢骨梁钢构件占用空间大，配筋密集，混凝土浇筑空间小，施工难度非常大。

（4）承轨层结构面积 7.2 万 m^2，钢构 2.3 万 t，钢筋 3.5 万 t，混凝土 11 万 m^3，模板接触面积 27.8 万 m^2，支撑架 120 万 m^3。工期紧，任务重，施工组织和质量管控难度大。

2.3　关键技术

2.3.1　钢筋绑扎安装

2.3.1.1　柱钢筋施工

柱子钢筋绑扎时，柱梁钢骨已经完成，2.2 m×2.2 m 柱受力钢筋为 60 ⌀50、0.9 m×2.2 m 柱受力钢筋直径为 38 ⌀40 和 14 ⌀50，比通常劲性柱难度要大，现仅介绍采用的非一般的做法。

(1) 主筋选用剥肋直螺纹连接，为保证连接质量，采用带锯机切割加工主筋，保证了质量。

(2) 柱主筋绑扎之前，先放柱子控制线和柱模板尺寸线，核对柱子钢筋偏位，对柱筋偏位进行校正，校正完成后开始绑扎主筋，因柱高 11.05 m，每根钢筋重量 120 kg 左右，安装竖向受力筋时必须搭设操作架，采用滑轮进行吊运安装。

(3) 箍筋施工：大多数劲性柱截面为异型柱，外环箍不能加工成封闭箍，否则箍筋将无法施工，内箍筋大多需穿过钢骨，因此在箍筋施工时，箍筋只能加工成开口箍，然后采用直螺纹连接或是采用搭接焊进行封闭。柱箍筋绑扎主要有以下三点须重点控制：其一，主筋先用定位箍定位，定位箍间距 2 m 左右，保证柱主筋不偏位，采用定位箍主要原因为开口箍绑扎时，经常会造成骨架截面尺寸向外扩大，超过柱本身截面，造成柱模板无法安装。其二，箍筋绑扎完成后，检查箍筋保护层厚度，如果不满足必须进行调整，调整完毕后再进行封闭箍筋的焊接。其三，钢筋绑扎时所有扎丝丝头全部朝里，确保清水混凝土效果。

2.3.1.2 梁钢筋施工

由于钢筋直径大、密度高，如按照普通混凝土梁钢筋施工顺序进行施工，梁箍筋无法绑扎，而清水混凝土梁底又有装饰线条，模板无法保护。通过现场试验、摸索，采用先绑扎钢筋，后支设模板的方法，对梁底模板、线条不损坏也不污染。

由于没有梁底模，采用以下措施进行施工：在型钢梁上焊接支架，在梁下搭设梁下部钢筋支架和操作平台，通过钢骨梁将梁钢筋托起。支架间距宜为 3.0 m，并从型钢两侧支设斜撑，如图 3 所示。梁钢筋绑扎顺序：①先穿梁底中间 4 根钢筋；②中间四根钢筋与焊接环板焊接；③布置梁底两边钢筋；④梁底两边钢筋与环板焊接；⑤梁面筋绑扎；⑥箍筋绑扎；⑦梁腰筋绑扎；⑧梁上部主筋与柱头的环板焊接；⑨绑扎柱头 2 m 范围内梁箍筋，箍筋拉钩焊接；⑩清水混凝土梁垫块绑扎，钢筋绑扎完成后拆除梁底部临时支撑架，钢筋荷载由型钢梁承担。

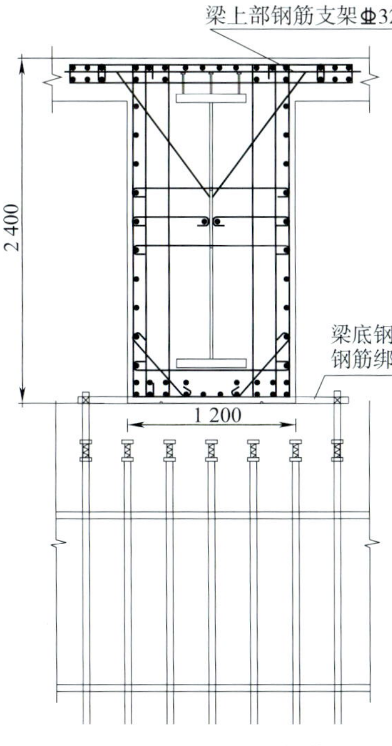

图 3　梁钢筋绑扎支架示意图

2.3.2 模板安装

2.3.2.1 柱模板安装

清水混凝土柱设计要求无对拉螺杆孔眼，只能采用定型钢模板，钢模板必须保证刚度、平整度、尺寸、拼缝达到要求。主要注意以下几点:(1)模板钢板拼缝处理,单块模板周边加工采用铣边工艺,面板抛光处理,模板背面焊接,控制面板接缝精密,做到不漏浆、漏水;面板正面严禁采用焊接打磨处理,否则会出现模板拼缝错台较大,漏水漏浆,混凝土表面出现水线,不满足清水混凝土要求。(2)主次楞设计,变形计算准确,面板厚度选择合理,间距合理,做到经济适用。(3)模板的组合形式和重量,清水模板应该接缝越少越好,但要考虑现场施工情况,劲性混凝土结构的模板安装,不同于普通钢模板安装,必须考虑吊装机械和作业环境,其上有钢骨梁,桁架,模板吊装难度较大,安装危险较大,还得考虑塔吊吊装能力,钢模板加工单块重量控制在 1.5 t 以内。(4)模板块与块拼接设计时,应设置定位销,确保钢模板拼装精度,模板投入使用之前一定要试拼装,验收合格后方可投入使用。(5)模板安装时,拼缝处设置双面胶条,拼缝必须严密,做到不漏水漏浆,定位销安放到位,严格控制模板错台偏差。(6)模板安装前打磨除锈抛光,脱模剂宜采用 1∶4 柴油与机油混合脱模剂。

模板安装时采用汽车吊或塔吊、手动葫芦进行配合施工,如图 4 所示(采用汽车吊配合安装)。在 -0.8 m 地下室顶板上设置地锚,用揽风绳、花兰调节螺杆对模板进行调节加固。

图 4 模板拼装示意图

2.3.2.2 梁模板安装

因梁模板加固对拉螺杆无法穿越钢骨,在布置对拉螺栓时只能把螺杆焊接在钢骨的腹板上或是焊接在梁腹筋的拉钩上,对拉螺杆采用套筒螺杆加对拉螺栓堵头,螺栓端头亦可拆卸。模板均采用 18 mm厚优质镜面板(芬兰进口维萨板),模板蝉缝排版根据梁跨度和高度,模板排布原则是从每跨梁板中间部位向两边均匀排布,余量留设在梁柱交接部位,明缝、蝉缝及螺栓孔位置的均匀分布,梁侧面、底面及板底蝉缝位置相同。每道梁模板均先在加工厂预排版定位,然后按排列顺序进行安装。梁底设置有四道装饰线条,在施工时,为保证线条美观,采用宽 15 mm、深 10 mm 专用塑料线条,采用射钉固定,间距 15 cm,如图 5 所示。

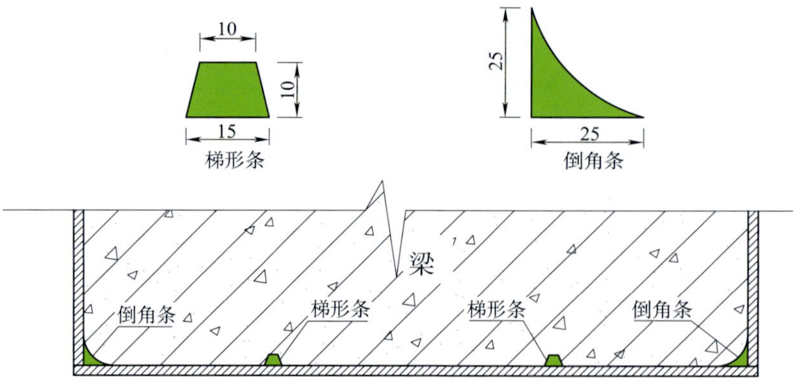

图 5 梁底线条布置示意及梯形条固定大样图

梁模板与模板拼缝处贴宽度为 15 mm 的双面胶条。

模板与次楞骨采用角码进行固定,严禁采用钢钉固定。模板拼缝处用角码进行连接,以保证模板平整度，防止错台发生。角码采用 30 mm×30 mm×3.5 mm 的角钢现场加工，台钻打孔，打孔完成后切割成 30～40 mm 长。

梁侧模加固非常重要，防止侧向位移。本工程的加固方案如图 6 所示。

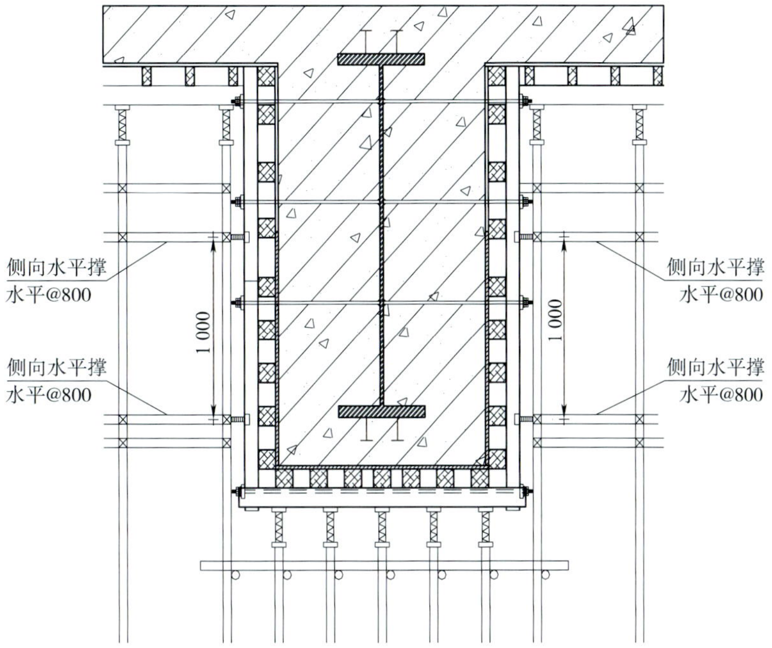

图 6　梁模板加固图

2.3.3　混凝土的配制和浇筑施工

由于钢筋密集，钢筋与钢骨间距较小，柱又高，混凝土浇筑下料困难，浇筑时很容易发生离析和蜂窝孔洞质量缺陷。经反复试验，采用半自密实混凝土，并具备高抛混凝土性能，和易性能、坍落度、扩展度等工作性能指标达到不出现离析并易于振捣密实的要求。

2.3.3.1　混凝土配制

(1)承轨层混凝土指标有强度等级 C60、清水、抗渗、耐久、耐疲劳等五项要求，经几十个配合比试配、十几个清水混凝土小模型试验及 1∶1 试验柱效果验证，选定柱混凝土的原材料和配比如下：

原材料：P. Ⅱ 52.5 硅酸盐水泥，细度模数为 2.6～3.0 中粗砂，粒径 5 mm～20 mm 连续级配碎石，表观密度 2 580 kg/m^3，一级粉煤灰，JM-PCA 复合外加剂，0.17% 的抗裂纤维。

柱 C60 配合比(重量比，下同)为 1∶1.45∶2.01∶0.33∶0.015∶0.002，(胶结料∶细骨料∶粗骨料∶水∶外加剂∶抗裂纤维，下同)水胶比为 0.33。拌和物试验结果显示，含气量为 3.0%(要求≥2.0%)，混凝土总碱含量 2.645 g(要求≤3.0 g)，混凝土中总氯离子含量 0.097%(要求≤0.52%)，单方混凝土胶凝材料含量 520 kg(要求≥300 kg)。

梁 C40 配比为 1∶1.79∶2.69∶0.41∶0.012∶0.002，水胶比为 0.41。拌和物试验结果显示，含气量为 3.2%(要求≥2.0%)，混凝土总碱含量 1.638 g(要求≤3.0 g)，混凝土中总氯离子含量 0.077%(要求≤0.41%)，单方混凝土胶凝材料含量 410 kg(要求≥300 kg)。

2.3.3.2　混凝土浇筑

(1)柱混凝土浇灌前，应先灌入约 70～80 mm 厚的同级配水泥砂浆接浆层，以便和基础混凝土更好地连接，也避免了浇灌混凝土时发生粗骨料的弹跳现象。采用分层浇灌和分层振捣法，每层混凝土摊铺后，采用小直径、长度大于 12 m 的振捣棒振捣，清水混凝土振捣时间比一般混凝土振捣长，为 45 s 左右，但不宜过长，以免掺合剂析出而上升到表面形成浮浆。振捣时先沿模板周边振一圈，然后逐圈(第二圈)向内振动，保证拆模后混凝土表面光滑；混凝土连续浇筑，不留水平施工缝。

(2)梁混凝土浇筑。浇筑 H 型钢梁下翼缘板以下混凝土时从钢梁一侧下料,用振捣器在 H 型钢梁一侧振捣,将混凝土从钢梁底挤向另一侧,待混凝土高度超过钢梁下翼缘板 100 mm 以上时,改为两侧两人同时对称下料,对称振捣,混凝土从梁的一端向另一段斜向分层振捣,将翼缘板下的全部气泡从钢梁梁端及梁柱节点位置穿钢筋的孔中排出为止,分层厚度 400 mm 左右,在进行斜向分层时,浇筑速度和浇筑时间必须专人负责,以免在施工中出现斜槎。

(3)混凝土养护。在常温下清水混凝土的侧模应在 48 h 后拆除,并根据温度变化及时调整拆模时间,立面结构的清水混凝土拆模时间应比普通混凝土拆模时间长 1 ~2 倍。清水混凝土柱拆模后应立即张挂塑料薄膜和五夹板密闭保湿保护养护。混凝土养护时间不少于 14 d。如需保温,在塑料薄膜外可以盖草帘或草袋。

(4)局部缺陷处理。

①气泡、柱根、阳角漏浆部位。对于不严重影响清水混凝土观感的气泡原则上不修复,需要修复时,首先清除混凝土表面的浮浆和松动砂子,用与原混凝土相同的水泥调制成水泥浆,或采用清水混凝土专用修补材料修复。首先在样板墙上试配试验,保证水泥浆体或修补材硬化后颜色与清水混凝土颜色一致。然后修复缺陷部位,阴阳角要顺直,并对修复部位喷水覆盖养护。待水泥浆体硬化后,用细砂纸将整个构件表面均匀的打磨光洁,并用水冲洗干净,确保表面无色差。

②明缝处胀模、错台处理。拆模后,拉通线对明缝进行检查,对超出部分切割,对明缝上下阳角损坏部位先清理浮渣和松动混凝土,用界面剂的稀释料调同配比砂浆,稠度为 10 ~30 mm,将 15 mm × 25 mm塑料条平直嵌入明缝内,将修复砂浆填补到缺陷部位,用刮刀压实刮平,上下部分分次修复;待砂浆终凝后,轻轻取出塑料条,擦净被污染的混凝土表面,养护 2 天。

混凝土柱、梁面修复完成后,要求达到表面平整、颜色均一、无大于 3 mm 的气泡孔、无大于 0. 2 mm 的裂缝、错台部位小于 1 mm、无明显的修复痕迹;以距离构件 3 m 处观察,肉眼看不到缺陷为标准。

2. 3. 4　清水混凝土施工质量控制

有人说清水混凝土的质量是三分技术七分管理,小范围搞好易,大面积搞好难,有的工程质量达不到了只能做成仿清水。我们为了实现质量目标,除了严格各项常规管理措施外,主要成立了钢筋、模板、混凝土、成品保护 4 个质量控制小组,将每个工序中的各个操作与管理岗位,定人定岗,即工人不变,岗位不变。如混凝土从原材料、配合比、拌和物性能、浇筑工艺都严格控制,每浇筑一车混凝土都检查其坍落度、扩展度、混凝土的流动性、和易性,确保混凝土质量合格。对于不满足清水混凝土拌和物性能的,严格执行退料制度。其次是对于质量达不到要求的坚决返工并找出原因,如在实施初期,就砸掉了一个柱子。其三是严格奖罚制度,根据检查验收的相关记录兑现奖惩。

2. 3. 5　成品保护

混凝土拆模时不得碰撞混凝土面。梁底模应在混凝土满足强度要求后方可拆除,要有同条件养护试块作为依据。浇筑梁板时对出现的偶尔流淌到柱面上的砂浆应及时擦洗干净。人员可以接触到的柱边角,拆模后均采用 20 mm × 50 mm 的模板条保护混凝土的阳角。柱面保护,与混凝土表面接触支撑架的接触点须粘贴橡胶,避免外架挂划伤柱面。清水面上不得做测量的标记,禁止乱涂乱画。

2. 3. 6　清水混凝土保护剂施工

为防止混凝土变色、粉化和碳化,永久保护混凝土,需在清水混凝土表面涂装清水混凝土保护剂。保护剂采用专用清水氟碳涂料,由底漆、中漆和面漆三道组成。底漆是混凝土保护的专用材料,可以与混凝土中的游离碱发生化学反应,形成锁水保护层;中漆和面漆主要是使表面形成微导电、憎水及致密层,能有效地防止混凝土因紫外线及酸雨的作用而产生破坏,从而长年保护建筑物外观。

同时,清水混凝土中漆还具有修复混凝土色差的功能,可以将透明中漆加颜色,调整色差,对于局部修补过的清水混凝土面进行拍花、纹路处理,修复缺陷部位的色差,使清水混凝土整体美观。

保护剂施工严格依据材料说明书进行,没有特别的要求。

2.3.7　取得的效果

本工程承轨层劲性结构混凝土经过艰苦的技术攻关及严格的质量控制,完全达到了装饰清水混凝土标准,6 万 m^2 的清水混凝土整体效果统一,质量精美、朴实、厚重、原汁原味,超过了设计师的设想,给人一种震撼的效果,获得了业主、设计、监理及社会各界的一致好评,被上海铁路局评为"上海铁路局标准化清水梁柱示范项目"称号。

3　候车大厅装配式吊顶施工新技术

3.1　概况

候车大厅吊顶长 385 m、宽 156 m,最高处距候车层地面净高约 27.70 m,为中间高两边低对称布置,装饰完成面高差为 9.95 m,吊顶主要采用 300 宽铝合金条板,条板中间缝隙为 130 mm,局部采用 25 厚蜂窝铝板。局部剖面如图 7。

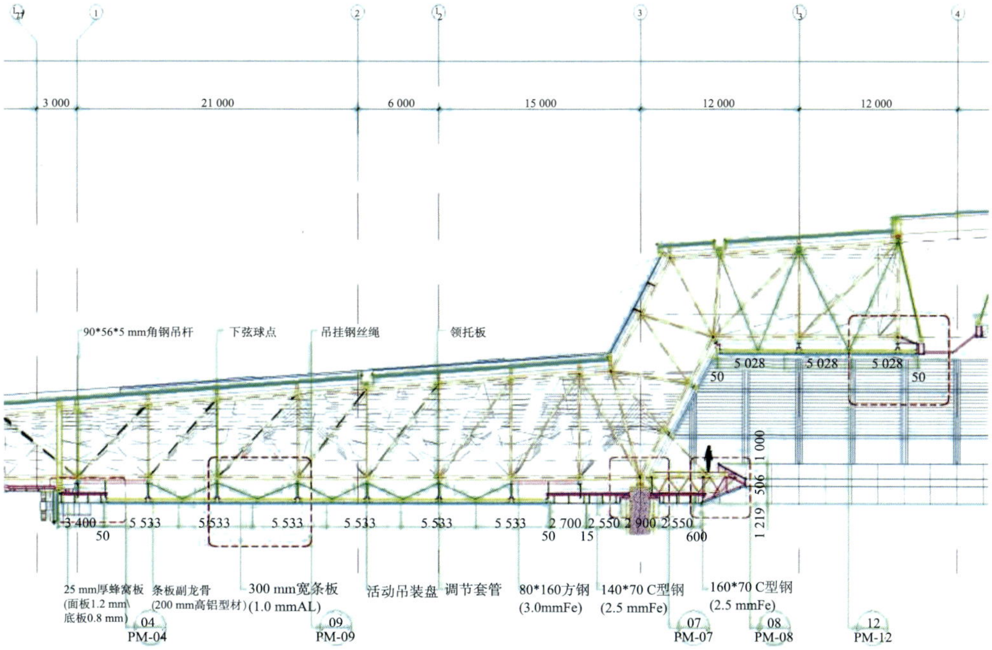

图 7　1~4 轴吊顶剖面图

3.2　新工艺的主要构造

(1)根据球形网架球节点的分布情况,由四个球节点组成一个单元,相应单元在(6 000 × 6 000 mm)左右,吊顶单元主龙骨为目字格,目字格的吊点均在网架球节点上,如图 8。

(2)由镀锌 H 型转接板连接在球形节点的后置连接板上,再连接工具式调节套管,工具式调节套管再连接转接盘,转接盘再连接目字格,目字格下再挂次龙骨与条板,如图 9、图 10 所示。

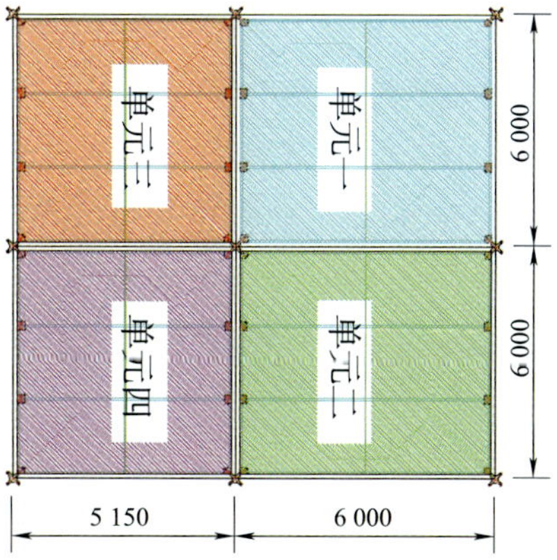

图 8　吊顶单元目字格布置图

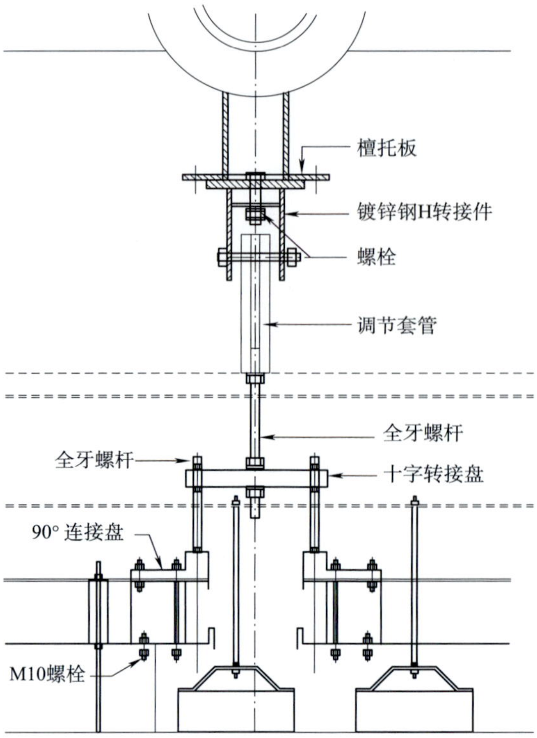

图 9　吊顶装配单元安装图

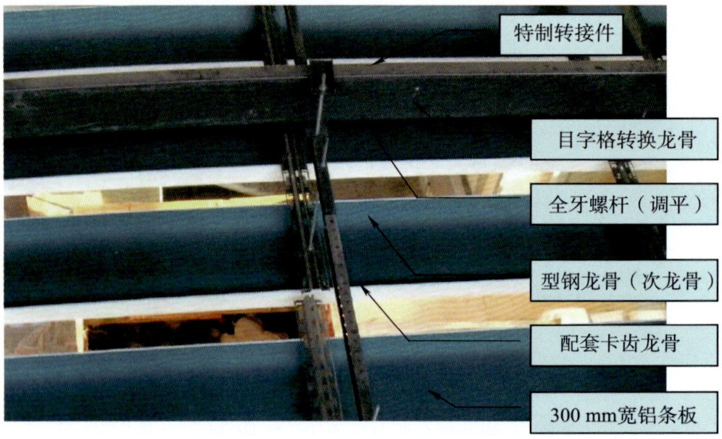

图 10　面板与次龙骨连接

3.3　主要施工特点

由于本工程吊顶面积大、净空高、工期紧、多专业交叉，工期、质量及安全保证难度很大。采用正常的施工技术无法实现各项目标，经过技术攻关采用装配式新工艺和无脚手架施工方案，主要特点如下：

(1)网架球节点下的吊顶连接板，在网架滑移前的拼装平台上就安装完成，减少了吊顶高空作业量。

(2)由于采用装配式新工艺，构配件均在工厂依据计划提前生产，不仅加快速度还提高了工程质量。

(3)目字格的尺寸大，均在地面拼装，效率高，如图 11。

图 11　目字格拼装图

(4)由于连接件及目字格安装的时间短，采用成品吊篮作为操作平台，再将已安装好的目字格作为安装次龙与面板的施工操作平台，不需搭设脚手架，施工简便，成本低。

3.4 取得的效果

结合南京南站候车大厅高大空间吊顶的特点与难点，我单位自行研发的“装配式单元吊顶无脚手架施工技术”，通过南京南站实施应用，证明该技术简单、科学、施工速度快，有效减少了施工人员的投入，节省大量的脚手架搭拆，缩短工期，降低了成本，得到了各方的认可。整个施工过程中没有发生安全和质量事故，工程质量和观感效果得到业主及总承包方的一致好评，具有良好的推广价值。完成后的效果详见图12。

图12 现场安装后效果

4 南京南站工程质量效果

清水混凝土样板柱

清水混凝土装饰效果

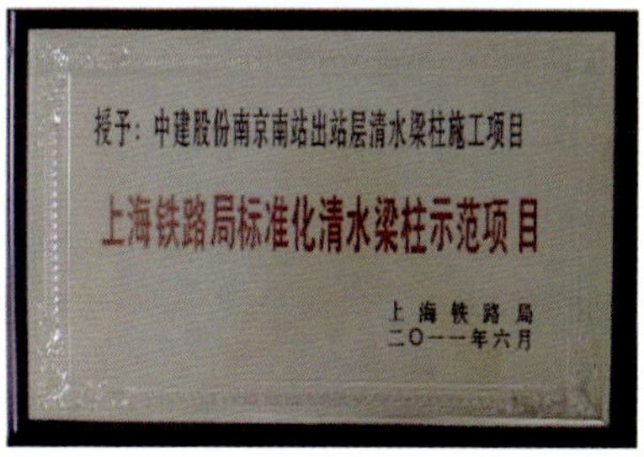

上海路局标准化清水梁柱证书

装饰高大空间吊顶效果

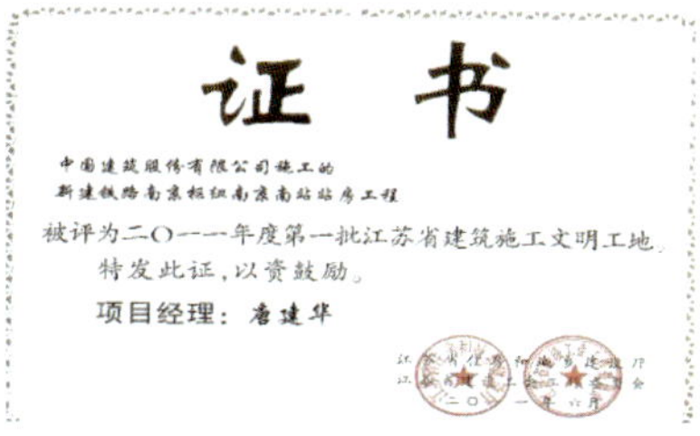

江苏省施工文明工地证书

5 结束语

本工程在施工过程中，紧紧抓住施工技术难点，坚持做到依据国家规范规定，严格按照相关程序，科学、严谨地优化施工方案，围绕确保安全和提高工程品质，积极开展技术创新活动，为打造精品站房工程奠定强有力的技术支撑,取得了很好的效果,也得到了各级领导及社会各界的好评。

参 考 文 献

[1] 中华人民共和国国务院令 279 号　建设工程质量管理条例[S].

[2] GB/T 50430—2007　工程建设施工企业质量管理规范[S].

[3] 中建股基字〔2010〕259 号　中国建筑股份有限公司铁路项目工程质量管理办法[S].

[4] 新建铁路南京南站站房工程施工组织设计.

天津西站钢结构屋面分段整体提升安装与质量控制

陈硕晖[1]　高玉兰[1]　沈　斌[2]

（1. 北京建工集团有限责任公司　100055；2. 北京市建筑工程研究院有限责任公司　100039）

摘　要：针对天津西站站房屋面工程采用的双向空间弯扭箱型断面钢构件组成的大跨度联方网格单层筒壳结构的特点，提出了分段整体提升法安装的施工方法，解决了整体提升过程中原结构的提升部分划分和支撑体系的问题；提升施工中采取主动控制技术，使144个高空合龙口在高精度下顺利合龙，确保工程质量；运用三维激光扫描测量技术，及时调整偏差；采取实时施工监测技术，使施工全过程处于受控之中，保证了安装的精度和质量。

关键词：整体提升；主动控制；三维激光扫描；施工监测

1　工程概况

新建天津西站（图1、图2）是京沪高速铁路上北京南、天津西、济南、南京南、上海虹桥五大枢纽站之一，站房型式为上进下出式，横跨站区24台26线，跨线方向南北总长约380 m。站房总建筑面积22.9万 m^2，站房内最大净空为57 m。

图1　天津西站效果图

天津西站站房屋盖首次采用由双向空间弯扭箱型断面钢构件组成的大跨度联方网格单层筒壳结构，筒壳屋盖结构南北向长394.06 m，顺轨向跨度为114 m，矢高46.4 m，矢跨比约为1∶3。拱脚处标高为+10.00 m，拱顶最高点处标高为+56.40 m。构件外形呈圆弧，截面由拱脚处（3 800×1 200×20×25）mm渐变至拱顶处□（1 000×2 200×20×20）mm。屋盖支承双层夹胶中空彩釉玻璃采光屋面，形成异常通透、宽敞的旅客候车、检票大厅空间，具有鲜明的建筑特色，同时对安全、优质、高效完成站房主体及屋盖钢结构施工提出巨大挑战。

图2　天津西站实景图

2 安装方法的选择

天津西站中央站房主要分为三层。从下至上依次为地下层、站台层和高架候车层。地下层底板面结构标高为 -12 m，地上最大标高为 +57 m。地下层为钢管混凝土柱 + 钢骨混凝土主次梁 + 现浇钢筋混凝土楼板结构，站台层为钢管混凝土柱 + H 型钢杆件平面钢桁架 + 钢筋桁架楼承板现浇混凝土楼板结构，高架候车层屋盖采用箱型断面空间弯扭杆件构成的大跨度联方网格单层筒壳结构(图 3)。

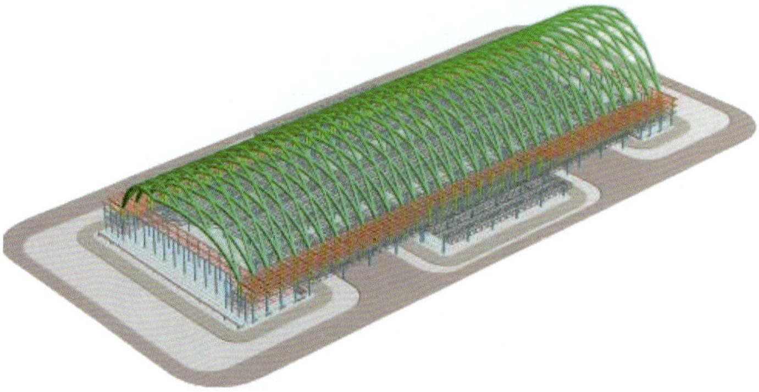

图 3　联方网格筒壳屋盖结构轴测图

根据工程特点和施工现场实际情况，站房的站台层以上部位钢结构安装施工有如下三种方案可供选择：高空散拼、整体推进施工方案；屋顶结构胎架滑移法施工方案；分层安装，屋顶结构分段整体提升施工方案。此三种方案优缺点比较见表 1。

表 1　钢结构屋面施工方案对比表

方案名称	方案简要描述	方案主要施工难点	优缺点比较
高空散拼整体推进	轨道层完成后，大吨位履带吊在站房跨内利用高耸承重支撑塔架同步安装高架层主次桁架及屋顶筒壳结构	(1)最大高度约 46 ~ 58 m 的高大的承重支撑塔架在综合吊装过程中的搭设 (2)塔架的拆除与屋面结构卸载相关 (3)需综合考虑卸载、塔架拆除及吊装倒运周转使用的关系	优点： 钢结构连续作业便于抢工 缺点： (1)要求设计工作在钢结构开始施工前全部完成，设计工作压力大 (2)高空作业多，安全施工管理难度大 (3)施工受既有运营铁路线影响大，对既有线的安全防护难度大
屋顶结构胎架滑移法	轨道层分段完成后，履带吊在站房内节间吊装高架层主次桁架。完成高架层混凝土楼板，在混凝土楼板上设置高大移胎架及移动塔吊在胎架上进行屋顶筒壳的拼装焊接，移动胎架完成屋顶筒壳结构安装	(1)需解决移动塔吊在高架层楼面设置的结构加固问题 (2)高大滑移胎架的设计、安装与移动工艺 (3)胎架滑移前已拼装完结构需先行卸载，胎架滑移至下一拼装工位时，已安装完结构边缘部位需再次回顶才能拼装下一段 (4)南北端共享大空间部位胎架无法滑移，需搭设固定承重胎架	优点： (1)分层施工对设计供图压力小 (2)网壳安装作业条件好 (3)对既有线安全防护保障度高 缺点： (1)屋盖结构施工卸载，回顶复位交替进行施工难度大 (2)高架层楼板加固难度大 (3)胎架量大，每组滑移胎架重量约 1 500 t
分层安装屋顶结构分段整体提升法	轨道层分段完成，履带吊在站房跨内节吊装高架层主次桁架→完成高架层混凝土楼板→在高架层混凝土楼板上设置移动塔吊→分段安装筒壳结构拱脚，并利用拱脚段与承重塔架构成提升支点→在楼面上拼装拱壳中部结构→分段提升就位完成屋面结构施工	(1)需解决移动塔吊在高架层楼面设置的结构加固问题 (2)需对屋顶结构提升段采取可靠的变形控制措施 (3)需解决提升吊点优化设置且在充分保证施工作业安全的前提下，以较低成本完成提升用承重支撑系统的实施	优点： (1)分层施工对设计供图压力小 (2)网壳安装作业条件好 (3)对既有线安全防护保障度高 (4)高架层楼板加固工作量小 (5)分段卸载，有利于各工序穿插作业 (6)合理安排工序可实现屋顶围护结构部分随提升安装 缺点： 提升段与拱脚的多点空中合龙技术要求高

经过反复论证和对比优选，采用分层安装，屋顶结构分段整体提升施工方案。安装轨道层、高架层用大型吊车（履带吊 150 t、250 t），分别站在地下一层底板、轨道层楼板的路基箱上分段、分区域、分层次、分时间段，土建做完一个区域钢结构吊装一个区域的灵活的施工方法，联方网格筒壳屋盖采用分区段、在高架层上拼装，分三个提升单元整体提升的施工方法。采用此方法能最大限度保证整体工期的完成，土建同钢结构能穿插施工，并且能克服中间占压区及既有线切改线带来的工期压力，解决了屋面高空作业安全问题，并且减少了支撑架的成本压力。

3　屋面整体提升施工安装需要解决的技术、质量问题

（1）大吨位、大尺度的屋盖钢结构分段构件需在高架层楼板上进行拼装，需合理制订安全可靠合理可行且经济的运行实施方案和技术措施；

（2）筒壳屋盖采用跨中部分整体提升，需合理确定提升分段及吊点的位置，设计选择安全可靠、施工高效且成本经济的提升支撑系统来确保方案的顺利实施；

（3）屋盖整体提升段和拱脚支点会出现 144 个高空合龙口，需要采取合理有效的安装误差控制措施，保证多合龙口的高空无过渡段（嵌补段）高精度硬对接成功，确保箱型断面弯扭构件的合龙对接焊缝焊接及筒壳安装的质量；

（4）需要实时掌握安装阶段各工况下的结构构件的应力、变形状况，以保证结构安全，同时需要掌握工装、拉索等设施的受力状况以保证施工安全。

4　屋面整体提升施工安装的技术、质量控制方法

项目开工后经对比优选，放弃了常用的基于大量临时支撑系统的轨道层、高架层及屋盖层综合节间吊装作业方案，采用了荷载有效传递，充分利用结构竖向构件承载力的分层、分段吊装施工方案。其优点在于大大减少临时支撑工装用量，提高作业效率，降低高空作业高度；形成作业递次分明的北区、既有线占压区、南区三大水平施工段划分，各工序分层、分区推进，缓解构件供应及工序交叉压力，形成有节奏的施工流水。

具体方法为：将联方网格筒壳拱脚及第一分叉节点利用临时承重支架分段吊装，第一分叉节点以上部位筒壳部分在业已完成的高架层混凝土楼板上拼焊成形，并以第一分叉节点以下部位的拱脚及临时承重支撑为提升吊点整体提升安装就位。

表 2　提升参数表

序　号	项目内容	北　区	中　区	南　区	合　计
1	构件数量	228 件	189 件	235 件	652 件
2	提升及支撑塔架	24 组	24 组	24 组	72 组
3	提　升　点	18 个	14 个	18 个	50 组
4	竖向提升油缸	18 个	14 个	18 个	50 个
5	水平张拉油缸	18 个	14 个	18 个	50 个
6	提升重量	3 500 t	3 000 t	3 200 t	9 700
7	提升分块长度	137.9 m	118.3 m	132.5 m	388.6 m
8	提升高度	34.1 m			
9	提升跨度	68.9 m			
10	提升分块矢高	12.6 m			
11	高空合龙口	144 个			

4.1　提升吊点支撑设计和安装

塔架布置在第一个分叉节点的下方，即作为结构悬臂段的支撑使用，又有部分塔架兼作提升点的支撑。

提升塔架使用 ϕ609 × 16 的圆管组成，由 1 m 和 6 m 圆管组成标准节，每组标准节由三根圆管和圆管之间的系杆组成，系杆使用 ϕ133 × 12 的圆管，见图 4。

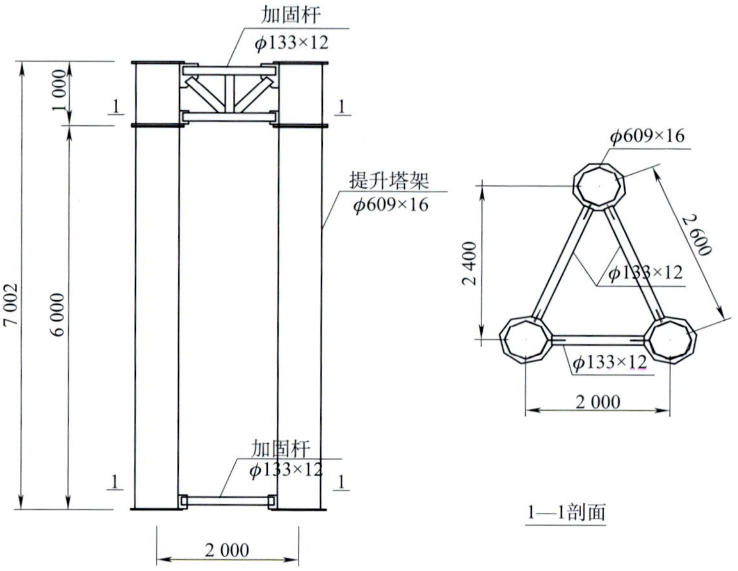

图 4　提升塔架标准节示意图

每个区的提升吊点布置如见图 5 ~ 图 7。

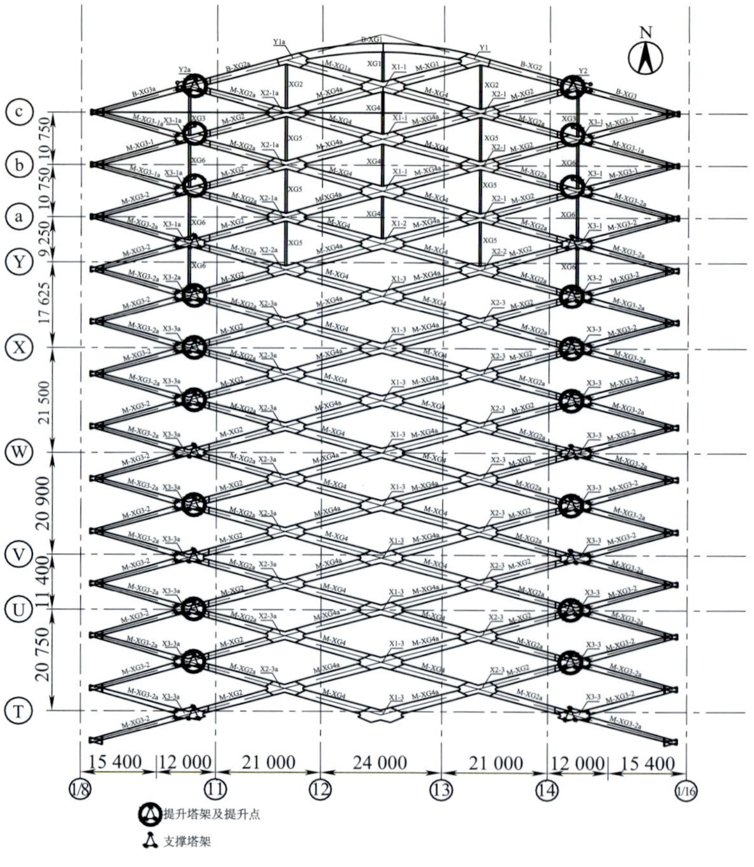

图 5　北区提升吊点平面图

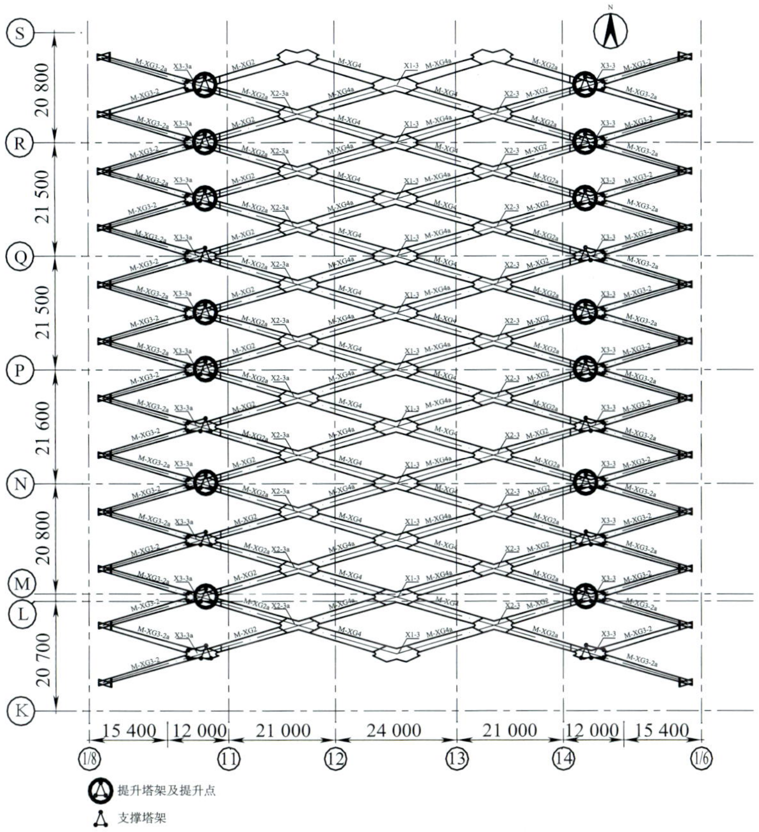

图6　中区提升吊点平面图

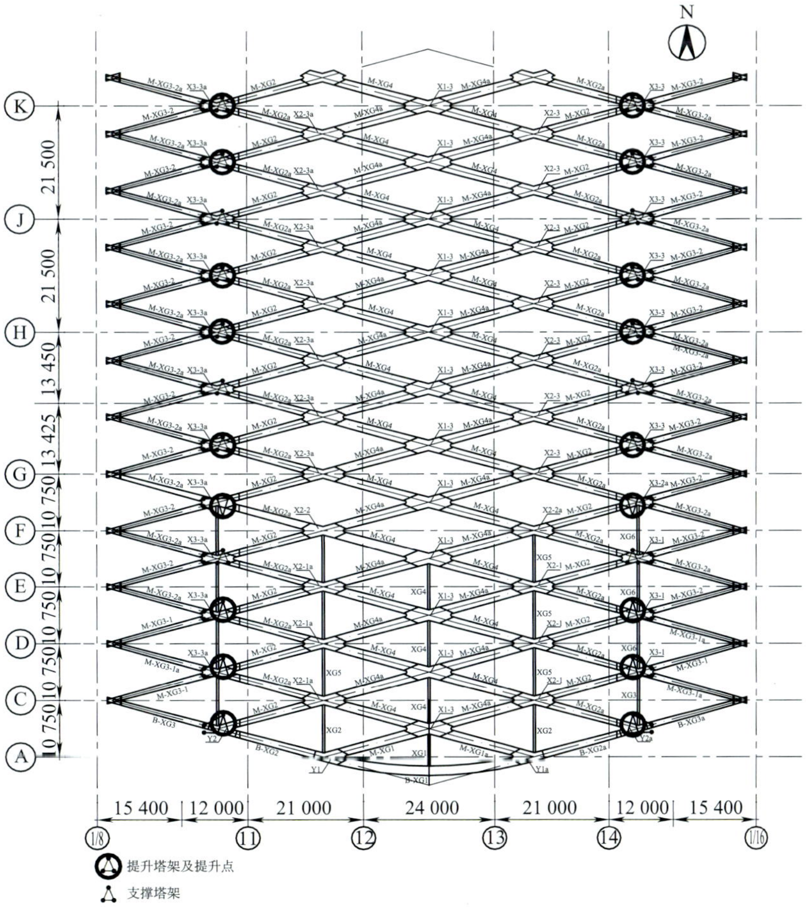

图7　南区提升吊点平面图

因提升塔架承受荷载较大，塔架将荷载传递给下方的结构必须有足够的承载力，且不能破坏结构，所以塔架需穿过高架层和轨道层楼板，落在基础底板上。

提升塔架通过在高架层预留的洞口，落在轨道层楼板上。轨道层楼板上打对穿孔，楼板内插入钢筋，上下夹钢板焊接。上部的塔架与钢板焊接固定，下部钢板与支撑顶实，使荷载通过钢筋传给下部的支撑，从而传给底板，保证楼板不再受力。每个圆管需使用 25 根 $\phi 30$ 的钢筋。底板位置下胀栓固定即可。

图 8　边拱下的提升塔架

图 9　提升塔架施工照片

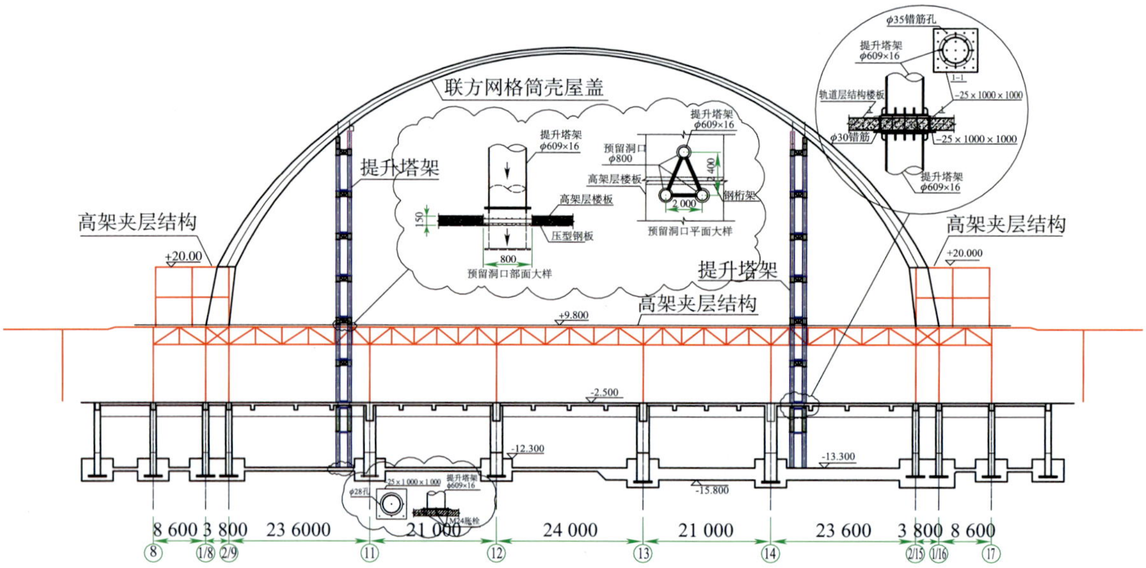

图 10　提升塔架立面示意图

计算结果统计：

(1)塔脚反力经计算分别为 148 t，140 t 和 133 t。

(2)网架合龙口和塔顶位移见表 3。

表 3　接口位移(mm)对照表

网架合龙口	$f_x=1$	$f_y=26$	$f_z=-29$
支撑塔架	$f_x=0$	$f_y=12$	$f_z=-10$

(3)经过计算，拱脚网架结构在提升过程中最大的应力比为 0.56，支撑塔架结构的最大应力比为 0.82。

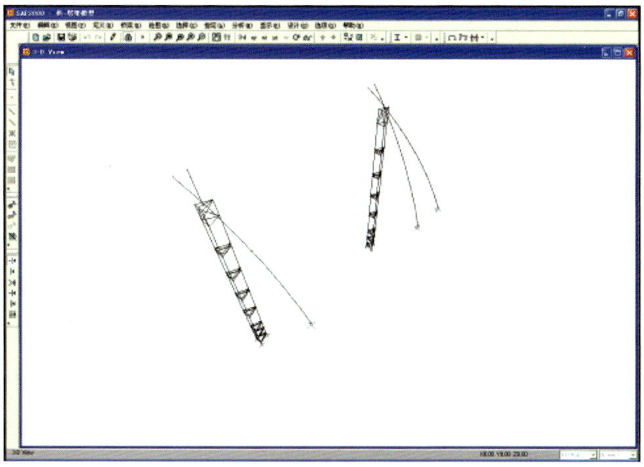

图 11　支撑塔架计算模型

4.2　主动控制提升技术

所谓主动控制，是在预先分析各种风险因素及其导致目标偏离的可能性和程度的基础上，拟定和采取有针对性地预防措施；所谓被动控制是一种面对未来的控制，通过对产生偏差原因的分析，研究制定纠偏措施，以使偏差得以纠正，工程实施恢复到原来的计划状态，或虽然不能恢复到计划状态但可以减少偏差的严重程度。

4.2.1　采取多项主动控制措施保证几何尺寸确保提升到位后接口合龙质量

整个屋盖结构共有 144 个合龙口，合龙口的尺寸偏差直接关系到提升是否顺利。在高架层楼板上，按 1∶1 放胎，拼装成满足塔吊吊装要求的小拼单元，然后在支撑架上进行组拼，减少高空拼接量，保证拼装尺寸的正确性。

图 12　拼装提升段构件

图 13　拼装拱脚斜梁

采用全站仪空间三维定位测量进行测量控制，确保拼装和安装精度；同时，采用三维全景激光扫描技术，对拼装结构进行校核，及时调整偏差。

图 14　使用全站仪空间三维定位测量

高精度地面三维激光扫描仪分析扫描数据值与理论坐标值，根据分析结果，调整拼装偏差。

图 15　ScanStation Ⅱ 仪器使用现场

图 16　HDS6000 仪器使用现场

表 4 为仪器各参数统计表。

表 4　仪器各参数统计表

	Scanstation Ⅱ	HDS6000
扫描速度	1 万点/s	50 万点/s
视场角	360×270°	360×300°
最小点间距	1 mm	1 mm
扫描距离	0.5～200 m	0.5～ 79 m

由于钢结构的测量安装较为复杂，场景较大，而且各网壳钢架结构形状相同，在配准的时候较为复杂，我们综合运用各种方法（综合配准、整体配准），较好地完成了点云配准，见图 17、图 18。

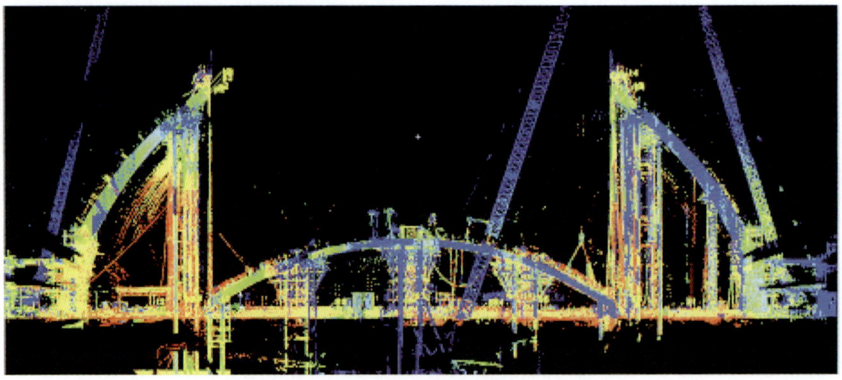

图 17　点云扫描成像图

在配准的时候，高空的钢结构配准运用整体配准的方法进行，而地面钢结构的点云数据运用综合配准的方法进行配准，即利用点、线、面各种约束条件进行配准，都取得了良好的效果。在钢结构端口点云角点经拟合提取后，就要将得到的角点坐标提取出来，以供调节人员对端口的位置进行调节。

采取措施加强对接口尺寸控制，确保顺利合龙。

图 18　全景扫描照片

先安装两侧拱脚，并将上部接口实际测量值投测到楼板上，根据投测值控制下方被提升结构的对接口偏差，使竖向提升钢绞线保持竖直，在提升时，不会产生相对位移；并在拱脚上部接口位置向上调整 3 ~ 5 mm，保证提升到位后接口处的焊接收缩量，使标高位置控制在设计范围内。

在被提升结构拱脚间设置水平钢绞线，提升过程中，通过张拉水平钢绞线控制被提升结构水平方向位移，确保提升段跨度在允许偏差范围内。

根据上部接口实际投测值，拼装下部提升结构，并在对接口位置使用角钢桁架进行加固，确保对接口相对位移固定。

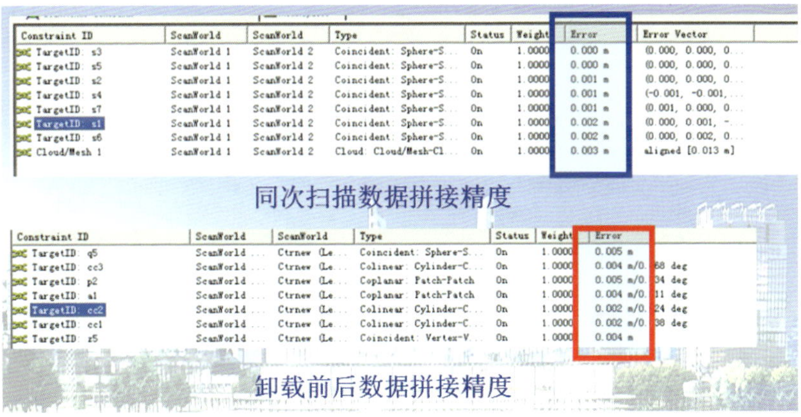

Constraint ID	ScanWorld	ScanWorld	Type	Status	Weight	Error	Error Vector
TargetID: s3	ScanWorld 1	ScanWorld 2	Coincident: Sphere-S...	On	1.0000	0.000 m	(0.000, 0.000, 0...
TargetID: s5	ScanWorld 1	ScanWorld 2	Coincident: Sphere-S...	On	1.0000	0.000 m	(0.000, 0.000, 0...
TargetID: s2	ScanWorld 1	ScanWorld 2	Coincident: Sphere-S...	On	1.0000	0.001 m	(0.000, 0.000, 0...
TargetID: s4	ScanWorld 1	ScanWorld 2	Coincident: Sphere-S...	On	1.0000	0.001 m	(-0.001, -0.001, ...
TargetID: s7	ScanWorld 1	ScanWorld 2	Coincident: Sphere-S...	On	1.0000	0.001 m	(0.001, 0.000, 0...
TargetID: s1	ScanWorld 1	ScanWorld 2	Coincident: Sphere-S...	On	1.0000	0.002 m	(0.000, 0.001, -...
TargetID: s6	ScanWorld 1	ScanWorld 2	Coincident: Sphere-S...	On	1.0000	0.002 m	(0.000, 0.002, 0...
Cloud/Mesh 1	ScanWorld 1	ScanWorld 2	Cloud: Cloud/Mesh-Cl...	On	1.0000	0.003 m	aligned [0.013 m]

同次扫描数据拼接精度

Constraint ID	ScanWorld	ScanWorld	Type	Status	Weight	Error
TargetID: q5	ScanWorld ...	Ctrnew (Le...	Coincident: Sphere-S...	On	1.0000	0.005 m
TargetID: cc3	ScanWorld ...	Ctrnew (Le...	Colinear: Cylinder-C...	On	1.0000	0.004 m/0.68 deg
TargetID: p2	ScanWorld ...	Ctrnew (Le...	Coplanar: Patch-Patch	On	1.0000	0.005 m/0.34 deg
TargetID: a1	ScanWorld ...	Ctrnew (Le...	Coplanar: Patch-Patch	On	1.0000	0.004 m/0.11 deg
TargetID: cc2	ScanWorld ...	Ctrnew (Le...	Colinear: Cylinder-C...	On	1.0000	0.002 m/0.24 deg
TargetID: cc1	ScanWorld ...	Ctrnew (Le...	Colinear: Cylinder-C...	On	1.0000	0.002 m/0.38 deg
TargetID: r5	ScanWorld ...	Ctrnew (Le...	Coincident: Vertex-V...	On	1.0000	0.004 m

卸载前后数据拼接精度

图 19　整体配准结果

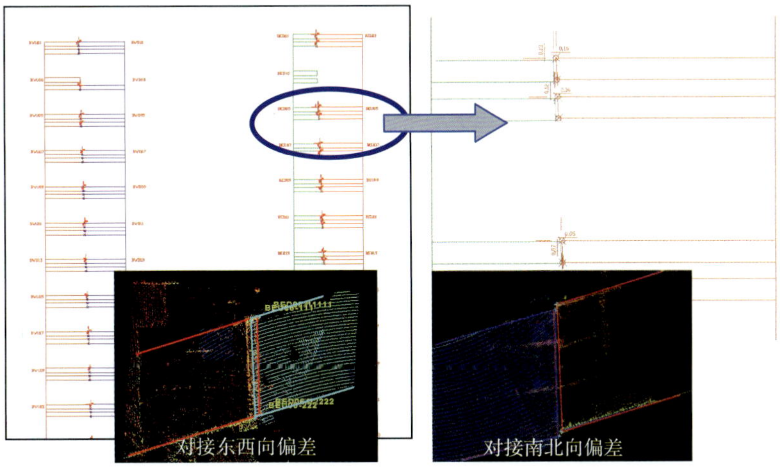

图 20　上下各端口变化情况分析

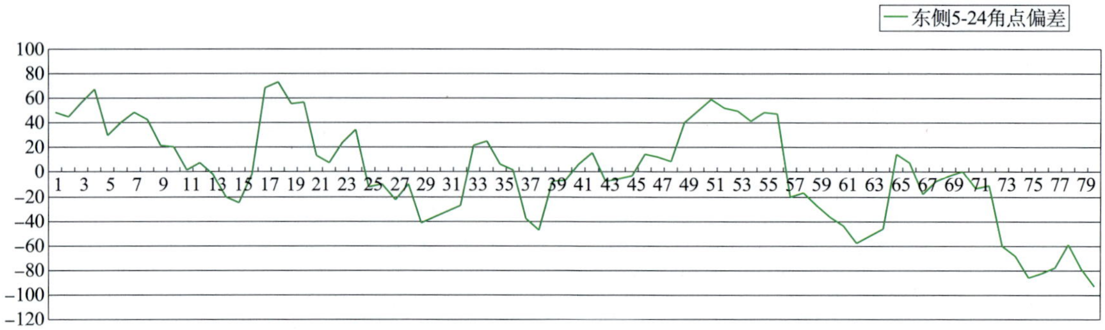

图 21　接口对接测量结果

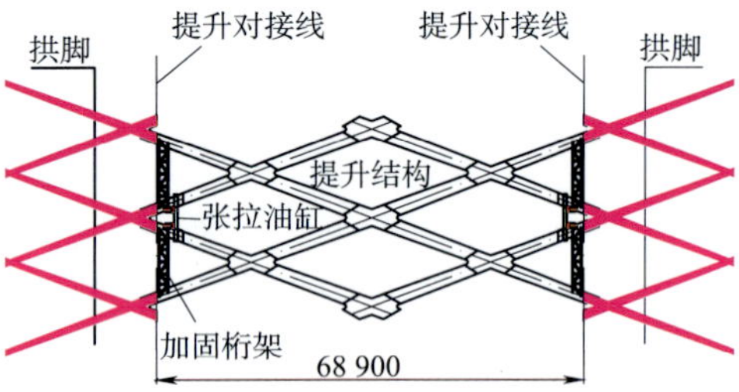

图 22　提升平面示意图

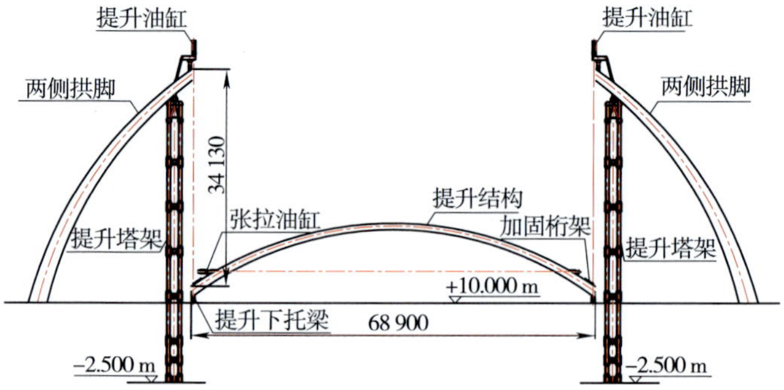

图 23　提升立面示意图

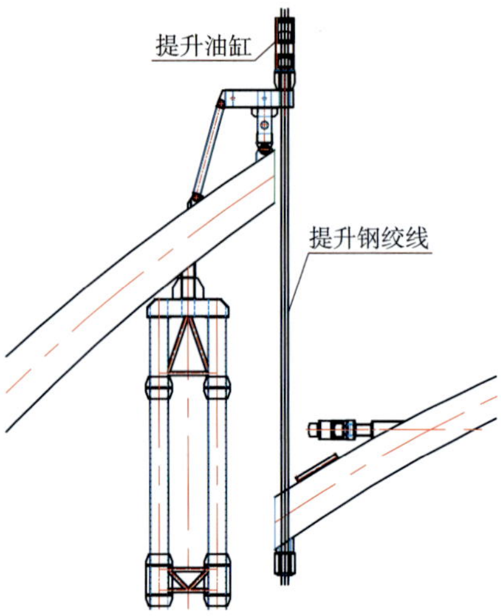

图 24　提升竖向结构示意图

图 25　提升下部结构

图 26　提升下托梁

图 27　水平张拉结构

图 28　水平张拉钢绞线

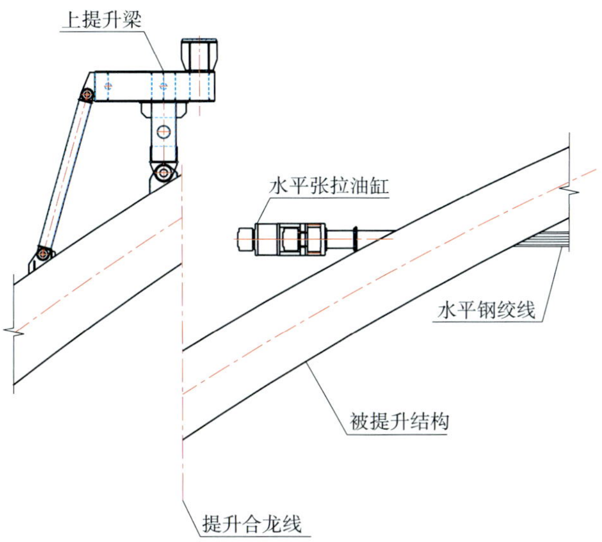

图 29　水平张拉结构示意图

图 30　角钢加固桁架

图 31　对接口正在提升合龙口照

通过以上措施，使空中 144 个对接口到位的偏差值全部小于等于 2 mm，达到设计要求（在未使用嵌补段的条件下，顺利完成硬对接）。

4.2.2　筒壳主动控制提升技术

天津西站中央站房屋面钢筒壳结构采取分块整体提升的施工方法，将整体网壳分为北、中和南三个分块分别进行提升，提升至设计标高后进行高空合龙。提升屋盖结构跨度 68.9 m，矢高 10.2 m。本工程提升总重 8 700 t，被提升屋盖分块结构平面布置图见图 32 ~ 图 34。

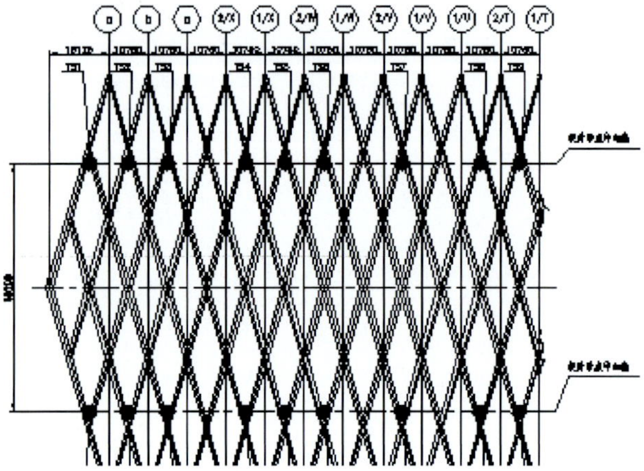

图 32　北区提升分块及油缸平面布置图

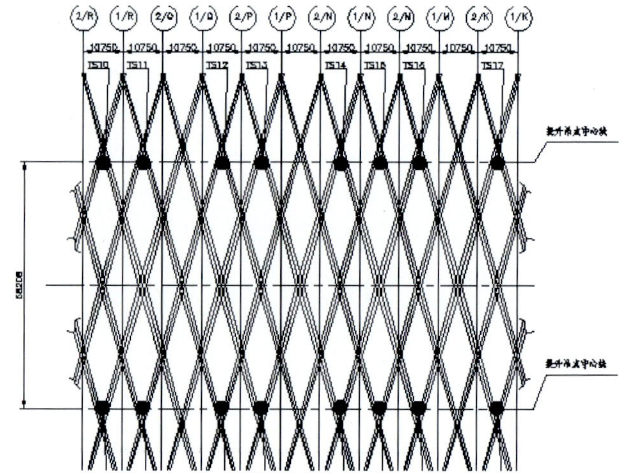

图 33　中区提升分块及油缸平面布置图

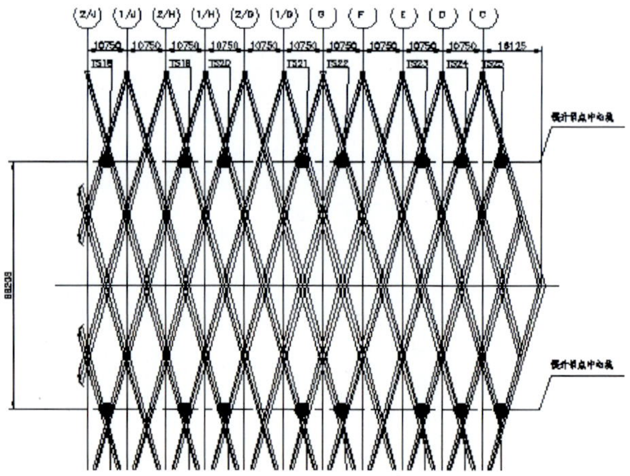

图 34　南区提升分块及油缸平面布置图

由提升分块油缸布置图可以看出，北区提升分块布置 18 台提升油缸，中区和南区分块布置 16 台提升油缸。根据提升油缸使用情况，各提升吊点提升油缸的安全储备系数大于 1.5，满足提升要求。

(1) 水平张拉结构控制

为了控制提升分块在提升过程中的横向变形，在各吊点沿横向布置张拉结构，提升初始，通过油缸进行初张拉，张拉完成后，卸下张拉油缸，开始进行筒壳提升，提升到位进行合龙时，通过张拉油缸对网架的横向变形进行调整，完成最后的合龙。

(2) 液压泵站布设控制

每个提升分块共准备 5 台液压泵站，流量为 80 L/min。

(3) 实时网络控制系统的布置(以北区为例)

北区提升分块的传感器布置与数量见表 5。

表 5　北区提升传感器统计表

序　号	传感器种类	每个吊点数量(台)	每台油缸数量(台)	总数(台)
1	100 m 长距离传感器			18
2	油压传感器	1	1	18
3	油缸位置传感器	1	1	18
4	锚具传感器	2	2	36

主控操作台根据现场情况布置在地面主控操作室。

(4)提升设备技术参数控制

350 t 提升油缸主要技术参数及外形尺寸见表 6 及图 35。

表 6 提升油缸主要技术参数

序号	型号	额定载荷(kN)	直径(mm)	高度(mm)	重量(kg)	钢绞线数量(根)	钢绞线过孔直径(mm)	提升地锚直径(mm)
1	TX-350-J	3 500	ϕ635	1 770	1 900	31	ϕ260	ϕ 310

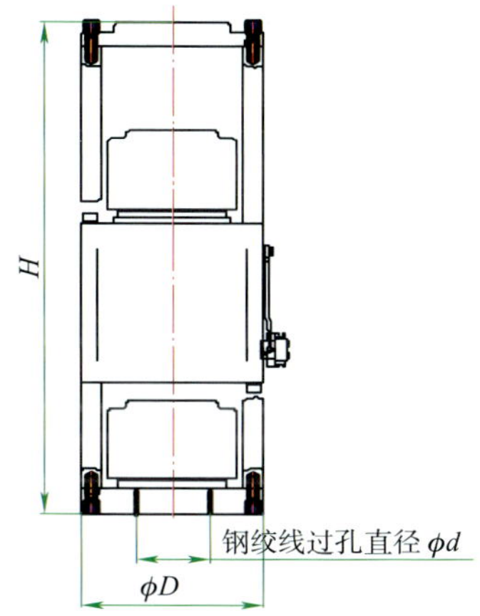

图 35 提升油缸示意图

提升油缸主要技术参数见表 7。

表 7 液压泵站技术参数

型号	额定压力	额定流量	泵站功率	备注
TX-0-P-D	31.5 MPa	80 L/min	< 50 kW	两路比例系统

控制设备技术规格与要求见表 8,本控制系统配备多种先进的传感器,以检测提升过程中的系统状况。

表 8 控制设备主要技术规格

序号	种类	工作电压	安装要求	重量	功能描述
1	主控柜	交流 220 V	无	30 kg	处理传感器信号,发控制信号给泵站
2	100 m 长距离传感器	24 V(泵站提供)	安装在提升吊点附近	50 kg	实时测量提升结构的空间位置
3	油压传感器	24 V(泵站提供)	注意安装插头防止损坏		测量油缸的工作压力
4	油缸行程传感器	24 V(泵站提供)	做好防雨措施	10 kg	实时测量油缸行程
5	锚具传感器	—	要安装可靠		检测油缸的锚具状态

(5)提升控制方法

对于各个提升分块,由于布置了多台液压泵站和提升油缸,在同步提升控制策略与软件中,要编制动作同步控制软件,实现多台泵站和油缸的同步协调动作。

(6)控制目标

控制液压泵站同时动作;控制提升油缸同时伸缸、缩缸、上下锚具松紧等动作。

4.3 应力监测系统

大跨度钢结构从建筑功能上都属于很重要的公共建筑,如何保证结构在建筑全寿命期内的健康运转安全服役,就显得尤其重要。因此在施工和使用过程中对重要的结构杆件进行长期的监测(平时定期监测,重要活动时加强监测)是非常必要的,它可使屋盖结构始终处于有序的掌控之中,使用者可以根据构件的状态随时调整,必要时进行响应处理,使屋盖结构始终处于健康状态。建筑物健康监测是针对建筑物的营运质量和安全以及提高使用寿命而采取的一种监测方法。天津西站屋盖安装整个结构监测随着提升过程分别对以下部位重点监测,整个监测系统由以下四个部分组成。

4.3.1 应力监测

为了确保整个拼装、提升过程中,胎架受力满足设计规范,应力监测部分包括了对支撑胎架、提升拱体、支撑拱体三部分的测量。

4.3.2 临时拉索应力监测

实时监测临时拉索安装和提升整个过程中应力变化,从而对提升安全性进行评估。

4.3.3 计算机模拟拼装

用计算机模拟结构提升过程,通过现场测量拼装尺寸来修正计算机模型,再通过模拟提升过程,反过来进一步微调现场结构,从而确保提升、对口、焊接工作一次性顺利完成。

4.3.4 提升过程拱体同步的位移监测

在整个提升、拼装过程中,提升的拱体各个拱脚的位移监测,从而避免结构受力不均匀,提升过程中产生过大内力。

图36 应力监测布置点

图 37　水平拉索索力监测

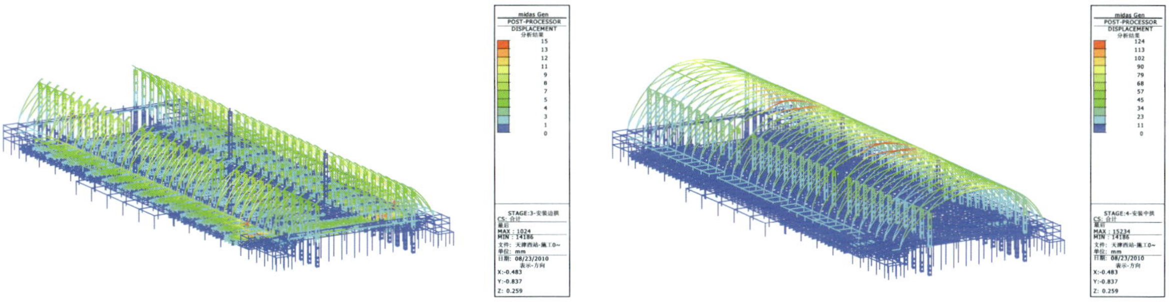

图 38　提升过程的有限元分析

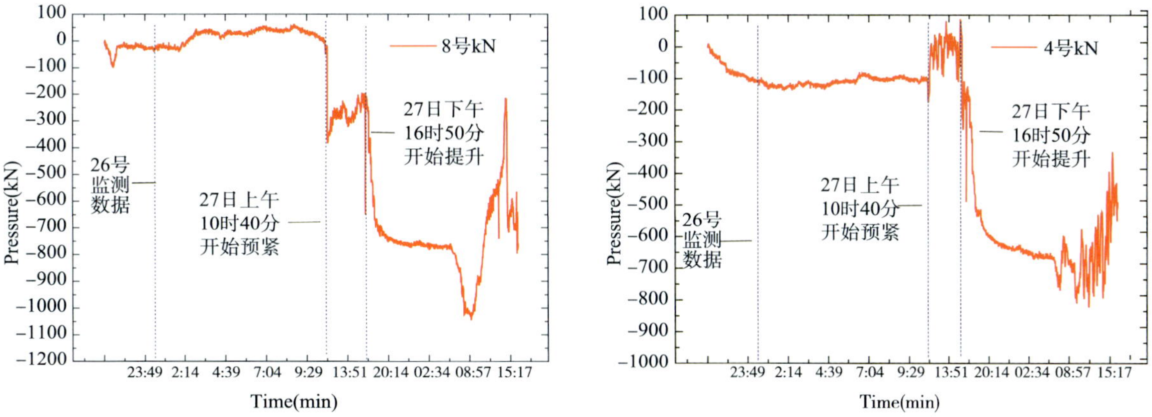

图 39　监测数据图表示例

通过提升过程的全过程监测，我们能更好地随时掌握结构的受力状态，确保结构施工的顺利安全进行。

5 结 语

天津西站是京沪高铁的五大枢纽站之一，中央站房采用跨度达 114 m，净空达 57 m 的巨型单层筒壳结构，同时施工全过程京沪线贯穿现场，施工难度极大。经优选后采用的整体提升技术被事实证明是一项科学、合理的施工技术，能够确保安装质量，在铁路客站新型结构体系建设中值得推广使用。优点在于：(1)对保证既有线的正常运营有利。如果采用常规散拼的施工方法，会对既有线安全构成重大影响。一方面履带式吊车吨位大、臂长，在吊装作业时可能干扰既有线的运行，另一方面钢构件如果在空中散拼，其高空散落的范围大，既有线的安全防控难度极大。(2)对施工工期和施工安全有利。现代铁路客站与一般大跨度结构不同，一般大跨度结构下部多为大空间单层结构，或者仅有地下室，但是现代铁路客站下面至少包括高架层、轨道层，同时中央站房在整体建筑物中心位置，采取整体提升方案，钢构件的拼装高度将大大降低，施工工效将大大提高，同时对施工质量安全也极为有利。

因此，对于大跨度新型结构体系，应进行基于整体提升技术的客站建设体系研究，主要包括全过程设计和精细化施工两方面内容。以天津西站所得成果为基础，对整体提升技术的铁路客站新型结构体系进行补充、提升、归纳、总结，提出具有普遍适用性的大跨度结构全过程设计和精细化施工方法具有借鉴意义。

强化监理过程控制确保太原南站质量安全

韩　君

（山西省建设监理有限公司，太原　030012）

摘　要：新建太原南站工程项目监理部针对本工程项目特点，积极推行标准化管理工作，从管理制度、人员配备、现场管理、过程控制等方面进行梳理，完善了标准的落实机制。在问题管理上创新机制，深化了过程控制。确保太原南站站房工程建设成精品工程和安全工程。

关键词：监理；标准化管理；过程控制；质量；安全

受太原铁路局的委托，山西省建设监理有限公司对新建太原南站站房工程实施了全过程的监理工作。针对本项目体量大、难度高、工期紧等工程特点，积极推行标准化管理工作。一是对现有的标准从管理制度、人员配备、现场管理、过程控制四个方面进行梳理。二是完善了标准的落实机制。三是在问题管理上创新机制，深化了过程控制。实践证明推进监理标准化管理工作是适应大规模铁路建设发展的需要，是加强铁路建设管理的需要，是推动铁路建设监理行业发展的需要，是促进监理企业自身前进的需要。

1　有诺必践，配齐配强人员

太原南站是山西省重点工程，也是本公司第一次涉足铁路项目工程，面对新形势、新任务、新挑战，监理部在公司领导的鼎力支持下调配骨干技术人员组成各专业配套的项目监理班子。按照合同承诺配备了多名国家级注册监理工程师和省级注册监理工程师，涉及岩土、土建结构、测量、钢结构、装饰装修、电梯、电气、水暖安装等专业，组成6个专业监理组，如图1所示。

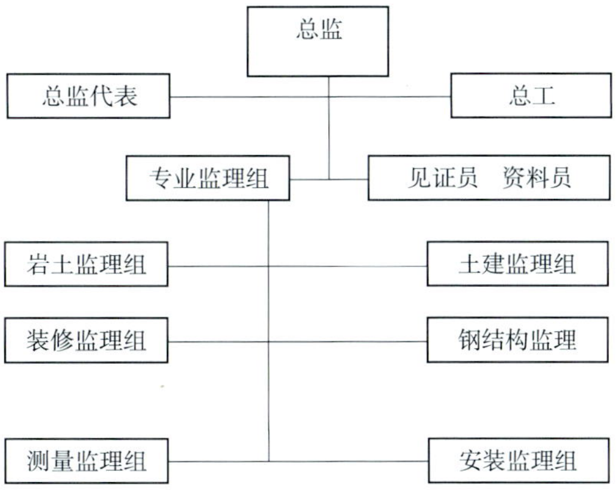

图1　监理组

为提高监理人员素质，适应工程建设监理的需要，监理部组织全体监理人员对本工程有关的验收规范，技术标准，工艺流程进行了学习培训，对施工过程所用的10种验收规范、22种技术标准、28种工艺流程进行有效地学习和掌握，为监理工作标准化管理提供了技术保证。

按照“守法、诚信、科学、公正”的原则开展监理工作，有效做到了项目部全体人员进驻施工现场；24小时全天候、全方位进行平行检验；分工明确，各负其责；统分结合权责一致等四个方面，从而确保工程质量和安全。

2 落实制度，监控关键环节

抓源头，履行见证取样送样制度。国家规定对涉及结构安全的项目的材料和构配件进行30%的见证取样检测。为了保证工程的高标准，监理人员对进场的各种材料进行见证取样送样达10 903批次，监理见证取样送样检测的比例全部按照100%进行，为工程质量提供了保证。

抓细节，积极监控关键部位。如，在装修施工阶段，针对施工难点、重点问题，集思广益、群策群力、积极商讨对策，消除隐患。在单元伞吊顶样板施工过程中，监理部与指挥部、施工单位对单元伞铝板原材、铝板涂漆、板面冲孔孔径、吸音要求、耐火性能等进行研究，特别对外观质量、加工精度控制提出了详细的要求，细节控制到铝板折弯高度折边R角要从加工第一批产品到最后一批产品统一达到±0.5 mm，板面平整度要现场光线观测，不允许出现阴影，从而确保成品精度和质量。

抓过程，严格执行旁站监理制度。如，在钢结构拼装加工、吊装安装施工中，监理人员全过程旁站，从原材料取样、加工焊接、探伤检测、定位安装监测、后期应力应变监测、节点试验等多项环节，一丝不苟地旁站记录。太原南站钢结构整体用钢量约4.41万t，每个单元体的面积约1 500～2 000 m^2，单元体钢柱的重量达到180 t。目前已完成全部48个钢结构单元体的质量验收。

3 过程控制，抓住三个阶段

施工质量的控制是监理部工作的重中之重。为此，监理部在施工过程中按事前、事中、事后三个阶段控制施工质量，以高度的责任感对待每一个问题，每一次验收。

3.1 事前控制

首先，根据工程特点，监理部精心组织编写了《太原南站站房工程监理管理办法》1册；《监理规划》1册，《监理细则》21册，《监理创优规划》1册，《分项工程质量监理控制要点汇编》包括12个专业161个分项监理要点汇编1册，《太原南站站房工程用表格汇总》1册。与指挥部、施工单位共同编写审定了《太原南站站房装饰工程施工质量验收标准》1册，保证了顺利高效地开展监理质量控制。

其次，监理部审核施工单位的资质和施工人员的资质，严格审查施工单位编制的施工组织设计和施工方案共计135份及应急方案共计8份，并提出审查意见。此外，还审核现场施工项目部的质量和安全管理体系，对特种操作人员资质进行了跟踪检查及备案，做到“人、证”合一，采用定期和不定期两种方式进行动态控制，以确保工程质量。

3.2 事中控制

在施工过程中，监理部重点加强三重控制。(1)对原材料供应商的生产资格及产品质量证明文件进行审核。(2)对进场的所有原材料、半成品、成品进行见证取样试验。(3)按照行业标准对钢结构工程进行见证拼装制作、取样试验，加强全方位的监控。如，在箱型钢柱施工期间，监理部派专人与指挥部委托的第三方检测代表一起驻加工厂，监督检查箱型钢柱的加工制作、拼装焊接、节点焊接等工序。同时对焊工焊接建立档案制度，对超声波探伤情况做台账记录，从而保证了箱型钢柱的施工质量。此外，还对钢结构定位、分块体的节点控制、拼装安装、就位安装的监测做了大量细致的工作，专门制定了《钢结构过程定位验收表格》，对每一个构件的标高、构件类型、材质、重量、探伤人员名字、证件号、探伤报告、焊缝装配工艺尺寸控制、拼装部位示意图、检查人、监理人等内容进行详细记录。

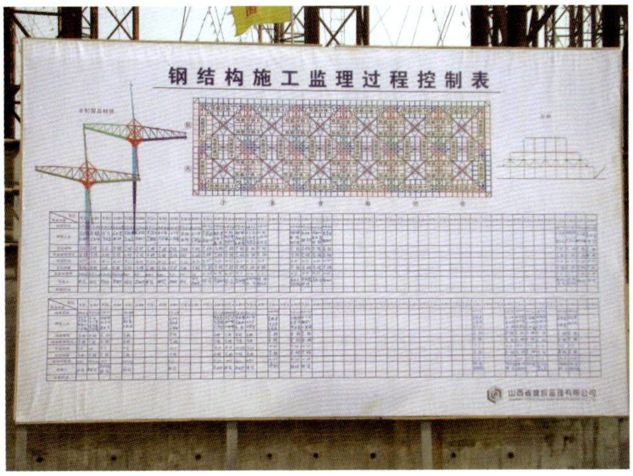

图 2 现场钢结构监理过程控制表

3.3 事后控制

监理部运用 PDCA 循环管理理论，验证了发生质量问题原因。如，在西站房进站大厅室内花岗岩石材铺贴地面初期，发现石材色差较大，于是与指挥部、施工单位一起研究消除问题，查找原因。从方案、人员操作、原材控制等方面，分析可能的影响因素有：原材矿脉是否一致、石材防污处理是否到位、防污剂是否有效。同时对有色差的石材进行标示观察。派监理人员赶赴加工厂见证取样一批。通过从标示原石—加工—防污处理—进场—现场铺贴的全过程跟踪，但仍有色差。几天后发现标示的石材色差越来越小逐步消失。最终得出结论是石材加工时是湿作业，加工运输包装过程中石材有的干得快，有的干得慢，铺贴后色差会随着水分散失而消失。通过这种循环管理问题的方式使监理工作标准化管理进一步深化，装修工程质量也得到了保证。

4 加强监督，确保安全生产

监理部安全工作在太原铁路局和南站指挥部的领导下，按照“预防为主”的方针执行每周安全专项检查制度并实施每日安全巡视制度，对施工现场存在的安全隐患进行及时检查和纠正，督促施工单位提高自身安全意识，以保证工程顺利进行。

监理部严格贯彻“安全第一，预防为主，综合治理”方针，包括：(1) 对各专业施工方案中的安全保证体系及措施进行认真审核；(2) 重点对土方支护方案、高大模板方案、钢结构吊装方案等进行审核，并请国内知名专家进行论证；(3) 审核塔吊设备的安全证明文件与安全准用证；(4) 请太原理工大学钢结构研究中心对屋盖钢结构安全进行应力和变形监测，现场布置应变片、导线及数据采集系统，应用计算机过程控制和数据处理技术对施工阶段钢桁架变形，进行跟踪分析，检验构件和结构的安全性；(5) 对脚手架进行了材料见证试验。目前，国家尚未规定脚手架材料进场检验，但为了保证工程安全，监理部坚决要求脚手架扣件、钢管材料进场后做见证取样检验，决不允许带病的脚手架出现在太原南站站房工程中。

5 措施到位，排除安全隐患

监理部积极按照铁道部和南站指挥部安全大检查要求，结合站房实际情况，有序开展安全大检查。具体对混凝土结构工程、钢结构工程、幕墙工程、单元伞吊顶、雨棚吊顶、墙面石材、屋面工程、电梯、安装工程、现场安全等十个方面认真排查，采取有力措施，跟踪督查整改落实，排除安全隐患，确保太原南站工程质量安全。

5.1 混凝土结构检查

主要复查本工程商品混凝土供应厂资质、混凝土施工记录、试块留置、混凝土试件评定、隐蔽验收、检验批分项验收、钢筋原材合格证、检验报告、钢筋保护层实体检查报告、外露结构是否存在混凝土裂缝等。

5.2 钢结构工程检查

全面梳理排查钢结构外露部分焊缝质量、防腐处理是否到位、完成的内业资料等。着重检查各方的探伤报告、过程检查资料、验收资料等。并要求第三方对其钢结构再次进行抽查。

5.3 幕墙工程检查

太原南站站房工程幕墙形式多样，其中包括石材幕墙、组合幕墙、全玻幕墙、横明竖隐幕墙、全隐玻璃幕墙、铝板幕墙。监理人员主要从两大方面进行检查。

5.3.1 资料方面

（1）幕墙工程的施工图、结构计算书、设计说明及其他设计文件。（2）幕墙工程所有材料报验、构件的合格证书、性能监测报告、进场验收记录和复验报告。（3）幕墙工程所用硅酮结构胶的认定证书和抽查合格证明。国家指定监测机构出具的硅酮结构胶相容性和剥离粘结性试验报告，石材用的密封胶的耐污染性试验报告。（4）后置埋件的现场拉拔强度监测报告。（5）幕墙的抗风性能、空气渗透性能、雨水渗漏性能、平面内变形性能监测报告。（6）隐蔽工程验收记录。（7）幕墙构件和组件的加工制作记录；幕墙安装施工记录。（8）石材的弯曲强度，寒冷地区石材的耐冻融性。（9）玻璃幕墙用结构胶与所接触材料的相容性试验。（10）设计变更。

5.3.2 现场检查

主要对涉及结构安全、使用安全的重点控制项目进行认真检查，幕墙钢结构外观质量、防腐处理、焊缝情况、连接件安装（检查连接件与埋件焊缝、防腐处理是否满足要求）、立柱安装（检查立柱与连接件、装饰槽钢栓接是否牢固）、横梁安装（检查横梁与立柱栓接是否牢固，螺栓数量是否正确）、石材安装（检查石材开槽大小、位置是否合格、结构胶是否使用到位、螺栓是否牢固）进行排查。

5.4 单元伞吊顶检查

主要对单元伞吊顶原材料铝板、龙骨、挂件进行检查，另外对施工过程中，各个验收程序、验收资料进行检查。重点现场检查 U 型抱箍与 L 件连接螺母是否安装紧固、C 型主檩条与 L 件连接螺栓是否紧固、检查角钢吊筋与主檩条连接用自攻螺钉数量及是否紧固、铝板吊顶悬挂是否牢固可靠。

5.5 雨棚吊顶检查

（1）对原材料吊筋、吊件、主次龙骨、铝板报验情况进行检查。（2）检查吊筋、吊件安装是否牢固可靠，是否有燕尾钉数量缺少现象。（3）检查次龙骨安装中卡齿龙骨是否用燕尾钉与弯弧镀锌方管固定好；主龙骨与次龙骨连接为现场施焊焊缝高度是否满足要求；主次龙骨验收是否有质量验收记录等。（4）检查铝板安装是否牢固，且表面是否平整，缝隙是否均匀。

5.6 墙面石材检查

主要对石材和龙骨原材报验情况、石材龙骨现场的制作安装、挂件固定情况、石材开槽情况、结构胶是否饱满情况、石材固定牢固情况进行认真复查。

5.7 屋面工程

主要检查主次龙骨焊缝质量、防腐处理是否合格；铝单板与龙骨是否固定牢固，螺钉数量是否正确；对于采光板安装，重点检查各个封边条是否密封、与通风塔接触周围是否密封，确保防水质量。

5.8 电梯检查

主要对扶梯的设备进场技术资料及产品合格证进行检查，对整机的安装梯级、踏板、胶带的楞齿及梳齿板的完整、光滑、电气设备、紧急制动、安全性能进行检查。

5.9 安装方面

主要对安装方面的材料报验、过程资料报验、施工质量等进行检查。

5.10 现场安全检查

重点对高空作业、交叉作业、消防安全、特种人员持证上岗、大型设备运行、防护洞口防护、预留洞口、楼梯口、现场安全用电等进行检查。

监理部与指挥部、施工单位通过对太原南站站房质量安全大检查，认真梳理和排查南站建设过程中存在的质量安全隐患，发现问题立即督促整改，做到闭环管理，为最终实现"确保汾水杯，誓夺鲁班奖"的质量目标打下坚实基础。

6 落实标准，争创精品工程

标准化工作实施是太原南站工程管理的亮点之一，通过标准化的开展与实施，使监理部人员对每项工艺标准均能全面深刻了解。随着我国在科技和经济领域的快速发展，装饰装修工程的设计、施工、材料日新月异，现代化铁路客站设计和施工采用了大量的新材料、新技术、新工艺，现行的《建筑工程施工质量验收统一标准》(GB 50300—2001)和现行的《建筑装饰装修工程质量验收规范》很难全部覆盖，因此通过确定的样板，结合现行的验收标准和规范，修改本工程的监理细则，完善客站验收标准。同时，监理部可以通过对样板制作过程中发生问题的原因，加以分析，研究解决问题的办法，及时提出相应的对策，使问题不再重复出现，把问题和缺陷消灭在萌芽状态。且进一步规范了现场管理，树立了作业标准，提升了工程的整体管理水平。

6.1 样板先行

为确保太原南站站房工程装修质量"精品"的目标，确定了"样板"引路的指导思想，通过现场制作样板实现选材与工艺做法"双选"的目的。太原南站在工程大面积装修前，在现场系统的、有针对性的施工样板，监理与指挥部、设计院等进行审查、认可，而后进行大面积的施工。装修样板的实施主要有三个方面的目的：(1)明确装修材料的种类；(2)明确装修工程的工艺及做法；(3)明确材料及工艺标准。

6.2 方案优化

样板施工前监理部、指挥部、施工单位项目部多次组织方案论证会，通过专题论证会的形式重点对方案进行优化，从材料品种、规格、施工工艺、施工方法上进行讨论，并通过样板的施工进一步进行完善。主要体现在幕墙方案、金属屋面、高大空间反吊顶施工方案等。

如，组合幕墙在保证外观的前提下，设计形式由石材 + 玻璃 + 玻璃 + 石材四层改为双层，大大降低了工料消耗；金属屋面面板在满足耐久性的要求下，且得到设计院认可后，由 0.85 mm 厚的镀铝锌钢板改为 0.6 mm 厚镀铝锌板，并将挤塑板保温改为玻璃棉，降低了施工难度；单元伞吊顶施工中摒弃了传统的满堂脚手架，采用反吊顶施工工艺，并结合吊篮施工的方式，免去满堂脚手架搭拆，成本大为降低，并且给其他工作提供了工作面，保证了工期。

6.3 落实标准

太原南站装修工程标准始终坚持技术先行的原则，装修开始前，分别对内装、外装、屋面、安装工程进行了详细的策划部署，对每部分材料选择控制、整体方案、细部节点做法、质量验收标准进行了细化、研究。装修工程标准控制主要分为两大部分，即材料标准和施工标准。下面通过石材、铝板等具体事项，简要说明太原南站在装修工程中对质量标准的控制。

6.3.1 材料标准

太原南站装修大量采用石材、铝板，对此两大宗材料在采购、选择厂家之前，首先对材料的工厂加工、性能等进行了考察、研究与分析；其次是在以上工作的基础上制定出材料质量标准，并结合样板实施要求厂家送样进行实体检查和效果观察。

通过严格执行材料控制标准的管理思路，太原南站的工程施工质量得到了较大的提高。如石材的主要控制指标，通过反复的试验和对厂家的严格要求，将平面尺寸偏差值由国标 0～－1 mm 提高到 0～－0.5 mm，将石材表面平整度偏差值由国标要求的 0.7 mm 提高到 0.3～0.5 mm。在铝板的材料质量控制上，一是在工程中结合不同部位的质量要求和经济指标，对材质进行了合理选择；二是对不同厂家的设备加工能力进行考察，加强对加工质量的控制。

6.3.2 施工标准

通过前期样板的实施，结合材料方面的控制和要求，明确了太原南站的装修标准，监理部、指挥部、施工单位项目部共同编制了《太原南站装修工程验收标准》，对影响装修效果的主要施工标准都较国标提高了要求，且有可实施性的量化标准或要求，如，地面石材表面平整度偏差国标为 1 mm，太原南站实施实测值确定为 0.6 mm。

表 1 石材地面的允许偏差和样板实测值

项次	项目	允许偏差(mm)	实测值(mm)					平均值(mm)
			1	2	3	4	5	
1	表面平整度	1	0.5	0.6	0.5	0.5	0.4	0.5
2	缝格平直度	2	0.5	0.5	0.5	1.0	0	0.5
3	接缝高低差	0.5	0.2	0.3	0.2	0.5	0.4	0.39

6.4 科技创新

太原南站作为山西省十大建筑之一，是太原市的地标性建筑，以伞状单元体钢结构、仿青砖窗花组合幕墙、地源热泵系统等技术为引领，使用了大量新技术。监理部、指挥部、施工单位项目部共同以申报山西省建筑业新技术应用示范工程为契机，组织技术人员学习新技术应用的成功经验，同时邀请专家到现场检查指导，并结合现场施工进行技术攻关，及时将科研成果及新技术应用到实际中去，在工程施工中进行不断的改进、完善。

幕墙工程综合施工技术详细研究了六种幕墙形式，其中组合幕墙最具特色和难度，通过实际操作解决两种不同形式幕墙相互交融、相互结合的相关技术难题，明确了组合幕墙的施工工艺、技术标准，填补了组合形式幕墙节点施工领域的空白；屋盖伞状单元结构体系皆由大跨度放射空间桁架构成，现场分块安装技术通过构件拼装、大跨度空间桁架安装，解决了高空桁架多点对接精度、大跨度桁架现场拼装变形、桁架焊接质量、吊装机械效率等技术性难题；多隔板小孔钢柱自密实混凝土浇筑采用导管下探混凝土带压自溢的浇筑施工技术，解决了钢结构花柱腔体混凝土浇筑难题，确保了混凝土浇筑密实，不会形成空气腔。

通过一系列新技术的应用与创新，取得了良好的效果，增强了技术标准的创新意识，形成了良好的创优创精品氛围。

7 总 结

太原南站站房工程监理部标准化管理工作开展以来,在提高监理人员自身素质,提高监理工作质量等方面都取得一定的效果。监理部认识到:管理制度标准化是工程建设的基础;人员配备标准化是工程建设的保证;现场管理标准化是工程建设的核心;过程控制标准化是工程建设的关键。需要我们进一步树立忧患意识,继续大力推行铁路建设标准化管理,把太原南站站房工程建设成精品工程和安全工程,实现“确保汾水杯,誓夺鲁班奖”的创优目标。

运 营 管 理

服务旅客　精细管理 努力提升客站运营品质

朱惠刚

（北京铁路局，北京　100086）

摘　要：本文对北京局已建成铁路客站做了基本介绍，并总结了近几年来北京局大型客站建设、运营管理经验，特别是在客站投入运营后的功能完善、生产设施补强及协调市政交通等方面做了大量工作，确保了已建成客站的运营品质，并就如何借鉴运营管理积累的经验，指导下一步客站建设做了简要阐述。

关键词：运营；完善；品质；安全

随着京津城际铁路、石太客专、京沪高铁等高速铁路的开通，北京局一批现代化的大型铁路客站陆续投入运营。在铁道部有关司局的帮助和指导下，北京局紧抓这一发展机遇，始终以服务旅客为宗旨，从强化客站设备设施管理入手，不断完善客站服务功能，确保了客站运营品质。

1　北京局客站建设的基本情况

自2008年8月1日京津城际铁路投入运营以来，截至2011年11月，北京局共计有12座新型铁路客站投入使用，总面积123万 m^2（含雨棚），站房面积5万 m^2 以上的大型客站3座，分别是北京南站、天津站、天津西站，均是集国铁、地铁、公交、出租及社会车辆为一体的大型综合交通枢纽。

其中，北京南站总建筑面积42万 m^2，主站房建筑面积22万 m^2，共24台24线，3个客运车场。承担既有普速铁路、京津城际铁路列车的到发任务，还是京沪高速铁路等客运专线列车在北京到发的客运站。2010年旅客发送量1 400万人，2011年京沪高铁开通后，日最高发送旅客接近10万人，预计2011年旅客发送量达到2 200万人，同比增长57%。

天津站总建筑面积20万 m^2，主站房建筑面积11万 m^2，共18台18线，3个客运车场，担负京津城际铁路、既有普速铁路运营，并预留了津秦客专运营条件。2010年旅客发送量2 100万人。

天津西站总建筑面积23万 m^2，主站房建筑面积11万 m^2，共26台24线，4个客运车场，担负京沪高铁运营，预留了既有普速铁路、津秦客专、津保铁路的运营条件。目前仅京沪高铁开通，预计年底京沪普速场开通。

还有京津城际武清、塘沽站、京沪高铁廊坊等4站、津秦客专北戴河站、石太客专阳泉北站、京郊铁路北京北站的投入使用，为旅客出行和当地的经济发展提供了可靠运力保证。

新建铁路客站建筑造型新颖，候车环境舒适，人员流线合理，设施设备先进，服务功能齐全，改变了旅客出行理念，为方便旅客乘车，提升铁路形象发挥了重要作用，一些车站还成为了当地的地标性建筑，得到了社会各界的普遍认可和赞扬。

北京南、天津、天津西等客站的投入使用，贯彻了铁道部客站建设指导思想，经过运营实践检验，人民群众满意，客站运输平稳有序。

今后几年，北京局将建成的有石家庄站、于家堡站、保定站、邯郸站、德州站、唐山北站以及京石客专涿州东等5站、石武客专邯郸东等3站、津秦客专滨海等5站、津保铁路白洋淀等4站、邯黄铁路黄骅等18站等共40余座大中小型铁路客站，总建筑面积将达到120万 m^2（含雨棚）。

2 多措并举，完善功能，提升客站运营品质

随着物质文化生活水平的提高，人们对出行、服务有了更高的要求，北京局在客站建设中采取多种措施，抓好客站建设工期，及时解决验收中发现的问题，确保客站开通时服务设施完善，满足功能要求。同时加大与地方协调力度，确保地铁、公交等市政工程同期开通，形成最大客运能力。在已建成客站投入使用后，结合运营实际需求，以服务旅客为出发点，不断完善设备设施，努力提升客站运营品质。

2.1 精心合理组织，确保客站高质量开通

北京局在客站建设过程中狠抓施组管理，强化关键方案，严控营业线安全防护，使工程建设顺利推进；加强提前介入力度，提出运营需求，熟悉设备状态，使客站由建设转入运营顺利衔接。

一是抓好施工组织设计。北京局在客站建设中始终坚持以施工组织为依据，将节点工期作为刚性要求，根据建设实施过程及时进行动态调整，对各种影响因素进行专家分析，制定纠偏措施，确保期到必成。北京局管内北京南站、天津站、天津西站、北戴河站以及京沪高铁廊坊等4站均与线路工程同步开通。

北戴河站是津秦客运专线上的一个中间站，但因为地理位置的特殊性，必须在两个暑运期间完成老站房的拆除和新站房的全部建设任务。为了确保北戴河站开通时功能完善，设备齐全，旅客满意，北京局整合资源，抓住关键，推动工程实施，自2010年10月10日开工建设，2011年6月2日通过初步验收，7月1日投入使用。

二是抓好关键方案，对专项设计、贵宾室装修、深化设计、营业线安全防护等设计方案，深入研究，反复论证，确保技术可行、工期合理、运输过渡平稳。在天津西站建设中，强化细节管理，组织德国GMP公司提前落实穹顶玻璃幕墙等深化设计，满足施工要求。北戴河贵宾室装修中，及时取得部主管部门支持，与地方政府协调确定主题画，迅速明确控装方案和装修材料，做到了贵宾室与车站同期投入使用。

三是抓好提前介入工作。北京局组织天津西、北戴河站长等主要管理人员提前介入，充实到工程建设中，提出运营需求，稳定设计方案，培训设备操作人员，确保车站建成后布局合理，功能完善，运营高效。

北京局按照抓源头、控过程、树目标的工作思路，通过强化客站建设管理，确保了已建成客站投入使用时质量合格、设备好用，功能完善，有力保障了出行旅客便捷舒适，客站运营稳定高效。如北戴河站2010年暑运期间开通列车29对，日均发送旅客8 000人，2011年同期开通列车77对，日均发送旅客18 000人，开通列车同比增长165%，旅客发送人数同比增长125%，至今运营状况持续良好。

2.2 加强同步建设，确保便捷的出行条件

随着高速铁路建设的发展，以车站为代表的综合交通枢纽在城市中的地位越来越受到重视，只有地铁、公交等引入客站，才能发挥交通枢纽的最大优势，达到铁路车站的最大运营能力，为旅客提供最便捷的出行条件。北京局以铁路客站与市政配套工程同期建成使用为目标，在客站建设过程中与地方政府、设计院等部门建立定期沟通机制，积极协调解决客站建设中存在的问题，提高问题解决效率，确保与铁路客站同步规划，同步建设，同步投入运营。

天津西站在建设过程中，指挥部与天津市政府和有关部门以及市政配套工程的参建单位紧密联系，通过建立日常协调机制、专人对接等手段，对天津西站枢纽工程整体部署，对地铁开挖与站房基础施工统一考虑，在施工组织中同步安排，经过大力协调，天津西站地铁、公交与车站同期开通，成为综合交通枢纽中与市政工程“三同步”的成功案例。

北京北站正式投入使用初期，由于北京市郊铁路S2线票价高原因旅客人流量不足。针对此种情况北京局积极与政府沟通，会同市交通部门、S2线有关运营单位，加快优化换乘组织，完善设施设备，改善S2线交通接驳环境。并且通过北京市政府购买服务的方式使S2线具有准时到达、价格低廉、节

省时间的特点，从而使得北京北站发挥出其应有作用。2010 年日最高旅客发送人数 3 500 人，2011 年最高达到 1.1 万人，同比增长 214% 。初步预计，S2 线将吸引公交和部分小汽车客流的 30% 到 40% 。

2.3 结合运营实际，确保完善车站功能

客站建设的最终目标是服务旅客，我们充分吸取旅客和运营单位的意见建议，及时组织处理，制定完善方案，克服实际使用缺陷，力争使已建成客站功能更加完善，更加人性化。

2.3.1 完善配套设施

随着铁路客站特别是大型车站地下空间进一步的开发利用，地铁、公交、出租等不同交通方式对车站设备设施提出了更高的要求。我们以快捷、安全的服务理念，紧紧抓住旅客进站、购票、候车、乘车、出站这一主线，及时吸取旅客及运营单位意见和建议，进一步完善部分配套设施。

2.3.2 加强客服维护

车站自动售票、查询、进出闸机等自助设备的应用以及旅客流线引导标识的规范使用，已经成为铁路客站现代化的重要标志，但由于广大旅客对客服自助设备使用不熟悉，容易造成设备故障。北京局加大管理力度，采取多种方式确保客服自助设备正常使用。一是专业维保，增加维护保养频次。对设备进行定期检修，及时更换老化部件。二是加大使用宣传力度，针对旅客对设备不熟悉，容易发生问题和争议的实际情况，安排专人引导或者发送使用说明书，提示旅客合理使用。三是采用技术革新，保证设备正常使用。对大型铁路客站地下换乘空间自动售票机内加装了温控装置，保证了设备全天候正常工作。四是鉴于北京南、天津等站客服设备已超出质量保证期，北京局正在引进市场化，开展第三方审计，与客服设备厂家进行洽谈，签订维保协议，确定维保单位。

2.3.3 补强生产设施

一是重视客站运营，补足生产设施。为方便运营单位管理，更好地服务运输生产，提升运营效率，路局组织建设、房建、运营以及设备管理单位共同现场调研，对生产设施进行补强。比如在天津西站建设中，在站台上合理利用楼梯下部空间，增设值班室，以便于客运值班人员作业。

二是重视设备维修，创造检修条件。在对客站设备检查中发现，部分设备设施维修保养条件不足，比如室内排水管道检修，工作人员无操作平台；站房吊顶上方未设置检修马道等，通过开设检修口，设置设备夹层等方式创造检修条件，确保设备顺利运转。

三是重视职工需求，改善办公条件。充分吸取运营单位职工建议，改善办公生活设施，如对北戴河站大空间办公进行合理分隔，增设食堂、浴池等生活设施，改善了职工办公生活条件，使客站运营管理更加平稳高效。

2.4 落实责任体系，确保车站运营安全

按照铁道部客站建设总指的要求，北京局对已建成客站认真开展质量安全大检查，从旅客安全到行车安全，从二次结构深化设计到设备检修，从用电、消防安全到客服系统的智能集成进行全面检查，制定整改措施，切实落实到位，有力确保客站运营安全。

2.4.1 高度重视，明确责任

路局成立主管局长为组长，相关处室为组员的质量安全大检查领导小组。对客站质量安全检查做出具体安排，制定推进计划，明确具体检查项点，采取参建单位自查与路局重点检查相结合的方式，对工程质量、设备系统、客服系统、旅客安全、用电安全等进行全面排查。

在京沪高铁开通前，总结京津城际铁路、石太客运专线管理经验，制定了《北京铁路局站台雨棚管理办法》等 7 个有关客站设备管理办法，明确了管理机构、职责、限界、特种设备、巡检等相关规定，同时管理单位具体细化了相关措施，建立了责任体系。

2.4.2 全面检查，排除隐患

新型铁路客站具有高空间，大跨度，结构复杂，工艺新颖，设备先进等特点。大量钢结构、玻璃幕

墙、石材幕墙、铝板吊顶、特型门窗等得到了广泛应用。在实际使用中,也出现了部分连接件脱落、伸缩缝变形、电梯坑积水等影响客站使用的问题。

北京局为确保旅客进、出站及候车安全,确保铁路行车安全,对已建成客站设备设施加强质量安全检查。目前共检查 817 人次,发现问题 203 个,已全部解决。

3 关于客站建设、运营管理的启示和建议

总结客站建设及运营实践,以"服务旅客创先争优"为宗旨,就如何确保客站服务品质,运营安全,设施完善,进行研究探索,有几点启示和建议。

3.1 加强设计前瞻性

由北京局几大枢纽客站多年运营可以看出,客站旅客发送人数快速增长,与设计运营能力有一定差别。

如北京西站 1996 年建成,设计开通列车 60 对,远期 2010 年开通列车 90 对。实际运营中 2006 年已经达到 90 对,目前日常开行 124 对,高峰期开行达到 160 对,年旅客发送人数由开站之初的 826 万增加到 2010 年的 4 403 万人。

北京南站设计最高聚集人数 1 万人,但目前最高聚集人数已经达到 1.5 万人,随着春运的来临,候车人数将进一步增加。

因此客站前期规划设计阶段,在保证合理、经济、适用的前提下,建议充分考虑社会发展水平,加强设计前瞻性,预留车站提升和改造空间,以满足人民群众的出行需要。

3.2 从设计源头确保运营安全

一是建议合理减少线路上方管线及外装饰,或者适当设置设备夹层,避免高速动车通行时,扰动较大,发生构配件脱落等影响行车事故,以保证行车安全。目前,石家庄站建设中已经采取措施,取消了高架层下方中央空调管线;北京西站改造设计方案中已经将高架底层外装修取消,有效排除了构配件脱落以及空调漏水等安全隐患。

二是建议将深化设计纳入施工图审查。站房工程存在钢结构、预应力、幕墙、金属屋面、吊顶、特型门窗等深化设计,为保证深化设计和结构设计的适应性, 建议考虑将结构和深化设计统一审查的可行性。

三是建议进一步考虑站区安全,如对大型车站落客平台邻近营业线一方侧面加装防护网;对进出车辆实施凭证放行,以确保营业线安全和车辆管理有序。

3.3 客站设备维修专业化管理

新型铁路客站与传统车站比较,电梯、空调、客服系统、智能化系统等新设备得到了大量应用,对维修专业技能要求更高。

同时建筑体量庞大,北京局近期已建成和将要建成新型客站达到 240 万 m^2,占全局客站房建设备总量的 65% 。

因此如何对房建设备更好地修、管、用,成为北京局要深入研究的课题,下一步,将发挥房建设备管理专业化优势,合理调整管理体制,确保客站设备运转正常,旅客出行便捷、舒适。

4 结束语

通过几年的客站建设管理和运营实践,以建成人民群众满意客站为标准,北京局深入探索并初步建立了确保客站运营安全的管理模式,为在建客站的建设提供借鉴。北京局有信心按照铁道部统一部署,以服务旅客、创先争优为宗旨,进一步提升客站建设管理水平,打造一批内实外美、人民满意的精品车站。

用好客站新设备　探索服务新方法

广铁集团客运处

摘　要：近年以来，广铁（集团）公司相继建成一批客站，本文通过对这些客站所采用的新技术、新设备功能的分析、研究，结合广铁对客站运营管理的经验，就如何充分利用这些新技术、新设备为旅客服务进行了有益的探索，提出了建议。

关键词：客站；设备；管理；服务；探索

客运专线车站是按照中国铁路发展的总体思路，借鉴国外高速铁路的服务理念、成熟管理经验、先进科学技术和系统集成方法，结合中国铁路实情进行建设的。铁路客站中大量具有国际领先水平的先进技术和设备的广泛使用，为构建"以人为本"的旅客服务体系奠定了基础。对于如何用好这些新技术、新设备，更好地为旅客服务，广铁通过以下五个方面进行了一些有益的探索。

1　优化调整行政机构，适应新设备的管理模式，实现分散管理向集控管理转变

客运专线车站导向揭示、广播、监控、求助等各类新设备的服务功能，通过综合控制室的客服系统集成管理平台整合为一体，车站通过集成管理平台建立了以综控室为核心，实现综合业务操作、信息共享和功能联动，并建立覆盖本站及管辖站各岗位的工作机制，形成集中指挥、统筹协调的整体格局。

为适应客服系统设备"大站带小站"的管理模式，突出广州南站客服系统主控站专业管理的优势，我们不断优化调整行政机构设置。从"站管站"的集中管理模式（即既有广州站按车间管理广州南站，按班组直接管理广东境内沿线中间站），到"三级管理模式"（即既有广州站按车间管理广州南站，广州南站按班组管理广东境内沿线中间站），再到将广州南站调整设置为独立建制的高铁客运车站，将广州南本站及所管辖的武广高铁车站，广珠城际车间所管辖的广珠城际车站，以及广深港高铁车站（深圳北站除外）的业务、人员成建制从广州站划归广州南站管理，由广州南站综控室统一指挥管辖站的运营生产。通过行政机构设置的逐步优化调整，进一步加强了车站新设备的集控管理力度，强化了对沿线车站的现场控制。

2　设置专业管理部门，适应新设备的专业技术要求，实现新设备管理由分散型向专业集中型转变

随着客运专线车站新设备的大量投入使用，传统的分散多头管理维护模式已不适应和满足新设备的专业技术要求，由于新设备种类多、技术先进，技术领域交叉，涉及计算机、机电、制冷、电气集中等各专业，而且人量设备属特种设备，必须持有特种行业作业证才能进行相关技术维护。

因此，我们增设湖南铁路联创中心高铁物业管理部，并按属地管理，下设长沙、广州、海口 3 个分公司，核定设备巡检、值守、维护保养技术人员 235 名。通过实行专业化集中管理，进一步理顺了各相关单位、业务处室之间的关系，明确了职责划分，使各单位（处室）切实承担起了相应的管理职能；与施工建设方和设备厂家建立了良好的合作关系，组织、协调各设备厂家完成系统间的对接工作，并积极

督促设备问题的整改。例如:设备专业管理公司(湖南铁路联创中心)提前3个月介入广深港高铁车站设备的接管工作,熟悉新设备运行环境,检查新设备运行状态,共发现106个设计缺陷、施工质量等方面的问题,通过与施工建设方、设备厂家间的协调,使这些问题基本得到了解决;完善了新设备、新技术的引进、消化、吸收环节,建立健全了设备巡检工作流程,设备故障处理一般流程和应急方案等一系列管理制度和台账,确保了新设备的正常运转。

3 精心选培技术力量,适应新设备的高科技要求,实现新设备管理由人工巡查向智能监控转变

客运专线车站设备智能监控平台实时对电力、照明、空调、电梯等机电设备进行自动监视、控制和管理,并可根据外部环境变化适时调整各项参数,同时与客服系统、消防广播系统、市政BAS系统等不同控制系统间智能联网。

为充分发挥设备智能监控系统功能,我们高度重视设备监控技术人员的选配、培训工作,使之适应新设备技术新、种类多、涉及广等特点。(1)通过向社会招聘、人才交流等形式多方引进具备相关资质的专业技术人才,调剂现有从事既有线业务的技术骨干力量充实到客运专线车站;(2)引进或调剂的专业技术人员,经过3个月的考察试用,考核合格后,方可正式上岗。将每年的5、8、11月确定为"高铁培训月",同时定期组织参加各类业务培训。今年以来共安排130多人次的技术人员到西子奥电梯公司、凯利空调厂等设备厂家学习;(3)实行严格的日常写实考核、半年定期考核和重大事项随时考核的全覆盖式考核制度。通过严格人才引进、狠抓技能培训和强力推行考核机制,迅速提高作业人员的技术业务水平,逐步形成了结构合理、门类齐全、工作高效的复合型专业技术维护团队。例如:广州南站种类繁多的机电设备,仅需1人值守人员便能通过监控平台实时掌握各类机电设备的运行情况,既节省了人力物力,又提高了安全管理水平。

4 优化调整作业岗位,适应新设备的科学布局,实现人工服务向旅客自主服务转变

客运专线车站在各售票厅、进出站口、候车区等处,设置了大量的自动售票机、自动检票闸机,并安排专人引导旅客自助服务。

根据运营的实际需要,我们不断优化调整新设备的布局方案,最大限度提高设备利用率,方便旅客自助式服务。我们将广州南站高架候车层的8台自动售票机全部调整至地面层,并将地面层零散分布的41台自动售票机集中摆放,一字排开,在地面层形成两块较大规模的自助购票区域,并配以醒目的标识,这样既方便来自地铁、大巴、公交方向的旅客,减少旅客的走行距离,又便于车站对自动售票机的管理。目前,广州南站自动售票机售票率占总售票率的50%以上,极大地缓解了窗口售票压力。随着客流的逐日增大,广州南站原有进出站自动检票闸机的数量及布局,无法满足生产的需要,我们将原广深港候车区闲置的自动检票闸机调整至进出站口,在车站候车层A区进站检票口增加13台自动检票闸机,B区进站检票口增加6台自动检票闸机;并考虑出站客流的主要流向,在地面层出站检票口增加8台自动检票闸机。

为适应新设备的科学布局调整,结合自助式服务理念的特点和车站定员较为紧张的实际情况,我们通过减少售票岗位,合并同类作业岗位,增设流动岗位等措施不断优化调整作业岗位,最大限度地提高劳动效率。

5 探索设备新功能，适应新设备的技术革新，实现新设备技术由被动适应向主动探索的转变

在实际运营中，我们从运营初期的被动适应新设备技术，逐步向主动探索研发新设备功能转变，通过收集、分析和归纳旅客的各种需求，并积极与设备厂商探讨研究，将不断满足旅客的服务需求与管理的便利需要，作为探索新设备技术革新方向。

为满足旅客在自动售票机使用银行卡购票的需要，我们组织设备厂商对管内高铁车站的250台自动售票机进行设备加装和功能完善；为适应纸质车票向电子车票转变的必然趋势，我们根据铁道部的统一部署，从2011年9月20日开始，对管内动车组列车逐步开展互联网售票业务，在自动售票机上开发取票功能；为进一步简化旅客的操作流程，我们积极配合设备厂商对管内的1011台自动检票闸机全部增设二代居民身份证识别器，届时旅客可凭互联网购票时使用的二代居民身份证件直接刷证进出车站。

6 建 议

根据广铁(集团)公司近年来建成的部分客站运营管理的经验，结合客站新技术、新设备的采用，提出以下建议以便更好地为旅客服务：

(1)在自动检票闸机上加装磁票整理单元，不论旅客将车票以何种形态投入闸机，均可在机箱内自动进行整理归位、高效识别，而不要求旅客按某种方式插入车票，加快闸机通过速度。

(2)自动检票闸机采用双向检票功能，在考虑合并进出站流线基础上，工作人员根据客流流向与流量，实时调整检票闸机的开放方向，这样可大大提高新设备的使用率，降低车站工程造价，减少人工成本。

(3)在自动检票闸机上增设实名制储值式车票、手机电子票的设别功能，在检票闸机上刷储值式车票、手机接收的验证码进出车站，简化固定客流的购票程序，吸引通勤客流，又减少人力、自然资源损耗。

(4)在车站动、静态引导标识系统中，引入3D成像技术，制作反映车站结构及旅客流线、服务设施设备等信息的短片，并加入到车站自助查询终端、信息岛、服务咨询台等处所，便可使旅客更加直观、快捷地了解到车站的功能布局、自身所处的位置以及目的地的行进路径。

实施一体管理　用活新站资源 实现成都东站经营管理效能最大化

——成都东站运用一体化经营管理的尝试与思考

明　军[1]　李如斌[2]　胡晓泉[3]

（1. 成都车站，成都　610081；2. 四川西南铁路国际旅行总社，成都　610081；
3. 成都铁路传媒总公司，成都　610081）

摘　要：成都东站结合车站特有的圈层布局，立足于满足旅客多元化的服务需求，按照“系统规划、资源利用最大化；一岗多能、生产效率最大化；合力共为、经营效益最大化”的总体思路，实施“一体化”经营管理尝试。由成都车站、四川西南铁路国际旅行总社、成都铁路传媒总公司三方合力对成都东站商业资源进行了深入调研、专业策划、系统开发和综合利用，已取得初步成效。2011 年商业总招商面积达 20 283.7 m^2，十年招商总价值更是突破 94 697 万元，五年广告收益累计 1.24 亿元。

关键词：商业开发；管理效能；一体化模式；经营定位

近年来，我国高铁产业迅速发展，由此带动比传统铁路更加广泛的客流、物流和信息流，高铁站点更是以其高速的人员流动和完善的市政配套设施吸引大量的商业投资进驻车站及其辐射地带[1]，成都东站作为西部最大的综合型交通枢纽，具有独特的优势，被成都市政府作为城市商业副中心进行重点打造。如何用好、管好东站的资源，实现成都东站经营管理效益最大化，成为我们必须认真探索的一个重大课题。

1　全面分析准确判断，正确把握自身优势

成都东站运用典型的城市边缘和新城区商业定位方法[2]，通过高铁站点的聚集性和吸引力带动了客流、物流、信息流的大幅增长，实现站点周边的经济发展。

1.1　区位优势明显

成都东客站地处成都东三环路五段内侧迎晖路以南、驿都大道以北的沙河堡片区。以车站为中心，方圆 3 km 范围内，有万科、蓝光、绿地、和信等大型楼盘 6 个，一般居民区 12 个，常住人口 4 万人，流动人口 3 万，并且一大批高端楼盘正在建设中。东站具有便捷的交通、舒适的环境和多档次的商业服务，不但成为旅客乘车的一流场所，也成为周边居民休闲娱乐的好去处。

1.2　枢纽地位突出

成都东站是西部最大、全国六大铁路交通枢纽工程之一，能够接发成渝、成昆、达成、成绵乐等多方向列车，设计能力日均作业客车 400 对，客流集散 30 万人，集高铁、地铁、长途客运、城市公交、出租及社会停车功能于一体，一个无缝衔接的交通体系在此形成。

1.3　政策支持有力

成都东站在设计之初，就纳入成都市城市建设的总体规划，纳入“东部新城文化创意产业综合功

能区”的城市商业副中心进行规划，并提出打造“成都新客站城际商旅城”的战略构想。因此，在东客站的配套设施建设中，地方政府热情高涨，在交通、能源、综治等方面的支持非常有力。

2 上下联动齐心协力，确定机制规划先行

2.1 确定组织领导

在实施“转变发展方式，转换经营机制”的两转战略中，路局出台了一系列加强客站商业开发的组织措施，并成立由客运处、多元集团、相关站段等部门参与的客站商业综合开发领导小组。按照路局统一领导，部门协同负责的原则，站区成立一体化经营领导小组，由站长任组长，各关联单位为副组长，对车站商业开发、广告代理和功能布局实施统一领导，重点审批车站商业发展规划和具体实施方案，研究决策重要经营事项。成都车站作为管理主体，负责站区商业开发项目的日常管理，立足于旅客出行需求和客运组织流程，牵头实施功能区规划，并将车站商业区纳入车站综合管理，同时负责与地方政府对接车站周边配套设施的建设事宜。四川西南铁路国际旅行总社（以下简称“西南铁旅”）、成都铁路文化传媒总公司（以下简称成铁传媒）作为经营主体，负责车站商业开发和广告代理方案的制定、实施和运作；及时掌握新建或改造车站的规划及其进展情况，提前介入进行车站规划中的商业设计；认真研究车站商业、广告服务功能布局方案和开发措施，实现车站商业经营开发与车站同步规划、同步设计、同步验收、同步经营。

2.2 确定总体规划

现代化的客运站，既是服务旅客的中转站，也是城市的新地标。新客站规模宏大，在给旅客提供一流环境的同时，运营成本巨大，近期在开通 5 台 9 线的情况下，年运营成本 4 500 万元，远期 14 台 26 线开通，年运营成本为 10 664 万元。如果没有强大的商业盈利支撑，保持稳定的客运服务品质就没有可持续性。为此车站一体化经营领导小组对东客站的商业体量进行了认真研究，认为新客站位置优越，商机巨大，旅客不是不愿在车站消费，而是相应的服务品质没有跟上。传统客站商业面积规划不足，商业品质不佳，假冒伪劣是车站商业的代名词，绝大部分旅客的消费被迫在来车站前完成，失去了大量商机。因此我们明确了东客站的三大经营理念，即品牌化、差异化、多样化。按照这个定位，东站的设计总体规划也必须突破传统理念，必须围绕品牌化、差异化、多样化的思路进行全新商业规划设计。首先面积要足够大，高端商业品牌对场地面积、总体环境都有较高要求，如肯德基至少需要 400 m^2 以上，按照传统车站商业规划，根本无法引入大品牌，实际运营中，肯德基使用面积为 1 033 m^2；第二，位置要足够好，不能是见缝插针，东一块，西一点，最好的位置必须将客运服务面积和商业面积兼顾考虑，树立商业面积也是客运服务面积的观念，让旅客的商业消费便捷、舒适，愿意消费；第三，商业配套设施要足够全，如餐饮烟道、排污、信息光缆、动力电源、电动扶梯等，为实施多样化的服务创造条件。

3 围绕定位超前谋划，提前进场提前运作

3.1 提前规划商业营运面积

按照东站总体规划设想，我们首先进行商业面积规划。东站最初的设计方案，可开发的商业面积仅仅为 1 576 m^2，根本无法引入大品牌，体现品牌化、差异化、多样化的经营定位。为此路局客站商业综合开发领导小组多次向部汇报，与设计、参建单位对接，提出了扩大商业面积，增加多元收益的思路，建议商业面积按 2.2 万 m^2 规划。在部工程设计鉴定中心的大力支持下，成都车站、西南铁旅和成铁传媒会同铁二院和客站指挥部又多次对成都东站增加商业面积的可行性进行了论证，对设计方案进行了多轮修改完善，最终确定在旅客集中候车的高架层增加高架夹层，使商业面积增加到 2.2 万 m^2，占站房面积的 1/5 左右，是前期规划的十五倍。正是有了铁道部的大力支持和正确决策，此方案得到最终实施，为丰富东站商业业态，取得最大经济效益和社会效益奠定了基础。

3.2 提前安设经营基础设施

在不影响东站整体功能设计的前提下，车站一体化经营领导小组多次研究餐饮、搬运、购物、广告等业态的分布和配套设施安设方案。按照"资源利用最大化，设施安设科学化"的要求，委托中铁二院对东站经营场所的给排水、餐饮烟道、照明、管网、综合布线、楼梯等基础设施纳入东站总体设计，并同步施工，保证了各商业业态与东站同步开通使用，一开始就产生了巨大的经济效益。

3.3 提前预想客运组织流程

成都车站专门成立了东站建设筹备组，提前一年介入运营筹备工作，每天巡视施工现场，每周与客站指挥部碰头，每月形成各种建议专报送客运处、客站指挥部，参加铁道部、铁路局、客指、二院和地方城建等部门关于东站站房、站场及配套设施设计、建设方面的绝大部分会议。在商业开发的方案设计中，成都车站认真研究了东站设施设备配置的基本情况，提前梳理了东站的客运组织流程，提出与旅客需求和客运组织流程协调一致地设置各种商业业态的思路。从旅客购票、进站、候车、上车四个环节入手，科学设置 VIP 候车区、行李搬运服务区、候车就餐区、购物区和娱乐功能区。同时，针对商业区域和地方配套设施建设也需要一体化发展的实际情况，上报路局、成都市重大办合理化建议 15 条，均被采纳。

3.4 提前进行运营准备

成都车站、西南铁旅和成铁传媒三家精心组织，有序引导各商家按照合同约定提前进场装修，到 2011 年 5 月 8 日东站开通时，18 个餐饮点位中已有 10 个点位随同东站开通开始了营业。

4 多个主体优势互补，各种要素形成合力

在成都东客站的商业开发过程中，路局提出了实施"一体化"经营管理的"1 + 1 + 27"个办法的一揽子措施，把运输企业与非运输企业"管理、经营、核算、考核"四个要素融为一体，并明确了各方责任和义务，改变了过去运输企业与非运输企业各自为政、沟通不畅、指挥乏力、协调困难的局面，这些措施对于提升双方整体工作合力、促进资源综合利用的意义十分巨大。

4.1 明确主体责任

成都车站是"客运一体化经营管理"的管理主体，主要负责挖掘站车资源，结合旅客需要和生产组织流程，牵头规划经营项目，将站内商业区域纳入车站综合治理和客运服务的范畴统一管理。西南铁旅和成铁传媒是"客运一体化经营管理"的经营主体，按照多元化经营整体规划，依法合规开展经营活动，与车站建立定期协调、会议磋商机制，积极开发车站需要、旅客满意的多元化商业服务项目。

4.2 明确业务界面

车站、西南铁旅和成铁传媒按照"一体化"经营管理的原则综合利用资源，共同挖掘潜力，联动开发新业务。东站商业经营的主要业务在于利用车站场所开展与旅客旅行相关的经营业务，包括餐饮、购物、商业服务代理等项目。其中餐饮、购物和非乘降服务的商业项目，界定为运输企业其他业务，由西南铁旅主导经营。与旅客进出站相关的候车、搬运、寄存业务，界定为其他业务，由车站主导经营。成铁传媒则负责结合东站彰显的文化氛围进行整体广告开发。

4.3 明确组织体系

实施路局、车站(段)及非运输企业、车间三级联动管理的组织体系。路局客运处代表路局负责客运一体化经营管理的监督指导和业务规划、审批、变更等工作。车站(段)与非运输企业成立车站一体

化管理领导小组，由车站站长任组长，同时设立副组长和组员，主要负责协调领导车站一体化经营管理工作。同时，多方联动，共同制定一体化经营管理考核办法，建立起一整套经营管理和安全路风、服务质量、经济效益挂钩的激励约束机制，充分调动全员参与的积极性。车间负责车站区域内的日常安全、卫生检查工作，并作为站内营运商家与站（段）、路局联系的桥梁，及时反馈营运商家的各种经营需要和建议。

5 围绕规划抓好落实，一体管理效果明显

5.1 全力实施品牌、差异、多样化经营战略

一是实施品牌化战略。充分利用东站良好的商业环境，引入肯德基、麦当劳、德克士、乡村基、成都名小吃、上岛咖啡、红旗超市等国内外知名品牌，全面提升服务品质和服务档次。

二是实施差异化战略。根据不同层次的旅客需求，提供不同标准的高中低端商业服务。如候车服务有15元的普通商务茶座服务，有50元的中端VIP贵宾室服务，有全年70万元的冠名包厅贵宾服务，下一步站台层贵宾室装修完毕还有300元一次的高端VIP服务，在为不同旅客提供差异化服务的同时，经济效益也非常可观。

三是实施多样化战略。为突出“温馨起点，快乐驿站”的东站服务内涵。我们在产品多样化上进行大胆创新，除传统的餐饮、中西快餐、小件寄存、书报销售、动静态广告、ATM柜员机等商业服务外，还引入携程旅游、知名品牌大卖场、富侨浴足、投币式按摩座椅、复印传真电子邮件等旅途服务，下一步还准备引入电玩城、流动花车、联程住宿预订等服务，满足各类需求，让新客站成为旅客的“旅途加油站”。

5.2 最优定员工作法实现效率最大化

成都东站是西部现代化程度最高，设施最先进的车站，先进配套的基础设施，功能完善的客服系统，为车站减少岗位人工作业人员的配置创造了有利条件。在实际工作中，成都车站一手抓经营管理，一手抓优化岗位配置，即体现商业经营效益最大化，同时也体现劳动组织效率最大化。我们对成都东站的客运工作流程进行重新塑造，突破传统客运组织方式，对岗位进行最优化核定，采取灵活套岗，运客并岗、弹性工制和“四位一体”最优定员工作法。如客运售票工种可以灵活套用，东站所有工作人员都可以卖票，组织乘降，特殊时段哪个工作点上缺人可以相互支援；运客并岗，运转的助理值班员可以协助客运进行站台组织，守道口，可以卖票，车站在两大工种实现了作业统筹；弹性工制，东站从早上6点多开始到达客车作业，到晚上10点最后一趟车发出，时间跨度16个小时，作业23对46列客车，但班次却是两班倒，我们结合运行图特点，采用日勤班、日勤半班、中途间休轮换班、夜间回家轮休班等多种班制，既保证了作业，又保证了职工轮休；同时实施的四位一体工作法，把保安、保洁、安检人员纳入客运服务体系，使其在检票、重点旅客服务、咨询上发挥作用。目前东站客运售票人员共80名，加上运转、设备和管理人员，全站共计101名干部职工，仅以成都车站十分之一的定员完成了成都车站三分之一的发运量，实现了劳动效率的最大化。

5.3 准入制度公开竞标实现效益最大化

成都东站在公开招商前，针对各商业业态对周边现有商业、市区商业核心地带、全国各城市车站、机场的商业定位、价格、经营、管理进行市场摸底调查，采用类比法、系统分析法、案例研究法，科学制定各业态经营价格定位，确定招商邀标和评审准入底线。凡是自愿入驻经营的商家，都必须全部纳入这些指标中进行一一核查，在此基础上进行全面公开竞标，择优选用，绝不讲人情。实际招商中，餐饮区竞标最为激烈，都通过多轮竞争才确定中标者，对投标者较少，暂时难以溢价招商的点位和业态，采取多次招商，逐步放盘的战略，如VIP业态招商心理价高达每平方米一万元/年。一次放出8个业态难度很大，就采取每次2个的做法，实行“捂盘”销售，取得800 m^2 十年5 600万元的业绩。2011年东

站商业总招商面积为 20 283.7 m^2，十年招商总价值已达 12 亿元，2012 年在完成全部室外广告和 VIP 招商后，东站十年商业总价值有望突破 15 个亿，商业规划设计的愿景得到最大体现。

参 考 文 献

[1] 谢贤良．世界高速铁路现状及其社会经济效益[J]．中国铁路，2003，(11)．
[2] 高燕．苏州高速铁路客运站选址和布局的探讨[J]．淮阴工学院学报，2008，(10)．
[3] 陈一新．中央商务区(CBD)城市规划设计与实践[M]．中国建筑工业出版社，2006.

现代化新型高铁客站商业经营模式研究

唐　青[1]　何国民[1]　陈建宇[1]　陈玉卯[1]　武传勋[1]
王嘉伟[1]　宜茂庆[2]　倪向前[2]　朱建平[2]　楼瑜锋[2]
（1. 上海铁路局多元经营投资中心，上海　200070；
2. 浙江铁道发展集团有限公司，杭州　310009）

摘　要：近两年，随着我国铁路大规模现代化建设的兴起，一条条高速度的客运专线和一个个高标准的高铁客站的相继开通运营，铁路在经济发展和社会生活中的地位作用得到了进一步的提升。铁路建设的快速发展和铁路运输方式、运输技术的不断进步，已对铁路的客站建筑形态和功能定位产生了深刻影响。不管是旅客运输还是与之配套的商业服务，既有的管理运作模式已难以适应现阶段铁路快速发展的要求。

目前，新建的现代化新型高铁客站，在为旅客打造更为舒适便捷的乘降服务环境的同时，还规划了大量用于商业服务的面积，具备了更大的经营发展空间。未来很有可能像日、德、法等国家的许多大中型客站一样，逐步发展成为城市新的交通和社区商业服务综合体，成为城市商圈的新地标。

本文旨在通过总结前期上海局在高铁商业开发经营的初步实践，创新现代化新型高铁客站商业开发经营理念，探索一种与我国高铁客站建设和营运相适应的商业开发经营模式。

关键词：经济；铁路客站；商业；模式

1　绪　论

1.1　研究背景

近三年来，上海铁路局按照高铁客站商业服务“高起点、高标准、高品位、高效益”的工作要求，先后初步完成了管内沿海铁路、沪宁城际高铁、沪杭高铁、京沪高铁沿线客站包括上海虹桥站、南京南站2个特大型枢纽站的商业开发，并正在同步推进杭州东站、宁波站、合肥南站及宁安、宁杭、杭甬、合蚌、京福、郑徐、徐连等多条客运专线客站商业开发的前期工作，从中取得了一些初步的成效和经验。同时，对新型高铁客站商业开发经营实践过程中遇到的许多新问题做了积极的探索，对今后铁路新型高铁客站的商业开发经营模式作了一些粗浅的思考。

1.2　研究目的及意义

伴随着定位于综合型交通枢纽的现代化新型高铁客站的出现，铁路客站较其他交通枢纽在旅行的便捷性、服务的高效性、功能的扩展性等方面的独到优势也逐步显现，不仅带来了铁路客流的大幅度增长，同时也使铁路客流成分发生了变化，大量具备中高端消费能力的商务旅客的涌入，给铁路客站建设和发展带来了全新的挑战和广阔的商机。

一方面，新型的高铁客站已经成为城市的亮丽地标，旅客来到铁路车站乘车，已不仅仅希望能够享受舒适的乘降服务，更期望能够使候车的过程变成享受多层次的消费服务的过程；衡量铁路客站优劣的标准除了站房形象、运营状况、服务质量，成熟、完善的商业配套也成为了一个重要指标。商业项目的形象、品位和完善程度将直接关系到旅客乃至社会各界对车站以及整个铁路的满意度。确立现代化新型客站商业开发经营的模式，对于更好地满足旅客和社会的消费需求具有至关重要的积极意义。

另一方面，客流变化所蕴含的消费潜力及巨大商机也要求作为市场主体的铁路运输企业进一步拓宽新型高铁客站商业开发思路，按照多元化发展的总体战略，不断创新高铁客站商业开发经营模式，加快把高铁客站商业打造成支撑铁路发展的核心业务之一，通过持续提升经营收入，弥补客站巨额建设投资和运营成本，实现“以站养站”乃至现代化新型客站的和谐可持续发展。

因此，通过总结经验教训，不断破解各类难题，探索现代化新型客站商业开发经营的成功模式已经成为铁路多元化发展的当务之急。

2 上海铁路局高铁客站商业开发的主要做法

至2011年6月30日京沪高铁投入营运，上海局管内已先后建成开通了沿海铁路、沪宁城际、沪杭客专、京沪高铁4条高铁线，同步完成了62个新型高铁客站的一期商业开发，包括上海虹桥站、南京南站2个特大型枢纽站。通过对这些高铁客站商业开发的实践，初步探索了一套高铁商业开发经营的模式，并在不断完善之中。

2.1 上海铁路局高铁客站商业开发的基本思路

一是统一规划准确定位。路局明确新型高铁客站商业按照“系统规划、区域定位、品牌经营、专业管理”的思路统一组织开发。系统规划，就是按照“系统集成、整体最优”的原则，注重客运服务与商业服务、环境形态与商业布局、硬件设施与软件管理的有机结合；区域定位，就是对标机场航站楼、城市主要商业中心等客站所在区域商业标杆的开发水准，按照“一站一设计”、“一站一景观”、“一站一文化”进行开发，体现客站商业开发与交通枢纽、地域文化的完美结合；品牌经营，将大型枢纽站的品牌定位于行业排名前三位和国际国内一线和二线品牌，以及在航站楼有过良好经营业绩的品牌；专业管理，通过建立专业管理团队、开展与专业公司合作等，提升高铁商业开发专业化水平。

二是科学规划业态功能。通过引入具有大型交通枢纽商业策划经验的专业公司精心规划整体打造，改变以往铁路客站商业单一的即时型消费模式，形成了品牌消费、时尚消费、特色消费和体验消费等多重消费模式，以充分满足不同层次旅客的消费需求。

三是精心落实物业条件。在高铁客站建设期间，路局投资中心及时介入，会同客运处、建设处、指挥部进行客站图纸交底、现场踏勘，并根据铁道部审定的开发规划方案，协同建设处、设计院和指挥部等，对每一个站的商业开发方案进行细化落实，补强前期物业条件，并着力强化施工现场管理。

四是分步推进招商工作。由路局统一制定招商工作方案，明确客站商业不同业态、不同区域的商户进驻标准，科学确定招商指导价，并按照“统一管理、分区实施”、“自主招商为主，委托招商为辅”的原则，根据车站客流的增长情况分步实施招商引企，并探索不同的经营方式。

图1 上海虹桥站商业

2.2 上海铁路局高铁客站商业营运管理模式

高效、规范的营运管理是打造高铁服务品牌，实现高铁客站商业持续发展的重要保证。上海局在高铁客站商业营运管理方式上积极创新，在高铁商业管理服务标准上不断优化，努力实现“一流品牌、一流管理、一流形象、一流效益”的目标。

一是实行高铁商业营运管理专业化。为确保高铁商业高标准和打造服务品牌，上海局切实加大高铁客站商业营运管理力度，优化高铁管理模式：路局投资中心设立高铁商业服务开发部，下属区域集团公司设立高铁商业服务事业部，并在大型枢纽站单独设立高铁分公司，对高铁客站的商业营运实行专业化管理。沿线其他客站，借鉴运输业“大站管小站”的模式，实行同站分区管理，做到人员清晰、财务单列和管理专业。

二是力求高铁商业营运服务多样化。在实行专业化管理的同时，进一步强化高铁客站商业的运营服务功能，改变铁路传统客站商业开发“一租了之”的弊端。增强营销服务功能，开展对商家经营收入的日统计、月分析，协助商家有针对性地制定销售计划；协同商家开展广告宣传、现场促销等活动，不断做大收入。强化内外协调功能，对内，做好与车站、防疫、消防和客运、路风部门的协调；对外，加强与所在地的工商、税务、环保等部门的协调，努力为入驻商家营造良好的经营环境。

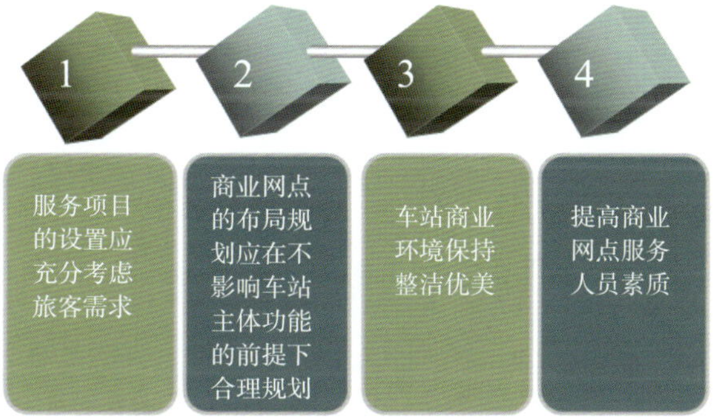

图 2 “以人为本，旅客至上”基本要求

3 高铁客站商业开发经营中急需解决的几个问题

上海铁路局在“两站四线”高铁客站商业开发的实践中，取得了一些初步成效，但回顾商业开发经营历程，仍然存在不少困扰开发和经营工作的问题，需要在今后高铁客站建设中引起重视和研究解决。

如上海虹桥站商业经营面积共 9 609 m^2，共计商商铺 83 个（包括 VIP 候车室、ATM 机、自动售货机和寄存柜）。其中餐饮业态 20 个，合计面积 4 585.95 m^2，占总商业面积的 47.73%；百货类业态 18 个，合计面积 2 069.78 m^2，占总商业面积的 21.54%；零售类业态 38 个，合计面积 2 788.19 m^2，占总商业面积的 29.02%；VIP、ATM 项目合计面积 333.83 m^2，占总商业面积的 3.4%；自动售货机合计面积 12 m^2，占总商业面积的 0.12%。

截至目前，上海虹桥站已有 9 个商铺因经营压力过大提前退租或请求退租，占虹桥站现有商铺的 10.84%；经过初步分析，该现象大致可以归咎于高铁客站前期商业开发和后期运营阶段中存在的一些主要问题。

3.1 现阶段高铁客站商业开发中存在的主要问题

近年来，在新型高铁客站建设中，虽然商业服务设施的规划得到了前所未有的关注和重视，但由于其被定位为客运辅助配套，导致在客站设计中往往存在这样一些问题。

3.1.1 商业区域规划布局不合理

一是客站商业区域预留不科学。由于把商业作为客运配套辅助设施，在站房建设可行性研究时，没有对客站的商业价值进行分析评估，缺乏对以客站为核心的商业服务需求和巨大商机的研究，更没有将站房定位为新型"城市综合体"或"新城商业中心"。二是商业区域空间布局不合理。商业区域空间布局缺乏系统考虑,很少研究后续的营运需求和商业价值的提升,商业网点往往远离客流动线;其中,一般大型枢纽站商业价值最高的出发层无预留商业面积,商业区域普遍设置在夹层上,且商业夹层间相互不贯通,有些数百米长的商业夹层通廊甚至没有电梯或电梯不在人流动线上,旅客消费不便,导致大面积的夹层商业在后续营运时往往只有少量餐饮业态可以生存,价值不高。再则,枢纽站到达层的商业区域设计多背对到达客流集中的换乘区域,同样没有充分考虑商业营运的价值。三是商业功能未纳入站房整体消防评估。目前,在候车区和商业夹层区内的商业设置形式规范上,消防与客运的要求存在较大矛盾,如表1所示为1994年出台的现行铁路消防管理规定。

表1 "岛"和"舱"的区别

"岛"的定义	"舱"的定义
20 m^2 左右,且铺与铺之间至少间隔8 m的商铺称之为"岛"(四周用耐火材料围合的无顶区域)。	100 m^2 以下的商铺(自带消防系统的封闭房间)称之为"舱"。
对商业直接造成致命的打击	
①商业形态死板,不利于招商和经营; ②商业形象不佳与站房整体建筑风格不协调,不符合客运管理要求; ③大空间内的商业面积实际利用率下降至40%以下,造成建设投入的浪费	

3.1.2 商业物业条件设计不到位

一是站房设计没有考虑商业营运的基本物业条件:①站房设计中多未考虑商业业态的搭配如餐饮业态的面积偏少,也没有确定厨房位置,预留烟道、隔油池等必备物业条件;②对商业区域的商铺分隔没有设计,未预留基本数量的上下水、排风、空调等物业条件;③对商业服务和管理需求的弱电和外网接入等基本物业条件没有考虑。二是物业条件设计参数存在问题:①普遍存在餐饮业态厨房设计面积未达到商铺总面积的25%~30%的问题,使得厨房面积难以支撑整个餐饮区的正常营运;②普遍存在商业用电预留严重不足的问题,现阶段在站房主体工程设计中,通常只考虑站房普通用电,仅预留了30%的安全冗余电量,未将商业用电包括其中;即使考虑了旅客服务区的用电量,也是按老的标准(100 W/m^2)进行设计,远远不能满足1 000 W/m^2 的商业用电需求。特别是大型枢纽站和建设规模受到控制的项目,矛盾尤为突出,南京南站、杭州东站、宁波站、宁杭客专(湖州南站)、杭甬客专(绍柯站)、合蚌客专等都遇到类似问题,使商业开发困难并造成后期改造的巨大投入。

3.1.3 商业配套设施设计不完善

一是未将商业导引标识系统纳入站房客运动静态引导标识设计,后期增设难度较大,导致远离人流动线的商铺经营更加困难;二是大型枢纽站商业配套用房不足,没有预留足够的商业办公室、保洁用房、设备用房、储藏室和大站商品配送库等配套用房,给营运管理带来诸多不便;三是车站站台未预留水源,保洁人员实施站车保洁困难;四是商业进出货和垃圾清运没有专门的物流和垃圾清运通道,也给后续营运带来一定的困难。

3.2 高铁客站商业营运管理中存在的主要问题

既有铁路客站商业管理人员的经营理念落后、服务意识薄弱,经营模式多以收取固定租金为主,品牌经营要求低,商业管理手段简单粗放,"一租了之"、"以罚代管"较为普遍。这种管理基础和经营模式导致新型高铁客站的商业营运存在一些突出问题。

3.2.1 招商机制不适应品牌经营的要求

长期以来,由于粗放经营我们对铁路客站商业经营数据缺乏分析和积累,同时,既有铁路客站商业形成的"同质经营"、"质次价高"社会印象,导致很多品牌商家不愿或不敢直接进入高铁商业经营,给高铁客站的招商带来了较大困难。虽然近年来,我们在招商工作中注意不断加强营销、积累资源,但依然存在租金定价不够合理,经营商品价格偏高(由图3和图4可知,客站商铺租金水平与周边租金水平差距不大,但其价格水平与周边相比要高出不少)、商业区域经营主题不突出、引进商家品牌知名度不理想、部分商业零售业务还只能依靠集成商引进品牌、进驻品牌经营和抗风险能力不足等现象。另外,在招商策略上过于强调商业与客站的同步开通,采用一次招标的方式,降低了招商效果。招商机制不完善将最终影响高铁商业的品质。

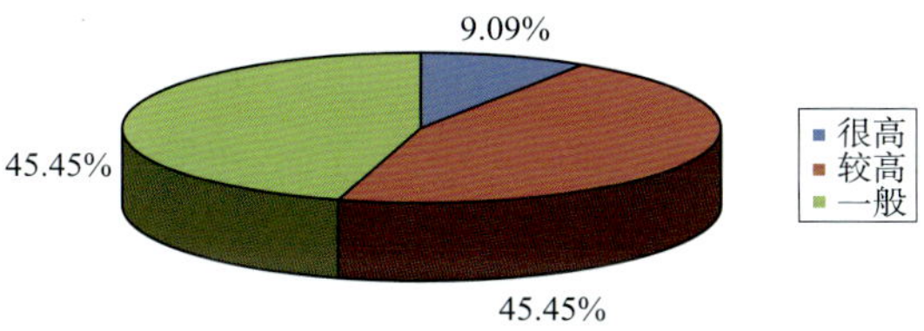

图3 客站商铺租金水平与周边比较

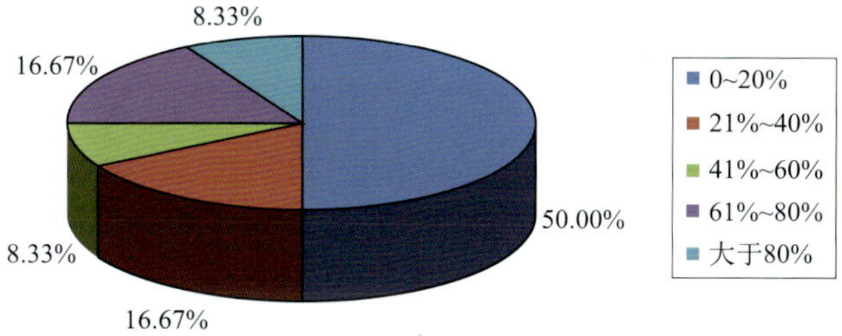

图4 客站经营定价水平与周边相比

3.2.2 营运模式滞后于品牌管理的需要

一是以客运乘降为中心的高铁客站的管理思路,束缚了高铁客站商业经营活动的开展。如对商家在站内外各种品牌和产品营销活动的严格限制;又如部分客站采取的凭票进站管理等等,都是非常不利于高站客站商业吸引消费的。二是现有的铁路商业管理团队自身受到理念、知识、经验、技能等方面的局限,在如何运用现代管理理念、手段、机制和运营模式为品牌商家提供优质商业服务、营造良好商业生态环境上的学习、研究和探索都还很不够,还没有探索形成一套适应高铁客站品牌经营的商业营运模式。

3.2.3 人才建设制约了开发经营的发展

高铁客站商业的开发和经营市场化程度很高,一方面我们在选择品牌,另一方面商家也在掂量我们。而且作为一项系统工程,需要多方面的专业人才。而现阶段从事高铁客站商业开发和经营的人员大多是从铁路不同工种转行而来,专业知识和服务技能缺乏,经营和服务不专业,与入驻高铁客站的品牌商业企业的商业管理和服务需求不相匹配。因此,高铁商业开发经营人才队伍建设已经成为制约高铁商业持续发展的瓶颈。

4 探索创新高铁客站商业开发经营模式

4.1 创新高铁客站商业开发经营理念

4.1.1 重新定位高铁客站服务功能

目前,在日、德、法等国家,铁路大中型客站的功能已经很少是单一的乘降服务,而是将车站与商场融为一体,让旅客在丰富多彩的购物环境中候车,更多地体现了把车站建在商场内的现代经营理念。

从图5可以看出,通过将高铁客站定位为城市综合体可以较好地充实服务设施,并在有机整体中形成一个经济活体以改变过去我国铁路客运站收入来源单一的情况。

因此,我国新型高铁客站的建设完全可以借鉴国外铁路客站的建设理念,把客站尤其是大型枢纽站的功能定位于城市交通与社区商业中心(如图6),以更大地发挥其在服务当地经济发展和满足人民日益增长的消费需求中的作用。相应的客站商业开发经营也应从目前主要对标国内先进机场商业开发经营模式调整为对标国内外先进的交通枢纽商业和城市商业服务综合体,将现代化高铁客站打造成集购物中心、交通枢纽于一体的城市商业服务新地标。

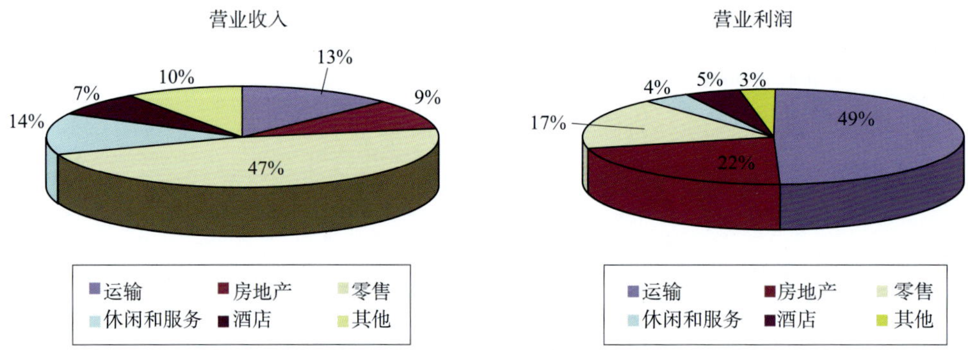

图 5　2004 年日本东急集团收入比例

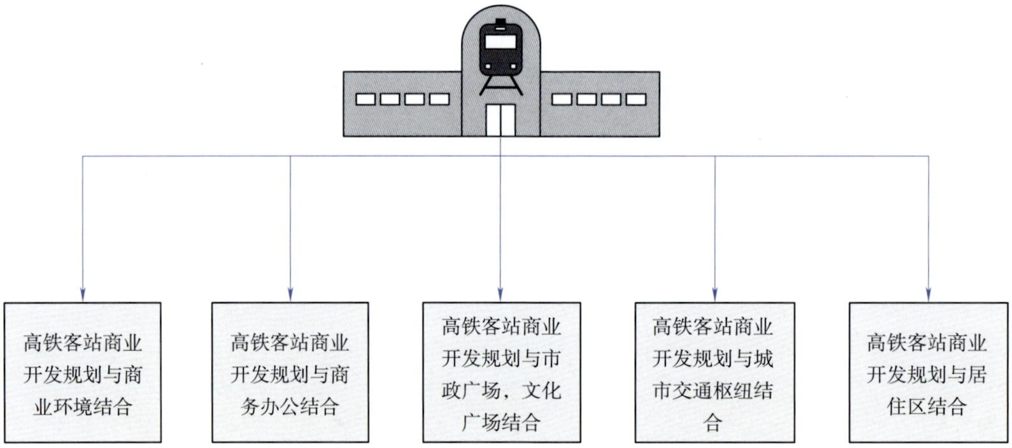

图 6　高铁客站商业开发设计思路

4.1.2　提升高铁客站商业服务地位

将商业服务和旅客运输放在同等重要的地位。在规划新型高铁客站时，应将客站商业服务功能和旅客运输功能同等对待，甚至将商业提高到更重要的位置进行布局。在车站设计阶段充分满足商业营运的需求甚至围绕商业进行生产布局，将人流动线上的最具商业价值的位置预留给商业，让商业服务功能和客站运输功能有机地融为一体，使新型高铁客站具备更加丰富强大的服务和辐射功能，进而实现最大化的多元经营效益。

4.1.3　拓展高铁客站商业目标顾客群

高铁客站商业规划应突破原先服务旅客的思路，在充分市场调研的基础上，对未来的市场和目标客户群进行充分细分，有针对性地规划特色主题商业，充分发挥综合性交通枢纽交通便捷的优势，融入或打造以高铁客站为中心的城市商圈或城市核心商务中心 CBD，力求吸引更多的非旅客顾客群体来车站享受优质的商业服务，彻底更新人们对铁路客站的概念，达到非运输业务促进运输业务发展的目的。

4.1.4　实施高铁客站商业一体化专业化经营

高铁营运初期客流有限且不稳定，客站商业需要一个较长的培育期。同时，现阶段高铁车站的产权都在合资公司，铁路局虽然获得了运输管理的委托权，但商业经营的主体始终未予明确。由此给路局开发和经营高铁商业带来了很多不确定因素，在一定程度上制约了高铁商业的可持续发展。建议铁道部明确高铁运输管理与商业经营实行一体化委托，由铁路局非运输企业实施专业化；合资公司为路局经营高铁商业创造条件并实施监督获取的合理资产型收益，从而为高铁客站商业可持续发展创造稳定的政策环境。

4.2 构建高铁客站商业开发新模式

4.2.1 优化前期对接机制

更加专业地做好高铁客站商业的前期规划。一方面相关部门优化对接机制，明确非运输企业介入站房初步设计论证，使得商业开发经营需求能在设计中得到充分体现；另一方面，进一步建立相关机制，将商业规划设计纳入站房设计专业咨询和审查。只有这样才能将商业和客运的设计理念和要求有机融合。

4.2.2 做到同步施工建设

为了充分保证客站商业的良好运营，切实保障商业和客站的同步开通，在坚持客站和商业的同步规划设计的基础上，还要将商业物业条件的预埋纳入站房建设，做到同步组织施工，这样既可以减少站房建设中的结合部和施工干扰，保证进度，又可以有效避免因商业物业条件的二次改造而造成的大量建设资金的浪费。

4.2.3 满足后期营运需求

一是合理布局商业区域空间。客站商业布局应充分考虑商业业态、客流动线等，力求使规划布局科学合理，最大限度地满足经营需求和商业价值的提升；同时，要将商业功能设计纳入站房消防评估。根据新型高铁站房建设发展的实际，重新论证和修订现行铁路消防管理规定，科学界定商业设置上"舱"与"岛"的设置标准，努力提高客站商业面积的利用率，使高铁客站商业形态更加丰富多彩，与站房整体建筑风格相协调。二是合理设定各类物业条件参数。除了科学设计商业区域的商铺分隔，提前规划基本数量的上下水、排风、空调、弱电和外网接入等物业条件外，还应充分考虑不同商业业态所需的物业条件，如餐饮业态厨房设计面积应按照总商铺面积的25% ~30% 设计，使厨房面积能够适应餐饮区的正常营运；又如按照1 000 W/m^2 的商业用电需求标准，预留商业电力等。三是解除后期商业运营管理的后顾之忧。如预留商业物流和垃圾清运通道，增设商业导视标识，将客服系统引入商业区域，为后续经营创造良好的环境。

4.3 探索高铁客站商业经营新途径

4.3.1 加快培养高铁商业各类人才

人才队伍建设和培养是高铁客站商业提升服务品质，实现持续发展的最根本一环。高铁商业营运管理部门要高度重视，广开门路，不拘一格吸收和培养适合从事高铁商业开发经营的各类人才。当前我局正考虑借鉴一些先进名牌企业通过建设诸如"汉堡大学"等企业大学培育企业需要的人才的做法，集中全局优势打造一个高铁客站商业示范点，并把它作为高铁商业人才的培养基地，从而为高铁商业的可持续发展提供人才支持。

4.3.2 深入探索高铁商业运营规律

高铁客站的招商没有现成的经验或模式可以照搬照抄。它既不同于一般城市商业中心的招商，又不同于同为交通枢纽的机场航站楼的招商，也不同于我们既有铁路客站的招商，高铁客站的招商有着许多自身的特殊性，需要我们在实践中不断地总结经验，探索规律。我们要根据不同高铁站线的客流（客流量、客流成分）、位置（区域位置、商铺位置）、环境（地区消费水平、周边商业环境）以及业态等特点，采取不同的招商策略和方案，逐步探索和形成一套符合高铁客站商业发展方向的招商模式。

4.3.3 努力营造高铁商业良好环境

一是高铁商业管理部门主动与车站建立商业沟通协调机制，努力为商家开展营销活动争取良好的外围环境，同时主动与商家一起策划和组织站内外营销活动，积极争取非旅客人群来站消费；二是不断提高铁路商业管理团队的水平，创新管理理念，转变经营方式，培育和打造自身经营和管理的核心竞争力。

4.3.4　建立高铁商业管理制度体系

一是建立健全高铁商业安全管理制度体系，包括安全例会制、安全生产责任制、安全生产承诺书、安全关键点分级管理或网格化管理、消防安全管理、食品安全管理、治安保卫管理、设备安全管理、应急安全管理、安全检查写实和安全生产评估等各项安全管理制度；二是建立健全高铁商业运营管理制度体系，包括经营责任制、工作通报、项目开发管理、安全管理、路风管理、招商管理、商铺出租管理、岗位职责、财务管理、经营统计分析、营销管理、市场调研、商业资源管理、客户管理、从业人员管理、合同管理、信息化管理、现场巡查管理、考评考核和商业服务规范等各项运营管理制度；三是建立健全高铁商业服务管理体系，包括高铁客站服务公约、旅客满意度测评及通报、路风管理及旅客投诉管理、服务质量巡查及服务质量验收管理、亮照经营管理、物业服务管理、商业服务信息管理、商业从业人员的培训管理、错位经营管理、商业服务和站内经营咨询管理、经营环境和服务质量评比奖惩、商家例会、商家经营信息管理和营销活动组织管理等各项商业服务管理制度；四是建立健全高铁商业内部运营管理体系，包括方针目标管理、例会制度、财务管理、后勤服务管理、管理人员绩效考核、保密制度、工作交接、培训制度、廉政管理和信息管理等各项内部运营管理制度。

4.3.5　有效运用信息化管理工具

研究运用现代电子网络工具，改进和提高高铁商业的管理效率。目前，上海铁路局已着手自主研发高铁商业 ERP 信息管理系统，正在探索通过 ERP 系统的应用，运用信息化手段，加强对全局高铁客站商业营运的管理，进一步提高高铁客站商业管理的及时性和有效性，实现高铁商业管理的升级换代。

5　总　结

目前，我国铁路正处于大规模现代化建设时期，借鉴国外铁路客站商业服务运作经验，吸取机场航站楼、地铁车站等相关企业的成功做法，同步搞好我国新型高铁客站商业综合开发经营，对树立中国铁路新形象、实现铁路多元化发展具有重要而深远的意义。可以相信，只要坚持从中国国情和铁路实际出发，把握机遇，着眼未来，勇于实践，持续创新，一定能够走出一条高铁客站商业开发和经营的新路子。

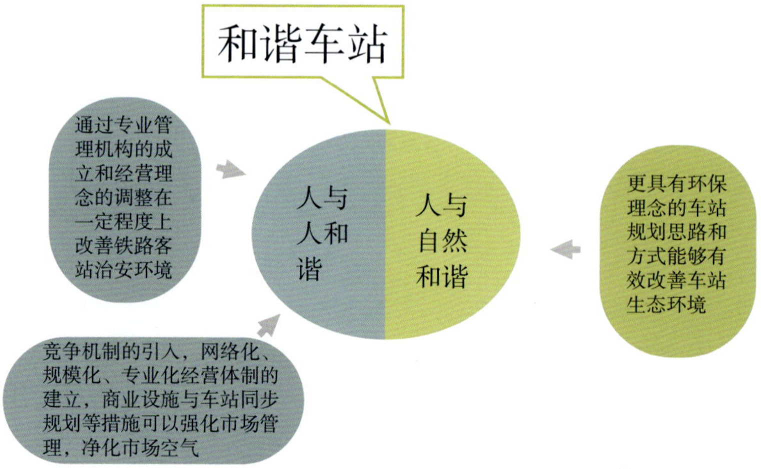

图 7　打造和谐车站示意图

参　考　文　献

[1] 铁路客站商业综合开发和管理培训团组. 德国、法国铁路客运车站商业综合开发管理考察报告[R]. 铁道经济研究，2009(1)：15-21.

[2] 李丹明,李玉梅. 东日本铁路公司的多种经营[J]. 中国铁路,2006,(9):52-55.
[3] 沙永杰. 日本京都新车站设计[J]. 时代建筑,2000,(4):56.
[4] 铁道部工程设计鉴定中心. 关于做好新建客站商业开发规划的通知. 2010.
[5] 周国华,唐元宁,等. 铁路客站商业服务开发及其政策支持研究报告(讨论稿)[R]. 2009.
[6] 上海铁路局. 关于进一步推进客运站车商业服务配套项目的指导意见. 2010.
[7] 戴江南. 德国、法国铁路客运站考察与思考[J]. 铁道运输与经济,2009,(3):12-15.

高标定位　商建融合
——努力创建新型大站客服经营市场

邓祥安

（武汉铁路局汉口车站，武汉　430023）

摘　要：考虑到汉口车站正处于完工一处、开通一处、开发一处的特殊时期，汉口车站深入分析自身区位、集散和人文等三大优势，瞄准建设全路一流综合性客服经营市场的目标，按照“高标定位、商建融合、统一规划、分步开发、规范管理”的思路，以推进实现客服市场与新站建设融合为载体，科学开展商业开发工作，促进车站客服经营的整体品质提升。

关键词：客服经营市场；高标定位；商建融合；统一规划；分步开发；规范管理

汉口车站从 2009 年正式开始改扩建，近三年来，我们坚持“以人为本、服务旅客”的思路，抓住改扩建机遇，与铁四院、汉口站建设指挥部及施工单位紧密配合，把客站设计、建设与商业开发紧密地融合在一起，按照“高标定位、商建融合、统一规划、分步开发、规范管理”的思路，推进汉口新站的建设和经营开发，取得了一定效果，初步形成了商建有机融合、服务品质提升的客服经营市场，取得了较好的社会效益和经济效益。到目前为止，在新站建设规模仅完成 70%，地铁、城际铁路、站前地下空间均未开通的情况下，预计全年能够完成经营收入 4 500 万元。

1　高标定位，建设全路一流的综合性客服经营市场

在改扩建之初，我们与设计、建设部门充分研究思考，认为在汉口新站的设计、建设中，必须对整体建设、客服功能与经营市场进行统筹考虑，最大限度地融为一体，发挥好三个优势。

1.1　发挥好区位优势

汉口新站位于九省通衢之地的武汉王家墩 CBD 金融商务圈内，紧邻有中部华尔街之称的汉口金融街、万达商圈、武广商圈、江汉路商圈，区域内商业氛围浓厚，这对于车站商业开发具有极大的拉动作用。

1.2　发挥好集散优势

改扩建后的汉口新站是集公交、铁路、地铁、城际四位一体的交通枢纽，站内铁路也形成了高速（沪汉蓉）、普速（既有线）、城际（汉孝城际）三场合一的格局，最高聚集人数达 8 000 人，日旅客发送量达到 10 万人以上，集散优势突出，这对于车站商业开发具有极广的辐射作用。

1.3　发挥好文化优势

跨越了三个世纪的历史长河，历经了 113 年风雨沧桑，改扩建后，汉口新站恢复了百年前法国工程师设计的“四堡式”建筑风格，欧陆古典美学风格的汉口新站再一次成为“大汉口”的标志性建筑，吸引了众多南来北往的旅客，历史底蕴厚重、文化优势明显，这对于车站商业开发具有极强的推动作用。

我们准确分析、把握新站的区位优势、集散优势、人文优势，按照“满足大众化、突出高中端”的经营开发思路，把新站的客服经营市场定位于全路一流的综合性客服经营市场，瞄准三个目标：一是创

建高端旅客服务品牌，打造全路一流的VIP贵宾俱乐部；二是引入国际、国内知名品牌，形成中端餐饮服务区；三是创建自主经营品牌，做强、做大满足大众需求的便利店、行李寄存处等商旅服务。这个思路明确后，我们与汉口建设指挥部、铁四院反复沟通，达成了共识，一致认为，按照这个目标定位，我们汉口新站的三大优势将会更好地凸显出来。

2 统一规划，实现商业布局与新站建设的深度融合

我们结合实际需求，向指挥部与设计院提出了一系列的客服与商旅设计建设建议，做到遵循三个原则、实现两个融合、抓好三个重点。

遵循三个原则：一是遵循满足旅客服务需求的原则；二是遵循保证服务功能完备的原则；三是遵循提高服务品质的原则，真正做到以人为本、以服务旅客为根本。

实现两个融合：一是实现车站商业布局与新站建设的深度融合；二是实现车站商业布局与客服功能的深度融合，真正做到融为一体，方便旅客。

同时，我们重点抓好以下三个方面。

2.1 科学规划布局

我们统筹新站所有生产资源和经营资源，在优先满足客运功能服务需求的基础上，按照“整体设计、控制规模、分区经营、错位经营”的思路，对车站生产区域和经营区域进行科学合理的分区，实现商业布局与客运服务的深度融合。改扩建之初，我们与设计院、指挥部反复对接，在对车站商业布局可行性进行充分论证的基础上，提报了《汉口车站商业旅服规划方案》，在基本候车室和高架候车室设置5个便利店，在进站口和高架通廊设置2个小件寄存处，满足大众旅客出行消费需求；在广厅创建VIP贵宾俱乐部，在高架通廊创建知名餐饮服务区，满足高、中端旅客消费需求；在高架夹层和地下空间建设商业街，满足旅客消费延伸需求。

2.2 超前介入设计

一方面，在方案设计上，我们按照“超前谋划、统筹设计、同步建设”的思路，在改扩建之初就成立专班，将新站商业布局方案融入改扩建工程设计之中，并全方位介入设计、全过程介入论证；另一方面，在细部设计上，考虑到引入的经营项目建筑装修风格不一，我们对所有的经营项目实行按照“五统一”(即：统一规划、统一设计、统一标识、统一风格、统一管理)的原则，提前规划、设计，确保经营区风格与车站整体建筑风格协调统一。

2.3 盯住建设过程

一方面，改扩建过程中，我们按照车站改扩建方案和商业布局方案，积极协调配合指挥部和施工单位一起主导施工建设，统筹规划车站生产条件和经营配套条件建设，对商业规划区所需的供水、供电、排水、排烟、空调等配套经营要素一次建设到位，对不能一次建设到位的，提前预留二次施工条件，对只能建设基本经营条件的，提前创造深度开发条件，比如：高架夹层和地下空间的建设过程中，我们全过程介入施工过程，留足深度开发条件；另一方面，在经营户的自主装修过程中，我们在临时供电、施工通道和消防审核等方面给予全力支持的同时，也按照“五统一”原则对施工作业进行全程指导和监督，实现商业布局与客运服务和基础设施的有机结合。

3 分步开发，实现客服功能与经营市场的有机结合

我们按照车站商业布局方案，结合车站完工一处、开通一处、开发一处的实际，综合考虑旅客出行消费需求和消费延伸需求等方面因素，进一步细分目标市场，实现车站客服功能与经营市场的有机结合。

3.1 创自主经营品牌，形成一定规模的连锁超市

我们改变过去副食百货租赁经营的一贯做法，对站内所有副食百货统一交由多经公司自主经营，设置了5个超市经营区域，统一店招为"新欣便利店"，统一设计装修，统一经营管理，实行采、供、售一条龙服务，形成了量贩式的连锁超市经营模式，结束了过去商品经营小、乱、散的租赁经营现象，既保证了基本的大众化的旅客需求，又创造了很好的经济效益。仅便利店经营，全年可完成1700万元。

3.2 推高端服务品牌，形成颇具档次的贵宾俱乐部

我们在满足大众化消费需求的同时，特别注重中、高端旅客配套服务需求的经营开发，专门划出与贵宾室紧邻的1100 m^2 区域，打造VIP贵宾俱乐部服务和自助银行服务，并按照"建筑风格欧式化、细部风格多样化"的思路，结合大客户需求，对14间包厅实行了统一设计、装修，形成与贵宾室相协调的环境，实行贵宾室与俱乐部一体化管理和经营。并以车站多经公司为经营主体，推出代订车票、接送列车、代办行李、免费茶水、免费上网、网络电视、礼仪服务等一系列配套服务项目。主要采取三种经营方式，一是采取包厅出租命名的方式，吸引银行、电信等大客户加盟；二是采取单客收费的方式，满足中、高端零散旅客的商旅服务需求；三是采取自助服务的方式，设置自助银行服务区。目前，我们已与中国银行、武烟集团、武商集团、中国移动等17家公司签订了VIP贵宾俱乐部助行服务租赁协议，年合同收入达到了1050万元(单价达到了每年每平方米租赁费用1.5万元)，这种租赁水平在武汉地区是一个非常高的水平。

3.3 引社会知名品牌，形成较高品质的品牌餐饮旗舰店

餐饮项目是车站服务功能和商业经营的重头之一。我们在建设与开发中，确立了"高质量建设、高水平配套、高标准招标"的思路，在高架主进站通道一侧，专门设置960 m^2 的餐饮区，重点引进国内外知名餐饮品牌加盟。目前，麦当劳、肯德基和周黑鸭等知名连锁品牌都已在车站餐饮服务区建成了连锁旗舰店，形成了一道亮丽的餐饮服务风景线和品牌经营市场，这在满广大旅客需求的同时，也极大地促进了车站客服水平提高，取得良好的社会效益和经济效益。目前，这个餐饮区的租金总额达到了每年748万元，相当于每年每平方米7775元。

3.4 造商业一条街，形成凸显地域特色的商业经营区

最大限度地利用建筑空间进行商业开发，这是建设现代化大客站的一个重要方面。我们在抓好便利店、俱乐部、餐饮区等重点建设开发的同时，预留了三个特色经营区域：一是两个高架夹层区域，设置在高架候车室的东西通廊上方，各有2500 m^2；二是地下进出站空间，与地方交错的部分区域，也有近2000 m^2。对这三个区域，我们将按照"整体设计、控制规模、分区经营、错位经营"的思路，着力打造高架夹层休闲购物一条街和地下空间餐饮商业一条街，全力打造极具湖北地域特色的商业经营区。预计这三个区域的效益每年将达到1500万元以上。

3.5 联专业广告公司，形成持续递增的广告开发格局

在广告开发方面，我们作为责任主体、资产主体和经营主体，联合路局广告公司，按照"统一规划、分步实施、动静结合、效益最优"的思路，对车站广告区域进行科学合理分区，并按单元式分步推进、持续开发。目前，我们正与武汉铁路局专业广告公司一起，按照广告开发总体推进方案和车站建设进度，分步对刷屏机、平面广告、电子广告等广告单元进行招标工作，照目前的招商情况看，预计广告开发整体效益每年将达到1000万元以上。

4 规范管理，实现客服与经营的整体品质提升

在新站建设和经营开发的整个过程中，我们坚持"规范化运作、多元化经营、一体化管理"的思路，

努力提升旅客服务与商业开发的品质。

4.1 坚持市场化运作，谋求经济效益新突破

我们在布局功能上以满足旅客需求为主导，在经营项目引入上以市场需求为导向，根据客运服务需求和经营项目的不同，一方面，我们采取公开招标引入的方式，对品牌影响力大、竞价价格高、内部管理规范的经营企业进行综合议标、评标并打分，报路局审批通过后再引入，确保实现效益最大化；另一方面，我们采取约谈推介的引入方式，充分利用自身的区域优势和人力资源优势，对 VIP 贵宾俱乐部高端客户采取一对一约谈和上门推介的招商方式，实现了比公开招标更优的效益。从招商情况看，我们公关型招标的单位面积租赁价格在全局是名列前茅的。

4.2 坚持规范化管理，树立新客站新形象

一方面，在项目引入过程中，我们采取市场经济惯例，严格按照先明确招标范围，报路局审查批准，严格准入条件和投标流程，实行网上公示，公开投标，现场竞价，联合专班评标，纪委全过程监督的规范招投标方式，规范引入程序，并对所有引入项目全部实行合同化管理；另一方面，我们以安全和路风等方面为出发点，对经营户建立严格的约束与激励机制，实现规范管理与经营市场的有机结合。

4.3 坚持服务性保障，做到客服和经营共赢

我们按照“管理与服务并重、客服与经营双赢”的思路，把对进入车站经营户的管理也当作是一种服务和责任，突出抓了三个方面的工作：一方面，针对新站边施工、边运营，以及新设备、新技术大量投用的情况，我们制定了涵盖设备“修、管、用”的《汉口车站设备管理办法》，与施工单位、设备供应商和经营户一起成立了设备联合维修小组，为客服和经营提供设备保障；另一方面，我们对经营户建立了星级评比激励机制，按照“五好”（即安全好、服务好、秩序好、卫生好、设备好）目标进行评比、奖励，有力促进了客服与经营的相互融合，到目前为止，未接到旅客对经营户的任何投诉；再一方面，我们坚持为经营户创造良好的经营条件，成立经营服务专班，重点帮助经营户解决经营过程中遇到的困难和问题，受到经营户的普遍好评，形成了优质服务、诚信经营、争创亮点的经营氛围，也得到了广大旅客和社会各界的认可，实现了商户经营环境和车站客服环境的整体提升。